2025

교정직 7·9급 시험대비

박상민
Justice

교정학 2

[형사정책편]

메가 공무원

박영사

교정직(보호직) 공무원 시험을 준비하고 계신
수험생 여러분, 박상민입니다.

지금 이 순간에도 합격이라는 한 가지 목표를 가지고 정진하고 있을 수험생 여러분을 생각하면, 과연 내가 얼마나 도움이 되고 있을지 고민하게 됩니다.
이 책은 그런 고민과 수험생 여러분의 응원에 힘입어 출간하게 되었습니다.
그리고 다음과 같은 마음으로 집필하였습니다.

첫째 수험생 여러분 입장에서 책을 쓰려고 노력했습니다.
내가 수험생이 되어 교정학(형사정책) 과목을 공부한다고 생각하고 가장 효율적으로 시험에 대비할 수 있도록 하였습니다.

둘째 교정학(형사정책)은 쉽고 간단명료하며 내용에 충실해야 한다고 생각했습니다.

셋째 관련 법령이나 조문을 최대한 반영해 따로 찾아볼 필요가 없도록 하였습니다.
이 교재만 충실히 공부해도 고득점을 얻을 수 있도록 하였습니다.

이러한 노력에도 불구하고 부족한 부분, 아쉬운 부분도 남습니다.
교재로 부족한 부분은 강의로 메우도록 하겠습니다.

봄, 연구실에서
박상민 드림

PART 6
교·정·학·기·본·서

보안처분론

PART 7
교·정·학·기·본·서

소년범죄와 그 대책

PART 8
교·정·학·기·본·서

범죄유형론

PART —— 1

형사정책
일반론

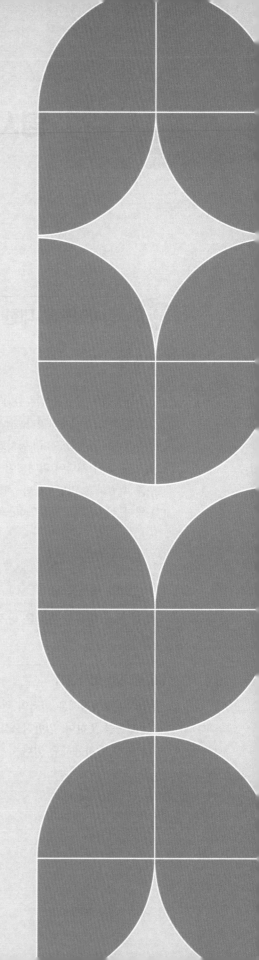

CHAPTER
1
형사정책의 개념

01 형사정책에 대한 기본이해 JUSTICE

1. 의의

(1) 형사정책이라는 용어는 1800년 포이에르바하(Fuerbach)가 그의 저서인 「코란 형사법 서설」에서 처음으로 사용하였다. 당시에는 형사 입법을 위한 국가의 예지, 즉 형사입법정책이라는 좁은 의미로 사용하였으며, 형사정책을 형법의 보조수단으로 보았다.

(2) 그 후 점차 개념이 확대되어 현재는 범죄의 현상 및 원인을 규명하고 이를 기초로 범죄방지대책을 수립하는 입법·사법·행정활동 등을 포함한 포괄적인 의미로 사용된다(현대적 의미).

(3) 영어로는 Criminal Policy라는 용어를 사용하며 UN의 공식적인 명칭이다.

2. 형사정책의 개념

(1) 협의의 형사정책

형벌 등을 활용해 범죄를 방지하는 입법·사법·행정활동 등 범죄방지대책을 수립하는 것을 말한다.

(2) 광의의 형사정책

광의의 형사정책은 범죄의 현상과 원인을 탐구하여 이를 기초로 범죄방지대책을 강구하는 일체의 활동을 뜻하며, 일반적으로 형사정책이라 하면 이를 말한다. 우리나라에서는 형사정책을 광의의 의미로 사용하고 있다.

02 범죄학과 형사학 참고

J U S T I C E

형사정책이라는 용어와 함께 사용하거나 유사한 개념으로는 범죄학과 형사학이 있다.

1. 범죄학(犯罪學)

(1) 범죄학은 1879년 프랑스의 인류학자 토피나르(Topinard)가 용어를 만들었으며, 1885년 이탈리아의 법학자 가로팔로(Garofalo)가 「범죄학」 저서에서 처음으로 사용하였다.

(2) 처음에는 범죄의 현상과 원인규명을 주된 내용으로 하는 사실학과 경험과학이라는 좁은 의미에서 출발하여, 20C 이후에는 범죄방지대책을 포함하는 광의의 의미로 사용하고 있다.

2. 형사학(刑事學)

(1) 형사학은 1914년 프랑스의 가로(Garraud)가 처음으로 사용한 용어를 번역한 것이다. 이는 범죄학 · 범죄방지대책 · 교정학까지 포함하는 광범위한 개념으로, 리스트(Liszt)의 전형법학과 유사한 개념이다.

(2) 엄밀히 구별하면 형사학은 범죄 중심의 학문이고, 형사정책은 범죄방지대책 중심의 학문으로 볼 수 있지만 오늘날은 상호접근하고 있으며, 최근에는 형사학이 범죄과학이라는 용어로 대체되고 있는 경향이 있다.

3. 행형학(行刑學) · 형벌학(刑罰學)

(1) 행형학 또는 형벌학이라는 용어는 19C 중반 미국의 리버(Lieber)가 처음 사용하였다. 당시에는 수형자의 교도소 내 구금에 관한 학문으로 인식해 형사정책의 일부로 이해하였다.

(2) 제2차 대전 이후 미국을 중심으로 목적형주의 내지 교육형주의에 입각하여 행형학 또는 형벌학이 교정학 내지 범죄자 처우론으로 발전하면서 독립과학으로 인정받고 있다.

4. 신형벌학(新刑罰學)

벨기에의 듀프렐(Dupreel)이 행형학 또는 형벌학을 형벌 이외의 일반적인 형사제재 내지 범죄자 처우에 관한 분야라는 의미로 사용하였는데, 이를 신형벌학이라고 한다.

> **⊙ 메츠거(Mezger)**
> "형사정책은 범죄예방과 범죄퇴치를 위한 국가적 처분의 총체이다."

> **→ 리스트(Liszt) ★**
> "형법은 형사정책이 뛰어 넘을 수 없는 한계이다."(책임주의와 상호제한성)
> "가장 좋은 사회정책이 가장 좋은 형사정책이다."

03 형사정책의 양면적 성격 참고

JUSTICE

1. 사실로서의 형사정책(정부작용으로서의 형사정책)

사실로서의 형사정책은 국가 또는 사회공공단체가 범죄의 현상과 그 원인을 탐구하여 이를 기초로 범죄방지대책을 수립하는 일체의 활동을 말한다. 이는 곧 국가 또는 사회공공단체가 행하는 정부작용으로서의 형사정책을 뜻한다.

2. 학문으로서의 형사정책(형사정책학)

(1) 개념

학문으로서의 형사정책인 형사정책학이란, 사실로서의 형사정책을 대상으로 하면서 일정한 이념 하에 그 가치를 판단하고 이에 대한 합리적이고 효과적인 범죄방지 원리를 탐구하는 학문을 말한다. 이는 범죄의 현상과 원인을 탐구하는 사실학적 측면과 보다 효율적인 범죄방지대책을 추구하는 규범학적(정책학적) 측면을 내포한 이중적 성격을 갖고 있다.

(2) 독립과학성 인정 여부

형사정책은 처음에는 형사입법정책이라는 좁은 의미로 사용하여 형법의 보조수단으로 인식하였다. 그러다 1930년대 이후에는 범죄의 원인을 과학적으로 밝히고 이를 기초로 체계적인 범죄방지대책을 수립하는 실천적인 학문으로서의 독립과학성을 인정받고 있다.

(3) 학문적 성격

① 경험과학

형사정책학은 범죄의 현상과 원인에 대하여 실증적 · 과학적 연구를 추구하는 경험과학적 성격을 갖고 있다.

② 규범학(정책학)

형사정책은 범죄의 예방과 범죄자의 교정 등에 관한 문제점을 찾아 효과적인 범죄방지대책을 추구하는 규범학적(정책학적) 성격을 갖고 있다.

③ 종합과학

형사정책학은 생물학, 심리학, 정신의학, 인류학, 사회학, 교육학, 규범학 등 인접과학을 적극적으로 활용하는 간학문적(間學問的)·학제적(學際的)·종합적(綜合的) 성격을 간직하고 있다.

> **셸린(Sellin)** ★
> 범죄학(형사정책)은 영토를 가지지 않는 제왕의 학문이다.

> **레크리스(Reckless)**
> 범죄학자(형사정책학자)는 학문계에 영원한 손님이다.

> **형사정책학과 인접학문**
> ① 형법학과의 관계
>   ㉠ 형법학은 실정형법의 해석 및 체계화, 형법학설적인 논의를 연구대상으로 하는 반면, 형사정책은 실정법과 정책의 영역을 모두 포괄하므로 연구대상이 형법학보다 광범위
>   ㉡ 형법학은 기존 형벌체계의 운용과 해석의 지침이 되고, 형사정책 또한 기존 형벌 체계의 범죄방지수단으로서의 효율성을 검증하는 지침이 되므로 형사정책과 형법학은 이원적 협조 관계 또는 상호의존적 관계
>   ㉢ 형법의 해석과 개정에 있어서는 형사정책적 고려가 필요하나, 형사정책적 측면만을 강조하게 되면 책임주의가 무시되므로 형법학과 형사정책은 상호제한적 성격을 가지며, 형법이 형사정책의 보조수단이 되어서는 아니 된다.
>   tip 리스트(Liszt)가 "형법은 범죄인의 대헌장인 동시에 형사정책의 극복할 수 없는 한계이다."라고 말한 것은 양자의 이러한 관계를 두고 한 말이다.
> ② 범죄학과의 관계
>   ㉠ 범죄학은 형사정책·형법학과 더불어 형사학 또는 총체적 형법학의 3대 지주를 구성하는 방면, 형사정책은 범죄학의 경험적 연구를 토대로 독자적인 규범적 기준에 따라 범죄화·비범죄화 또는 형벌의 개폐를 결정하는 분야라는 점에서 범죄학은 경험학적과학이지만, 형사정책은 규범과학이다.
>   ㉡ 범죄원인은 정확한 분석 없이 범죄대책을 수립하는 것은 불가능하다는 점에서 범죄학은 존재과학 이지만, 형사정책은 가치과학이다.
>   ㉢ 우리나라에서는 범죄의 원인·현상 및 대책을 포함하여 형사정책이라는 용어를 사용하고 있으나, 일반적으로 범죄학은 원인론과 관계있고, 형사정책학은 대책론과 관계있다.
> ③ 교정학과의 관계
>   ㉠ 교정학은 교정사실을 있는 그대로 설명하고, 일정한 이념하에서 그 가치를 판단하며, 이에 대한 합리적이고 효과적인 운영원리를 연구하고, 교정 제도의 사회적 배경과 그 방향을 탐구함으로써 사회학적 법칙 발견을 목적으로 하는 존재과학이다.
>   ㉡ 반면 형사정책은 독자적인 규범적 기준에 따라 범죄화·비범죄화 또는 형벌의 종류를 결정하는 가치과학이다.

CHAPTER 2
형사정책의 연구대상

01 개별현상과 집단현상으로서의 범죄

1. 개별현상으로서의 범죄

특정한 개인에 의한 범행을 뜻하며, 생물학적·심리학적 접근방법으로 연구가 가능하다. 개별현상으로서의 범죄는 특별예방적 관점과 교정처우 및 보안처분의 주요대상이 된다.

2. 집단현상으로서의 범죄

단순한 개별현상으로서의 범죄들의 집합이 아닌, 일정한 시기에 일정한 사회 내에서 발생하는 범죄의 총체를 의미한다. 이는 특정사회의 유형성과 경향성을 나타내므로 사회학적 연구방법으로 접근해야 하며, 일반예방적 관점 및 입법정책과 사법정책의 주요대상이 된다.

02 형식적 범죄와 실질적 범죄 ★

1. 형식적 범죄(형법상 범죄개념)

(1) 의의

형식적 범죄는 순수한 법적개념으로 형법상 범죄구성 요건에 해당하는 위법·유책한 행위를 뜻하는 형법적 의미의 범죄개념이다. 이는 곧 형벌법규에 위반한 행위를 뜻하며, 법률에 처벌규정이 없으면 범죄가 성립하지 않는다.

(2) 장·단점

범죄의 명확성을 기할 수 있는 장점이 있는 반면, 법이 범죄를 따라가지 못하는 입법지체현상으로 인한 법적 허점이 야기될 수 있는 단점이 있다.

2. 실질적 범죄(범죄학적 범죄개념)

(1) 의의

① 실질적 범죄는 법규정과는 관계없이 범죄의 실질을 가리키는 개념으로 사회에 유해한 법익침해 행위를 뜻하는 범죄학적 범죄개념이다.

② 실질적 범죄개념의 기준으로는 일반적으로 사회적 유해성 및 법익침해를 들고 있지만, 미국의 범죄사회학에서는 일탈행위(사회적 행동규범 위반, 반사회적 행위, 비정상적 행위 등)로 보고 있다.

(2) 장단점

범죄개념은 상대적 · 가변적이기 때문에 실질적 범죄는 범죄개념에 탄력성을 부여하는 이점이 있지만 법해석에 관하여서는 직접적 개입을 할 수는 없다.

3. 일탈행위(청소년의 일탈행위를 비행이라고 한다.)

일탈행위는 사회적 행동규범에서 벗어나는 반사회적 행위 뿐만 아니라 비정상적인 행위(알코올 남용 · 자살기도 · 가출 등)도 주된 연구대상으로 하고 있다. 이는 주로 사회학에서 사용하는 개념으로 영미법계 범죄학에서 광범위하게 사용하고 있는 실질적 범죄개념이자 사회학적 범죄개념이다.

> ● **실질적 의미의 범죄(비법률적) 더 알아보기**
> ① 사회-법률적 접근(the socio-legal approach)
> ㉠ 서덜랜드(Sutherland)는 법률적 정의의 범주를 넓혀 법률적 접근 및 과거 범죄의 범주에 포함되지 않았던 상위 계층의 화이트칼라범죄, 경제범죄, 환경범죄 등 다양한 반사회적 행위까지 포함하여 관심을 기울일 것을 주장하였다.
> ㉡ 상위 계층에 의한 경제범죄에 대해 범죄학적 연구의 중요성을 강조하였으나, 어떤 행위가 범죄적인 것으로 정의되는 과정에 대해서는 등한시하였다는 지적을 받고 있다.
> ② 비교문화적 접근
> ㉠ 셀린(Sellin)은 모든 집단은 법으로 규정되어 있지 않은 행위규범인 기준을 가지고 있음을 주장한다.
> ㉡ 모든 문화적 집단에 걸쳐서 동일한 보편적인 행위규범도 있다고 주장하며, 바로 이 보편적인 행위규범이 범죄연구의 초점이라는 것이다.
> ③ 통계적 접근
> ㉠ 윌킨스(Wilkins)는 다양한 행위의 발생빈도에 초점을 맞추어 발생빈도가 높은 것은 정상이고, 발생빈도가 낮은 것은 일탈적인 것으로 보고 있다.
> ㉡ 종형의 정상적인 빈도분포표 중에서 가운데 다수는 정상적인 행위이며, 양 극단은 중요범죄행위와 성스러운 행위이다.
> ㉢ 윌킨스(Wilkins)의 시도는 범죄와 일탈의 변량적 특성을 이용한 것이 특징이나, 지나치게 단순하다는 것이 단점으로 지적되고 있다.

④ 낙인적 접근
　　㉠ 베커(Becker)에 의하면, 일탈자란 일탈이라는 낙인이 성공적으로 부착된 사람이며, 일탈행위는 사람들이 낙인찍은 행위라는 것이다.
　　㉡ 문화집단의 구성원이 규정한 사회규범에서 벗어난 행위는 일탈로 취급하나 모두 범죄인 것은 아니다. 다른 사람들이 일탈로 반응하기 때문에 일탈이 되는 것이다.

⑤ 인권적 접근
　모든 사람은 행복을 위한 기본적인 전제조건뿐만 아니라 약탈적 개인이나 억압적이고 제국주의적인 사회지도층으로부터의 안전을 보장받아야 하는데, 바로 이러한 인권에 관련된 부분이 형법이 보장하고 보호해야 하는 권리라는 것이다. 이러한 권리를 부정하는 것은 범죄라고 접근한다.

⑥ 이상향적인 무정부주의적 접근(utopian-anarchist approach)
　범죄와 일탈을 '인간의 다양성'으로 재정의하고 있다. 일탈은 목적을 갖고 부정의를 수정하고 항거하기 위한 정상적인 시도로 보고 있는데, 이에 대해 사회는 이러한 행동에 가담한 행위자를 범죄화함으로써 이들의 도전을 억압하려고 한다는 것이다.

⑦ 결론
　다수의 학자들에 따르면, 아무리 비규범적이고 반사회적인 행위일지라도 법률에 위배되지 않는 한 범죄로 기록되지 않는다. 또한 무엇이 반사회적 행위를 구성하고, 무엇을 위반하면 범죄적 특성의 비규범적 행위를 구성하게 되는 규범인지에 일반적인 합의가 없다는 이유로 범죄를 법률적으로 규정하는 것이 대부분이다.

◉ 실질적 의미의 범죄란 반사회적인 법익침해행위이다

① 사회는 질서유지를 위해 사회구성원들 간에 지켜야 할 행동규칙을 정한다.
　사회규범은 강제력의 정도에 따라, 관습 < 도덕 < 법
② 사회변화를 고려하여 형식적 범죄의 개념 보완이 필요하다.
　법률의 규정에 상관없이 범죄의 실질만 갖추고 있으면 범죄이다.
　㉠ 반(反)사회성 : 사회규범에 반대하는 행위이다.
　㉡ 법익침해 : 법익에 대해 함부로 해를 끼친다.

03 자연범과 법정범 후술　　　　　　JUSTICE

1. 자연범(절대적 범죄)

(1) 이탈리아의 가로팔로(Garofalo)가 자연범의 개념을 처음으로 주장하였다.
(2) 자연범은 시간과 문화를 초월해 고대로부터 범죄로 인정되어 온 절대적 의미의 범죄로, 행위 자체가 반윤리적·반사회적으로 비난을 받는 범죄를 뜻한다. 이러한 범죄로는 살인·폭력·강도·강간 등이 있다.

2. 법정범(상대적 범죄)

법정범은 실정법을 위반한 범죄를 뜻한다.

04 범죄를 보는 3가지 관점 참고   J U S T I C E

1. 합의론적 관점

(1) 합의론적 관점은 사회합의론과 구조기능론을 이론적 전제로 하고, 법은 우리 사회의 가치, 신념, 의견 등에 대해서 합의된 행위규범이며, 우리 사회질서 유지에 긍정적 역할을 한다고 본다.

(2) 범죄는 법률위반과 사회 전체 가치, 의견, 신념 등의 합의된 전체 요소에 모순되는 행위로 규정되고 있다. 즉, 어떠한 행위가 법률에 의해 금지되어야 하며, 범죄로 간주되어야 하는가에 대하여 일반적인 합의가 있다.

(3) 모든 범죄행위가 다 비도덕적일 수도 없으며, 모든 비도덕적 행위가 다 범죄행위일 수도 없다는 것이다.

※ 도박을 범죄로 규정하고 있음에도 가족 간의 오락으로서의 화투나 카드놀이는 불법이나 비도덕적이라고 여기지 않으며, 인종차별이나 지나친 이기주의 등은 사회적으로 지탄받아야 하는 비도덕적인 행위임에도 불구하고 그것을 범죄로 규정하고 있지 않다.

2. 갈등론적 관점

(1) 갈등론적 관점에서, 범죄란 피지배집단을 대상으로 지배집단의 지위와 권한을 보호하기 위해 고안된 정치적 개념으로 만들어졌다.

(2) 범죄의 개념이 도덕적 합의나 사회의 붕괴를 통제하기 위해서가 아니라, 권력 또는 지위를 지키기 위해서 생겨난 것이기 때문에 사회경제적이고 정치적인 모습을 갖는다.

(3) 갈등론자들은 사회를 상호 갈등적인 다양한 집단의 집합으로 보고, 이러한 집단 중에서 정치적·경제적 힘을 주장할 수 있는 집단이 자신들의 이익과 기득권을 보호하기 위한 수단으로 활용하기 위해 법을 만든 것이라 주장한다.

(4) 살인이나 강간과 같은 범죄는 모든 종류의 집단과 계급에 의해서 가장 중요한 범죄로 받아들여지는 것이지 지배집단이나 특정 계급의 이익을 보호하기 위한 것은 아니라는 점에서 한계가 있다.

3. 상호작용론적 관점

(1) 범죄란 사회권력을 가진 사람들의 선호 내지는 견해를 반영하는 것으로, 범죄자는 사회적 규범을 위반하여 일탈자로 낙인찍힌 것을 말한다. 즉, 낙인이론의 관점에서 범죄의 개념을 파악하고 있다.

(2) 범죄는 어떠한 객관적 기준에 의한 것이 아닌 임의적인 것으로서 대체로 권력이 있는 사람들에게 유리하도록 기준이 만들어지고 그 기준에 의하여 범죄를 규정하므로, '범죄' 또는 '범죄적 상황'은 권력집단의 도덕적 기준에 필연적으로 영향을 받을 수밖에 없게 되며, 따라서 그 기준은 언제든지 변할 수 있다.

4. 유사개념

(1) 일탈 : 일반적으로 사회규범을 위반한 행위
(2) 사회문제 : 공공기관이나 정부기관이 부정적인 평가를 하고 이를 변화시키고자 하는 사회적 상황으로, 구성원 다수가 변화되어야 한다고 생각하는 상황
(3) 비행 : 주로 청소년의 일탈행위 및 범죄행위를 일컫는 말

> ⊙ **범죄와 일탈의 비교**
> • 일탈행위가 모두 범죄인 것은 아니다.
> • 일탈행위는 사회적 규범에서 벗어난 행위이다.
> • 한 사회에서의 일탈행위가 다른 사회에서는 일탈행위가 아닐 수도 있다.

5. 범죄의 상대성

(1) 범죄는 시간적·공간적으로 상대성을 가진다. 어떤 행위를 한 국가에서는 범죄로 취급하지만 다른 국가에서는 범죄로 취급하지 않는 경우도 있으며, 과거에는 범죄로 취급되었지만 현재에는 범죄로 취급되지 않는 경우도 있다.
(2) 시간적 상대성 : 세금포탈이나 마약 등과 같이 과거에는 범죄가 아니었던 행위가 오늘날에는 범죄로 취급되거나, 반대로 과거에는 미국에서처럼 흑인을 가르치는 것이 범죄로 규정되었으나 현재에는 범죄로 다루어지지 않는다.
(3) 공간적 상대성
  ① 특정 사회나 지역에서는 범죄에 해당하는 행위가 다른 지역에서는 범죄가 되지 않거나, 그 반대의 경우를 말한다.
  ② 미국의 대부분 주에서는 복권이나 경마 등의 몇 가지 경우를 제외하고는 도박이 금지되고 있으나, 네바다주에서는 합법적으로 인정되고 있다.

05 최근의 범죄개념 ★

1. 과범죄화

가정이나 학교·이웃과 같은 공동체 등에 의한 비공식적인 사회통제 기능이 약화됨에 따라 법이 이러한 통제기능을 담당하는 것을 말한다. 경범죄, 교통관련범죄 등이 있다.

2. 비범죄화

(1) 형법에 범죄로 규정하였던 것을 삭제하여 형벌에 의한 통제를 제외시켜 범죄로 하지 않는 것을 말한다. 이는 주로 피해자가 없는 범죄 및 직접적으로 개인의 법익을 침해하지 않는 범죄를 대상으로 하고 있다.

(2) 비영리적 공연음란죄, 음화판매죄, 간통죄, 사상범죄, 낙태죄, 동성애, 매춘, 마리화나 흡연, 경미한 마약사용, 도박 등이 논의되고 있다.

3. 신범죄화

사회구조 또는 사회환경 변화에 대응하기 위해 형법에 신설하는 과거에 없던 새로운 범죄를 말한다. 환경범죄, 교통범죄, 경제범죄, 정보(컴퓨터)범죄 등이 있다.

형사정책의 연구방법

01 사실학(범죄학)으로서의 형사정책

1. 의의

(1) 연구방법

범죄의 현상을 탐구하고 원인 규명을 바탕으로 범죄방지대책을 추구하는 사실학으로서의 형사정책인 경험과학적 측면의 범죄학 연구는 관찰(개별조사 · 표본조사 · 대량관찰 등)과 실험 두 가지 연구방법으로 대별할 수 있으며, 실험 이외의 연구방법은 전부 관찰의 일종으로 볼 수 있다.

(2) 관찰

관찰은 연구대상을 기초조사한 후 이를 분석하고 평가하는 것을 말한다. 범죄학 연구는 주로 관찰을 활용하고 있으며, 그 중에서도 범죄통계를 통한 '대량관찰' 방법을 가장 많이 활용하고 있다.

(3) 실험 (전자 발찌의 범죄예방효과실험)

① 실험은 일정한 조건을 인위적으로 설정해 놓고 그 안에서 일어나는 상황을 관찰하는 것을 말한다.
② 실험은 범죄 및 범죄인을 대상으로 하는 형사정책 분야에서는 실시하기 어려운 점이 있지만, 새로운 정책의 효과를 사전에 검증하기 위해 필요한 경우에 이용하는 경우가 있다.

2. 사실학적 연구방법의 전제조건

(1) 객관성

사회과학을 연구하는데 가장 중요한 것은 객관성을 유지하는 것이다. 연구자의 가치중립적 연구방법인 객관성이 전제되어야만 연구결과에 대한 신뢰를 얻을 수 있다.

(2) 윤리성

주로 인간을 대상으로 하는 사회과학 연구는 조사대상자를 보호하고 인권을 존중하는 윤리성 확보가 매우 중요하다.

3. 연구방법

◇ 대량관찰   ◇ 실험적 방법
◇ 참여적 관찰법   ◇ 개별적 사례조사
◇ 표본집단조사   ◇ 추행조사

(1) 대량관찰(공식통계 자료) ★

① 기본이해
  ㉠ 대량관찰은 수사기관 등의 정부기관이 범죄현상을 조사·집계한 공식통계표(범죄통계표)를 분석하여 특정 사회의 범죄규모와 추이를 대량적으로 파악하는 것으로, 오늘날 가장 일반적으로 사용하고 있는 방법이다.
  ㉡ 대량관찰은 19C 초 벨기에의 범죄학자인 케틀레(Quetelet)에 의해 확립되었고, 사회주의 범죄학자인 봉거가 범죄와 경제상태의 관계를 설명하기 위해 사용한 바 있다.
② 유용성 : 범죄현상의 일반적 경향성과 유형성을 파악하는데 매우 유용하다.
③ 한계
  ㉠ 범죄의 통계를 분석하는 방법이라 범죄의 질적비중 파악이 곤란하다.
  ㉡ 범죄와 범죄자의 상관관계를 설명할 수 없다.
  ㉢ 현실적으로 발생한 범죄량과 통계상에 나타난 범죄량 사이에 암수범죄(숨은 범죄)가 존재해 상당한 차이가 있다.
  ㉣ 통계산출 과정에 여러 가지 불합리한 점이 상존하고 있어 각종 착오의 소지가 있다.
④ 공식통계 자료

통계 자료	발행처	내용
㉠ 범죄분석	대검찰청	가장 대표적이고 가장 중요한 공식통계이며, 경찰·검찰·특별사법경찰의 통계를 종합해 분석한 것
㉡ 범죄백서	법무연수원	각종 범죄의 연도별 동향 및 변화추이 자료를 제공함
㉢ 사법연감	법원행정처	사법부의 조직과 운영 및 각종 사건 통계를 작성한 것
㉣ 비행소년통계	법무부	비행소년에 대한 전반적인 통계자료를 제공함
㉤ 청소년백서	여성가족부	인구·교육·문화·비행 등 청소년에 대한 전반적인 통계자료를 제공함

⑤ 경찰청의 「범죄통계」는 각 지역경찰서에서 입력한 범죄발생 사항을 집계한 전형적인 발생통계이고, 검찰청의 「범죄분석」은 경찰청의 「범죄통계」에 다시 검찰이 인지한 사건을 더한 것으로, 이 역시 발생통계라고 할 수 있다.

⑥ 한 해에 일어난 사건의 범인이 한참 후에 검거되는 경우도 많으므로 검거율은 100%가 넘을 수도 있다.

(2) 실험적 방법(실험연구)

① 기본이해

실험적 방법은 일정한 조건을 인위적으로 설정한 후 그 안에서 발생하는 상황을 관찰하는 것을 말한다. 주로 새로운 가설의 타당성을 미리 검증하고 새로운 사실을 관찰할 때 실시한다.

② 장점

  ㉠ 새로운 제도의 문제점을 파악하고 효율성을 사전에 검증할 때 활용하면 유용하다.

  ㉡ 여러 명의 관찰자가 동시에 행동을 관찰할 수 있고, 반복적으로 실시할 수 있다.

  ㉢ 가택구금 등 새로운 제도 도입 시나 암수범죄 조사 시에도 활용할 수 있다.

③ 단점(윤리적 문제 발생)

  ㉠ 자신의 행동이 연구대상인 것을 알 경우 신뢰성을 인정하기 어렵다.

  ㉡ 주로 범죄 또는 인간을 대상으로 하므로 실시하기 어려운 점이 있다.

  ㉢ 제한적이고 한정적으로 실시할 수 밖에 없어 일반화하기 곤란하다.

> **참고**
>
> 집단의 등가성 확보, 사전과 사후조사, 대상집단과 통제집단이라는 세 가지 전제조건을 특징으로 하고, 연구의 내적 타당성에 영향을 미치는 요인들을 통제하는데 유리한 연구방법이다.

(3) 참여적 관찰법(현장조사)

① 기본이해(인류학자들이 많이 사용)

  ㉠ 참여적 관찰법은 직접 범죄자 집단에 참여해 함께 생활하면서 그들의 생활을 관찰하는 조사방법으로써 현장조사라고도 한다. 이는 자연상태의 고릴라와 동물원의 고릴라가 서로 다른 행태를 보이는 것에서 착안한 것이다.

  ㉡ 서덜랜드는 참여적 관찰법을 자유로운 상태에 있는 범죄자의 연구라고 하였으며, 폴스키(N. Polsky)는 그 중요성을 강조하였다.

  ㉢ 자원해서 수형생활을 하는 자원수형자(自願受刑者) 등이 대표적인 예이다.

② 장점(암수조사연구에 유리)

  ㉠ 범죄자의 실상을 있는 그대로 관찰할 수 있다.

  ㉡ 다른 연구방법에 비하여 직접적인 자료획득이 용이하다.

  ㉢ 범죄통계나 설문조사 보다 실상에 대한 타당성이 높다.

③ 단점

　　㉠ 주로 소규모로 진행되기 때문에 연구결과를 일반화하기 어려운 문제점이 있다.

　　㉡ 대체로 많은 시간이 소요되며, 관찰자 자신이 범죄행위를 해야 하는 경우도 있다.

　　㉢ 조사대상자를 비호하거나 혐오하는 편견을 갖기 쉬워 객관성을 유지하기 어렵다.

　　㉣ 연구자의 신분이 밝혀질 경우, 더 이상 조사하기 어려우며 신변상 위험이 따른다.

(4) 개별적 사례조사(사례연구 : Case Study)

① 기본이해(소수연구)

　　㉠ 개별적 사례조사는 범죄자를 개별적으로 사례를 조사하거나 그의 과거사를 조사하는 방법으로 사례연구라고도 한다.

　　㉡ 개별적 사례조사는 참여적 관찰법과 같이 일기·편지 등 개인의 극히 내밀한 정보 획득이 필요하다(질적연구).

　　㉢ 서덜랜드(Sutherland)의 「직업절도범 연구」가 대표적이다.

② 장점

　　㉠ 대상자 개개인의 인격과 환경 등을 종합적으로 분석하고 각각의 상호연결 관계를 밝힘으로써 범죄 및 범죄자의 원인관계를 명확하게 해명할 수 있는 장점이 있다.

　　㉡ 대상자의 개인적 정서와 특성 등을 구체적으로 파악할 수 있어 대책수립이 용이하다.

③ 단점

　　㉠ 연구자의 주관이 개입될 우려가 있다.

　　㉡ 개별적이라 일반화하기 어려운 점이 있다.

> ● **서덜랜드는 사례연구를 세분화하여 3분류하였다.**
> ① 개별적 사례연구(Case Study) : 개별조사
> ② 제한된 사례연구(Limited Case Study) : 개별적 사례연구와 통계적 방법을 함께 이용
> ③ 참여적 관찰법 : 자유로운 상태에 있는 범죄자의 연구

(5) 표본집단조사

① 표본집단(범죄자의 일부)을 대조집단(전체 범죄자)과 비교분석해서 전체 상황을 파악하는 것을 뜻한다.

② 다량의 자료수집이 용이하고, 비교적 쉽게 조사할 수 있는 장점이 있다.

③ 일반적 경향파악은 가능하지만 인과적 상호연결 관계가 불분명하다.

④ 편중성 없는 표본 선정이 어렵다.

⑤ 현실 중심의 수평적 조사방법의 일종이므로 통계조사가 지닌 맹점을 간직하고 있다.

(6) 추행조사

① 일정한 기간 동안 범죄자를 추적조사하여 범죄상황을 분석하는 수직적 조사방법을 말한다.

② 연령·환경 등에 따른 조사대상자의 변화를 관찰할 수 있는 장점이 있다.

③ 피조사자가 추행되고 있다는 사실을 알 경우 조사목적을 달성하기 어려울 수 있고, 사생활을 침해할 수 있는 우려가 있다.

④ 대표적인 것으로는 개인적 범죄생활곡선 등이 있다.

> **➋ 사례조사와 추행조사**
>
> 사례조사는 과거지향적으로 대상자의 과거사를 조사하는 것이며, 추행조사는 대상자를 추행하여 미래 지향적으로 조사하는 것을 뜻한다.
>
> **➋ 범죄율**
>
> ① 범죄율이란 범죄통계와 관련하여 인구 100,000명당 범죄발생 건수를 계산한 것이다.
>
> ② 범죄율은 인구대비 범죄발생건수를 비교할 수 있다는 점에서 유용한 자료이나, 중요 범죄와 상대적으로 가벼운 범죄가 동등한 범죄로 취급되어 통계화 된다는 점과 암수범죄를 포함하지 못한다는 것이 문제점으로 지적된다.
>
> **➋ 범죄시계**
>
> ① 범죄시계란 미국 범죄통계(UCR)에 나오는 것으로서 범죄가 얼마나 자주 되풀이 되는가를 알아보기 위해 매 시간마다 범죄발생현황을 표시한 것이다.
>
> ② 범죄시계는 범죄의 종류별 발생빈도를 시간 단위로 분석하며, 종류별 사건의 수를 시간으로 나눈 수치로 표시된다.
>
> ③ 범죄시계는 인구성장률을 반영하지 않고 있고, 인구수에 비례하기 때문에 국가 간의 정확한 비교가 어렵다는 단점이 있는 반면, 범죄유형별로 발생시차를 알 수 있고, 일반인들에게 범죄경보기능을 하며, 범죄발생현황을 통해 전반적인 사회상을 비교적 쉽게 알 수 있다는 장점 때문에 우리나라를 비롯한 여러 국가에서 채택하고 있다.

02 규범학(정책학)으로서의 형사정책

J U S T I C E

1. 의의

(1) 규범학으로서의 형사정책은 범죄의 예방과 범죄자의 교정 등 범죄방지대책의 문제점을 찾아 최선의 개선방안을 모색하는 것을 뜻한다.

(2) 연구방법은 일반적으로 3단계 과정을 거친다.

① 문제인지(문제제시) ⇒ ② 개선방안 검토 ⇒ ③ 최선의 방안 선택

2. 최선의 방안 선택기준(고려대상)

(1) 유용성(일반예방과 특별예방)

범죄방지 목적에 유용한 것이어야 한다.

(2) 실현가능성

국가예산 및 국민법감정에 비추어 현실적으로 실현 가능해야 한다.

(3) 인도성(윤리성)

사회정의 및 인도주의적 관념에 합치되어야 한다.

➔ 범죄학의 연구방법 정리

통계자료 분석	집단조사	사례연구(케이스)
• 대량관찰 가능(양적 분석) • 일반적인 경향 파악 ○ • 시간적 비교연구 ○ • 암수범죄 반영 X • 질적 분석 X	• 가장 흔하게 이용되는 방법 • 표본집단 vs 통제집단 • 예 : 쌍생아연구 • 수평적 조사(추행조사=수직적 조사)	• 질적 · 심층적 분석 ○ • 예 : 서덜랜드(직업절도범) • 생애사 연구 포함
참여관찰(=현장조사)	코호트연구	실험연구
• 연구자가 직접 현장참여 • 인류학자들의 조사방식 • 생생한 자료획득 가능 • 범죄자 일상관찰 가능	• 시간적 · 수직적 분석법(시간의 흐름에 따라) • 정밀한 시계열적 분석	• 실험집단 vs 통제집단 • 연구자 : 인위적 조건 설정 • 사전 · 사후조사 실시 • 비교분석

➔ **형사정책 연구방법 더 알아보기**

① 범죄통계를 이용하는 연구방법은 두 변수 사이의 이차원 관계 수준의 연구를 넘어서기 어렵지만, 설문조사를 통한 연구방법은 청소년비행 또는 암수범죄 등 공식통계로 파악하기 어려운 주제에 적합하며, 두 변수 사이의 관계를 넘어서는 다변량 관계를 연구할 수 있다는 장점이 있다.

② 통계자료 등 객관적인 자료를 바탕으로 결론을 도출하는 양적 연구는 직접 관찰한 자료의 질을 바탕으로 결론을 도출하는 질적 연구에 비해 연구결과의 외적 타당성, 즉 일반화가 용이하다.

③ 실험연구방법은 연구의 내적 타당성에 영향을 미치는 요인들을 통제하는 데 가장 유리한 연구방법으로서 연구자 자신이 실험조건 중 자극 · 환경 · 처우시간 등을 통제함으로써 스스로 관리가 가능하지만, 한정된 데이터의 한계에 의하여 외적 타당성 확보는 어려울 수 있다.

④ 설문조사, 즉 간접적 관찰은 기억의 불확실함과 사실의 축소 및 과장의 문제로 인한 행위자, 피해자, 정보제공자의 부정확한 응답의 가능성에 대한 고려가 필요하다.

⑤ 코호트연구는 유사한 특성을 공유하는 집단을 시간의 흐름에 따라 추적하여 관찰하는 연구방법으로 종단연구방법의 하나이다.

⑥ 참여관찰연구는 질적 연구로 연구자가 직접 범죄자 집단에 들어가 함께 생활하면서 그들의 생활을 관찰하는 조사방법을 말하며, 타당성 확보에 유리하나 주관적이어서 일반화가 곤란하다.

⑦ 데이터 마이닝이라 함은 최신 연구기법으로서 대규모 데이터 집합에서 패턴, 규칙, 통계적 구조 등의 유용한 정보를 발견하는 과정을 의미하며, 이를 위해 통계학, AI, 딥러닝 등의 기술과 알고리즘을 사용하여 데이터를 탐색하고 분석한다.

CHAPTER 4 범죄통계와 암수

01 범죄통계와 암수의 의의

JUSTICE

1. 의의

① 실제로 발생한 범죄량과 통계상에 나타난 범죄량과의 차이를 암수(暗數)라고 하고, 통계상에 나타나지 않거나 파악되지 않은 범죄를 암수범죄(暗數犯罪) 또는 숨은 범죄(Hidden Crime)라고 한다.

② 암수범죄로 인한 문제는 범죄통계학이 도입된 초기부터 케틀레(A. Quételet) 등에 의해 지적되었다.

암수범죄

암수범죄 = 실제로 발생한 범죄 - 공식범죄통계

2. 암수문제에 대한 견해 참고

(1) 엑스너(Exner)

암수에 대한 정확한 이해는 범죄통계의 급소이다.

(2) 서덜랜드(Sutherland)

범죄와 비행에 대한 통계는 모든 사회통계 중 가장 신빙성이 없고 난해한 것이다.

(3) 라즈노비츠(Radzinowicz)

암수범죄가 전체범죄의 85%에 달하며, 특히 성범죄는 90% 이상이 암수범죄이다.

(4) 폴락(Pollak)

여성의 범죄율이 남성보다 현저히 낮은 원인은 <u>남성의 기사도정신</u> 때문이다.

(5) 셀린(Sellin)

체계적 낙인과정에 의한 암수문제를 지적하면서, 법집행단계를 거칠수록 범죄통계 가치가 적어 진다고 하였다(<u>경찰의 통계가 암수가 가장 적다</u>).

3. 암수문제의 형사정책적 의의

(1) 암수조사에 의한 비공식적 통계 자료를 활용하면 <u>공식적 통계의 한계를 보완</u>할 수 있다.
(2) 실제 범죄현황을 보다 정확하게 파악할 수 있어 범죄원인 해명 및 효과적인 범죄방지대책 수립 이 가능하다.
(3) 범죄로 인한 피해를 산출하는 자료를 제공한다.
(4) 사회 내부의 범죄피해 분포도와 범죄비용을 보다 정확하게 파악할 수 있다.
(5) 주민들의 심리적 불안을 측정할 수 있고, 범죄피해 위험성에 대한 정보를 제공한다.
(6) 암수조사와 범죄통계 결과를 비교하면 형사사법기관의 역할수행 여부를 확인할 수 있다.
(7) 국가 간의 범죄통계 차이를 줄일 수 있어 국제적인 범죄비교를 용이하게 한다.
(8) 형사사법기관의 범죄인에 대한 차별적 처우 및 불공정성을 부각시킬 수 있다.

4. 암수범죄 발생원인 ★

완전범죄, 수사기관의 범죄 미인지, 범인 미검거, 검거율과 증거채취력 정도, 법집행기관의 편견과 가치관의 차이, 차별적 재량행위, 신고율의 차이, 허술한 통계행정 체계 등이 암수범죄의 발생원인 이다.

(1) 절대적 암수범죄

① 의의
<u>실제로 범죄가 행해졌지만 수사기관이 인지하지 못한 범죄</u>를 말한다.
② 내용
㉠ 완전범죄로 피해자조차 범죄 사실을 모르는 경우 : 많은 물건 중 소량의 물건을 훔쳐가도 모르는 경우 등
㉡ 고소·고발이 이루어지지 않는 범죄
ⓐ <u>피해자가 없는 범죄</u> : 매춘, 낙태, 도박, 마약수수 등
ⓑ 피해자와 가해자의 구별이 어려운 범죄 : 쌍방폭행 등
ⓒ <u>수치심이나 사회적 지위가 손상될 염려가 있는 범죄</u> : 강간 등 성범죄

© 신고가 이루어지지 않는 범죄 : 수사기관에 대한 불신, 범죄신고에 따른 불편, 범죄자의 보복이 두려운 경우 등

(2) 상대적 암수범죄

① 의의

수사기관이 범죄를 인지하였지만 해결하지 못한 범죄를 말한다.

② 내용

㉠ 수사기관의 검거율 및 증거채취력 정도와 밀접한 관련이 있다.

㉡ 법집행기관의 자의 또는 재량행위는 암수문제를 유발한다.

㉢ 낙인이론자들은 법집행기관의 개인적인 편견이나 가치관에 따라 범죄자를 차별적으로 취급하기 때문에 암수문제가 발생한다고 한다. 인종차별, 여성범죄자에 대한 남자의 기사도 정신, 화이트칼라 범죄 등이 그 예이다.

(3) 통계행정 체계 미비

사법당국의 통계행정 체계가 허술하면 암수문제가 유발된다.

> **➔ 신고율의 차이 ★**
> ① 살인·강도와 같은 중한 대인범죄는 절도와 같은 경한 재산범보다 신고율이 높다.
> ② 가해자가 친척인 경우나 조직폭력단원인 경우 신고율이 낮다.
> ③ 신고율이 가장 높은 범죄는 살인이고, 가장 낮은 범죄는 피해자가 없는 범죄이다.

02 암수조사 방법

JUSTICE

> ◇ 직접적 관찰 : ① 자연적 관찰(참여적 관찰·비참여적 관찰), ② 인위적 관찰(실험)
> ◇ 간접적 관찰(설문조사) : ① 피해자조사, ② 자기보고조사, ③ 정보제공자조사

1. 의의

공식범죄통계에 나타나지 않는 범죄를 조사하는 것을 암수조사라고 하고 암수조사는 공식범죄 통계의 한계와 문제점을 해결하기 위한 방안으로 강구되었다. 조사방법으로는 직접적 관찰과 간접적 관찰이 있다. 가장 많이 사용되는 방법은 설문조사(간접적 관찰)에 의한 피해자 조사와 자기보고조사이다.

> ● **암수조사의 한계** ★
> 암수조사는 공식범죄통계를 보완 또는 보충할 수는 있지만, 대체할 수는 없다.

2. 직접적 관찰

(1) 자연적 관찰

① 의의

　조사자가 암수범죄를 직접 실증적으로 파악하는 방법으로는 참여적 관찰과 비참여적 관찰이 있다.

② 종류

　㉠ 참여적 관찰 : <u>범죄행위에 직접 가담</u>하여 암수범죄를 관찰하는 것을 말한다.

　㉡ 비참여적 관찰 : <u>CCTV</u> 등을 설치해 암수범죄를 관찰하는 것을 말한다.

(2) 인위적 관찰(실험)

　인위적인 실험을 통해 암수범죄를 관찰하는 것을 말한다. <u>위장된 절도범과 관찰자를 보내 상점절도 발각 위험성을 조사한 「블랑켄부르그(Blankenburg)의 실험」</u>이 있다.

3. 간접적 관찰(설문조사 : 피해자조사, 자기보고조사, 정보제공자조사)

(1) 피해자조사 ★

① 의의

　실제 범죄의 피해자로 하여금 범죄피해 경험을 직접 보고하게 하는 방법을 말하며, 암수범죄 <u>조사방법으로 가장 많이 활용하고 있는 방법이다.</u>

② 장점

　㉠ <u>피해자를 직접 조사함으로써 보다 정확한 범죄현상 파악이 가능하다.</u>

　㉡ 전국적인 조사가 가능하므로 대표성 있는 자료를 수집할 수 있다.

　㉢ 피해자의 역할 등 범죄발생 과정을 알 수 있다.

　㉣ 범죄예방 특히 피해의 축소와 범행기회 제거 측면에서 유용한 자료를 제공한다.

③ 단점

　㉠ 피해자조사는 주로 전통적 중범죄인 대인범죄(강도 · 강간 등)나 재산범죄가 대상이므로 사회 전체의 범죄파악이 곤란하다.

　㉡ <u>피해자 없는 범죄, 법인이나 재단, 화이트칼라 범죄 등은 조사가 거의 불가능하다.</u>

　㉢ <u>수치심과 명예심 등으로 인한 과소 · 과대보고로 실제 피해와 괴리가 있을 수 있다.</u>

　㉣ 가해자가 아닌 피해자가 대상이므로 범행원인에 대한 필요한 정보를 얻을 수 없다.

    ⑩ 피해자조사의 결과를 공식통계와 직접 비교하기에는 곤란한 점이 있다.

(2) 자기보고조사(행위자조사)

  ① 의의

    면접이나 설문지를 통해 개개인의 범죄나 비행을 스스로 보고하게 하여 암수범죄를 측정하는 방법을 말한다. 주로 학생·군인 등을 대상으로 하는 설문조사(약물복용 경험, 구타 등)가 대표적이며, 신빙성이 높은 표본조사이다.

  ② 장점

    ㉠ 보다 객관적인 범죄실태와 실제로 발생한 범죄량 및 빈도파악에 도움이 된다.

    ㉡ 우리 사회의 범죄분포에 관한 포괄적인 이해가 가능하다.

    ㉢ 범죄성과 범죄통계상 존재할 수 있는 계급적인 편견을 파악할 수 있다.

    ㉣ 피조사자의 인격·특성·가치관·태도·환경 등을 조사할 수 있어, 범죄이론을 검증하고 범죄의 원인을 파악할 수 있다.

  ③ 단점

    ㉠ 조사대상자의 정직성과 진실성에 따라 조사결과의 타당성 여부가 달라질 수 있다.

    ㉡ 조사방법이 한정적이고 조사결과가 추상적이라 조사결과를 일반화하기 곤란하고, 다양한 종류의 실태파악이 곤란하다.

    ㉢ 경범죄의 실태파악은 가능하지만, 처벌에 대한 두려움 등으로 인해 중범죄에 대한 실태파악은 곤란하다.

(3) 정보제공자조사

범죄나 비행을 알고 있는 고소·고발자 등의 정보제공자를 통해 암수범죄를 조사하는 방법을 말한다. 이는 피해자를 조사할 때 밝혀지지 않은 범죄를 찾기 위한 보조수단으로 주로 활용하고 있다.

직접적 관찰	간접적 관찰(설문조사)

1. 자연적 관찰
  ① 참여적 관찰 : 직접 범죄에 가담해 조사
  ② 비참여적 관찰 : CCTV 등을 설치해 조사
2. 인위적 관찰(실험) : 인위적 실험을 통해 조사
	1. 피해자 조사
	2. 자기보고조사
	3. 정보제공자조사

4. 암수조사(설문조사)의 한계

(1) 설문조사는 현실을 간접적으로 파악하는 것이므로 왜곡될 가능성이 있다.

(2) 암수조사에 의하더라도 사회전체 범죄총량 파악은 여전히 불가능하다.

(3) 마약·경제·정치·조직·화이트칼라·가정 등에서 일어나는 암수범죄 자료는 거의 얻을 수 없다.

(4) 조사자와 피조사자의 태도에 따라 조사결과가 왜곡될 수 있다.

(5) 암수범죄에 대한 질문서가 일반화·규격화되어 있지 않다.

(6) 암수는 범죄에 대한 관심의 정도에 따라 유동적이기 때문에, 고정된 수치를 갖는 것이 아니라 일정치 않는 변수로 존재한다.

(7) 암수조사는 범죄통계를 보완 또는 보충할 수는 있지만, 대체할 수는 없다.

5. 암수범죄 대처방안

(1) 고소자·고발자 및 신고자 등을 철저히 보호하여 범죄 신고율을 높여 나가야 한다.

(2) 수사를 과학화하여 미해결 범죄를 줄여나가야 한다.

(3) 형사사법 과정을 개선하여 차별적 처벌 및 불공정성을 시정해 나가야 한다.

(4) 마약·경제·정치·조직·화이트칼라 범죄 등을 인지할 수 있는 방안을 강구해야 한다.

> ● **암수조사의 방법 정리**
>
> 암수조사의 방법 중 직접적 관찰에는 지연적 관찰, 즉 조사자가 암수범죄를 직접 실증적으로 파악하는 방법으로서 참여적 관찰과 비참여적 관찰이 있다.
> ① 참여적 관찰 : 범죄행위에 직접 가담하여 암수범죄를 관찰하는 것을 말한다.
> ② 비참여적 관찰 : CCTV 등을 설치하여 암수범죄를 관찰하는 것을 말한다. 또한 인위적 관찰(실험)이 있는데, 이는 인위적인 실험을 통해 암수범죄를 관찰하는 것을 말한다. 위장된 절도범과 관찰자를 보내 상점절도 발각위험성을 조사한 「블랑켄부르그(Blankenburg)의 실험」이 있다.
> ③ 간접적 관찰(설문조사) : 피해자조사, 자기보고조사, 정보제공자조사 등이 있다.

PART —— 2

형사정책의
발전과정

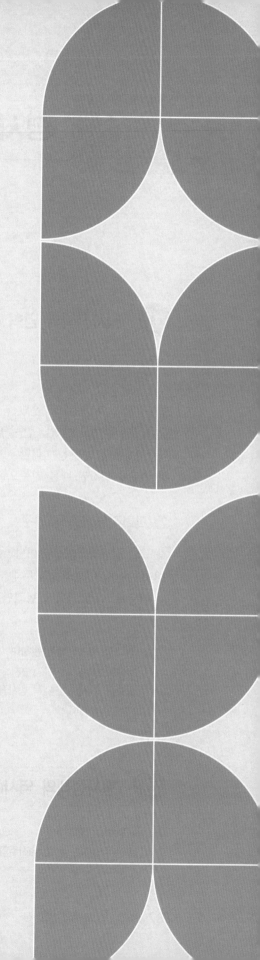

CHAPTER

1

형사정책의 연혁

01 형사정책의 연혁 후술

J U S T I C E

1. 의의

형사정책의 역사는 19C 후반을 기점으로 근대 이전과 근대 이후의 형사정책으로 구분할 수 있다. 근대 이전의 형사정책을 복수주의시대·위하주의시대·박애주의시대로 구분하고, 근대 이후를 과학주의시대라고 한다. 이러한 시대구분은 19C 후반에 시작된 범죄 및 범죄자에 관한 과학적·실증적 연구가 시작된 때를 기준으로 구분한 것이다.

2. 과학적·실증적 연구

과학적·실증적 연구는 이탈리아의 법의학자이자 정신의학자인 롬브로조(Cesare Lombroso, 1835~1909)가 범죄자의 두개골 등에 관한 연구를 정리해 발표한 「범죄인론」(1876)에서 비롯되었기 때문에, 이를 과학적 범죄연구의 효시로 보고 있다.

> ➔ **현대적 형사정책에 관하여**
> 박애주의시대 이전을 「고전적 형사정책」, 박애주의시대를 「근대적 형사정책」, 롬브로조가 범죄인론을 발표한 이후를 「현대적 형사정책」이라고 부르기도 한다.

02 형사정책의 역사(교정의 역사와 같다) ★

J U S T I C E

① 복수주의시대 ⇒ ② 위하주의시대 ⇒ ③ 박애주의시대 ⇒ ④ 과학주의시대 ⇒ ⑤ 국제적 협력시대

PART 2

1. 복수주의시대(復讐主義時代 : 형벌의 사유화)

(1) 범죄행위에 대한 개인적 · 집단적 복수행위가 용인되고 종교적 · 미신적 사회규범인 금기(Taboo)
가 중시된 시대로, 원시국가시대부터 고대국가 형성시까지를 말한다.

(2) 이러한 복수주의시대에도 피의 악순환을 막기 위해 "눈에는 눈, 이에는 이"라는 동해보복사상인
탈리오(Talio) 법칙이 강제되기도 하였고, 곡물과 화폐 등으로 피해를 보상하는 속죄금제도가
탄생하였다.

2. 위하주의시대(威嚇主義時代 : 형벌의 국가화)

(1) 위하주의시대는 고대국가부터 18C 중반까지를 말하며, 중앙집권적 전제군주가 체제를 유지하
기 위해 범죄행위를 군주에 대한 도전과 반역행위로 간주하여 형을 가장 가혹하게 적용하는 위
하적 억압을 기본으로 하던 시대를 말한다.

(2) 당시에는 왕권강화와 강력한 공형벌 개념에 따라 준엄하고 잔인한 공개적인 처벌이 행해지던
시대로 독일 최초의 형법전인 카롤리나 형법전이 대표적인 법전이다.

(3) 사형 · 신체형 · 장기유형 등 가혹한 형벌을 널리 사용하였으며, 순회판사제도가 있었다.

3. 박애주의시대(博愛主義時代 : 형벌의 법률화)

(1) 전제군주에 의한 강력한 위하형 체제에 저항해 죄형법정주의와 죄형균형주의를 주장하여 형의
완화, 즉 인도화가 전개된 시대로 18C 말부터 19C 중반까지를 말한다.

(2) 당시에는 형량의 완화를 위한 형법개혁운동과 감옥의 개량을 위한 감옥개량운동을 중심으로 전
개되었다.

(3) 이러한 박애주의시대를 주도한 학자들을 일반적으로 고전학파라고 부르고 있으며, 형벌이 신체
형에서 자유형 위주로 변형된 시대이다.

4. 과학주의시대(형벌의 개별화)

(1) 개인적 경험을 기초로 안락의자에 앉아서 범죄원인을 임의로 분석하는 사변적 연구방법에서 벗
어나, 엄밀한 논리와 객관적인 자료를 바탕으로 범죄의 원인과 범죄인의 특성을 과학적 · 실증적
으로 연구한 시점을 기준으로 근대 이후의 형사정책으로 분류하고 있다.

(2) 이는 1876년 롬브로조의 「범죄인론」이 발표된 것을 기점으로 한 것이며, 일반적으로 근대직후
에 활동한 학자들을 실증학파라고 부르고 있다.

(3) 이때에는 특별예방주의에 따라 범죄자를 개별 처우하여 건전한 사회인으로 복귀시키는 것을 중
시하였으며, 교정시설도 점차 현대식 건축양식을 띠게 되었다.

5. 국제적 협력시대

형사정책에 관한 국제적 협력은 실증적 · 과학적인 연구가 시작된 19C 말부터 활발히 이루어 졌다. 제2차 대전 이후에는 국제적 협력이 더욱 활발히 전개되어, 형사정책 발전에 크게 기여 하였다.

CHAPTER 2 범죄행위에 대한 기본이해

01 고전학파와 실증학파 후술

JUSTICE

1. 고전학파

(1) 고전학파는 인간을 자유의지에 따라 합리적으로 생각할 수 있는 이성적인 존재로 보는 자유의사론을 바탕으로 범죄원인보다는 형벌에 의한 사회통제에 초점을 둔 거시적이론을 주장하였으며, 주로 형법개혁운동과 감옥개량운동을 중심으로 전개하였다.
(2) 따라서 고전주의는 범죄원인에 대한 설명이라기보다는 형법 및 형사법체계에 의한 범죄 통제에 관한 이론이라 할 수 있다.

2. 실증학파

(1) 범죄인을 결정론적 입장에서 소질과 환경에 문제가 있는 비정상적인 존재로 보는 실증학파로부터 범죄원인에 대한 과학적인 접근과 설명이 비롯되었다.
(2) 실증학파는 범죄의 원인을 범죄자인 행위자의 특성에 따른 생물학적·심리학적 원인(소질)과 행위자가 처해있는 개인 및 사회 환경에 따른 사회학적 원인(환경)으로 설명한다.

02 생물학파와 사회학파 후술

JUSTICE

(1) 생물학파와 사회학파는 범죄행위의 원인을 소질과 환경 중 어느 쪽에 더 큰 비중을 두느냐에 따라 분류한 것이다. 일반적으로 소질을 중시하는 경우를 범죄생물학파라고 하고, 환경을 중시하는 경우를 범죄사회학파라고 한다.
(2) 롬브로조의 생래적 범죄인론은 전자의 입장을 취하는 대표적인 학설이고, 프랑스학파의 개척자인 라까사뉴는 후자의 입장을 처음 밝힌 학자이다.
(3) 하지만 오늘날은 소질과 환경 모두를 고려한 절충주의가 통설이다.

03 비결정론과 결정론 후술

1. 비결정론(고전주의)

(1) 범죄행위를 비롯한 인간의 행위를 이해하는 이론으로는 결정론과 비결정론이 있다. 비결정론은 인간의 의사와 행위는 그 자신의 자유로운 의사 또는 의지에 의하여 주로 결정되고, 개인적인 소질이나 환경조건은 별 영향을 미치지 않는다는 이론이다.

(2) 인간의 자유의지(Free Will)를 중시하여 범죄인도 합리적이고 이성적인 사고를 가진 정상인으로 보는 고전주의(고전학파)는 비결정론적 입장을 취하고 있다.

2. 결정론(실증주의)

(1) 의의

결정론은 인간의 의사와 행위는 개인의 특수한 소질조건과 그 주변의 환경조건에 따라 거의 전적으로 결정된다는 이론이다. 소질과 환경을 중시하는 실증주의(실증학파)는 결정론적 입장을 취하고 있다.

(2) 내용

19C 중엽 롬브로조에 의해 실증주의가 제기된 이래, 처음에는 개인의 생물학적 특성에 주목하여 정상인과 범죄인의 신체적 특성을 규명하려 하였다. 그 후 범죄를 유발하는 조건으로 개인의 심리적 상태 및 일상적인 생활에 근접한 미시적인 개인환경과 보다 거시적인 환경인 경제구조·사회상황 등에 관심을 가지게 되었다.

(3) 행위자의 특징(소질)

① 생물학적 원인론과 심리학적 원인론은 범죄를 불변하는 개인의 기본특성, 즉 소질을 강조하는 입장이다.

② 생물학적 원인론은 주로 외부적으로 인식될 수 있는 신체적 혹은 유전적 요인을 다룬다.

③ 심리학적 원인론은 주로 잠재적이고 파악하기 어려운 인간의 심리상태·성격 등을 주요 범죄 원인으로 본다.

(4) 행위자가 처해 있는 상황(환경)

① 사람들은 같은 조건의 환경이 주어지면 동일한 행동을 할 것으로 보는 것이 사회학적 원인론의 입장이다. 이를 대별하면 가정 등 개인적인 생활환경을 중시하는 미시적 개인환경론과 사회구조 등 광범위한 사회환경을 중시하는 거시적 사회환경론으로 나눌 수 있다.

② <u>일반적으로 사회학적 이론은, 범죄를 비정상적 상황(환경)에 반응하는 보통사람들의 정상적인 행위로 보고 있는데, 이것이 생물학적 이론 및 심리학적 이론과의 다른점이다.</u>

(5) 결론

<u>오늘날은, 인간의 의사와 행위는 자유로운 의사·소질·환경 등이 복합적으로 작용한 결과로 보고 있어, 절충주의가 통설로 받아들여지고 있다.</u>

04 정태적·동태적 관찰방법 참고

JUSTICE

1. 정태적 관찰방법

정태적 관찰방법은 <u>소질이나 환경</u> 중 어느 하나의 개별인자에 의해 범죄가 발생하는 것으로 보고 이를 연구하는 방법을 말한다. 이는 <u>일원적 범죄원인론의 단원주의 입장이다.</u>

2. 동태적 관찰방법

(1) 동태적 관찰방법은 생물학적·심리학적·사회학적 요소들인 소질과 환경이 복합적으로 작용해 범죄에 이른다는 입장이다. 이렇게 동태적·발전적으로 범죄행위를 설명하는 방법이 현재 가장 유력한 견해이며, 이는 다원주의 관점의 견해를 말한다.

(2) 1930년경 메츠거(Mezger)가 소질과 환경 등을 모두 고려한 동태적 범죄관을 주장하고 「동역학적 범죄원인론」을 저술하였다.

(3) 엑스너(Exner)와 힐리(Healy) 등으로 대표되는 소질과 환경을 함께 고려한 절충적 견해도, 메츠거의 동태론적 범죄원인론과 실질적으로 같다고 할 수 있다.

05 범죄원인 인식방법 참고

JUSTICE

1. 단원주의

(1) 단원주의는 소질과 환경 등 범죄의 여러 원인 중 어느 한 가지에 역점을 두고 설명하는 방법을 말한다. 오늘날처럼 다양한 원인에 의해 발생하는 복잡한 범죄현상을 제대로 설명하기 어려운 점이 있다.

(2) 롬브로조(Lombroso)의 생래적 범죄인론과 고다드(H. Goddard)의 지능박약론 등이 대표적인 예이다.

2. 다원주의

(1) 다원주의는 다수요인들의 복합적인 관계로 범죄원인을 설명하고, 그 요인들의 상호관계를 분석하고 해명하는 것을 중시하는 이론을 말한다.

(2) 모든 인자를 병렬적으로 취급하고 있어, 통합과 체계화 및 상관관계 규명이 곤란한 문제점이 있다. 또한 병렬적인 인자의 결정과 이에 대한 대책만을 일관하고 있어, 범죄원인에 대한 과학적인 입장을 제대로 정립하지 못한다는 단점이 있다.

(3) 렌츠(Lenz), 메츠거(Mezger), 힐리(Healy), 글룩(Glueck)부부의 연구를 예로 들 수 있다.

3. 일반이론주의

(1) 일반이론주의는 생물학적 · 심리학적 · 사회학적 등 여러 인자들의 복합적인 관계를 일반적인 원리로 정리해서 모든 범죄에 공통된 이론을 전개하는 것을 말한다.

(2) 모든 종류의 범죄를 보편적으로 설명할 수 있는 일반이론 구성과 범죄방지대책 수립에 가장 유용한 이론이다. 하지만 격정범 등 일반이론으로 구성할 수 없는 경우가 있어 유형주의의 보완이 필요하다.

(3) 밀러의 하위계층 문화이론, 서덜랜드의 차별적 접촉이론 등 미국의 범죄사회학파가 주장한 이론들이 이에 속한다.

4. 유형주의

(1) 유형주의는 일반이론이 아닌, 각 죄종별(살인범 · 성폭력범 등)로 특수이론을 전개하여 범죄원인을 설명하는 이론을 말한다. 즉, 일정한 범죄와 범죄자를 유형화하여 개별범죄에 대한 별도의 범죄원인과 대책을 논하는 것을 말한다.

(2) 이는 범죄유형별로 그 범죄원인을 찾아내어 일반이론을 보완할 수 있는 장점이 있다.

> ● **범죄원인론의 발달 과정 ★**
> ① 단원주의 ⇒ ② 다원주의 ⇒ ③ 일반이론주의(사회학적 가설방법) ⇒ ④ 유형주의

CHAPTER 3 고전학파 이론

01 시대적 배경

1. 고전학파의 유래

(1) 고전주의는 고전주의 시대라는 개념에서 유래하였다. 이는 18C 중엽 공리주의자를 중심으로 형벌제도와 법제도의 개혁을 중시하면서 자의적이고 왜곡된 사법과 형벌체제의 변혁을 시도한 것에서 비롯되었다.

(2) 고전주의 범죄이론은 1764년 이탈리아의 베카리아가 「범죄와 형벌」을 출간한 시기로부터 보고 있으며, 주로 형법개혁운동과 감옥개량운동을 중심으로 주장하였다.

(3) 대표적인 학자로는 베카리아, 벤담, 포이에르바하, 케틀레, 존 하워드 등이 있다.

> ➡ **실증학파**
> 범죄원인과 개별처우를 중시한 것은 고전학파가 아닌 실증학파이다.

2. 사상적 기초

(1) 고전주의는 사회계약론과 천부인권론적 입장에서 인간의 존엄성을 주장하고, 인간을 자유의지(Free Will)를 가진 이성적이고 합리적인 판단능력을 가진 존재로 보았다. 그래서 인간의 합리적인 판단능력·자유의지·쾌락주의 등의 입장에서, 인간행위의 본질에 관한 가정을 이익을 극대화시키는 쾌락주의에 두고 공리주의 관점에서 범죄를 파악하였다.

(2) 고전학파이론의 사상적 기초를 제공한 17C 초 ~ 19C 초의 계몽주의자로는 몽테스키외(Montesquieu), 볼테르(Voltaire), 몽테뉴(Montaigne), 루소(Rousseau) 등이 있다.

02 형법개혁운동

1. 의의

(1) 형법개혁운동은 18C 고전학파의 선구자이자 형법개혁운동의 개척자인 베카리아(Beccaria)에 의해 시작 되었다.

(2) 이 운동은 인간의 자유의지, 쾌락주의, 공리주의, 범죄예방주의(일반예방주의) 측면에서 형벌과 법제도의 개혁 및 자의적이고 왜곡된 사법과 형벌체계의 변혁을 시도하였다.

(3) 대표적인 학자로는 베카리아, 벤담, 포이에르바하 등이 있다.

2. 주요학자 ★

(1) 베카리아(C. Beccaria, 1738 ~ 1793)

① 「범죄와 형벌」출판

형법개혁운동의 선구자인 베카리아는 「범죄와 형벌」에서 기존의 형벌제도를 비판하면서 개혁 방안을 제시하였다.

② 죄형법정주의 주장

범죄자에게는 범죄에 상응하는 만큼 고통을 주어야 한다고 주장하고, "범죄에 해당하는 형벌은 법으로 정해야 한다"는 죄형법정주의를 주장하였다.

③ 비례적 형벌과 죄형균형론 주장(객관주의 형벌이론)

범죄로 인한 사회의 침해정도와 형벌 간에는 적절한 비례관계가 성립되어야 한다(비례적 형벌). 형벌로 인한 고통은 범죄로부터 얻는 이익을 약간 넘는 정도이어야 한다(죄형균형론).

④ 형벌 집행의 3요소(확실성 · 엄중성 · 신속성) 주장

범죄예방의 확실한 장치는 가혹한 처벌이 아닌 처벌의 완벽성이라고 하면서 형벌 집행의 3요소인 처벌의 확실성 · 엄중성 · 신속성을 주장하였다.

⑤ 범죄예방주의(일반예방주의) 주장

형벌의 근본적인 목적은 범죄자를 괴롭히는 것이 아니라 범죄를 저지르지 않도록 예방하는 것이므로, 처벌은 범죄예방에 도움이 될 때 정당화될 수 있다(처벌보다 예방을 중시하고 형벌의 공리성을 중시함).

⑥ 사형 · 고문제도 폐지 주장 및 사면제도 반대

잔혹한 형벌과 고문제도 폐지 및 사형제도 폐지를 최초로 주장하였으며, 형사제도의 무질서와 법에 대한 존중심이 훼손된다는 이유로 사면제도를 반대하였다.

⑦ 기 타

㉠ 신분의 불평등 타파, 밀고제도 폐지, 처벌의 공개를 주장하였다.

⻆ 형사사건에서 법관은 형법을 해석할 권한이 없고, 법률에 정해진 범위를 초과하는 형벌을 과할 수 없다.

⻆ 법은 공포되어야 하고, 신분에 따른 차별이 없어야 하며, 범죄자들은 배심원에 의해 평결되어야 한다.

⻆ 미결구금 기간은 짧아야 하고 불필요하게 냉혹해서는 아니 되며, 감옥시설은 인도적으로 개선되어야 한다.

(2) 벤담(J. Bentham, 1748 ~ 1832)

① 공리주의자

최대다수의 최대행복이라는 공리주의 입장에서 형벌개혁운동을 전개하고, 법의 목적은 사회 공유의 행복을 창조하고 보장하는 것이라고 하였다.

② 범죄예방 중시

형벌부과의 목적은 범죄예방에 있고, 범죄예방에 가능한 적은 비용을 사용해야 한다.

③ 상상적 범죄와 실제적 범죄 구별

범죄는 악을 낳는 것이므로(실제적 범죄), 악을 수반하지 않는 상상적(관념적) 범죄는 범죄가 아니다.

④ 형벌의 계량화 주장 ★

범죄로 인한 이익과 고통 등을 고려한 형벌의 계량화를 주장하고, 비합리적인 형벌을 비난하면서 형벌의 효용성을 고려한 형벌개념을 주장하는 등 범죄에 비례하는 과학적 형벌 부과를 강조 하였다.

⑤ 파놉티콘형(圓形) 교도소 구상 ★

파놉티콘(Panopticon)은 모든 것을 본다는 뜻으로, 중앙감시탑을 중심으로 원형으로 거실이 둘러싸인 형태의 교도소를 말한다. 실제로 건립되지 않았지만 현대교도소 건축에 많은 영향을 주었다.

⑥ 수형자는 교도소에서 사회로 바로 복귀되어서는 아니 되며, 석방과정에 중간단계가 필요하다.

⑦ 인간의 행위에 대한 동기를 강조한 벤담의 행위이론은 미국의 학습이론 및 사회방위이론에 영향을 주었다.

⑧ 기타

국제형법이라는 용어를 처음으로 사용하고, 피해자구조의 필요성을 강조하였고, 범죄의 사회적 원인론 및 필요악으로서의 형벌개념을 주장하였다.

⊙ 벤담 더 알아보기

① 벤담은 「도덕과 입법의 원칙」을 통해 "법의 목적은 사회공유의 행복을 창조하고 보장해 주는 것"이라고 주장하였으며, 형법 개정에 중점을 두고 다음과 같은 이론을 전개하였다.

　　　⑦ 범죄는 형법의 불완전에서 생겨난 것이므로 범죄 없는 사회의 실현을 위해서는 형법개정이
　　　　필요하다.
　　　⑥ 형법의 목적은 본보기·개선·격리·피해자보호·경제성에 있고, 형벌부과의 목적은 응보에 있는
　　　　것이 아니라 범죄예방에 있다.
　　　⑥ 형벌은 인위적이고 고통이므로 그보다 더 큰 해악의 제거가 보증될 때에만 정당화 될 수 있다
　　　　고 보고, 정당화 될 수 없는 형벌로 4가지를 제시
　　　　ⓐ 근거 없는 형벌 : 범죄행위 자체에 해악성이 없는 경우
　　　　ⓑ 실효성이 없는 형벌 : 형벌에 의해서도 범죄행위를 저지할 수 없는 경우
　　　　ⓒ 고가(高價)의 형벌 : 형벌의 해악이 범죄의 해악을 넘어서는 경우
　　　　ⓓ 불필요한 형벌 : 다른 방법으로 범죄방지가 가능한 경우
　　　② 범죄의 예방이 불가능하다보면 보다 가벼운 범죄로 유도할 필요가 있으며, 범죄 예방에 가능한
　　　　한 적은 비용을 사용하여야 한다.
　　　⑩ 형벌집행의 기준으로 관대성의 원칙, 열등처우의 원칙, 경제성의 원칙을 주장
　　　　ⓐ 관대성의 원칙 : 강제노역을 받은 자에게 추가적으로 육체적 고통을 부과해서는 안 된다.
　　　　ⓑ 열등처우의 원칙 : 수형자는 사회의 극빈층보다 좋은 처우를 받아서는 안 된다.
　　　　ⓒ 경제성의 원칙 : 범죄인의 관리는 경제적으로 행해져야 하며, 공공부담의 증가를 초래하거나
　　　　　강제노역에 의한 수익추구는 허용되지 않는다.
　　　⑪ 형벌은 악이지만 범죄를 통하여 더 큰 악이 사회에 가해지는 것을 방지하기 위한 필요악이며,
　　　　죄와 형벌은 균형을 이루어야 한다.
　　　⑫ 범죄는 사회적으로 악을 수반하는 경우(실제적 범죄)와 악을 수반하는 않는 경우(상상적 범죄)가
　　　　있는데 전자만이 범죄이면, 후자는 진정한 범죄가 아니다.
　　　⑬ 범죄행위는 생물학적·풍토적 원인보다는 사회적 원인에 있다.
　　　⑭ 수형자가 교도소에서 사회로 바로 복귀되어서는 아니 되며, 중간단계가 필요하다.
　　② 벤담은 범죄와 형벌의 비례성에 관하여 이른바 '채찍이론(범죄자에게 채찍을 가한다고 가정할 때
　　　그 강도는 채찍질을 하는 자의 근력과 범죄자에 대한 개인적 적개심에 따라 달라진다는 이론)'을
　　　주장하고, 형벌의 강도는 범죄의 중대성에 따라 결정되어야 한다고 주장하였다.
　　③ 벤담은 사상적으로 베카리아와 매우 유사하나, 고문을 부정하지 않았고(공익을 위한 고문을 예외적
　　　으로 인정), 묵비권에 소극적인 입장을 취하였다는 점에서 고문이나 묵비권 제한을 인정하지 않았
　　　던 베카리아와 구별된다.

(3) 포이에르바하(Feuerbach, 1755 ~ 1833)

　① 형사정책 용어 처음 사용
　　1800년 「코란 형사법 서설」에서 형사정책이라는 용어를 처음으로 사용하였다.
　② 심리강제설(일반예방주의) 주장
　　범죄를 범하면 이로 인한 이익보다 더 큰 해악이 따른다는 심리강제설을 주장하여 일반예방
　　주의 및 죄형법정주의의 기초를 마련하였다.
　③ 저술
　　재판사례연구인 「저명한 범죄의 기록에 관한 서술」과 「형법교과서」및 「코란 형사법 서설」
　　등을 저술하였다.

(4) 페스탈로치(Pestalozzi)와 훔볼트(Humbolt) 참고

① 법제도를 통한 금지보다는 내부적인 교육의 중요성과, 범죄예방을 위한 사회교육(특히 직업교육)의 중요성을 강조하고, 교육학을 수형자 교육에 응용하려고 시도하였다. 또한 교육형주의자로서 가혹한 입법을 반대하고, 범죄방지의 비결은 인간애에 기초한 민심의 순화에 있다고 하였다.

② 이러한 페스탈로치(Pestalozzi)와 훔볼트(Humbolt)의 교육사상은 리스트(Liszt)의 목적형사상 및 리프만(Liepmann), 란자(Lanza), 살다나(Saldana) 등 오늘날의 교육형·개선형의 발전에 지대한 영향을 주었다.

03 감옥개량운동(교정학 내용과 같음)

J U S T I C E

1. 기본이해

지하 동굴과 같은 극히 불량한 감옥의 위생상태와 비인간적이고 비합리적인 운영체계를 개선하기 위해 18C 말 감옥개량운동이 활발히 전개되었다. 감옥개량운동가로는 선구자인 영국의 존 하워드를 비롯해 미국의 프랭클린, 윌리암 펜, 하비랜드, 마코노키, 크로프톤 등이 있다.

2. 중세의 감옥

중세의 감옥은 수사나 재판절차의 확보, 사형 등 다른 형벌을 집행하기 위한 일시적인 감금 등 대부분 미결구금의 형태로 운영되었다. 당시 지방의 감옥은 지주의 관리인에 의해 위탁 운영되어 수인들로부터 돈을 받는 것이 허용되었고, 순회재판은 1년에 1회 정도 열려 미결구금이 길고, 감옥 내에서는 무질서한 잡거구금과 함께 위생상태가 지극히 불량하였다.

3. 감옥개량운동 ★

(1) 존 하워드(John Howard, 1726 ~ 1790)

① 감옥개량운동의 선구자로, 다섯 번에 걸쳐 유럽의 300여개 감옥을 둘러보고 1777년 「영국과 웨일즈의 감옥상태론」(The State of Prison in England and Wales)을 저술하였다.

② 형벌 집행의 목적은 노동을 통한 교육에 있다고 보고 인도적인 감옥개혁을 제창하였다.

③ 통풍과 채광이 잘되는 위생시설을 확보하고 교도소 내의 노동조건을 개선해야 한다.

④ 감옥은 개선장소가 되어야 하므로 과다수용은 지양되어야 하며, 성별과 연령 등 일정한 분류원칙에 따른 분류수용 및 채무자와 일반범죄자의 분리수용을 주장하였다.

⑤ 원하는 자에게만 노동의 기회를 부과하는 자발적인 노동을 통한 개선방안을 제시하였다.

⑥ 수형자는 야간에 독거수용하여 상호접촉을 차단해야 한다고 하면서, 독거제를 처음으로 주장하였다(오번제, 반독거제 형태).

⑦ 응보형사상과 유형제를 반대하고, 사형제도 폐지를 주장하였다.

⑧ 수형성적에 따라 형기를 단축시켜 주는 자력개선 촉진제도를 제시하였다(부정기형).

⑨ 근대적인 교도소 설립을 위한 감옥법을 기초하였다.

⑩ 종교적 교육과 감화를 중시하여 감옥 내 종교시설 구비 및 종교서적 비치를 주장하였다.

⑪ 공적으로 선임된 시찰관이 주 1회 감옥을 시찰하여 규정준수 여부를 확인하여야 한다(무보수).

⑫ 독립된 행정관청에서 수용자를 통제하고, 교도관의 공적임명과 충분한 보수지급을 주장하는 등 다른 나라의 감옥개량운동에 이념적인 영향을 주었다.

(2) 벤자민 프랭클린(B. Franklin) 참고

아메리카 감옥 개량협회를 설립하고, 미국에서 감옥개량운동을 본격화하였다.

(3) 윌리암 펜(W. Penn) 후술

프랭클린과 함께 감옥개량운동을 전개하고, 최초의 독거교도소인 월넛(Walnut)교도소(1790년)를 설립해 소장이 되었다.

(4) 하비랜드(J. Habiland) 참고

1790년 벨기에의 간트(Gand) 교도소를 설계하였다. 1821년에는 동부 펜실베니아 교도소(동부감옥)를 설계하여 현대적 독거교도소의 원형인 펜실베니아제 확립에 기여하였다.

> **⊙ 벨기에의 간트교도소**
> 하비랜드가 설계하고 필립 빌레인(Pillip Vilain)이 건축하였다.

(5) 마코노키(A. Machonochie)

호주의 노포크섬 교도소 소장으로 누진처우제의 일종인 점수제를 최초로 고안해 시행하였다.

(6) 크로프톤(W. Crofton)

아일랜드의 교도소 소장으로 점수제와 중간감옥제(사회적 처우)를 병행한 아일랜드제를 창안하였다.

(7) 엘리자베스 프라이(E. Fry, 1789 ~ 1845)

① 1816년 영국의 뉴게이트 감옥에 수용된 비참한 여성수형자의 수용여건을 보고, 수용여건 개

선 및 처우개선을 위해 많은 노력을 하였다.

② 남성과 여성의 분리수용 및 여성감옥의 일상업무에 남성의 간섭 배제 등을 주장하였다.

③ 노동 이외 중요한 개선수단으로 도덕적·종교적 교육을 강조하였다.

> **엘람 린즈(Elam Lynds)**
> 1823년 뉴욕의 오번교도소 소장 때에 낮에는 교담을 엄격히 금지시켜 작업에 임하게 하고 밤에만 엄정독거 수용하는 형태인 오번제(완화독거제·반독거제·절충제·침묵제·교담금지제)를 실시하였다.

04 실증적 형사정책 연구 참고 JUSTICE

1. 범죄현상에 대한 통계적 연구(제도학파)

(1) 의의

① 고전학파의 형법개혁운동으로 인해 범죄가 줄어들 것으로 기대하였지만, 범죄통계가 없어 이에 대한 관심이 고조되었다.

② 범죄통계 결과, 전체 범죄율과 살인과 같은 범죄의 범죄율이 일정하게 나타나고 재범률이 증가한 것으로 나타났다. 이는 범죄가 전적으로 자유의지의 산물이라기보다는 전체적인 사회적 요인에 의해 영향을 받는 것으로 이해할 수 있다.

(2) 주요학자

① 게리(Guerry)

㉠ 1833년 프랑스에서 발생한 범죄통계(1825 ~ 1830)를 최초로 지도에 표시하여 범죄지리학의 창시자가 되었으며, 「도덕통계분석」을 발표하였다.

㉡ 프랑스의 부유한 지역에서는 재산범죄율이 높은 반면 폭력범죄의 비율이 낮은 것을 발견하고, 빈곤 자체보다는 이를 저지하는 기회가 더 중요하다고 생각해 상대적 빈곤을 강조하였다.

㉢ 폭력범죄율은 교육수준이 높은 지역이 높고 교육수준이 낮은 지역이 낮다는 것을 밝혀내어, 교육을 받지 못한 것이 범죄의 원인이라는 일반적인 생각을 비판하면서 인성교육의 필요성을 강조하였다.

㉣ 케틀레와 함께 사회적 환경과 범죄와의 관계 및 일정한 지리적 공간에 있어서 범죄분포 등을 연구하여 범죄의 법칙성과 예측가능성을 발전시켰다.

② 케틀레(A. Quetelet, 1796 ~ 1874)

㉠ 제도학파(製圖學派 : 지도학파) : 초기 범죄사회학파의 대표자이자, 범죄통계학의 창시자이며, 제도학파(製圖學派)의 시조이다.

㉡ 범죄현상에 대한 통계적 연구 시도 : 모든 현상을 대수(大數)의 법칙으로 파악하고, 범죄를 집단현상으로 보아 사회적·경제적 상태와 함수관계에 있다고 보고 통계를 통한 거시적 분석을 시도하였다. 또한 각 나라의 통계수치를 계산하여 평균인 개념을 도출하여 범죄발생 정도와 연관시켜 연구하였다.

㉢ 범죄원인의 사회성 주장 : 「사회물리학」(1835) 논문에서 사회는 범죄를 예비하고 범죄자는 범행을 실현하는 수단에 불과하다고 하면서, 범죄를 개별적 사실이 아닌 집단현상으로 보아 사회적 범죄원인론을 강력히 주장하였다.

㉣ 범죄항상설 주장 : 범죄는 특정사회의 연령, 성별, 인종, 빈곤, 교육, 계절 등 여러 조건에 상응한 법칙성을 갖고 항상 존재한다는 범죄항상설을 주장하였다.

㉤ 범죄현상의 법칙성 주장 : 빈곤한 지역보다 오히려 부유하고 교육이 높은 지역에서 범죄가 많이 발생한다는 사실을 발견하였다(도시범죄는 상대적 빈곤이 범죄의 원인인 경우가 많다). 더운 지방에서는 인신범죄가 많이 발생하고 추운지방에서는 재산범죄가 많이 발생한다고 주장하였다.

㉥ 암수문제 제기 : 도시범죄를 연구하면서 암수문제를 제기하였다.

㉦ 평가

ⓐ 집단현상으로서의 범죄문제에 관심을 갖게 되는 계기를 마련하였다.

ⓑ 범죄통계를 이용한 범죄현상 해명방법은 실증주의 탄생의 기초가 되었으며, 특히 범죄사회학적 측면의 이론적 바탕을 제공하고, 범죄방지대책을 형사사법과 행형분야까지 확장시킨 것으로 평가받고 있다.

CHAPTER 4 고전학파 이론 정리

01 고전학파 이론

JUSTICE

1. 의의

(1) 개인을 존중하는 천부인권론 및 계몽주의사상을 배경으로 주장된 고전학파 이론은 큰 반향을 일으키며 유럽으로 전파되어, 1789년 프랑스 인권선언과 1791년 프랑스 형법의 이론적 토대가 되었다.

(2) 또한 고전학파 이후의 근대 형법학도 죄형법정주의 · 죄형균형주의 등과 같은 형법개혁운동의 소용돌이 속에 발전하였기 때문에, 오늘날에도 고전학파 이론은 상당한 지지를 받고 있다고 할 수 있다.

2. 현대적 고전학파

고전학파 이론을 바탕으로 1960년대 이후에 대두된 이론을 현대적 고전학파라고 하며, 이러한 이론으로는 억제이론과 범죄경제학이 있다.

02 신고전학파 이론

JUSTICE

1. 의의

(1) 고전학파에 의해 제정된 1791년 프랑스 형법은 동일한 범죄의 동등한 형벌원칙 및 법관의 재량권 불인정 등 지나치게 처벌위주의 경직된 형벌로 인한 문제점이 도출되었다. 그래서 19C에 들어서면서 범죄자가 처해 있는 객관적인 상황을 고려한 형벌의 개별화와 법관의 재량을 다소 인정하는 방향으로 개정되었다.

(2) 하지만 신고전학파도 고전주의와 마찬가지로 인간의 자유의지를 신봉하여 범죄자의 의도와 같은 주관적인 조건은 고려하지 않았다.

2. 주요내용

(1) 법관의 재량을 어느정도 인정하고, 형벌의 개별화를 부분적으로 인정하였다.
(2) 자기변호를 인정하고, 어린이와 정신장애자의 책임(처벌)을 완화하였다.
(3) 하지만 범죄자의 범행의도와 같은 심리적 상황은 고려하지 않았다.

---

03 현대적 고전학파 이론
JUSTICE

1. 기본이해

(1) 고전학파 이후 등장한 실증주의 범죄학이론은 범죄인의 교화개선과 부정기형 등을 바탕으로 범죄예방을 도모하였다. 하지만 성과가 기대에 미치지 못하고 범죄문제가 더욱 악화되면서, 고전주의에 대한 관심이 새롭게 고조되었다.
(2) 1960년대 후반에 대두된 현대적 고전학파이론으로는, 범죄학자와 사회학자들에 의한 억제이론과 경제학자들에 의한 범죄경제학(계량경제학)이 있다.

2. 억제이론 ★

억제이론은 고전학파(베카리아)의 주장대로, 형벌집행이 확실할수록(확실성), 형벌의 정도가 엄격할수록(엄격성), 형벌집행이 신속할수록(신속성) 사람들이 형벌에 대한 두려움을 가져 범죄를 자제한다는 사상을 기초로 하는 이론을 말한다. 즉, 법률에 의한 처벌이 범죄를 억제하는 효과적인 수단으로 보는 이론을 말한다. 이러한 연구로는 깁스와 티틀의 집단비교연구와 로스의 시계열연구가 있다.

(1) 집단비교연구 참고

① 깁스(Gibbs)의 연구
  ㉠ 1968년 미국의 전체 주를 대상으로 범죄발생률, 범죄검거율(확실성), 평균형량(엄격성) 등의 관계를 분석하였다.
  ㉡ 살인사건의 경우 형벌집행이 확실하고 엄격한 주일수록 살인사건 발생률이 낮았다. 이는 형벌의 운용 및 형벌을 두려워하는 정도에 따라 범죄발생 정도가 달라질 수 있음을 의미한다.

② 티틀(Tittle)의 연구

  ㉠ 티틀은 1969년 살인 및 다른 범죄에 대해서도 형벌이 갖는 범죄억제효과를 검증한 바, 살인 사건의 경우 형벌이 엄격한 지역일수록 감소하는 경향을 보였지만, 그 외 강도 등 다른 유형의 범죄에는 별다른 차이가 없었다.

  ㉡ 조사결과 형벌의 엄격성은 살인사건의 경우에만 억제효과가 있었고, 확실성은 모든 유형의 범죄발생률에 영향을 미치는 것으로 조사되었다.

  ㉢ 신속성은 측정하기 어려워 대부분의 연구에서 제대로 고려하지 못한 점이 있다.

> ➋ 형벌의 억제(제지) 효과(형벌 집행의 3요소) ★
> ① 확실성 > ② 엄격성(엄중성) > ③ 신속성

(2) 로스(Ross)의 시계열연구

① 시계열연구는 입법정책이나 형벌형태가 변화하기 이전과 변화한 이후의 범죄율의 증감을 비교하는 방법을 말한다. 이는 형벌의 확실성이 범죄발생률에 미치는 정도와 범죄발생률이 형벌의 확실성에 미치는 정도를 알 수 없는 문제점을 해결하기 위해 도출된 이론으로, 1982년 로스(Ross)가 연구한 것이 대표적이다.

② 로스는 영국에서 음주운전자에게 1년간 운전면허정지를 시키는 도로안전법 제정(1967년) 전후를 비교하여 음주운전사고를 비교한 바, 법 시행 이후 음주사고가 현저히 감소하였다.

(3) 억제이론 평가

① 사람과 범죄유형에 따라 처벌의 두려움에 대한 인식이 다른 것을 제대로 고려하지 않았다.

② 격정범·충동범 등과 같은 범죄에는 적용하기 어려운 점이 있다.

③ 처벌을 통한 고통부과에 치중하고 있어 범죄이론으로 구체화하여 일반화하기에는 한계가 있다.

④ 확실성이 범죄발생률에 미치는 정도와 범죄발생률이 확실성에 미치는 정도를 분간할 수 없다.

⑤ 검거율이 높았을 때 범죄발생률이 낮은 경우 이것이 두려움 때문이라면 형벌의 확실성을 입증하는 것이지만, 실제 범죄가 많았음에도 경찰인력 등 한계로 검거가 어려워 형벌의 확실성이 떨어졌다면 억제이론과는 아무런 상관이 없는 것이 된다.

3. 범죄경제학

(1) 의의

① 범죄경제학은, 인간은 합리적이기 때문에 범죄도 경제학과 같이 범행 시 이익과 손실을 계산한 후에 자행한다는 이론으로, 1968년 베커(G. Becker)를 비롯한 경제학자들이 고전학파 이론을 발전시킨 것이다.

② 이는 범죄자의 지속적인 성향보다는, 상황적 요인과 주변적 요인 및 행위자의 합리적이고 주관적인 판단을 중심으로 범죄를 설명하고 있다.

③ 하지만 이러한 범죄경제학에 의하면, 범죄는 결국 고전학파 이론과 같이 상황에 따른 개인의 자유로운 의사결정의 결과로 볼 수 있어, 소질과 환경 등 범죄인의 생물학적 영향이나 사회학적 영향을 고려하지 않는 단점이 있다.

(2) 대표적 이론

① 클라크(Clarke)와 코니쉬(Cornish)의 합리적 선택이론

㉠ 합리적 선택이론은 경제학의 기대효용이론에 근거한 것으로 효용(이익)과 손실을 비교해 범행여부를 결정한다고 한다.

㉡ 이는 곧 '개인적 요인'(금전욕구·가치관·학습경험)과 '상황적 요인'(경비·거주유무·주위환경 등)을 고려하여 이득이 된다고 판단할 때 범행을 선택하게 된다는 이론이다.

㉢ 합리적 선택이론은 결국 인간은 이성적·합리적이라는 고전학파 사상을 바탕으로 하고 있어, 현대적 고전학파 이론이라고 한다.

● 클라크와 코니시의 상황적 범죄예방의 5가지 목표와 25가지 기법

노력의 증가	1. 대상물 강화 • 운전대 잠금장치 • 강도방지 차단막	2. 시설접근 통제 • 전자카드 출입 • 소지품 검색	3. 출구검색 • 출구통과 티켓 • 전자상품인식표	4. 잠재적 범죄자 분산 • 분리된 여자화장실 • 술집 분산	5. 도구/무기 통제 • 스마트건 • 도난휴대폰 작동 불능화
위험의 증가	6. 보호기능 확장 • 일상적 경계대책(야간외출 시 집단이동) • 이웃감시 프로그램	7. 자연적 감시 • 가로등 개선 • 방어적 공간설계	8. 익명성 감소 • 택시운전기사 ID 의무화 • 학교교복 착용	9. 장소감독자 활용 • 편의점 2인 점원 두기 • 신고보상	10. 공식적 감시 강화 • 침입절도경보기 • 민간경비원
보상의 감소	11. 대상물 감추기 • 식별 안 되는 전화번호부 • 표식 없는 금고운송 트럭	12. 대상물 제거 • 탈부착 가능한 차량라디오 • 여성 피난시설	13. 소유자 표시 • 재물표식 • 자동차고유번호, 차대번호	14. 장물시장 교란 • 전당포 감시감독 • 노점상 인가제도	15. 이익불허 • 상품잉크 도난 방지택 • 스피드광 과속방지턱
자극의 감소	16. 좌절감과 스트레스 감소 • 효율적인 줄서기, 서비스 • 마음을 진정시키는 부드러운 음악과 조명	17. 논쟁 피하기 • 라이벌 축구팬들을 분리시킨 관람석 • 택시요금정찰제	18. 감정적 자극 감소 • 폭력적 포르노물 통제 • 인종적 비하언어 금지	19. 친구압력 중화 • 음주운전은 바보짓이다. • 교내 문제아들 분리조치	20. 모방 좌절시키기 • 상세한 범죄수법 노출방지 • TV폭력물 제어칩 설치
변명의 제거	21. 규칙 명확화 • 괴롭힘 방지규정 • 주택임대규정	22. 지침의 게시 • 주차금지 • 사유지	23. 양심에의 호소 • 도로 옆의 속도알림 표시판 • 세관신고서 작성	24. 준법행동 보조 • 간편한 도서관 체크아웃 • 공중화장실, 쓰레기통	25. 약물과 알코올 통제 • 술집에 음주측정기 비치 • 알코올 없는 행사 진행

50 PART 2 형사정책의 발전과정

② 코헨(Cohen)과 펠슨(Felson)의 일상생활이론(거시적) ★

　　㉠ 일상생활이론은 범죄자가 아닌 범행의 조건을 특정화한 이론이다. 모든 사람들은 이익을 극대화하고 고통은 최소화한다는 고전학파의 가정과 같이, 범죄의 동기나 범죄를 저지를 개연성이 있는 잠재적인 범죄인의 수는 일정하다고 가정한다. 그렇기 때문에 현대적 고전학파 이론이라고 한다.

　　㉡ 범죄는 범행을 동기화한 사람(실업자),적절한 범행대상(보석소지자), 범행 방지자(감시자)의 부재(경비 등) 3가지 변수에 의해 결정된다는 연역적 범죄원인론이다(실증주의는 귀납적ㆍ경험적 범죄원인론임).

　　㉢ 일반적인 범죄원인론(실증주의)은 첫째 요인인 범죄자 규명에 중점을 두고 있는 반면, 일상생활이론은 둘째와 셋째 요인을 중시하는 이론이다.

　　㉣ 미국의 여성 취업률이 높아지면서 집에 거주하는 사람이 줄어든 반면, TV 등 이동이 용이한 범행 대상이 많아지고, 인구가 증가하면서 범행을 동기화한 사람이 늘어나 1960 ~ 1980년대에 범죄가 많이 증가하였음을 설명할 때 이 이론으로 설명이 가능하다.

　　㉤ 코헨과 펠슨(Cohen & Felson)의 일상활동이론(Routine activities theory)은 범죄예방의 중점을 범죄자 개인적 성향이 아닌 환경이나 상황적 요인과 기회에 둔다.

◑ 일상활동이론과 생활양식-노출이론의 비교

일상활동이론(미시+거시)	생활양식-노출이론(미시)
• 일상생활에서의 범죄율의 변화를 설명하기 위한 이론으로 제시 • 미시적, 상황적 요소인 '대상으로서의 매력성'과 '감시의 부재'를 강조	범죄기회 구조의 내용으로서 범죄자와의 근접성과 범죄위험에의 노출이라는 거시적인 부분 중요시
모두 기회이론	

04 고전학파의 한계

J U S T I C E

1. 의의

(1) 범죄가 초자연적인 영향이 아닌 이성적인 판단에 의한 것으로 인식함으로써, 인본주의에 입각한 형사사법제도의 바탕을 이룩하였다.

(2) 인간존중과 이성적 판단 등을 추구함으로써 왕권에 의한 자의적이고 잔혹한 형벌을 개선하는 형법개혁 및 감옥개량에 크게 기여하였다.

(3) 죄형법정주의 및 범죄의 예방과 제지(억제)를 위한 일반예방주의의 개념을 제공하였다.

2. 한계

(1) 자유의사론 및 형벌중심의 범죄통제에 치중하고 있고, 범죄원인을 고려하지 않아 이론 자체가 다분히 <u>사변적이고 비현실적</u>이다.

(2) 형벌 집행의 3요소(확실성·엄중성·신속성)에 대한 경험적 연구가 부족하다.

(3) 개인적 특성, 심리적 측면, 사회적 환경 등 범죄원인을 고려하지 않아 진정한 의미의 범죄원인 론으로 보기 어렵다.

(4) 인간의 행위를 지나치게 단순하게 파악하여 범죄방지대책이 형벌을 통한 고통의 부과에 치중하고 있고, 범죄자의 특성을 고려한 형사사법의 개별화를 실현하기 어려운 점이 있다.

기출

다음 그림에 관한 설명으로 가장 적절하지 않은 것은?

경행1차 23

[범죄삼각형] — 동기화된 범죄자 / 적절한 범행대상 / 범죄

[수정모형] — 통제인 / 관리인 / 장소 / 범죄 / 대상물/피해자 / 감시인

① 범죄삼각형은 일상활동이론(Routine Activity Theory)의 3요소가 시·공간에서 수렴했을 때 범죄가 발생한다는 것을 도식화한 것이다.

② 두 모형은 범죄문제 해결 및 예방을 위한 환경설계를 통한 범죄예방(CPTED) 및 상황적 범죄예방기법과 밀접한 관련이 있다.

③ ㉠에 대한 구체적 범죄예방 기법으로는 소유물에 대한 표시, 출입문 잠금장치 및 방범창 설치, 금고의 활용 등이 있다.

④ 수정모형은 ㉠의 개념을 보다 구체화한 것으로 동기화된 범죄자를 사적으로 통제할 수 있는 통제인(handler), 장소와 시설을 관리할 수 있는 관리인(manager), 범행대상을 공·사적으로 보호할 수 있는 감시인(guardian) 으로서의 역할을 강조하였다.

해설

㉠은 감시의 부재이며, 펠슨은 감시인 또는 보호자는 경찰이나 민간경비원 등의 공식 감시인을 의미하는 것이 아니라, 그 존재나 근접성 자체가 범죄를 좌절시킬 수 있는 사람들을 의미하는 것으로, 의도하지 않더라도 사람들이 친지나 친구 또는 모르는 사람들로부터 보호받게 되는 측면을 의미한다고 설명하였다. 즉, 일상활동이론은 비공식적 통제체계에서의 자연스러운 범죄예방과 억제를 중요시한다. 일상활동이론(routine activity theory)은 1970년대 미국의 범죄증가율을 설명하기 위하여 코헨과 펠슨(Cohen & Felson, 1979)이 제안하였고 범죄율을 설명함에 있어서 미시적이고도 거시적인 접근을 시도하였다. 첫 번째 그림은 미시적 차원에서 코헨과 펠슨은 시간, 공간, 대상물, 사람을 기본요소로 범죄에 대한 일상활동이론을 발전시켰으며, 핵심은 범죄삼각형이라는 세 가지 요소를 전제로 한다. 두 번째 그림에서 엑(Eck)은 동기화된 범죄자, 범행에 적합한 대상, 사람이나 재산에 대한 감시의 부재라는 3요소에 통제인(handler)이 추가된 네 가지 요소를 기반으로 범죄삼각형 또는 문제삼각형을 고안하였다.

일상활동이론은 비공식적 통제체계에서의 자연스러운 범죄예방과 억제를 중요시하는 것이다. 일반적으로 우리는 경찰이나 경비원을 감시나 보호의 주체로 생각하는 경향이 있지만 친구, 가족, 그리고 지나가는 일반시민들이 범죄예방을 위한 감시자의 역할을 잘할 수 있다는 것이다. 그렇지만 일상활동이론의 타당성은 범죄에 대한 공식적 통제체계와 비공식적 통제체계 중 어느 것이 범죄예방에 더 영향을 미치는가에 있다기보다는 이론이 제시하는 세 가지 핵심요소의 효과가 경험적으로 얼마나 지지되는가에 달려 있다고 봐야 한다(Akers & Sellers). 거시적인 차원에서의 일상활동이론은 거대사회와 지역사회의 어떠한 특징이 미시적 차원에서 세 가지 핵심요소의 결합을 통한 범죄발생을 더 용이하게 한다고 설명한다. 일상활동이론은 미국의 범죄율 상승의 원인을 상품과 서비스에서의 테크놀로지의 변화는 물론 사람들의 활동범주가 가족과 가정을 벗어나 확대되는 사회분위기에서 찾고자 하였다(Felson, 2008). 코헨과 펠슨(Cohen & Felson, 1979)은 제2차 세계대전 이후 직업이나 여가에서의 일상활동의 변화로 사람들이 특정한 장소와 시간에 모이는 상황이 조성되었고, 이러한 일상활동의 변화가 범죄대상이 될 가능성을 증가시키고 재산을 감시할 능력을 감소시켰다고 설명하였다. 예를 들자면, 제2차 세계대전 이후에 주거침입절도와 자동차절도가 급증한 것은 전쟁 이후 경제활동의 활성화를 위해 맞벌이 부부가 늘어나면서 비어 있는 집과 출퇴근용 자동차의 증가가 불가피했던 당시의 사회상황과 맞물려 이해할 수 있겠다. 거대사회와 지역사회의 변화가 범죄기회를 양산하여 특정 범죄를 증가시킨 것으로 설명될 수 있는 것이다. 스마트폰과 개인용 컴퓨터의 일반화가 보이스피싱이나 사이버범죄를 증가시킨 것도 이러한 맥락에서 이해될 수 있겠다. 일상활동이론의 범죄삼각형은 범죄가 발생하는 세 가지 요소를 구체화하였는데, 이후 이러한 세 가지 요건에 영향을 줄 수 있는 통제인의 개념이 추가되면서 범죄통제 메커니즘에 도움이 되는 시사점이 제시되었다. "부모는 아이들의 행동에 좋은 영향을 줄 수 있지만 떨어져 있을 때는 이러한 역할을 효과적으로 수행할 수 없다. 이러한 측면에서 부모와 같은 통제인(handler)의 개념이 일상활동이론의 네 번째 요소로 추가되었다"(Felson, 2008). 초창기의 일상활동이론은 통제이론 관련 요소는 전혀 고려하지 않았지만, 이론이 발전해옴에 따라 통제(control)를 일상활동이론 자체의 요소로 수용하게 되었다. 그렇지만 "통제"의 개념이 일상활동이론에 내재된 것이라기보다는 사람들을 감시할 누군가의 존재나 부존재 여부를 강조하고자 추가된 것이다. 엑(Eck, 2003)은 동기화된 범죄자, 범행에 적합한 대상 그리고 사람이나 재산에 대한 감시의 부재라는 3요소에 통제인(handler)이 추가된 네 가지 요소를 기반으로 범죄삼각형(crime triangle) 또는 문제삼각형(problemtriangle)을 고안하였다.

범죄삼각형은 두 개의 삼각형으로 구성되었다. 안쪽의 삼각형은 일반적으로 발생하는 범죄의 세 요소인 잠재적인 범죄자, 범죄의 대상물과 피해자, 그리고 범행에 용이한 장소로 구성되어 있다(Eck, 2003). 동기화된 범죄자가 범행을 수행하기 위해서는 적합한 상황에서 범죄대상을 찾아야 가능한 것이다. 바깥쪽 삼각형은 "통제인"으로 추가된 세 감시주체들로서 통제인(handler), 감시인(guardian), 관리인(manager)으로 구체화되었다. 통제인은 잠재적 범죄자에게 영향력을 행사하고 통제할 수 있는, 예를 들자면 청소년의 경우 부모형제나 선생님이 해당할 수 있겠다. 감시인은 대상물이나 피해자를 감시하고 보호할 수 있는, 예를 들자면 이웃이나 지나가는 사람들이 될 수 있다. 관리인은 장소를 관리하는 역할을 할 수 있는, 예를 들자면 편의점의 경우 편의점 주인이나 종업원이 될 수 있다. 이 감시주체들이 무능하거나 없는 상황에서 범행의 발생이 용이하게 되는데, 범죄자가 통제자의 영향력에서 벗어나 감시인이 없는 피해자나 대상물을 관리인의 눈길이 없는 장소에서 만나게 되면 범죄가 발생하는 것이다. 이러한 엑(Eck, 2008) 및 클락과 엑(Clarke& Eck, 2005) 등 학자들의 노력으로 일상활동이론은 초창기의 모습보다 발전된 모형을 갖게 되었다(Felson, 2008).

정답 ③

CHAPTER 5 실증주의(실증학파)

01 실증주의의 의의

1. 발생배경

(1) 19C 생물학과 물리학 등 자연과학이 발달하면서 인문분야도 사변적인 논리와 철학적인 주장에서 벗어나 엄격한 논리와 객관적인 자료를 바탕으로 현상을 탐구해야 한다는 주장이 제기되었다. 또한 1859년 다윈의 진화론에 대한 저서인 「종의 기원」의 영향으로 인간도 주위환경에 적응하며 영향을 받는다고 생각하였으며, 인류학적 측면에서도 피식민지 사회는 덜 진화되고 원시적인 사회로 인식하는 경향이 있었다.

(2) 그러한 시대적 흐름에 의해 구체적 증거와 논리에 대한 검증을 요구하는 과학적 연구방법론이 강조되면서 실증주의가 등장하게 되었다.

(3) 실증주의의 등장으로 범죄를 개인적·사회적 원인에 의한 현상으로 파악하게 되었고, 범죄원인에 대한 과학적 연구와 계획적이고 유효한 범죄방지대책 수립을 위한 노력이 이루어지게 되었다.

2. 실증주의에 대한 기본이해(과학주의, 결정론)

실증주의는 19C 후반 과학주의를 바탕으로 등장하였다. 이는 개인의 본질적인 특성과 심리학적 성격 및 주위환경의 영향을 중시한 것으로, 인간의 행위도 소질과 환경 등에 의해 결정되거나 영향을 받는다는 결정론에 입각하고 있다.

3. 실증주의의 분류 참고

(1) 의의

실증주의는 지역적 특수성과 상이한 연구방법 등으로 인해 획일적으로 구분하기 어렵지만 일반적으로 아래와 같이 분류할 수 있다.

(2) 분 류

① 이탈리아학파(범죄인류학파) : 롬브로조, 페리, 가로팔로

② 프랑스학파(환경학파) : 라까사뉴, 따르드, 뒤르켐

③ 독일학파 : 리스트, 아샤펜부르그, 엑스너

④ 오스트리아학파 : 그로쓰, 렌츠, 젤리히

⑤ 사회주의학파 : 봉거, 반칸

⑥ 미국의 범죄사회학파 : 머튼, 서덜랜드 등

◉ 고전주의 범죄학과 실증주의 범죄학 비교

구분	고전주의 범죄학	실증주의 범죄학
인간행위에 대한 기본전제	인간은 이성적이며, 자유의지를 가지고 있다.	인간의 행위는 생물학적 · 심리학적 · 사회학적 등 여러 가지 요인에 의해서 결정된다.
범죄의 원인	인간의 자유선택에 의한 결과이다.	인간의 이성을 제한하는 여러 가지 요인에 의해서 범죄성이 발생한다.
범죄에 대한 대응	형벌의 위협을 통해서 범죄를 억제한다(사후적 대응 위주).	범죄의 원인이 되는 요인을 과학적으로 발견하여 그것들을 통제해야 한다(사전적 범죄예방 위주).
일반사법제도와 소년사법제도에 미친 영향	성인들을 위한 일반사법제도의 근간을 이루는 원칙을 제시한다. (예 : 죄형법정주의, 적법절차)	소년사법제도의 근간을 이루는 이론을 제시한다.
범죄학과 형사사법제도에 미친 영향	현대 형사사법제도의 근간이 되었다.	현대 범죄학적 연구의 대부분을 차지한다.

◉ **범죄학의 연혁**

① 고전학파 : 18C 중반, 초자연주의적인 중세의 형사사법의 자의적 집행과 잔혹한 처벌에 대한 반성을 계기로 출발하였다.

② 실증학파 : 19C 자연과학의 발전이 이루어졌고, 인간(행위)에 대한 과학적 탐구의 필요성, 철학적 논의가 아닌 객관적인 증거와 관찰을 통한 연구를 주장하며, 범죄의 원인도 인간행위에 대한 체계적인 연구로 해결이 가능하다고 보았다.

③ 시카고학파 : 1920 ~ 30년대 미국 시카고대학의 범죄사회학파로, 시카고 지역의 범죄원인을 규명하고자 하였다.

④ 비판범죄학 : 1960 ~ 1970년대 유럽과 미국의 정치적 위기와 저항적 사회운동에서 학문발전, 일탈의 문제를 자본주의 사회의 모순에 대한 총체적 해명 속에서 이해하고자 하였다.

⑤ 신고전주의 범죄학(현대고전주의) : 1970년대 후반 실증주의 범죄학의 효과에 대한 비판적 시각으로 발전하였다.

02 이탈리아학파(범죄인류학파)

자연과학 성과를 기초로 실증적으로 범죄현상을 해명하면서 유효한 방지대책을 확립하려고 노력한 이탈리아 학파는, 실증주의와 범죄인류학파의 선구자이자 범죄학의 아버지로 불리우는 롬브로조를 비롯해 페리, 가로팔로 등에 의해 주도되었다. 특히 롬브로조는 범죄도 질병과 같이 선천적인 소질에서 오는 필연적인 현상이므로 형벌도 치료적 관점에서 부과해야 하며, 응보형은 무의미하다고 하면서 생물학적·인류학적 연구에 치중하였다. 그래서 이탈리아 학파를 범죄인류학파라고도 한다.

1. 롬브로조(C. Lombroso, 1835 ~ 1909) (생물학적)

(1) 「범죄인론」 저술

이탈리아의 정신의학자로서 정신병자 및 범죄자의 체격형태를 조사한 후, 범죄자는 진화론적으로 퇴행을 뜻하는 격세유전(隔世遺傳)을 통하여 야만적·원시적 속성이 전래된 자로 보았다. 이러한 가설을 실증하기 위해 범죄인의 두개골의 모습과 정신적 특징을 정리한 「범죄인론」(1876)을 통해 유전적 측면과 신체적 특성에 기인한 생래적 범죄인을 주장하였다.

(2) 생래적 범죄인 및 형벌의 개별화 주장

① 생래적 범죄인은 예방과 교정이 불가능하므로 오직 영구격리 또는 도태처분하고, 생래적 범죄인이 아닌 자는 관대한 처분을 주장하였다. 이러한 롬브로조의 형벌관은 사회방위와 범죄자의 개선을 목적으로 한 것이다.

② 그 후 페리 등의 영향으로 환경적인 영향에도 많은 관심을 두었지만, 생래적 범죄인의 존재를 부인하지는 않았다.

③ 처음에는 전체 범죄인 중 '생래적 범죄인'이 65 ~ 70% 차지한다고 하였지만, 1902년 「범죄의 원인과 대책」에서는 35 ~ 40%를 차지한다고 수정하였다.

④ 그 외 범행의 동기와 범죄자의 인격을 고려한 형벌의 개별화, 범죄자 개개인에게 적합한 '처우의 개별화', 범죄피해자의 보상청구권, 소년 범죄자에 대한 특별한 처우, 생래적 범죄인이 아닌 자에 대한 부정기형·벌금형 또는 보호관찰 등을 주장하였다.

● 롬브로조의 범죄인분류

분 류	내 용
생래적 범죄인	선천성에 기한 전형적 범죄인으로 초범일지라도 무기구금하고 잔학한 행위를 반복하는 자는 극형에 처할 것을 주장
정신병 범죄인	정신적 결함에 의하여 범행하는 자(누범)로 개선의 여지가 없는 전형적 범죄인
격정(우발)범죄인	순간의 흥분에 의한 범죄인으로 단기자유형보다는 벌금을 과하는 것이 범죄예방에 효과적

기회범죄인	사이비범죄인	위험하지는 않으나 자신의 명예와 생존을 위하여 범죄를 저지를 수 있는 자
	준범죄인	생래적 범죄인과 구별되나 간질과 격세유전적 소질
관습범죄인		좋지 못한 환경으로 인하여 관습(상습)적으로 범죄
잠재적 범죄인		평상시에는 범죄의 소질이 나타나지 않으나 알코올, 분노 등 특별한 사정이 생기면 범죄인의 특성이 나타나는 자

※ 롬브로조는 생래적 범죄인의 특징으로 두개골의 특징(작은 뇌 · 커다란 턱 · 좁은 이마 · 사시 · 이상 치열 등), 신체적 특징(체모의 부족 · 미각 예민 · 긴 팔 · 간질 등), 정신적 특징(도덕적 감각결여 · 자제력 결여 · 잔인성 · 충동성 · 나태 · 낮은 지능 등), 사회적 특징(주색 · 도박의 탐닉, 도당의 편성 등)을 들고, 이러한 비정상적 특징 중 남자는 5개 이상, 여자는 3개 이상이면 '생래적 범죄인(born criminals)'에 해당한다고 주장하였다.

(3) 「여성범죄론」 발표

「여성범죄론」 논문에서 여성범죄는 대부분 기회범이며, 범죄대상은 <u>모성감각의 결여로 인한 매춘이 많고, 매춘을 범죄에 포함하면 여성범죄가 남성범죄를 능가한다</u>고 하였다. 그러면서 소수의 여성범죄집단은 신체적 · 감정적인 측면에서 남성과 유사하다는 남성성 가설을 주장하였다.

(4) 롬브로조 비판(고링, 프랑스 환경학파)

① 고링(Goring)
   ㉠ 영국의 고링은 수형자와 일반인 각각 3,000명을 조사한 후 범죄자 특유의 정형성(신체적)은 존재하지 않는다고 하면서 롬브로조의 생물학적 결정론을 반박하였다.
   ㉡ 고링은 범죄행위는 <u>신체적 변이형태(격세유전)가 아닌 유전학적 열등성에 의한 것이라고 하면서, 롬브로조의 이론 자체보다는 방법론적 비판에 집중하였다.</u>
② 프랑스의 환경학파
   라까사뉴 · 따르드 등 프랑스학파는 범죄원인으로 중요한 것은 소질이 아닌 환경이라고 주장하며 롬브로조를 비판하였다.

(5) 롬브로조 옹호자(후튼)

하버드대학 인류학교수였던 후튼(E. Hooton)은 골상학을 연구한 후 「범죄와 인간」을 발표해 범죄의 결정적인 요인은 우생학이라고 하면서 <u>롬브로조 이론을 지지하였다.</u>

> ➲ **롬브로조 이론의 평가**
> 오늘날은 롬브로조 이론을 수용하고 있지 않지만, 아직까지 그를 범죄학의 아버지라고 하고 있는 것은, 관찰과 검증이라는 과학적 방법을 통해 범죄원인을 규명하려 했기 때문이다.

2. 페리(E. Ferri, 1856 ~ 1929) (사회학적)

(1) 「범죄사회학」 저술

롬브로조의 제자로 범죄인류학파에 속하면서도 마르크스의 유물관, 스펜서의 사회관, 다윈의 진화론에 영향을 받아 범죄의 사회적 원인을 중시하여 「범죄사회학」을 저술하였다.

(2) 의사결정론 입장

① 인간행위는 환경의 영향을 받을 수밖에 없다는 의사결정론 입장에서 도덕적 책임론을 부정하고 사회적 책임론을 제창하였다.
② 범죄대책으로는 형벌보다는 사회정책을 제시하면서 형벌의 한계성을 주장하였다.

(3) 형벌대용물사상 주장(공공은행, 독점철폐, 산아제한, 이혼허용)

① 범죄의 사회적 원인을 강조하여, 범죄를 사회제도 자체의 결함에 따른 병리현상으로 보고 사회제도와 법제도의 근본적인 개혁을 주장하는 형벌대용물사상을 제시하였다.
② 1921년 형벌대용물사상 및 형법초안(페리 초안)에서는 형사책임 및 형벌 없는 형법전을 제정하여 형사처분을 보안처분으로 일원화해야 한다는 사회방위처분을 주장하였다.

(4) 범죄포화의 법칙과 범죄과포화 현상 주장

① 범죄원인으로는 인류학적 요소(나이 · 성별 · 신체적 · 심리적 상태), 물리적 요소(인종 · 기후 · 계절), 사회적 요소(인구밀도 · 관습 · 경제조건 등) 3가지를 들고, 이에 상응하는 일정량의 범죄가 발생하는 것은 정상이고, 그 수의 증감은 있을 수 없다는 범죄포화의 법칙을 주장하였다.
② 절도에 수반하는 장물죄와 같이 기본적인 범죄에 수반하여 생기는 부수적인 범죄가 예외적으로 추가로 발생할 수 있는데, 이를 범죄과포화 현상이라고 하였다.

(5) 보안처분 및 사형폐지 주장

「형법에 있어서의 새로운 지평선」에서 보안처분을 주장하였으며, 사형제도를 반대하고 부정기형을 주장하였다.

(6) 페리초안 작성

제1차 대전 후 이탈리아의 신형법을 제정하는데 주도적으로 관여하여 페리 초안을 만들었으나, 내용이 너무 급진적이라 입법화되지 못했다.

페리의 범죄인분류

분 류	내 용
생래적 범죄인	유전의 영향을 받으므로 사회로부터 무기격리나 유형에 처해야 함 – 사형반대
정신병범죄인	정신병원에 수용 필요
격정(우발)범죄인	돌발적 격정으로 범행하는 자로 손해배상이나 필요에 따라 강제이주
기회범죄인	환경의 산물이므로 정도가 중한 자는 훈련치료, 경한 자는 격정범죄인에 준함
관습(상습)범죄인	개선가능자는 훈련, 개선불가능자는 무기격리

※ 페리는 범죄예방을 목적으로 (i) 무역자유화, (ii) 시장독점 금지, (iii) 노동자 주택공급, (iv) 혼인 및 이혼의 자유, (v) 거리조명 등의 개선, (vi) 산아제한, (vii) 서민을 위한 은행 설치, (viii) 무기 제작의 국가적 규제, (ix) 기아보호소의 설치 등 사회개혁의 필요성을 주장하였다.

3. 가로팔로(R. Garofalo, 1852 ~ 1934) (심리학적)

(1)「범죄학」저술

법무부장관을 역임하는 등 이탈리아의 형사사법제도에 많은 영향을 주었다. 범죄원인으로는 심리적 측면을 중시하여 범죄행위는 심리적 혹은 도덕적 변종에 의한 것이라고 주장하였으며,「범죄학」을 저술하고 범죄학이라는 용어를 처음으로 사용하였다.

(2) 자연범과 법정범 구분

① 의의

범죄인을 자연범과 법정범으로 구별하고, 범죄의 본질은 자연범에 있다고 보았다. 자연범의 범죄원인은 범죄인의 성격과 악성에 있으므로 형벌도 이를 기준으로 정해져야 한다고 하면서 범죄심리학적 연구의 필요성을 강조하였다.

② 자연범(절대적 범죄)

자연범은 살인·폭력·절도·성범죄와 같이 법제정과 상관없이 인간사회에 항상 존재하는 범죄를 말한다. 이는 곧 인류의 근본적 애타적 정조 중 가장 본질적인 연민(동정심)과 성실(정직성)의 정에 대한 침해 또는 이것이 결여되어 야기된 범죄를 뜻하며, 가로팔로는 자연범을 진정한 범죄인으로 보아 과학적 연구대상으로 삼았다.

(3) 가로팔로의 범죄인 분류

① 자연범 : 사형이나 유형(살인, 폭력, 절도, 강도, 성범죄)
② 법정범 : 정기구금
③ 과실범 : 불처벌

● 가로팔로의 범죄인분류

분류		내용
자연범	모살범죄인	개선불가능한 자는 사형에 처해야 한다.
	폭력범죄인	본능적인 살상범은 무기유형, 기타 폭력범죄인은 부정기 자유형에 처해야 한다.
	재산범죄인	본능적·상습적인 자는 무기유형, 소년은 교도소 등에 수용하여 훈련하도록 하며 성인은 강제노역에 처한다.
	풍속범죄인	주로 성범죄자를 말하며 부정기 자유형에 처해야 한다.
법정범(자연범 외)		국가 법률이 범죄로 규정한 것을 의미하고 사회적 환경의 변화 등으로 증감할 수 있다. 처우는 정기 구금할 것을 주장
과실범		처벌하여서는 아니 된다.

참고

● **범죄자 유형분류 기준**
① 가로팔로(Garofalo)의 범죄자 유형 : 개인적 유형화
② 페리(Ferri)의 범죄자 유형 : 개인적 유형화
③ 린드스미스와 던햄(Lindesmith & Dunham)의 범죄자 유형 : 사회적 유형화
④ 클리나드(Clinard)의 범죄자 유형 : 다차원적 유형화
⑤ 트레비노(Trevino)의 범죄자 유형 : 다차원적 유형화

4. 이탈리아 범죄인류학파의 공헌과 비판

(1) 공헌

① 과학적 연구방법을 범죄학에 도입한 최초의 실증주의 범죄학파이다.
② 범죄학에 대한 관심의 초점을 범죄에서 범죄인으로 전환시켰다.
③ 고전학파가 중시한 형벌의 감소에다가 범죄의 감소를 연구범위에 포함시켰다.
④ 결정론적 입장에서 범죄자에 대한 개별적 처우를 실시할 수 있는 기초를 제공하였다.

(2) 비판

인류학적(롬브로조), 사회학적(페리), 정신의학적 또는 범죄심리학적(가로팔로) 입장이 혼합되어 통일성이 부족하다.

03 프랑스학파(환경학파, 리용학파)

프랑스 학파는 케틀레의 대량적 범죄관찰을 기초로 범죄를 사회병리현상으로 파악하여 환경을 중심으로 범인성 연구에 주력하였다. 그래서 프랑스학파를 환경학파 또는 리용(Lyon)학파라고도 하며, 대표적인 학자로는 라까사뉴, 뒤르켐, 따르드가 있다.

1. 라까사뉴(A. Lacassagne, 1843 ~ 1924, 사회주의자)

(1) 프랑스의 법의학교수로 롬브로조를 비판하면서 프랑스의 범죄사회학을 주도해 환경학파를 구성하였으며, 리용(Lyon) 대학에서 이를 계승하여 환경학파를 리용학파라고 한다.

(2) 경제적 사정을 중시하여, 곡물가격과 재산범죄에 관하여 연구한 후 물가급등과 실업증대가 범죄를 가속화하고, 범죄는 경제적 불황의 산물이라고 하였다.

(3) 사회는 범죄의 배양토이고 범죄자는 미생물에 해당한다. 벌해야 하는 것은 사회이지 범죄자가 아니다. 라고 하는 등 범죄를 개인적인 문제가 아닌 사회적 문제로 인식하였다.

(4) 그의 저서 『사형과 범죄』를 통해 사형은 해당국가의 인도적 문제와 감정, 철학 등에 따라 허용될 수 있다고 한다.

2. 뒤르켐(E. Durkheim, 1858 ~ 1917) (아노미, 자살론, 사회분업론)

(1) 아노미 개념 제시

① 프랑스의 대표적인 사회학자로 범죄문제를 사회학적 시각에서 고찰하여 사회분업론 및 자살론에서 아노미(Anomie)라는 용어를 처음으로 사용하고 개념을 제시하였다.

② 뒤르켐은 범죄는 사회의 병리현상이 아니라 사회결집력의 약화로 인해 모든 사회에서 발생하는 정상적인 사회현상일 뿐, 범죄자의 비인간성이나 사회의 불완전함에서 발생하는 것이 아니라고 하였다.

(2) 아노미 이론

① 아노미(Anomie)는 무규범 상태, 즉 규범과 현실의 괴리를 의미한다.

② 사회적 결속력이 약화되면 무규범의 아노미 상태가 생기고 이것이 범죄와 연결될 수 있다는 아노미 이론을 주장하면서, 급격한 사회변동·심각한 불경기·정치적 위기 등이 아노미를 유발한다고 하였다.

(3) 자살유형 분류

① 의의

사회통합과 도덕적 규제를 기준으로 자살 유형을 분류하였다. 자살은 불경기와 호경기 때 가장 높다고 하면서 자살과 범죄와의 상관성을 주장하였다.

② 자살의 유형

㉠ 아노미적 자살 : 규제 약화가 원인이다. 급격한 사회변동으로 인한 무규범과 혼란 등으로 자살하는 형태이다(불경기).

㉡ 이기주의적 자살 : 사회통합 약화가 원인이다. 자신의 욕망에 의해 자살하는 형태이며, 급격한 산업화 · 도시화 과정에서 발생한다(사업실패).

㉢ 이타주의적 자살 : 사회통합 강화가 원인이다. 집단의 존속을 위해 자살하는 형태이다(자살폭탄테러).

㉣ 숙명적(운명적) 자살 : 과도한 규제가 원인이다. 사회 외적인 권위에 의해 자살하는 형태이다(고대 순장 등).

● 자살유형

구 분	사회적 통합(유대)	도덕적 규제
아주 강함	이타적 자살	숙명론적 자살
아주 약함	이기적 자살	아노미적 자살

(4) 범죄정상설, 범죄기능설, 범죄필요설, 형법발전론 주장

① 범죄정상설

범죄는 사회병리 현상이 아니라 사회구조적 모순에서 발생하는 정상적이고 불가피한 현상이다. 어느 사회이건 일정량의 범죄는 존재하기 마련이며, 일정수준이 넘는 경우에만 이를 병적인 사회현상으로 보았다.

② 범죄기능설

범죄에 대한 제재와 비난을 통하여 사회의 공동체의식을 체험하므로, 범죄는 사회의 유지존속에 중요한 역할을 한다.

③ 범죄필요설

사회가 진보하기 위해서는 발전에 필요한 비판과 저항 등 일정량의 범죄가 필요하다.

④ 형법발전론

사회가 발전할수록 형벌은 억압적 형태에서 보상적 형태로 변화한다.

(5) 미국의 사회학적 범죄이론에 기여

시카고학파의 사회해체이론, 머튼의 아노미 이론, 허쉬의 사회연대 이론 등 미국의 사회학적 범죄이론에 가장 큰 영향을 주었다.

(6) 범죄대책

일반인의 규범의식을 강화하여 법을 준수하게 하는 적극적 일반예방에 두면서, 형벌의 기능은 전통적인 사회 연대감의 유지보다는 개인의 권리보호를 더 중시하였다.

> **⟳ 뒤르캠 더 알아보기**
> 1. 뒤르캠은 모든 사회와 시대에 공통적으로 적용될 수 있는 객관적 범죄개념을 부정하며 특정사회에서 형벌의 집행대상으로 정의된 행위를 범죄로 보는 새로운 범죄관을 제시하였다.
> 2. 범죄를 일반적 집합의식을 위반한 행위가 아니라 그 시대 그 사회구성원의 의식 속에 강력하게 새겨져 있고 명백하게 인지된 집합의식을 위반한 행위라고 정의하였다.
> 3. 뒤르캠의 범죄정상설은 범죄가 도덕적으로 정당하다고 보는 범죄정당설을 의미하는 것은 아니다. 집단감정을 침해하는 것을 본질로 하는 범죄에 대해서는 강력한 대처를 주장하였던 것이다.
> 4. 인간의 생래적인 끝없는 욕망을 사회의 규범이나 도덕으로서 제대로 통제하지 못하는 상태로 사회적 도덕적 권위가 훼손되어 사회구성원들이 자신의 삶을 지도할 수 있는 기준을 상실한 무규범상태를 최초로 '아노미'라는 용어를 사용하였다.
> 5. 뒤르캠은 사회구조를 사회질서 즉, 사회적 연대의 측면에서 파악하고 산업화과정에서의 사회적 분업이 전통사회의 기계적 연대를 산업사회의 유기적 연대로 전환시켰으므로 이 과정에서 기존의 사회규범이 해체되고 사회적 통합이 약화되어 범죄가 증가한다고 보았다.
> 6. 뒤르캠은 기계적 연대로부터 유기적 연대로의 전이는 전통적인 형태의 사회통제는 비효과적인 것이 되고, 사회연대감의 보전이라는 기능을 지니는 형벌 즉 보복법에서 개인의 권리구제에 중점을 두는 배상법으로 전환하는 형법발전론을 주장하였다.

3. 따르드(J. G. Tarde, 1843 ~ 1904) (미시+거시)

(1) 극단적인 환경결정론자

마르크스주의적 세계관과 사회심리학적 입장에서 범죄를 사회적 산물로 보아, 롬브로조의 생래적 범죄인론을 비판하였다. 따르드는 극단적인 환경결정론자로 범죄인을 제외한 모든 사람에게 죄가 있다고 하였다.

(2) 모방의 법칙 주장 ★

① 의의

사회심리학적 측면에서 '모방의 법칙'을 주장하였다.

② 모방의 법칙(거리, 방향, 삽입의 법칙)

㉠ 거리의 법칙 : 모방의 정도(강도)는 거리가 가까울수록 강하게 일어난다(거리에 반비례).

㉡ 방향의 법칙: 사회적 지위가 우월한 곳에서 아래로 전해진다. 열등한 사람이 우월한 사람을 모방한다. [상류계층 ⇒ 하류계층, 도시 ⇒ 농촌]

㉢ 삽입의 법칙(무한진행의 법칙) : 모방은 [모방 ⇒ 유행 ⇒ 관습]의 형태로 변화·발전한다.

(3) 공헌

최초로 범죄행위를 정상적인 학습의 결과로 보아 범죄인을 전문직업적인 형태로 인정하였다. 이것이 미국의 범죄사회학이론의 출발점인 학습이론에 결정적인 단서를 제공하였다. 그 외 도시와 농촌 범죄의 특징을 각각 재산범죄와 인신범죄로 보는 등 범죄학 발전에 기여하였다.

(4) 비판

뒤르켐과 봉거 등은 사회적·생물학적 요인을 무시하고, 새로운 사회현상을 모방만으로 설명하기 곤란하다고 비판하였다.

➔ 프랑스 환경학파 요약
- 라까사뉴, 따르드, 뒤르켐 공통점 : 범죄사회학(범죄 원인 = 사회)
- 라까사뉴 : 경제적 사정(=경제 상황), 거시환경론적 접근
- 따르드 : 자본주의 경제체제의 모순, 사회접촉(모방), '거시+미시'환경론적 접근
- 뒤르켐 : 사회의 (아노미) 상황, 거시환경론적 접근

---

04 독일학파

JUSTICE

독일학파는 리스트의 주도하에 형성되었으며, 소질적(인격적) 요인과 환경적 요인을 모두 고려하면서도 사회적 요인을 보다 중시하였다. 대표적인 학자로는 리스트, 아샤펜부르그, 엑스너가 있다.

1. 리스트(F. von Liszt, 1851 ~ 1919)

(1) 범죄원인 다원론(2원론)

리스트는 소질적 요인과 환경적 요인을 모두 고려하면서도 <u>사회적 원인을 보다 중시</u>하였다.

(2) 형벌의 개별화(주관주의) 및 목적형주의 주장

① 형벌의 대상

처벌해야 할 것은 행위가 아닌 행위자라고 하면서, 범죄행위가 아닌 행위자(<u>특별예방주의 · 주관주의 · 목적형주의 · 교육형주의</u>) 중심의 형벌을 주장하였다. 〈형벌의 개별화〉

② 목적형주의 주장

㉠ 1882년 「형법에 있어서의 목적사상」에서 형벌의 사회적 효과를 고려한 목적형주의를 주장하였는데, 이는 범죄자의 반사회적 위험성을 기준으로 형벌의 개별화를 주장한 것이다.

ⓒ 형벌의 목적은 범죄자의 반사회적 성격을 개선하여 사회에 복귀시키는 데 있다.

ⓒ 형벌만으로 특별예방 목적을 달성할 수 없을 경우 개선을 위한 보안처분이 필요하다.

ⓔ 범죄자 처우 : 형벌의 사회적 효과를 고려하여 행위자의 반사회적 태도 또는 위험성을 중심으로 처우할 것을 주장하였다. 즉 개선이 가능하고 필요한 사람은 개선을, 개선을 요하지 않은 사람은 위하를, 개선이 불가능한 사람은 무해화(격리)를 주장하였다.

(3) 범죄방지대책 ★

리스트는 교육형주의 또는 목적형주의 입장에서 부정기형의 채택, 단기자유형의 폐지, 집행유예 · 벌금형 · 누진제도의 합리화, 강제노역 인정 및 소년수형자의 특별한 처우 등을 주장하였다. 형법은 범죄인의 마그나카르타이며, 형사정책이 넘을 수 없는 장벽이다. 최선의 사회정책이 최상의 형사정책이다.

(4) 보안처분 탄생에 기여

특별예방주의(목적형주의) 입장에서 범죄자의 위험성에 기초한 보안처분제도 탄생에 기여하였다.

(5) 전형법사상 주장

범죄학과 형법학을 포함한 전형법사상을 마부르그(Marburg) 강령에서 주장하였다.

(6) 국제형사학협회 창설

1888년 네덜란드의 하멜(Hamel) · 벨기에의 프린스(Prins)와 함께 국제형사학협회(I. K. V)를 창설하였다.

> → **목적형주의(형벌의 목적성)**
> 특별예방주의, 주관주의(형벌의 개별화), 개별주의, 행위자 중심의 형벌을 의미한다.

→ 리스트의 범죄인분류

행위자 유형		목적달성 방법
개선불능자	법익침해 의식이 없거나 희박한 범죄인	• 무해화 조치 사회는 개선이 불가능한 자로부터 스스로를 방위해야 하므로 이들에게는 종신형에 의한 무해화조치를 취해야 한다. 개선불가능한 자의 문제는 사회적 병리현상에 속하므로 이들에 대한 범죄학적 · 형사정책적 연구는 매우 중요하다.

행위자 유형		목적달성 방법
개선가능자	동정범죄인	• 개선조치 선천적 · 후천적으로 범죄성향이 있으나 개선이 불가능한 상태에 이르지 않은 자에게는 개선을 위한 형벌을 부과하여야 한다. 다만, 단기자유형은 피해야 한다고 주장했다.
	긴급범죄인	
	성욕범죄인	
	격정범죄인	
기회범	명예 · 지배욕 범죄인	• 위 협 일시적 기회로 범죄를 저지른 자에 대한 형벌은 위하를 목적으로 벌금형 정도가 적합하고, 단기자유형은 오히려 역기능을 일으킬 수 있으므로 피해야 한다고 주장하였다.
	이념범죄인	
	이욕 · 쾌락욕 범죄인	

※ 리스트(Liszt)는 범죄원인론적 측면보다 범죄대책적 측면을 중시한 분류를 하였으며 초기에는 범죄심리학적 기준으로 후기에는 행위자의 반사회성 위험성을 기준으로 개선가능자, 개선불가능자로 분류하여 반사회성에 따라 형벌을 개별화 할 것을 강조하였다.

2. 아샤펜부르그(Aschaffenburg, 1866 ~ 1944)

(1) 근대적인 형사정책 교과서인 「범죄와 그 대책」을 저술하고, 범죄 원인을 일반적 원인(인종 · 계절 · 직업 등)과 개인적 원인(혈통 · 교양 등)으로 나누고 이를 분석하였다.
(2) 범죄대책을 범죄예방책, 형벌대책, 재판대책, 소년범 및 정신병질자 등으로 세분하여 <u>리스트의 사상을 구체화하였다.</u>
(3) <u>범죄인을 우발 · 직업 · 관습 · 기회 · 누범 · 예모 · 격정범죄인으로 7분류</u> 하였다.

➲ 아샤펜부르그 범죄인 분류

분 류	내 용
우발범죄인	과실에 의한 범죄로 법적 안정성을 해롭게 할 의도는 발견할 수 없으나 사회방위의 관점에서 적당한 대책이 필요한 자
격정범죄인	순간적인 정서의 폭발로 인해 범죄를 저지르는 자로 해를 끼치려는 의도는 적지만 위험성이 있으므로 일정한 조치가 필요한 자
기회범죄인	• 격정범죄인과 유사하지만 감정 · 흥분 때문이 아니라 우연한 기회가 동기가 되어 범죄를 하는 자 • 사려부족이나 유혹에 잘 빠지는 것이 특징
예모범죄인	• 기회를 노리고 찾으려는 자로 고도의 공공위험성을 보임 • 사전에 심사숙고하여 냉정한 계획 하에 죄를 범한 자
누범범죄인	범죄를 반복하는 자로 전과 유무를 불문하고 심리적 동기에서 범행을 반복하는 자
관습범죄인	부랑자나 매춘부 기타 범죄적 환경에서 형벌을 불명예로 보지 않고 범죄에 익숙하여 나태와 무기력으로 살아가는 자
직업범죄인	지능적 방법에 의한 사기나 조직적 인신매매, 대규모 절도 등과 같이 적극적 범죄 욕구를 가진 자로 환경보다는 이상성격이 그 원인이 되는 경우가 많음

3. 엑스너(F. Exner)

(1) 통계적 수치를 통해 사회현상으로서의 범죄를 설명하였다.

(2) 1935년 버제스(Burgess)의 범죄예측을 독일에 소개하고 범죄예측의 필요성을 강조하였다.

(3) 생물학적, 심리학적, 사회학적, 형사정책적 등 다원적 관점에서 범죄인을 분류하였다.

05 오스트리아학파 참고   J U S T I C E

오스트리아 학파는 리스트 영향을 받았지만, 범죄인에 대한 철저한 심리학적 연구방법의 채택과 범죄인의 인권옹호 및 예방형사정책의 효율화 등 독자적인 영역을 구축하였으며, 대표적인 학자로는 그로쓰, 렌츠, 젤리히가 있다.

1. 그로쓰(H. Gross, 1847 ~ 1915)

(1) 사법실무가 및 형법학자로서의 경험을 토대로 「범죄심리학」, 「예심판사필휴」를 저술하였다.

(2) 「범죄과학」 및 「범죄수사학」을 저술하여 범죄수사에 필요한 모든 지식을 연구대상에 포함시켰으며, 특히 수법수사에 큰 영향을 주었다.

> ❯ **수법수사**
> 범죄자가 동일한 수법을 반복하는 것을 수사에 활용하는 것을 말하며, 오늘날에도 강력범 및 지능범 수사에 활용하고 있다.

2. 렌츠(A. Lenz)

(1) 범죄인류학과 범죄심리학을 발전적으로 통합하여 1927년 범죄생물학회를 창립하였으며, 신롬브로조학파라고 불리우는 범죄생물학파의 창시자이다.

(2) 형태심리학·정신분석학 등을 범죄생물학에 도입하여, 메츠거의 동태적·목적론적 이론의 바탕을 제공하였다.

(3) 범죄는 환경의 영향 하에서의 전인격의 발로이며, 선천적·후천적·정신적·신체적 잠재원인이 현실화 된 것이라고 주장하였다.

3. 젤리히(E. Seelig)

(1) 범죄의 원인과 대책 및 수사학의 문제점까지 언급한 「범죄학 교과서」를 저술하였다.

(2) 범죄예방을 진압에 의한 예방과, 진압에 의하지 않는 예방으로 분류하고, 진압에 의하지 않는 예방을 강조하였다.

06 사회주의학파 참고

JUSTICE

사회주의학파는 범죄의 발생원인을 자본주의 경제체제의 모순에서 기인한다고 주장하는 등 범죄의 사회성보다 사회의 범죄성을 중시하였다.

1. 봉거(Bonger)

최초로 사회주의 입장에서 범죄학설을 주장하였다. "자본주의 사회는 범죄의 온상이다."

2. 반칸(Van Kan)

빈곤을 범죄의 결정적인 원인으로 보아 경제적 요인을 절대시 하였다.

3. 기타

그 외 라까사뉴(Lacassagne), 투라티(Turati), 꼴라자니(Colajanni), 라파뉴(Lafague) 등이 있다.

CHAPTER
6

미국의 범죄사회학파

01 범죄사회학의 발전 참고

JUSTICE

(1) 미국은 19C 말 각 대학의 사회학과에 범죄학을 정규 교과과목으로 규정하여, 다수의 사회학자들이 사회학에서 발달한 일탈이론을 중심으로 범죄학에 대한 연구가 시작되었다.
(2) 1920년대에는 시카고대학 사회학자를 중심으로 사회해체에 초점을 둔 생태학적 연구가 시작되어 사회환경이 범죄를 유발한다고 생각하고 이를 과학적으로 증명하는 가운데 발전하였다.
(3) 특히 제2차 세계대전을 전후하여 대륙의 사변적이고 관념적인 연구방법이 한계에 직면하자, 급변하는 다원적인 사회구조를 해명하는 미국의 실용주의 이론이 세계 범죄학을 주도하게 되었다.
(4) 이러한 미국의 범죄사회학은 크게 다원인자론과 사회학적 가설설정방법(일반이론주의)으로 구분할 수 있다.

02 다원인자론과 사회학적 가설설정방법 참고

JUSTICE

1. 다원인자론(힐리, 글룩부부)

(1) 의의

① 다원인자론은 소년비행을 연구하면서 생물학적·심리학적·사회학적 요인들이 복합적으로 작용해 비행에 이른다는 사실을 인식하면서 비롯되었다.
② 1920년대에 힐리에 의해 체계화되고, 1950년대에 글룩부부가 비행예측에 응용하였다.

(2) 단점

① 다원인자론은 우열적인 관계가 아닌 병렬적인 다양한 인자를 대상으로 범죄원인을 해명하는 이론이다.

② 다양한 인자들이 병렬적이라 통합과 체계화 및 <u>상관관계 규명이 곤란한 단점</u>이 있어, 이를 비판하면서 사회학적 가설설정방법이 등장하였다.

(3) 대표적 학자

① 힐리(W. Healy)
　㉠ 소년비행의 연구에 일생을 바친 정신의학자로서, 생물학적 · 심리학적 · 사회적 요인이 복합적으로 작용해 비행에 이르는 동태적이고 발전적인 비행화 과정을 해명하려 하였다.
　㉡ 힐리의 다원인자론은, 동태적이론을 주장한 독일의 메츠거, 오스트리아의 렌츠와 유사한 연구방법이라 할 수 있다.
② 글룩부부(Glueck)
　㉠ 「소년비행의 해명」을 통해, 힐리의 연구를 정리하고 비행예측에 응용하였다.
　㉡ 비행소년과 무비행 소년에 대한 신체구조 · 기질 · 태도 · 지능 · 가정환경 등을 조사하여 양자 간의 차이를 분명히 하고, 이를 확률로 계산하여 비행원인을 해명하려 하였다.

2. 사회학적 가설설정방법(일반이론주의)

사회학적 가설설정방법은 다양한 인자의 상관관계 규명이 곤란한 다원인자론을 비판하면서 등장하였다. 이는 일정한 가설을 설정하고 그 진위를 증명하는 이론으로, 범인성 요소들의 복합적인 관계를 일반명제화하여 범죄에 공통된 설명모델을 제시하는 것을 말한다.

 범죄사회학의 분류(구별문제 빈출)　　　　　J U S T I C E

미시적 이론	거시적 이론
• 학습이론 　① 차별적 접촉이론(서덜랜드) 　② 차별적 동일화이론(글래이저) 　③ 차별적 강화이론(버제스, 에이커스) • 통제이론 　① 개인 및 사회통제이론(라이스, 나이) 　② 자기관념이론(디니츠, 머레이, 레클리스) 　③ 봉쇄이론(레클리스) 　④ 중화기술이론(맛차, 사이크스) 　⑤ 표류이론((맛차) 　⑥ 사회연대이론(허쉬) 　⑦ 동조성전념이론(브라이어, 필리아빈) • 낙인이론(탄넨바움, 레머트, 베커, 슈어)	• 사회해체이론(쇼, 맥케이) • 아노미이론(머튼) • 범죄적 하위문화이론 　① 하위계층문화이론(밀러) 　② 비행적 하위문화이론(코헨) 　③ 차별적 기회구조이론(클로워드, 오린) • 갈등론적 이론 　① 보수적 갈등이론 　　㉠ 문화갈등이론(셀린) 　　㉡ 집단갈등이론(볼드) 　　㉢ 범죄화론(터크) 　② 급진적 갈등이론(봉거, 퀴니, 스핏쩌 등)

04 사회해체와 문화전달이론

JUSTICE

1. 사회해체이론

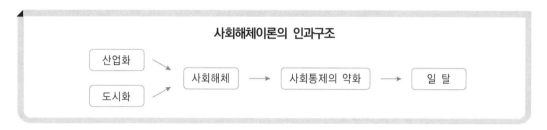

사회해체이론의 인과구조

산업화 → 사회해체 → 사회통제의 약화 → 일 탈
도시화 ↗

(1) 내용

① 사회해체란 급격한 산업화와 도시화에 따른 이민증대, 계층 간의 갈등, 윤리의식의 저하 등으로 종래의 사회구조가 붕괴되면서 사회규범에 대한 공감대가 저하되고 통제력이 약화되어 반사회적 태도가 증가하는 것을 말한다.

② 사회가 해체된 지역에서는 반사회적 가치를 옹호하는 범죄하위문화가 형성되고, 이것이 전승되어 범죄가 빈번하게 나타나게 된다.

(2) 주장자

사회해체이론을 이용하여 범죄현상을 설명한 학자로는 쿨리(Cooley), 토마스(Thomas), 퀸(Queen) 등이 있다.

(3) 사회해체 요인

산업화·도시화 등으로 인한 사회분화, 사회이동, 문화변동, 가치규범의 갈등 및 1차적 사회관계(가족 등)가 감소하면 공감대가 약화되면서 사회가 해체된다.

(4) 사회해체 단계

① 1단계 : 사회해체(산업화·도시화 등)

② 2단계 : 사회통제력 약화

③ 3단계 : 일탈(범죄)

(5) 이론적 기반

① 의의

사회해체론은 특정도시의 사회조직 와해와 범죄발생 관계를 생태학적으로 설명하는 이론이

　　다. 이는 <u>시카고학파들이 주장한 인간(사회)생태학과 동심원이론을 바탕</u>으로 하고 있다.

② 시카고학파의 인간(사회) 생태학(파크)

　　㉠ <u>인간생태학은 자연 생태계에서 일어나는 지배·침입·계승의 과정이 사회내에서도 그대로 일어나고, 그 과정에서 문화적 갈등이 일어난다는 이론이다.</u>

　　㉡ 파크(Park), 버제스(Burgess), 쇼(Shaw), 맥케이(Mckay) 등 시카고대학과 청소년범죄연구소 학자들이 주도하였다.

③ <u>버제스(Burgess)의 동심원이론(도시성장 모델)</u>

　　㉠ 도심에서부터 동심원으로 중심상업지역, 전이지역(변이지역), 노동자 거주지역, 중류층 거주지역, 통근자 거주지역으로 5분하여 비행다발지역을 밝히려고 한 이론이다.

　　㉡ 버제스는 구건물 등 불량한 환경이 산재하면서 슬럼가(Slum Area)를 형성하고 있는 <u>전이지역(변이지역)이 범죄학상 가장 문제되는 지역</u>이라고 하였다.

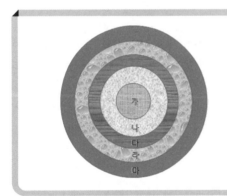

가. 중심업무지역(The central Business District)
나. 점이지대(Zone in Transition)(=전이지대)
다. 노동자 계층지역(Working class zone)
라. 중간계급지역(Middle class zone)
마. 교외주변지역(The Suburbs and Urban Fringe)

④ 쇼(Shaw)와 맥케이(Mckay)의 연구

　　특정지역에서 범죄가 높은 원인을 찾다가, <u>사람과 관계없이 지역적 특성과 범죄발생 사이에 연관관계가 있음을 발견</u>하였다. 이는 사회해체와 깊은 관련이 있고, <u>문화전달도 중요한 원인</u>으로 볼 수 있다.

(6) 범죄 원인

<u>공식적인 사회조직이 해체되면서 사회통제가 약화된 것이 원인이다.</u>

(7) 비판

산업화와 도시화의 초기단계에는 타당할 수 있지만, 이미 이룩된 현대사회에서는 적용되기 어렵다. 지역별 범죄발생량 등 공식적인 통계에 지나치게 의존하고 있고, 암수를 고려하지 않아 정확성에 문제가 있다.

(8) 사회해체론의 영향

미국의 사회학적 범죄이론의 출발로 평가받고 있으며, <u>차별적 접촉이론·문화갈등이론·아노미</u>

이론 · 사회통제이론 등의 발전에 기여하였다.

2. 문화전달이론(Cultural Transmission Theory)

(1) 주장자 : 쇼(Shaw)와 맥케이(Mckay)

(2) 내용

① 사회해체이론과 거의 같은 시기에 쇼(Shaw)와 맥케이(Mckay)가 범죄지도를 작성해 특정지역에 범죄가 지속적으로 발생하는 이유를 설명한 이론이다(시카고 범죄지도).
② 인구이동이 심하고, 문화적 갈등이 상존하고, 비공식적 통제력이 약화된 도심에 가까운 과도기 지역일수록 비행이 다발하고 멀어질수록 비행이 적어지는 것을 발견하여, 사람과 관계없이 지역적 특성과 범죄발생 사이에 연관관계가 있다고 하였다.

(3) 범죄원인

열악한 사회적 환경요인 등이 주민들 간에 계속 전달되고, 이들 지역의 비행문화가 다음 세대에 전달되어 비행이 지속적으로 발생한다(일탈의 학습성을 강조함).

(4) 대책

사회해체와 이에 따른 긴장과 비행문화 전달이 비행의 원인이며 개별적 처우는 비효율적이므로, 지역사회 조직화와 지역계획이 필요하다.

(5) 영향

따르드의 '모방의 법칙'과 관련되며, 사회해체이론을 계승 · 발전시킨 것으로 볼 수 있다. 서덜랜드(Sutherland)의 차별적접촉이론에 많은 영향을 주었다.

> ⊃ **사회해체이론 계열요약**
> 1. 배경
>   ① 시카고학파(미국 시카고 대학의 범죄사회학파) → 시카고 지역의 범죄 원인 규명
>   ② 도시화 · 산업화 진행으로 도시의 급격한 발전이 진행되고 이에 따라 이민 · 이주 증가하여 인구 규모와 유동 인구도 증가
>   ③ 거주민들의 다양한 인종 · 국적은 문화적 갈등을 발생시켜 기존의 지역사회조직, 규범을 약화시켜서 비공식적 사회통제가 서서히 해체된다.
> 2. 주요학자
>   ① 파크(Park)의 사회생태학
>   ⊙ 범죄 원인에 대한 '생태학적 접근'으로 '생명체와 환경 간 관계' 연구

ⓒ 생태계에서 일어나는 생존 · 적응의 요소를 인간사회에 적용하면 인간도 침입 → 경쟁 → 갈등 → 적응의 과정으로 환경에 적응

ⓒ 인간도 환경의 영향을 받는다고 주장하였다.

② 버제스(Burgess)의 동심원이론 : 시카고의 지역별 특징 연구

ⓐ 파크의 사회생태학을 도시라는 특수한 사회의 연구에 적용하였다.

ⓒ 각 지역의 범죄율을 비교 → 변이지역(=제2지역)에 범죄 집중

(변이지역의 범죄율 : 지속해서 높음, 도심에서 멀어질수록 점차 낮아짐)

ⓒ 버제스가 분석한, 변이지역의 (생태학적) 특징

   ⓐ (기존의) 사회통제 약화 : 상공업지역으로의 잠식 → 빈번한 인구이동

   ⓑ 열악한 주거환경 : 빈민들의 거주지역으로 변화

③ 쇼(Shaw)와 맥케이(Mckay)의 문화전달이론 : 파크 · 버제스에게 영향을 받음

ⓐ 쇼 & 맥케이의 현장지도(spot map) 작성 : 지역의 공간적, 경제적 상태 파악

   ⓐ 공간적 분포 : 청소년들의 무단결석률이 높은 지역이 비행, 범죄 발생률이 증가한다.

   ⓑ 지대 가설 : 비행, 범죄율이 도심지역이 가장 높게 나타나고, 도심으로부터 멀어질수록 점차 감소한다.

   ⓒ 지속성 : 인구이동으로 인해 주민들의 사회적 · 인종적 구성이 변화하여도 높은 비행, 범죄율이 유지된다.

   ⓓ 높은 비행률이 지속되는 이유는 사회해체에 따른 문화전달로 사회해체로 인해 전통적인 사회통제기관(예 : 학교) 통제력 상실하고, 반사회적 가치를 옹호하는 범죄문화 형성되어 주민들 간에 계속 전달된다.

ⓒ 범죄율 개선을 위한 대책 : 시카고 지역 프로젝트 제안(샘슨의 집합효율성이론의 영향 받음)

지역사회의 통제기능을 개선하기 위한 지역사회 조직 프로젝트(비공식적 조직의 강화)

   ⓐ 열악한 생활환경 개선(예 : 길거리 낙서 지우기, 건물 보수, 깨끗한 거리 조성)

   ⓑ 주민 간 문화적 이질성 개선하여 공동체 의식 함양

④ 버식(Bursik)과 웹(Webb)의 사회해체론 : 쇼와 맥케이의 이론 비판

ⓐ 사회해체와 범죄 간 관련성에 관한 설명이 불명확하다고 비판하며 지역사회의 안정성이라는 관점에서 사회해체 개념을 다시 정의하였다.

   ⓐ 사회해체의 개념을 지역사회의 무능력으로 보고 지역사회가 주민들에게 공통된 가치체계 실현하지 않고 지역주민들이 공통적으로 겪고 있는 지역사회의 문제 해결을 못하는 상태라고 보았다.

   ⓑ 사회해체의 원인 : 주민의 잦은 이동에 의한 주민 간 이질성

   ⓒ 지역주민들의 전출입이 빈번하면 사회통제가 불가능

   ⓓ 다양한 인종과 국적으로 주민상호 간 의사소통 어려워 공통의 문제해결 또는 목표 달성을 위한 주민의 참여가 이루어지지 않는다.

ⓒ 버식과 웹이 주장한, 사회해체지역의 범죄 원인 ★ – 사회통제 능력 부족

   ⓐ 주민들에 의한 비공식적인 감시기능 약화

   ⓑ 주민 간 이질성으로 인해 소통 불가

⑤ 콘하우저의 사회해체적 관점 : 콘하우저는 사회해체가 어느 정도 진행된 동네에서는 비행 하위문화의 형성 여부와 관계없이 비행행위가 발생하지만, 사회해체가 진행되지 않은 동네에서는 비행이 발생하지 않기 때문에 비행을 지지하는 하위문화의 존재 자체가 가능하지 않다고 보았다. 따라서 이론적 차원에서 보면 비행의 발생에 중요한 역할을 하는 것은 사회해체이지 비행 하위문화가 아니라고 강조한다.

⑥ 샘슨의 집합효율성이론 : 샘슨은 범죄원인을 개인에서 찾은 것이 아니므로 '사람이 아니라 지역(장소) 바꾸기'를 범죄대책으로 강조하였다. 집합효율성이론은 시카고 학파의 사회해체이론을 현대적으로 계승한 것으로, 사회자본, 주민 간의 관계망 및 참여 등을 중시하는 이론이다.

⑦ 조보의 자연지역 : 조보(Zorbaugh)는 문화적 독특성에 따라 자연적으로 발생하는 문화지역(cultural areas)들이 도시의 성장과 발전과정에 따른 무계획적이고 자연적인 산물이라는 점에서 자연지역 (natural areas)이라고 규정하였다.

⑧ 콜만의 사회자본
   ㉠ 사회적 자본이 집단의 집합적 자산이며, 권력과 지위의 불평등한 배분을 낳을 소지가 없다고 보았다. 특정 개인의 소유가 되지 않고 오히려 집단이 공유함으로써 불평등과 불균형을 낳기보다는 집단 구성원들에게 유익이 되는 공동의 자산인 셈이다.
   ㉡ 사회적 자본은 집단의 형성에 기여하든 안 하든 관계없이 집단 구성원 모두에게 도움이 되는 사익이자 공익이다.
   ㉢ 가족이나 공동체가 강한 응집력과 단합력을 보이면 결국 그 가족과 공동체는 점진적인 이득의 결과물을 공유하게 된다.
   ㉣ (뉴욕의 다이아몬드 도매상) 도매상은 감정사에게 다이아몬드 감정을 의뢰하면서 아무런 공식적 계약서나 보험을 들지 않은 채 다이아몬드 가방을 넘기는데, 감정이 끝나 돌아온 다이아몬드는 위조품이거나 품질이 낮은 다이아몬드로 바뀌어 있을 위험이 있다. 비록 이런 사기의 기회가 드물지 않음에도 불구하고, 실제 이런 일이 일어나는 경우는 거의 없다
   ㉤ 유럽의 한 동네에서 음악회에 초청된 많은 노인이 아무런 교환권 없이 자신의 외투를 공공 옷걸이에 걸어 놓고 음악감상을 한 후 되돌아 왔을 때 자신의 외투를 잃어버리는 경우가 거의 발생하지 않는다.

● 사회해체이론 보충

① 사회해체(Social Disorganization)란 지역사회가 공동체의 문제해결을 위한 능력이 상실된 상태를 의미한다.

② 초기 사회해체이론가인 쇼와 맥케이는 사회해체의 개념을 명확히 하지 못했다.

③ 비행의 원인이 사회해체에 기인한 것이기 때문에 개별비행자의 처우는 비효과적이며, 따라서 도시 생활환경에 영향을 미치는 지역사회의 조직화가 필요하고, 그 예가 시카고지역프로젝트이다.

④ 윌슨(Wilson)과 켈링(Kelling)의 깨진 유리창이론, 샘슨(Sampson)의 집합효율성이론, 환경범죄학 등은 사회해체이론을 계승·발전시킨 것이다.

⑤ 버식과 웹은 쇼와 맥케이의 이론이 지역사회의 해체가 어떻게 범죄발생과 관련되는지를 명확하게 설명하지 못했다고 비판하며, 사회해체론의 입장을 지역사회의 안정성의 관점에서 바라보았다. 지역사회 해체를 지역사회의 무능력, 즉 지역사회가 주민들에게 공통된 가치체계를 실현하지 못하고 지역주민들이 공통적으로 겪는 문제를 해결할 수 없는 상태라고 정의하고, 사회해체의 원인을 주민의 이동성과 주민의 이질성으로 보았다.

⑥ 집합효율성(collective efficacy)이란 공통의 선을 유지하기 위한 지역주민들 사이의 사회적 응집력을 의미하며, 상호 신뢰와 유대 및 사회통제에 대한 공통된 기대를 포함하는 개념이다.

⑦ 초기 시카고학파 학자이론에 대하여 로빈슨(Robinson)은 개인적 상관관계와 생태학적 상관관계를 구분하면서 생태학적 오류의 문제점을 지적하였다. 쇼와 맥케이를 포함한 다수의 학자들이 개인의 특성에 대해 파악하고자 하는 목적을 가지고 있었음에도, 개인적 상관관계에 근거하지 않고 오히려 생태학적 상관관계에 근거해 자신들의 주장을 입증하려 하였다. 즉 초기 시카고학파의 학자들의 연

구는 방법론적으로 공식통계에 지나치게 의존하고 있어 연구결과에 대한 정확성에 대한 비판이 있고, 지역사회 수준의 연구결과를 개인의 행동에 적용하는 과정에서 연구결과와는 다른 제3의 원인에 의한 것일 수도 있다는 비판을 받는다.

05 아노미이론(사회적 긴장이론)

JUSTICE

1. 주장자

머튼(R. K. Merton)

2. 뒤르켐의 영향

(1) 프랑스학파 뒤르켐(Durkeim)의 영향을 받아 머튼(R. K. Merton)이 체계화한 이론이다.
(2) 뒤르켐은 아노미를 주로 자살현상을 설명하는데 사용하였지만, 머튼은 아노미를 사회적으로 수용가능한 목표와 수단 간의 불일치를 의미하는 것으로 사용하였다.
(3) 아노미는 프랑스어로 무규범 혹은 무규율을 뜻하며, 특히 개인적 차원의 무규범상태(목표감 상실, 자기소외 등)를 아노미(Anomie)라 한다.

3. 아노미이론

사회문화구조는 문화적 목표(성공목표 등)와 이를 달성하기 위한 제도적 규범(합법적 수단)으로 구성되며, 문화적 목표와 합법적 수단 간의 괴리가 커질 때 아노미 현상이 유발되면서 비합법적인 수단을 동원한 범죄나 비행이 발생하게 된다는 이론이다.

● 아노미이론의 비교 ★

구분	뒤르켐(Durkheim)의 아노미	머튼(Merton)의 아노미
의의	무규범상태, 즉 인간의 끝없는 자기욕망을 사회의 규범이나 도덕으로써 제대로 규제하지 못하는 사회적 상태	문화적 목표와 제도적 수단의 불일치 상태
이론적 배경	사회적 계급이 분화한 19세기 프랑스사회	외견상 평등하고 직업의 귀천을 묻지 않으며 혁신에 대한 보상이 따르는 공리주의적 이념이 지배한 20세기 미국사회
발생시기	사회적 변혁기	사회일상적 상황
아노미 상태	현재의 사회구조가 개인의 욕구에 대한 통제력을 유지할 수 없는 상태	문화적 목표와 제도적 수단의 차등화에 의한 긴장의 산물

4. 아노미이론의 3가지 기본명제

(1) 부자가 되기를 바라는 가치는 모든 사람들이 다 가지고 있다.

(2) 많은 하류계층 사람들은 목표를 달성할 수 있는 합법적 수단이 거부되어 있다.

(3) 목표와 수단이 괴리되면 비합법적 수단을 강구해서라도 성공하려고 노력한다.

5. 사회문화구조에 대한 적응유형(적응양식)

(1) 의의

머튼은 목표와 수단에 대한 개인적인 적응유형을 5가지로 분류해 설명하였다. ★

적응유형	문화적 목표	제도적 수단	적응 대상
① 동조형	+	+	정상인
② 개혁(혁신)형	+	−	전통적 의미의 범죄자 (강도 · 절도 등 재산범죄)
③ 의례형	−	+	샐러리맨, 관료
④ 도피형	−	−	마약 · 알코올중독자, 부랑자
⑤ 반항(혁명)형	+, −	+, −	혁명가, 투쟁적 정치가

● **아노미(Anomie) 발생원인**

뒤르켐은 현재의 사회구조가 구성원 개인의 욕구나 욕망에 대한 통제력을 유지할 수 없을 때 아노미 현상이 발생한다고 본 반면, 머튼은 문화적 목표와 이를 달성하기 위한 제도적 수단 사이에 간극이 있을 때 구조적 긴장이 생기면서 아노미 현상이 발생한다고 보았다.

● **적응유형 중 일탈적 적응유형** ★

동조(순응)형 이외에는 모두 일탈적 적응유형에 속하지만, 그 중에 범죄학적으로 가장 문제가 되는 것은 개혁(혁신)형이다.

(2) 적응유형

① 동조형

성공목표와 합법적인 제도적 수단이 합치되어 정상적인 생활을 하는 사람(정상인)

② 개혁형(혁신형)

성공목표를 인정하지만 합법적 수단이 차단되어, 비합법적인 수단을 강구하는 사람으로 강도 · 절도 등 금전획득을 위한 재산범죄가 많다(하류계층 범죄인). 범죄학적으로 가장 우려되는 사람이다(전통적 의미의 범죄자).

③ 의례형

    성공목표를 외면하고 제도적 규범에 충실하는 순종적인 사람(관료, 셀러리맨 등)

④ 도피형

    성공목표와 제도적 수단을 모두 부정하고 도피적인 생활을 하는 사람(비도덕적이고 퇴폐적인 마약·알코올 중독자, 부랑자 등)

⑤ 반항형(혁명형)

    공공연하게 사회목표를 거부하면서 현행제도의 개혁 등을 주장하는 사람(데모나 혁명에 가담하는 정치범·확신범 등)

6. 공헌

(1) 일탈을 사회구조적 측면에서 파악하고, 사회구조적인 갈등의 원인을 지적하였다.

(2) <u>하류계층의 높은 범죄율을 이해하는데 도움을 주었다.</u>

(3) 사회적 측면에서의 범죄대책 방향을 제시하였다.

7. 비판

(1) 모든 사람이 물질적인 성공목표(부자)를 추구하고 있는지 의문이다.

(2) 개인 및 집단 간의 상호작용이 일탈행위에 미치는 영향을 무시하고 있다.

(3) 미국사회에 국한된 이론이며, 남성위주의 일탈에 초점을 두고 있다.

(4) <u>목표달성과 무관한 폭력범(격정범) 및 중상류층 범죄(화이트칼라 범죄 등)에 대한 설명이 곤란하다</u>(비재산적 범죄 설명에 곤란).

(5) 개인적인 즐거움을 위해 자행하는 소년비행 설명에 부적절하다.

8. 대책

(1) 성공목표와 합법적 수단 간의 통합수준을 높이는 사회정책이 필요하다.

(2) 하류계층의 소득증대 방안을 강구해야 한다.

> **⊙ 머튼의 아노미이론의 발전**
>
>   ① 피드백 효과
>
>   ㉠ 머튼은 자신의 이론이 중·상류층의 범죄를 설명하지 못한다는 비판을 받자 문화적 목표는 만족할수록 그 정도가 높아져서 더욱 많은 것을 추구하게 된다는 아노미의 <u>피드백효과</u>(feedback effect)라는 가설로 반론을 전개하였다.
>
>   ㉡ 즉 문화적 목표는 완전한 귀결점이 아닌 가변적인 것으로서 개인은 문화적 목표를 달성한 다음에도 완전한 만족을 하지 못하고, 점차 높아지는 목표에 의해 다시 불법적 수단을 사용하게 된다고 보았다.

② 사회구조적 수준의 긴장 : 메스너(Messner) 와 로젠펠드(Rosenfeld)의 제도적 아노미이론
기존의 아노미이론을 계승, 발전시킨 이론이다.
   ⊙ 미국 사회의 범죄율이 높은 이유를 설명한 이론
   ⓒ 범죄 등 반사회적 행동은 미국 사회의 문화적 · 제도적 영향의 결과로 물질적인 성공에 대한 목표(아메리칸 드림)이 미국 문화에 널리퍼져 있다는 머튼의 관점에 동의한다.
   ⓒ 높은 범죄율원인은 경제제도 때문이며 지나치게 물질적인 성공만을 강조하는 미국 문화는 비경제적 사회제도(예 : 가족, 학교, 공동체)의 역할과 가치를 하락시켰다.
      • 경제적 역할이 중심(우월)(비경제적 역할이 종속됨) : 타지로의 승진 기회가 주어지면, 가족과 떨어져서 생활하는 것도 감수한다.
      • 아메리칸 드림은 많은 사회구성원들에게 합법적 수단으로는 만족할 수 없는 물질적 가치에 대한 욕구를 갖게 만든다.
      • 제도적 수준에서 경제적 관심의 지배는 비공식적 사회통제인 가정과 학교 등의 가능 약화를 가져오게 된다.

⊙ '아메리칸 드림'이 일탈행동을 유발할 수 있는 가능성 4가지

성취주의	수단과 방법을 안 가리고 성공해야 한다는 문화적 압박이 강함
개인주의	규범적인 통제를 무시하고, 개인적인 목표를 이루기 위해서는 어떤 수단과 방법을 써도 좋다는 생각을 하게 만듦
보편주의	대부분의 구성원들이 유사한 가치를 갖고 있으며, 같은 목표에 대한 열망이 있음
물신주의	성공에 대한 열망이 있고, 그중 가장 대표적 척도는 경제적 성공

③ '개인'적 수준의 긴장 : 애그뉴(Agnew)의 일반긴장이론(머튼의 이론과 달리 미시 이론이며 중상류 계층의 범죄도 설명이 가능하다)
   이론의 특징 : 긴장(스트레스)을 느끼는 개인과 범죄율 간 관련성 설명

⊙ 머튼과 애그뉴의 이론 비교 ★

머튼	애그뉴
사회계층의 차이에 따른 → 범죄율	긴장을 느끼는 개인적 차이 → 범죄율
경제적 하위계층의 범죄율 높음	스트레스가 많은 개인의 범죄율 높음(모든 사회계층에 적용 가능)

① 범죄원인 : 긴장 또는 스트레스가 유발하는 부정적 감정
② 긴장의 발생요인 4가지

긍정적인 가치를 지닌 목표를 달성하는데 실패	머튼의 아노미와 유사
기대와 성취 사이의 불일치	동료와의 비교에서 느끼는 상대적인 감정
긍정적인 자극의 소멸	실연이나 친한 사람의 죽음과 같은 불만스러운 사건의 경험
부정적인 자극에의 직면	아동학대, 범죄피해, 체벌, 가족 또는 또래집단에서의 갈등, 학업실패 등의 유해한 자극에 노출

PART 2

06 범죄적 하위문화이론

JUSTICE

◇ 하위계층 문화이론　　　◇ 비행적 하위문화이론　　　◇ 차별적 기회구조이론

1. 하위계층(계급) 문화이론(Theory of Lower Class Culture) ★

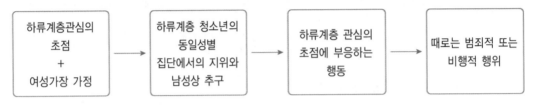

※ 결론적으로 하층문화계급에의 동조는 곧 중류계층규범의 위반을 의미하지만, 중류계층의 가치와 행동규범에 대한 악의적인 원한이나 울분을 표시하는 것은 아니고 그들의 집중된 관심에의 추구가 범죄원인이다.

(1) 주장자 : 밀러(Miller)

(2) 내용

밀러는 보스턴 시의 청소년 갱문제를 연구하던 중, 우범지역 거주자들의 관심사항이 다른 지역과는 독특한 것을 발견하고, 이민·이주·신분변동 등의 과정에서 성공하지 못한 그들만의 공통적인 고유한 주요 관심사항을 하위계층문화 요소로 보았다.

(3) 범죄원인

하위계층 사람들은 그들만의 독특한 문화규범을 중시하며 이에 따라 행동하기 때문에 법규범을 위반하게 된다.

(4) 특징(코헨과 비교)

악의적인 원한이나 저항을 표시하는 것이 아니라는 점에서 비행적 하위문화 이론과 구별된다.

(5) 주요 관심사항(6가지)

구분	관심사항
① Trouble(말썽, 걱정)	법이나 법집행기관과 말썽 및 사고를 일으키는 것이 오히려 영웅적·정상적·성공적인 것으로 생각함.
② Toughness(강인, 완강)	남성다움과 육체적인 힘의 과시 및 용감성·대담성에 대해 관심을 가짐.

③ Smartness(교활, 영악)	사기 · 탈법 등과 같이 남을 속일 수 있는 능력을 말함. 남이 나를 속이기 이전에 내가 먼저 남을 속이는 것을 말함.
④ Excitment(흥분, 자극)	스릴 · 모험 등 권태감을 떨쳐버리는 것에 관심을 가짐.
⑤ Fatalism(숙명, 운명)	자신의 생활을 숙명이라고 생각해 현실을 정당화함. 성공은 요행이 중요하다고 생각하며 잡히면 운수가 없다고 함.
⑥ Autonomy(자율)	외부의 통제나 간섭을 받기 싫어하고, 명령이나 간섭을 받는 현실에 대해 반발함.

> **➡ 폭력하위문화이론**
> ① 주장자 : 울프강(Wolfgang)과 페라쿠티(Ferracuti)가 주장하였다.
> ② 내용 : 특정지역의 사람들은 자신과 집안의 명예 및 남자의 명예를 지나치게 중시한 나머지 인간의 생명을 가볍게 여기는 경향이 있어, 이들의 사회생활에 폭력사용을 용인하고 권장하는 폭력하위문화가 존재한다는 이론이다.
> ③ 평가 : 밀러의 하위계층문화이론에서 주목한 문화적 영향을 계승한 이론으로 보고 있다.

2. 비행적 하위문화이론(비행적 부문화이론 : Theory of Delinquent Subculture) ★

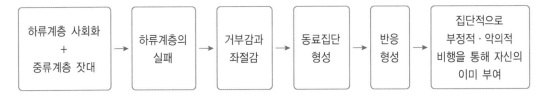

(1) 주장자 : 코헨(A. K. Cohen)

(2) 내용

① 비행적 하위문화이론은 1955년 코헨(A. K. Cohen)이 「비행소년들」 저서에서 주장하였다. 비행적 하위문화는 하류계층 청소년들이 학교생활 실패와 신분좌절에 대한 반동으로 비행집단을 형성해 비공리적이고 악의적인 부정적 행위에 가담함으로써 형성된다.

② 이는 문화 안의 문화(부문화) 개념으로, 비행집단에 공통된 특정한 가치관이나 신념 · 지식 등을 포함한 사고나 행동양식을 뜻한다.

(3) 범죄원인

비행적 하위문화로 인해 합법적인 사회규범이나 가치체계를 무시하게 되어 결국 범죄나 비행으로 나가게 된다.

(4) 특징

① 비행적 하위문화이론은 사회화 과정이 아닌 사회구조와 관련된 내용이며, 문화전달 과정이 아닌 문화 안의 부문화 개념이다.

② 아노미이론은 공리적인 개인적 부적응, 비행적 하위문화이론은 비공리적인 집단적 부적응에 관한 이론이다. 그래서 비행적 하위문화이론을 집단문화이론이라고도 한다.

(5) 비행문화의 특징 ★

① 비공리성(비합리성)
절도한 물건 자체보다는 스릴이나 동료로부터 인정받고 지위를 얻기 위한 행위로 절도를 생각한다.

② 악의성
다른 사람이 불편을 느끼고 고통을 당하는 것에서 쾌감을 느낀다.

③ 부정성(거부주의)
합법적인 사회규범이나 어른들의 문화를 거부하고 그들 나름대로의 문화를 정당화한다.

④ 변덕
매 순간 바뀌는 마음과 가치체계를 말한다.

⑤ 단락적 쾌락주의
장기적인 계획이나 목표가 아닌 현실적 쾌감에 연연하는 심리를 말한다.

⑥ 집단자율성
외부에 대한 적개심(반항)과 내부에 대한 응집력을 말한다.

(6) 비판

① 중상류층 청소년 범죄를 설명하지 못하고 있다.

② 소년들은 범죄 후 범죄행위에 대한 자부심보다 후회하는 사람들이 대부분이다.

③ 비행문화의 영향보다는 공리적이고 이성적인 범죄도 많다.

④ 절도 등 이욕적인 범죄는 비행적 하위문화의 영향으로 보기 어렵다.

⑤ 하위계급 중 비행을 저지르지 않는 사람이 더 많다.

⑥ 중화(표류)이론이 비행적 하위문화이론의 대표적인 비판이론이다.

> ● 하위계층 문화이론과 비행적 하위문화이론의 차이점 ★
> ① 하위계층 문화이론 : 우범지역(슬럼지역)에 거주하는 동일한 하위계층 사람들 사이에 존재하는 독특한 문화 규범이기 때문에 이들 상호 간에는 비악의적이고 공리적이다.
> ② 비행적 하위문화이론 : 상류계층과 하류계층이 서로 상존하는 개발지역 내에서 적응하지 못한 청소년들이 형성한 비행집단은 상류집단에 대해 악의적이고 비공리적이다.

● 코헨이 제시한, 하위계층 청소년의 반응형태

① 거리의 불량자(corner boy) - 가장 일반적인 반응으로 만성적인 비행소년은 아니지만 사소한 비행이나 지위비행을 저지른다.

② 학생(college boy) - 중류계층의 문화적·사회적 가치를 받아들이고 이에 부합하려 노력한다.

③ 태만한 소년(delinquent boy) - 중류계층의 가치에 직접적으로 반대되는 규범과 원칙들을 선택하여 발전시키는데, 이는 비행하위문화가 된다.

● 코헨의 비행하위문화이론과 머튼의 아노미이론의 차이점

비행하위문화이론	아노미이론
• 수많은 비행들에서 발견되는 비실용적인 성격을 설명하고자 함 • 일탈의 비공리주의적인 특성을 강조 • 반항이 취하는 특별한 형태는 중간계급의 가치들에 대한 반작용에 의해 결정됨 • 반항의 선택은 그 집단의 다른 구성원의 선택들과 연계하여 선택	• 혁신에 초점을 두고 범죄원인의 실용적 성격을 강조하여 설명 • 범죄의 공리주의 본성을 강조 • 반항은 상당수의 서로 다른 형태 중 어떤 하나를 임의적으로 취할 수 있음 • 사회의 적응형태에 대한 것은 개인이 선택

● 하위계층문화이론과 비행하위문화이론의 비교 ★

구분	하위계층문화이론	비행하위문화이론
관련학자	밀러(Miller)	코헨(Cohen)
범죄원인	하위계층 청소년의 주요 관심사에 대한 동조 및 추구	중류계층의 가치와 행동규범에 대한 악의적인 원한이나 울분의 표시

3. 차별적(분화적) 기회구조이론(Differential Opportunity Theory) ★

(1) 주장자 : 클로워드(Cloward), 오린(Ohlin)

(2) 내용

① 차별적 기회구조이론은 문화전달이론(쇼, 맥케이), 차별적 접촉이론(서덜랜드) 및 아노미이론(머튼)에 기회구조 개념을 도입해 종합한 이론이다.

② 성인범죄자 등으로부터 범죄기술이나 기법 등이 전달되고〈문화전달이론〉, 이를 학습할 수 있는 비합법적인 기회구조가 존재해야만〈차별적 접촉이론〉 전문적인 절도 등과 같은 범죄자가 될 수 있다.

③ 반면 비합법적인 기회구조가 존재하지 않으면 범죄기술이나 기법 등을 배울 수가 없기 때문에 범죄자가 되지 못하고, 단순히 불만을 폭력 등으로 분출하는 수준에 머물게 된다.

(3) 기회구조 ★

① 아노미이론은 사회문화구조를 문화적 목표(성공목표)와 이를 달성하기 위한 제도적 규범(합법적 수단)만 있는 것으로 보고 있다.

② '차별적 기회구조이론'은 성공을 위한 목표달성 수단으로는 합법적 · 비합법적 2가지 기회구조
가 있음을 전제로 한다. 합법적 · 비합법적인 기회구조는 개인적인 심리가 아닌 하위문화에 의
해 그 방법이 결정된다.

(4) 범죄원인

범죄나 비행은 비합법적인 기회구조에는 접근할 수 있지만, 합법적인 기회구조가 차단된 경우에
야기된다(범죄적 하위문화).

(5) 적응유형 ★

① 의의

적응유형은 머튼의 모형(동조형 · 개혁형 · 의례형 · 도피형 · 반항형)을 수정하여 4가지(동조
형 · 개혁형 · 공격형 · 도피형)을 제시하였다.

② 개인적 적응유형

적응양식	목표	합법적 수단	비합법적 수단	폭력 수용	청소년의 비행적 하위문화	머튼의 유형과 비교
㉠ 동조형	+	+	−	−	−	동조형
㉡ 개혁형	+	−	+	−	범죄적 하위문화	개혁형
㉢ 공격형	+	−	−	+	갈등적 하위문화	없음
㉣ 도피형	+	−	−	−	도피적 하위문화	도피형

㉠ 동조형 : 문화적 목표와 합법적 수단을 가진 사람을 말한다. 머튼의 동조형에 해당한다.
㉡ 개혁형
    ⓐ 문화적 목표는 수용하지만, 합법적 수단은 없고 비합법적인 기회구조를 가진 사람을
       말한다.
    ⓑ 머튼의 개혁형에 해당하지만, 비합법적인 기회구조와의 접촉을 중시하며, 범죄적이다.
㉢ 공격형(청소년 갱문화)
    ⓐ 문화적 목표는 수용하지만, 합법적 · 비합법적 수단이 모두 차단된 사람을 말한다.
    ⓑ 머튼의 유형에는 없는 유형이며, 갈등적이고 불만을 폭력으로 분출하는 유형이지만 범
       죄위험성은 낮다.
㉣ 도피형 : 공격형과 같이 합법적 · 비합법적 수단이 모두 차단되었지만, 불만을 폭력으로
배출하지 않고 자포자기하는 유형이다.

(6) 청소년의 비행적 하위문화의 종류 ★

클로워드와 오린은 합법적인 기회구조가 차단된 슬럼(Slum)지역 청소년들의 비행적 하위문화를
3가지로 구분하였다.

① 범죄적 하위문화(개혁형에 해당하는 청소년의 비행문화)
  범죄적 행위가 용인 및 장려되는 지역에서 발생하며, 성인범죄자와 긴밀한 관계를 유지한다.
② 갈등적 하위문화(공격형에 해당하는 청소년의 비행문화)
  이동성과 해체성이 심한 지역에서 발생하며, 욕구불만을 집단싸움·무분별한 갱 전쟁 등으로 해소하는 청소년 비행문화 집단으로 범죄 위험성은 낮으며, 직장을 갖거나 결혼을 하면 정상적인 생활을 한다.
③ 도피적 하위문화(도피형에 해당하는 청소년의 비행문화)
  성공목표를 위한 합법적·비합법적 기회구조가 모두 차단되어 자포자기하는 이중실패자로, 주로 알코올·약물중독자 등이 이에 속한다.

(7) 공헌

① 집단비행 현상의 구조적 요인은 아노미이론에서, 구체적인 비행의 성격과 형태는 문화전달이론과 차별적 접촉이론에서 파악하고, 합법적·비합법적 기회구조를 제시하였다.
② 1960년대까지 미국의 범죄이론을 통합한 것으로 평가받고 있다.
③ 지역사회교정과 비행예방프로그램 등 사회정책에 큰 영향을 주었다(존슨 정부 때 빈곤과의 전쟁을 통한 범죄방지대책의 이론적 기초를 제공하였다).

(8) 비판

① 가족구조와 인종 등 상이한 배경을 경시하고 있다.
② 격정범이나 중상류계층에 대한 비행 설명이 없다.
③ 동일한 기회구조 속에서도 사람마다 상이한 반응에 대한 설명이 부족하다.
④ 하위계층 내에도 복수의 하위문화가 존재함을 고려하지 않고 있다.
⑤ 비합법적 요인을 강조해 합법적 요인을 경시하는 경향이 있다.

> ➔ **차별적 기회구조이론 더 알아보기**
>
> ① 차별적 기회구조이론
>   ㉠ 클로워드와 오린(Cloward & Ohlin)은 청소년 비행의 핵심을 개별적 행위보다는 집단적 행위에서 찾았다.
>   ㉡ 아노미현상을 비행적 하위문화의 촉발요인으로 본다는 점에서 머튼의 영향을 받았으며, 머튼의 이론을 확대·발전시켰으며, 한계를 보완해준다.
>   ㉢ 코헨과 달리 비행하위문화를 촉발시키는 요인으로 하위계층 청소년들의 경우 합법적인 수단을 사용할 수 있는 기회의 불평등한 분포를 들었다.
>   ㉣ 머튼의 아노미이론과 같이 사회에는 문화적으로 강조되는 목표과 이러한 목표를 합법적인 방법으로 달성할 수 있는 가능성 간에 현저한 차이가 있는데 이러한 차이로 인하여 비행하위문화가 형성된다는 것이 차별적 기회구조이론이다.
>   ㉤ 성공하기 위하여 합법적인 수단을 사용할 수 없는 사람들은 비합법적 수단을 사용한다는 머튼의 가정에 동조하지 않는다. 즉 머튼이 비합법적인 수단에 대한 접근가능성은 간과한데 대해서

실제 비행하위문화의 성격은 비합법적인 기회가 어떻게 분포되었는가에 따라 다르며 이에 연관된 비행하위의 종류도 다르다고 주장하였다(비합법적인 수단이 어떻게 분포되어 있느냐에 따라 그 지역의 비행하위문화의 성격 및 비행의 종류도 달라진다).

ⓑ 성공을 위한 합법적 기회와 비합법적 기회 모두 제한적이라는 것을 인식하고 있다.

② 내 용

ⓐ 문화전달이론(퇴행변이지역), 차별적 접촉이론(친밀한 집단과의 직접적 접촉), 아노미이론(문화적 목표와 제도화된 수단과의 괴리)을 종합한 것으로 기회구조의 개념을 도입하여 성공을 위한 목표의 수단이 합법적·비합법적인 두 가지 기회구조가 있음을 전제로 한다.

ⓑ 두 가지 기회구조 중 어느 수단을 취하는가는 사회구조와의 관계에서 어떠한 수단을 취할 수 있는 위치에 있는가에 달려 있다고 보고 범죄는 개인의 심리적 결단의 문제가 아니라 어떤 하위문화(범죄적·갈등적·도피적)에 속해 있느냐의 문제로 보았다.

ⓒ 적법한 기회가 막혀있다는 이유만으로 불법적 기회를 무조건 선택할 수 있는 것은 아니라고 주장하였고, 적법한 기회에 못지않게 범죄행위를 위해 필요한 불법적 기회 역시 불균등하게 배분되어 있다고 보았다.

07 학습이론(사회과정이론)

◇ 따르드의 초기 학습이론　　　　　◇ 차별적 접촉이론
◇ 차별적 동일화이론　　　　　　　◇ 차별적 강화이론

1. 따르드(G. Tarde)의 초기 학습이론

따르드는 인간은 타인과 접촉하면서 관념을 학습하며, 행위는 학습한 관념으로부터 유래한다고 하면서, 모방의 법칙(거리의 법칙, 방향의 법칙, 삽입의 법칙)으로 학습이론을 설명하였다.

● 차별적 기회이론에 반영된 각 이론의 내용(범죄에 영향을 준 요인들)

머튼의 아노미이론	서덜랜드의 학습이론 (차별적 접촉이론)	쇼와 맥케이의 문화전달론
• 문화적 목표(수용)+합법적 수단 • '혁신형'의 적응방식	• 비행·범죄도 '접촉'을 통해 '학습'되는 것 • 접촉 → 학습	• 비행·범죄를 접촉할 수 있는 '지역' • 지역사회의 열악한 여건

2. 차별적 접촉이론(Differential Association Theory) ★

(1) 주장자 : 서덜랜드(E. H. Sutherland)

① 미국 범죄학의 아버지로 불리우며 「형사학원론」(1939)을 저술하였다.
② 화이트칼라(White Collar) 범죄와 직업적 절도범에 대해 연구하였다.
③ 범죄원인 해명에 관한 일반이론을 정립하였다.

(2) 내용

① 서덜랜드는 사회가 해체된 지역이 범죄의 온상이 되어 가는 것을 연구하기 위해 기존의 사회
해체이론, 문화전달이론, 문화갈등이론 등을 기초로 범죄의 학습과정을 밝히려고 하였다.
② 차별적 접촉이론은 이질적인 사회의 다양한 조직 중 어떤 집단과 친밀감을 갖고 차별적으로
접촉하느냐에 따라 백지와 같은 인간본성이 특정집단의 행동양식을 배우고 익혀나간다는 이
론이다(백지설).

(3) 학습의 정도

학습은 접촉의 빈도, 기간, 시기, 강도에 따라 다르며, 빈도가 많고, 기간이 길고, 시기가 빠르고,
접촉의 강도가 클수록 강하게 학습된다.

(4) 범죄

① 범죄는 사람마다 서로 다르게 접촉하고 학습한 결과로 생긴다. 즉, 범죄자가 되는 것은 접촉한
사람 중에 범죄적인 행동을 하는 사람이 많기 때문이다.
② 서덜랜드는 차별적 접촉이론을 통해 화이트칼라 범죄 개념을 제시하였다.

(5) 차별적 접촉이론의 9가지 명제 ★

① 범죄행위(일탈행위)는 학습의 결과이다.
② 범죄는 다른 사람과 상호작용을 수행하는 과정에서 학습된다.
③ 범죄학습의 주요부분은 친밀한 개인적 집단 내에서 일어난다.
④ 학습에는 범행기술·동기·욕망·합리화·구체적 방향 등이 포함된다.
⑤ 동기와 욕구의 구체적 방향은 법률을 우호적 또는 비우호적으로 정의하느냐에 따라 다양한
관점으로부터 학습된다.
⑥ 범죄자가 되는 것은 준법자들보다 우범자들과의 접촉이 빈번하기 때문이다.
⑦ 차별적 접촉은 빈도·기간·시기·강도에 따라 다르다.
⑧ 범죄행위의 학습과정도 다른 행위의 학습과정과 같은 메커니즘이므로, 범죄자와 비범죄자와
의 차이는 학습과정의 차이가 아니라 접촉유형의 차이이다.
⑨ 범죄행위도 욕구와 가치의 표현이라는 점에서 일반적인 행위와 같지만, 일반적인 욕구나 가치
관으로는 범죄행위를 설명할 수 없다.

(6) 평가

① 범죄행위를 사회적 상호작용으로 학습되는 정상적인 것으로 설명하였다.
② 비합법적 기회 및 동료집단과의 접촉을 중시하고 있어 청소년비행 설명에 도움이 된다.
③ 전통적 범죄는 물론 화이트칼라 범죄 등 새로운 범죄를 설명할 수 있는 가능성을 제시하였다.
④ 집단현상으로서의 범죄행위 설명에 유용하다.

(7) 대책

범죄의 예방과 범죄자의 교정은, 주변 사람들과 여건을 건전하게 조성할 때 가능하므로, 집단관계 치료요법이 중요하다.

(8) 비판

① 사회심리학적 개념인 범죄성 인격형성 과정에 한정되어 있고, 범행수행의 역동적 · 상황적 설명이 미흡하다.
② 사람마다 상이한 차별적 반응을 무시하고 있으며, 경험적 검증이 곤란하다.
③ 개별적인 단독범행이나 과실 및 폭력 등 충동적인 범죄에 대한 설명이 곤란하다.
④ 백지설에 입각해 범죄성향을 후천적인 것에 한정하여, 소질을 고려하지 않고 있다.
⑤ 범죄는 친밀한 집단과의 직접적인 접촉에 의해서만 학습되는 것은 아니다(매스컴 등 역할 간과).

➔ 차별적 접촉이론 더 알아보기

차별적 접촉이론은 화이트칼라 범죄에 해당하는 기업가의 범죄행위를 설명하는 데에 유용하다.
기업인들이 사회 주류로부터 소외되거나 가난 때문에 범행을 하는 것이 아니라 오히려 이들의 범죄원인은 사회적 학습방법에 있다고 본다(범죄행위를 부정적으로 규정하는 정직한 기업인들보다 범죄행위를 긍정적으로 규정하는 기업인들과 더 많은 접촉을 가져 학습). 즉 이윤추구를 위해서는 규범위반을 대수롭지 않게 여기거나 오로지 사업만을 생각하고 기업이익의 추구를 제한하는 법 규범에는 무관심한 태도에서 비롯된다.
교도관이 범죄인과 함께 장시간 생활을 함에도 수용자문화에 물들지 않는 이유는 상대방에 느끼는 존경이나 권위의 정도인 강도가 매우 약하기 때문으로 이해될 수 있다.

➔ 차별적 접촉의 유형

① **빈도**(frequency) : 특정개인이 범죄에 호의적 또는 범죄거부적 정의들과 접촉한 횟수
② **기간**(duration) : 범죄에 호의적 또는 거부적 정의와 접촉한 시간적 길이
③ **시기**(priority) : 범죄에 호의적 또는 거부적 정의와 접촉할 당시의 나이
④ **강도**(intensity) : 특정개인과 범죄호의적 · 범죄거부적 정의를 제공하는 자 사이의 애착 정도

➔ 파블로프의 고전적 조건형성실험(Classical Conditioning Experiment)

고전적 조건형성실험을 고안한 러시아의 생리학자 파블로프(Ivan Pavlov, 1849 ~ 1936년)는 개를 대상으로 소화에 관한 연구를 하던 중 우연히 행동심리학의 기초를 만든 중요한 고전적 조건형성이론을 제안하게 되었다. 스키너의 조작적 조건형성실험 이후 고전적 조건형성실험으로 불리게 되었다. 고전적 조건형성실험은 특정 무조건자극(개에게 먹이를 줌)과 함께 반응(침을 흘림)과 관계없는 자극(조건자극 : 메트로놈, 종소리 등)을 동시에 제공하면 '무조건자극(먹이)이 없을지라도' 조건자극에 반응을 일으키게 되며, 이를 반복하면 조건자극만으로도 침샘에 자극을 주어 침을 흘리게 된다는 것이다. 즉, 자극/반응이라는 행동주의 학습이론의 기초를 세우게 된 실험이었다. 중립자극인 메트로놈 소리가 무조건자극과 동시에 반복적으로 제공되자 무조건자극인 먹이 없이도 메트로놈 소리만으로 침 분비를 유발시켜 중립자극이 조건자극이 될 수 있음을 증명할 수 있었다. 유사하게도 레몬과 바닐라 향을 조합하여 개에게 20번을 제공하자 바닐라 향만으로도 침 분비가 이루어지는 것으로 나타나 다양한 조건화가 가능함을 보여 주었다. 이 실험을 통해 우리는 왜 사람들이 특정 상황에서 공포를 느끼고 성적 흥분을 느끼며 불쾌감을 느끼는지 등의 다양한 반응의 원인을 설명할 수 있게 되었다.

➔ 스키너의 조작적 조건형성실험(Operant Conditioning Experiment)

미국 심리학자 스키너의 조작적 조건형성실험이 제시되면서 파블로프의 조건형성실험은 고전적 조건형성실험으로 불리게 된다. 스키너는 학습과정의 조작적 조건화 도식을 제시한다. 그는 어떤 특정 상황에서 행동을 취하게 되면 그것에 따른 결과물이 제공되며, 이 결과가 보상으로 인식될 때 강화가 이루어지고 그 행동을 반복하게 되는 강화학습이 이루어진다고 설명한다. 조작적 조건형성실험은 지렛대를 누르면 먹이가 나오도록 설계된 실험용 박스에 생쥐를 넣고, 우연히 생쥐가 지렛대를 눌러 먹이가 나오게 되면 같은 행동을 반복하는 횟수가 증가한다는 사실을 보여 줌으로써 행동의 강화를 파악할 수 있게 하였다. 스키너의 조작적 조건형성실험을 통해 행동강화의 원리를 이해할 수 있게 되었다. 강화물은 행동의 빈도를 증가시키는 역할을 하는 모든 자극물을 의미한다. 강화물은 음식, 공기, 물 등의 일차적 강화물과 사회적 인정, 칭찬, 지위 등의 이차적 강화물로 구분된다. 강화는 정적 강화(Positive Reinforcement)와 부적 강화(Negative Reinforcement)로 구성된다. 정적 강화는 행동의 지속성을 강화시키는 것으로서 특정 행동에 대해 보상이 주어질 때 그 행동을 지속할 가능성이 높아진다. 부적 강화는 정적 강화의 반대로, 특정 행동을 멈추거나 감소시키기 위해 특정 보상을 제거하거나 혐오자극을 제공하는 것이다.

➔ 반두라의 보보인형실험(Bobo Doll Experiment)

심리학자 알버트 반두라는 캐나다 앨버타주 출신으로, 1949년 영국 컬럼비아대학에서 심리학을 전공하고 미국 아이오와대학에서 심리학 석 · 박사를 취득하였다. 그는 당시 학습심리학이 행동주의에 치중되어 있다는 생각을 가지고 인지와 행동의 관계를 연구하였다. 그는 아동의 공격적인 행동이 모방학습을 통해 이루어질 수 있다는 증거를 보여 줌으로써 단순히 보상과 처벌에 의해 행동이 학습된다는 기존 자극-행동주의 학습이론을 비판하였다. 특히 그는 보보인형실험을 통해 TV 등 미디어를 통한 공격성 학습원리를 증명하였다. 보보인형실험은 실험참가아동 72명(평균 4세 남자아이 36명, 여자아이 36명) 중 24명을 통제집단, 나머지 48명을 8개의 실험집단(남자/여자, 동일성별/비동일성별, 폭력/비폭력)에 할당하여 실험을 진행하였다. 폭력집단에서는 나무망치로 보보인형을 때리고 고함을 치는 등의 행동을 보여준 반면, 비폭력집단에서는 보보인형을 완전히 무시하고 손가락 인형을 가지고 조용히 10분간 성인모델이 노는 모습을 보여 주었다. 실험이 끝난 후 실험에 참여한 아이들의 공격적인 행동을 관찰하였고 그 결과를 비교하였다. 실험에서 보보인형을 공격하고 상을 받거나 혹은 벌을 받는 조건에서도 상을 받는 상황을 관찰한 실험집단에서 보다 더 공격적인 행동을 보여 관찰을 통한 대리강화가 발생하는 것으로 나타났다. 보보인형실험은 폭력과 같은 행동은 관찰자에게 제공되는 어떠한 강화자극이 없더라도 관찰과 모방을 통해 학습될 수 있음을 증명하였다는 의의를 가진다. 이 실험의 결과로 미디어와 범죄의 관계에 대한 역사적 논쟁이 시작되었다.

> **➡ 사회학습이론 및 행동주의이론을 바탕으로 하여 이루어진 실제 실험 정리**
> ① 파블로프의 고전적 조건형성실험 : 조건자극(종소리)이 무조건자극(먹이) 없이도 개의 행동반응(침 흘림)을 유발할 수 있음을 증명하여 자극과 반응을 통한 학습의 원리를 처음으로 제시하였다.
> ② 스키너의 조작적 조건형성실험을 통한 강화학습 : 피실험체(생쥐)가 우연한 기회(지렛대 누르기)에 긍정적인 보상(먹이)이 주어지는 것을 경험하고 지렛대 누르기를 반복하게 되는 것을 통해 행동의 강화를 증명하였다.
> ③ 반두라의 보보인형실험 : 성인 모델이 인형을 대상으로 하는 폭력적 · 비폭력적 행동을 아동이 화면으로 시청한 후에 성인 모델의 행동방식을 그대로 모방하는 경향을 관찰하였다.

3. 차별적 동일화이론(Differential Identification Theory)

(1) 주장자 : 글래이져(D. Glaser)

(2) 내용

① 차별적 접촉이론(서덜랜드)의 차별적 반응의 문제와 친밀한 집단과 직접적인 접촉에 의해서만 학습되는 것이 아니라는 비판에 대한 대안으로 글래이져가 제시한 이론이다.
② 사람은 누구나 자신을 누군가와 동일화시키려는 경향이 있고, 자신의 범죄행위를 수용할 수 있는 실제의 인간이나 관념상의 인간에 자신을 동일화 시키면서 범죄를 저지르게 된다는 이론이다.

(3) 범죄

사람은 모두 자신을 누군가와 동일화시키려는 경향이 있고 그 대상은 각각 다르며, 다른 사람과 동일화하는 과정에 자신을 합리화하고 용인하면서 범죄행위를 한다.

(4) 평가

① 접촉이 아닌 동일화라는 개념을 사용해, 문화전달의 주체를 멀리 떨어진 준거집단이나 준거인에게까지 확대하여 문화전달 범위를 탄력적이고 광범위한 것으로 보았다.
② 대중매체(매스컴)의 역할을 강조한 이론이다.
③ 서덜랜드의 차별적 접촉이론을 수정 · 보완한 이론이다.

(5) 비판

① 격정범이나 성욕도착자의 범죄행위에는 적용이 곤란하다.

② 개개인이 특정인에게 더 애착이 가고 덜 애착이 가는 이유를 설명하지 못하고 있다.

> **➡ 글래이저(Glaser)의 차별적 동일화이론(differential identification)**
> ① 범죄를 긍정적으로 정의하는 사람과 실제로 접촉하지 않아도 다양한 경로(예 : 영화 속 범죄자)를 통해 상호작용 없이 간접접촉이 가능하다.
> ② 영화 속 범죄자를 자신의 '역할모델'(role model)로 삼게 되면 자신이 추구하는 인간상과 자신을 '동일시'하게 되어 역할모델의 행동을 그대로 '모방'하고 '학습'하게 된다.
> ③ 글래이저(Glaser)의 차별적 동일시이론(differential identification theory)은 '동일화 → 합리화 → 범죄행위'의 과정을 거친다고 본다.

4. 차별적 강화이론(사회적 학습이론 : Social Learning Theory) ★

(1) 주장자 : 버제스(Burgess), 에이커스(Akers)

(2) 내용

'차별적 강화이론'은 차별적 접촉이론에 차별적 강화라는 개념을 추가해, 범죄행위를 학습하는 방법이나 학습환경 등 학습과정을 보다 확장하고 정교하게 설명한 이론이다.

(3) 학습

① 조작적 조건화의 논리를 반영해, 범죄행위를 학습하는 과정은 과거에 주위의 칭찬이나 인정 등의 보상이 있었기 때문이라고 한다.

② 사회적 상호작용과 함께 굶주림 · 갈망 · 성적 욕구해소 등 비사회적 사항에 의해서도 범죄행위가 학습될 수 있다.

③ 직접적인 경험 외에 범죄행위의 결과가 다른 사람들에게 미치는 영향을 관찰하여도 학습이 가능하다(대리학습, 모방학습).

④ 인간의 행위는 모방뿐만 아니라 시행착오를 통해서도 타인과 무관하게 학습될 수 있다(시행착오적 학습).

⑤ 차별적 강화(differential reinforcement) : 차별적 강화는 행위의 결과로부터 돌아오는 보상과 처벌의 균형에 의해 달라진다. 개인이 그러한 범죄행위를 저지를 것인가의 여부는 과거와 미래에 예상되는 보상과 처벌 간의 균형에 영향을 받는다. 범죄행위에 대해 처벌이 이루어지지 않아 범죄행위가 지속 · 강화된다면 이것은 부정적 강화이다.

(4) 범죄원인

범행의 결과 주위로부터 칭찬을 받고 인정을 받거나 보다 좋은 대우 등 자신에게 보상이 되면 범죄행위를 지속한다. 즉, <u>범죄로 인한 처벌보다 보상이 더 크다는 학습으로 인해 범죄행위를 한 다고 한다.</u>

➲ 버제스와 에이커스의 차별적강화이론 더 알아보기

① 버제스와 에이커스(Burgess & Akers)의 차별적(분화적) 강화이론
  ㉠ 범죄행위의 결과로서 보상이 취득되고 처벌이 회피될 때 그 행위는 강화되는 반면, 보상이 상실되고 처벌이 강화되면 그 행위는 약화된다는 것이다.
  ㉡ 차별적 접촉이론이 특정인이 범죄자가 되기 전에 거쳐야 하는 학습과정이 명확하지 않다는 점에 착안하여 차별적 접촉 ⇨ 차별적 강화 ⇨ 범죄행위에 이르는 과정에 대한 설명을 보완하고자 하였다.
  ㉢ 서덜랜드는 인간의 심리상태 관찰이 불가능함에 범죄자의 심리상태를 규명하려 했다고 비판하고 차별적 접촉이론과는 달리 범죄자의 심리상태가 아닌 범죄행위자체를 그 분석대상으로 초점을 두고 있다.
  ㉣ 학습과정의 4가지 주요 초점

차별적 접촉	대부분 서덜랜드의 명제를 받아들이지만 차별적 접촉의 내용으로 사람들 간의 직접적인 의사소통까지 포함시킨다는 점에서 차이가 있다.
정 의	사람들이 자신의 행위에 대해 부여하는 의미를 말한다.
차별적 강화	행위에 대해 기대되는 결과가 다를 수 있다는 것으로 즉 자기 행위에 대한 보답이나 처벌에 대한 생각의 차이가 사회적 학습에서 나름의 의미를 지닌다는 것을 말한다.
모 방	다른 사람들이 하는 행동을 관찰하고 모방하는 것을 말한다.

② 에이커스(Akers)의 사회학습이론
  ㉠ 범죄 행동을 학습하게 하는 동기 : 버제스 & 에이커스가 제시한 개념 → 차별적 강화(differential reinforcement)
  ㉡ 인간의 행위는 모방뿐 아니라 시행착오를 통해서도 학습이 된다.
  ㉢ 최초 행동 이후에는 모방보다는 자신의 행동에 의한 평가가 행동의 지속 여부를 결정한다.

➲ 버제스 & 에이커스가 제시한, 범죄 행동의 학습 동기

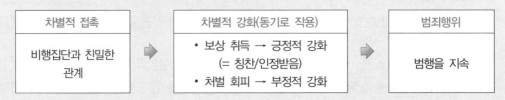

※ 인간은 자신의 행동에 대한 결과로 보상을 받거나 처벌을 모면하게 되면 그 행동은 강화된다.

08 통제이론(미시적)

범죄원인론은 무엇이 범죄를 야기하는가에 관한 이론이다. 이와 달리 통제이론은 모든 사람들이 잠재적 범죄성을 지니고 있음에도 불구하고 대부분의 사람들이 범죄행위를 하지 않고 사회규범에 동조하는 이유를 설명한 이론이다.

◇ 개인 및 사회통제이론　　◇ 자기관념이론
◇ 봉쇄이론(견제이론)　　◇ 동조성 전념이론
◇ 중화기술이론(표류이론)　　◇ 사회연대(통제)이론
◇ 법률적 통제이론(억제이론)

1. 개인 및 사회통제이론(Personal Control and Social Control Theory)

(1) 라이스(A. Reiss)의 개인통제이론

① 의의

라이스는 개인의 자기통제력과 범죄와의 관계를 최초로 연구한 통제이론가로, 「개인적·사회적 통제실패로 인한 일탈」(1951)에서 소년비행의 원인을 개인의 자기통제력 미비와 사회통제력 부족 2가지 측면에서 파악하였다.

② 비행의 원인

㉠ 자기통제력 미비 : 사회규범에 동조하면서 원하는 일을 할 수 있는 능력을 갖추지 못하면 비행에 빠진다.

㉡ 사회통제력 부족 : 학교 등 사회화기관이 소년들을 제대로 순응시키지 못하면 비행성향 분출을 통제할 수 없어 비행에 빠진다.

(2) 나이(Nye)의 사회통제이론

① 내용

나이는 라이스의 견해를 발전시켜 비행을 예방할 수 있는 사회통제방법을 분류하였다.

② 사회통제 방법

㉠ 직접통제 : 처벌 등 억압적인 수단을 사용해 비행을 예방하는 방법을 말한다.

　ⓐ 공식통제 : 경찰이나 국가의 사법기관이 담당하는 통제를 말한다.

　ⓑ 비공식통제 : 가정이나 학교에서 담당하는 통제를 말한다(질책 등).

㉡ 간접통제 : 부모나 주위사람들을 위해 스스로 비행을 자제하는 것을 말한다.

㉢ 내부적 통제 : 양심이나 죄의식 때문에 스스로 비행을 자제하는 것을 말한다.

> **● 비공식적 간접통제 방법** ★
> 나이(Nye)는 비공식적 간접통제를 소년비행을 예방할 수 있는 가장 효율적인 방법이라 하였다.

2. 자기관념이론(Self-concept Theory)

(1) 주장자 : 레클리스(W. C. Reckless), 디니츠(S. Dinitz), 머레이(E. Murray)

(2) 내용

① 레클리스(W. C. Reckless)와 그의 제자인 디니츠(S. Dinitz), 머레이(E. Murray)가 범죄적 문화에 접촉한 사람들이 범죄에 빠지지 않는 까닭을 연구한 이론이다.

② 동일한 비행적 환경을 접촉한 사람들이 서로 다른 반응을 보이는 이유를 <u>자기관념(자기통제) 의 차이로 보았다.</u>

(3) 비범죄화의 원인 (12세 이전 형성, 변하지 않음)

① <u>가족관계를 바탕으로 형성된 무비행적 태도의 내면화</u>, 즉 올바른 자기관념이 범죄로부터 멀어 지게 하는 절연체이자 범죄억제 요인이다.

② 동일한 비행환경을 접해도 좋은 자기관념을 가진 자는 범죄에 빠지지 않고, 나쁜 자기관념을 가진 자는 범죄를 저지르게 된다.

(4) 레클리스의 견제이론(봉쇄이론)으로 발전

레클리스는 자기관념이론을 견제이론(봉쇄이론)으로 발전시켜, <u>강력한 내면적 통제와 이를 뒷받 침하는 외면적 통제가 범죄에 대한 절연체를 구성</u>한다고 하였다.

(5) 공헌과 비판

서덜랜드의 차별적 접촉이론의 차별적 반응에 대한 문제점을 해명하는데 기여하였다. 하지만 <u>자 기관념의 형성과정과 구체적 상황에 따른 변화문제를 해결하지 못하고 있다.</u>

3. 봉쇄이론(견제이론) ★

(1) 주장자 : 레클리스(W. C. Reckless)

(2) 내용

누구나 범죄유발 요인과 범죄통제(일탈봉쇄) 요인을 간직하고 있지만, 범죄봉쇄(차단) 요인보다 범죄유발 요인이 강할 때 범죄나 비행을 하게 된다는 이론이다.

PART 2

(3) 범죄(비행)유발 요인(압력요인, 유인요인, 배출요인) ★

① 압력요인

불만족한 상태에 들게 하는 요소를 말한다. <u>가족 간의 갈등</u>, 열악한 생활조건, 성공기회의 박탈, 열등한 지위 등이 있다.

② 유인요인

정상적인 생활에서 이탈하도록 유인하는 요소를 말한다. <u>나쁜 친구</u>, 범죄조직, 불건전한 대중 매체 등이 있다.

③ 배출요인

범죄나 비행을 자행하게 하는 개인의 생물학적 · 심리학적 요소를 말한다. <u>불안감, 불만감, 긴장감, 증오심, 공격성, 즉흥성</u> 등이 있다.

(4) 봉쇄이론(범죄통제) 요인(내적 통제, 외적 통제) ★

① 의의

레클리스는 일탈봉쇄 요인을 내적 통제와 외적 통제로 나누고, 그 중 한 가지만 제대로 작용해도 비행예방이 가능하며, 내적 통제 요인 형성은 <u>자아관념</u>이 가장 중요하다고 하였다.

② 일탈봉쇄 요인(내적, 외적요인 중 하나만 있어도 범죄통제 가능)

　㉠ <u>내적 통제</u> : 범죄를 차단할 수 있는 내면화된 자신의 규범을 말한다. 자기통제력, 인내력, 대안모색 능력, 책임감, 집중력, 목표지향성 등이 있다.

　㉡ <u>외적 통제</u> : 가족이나 주위사람 등 외부적으로 범죄를 차단하는 요인을 말한다. 일관된 윤리교육, 소속감과 일체감, 집단의 관심과 포용력, 효율적인 감독과 훈육 등이 있다.

4. 동조성 전념이론

(1) 주장자 : 브라이어(Briar), 필리아빈(Piliavin)

(2) 내용

브라이어(Briar)와 필리아빈(Piliavin)이 사회규범에 대한 동조성을 강조한 이론으로, 사회규범에 동조 또는 순응하는 동조성이 강할수록 범죄행위를 할 확률이 낮아지고 동조성이 약할수록 범죄확률이 높아진다는 이론이다.

5. 중화기술이론(상황적 결정이론) ★

(1) 주장자 : 맛차(Matza), 사이크스(Sykes)

(2) 내용

맛차와 사이크스는 비행자의 규범의식이나 가치관이 중화(마비)되어 비행을 하게 된다고 주장하였다. 즉, 자신의 비행에 대한 타인의 비난을 의식적으로 합리화(정당화·중화)시키면 <u>죄책감이나 수치심이 없어져 비행을 하게 된다는 이론</u>이다. 이는 교육과 불법적 기회를 제한하면 범죄가 통제될 수 있다는 상황적 결정론에 입각한 것이다.

(3) 특징

① 비행소년도 자유의지와 책임이 어느 정도 존재함을 인정한다.
② 규범위반에 대한 합리화(중화)를 통한 내적 통제 약화를 범죄의 원인으로 본다.
③ 비행소년도 대부분 일상적이고 준법적인 생활을 하며 특별한 경우에 한하여 위법적인 행위를 한다.
④ 범죄행위를 비난하고 견제하는 규범(법·윤리) 자체는 부인하지 않는다.
⑤ 내적 통제에 중점을 두고, 사회심리학적 측면에서 접근하였다.
⑥ 중화기술이론은 맛차의 표류이론과 맛차와 사이크스의 잠재가치론으로 발전하였다.

(4) 중화기술 유형 ★

① 책임의 부정
   빈곤, 나쁜 친구의 유혹 등의 탓으로 책임을 전가하고 자신도 피해자라고 함(가난이 죄다, 나쁜 친구를 사귄 죄다, 음주 때문이다).
② 가해의 부정
   "훔친 것이 아니라 빌린 것이다"라고 하는 등 손해를 입은 사람이 없다고 함.
③ 피해자의 부정
   자신의 절도행위를 세금포탈 등 부정직자에 대한 정의의 응징으로 생각하고, 자신을 '도덕적 보복자'라고 함.
④ 비난에 대한 비난
   자신을 비난하는 사람(교사·경찰·법관 등)이 더 나쁜 사람이라고 함.
⑤ 고도의 충성심(상위가치)에 대한 호소
   친구간의 의리, 집단에 대한 충성심으로 인해 비행이 불가피한 것이었다고 함.

> **참고**
>
> ➔ **중화기술의 새로운 유형**
>   ① 대차대조의 비유 : 자신이 일생 동안 한 일을 비교해 보면 선행을 더 많이 했으므로 이번에 비행행위를 하였더라도 자신은 선한 사람에 해당한다는 주장
>   ② 정상의 주장 : 자신이 한 행위 정도는 누구나 하는 행위로서 특별히 자신만의 행위가 비난받아서는 안 된다는 주장(예 : 사무실에서 간단한 물건 가져오기, 혼외정사 등)
>   ③ 악의적 의도의 부정 : 단순한 장난행위였다는 주장과 같이 고의적으로 한 행위가 아니었다고 자신

의 행위를 정당화하는 것

④ 상대적 수용성의 주장 : 나보다 더 나쁜 사람도 많다는 식으로 자신의 행위 정도는 받아들여져야 한다는 주장

(5) 평가

① 사회심리학적 측면에서 범죄를 설명했다는 평가를 받고 있다.

② 비행의 원인에 대한 설명이라기보다는 비행에 대한 반응에 치중하고 있다.

③ 지속적으로 비행에 표류하는 청소년과 관습적으로 표류하지 않는 청소년의 개인적인 차이점을 설명하지 못하고 있다.

> **⊙ 중화기술이론 더 알아보기**
> ① 비행소년도 자유의지와 책임이 어느 정도 존재함을 인정한다.
> ② 규범위반에 대한 합리화(중화)를 통한 내적 통제 약화를 범죄의 원인으로 본다.
> ③ 비행소년도 대부분 일상적이고 준법적인 생활을 하며, 특별한 경우에 한하여 위법인 행위를 한다.
> ④ 범죄행위를 비난하고 견제하는 규범(법·윤리) 자체는 부인하지 않는다.
> ⑤ 내적 통제에 중점을 두고, 사회심리학적 측면에서 접근하였다.
> ⑥ 중화기술이론은 맛차의 표류이론과 맛차와 사이크스의 잠재가치론으로 발전하였다.

(6) 중화기술에서 발전된 이론

① 표류이론	맛차	합법과 위법 사이의 생활양태를 설명한 이론
② 잠재가치론	맛차, 사이크스	중화기술을 일반인에게 확장한 이론

① 표류이론(맛차)

　㉠ 주장자 : 맛차

　㉡ 내용 : 표류이론은 비행을 하류계층의 특수한 비행적 하위문화의 소산으로 보아 비행청소년을 일반청소년과 근본적으로 차별화하고 있는 기존의 이론을 비판하면서 제기한 이론이다. 즉 비행자라고 하여 항상 특정한 하위문화에 지배되어 끊임없이 반사회적 행위를 하는 것이 아니라, 합법과 위법한 생활양식 사이에 떠다니고(표류) 있는 상태로 보는 이론이다.

　㉢ 특징 : 맛차가 중화기술이론을 발전시켜 제시한 이론이다. 인간의 생활양태를 표류하고 있는 상태로 보고 있어 비행을 직접적으로 유발하는 원인을 사전에 예측하기 어렵고, 당면한 상황을 어떻게 판단하느냐에 따라 합법적 또는 비합법적인 행위를 할 수 있으며, 표류의 원인을 사회통제의 약화로 보고 있다.

② 잠재가치론(맛차, 사이크스)

　㉠ 주장자 : 맛차, 사이크스

ⓒ 내용 : 맛차와 사이크스가 중화기술을 범죄인에게 한정시키지 않고 일반인에게 확장시킨 이론이다. 중화기술이 일반화되는데는 일반사회문화 속에 잠재되어 있는 유한계급적 가치관이 배후에서 작용하며, 잠재적 가치관으로는 모험과 스릴을 구하는 마음 · 노동 천시 사상 · 남성적 공격성의 찬양 · 일확천금을 노리는 마음 등이 있다.

6. 사회연대(통제)이론 ★

(1) 주장자 : 허쉬(T. Hirschi)

(2) 내용

허쉬(T. Hirschi)는 1969년 「비행의 원인」에서, 사회는 비행을 범하게 강요하는 긴장은 없으며, 오히려 저지하는 요인인 사회연대 요인만 있다고 주장하였다. 이는 <u>모든 사람들이 범죄성을 갖고 있으며</u>, 비행의 근본적인 원인은 인간의 본성에 있다는 성악설을 바탕으로 한 이론이다.

(3) 특징

① 범죄는 개인의 사회에 대한 연대(통제, 유대)가 약해졌거나 끊어졌을 때 발생한다.
② 사회연대(결속) 요인으로는 애착 · 전념 · 참여 · 신념을 들고 있다.

(4) 사회연대(통제) 요인

① 애착(Attachment)
애착은 애정과 정서적 관심을 통하여 개인이 사회와 맺고 있는 유대관계를 뜻한다. 허쉬는 부모를 위해 비행을 그만두는 등 애착에 의한 사회유대를 가장 중시하였다(애착 : 부자 간의 정, 친구 사이의 우정, 가족구성원의 사랑, 선생님에 대한 존경심 등).

② 전념(집착 : Commitment)
전념은 규범준수에 따른 사회적 보상에 관심을 갖고 지속적으로 임하는 것을 뜻한다. 공부나 일에 전념한 사람일수록 범죄를 범하면 잃을 것이 많기 때문에 범죄행위를 하지 않는다.

③ 참여(관여 : Involvement)
참여는 행위적 측면에서 개인이 사회와 맺고 있는 유대관계를 뜻한다. 사회생활에 대한 참여가 적을수록 게으른 자에게 악이 번창하듯 범죄를 저지를 가능성이 높다.

④ 신념(믿음 : Belief)
믿음은 <u>사회규범에 대한 신봉의 정도 및 규범의 내면화 정도를 뜻한다.</u> 사회규범에 대한 믿음이 약할수록 비행이나 범죄를 저지를 가능성이 높다.

7. 법률적 통제이론(억제이론) 참고

(1) 범죄로부터 얻는 이익보다 처벌의 고통이 더 클 때 비행이 억지된다는 이론이다.

(2) 처벌이 확실·엄중·신속할수록 범죄억제 효과가 있다는 현대적 고전학파이론이다.

8. 콜빈의 차별적 강제이론

(1) 낮은 자기통제력이 원인 : 개인이 어쩔 수 없는 외부적 강압의 작용 때문이다.

(2) 강제의 유형

  ① 인격적 강제 : 사람에 대한 폭력, 협박

  ② 비인격적 강제 : 실업, 빈곤 등

  ③ 범죄의 원인 : 강압적 환경에서 성장한 사람은 자기통제력이 약화되고, 강압적 환경에의 노출이 증가하여 결국 범죄행동으로 반응하게 된다.

09   낙인이론(Labeling Theory)(미시이론) ★

JUSTICE

● 전통적 범죄학과 낙인이론의 비교 ★

구분	전통적 범죄학	낙인이론
관심의 초점	• 동기(motivation) • 왜 범죄자가 되는가?	• 정의(definition) • 누가 어떤 행위를 범죄로 규정하는가?
	범죄	범죄통제 (통제자의 자의와 편견에 따른 범죄통제)
	범죄의 원인	범죄자가 되는 과정
범죄의 대책	국가의 간섭(교정)	불간섭주의

1. 주요학자

탄넨바움(Tannenbaum), 태판(Tappan), 레머트(Lemert), 베커(H. Becker), 슈어(Schur), 깁스(J. Gibbs), 고프만(E. Goffmann), 에릭슨(K. T. Ericson) 등이 주장하였다.

> ● 주요학자별 핵심 ★
> ① 탄넨바움의 악의 극화 : 그의 저서 『범죄와 지역사회』에서 범죄자를 만들어내는 과정을 '일탈강화의 악순환'으로 묘사
> ② 레머트(Lemert)의 사회적 낙인(Social Label)으로서의 일탈 : 1차적 일탈과 2차적 일탈로 구분하여 2차적 일탈을 더 중시

③ 베커(Becker)의 사회적 지위(Social Status)로서의 일탈 : 주 지위(Master Status) - 이방인들 (Qutsiders)
④ 슈어(Schur)의 자아관념으로서의 일탈 : 자아낙인과 불간섭주의 주장

2. 의의

(1) 낙인이론은 1938년 탄넨바움(Tannenbaum)을 시작으로 1960년대 이후 본격적으로 논의되었다.
(2) 이는 특정한 범죄행위를 취급한 것이 아니라, 일탈행위와 사회적 낙인화의 동적관계를 <u>사회적 상호작용</u>이라는 관점에서 파악한 것으로 사회적 반작용이론 또는 사회적 반응이론이라고도 한다.
(3) 패터노스터(Paternoster)와 이오반니(Iovanni)에 의하면, 갈등주의 관점과 상징적 상호작용이론은 낙인이론의 형성에 큰 영향을 미쳤다. 이들의 연구는 낙인이론의 기원, 낙인이론의 이론적 주장, 낙인이론에 대한 비판의 반박, 초창기 실증연구들의 문제점을 체계적으로 정리하고, 향후 연구들이 나아가야 할 방향을 제시함으로써 낙인이론이 다시 범죄학의 주요 이론으로 자리매김하는 데 크게 기여한 것으로 평가받는다.

3. 내용

(1) 일탈은 행위의 특성이 아닌 범죄인에게 법과 제재를 적용한 결과이며, 일탈자라는 낙인이 일정한 사회적 지위와 같은 효과를 부여한다는 이론이다.
(2) 법과 제재를 적용한 부정적 사회반응이 공식적 낙인을 야기시키고, 그 결과로 자아낙인을 강화시켜 2차적 일탈행동으로 고정화되어 가는 과정을 중시하는 미시적 측면(사회심리적 측면)의 이론이다.

> 1차적 일탈 ⇒ 공식적 낙인 ⇒ 차별적 기회구조(접촉) 및 부정적 자기관념 ⇒ 2차적 일탈

4. 주요학자

(1) 탄넨바움(Tannenbaum)의 악의 극화(드라마)

낙인이론을 최초로 주장한 학자로, 「범죄와 지역사회」(1938)에서 범죄자를 만들어 내는 과정을 일탈강화의 악순환으로 묘사했다. 그는 부정적 낙인이 부정적 자아관념을 초래하여 일탈행위를 지속한다는 악의 극화를 주장하였다.

PART 2

● **탄넨바움(Tannenbaum)의 악의 극화**

사회에서 범죄자로 규정되는 과정은 일탈 강화의 악순환으로 작용하여 오히려 범죄로 비난받는 특성을 자극하여 강화해주는 역할을 한다고 한다. 이것은 범죄가 원래 행위에 대한 평가에서 행위자에 대한 비난으로 바뀌면서 정상적인 행위까지도 의심받게 되는 상황에 그 원인이 있는데, 탄넨바움은 이를 '악의 극화'라고 부른다. 탄넨바움이 '악의 극화'를 주장한 시기(1938년)의 미국에서는 강경책으로 평가받는 탄넨바움의 주장이 받아들여지지 않았다. 탄넨바움(Tannenbaum)은 그의 저서 『범죄와 지역공동체』에서 지역사회의 개인에 대한 낙인 과정을 다음과 같이 묘사하였다. 청소년들과 지역사회 구성원들 간 몇몇 행위들에 대한 가치판단의 차이가 존재한다. 예를 들어 청소년들은 남의 집 창문을 깨는 행위, 무단으로 결석하는 행위 등을 단순한 모험이나 놀이 정도로 여기지만, 지역사회 구성원들은 일종의 일탈행위로 인식하고 부정적인 시각으로 바라보며 나쁘고 치유할 수 없는 존재들로 규정짓게 되고, 이러한 규정짓기는 공식 낙인 또는 비공식 낙인의 형태로 이루어진다. 결국 해당 청소년들은 자신들을 바라보는 지역사회의 시선, 즉 자신들에 대한 지역사회의 낙인을 인식하게 되고 비행청소년으로서의 자아관념을 갖게 된다.

(2) 레머트(Lemert)의 사회적 낙인으로서의 일탈(2차적 일탈 중시) ★

① 의의

일탈을 <u>1차적 일탈</u>과 <u>2차적 일탈</u>로 구별하여, 개인이 일탈자로 불리는 과정 및 경력적 일탈에 빠지게 되는 과정을 설명하였다.

② 1차적 일탈(일시적 일탈)

모든 사람이 가끔 순간적이나마 규범을 어기는 행위를 한다. 이 때에는 자신을 일탈자라고 생각하지도 않고 타인에게 노출되지도 않아 일탈에 대한 사회적 반작용이 발생하지 않는다.

③ 2차적 일탈(경력적 일탈)

   ㉠ 일탈행위가 발각되어 사회통제기관에 의해 일탈자로 낙인이 찍히면, 자신을 일탈자로 규정하여 계속 범죄행위를 저지르는 경력범죄자가 된다.

   ㉡ <u>레머트는 2차적 일탈을 중시해, 1차적 일탈에 대한 부정적 사회반응과 그 결과로 인한 경제적 기회상실 등이 부정적 자아관념을 초래해 직업범죄자가 된다고 한다.</u>

   ㉢ 레머트는 공식적 반응이 미치는 낙인효과로 오명 씌우기, 불공정성에 대한 자각, 제도적 강제수용, 하위문화에 의한 사회화, 부정적 정체성의 긍정적 측면을 들고 있다.

● 공식적 반응이 미치는 낙인효과 ★

오명씌우기	사법기관에 의한 공식반응이 행해짐으로써 일차적 일탈자에게 도덕적 열등아라는 오명이 씌워진다. 이러한 오명씌우기는 대중매체을 통해 알려지고 전과자로 기록되면서 종전과는 달리 타인과의 관계설정이 어려워지고 구직이 어려워지는 등 정상적인 사회생활을 하지 못하게 되므로 이차적 일탈로 이어진다.
불공정에 대한 자각	공식적인 처벌을 받는 과정에서 일차적 일탈자는 불공정한 사법집행의 측면을 경험하게 된다. 따라서 사법제도의 공정성에 대한 신뢰를 상실하고 사회정의에 대한 신뢰를 유지할 수 없게 된다.
제도적 강제의 수용	일탈자는 공식적 처벌을 받게 되면 자신에 대한 사법기관의 판단을 수용할 수 밖에 없게 된다는 것이다.

일탈하위문화에 대한 사회화	집행시설 내에서는 그 특유한 일탈하위문화가 존재한다. 공식처벌에 따라 일탈자는 이를 접하게 되면서 범죄를 옹호하는 가치나 새로운 범죄기술을 습득하게 된다는 것이다.
부정적 정체성의 긍정적 측면	사법기관이 부여하는 일탈자에 대한 부정적 정체성을 거부할 수 없다. 비록 사법기관이 부정적 평가를 부여하였으나, 일탈자는 이를 수용하면서 얻게 되는 책임감의 면책이나 죄책감으로부터 도피 등과 같은 이익 때문이다.

(3) 베커(H. Becker)의 사회적 지위로서의 일탈

① 일탈자 혹은 이방인(Outsiders)이라는 낙인이 일종의 사회적 지위(주지위론)와 같은 효과를 부여해 사회적 악영향을 미친다.

② 베커는 낙인이 일탈의 경력을 쌓아가게 함으로써 단순한 규범위반자가 체계적 일탈자로 변모하는 과정인 일탈의 단계적 모델을 제시하였다.

> **➲ 단계적 모델과 동시모델**
>
> 단계모델은 최초의 일탈에 따른 사회적 낙인이 다른 일탈을 촉진하는 새로운 환경을 낳고 이것이 그 다음 단계의 일탈을 낳는 원인이 된다는 것이다. 반면에 동시모델은 최초의 일탈원인이 일탈행위의 전 과정에 작용한다고 보는 이론으로 각 단계의 일탈행위에서 사회병리의 내용이 다를 수 없기 때문에 사회병리학적 관점에서 범죄를 파악하는 견해가 여기에 속한다.

(4) 슈어(Schur)의 자아관념으로서의 일탈 ★

① 일탈은 순서적 또는 단계적으로 행해지는 것은 아니다(베커와 차이점).

② 낙인이 되어도 일부는 사회적 반응을 통해 낙인을 수용하기도 하고 회피하기도 한다. 따라서 2차적 일탈은 외적 규제의 결과라기보다는 자아관념으로서의 자아낙인의 산물로 볼 수 있다.

③ 슈어는 형사사법의 한계를 지적하고 불간섭주의를 표방하면서 범죄자의 비형법적 처우를 주장하였다(비형벌화·다이버전·시설내 수용 철폐 등을 주장함).

> **➲ 베커와 슈어의 비교**
>
> 베커는 일단 범죄적 낙인이 행해지면 그 낙인이 다른 사회적 지위나 신분을 압도하게 되어 일탈자로서의 신분이 '주지위(master status)'로 간주된다고 보았다. 반면에 슈어(E. Schur)는 '눈덩이 효과 가설'을 제시하면서 급진적 불개입주의를 주장하였다.

5. 낙인이론의 공헌 ★

(1) 실증주의 범죄학에 대한 대전환을 가져온 탈실증주의 이론이다.

(2) 범죄통제가 오히려 범죄를 야기한다는 규범회의주의 입장이다.

(3) 일탈규정을 독립변수가 아닌 종속변수로 보고, 행위자의 주관적 사고과정을 중심으로 범죄현상

을 설명하면서, 법집행기관을 주요 연구대상으로 한다.

(4) 법집행기관의 자의적인 판단에 따른 암수문제를 지적하고, 자기보고나 참여적 관찰법에 의한 보충을 요구하였다.

(5) 악풍감염과 낙인의 문제점을 지적하면서 사회내 처우의 필요성을 주장하였다.

(6) 공적인 개입을 회피한 불간섭주의에 의한 비형법적인 범죄인 처우를 주장하였다.

(7) 소년사법 분야, 경미한 범죄자, 과실범죄자 분야에서 2차적 일탈예방(재범방지)에 대한 대책수립에 영향을 주었다.

(8) 낙인이론이 형사정책적으로 의도하는 목적은 비범죄화, 비형벌화, 비시설적 처우, 전환(Diversion) 등 4D 원칙을 들 수 있다.

6. 비판

(1) 1차적(최초) 일탈에 대한 원인설명이 부족하고, 사회통제기관을 너무 비판적으로 본다.

(2) 사회통제 구조를 간과하여 미시적·사회심리학적 연구의 한계를 나타내고 있다.

(3) 눈에 띄기 쉬운 하층계급의 일탈에 한정되어 있어 기업범죄 등이 간과될 수 있다.

(4) 화이트칼라 범죄와 같은 지배계층 범죄에 대해 관대한 처분이 될 수 있다.

(5) 중요범죄에 관한 형사정책적 대안을 제대로 제시하지 못한다.

(6) 구조적 불평등 문제를 무시하여 비판범죄학 형성의 계기가 되었다.

(7) 낙인이 없으면 일탈도 없다는 것은 지나친 상대주의 입장이고, 일탈자의 주체적 특성을 무시하고 있다.

(8) 사회통제 또는 사회반응 자체가 일탈의 원인으로 규정하는 것은 반교정주의로 나가게 될 위험성이 있다.

(9) 범죄 피해자에 대해 제대로 고려하지 않고 있다.

(10) 실증주의가 추구하는 소질과 환경과 같은 범죄원인을 지나치게 경시하는 경향이 있다.

> **민속방법론(民俗方法論: Ethnomethodology of Deviance)** 참고
> ① 주장자 : 가핀클(Garfinkel)이 사회학으로서의 민속방법론을 창안하였다.
> ② 내용 : 민속방법론은 현상학(現象學) 철학의 기본원리인 현상의 본질과 현상이 형성되는 방법 제시에 초점을 맞추어 사회와 범죄의 관계를 상호작용으로 파악하면서 범죄를 구성하는 인지규칙이나 원리를 추구하는 이론이다. 낙인이론과 함께 미시적 사회반응이론에 속하며, 사람들(민속)의 주관적인 인식과 해석을 통한 범죄화 과정에 초점을 두고 있으며, 공식통계 등 자료수집방법 대신에 직접관찰, 특히 참여적 관찰을 중시한다.
> ③ 낙인이론과 민속방법론의 비교 : 상호 유사성이 있으나, 근본적인 차이점은 "사회를 바라보는 시각의 차이"이다. 낙인이론은 사회규범은 유동적이고 끊임없이 생성되는 다원주의적 방법론을 이용한 반면, 민속방법론은 특정 범죄자에 대한 연구와 같이 사회상황을 단순화함으로써 일정한 사회범주와 형상을 중요시한다.
> ④ 평가 : 낙인이론의 추상성에서 벗어나 현실을 더욱 가까이 볼 수 있는 방향을 제시하고, 비판범죄론

에 영향을 주었다. 검증보다는 실례를 들어 설명하기 때문에 연구자의 주관에 따라 이해와 실제가 달라질 수 있어, 학문적인 신뢰성과 타당성이 의심받기 쉽고 정책적 대안을 제시하지 못하는 단점이 있다.

⮕ 5D 이론 = 4D 이론 + 적법절차

① 비범죄화(Decriminalization)
② 비형벌화(Depenalization)
③ 비시설수용화(비시설 내 처우, Deinstitutionalization)
④ 전환(대체처분, Diversion)
⑤ 적법절차(Due Process)

⮕ 탈실증주의이론

① 낙인이론, ② 비판범죄론(갈등이론), ③ 사법정의모델, ④ 현대적 고전학파이론

10 비판범죄론(갈등이론)

JUSTICE

비판범죄론은 기존의 주류범죄학인 실증주의 범죄학에 대항하여 범죄 및 범죄통제에 새로운 관점을 가진 여러 경향을 말한다. 이러한 비판범죄론(갈등이론)은 갈등론적·마르크스주의적·사회주의적 등으로 다양하게 불리어지고 있으며, 일반적으로 갈등집단의 속성에 따라 보수적 갈등이론과 급진적 갈등이론으로 분류한다.

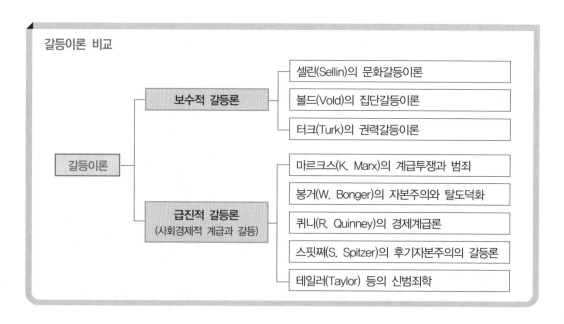

갈등이론 비교

1. 비판범죄론(거시이론)

(1) 기본이해

① 비판범죄론은 주류범죄학인 실증주의에 대항하여, <u>1960년대 이후 부각된 이론</u>으로 범죄 및 범죄통제에 관한 새로운 관점을 제시한 이론을 총칭한다. 이는 갈등론적, 급진적, 마르크스주의적, 사회주의적 등 다양한 용어로 불리우고 있는 만큼 내용도 다양하다.

② 비판범죄론(갈등이론)은 문화적 다원주의 입장에서 <u>사회과학의 가치중립성을 거부하면서</u> 정치적 성격을 강조하거나, 마르크시즘을 기초로 한 전반적인 체제변동과 억압에 대한 정치적 참여를 주장하는 이론들을 말한다.

③ 이는 범죄나 범죄통제 문제를 개인적·교정적 차원에서 국가체제 차원으로 옮기려고 시도한 것이 특징이다.

(2) 낙인이론과 비판범죄론(갈등이론)

① 낙인이론과 비판범죄론은 모두 주류범죄학인 실증주의 범죄학의 문제점을 지적하면서 사회적 반응이 일탈을 초래한다는 입장을 취하는 탈실증주의이론이다.

② 낙인이론은 사회통제를 형성하고 있는 권력구조를 제대로 해명하지 못하는 미시적 시각인 사회적 상호작용 수준에서 범죄에 접근하고 있다. <u>반면에 비판범죄론(갈등이론)은 범죄의 저변에 작용하고 있는 구조적 요인인 정치적 또는 자본주의 체제 자체의 모순점을 거시적인 시각에서 분석하고 있다.</u>

➋ 낙인이론과 비판범죄론(갈등이론) 비교 ★

구분	낙인이론	비판범죄론(갈등이론)
① 관점	미시적 이론, 사회과정이론 (사회적 상호작용)	거시적 이론, 사회구조이론 (정치 또는 자본주의 사회의 구조적 모순)
② 범죄대책	불간섭주의 보호관찰 긍정	정치제도 개선 또는 사회주의체제로 전환 보호관찰 부정

(3) 비판범죄론의 분류

① 비판범죄론(갈등이론)은 갈등집단의 속성에 따라 보수적 갈등이론과 급진적 갈등이론(비판적 갈등이론)으로 대별할 수 있다.

② 보수적 갈등이론은 현대사회의 다양한 이익집단의 갈등현상과 범죄문제를 문화적 다원주의 입장에서 공동가치론을 거부하고 범죄의 정치적 성격을 강조한 이론을 말한다. 셀린(T. Sellin)의 문화갈등이론, 볼드(Vold)의 집단갈등이론, 터크(A. Turk)의 범죄화론 등이 이에 속한다.

③ 급진적 갈등이론은 마르크시즘을 기초로 자본가계급과 노동자계급 간의 갈등현상과 범죄문제를 다루는 이론을 말한다.

2. 보수적 갈등이론

(1) 셀린(T. Sellin)의 문화갈등이론 ★

① 의의

1938년 「문화갈등과 범죄」를 저술한 셀린(T. Sellin)이 체계화한 이론이며, 1960년대 후반 계급갈등을 강조하는 비판범죄론의 이론적 기초를 제공하였다. 문화갈등이론은 사회 내 서로 다른 문화집단들 간의 행위규범에 대한 갈등을 기초로 한 이론으로, 문화갈등이 야기되면 사회 통제력이 감소되고 스트레스가 유발되어 보다 쉽게 범죄를 하게 된다는 이론이다. 셀린은 문화 갈등을 사회적 가치에 대한 이해와 규범 등의 충돌로 보고, 이를 구분하였다.

② 구분 ★

㉠ 1차적(횡적) 문화갈등 : 서로 다른 이질적 문화 간의 상호충돌을 말한다(국가병합, 이민 등).

㉡ 2차적(종적) 문화갈등 : 동일 문화 내의 사회분화로 인한 갈등을 말한다(빈 · 부, 도시와 농촌, 신 · 구세대 등).

③ 문화갈등을 겪는 지역의 사람들은 충돌하는 문화집단 간 경쟁으로 인해 스트레스 유발과 사회 통합의 약화로 보다 쉽게 일탈에 이끌리게 된다.

→ 지배문화의 행위규범만이 '법'에 반영되면서 그렇지 않은 문화집단의 사람들은 기존의 행위규범을 따르기 쉬워져 '법' 위반가능성이 커진다.

④ 밀러(Miller)의 하위문화와 지배문화의 갈등

㉠ 하위계층은 그들 나름의 독특한 하위문화가 있고, 그것은 그들의 사회화 과정의 결과물이다.

㉡ 일탈의 원인 : 서로 다른 사회화의 결과로 하위문화의 사회화는 지배집단(중상류계층)에 의해 일탈로 간주된다.

(2) 볼드(G. B. Vold)의 집단갈등이론

① 내용

볼드(G. B. Vold)는 「이론범죄학」(1958)에서 이해관계 갈등을 기초로 한 집단갈등이론을 전개 하였다. 이는 범죄를 집단 간 투쟁의 결과로 보고, 범죄행위를 집단갈등 과정에서 자신들을 제대로 방어하지 못한 집단행위로 보는 이론이다.

② 특징

집단갈등은 집단 간의 사회적 위치와 우월성을 유지하기 위해 경쟁하고 노력하기 때문에 생기며, 가장 첨예하게 대립하는 영역은 입법정책 분야라고 하였다. 그는 범죄를 개인적 법률위반이 아닌 집단투쟁으로 보아, 인종차별 분쟁, 산업분쟁 또는 확신범죄 등 전통적인 범죄학에서 도외시되었던 특수한 범죄를 이해하려 하였다.

③ 비판

㉠ 범죄를 집단갈등 과정에서 자신들의 이익과 목적을 제대로 방어하지 못한 집단의 행위로 인식하고 있다.

ⓛ 정치적 성격을 지나치게 강조하고 법을 타 집단에 대한 억압의 수단으로 보고 있다.

ⓒ 집단갈등과 연관없는 충동적이고 비합리적인 범죄에 대해서는 적용이 곤란하다.

※ 볼드가 주장한 갈등의 기능 : 긍정적 측면(구성원들의 집단에 대한 애착심 강화)과 부정적 측면(집단 간 첨예한 분쟁 유발) 모두 인정한다.

(3) 터크(A. Turk)의 범죄화론(법적 갈등이론, 지배 · 복종이론)

① 내용

  ㉠ 권위(權威)에 의한 지배와 피지배(지배 · 복종이론)에 관한 이론이다.

  ⓛ 사회의 권위구조를 집단의 문화적 규범이나 행동양식을 다른 사람에게 강제할 수 있는 권위를 가진 지배집단과 그렇지 못한 피지배집단으로 구분하고, 권위에 의한 지배와 피지배(지배 · 복종이론) 개념을 중시한 이론이다.

  ⓒ 사회질서가 유지되는 근원을 집단 간의 경쟁과 투쟁의 산물로 보면서, 법제도 자체보다는 법이 집행되는 과정에서 특정한 집단의 구성원이 범죄자로 규정되는 과정을 중시하였다.

② 범죄화 현상의 3가지 조건

  ㉠ 지배집단의 행동규범과 문화규범에 일치하는 법일수록 우선적으로 집행될 가능성이 크다.

  ⓛ 피지배집단의 권력이 약할수록 법이 집행될 가능성이 높다.

  ⓒ 집단 간의 갈등은 비현실적인 목표를 주장하거나 이를 관철하려 할수록 법집행을 강화하여 투쟁을 억제한다.

> **➔ 터크의 범죄화론 더 알아보기**
>
> **의의**
>
> ① 터크(A. Turk)는 1969년 『범죄와 법적 명령』에서 지배집단의 힘이 강하고 집단 간의 갈등이 그들의 행동규범이나 문화규범에 중요한 경우 피지배집단의 구성원들이 범죄자로 규정되고 처벌될 가능성이 커진다는 '범죄화론'을 주장하였다.
>
> ② 터크도 다른 갈등론자와 마찬가지로 사회질서가 유지되는 근원은 집단 간의 경쟁과 투쟁의 소산이며, 집단 간의 갈등은 사회를 통제할 수 있는 권위를 추구할 때 발생한다고 주장하였다.
>
> ③ 사회는 법을 제정하는 권력자와 법에 종속하는 비권력자로 구성되어 있는데 범죄 행위는 권력자에 의해 규정되고 부과되는 것이며, 권력자와 비권력자 사이에 생겨나는 갈등은 법과 그 집행에 대한 양자의 이해에 격차가 있을 때 발생된다고 주장하였다.
>
> **내용**
>
> ① 갈등의 개연성은 지배집단과 피지배집단 양자 간의 조직화 정도 및 세련성 수준에 의해서도 영향을 받는다고 보고, 다음과 같은 이론을 전개하였다.
>
>   ㉠ 조직화는 권력의 성취 및 유지에 필수적인데 피지배자들이 조직화 되어 있으면 갈등의 개연성은 높아진다.
>
>   ⓛ 지배집단이든 피지배집단이든 어느 한쪽이 덜 세련되어 있다면 갈등의 개연성이 더욱 높아진다.
>
> ② 법체계는 대체로 지배집단에 의해 장악되어 있으므로 갈등이 발생한 경우 법을 활용하여 갈등상황을 자신들에게 유리한 방향으로 이끌어 간다고 주장하였다.

● 보수적 갈등이론 정리 ★

셀린	밀러	볼드	터크
문화갈등		집단갈등	권력갈등
문화적 차이	하위문화와 지배문화 갈등	집단 간 이익갈등	• 집단 간 권력 확보 • 지배집단과 피지배집단 • 범죄화 3요소

3. 급진적 갈등이론 참고

(1) 기본이해

급진적 갈등이론은 낙인이론이 제기한 문제들을 <u>마르크스주의적 인식론의 틀</u> 속에서 재구성한 이론들을 말한다.

(2) 특징

① 기존과 달리 연구대상을 범죄와 범죄자가 아닌 사회통제기관으로 전환한 거시적 이론이다.
② 인종차별·도시문제·빈곤 등 사회병리현상이 구조적 불평등에서 야기되는 점을 지적하였다.
③ 공식통계의 신빙성에 대한 의문을 제기해 암수문제에 대한 인식의 중요성을 지적하였다.
④ 지나치게 이데올로기적이고 추상적이며, 형벌을 지배계급의 통제수단으로 보고 있다.
⑤ 범죄통제적 측면을 지나치게 강조하여 범죄의 원인규명이 미흡하다.

(3) 주요내용

① <u>마르크스(Marx)주의</u>
자본가계급과 노동자계급의 <u>자본주의 구조</u>에서 범죄원인을 찾는다.
② <u>봉거(Bonger)의 급진적 갈등론(탈도덕화)</u>
㉠ 마르크스주의 입장에서 범죄원인론을 처음으로 제시하였다.
㉡ 이윤을 추구하는 자본주의 생산양식 때문에 범죄가 발생한다.
③ <u>퀴니(Quinney)의 급진적 갈등론</u>
범죄는 자본주의의 물질적 상황에 의해 어쩔 수 없이 야기되는 반응양태로 보았다.
④ <u>스핏쩌(Spitzer)의 후기 자본주의 갈등론</u>
대량생산과 대량소비시대의 경제 및 계급활동을 중심으로 한 범죄발생과 사회통제를 중시하였다.
⑤ 신범죄학
테일러(Taylor), 월턴(Walton), 영(Young) 등이 주장하였으며, 범죄의 정치경제성과 사회심리성을 중시하여, 규범의 제정자와 제정이유를 중점적으로 파악해야 한다고 하였다.

★ 낙인이론과 비판범죄론은 모두 규범회의주의 입장이다.

➔ 급진적 갈등이론 더 알아보기

① 퀴니(Quinney)의 범죄의 사회적 현실 ★

    ㉠ 지배 계급이 이익 보호를 위해 입법에 개입, 이용하여 범죄의 사회적 현실을 조작

        특히 형법은 지배계급이 사회의 경제적 질서를 유지하기 위한 도구라고 가정함

    ㉡ 퀴니가 구분한, 노동자 계급과 자본가 계급에 의한 범죄 유형

행위주체와 목적	지배와 억압의 범죄	• 자본가 계급의 범죄는 그들이 자본주의 기본모순을 안고 체제유지를 해나가는 과정에서 자신의 이익을 보호하기 위해 불가피하게 자신이 만든 법을 스스로 위반하는 경우를 말한다. ▸ 경제범죄 : 기업범죄, 기업이 저지르는 가격담합, 부당내부거래 및 환경오염에서부터 기업구성원 및 전문직업인의 화이트칼라 범죄 등 경제적 지배를 도모하기 위해 저지르는 범죄 ▸ 정부범죄 : 공무원의 독직범죄, 부정부패 및 정치적 테러와 전쟁범죄 ▸ 통제범죄 : 형사사법기관이 시민의 인권을 탄압하는 행위
	적응 및 대항의 범죄	▸ 적응 범죄 : 생존의 필요에 의한 약탈범죄(절도, 강도, 마약거래 등)와 기본모순의 심화 속에서 야기된 난폭성의 표현으로 대인범죄(살인, 폭행, 강간 등) ▸ 대항 범죄 : 노동자 집단이 기본모순에 저항하고 그것을 극복하려는 과정에서 행하는 행위들을 국가가 범죄로 규정한 것(비폭력시위)

② 테일러 신범죄학

    ㉠ 테일러(Tailor) 등의 '신범죄학' 테일러와 그의 동료들 : '집단갈등이론' 비판

        ⓐ 이익집단의 다원성에 의한 결과로 단 하나의 유력한 이익만이 존재한다고 주장(국가와 자본가의 동맹으로 형성됨) 국가와 자본가들은 민법에 의해서만 경쟁을 규제

        ⓑ 결국 사회는 두 집단인 '국가와 자본가들'(지배집단)과 '노동자들'(피지배집단)로 구분되는데, 노동자(하위계층)에 대해서만 규제를 강화한다.

    ㉡ 신범죄학의 입장 : 범죄자란 권력과 이익의 불평등을 해결하기 위한 행동의 산물

③ 후기자본주의 갈등론

    ㉠ 스피처(Spitzer)의 후기 자본주의 갈등론

        ⓐ 스피처의 관심사 : '특정 하위계층'은 왜 범죄를 저지르는가?

        ⓑ 자본주의의 구조적 특성에서 문제 인구 양산

    ㉡ 스피처가 구분한 문제 인구의 유형

        ⓐ <u>사회적 폐물(=쓸모없는 사람)</u>

            지배계층의 입장에서 상대적으로 피해가 적은 경우들

            예) 지체부자유자, 정신질환자, 약물중독자

        ⓑ <u>사회적 위협자</u>

            특히 '생산과 지배 관계'를 잠재적으로 의문시하는 경우

    ㉢ 문제 인구에 대한 통제 전략 - 통합적 통제 : 사회에서 적용되는 통제 방식(예 : 보호관찰)에 대해 스피처는 현대 자본주의 사회에서 통합적 통제가 확대될 것으로 판단하였다.

④ 챔블리스(Chambliss)와 사이드만(Seidman)은 법을 지배집단이 자신들의 우월성을 보장하기 위한 행위규범이라고 규정하였다. 즉, 법은 공공이익을 대변하지도 않고, 모든 시민을 동등하게 취급하지도 않으며, 사회 최고의 이익에 봉사하지도 않는다고 한다.

● 급진적 갈등이론 정리 ★

마르크스	봉거	퀴니	신갈등이론	
			테일러	스피처
계급투쟁	자본주의의도덕적 타락	범죄의 사회적 현실		
경제적 계급 간 갈등	불공평한 경제적 분배	지배계급의 (범죄를 이용한) 계급 통제	신범죄학 집단갈등 비판	후기자본주의 갈등의 원인은 문제인구

● 신범죄학(테일러 · 월튼 · 영) 보충

① 갈등론의 확대개념으로, 신범죄학은 갈등론적 · 비판적 · 마르크스주의적 비행이론을 반영한 범죄이론으로서 사회학의 갈등이론이 확대된 것이다.
② 신범죄학이라는 명칭은 테일러(Taylor), 월튼(Walton), 영(Young) 3인이 공동으로 집필한 『신범죄학』(The New Criminology, 1975)에서 시작되었고, 신범죄학은 실증주의에 기반한 기존의 범죄학이론을 비판하고, 마르크스 일탈이론에 입각하여 규범의 제정자와 제정이유를 중점적으로 파악하여야 한다고 주장한다.
  ㉠ 일탈의 원인 : 권력, 지배 그리고 권위구조와 같은 국가주도권에 도전하는 사람이 일탈자 혹은 범죄자이다.
  ㉡ 일탈에 대한 시각 : 일탈은 정상이며, 범죄학자의 임무는 인격적이고 유기적인 혹은 사회적인 인간 다양성의 사실이 범죄화되지 않는 사회를 만드는 것이다.
  ㉢ 범죄대책 : 지배와 통제의 범죄생성적 원인제거를 통하여 범죄예방을 달성할 수 있다.

(4) 평가

① 공헌
  ㉠ 범죄원인을 개인적(미시적) 관점이 아닌 사회구조적(거시적) 관점에서 파악하였다.
  ㉡ 공식적 범죄통계에 대한 의문을 제기하고 암수문제의 중요성을 지적하였다.
  ㉢ 규범회의주의 입장에서 사회통제기관 및 이들 기관의 배후에 있는 진정한 동기를 찾으려고 하였다.
  ㉣ 사회병리현상인 인종차별, 노동착취, 사회불안, 도시문제, 빈곤 등이 구조적 불평등에서 야기되는 점을 지적하였다.

② 비판
  ㉠ 지나치게 가치 중심적이고 사변적이며, 이념적(이데올로기적)인 성격이 강하다.
  ㉡ 범죄에 대한 근본적인 원인규명이 미흡하다.
  ㉢ 범죄문제를 지나치게 정치적인 측면에서 다루고 있다.
  ㉣ 형법의 긍정적 측면을 간과하고 지배계급을 위한 통제수단으로 보고 있다.
  ㉤ 자본주의체제에 대한 비판에 치중하고 있어 형사사법체계 개선을 위한 구체적 대안을 제시하지 못하고 있다.

11 범죄학의 새로운 동향

JUSTICE

1. 환경범죄론 참고

(1) 기본이해

환경범죄론이라는 용어는 캐나다의 브랜팅햄(Brantingham)부부가 1981년에 처음으로 사용하였으며, 오늘날에는 환경설계에 의한 범죄예방과 상황적 범죄예방을 포괄하는 의미로 사용되고 있다.

(2) 발전과정

① 환경범죄론의 원류인 1920년대 시카고학파가 주장한 사회생태학이론은 1940년대 이후 지지를 잃게 되었다.

② 그러다 1970년대 이후 정의모델이 등장하여 범죄에 강력히 대처하였음에도 불구하고 범죄가 지속적으로 증가하자 기존의 형사사법제도에 대한 의구심을 갖게 되었다.

③ 그래서 1980년대 중반에 기존과 같은 사후대처 방식의 형사사법 시스템이 아니라, 사전에 범죄를 저지할 수 있는 형사사법 시스템으로 전환하자는 범죄예방론이 대두되었다.

④ 그러한 관점에서 대두된 환경범죄론은 범죄와 환경과의 관계 또는 범죄가 발생하는 지역의 환경적 특성을 통하여 범죄방지대책을 강구하는 것을 말하며, 1980년대 후반부터 많은 발전을 이루었다.

⑤ 1990년대에는 환경범죄론에 관한 국제연구단체가 조직화되고 범죄예방연구(Crime Prevention Studies)가 간행되는 등 영국과 미국을 중심으로 주목을 받게 되었다.

(3) 관련이론

① 방범공간이론

   ㉠ 제이콥스(Jakobs)는 1961년 급속하게 진행되고 있는 주택 고층화가 범죄를 유발한다고 지적하면서, 공적공간과 사적공간을 명확히 구별하고, 주민 및 통행인에 의한 감시가 가능하도록 건물을 건축하여 범죄를 예방할 수 있는 범죄예방 기본원리를 제안하였다.

   ㉡ 뉴먼(Newman)은 1972년 미국의 고층 공영단지가 범죄의 온상이 되고 있다고 지적하면서 경찰력이 아닌 조직이나 단체의 통제로 범죄를 예방할 수 있는 새로운 환경설계를 할 것을 주장하면서 지키기 쉬운 주거공간(방어공간이론)을 제시하였다.

② 방범환경설계론

   제프리(R. C. Jeffery)는 1971년 「환경설계에 의한 범죄예방」 저서에서 범죄와 환경과의 관계 또는 범죄가 발생하는 지역의 환경적 특성을 통한 범죄방지대책을 강구할 것을 주장하였다.

③ 상황적 범죄예방론

상황적 범죄예방론은 1970년대 중반부터 영국 내무성 및 클라크(R. Clark), 메이휴(P. Mayhew) 등에 의해 전개되었다. 이는 범죄기회를 부여하는 상황을 제거하는 것이 범죄예방의 요점으로 보는 이론을 말한다.

④ 일상생활이론

㉠ 코헨(Cohen)과 펠슨(Felson)이 주장한 일상생활이론도 환경범죄론의 범주에 속한다.

㉡ 청소년인구의 증가, 운반이 쉬운 소형 가전제품 보급, 맞벌이 가정 증가 및 전통적 사회연대의식 희박 등 1960년 이후의 생활양식 변화가 범죄증가에 기여하였다고 하면서, 범죄를 감소시키기 위해서는 생활양식을 바꿀 필요가 있다고 하였다.

⑤ 깨진 유리창 이론(황폐이론)

㉠ 깨진 유리창 이론(Broken Windows Theory)은 1982년 사회학자 제임스 윌슨과 켈링이 주장한 범죄발생에 관한 이론이다. 깨진 유리창을 교체하지 않고 그대로 두면, 사람들은 그 건물이 방치되었다고 여기게 되어 거리낌 없이 다른 유리창도 부수고 도둑질까지 하게되어 일대가 범죄로 만연하게 되면서 황폐화된다는 이론이다. 그래서 이를 황폐이론이라고도 한다.

㉡ 범죄 유무보다 지역환경을 황폐화시키는 자가 지역 주민에게 범죄에 대한 불안감을 초래한다고 보고, 지역사회를 지키기 위해서는 경찰을 중심으로 지역환경의 황폐화를 방지하는 것이 중요하다.

㉢ 1994년 뉴욕 시는 제로 톨러런스(Zero Tolerance : 무관용)를 선포하여 2년 만에 범죄율을 40%대로 줄여, 범죄 감소와 시민 준법의식 고양이라는 두 가지 목적을 동시에 달성하였다. 이러한 제로 톨러런스도 사소한 일탈행위 방치가 더 큰 범죄를 부추긴다는 깨진 유리창이론을 바탕으로 한 것이다.

(4) 비판

① 환경범죄론은 환경개선을 목표로 삼고 있기 때문에 범죄의 근본적 원인인 사회 구조적 문제(빈곤, 실업, 차별 등)를 고려하지 않는다.

② 방범을 위한 환경설계를 추진하면 사회가 요새화되어 시민은 폐쇄적이고 부자유로운 생활을 하게 된다.

③ 방범환경설계론이나 상황적 범죄예방론의 범죄예방 효과가 미약하다는 지적이 있다.

2. 회복적 사법(정의) ★

(1) 의의

① 회복적 사법(Restorative Justice)은 범죄를 인간관계의 침해로 보아, 국가와 가해자뿐만 아니라 피해자와 지역사회가 모두 주체가 되어 범죄로 인한 피해와 후유증을 건설적인 방향으로

해결하면서 사회재통합을 추구하는 것을 말한다.

② 이는 범죄를 단순히 법익침해로 보는 것이 아니라, 범죄도 하나의 사회현상이라는 사실을 중시하고 가해자와 피해자 및 그 가족과 지역사회를 함께 참여시켜 사회적 차원에서 문제를 해결해 나가는 것을 뜻한다.

③ 1970년대 이후 북미와 유럽에서 시행되고 있는 다양한 행태의 배상명령제도 및 가해자·피해자 화해프로그램 등이 이에 속한다.

(2) 연혁

① 현대적 의미의 회복적 사법은 1974년 캐나다에서 소년 범죄사건의 가해자와 피해자 간의 조정 형태로 처음 시행된 후 미국 전역으로 확산되었다.

② 유럽에서는 1980년대 이후 관심이 증대되어 영국·독일·벨기에 등에서 형사화해프로그램을 도입하였고, 1990년대에는 대규모 국제회의가 개최되었다.

③ 1990년대 중반부터는 UN의 주도하에 국제적 연구가 추진되고 있다. 1997년에는 형사사법에 있어서 조정 및 회복적 사법의 실천과 발전방안이라는 결의안을 통과시켰고, 2000년에는 결의안 실천을 위한 지침으로 형사절차상 회복적 사법프로그램의 활용에 관한 기본원칙을 통과시켰다.

④ UN은 회복적 사법의 개념을 내용적으로 3가지로 분류하고 있다.★

　㉠ 대면개념 : 범죄피해자와 가해자가 만나 대화하는 것을 말한다.

　㉡ 회복개념 : 범죄로부터 받은 피해를 회복하는데 초점을 두는 것을 말한다.

　㉢ 변환개념 : 범죄원인을 시정하여 변화를 가져오는 것을 말한다.

(3) 회복적 사법의 목표

① 물질적·감정적 손해회복, 사회관계 유지 등 피해자 및 그 가족의 요구에 부응한다.

② 가해자가 자신의 행위에 대하여 실질적으로 책임질 수 있도록 협력한다.

③ 가해자를 지역사회에 재통합하여 재범을 방지한다.

④ 가해자와 피해자의 재활을 지원하여 범죄를 방지할 수 있는 건강한 지역사회를 만든다.

⑤ 형사사법체계의 운용 및 절차지연으로 인한 사회적·경제적 비용을 절감한다.

(4) 장단점

① 장점

　㉠ 범죄자의 낙인효과를 최소화하고 사회복귀를 촉진시킨다.

　㉡ 지역사회의 자율적 분쟁해결능력을 향상시키고 재범위험성을 감소시킨다.

　㉢ 형사사법 기관의 업무를 경감시킨다.

　㉣ 형사사법 절차를 통해 해결하기 어려운 범죄에 효과적으로 대응할 수 있다.

　㉤ 형사사법 작용에 대한 국민의 신뢰를 증대시킬 수 있다.

② 단점

   ㉠ 가해자와 원만한 합의 실패 시 재피해화가 우려된다.

   ㉡ 피해자의 용서와 이해를 전제로 하므로 피해자에게 희생을 강요할 수 있다.

   ㉢ 형법상 화해의 대상이 되는 범죄가 한정되어 전체 범죄에 적용할 수 없다.

   ㉣ 유죄확정 전의 화해절차는 무죄추정의 원칙에 반하고, 재판받을 권리를 침해할 우려가 있다.

   ㉤ 지역사회의 적극적인 참여는 산업화된 현대사회에서 기대하기 어려운 점이 있다.

   ㉥ 범죄처리 과정이 비전문가들에게 맡겨지면 공정성과 명확성을 보장하기 어렵다.

   ㉦ 법원의 역할이 축소되는 대신 경찰·검찰·보호관찰기관 등에 의한 사건처리가 증대된다.

   ㉧ 회복적 사법이 낙인효과 및 재범을 감소시킨다는 실증적 증거가 미약하다.

➡ 노란 리본 프로젝트(YRP : Yellow Ribbon Project)

① 싱가포르의 갱생보호공단에서 창안한 프로젝트로서, 출소자 사회복귀의 중요성에 대한 사회적 인식 확산과 출소자들이 새로운 삶을 찾을 수 있도록 도움을 제공하는 것을 목표로 한다.

② 취업지원, 기금모금, 저명인사와 인기 연예인이 출연하는 자선 콘서트, 가두 캠페인, 영화제작 등 각종 이벤트를 통한 수익금으로 범죄자 재활 및 재통합 프로그램을 위한 자금으로 활용하고 있다.

③ 이렇게 범국민적으로 재통합을 추구하고 있는 노란 리본 프로젝트는 회복적 정의이론에 입각한 범국민 교정참여 운동이라 할 수 있다.

➡ 응징적 패러다임과 회복주의 패러다임 ★

구분	응징적 패러다임(Retributive Paradigm)	회복주의 패러다임(Restorative Paradigm)
초점	법의 위반	인간관계의 위반
내용	응징적(retributive/vindictive)	복구적(reparative)
방식	강제적	협조적
주체	정부와 범죄자	정부, 지역사회, 가해자와 피해자, 그들의 가족
장소	격리된 시설 내	지역사회 내
시기	사후대응적	사전예방적
관심	적법절차준수	참여자의 만족 극대화
역점	공식적 절차를 통한 개인의 권리보호	비공식적 절차를 통한 범죄자의 책임감 강조와 집단적 갈등의 해결

➡ 회복적 사법의 유형 3가지 ★

피해자-가해자 조정프로그램	• 가해자들이 가해행위에 대하여 책임을 지게 하는 한편 범죄피해자들의 요구에 대응하기 위해서 고안된 것(1974년 캐나다 온타리오주의 피해자-가해자 화해프로그램으로, 가장 오래됨) • 훈련된 중재자의 도움을 받아 피해자와 가해자가 직접 또는 간접적으로 상호 간의 감정과 이해관계를 표현·전달하여 사건을 종결시키는 합의에 도달하게 함

가족집단회합	참여자는 피해자 및 가해자 쌍방의 가족과 친구뿐만 아니라 때로는 지역사회 구성원을 포함하며 소집자 또는 촉진자를 두고 회합을 통해 당사자들을 위해 바람직한 결과를 알아내고 범죄의 결과에 대처하며 범죄행위의 재발을 방지하는 데 적절한 방안을 모색함(뉴질랜드 마오리족)
양형서클	판사, 검사, 변호사, 경찰관, 피해자, 가해자, 가족, 지역주민 등이 포함된 모든 참여자들이 써클을 만들어 서로 마주 보고 앉아 분쟁을 해결하고 사건을 종결할 수 있는 최선의 방법에 대한 합의를 도출하도록 토론하는 것(아메리카 인디언)

◑ 유엔의 회복적 사법 개념

대면개념 (encounter conception)	피해자와 가해자가 함께 만나 범죄에 대해 이야기하고, 이를 시정하기 위해 무엇을 해야 하는가에 대해 토론하는 것
배상개념 (reparative conception)	피해자의 공판절차 참여, 피해자에 대한 지원, 법원에 의한 회복적 조치를 통한 범죄 피해 회복 등 범죄로부터 받은 피해를 회복하는 데에 초점을 맞춘 것 ※「소년법」에서 화해 · 권고규정을 두어 피해배상 등 피해자와의 화해를 권고할 수 있도록 한 것은 이에 해당
변환개념 (transformative conception)	가장 넓은 의미의 개념으로, 범죄원인의 구조적 · 개인적 불의(빈곤이나 차별적 교육제도 등)를 시정하여 변화시킴으로써 회복적 사법의 목표를 달성하려는 것

3. 범죄학에 관한 새로운 개념

(1) 자기통제력(일반이론 : 자기통제력 + 기회로 구성됨) ★

① 갓프레드슨(Gottfredson)과 허쉬(Hirschi)는 고전학파이론을 바탕으로 범죄를 자신의 이익을 추구하기 위해 행해지는 폭력이나 사기행위로 보았다.

② 개개인이 범죄행위를 함에 있어 일정한 차이를 보이는 것은 자기통제력에 따라 달라진다고 하면서, 개인의 자기통제력은 인생의 초기단계에서 성립되고, 이러한 자기통제력은 평생 동안 안정적인 경향을 가지는 것으로 보았다.

③ 자기통제력은 경험적으로 검증하기 어려운 측면이 있지만, 다른 연구를 통해 상당한 지지를 받고 있다.

◑ 갓프레드슨 & 허쉬의 범죄일반이론 더 알아보기

갓프레드슨(Gottfredson) & 허쉬의 '범죄일반이론'(=자기통제력이론)

① 개념의 정의 : 범죄 유발에 영향을 주는 요인 = 자기통제력과 범행기회

② 범죄의 가장 관련 있는 요인으로 자기통제력을 강조한다.

③ 2가지 요인이 결합되어 범죄의 발생에 작용한다고 주장하였다.
  ㉠ 개인의 자기통제력은 초기 아동기, 가정에서의 양육방식에 의해 형성된다.
  ㉡ 어려서 형성되어 성인이 될 때까지 평생(변하지 않는) 안정적인 성향을 나타낸다.
    예 : 가정에서 부모가 자녀의 행동을 적절히 감독하지 못하면 자녀의 자기통제력이 낮아진다.

④ 그러나 '범행기회'가 없다면 범죄를 실행하지 않는다.
  (자기통제력이 강하더라도 범행기회가 주어질 경우 범죄행동을 할 가능성이 있음)

---

(2) 범죄의 유혹 [참고]

① 카츠(Kats)는 "범죄자들이 범죄를 함으로써 무엇을 하려고 하는가"라는 관점에서 범죄의 지배적인 변수나 원인을 찾으려 하였다. 이러한 관점에서 범죄를 격정에 의한 살인, 청소년 재산범, 갱 폭력, 지속적인 강도, 냉혈한적인 살인 등 5가지 유형으로 나누고 이를 설명하였다.

② 이는 범죄행위에 대하여 다른 사람이 부여하는 의미가 아니라, 범죄자가 스스로 부여하는 의미를 중심으로 논리를 전개하고 있다는 점에 그 의의를 찾을 수 있다.

(3) 재통합적 수치심(Reintegrative Shaming) ★

① 브레이스웨이트(Braithwaite)는 수치심(羞恥心)이라는 새로운 개념을 제시하였다.

② 그는 사람들이 범죄를 회피하는 이유는 "범죄행위 자체가 혐오스럽기 때문이지 처벌이 두려워서가 아니다"라고 주장하면서, 오명적 수치심과 재통합적 수치심으로 분류하였다.

③ 오명적 수치심은 일탈감을 갖게 하는 부정적인 것을 의미하므로 높은 범죄율을 초래한다.

④ 재통합적 수치심은 유대관계를 지속하는 측면에서의 긍정적인 질책 등을 의미하므로 낮은 범죄율을 초래한다.

⑤ 재통합적 수치심은 낙인이 그것을 당하는 사람에게 반드시 부정적인 일탈만을 초래하는 것이 아니라는 점을 밝힌 점에서 의의를 찾을 수 있다.

(4) 발전범죄학 ★

① 대부분의 범죄이론은 범죄자의 나이와 관계없이 동일한 효과를 가져 오는 것으로 가정하지만, 1980년대에 대두된 '발전범죄학'은 범죄자의 연령에 따라 여러 요인이 각각 상이한 효과를 가져 온다는 이론을 말한다.

② 손베리(Thornberry), 모피트(Moffitt) 등이 주장하였다. 특히 손베리는 발전범죄학을 최초로 시도하였으며, 통제이론과 학습이론을 바탕으로 비행을 상호작용으로 인한 발전과정이라는 관점에서 파악하였다.

③ 발전범죄학은 범죄행위 자체가 일종의 발전적 과정을 나타내고 있는 점을 주장하고 있으므로, 범죄경력과 관련된 지속성과 안정성에 많은 의미를 부여하고 있는 것으로 볼 수 있다.

> ⊙ **발전이론의 연구주제 예시** ★
> • 비행의 발전 과정 : 시간의 흐름에 따른 비행의 발전 과정을 기록
> • 연령별 위험 요소의 변화 양상 : 소년이 비행을 처음 접하게 되는 요인, 지속, 중단하게 되는 원인
> • 생애 사건의 영향력 : 생애 사건(예 : 결혼, 취업)이 비행에 끼치는 영향
> ① 손베리(Thornberry)의 상호작용이론
>   ㉠ 소년의 최초 비행은 청소년기에 발생한 전통사회와의 결속 약화가 원인이다.
>   예 : 부모와의 애착 관계가 약화될 때마다 비행의 가능성은 증가한다.
>   ㉡ 특히 비행친구와의 접촉(사회적 환경)은 비행의 강도, 빈도를 증가시킨다.

ⓒ 개인의 생애주기를 통해 발전하고 각 연령의 단계마다 중요하게 영향을 주는 요인들이 달라진
다(※ 동태적 과정, 즉 변화하는 과정임을 의미).
예 : 유년기에는 가족의 역할이 중요, 청소년기에는 친구의 역할이 중요

② 모피트(Moffitt)의 생애과정이론(이원적 구조이론)
ⓐ 신경심리학과 낙인이론, 그리고 (사회적) 긴장이론에서 범죄 경험의 발전 과정을 설명한다.
비행소년을 생애지속형(어린 나이부터 비행을 시작)과 청소년기 한정형으로 구분한다.
생애지속형은 성인이 되어서도 비행을 지속할 가능성이 크다.
ⓑ 이유 : 낮은 언어능력과 과잉활동, 충동적 성격 때문이다(친구의 영향을 크게 받지 않음).

③ 샘슨과 라웁(Sampson & Laub)의 생애발달이론(연령 등급이론)
ⓐ 비행은 비공식적 사회 통제 혹은 유대의 결과이다.
ⓑ 비행을 일찍 시작한 경우 그러한 비행의 경력(경험)이 부모와의 유대 약화와 학교 부적응, 교우
관계가 어렵도록 한다.
(※ 다만 사회와의 유대가 회복, 강화될 경우 → 비행 중단)
ⓒ '인생의 전환점' : 생애에 걸쳐 경험하게 되는 '사회유대, 사회자본'의 형성이 정상적인 생활을
할 수 있도록 변화시킨다.
사회유대, 사회자본의 예 : 긍정적인 대인 관계, 성실한 학교생활 등

④ 패링턴의 일탈행동 발달이론 : 일탈행동 발달이론은 나이등급이론에 해당하고 발달범죄이론에 포함
된다. 대부분의 성인 범죄자들이 어린 시절에 범죄행동을 시작하지만, 나이가 들면서 발생하는 생
활의 변화는 범죄행동을 그만두게 하는 요인으로 작용한다.

⑤ 지오다노와 동료들의 4가지 인지전환 : 지오다노와 동료들은 범죄중지를 위해서는 4가지 인지전환
이 필요하다고 했는데 첫째, 가장 근본적으로는 변화를 받아들이려는 마음이 요구된다. 둘째, 변화
의 계기(hooks for change)를 만나야 하며, 보다 중요하게는 이를 긍정적 발전을 위한 새로운 상
황으로 인식해야 한다. 셋째, 친사회적이고 바람직한 '대체자아'(replacement self)를 마음속에 그
려 보고 구체화해야 한다. 넷째, 행위자가 지금까지의 범죄행동이 더 이상 긍정적으로 여겨지지 않
으며, 자신의 삶과도 무관하다고 인식하게 되는 상태이다.

➡ 기타이론

① 티틀의 통제균형이론
ⓐ 개념
ⓐ 개인적 통제요인 확대 : 티틀이 개발한 통제균형이론은 잠재적 특질 이론계열, 범죄성향의
요인으로서 개인적 통제요인을 확대하는 이론이다.
ⓑ 통제량과 피통제량 : 통제의 개념을 개인에 의해 통제받는 양(통제량)과 개인을 통제하는 양
(피통제량)으로 구분하고, 이 두 개의 통제량이 균형을 이루면 개인은 순응적이 되고, 불균
형을 이루면 일탈적이고 범죄적인 행동을 하게 된다.
ⓒ 통제균형의 네 변수 : 통제균형은 네 개의 주요 변수, 즉 경향(동기), 도발(자극), 범죄기회,
억제 등의 관계에 의해서 결정된다. 이러한 변수들은 사회학습이론, 아노미이론, 범죄억제,
합리적 선택이론 그리고 사회유대이론의 개념들을 통합한다.
ⓑ 통제균형과 범죄
ⓐ 계속변수로서의 통제 : 통제를 계속적인 변수로서 생각하고, 자신에 대한 타인의 통제량과
타인에 대한 자신의 통제량은 고정되어 있는 것이 아니라 사회적 환경이나 사회적 위치의
변화에 따라 계속 변화한다.

ⓑ 통제결핍과 통제과잉 시 범죄증가 : 통제결핍과 잉여는 하나의 연속선상에 존재하는 통제에 관련된 현상으로서 중앙의 균형점으로 이동하면 범죄가 감소하고, 결핍과 잉여의 양 극단으로 갈수록 범죄는 증가한다.

ⓒ 통제결핍과 통제과잉

통제결핍	• 개인의 욕망과 충동이 타인의 능력(처벌, 규제)에 의해 제한될 때 일어나는 현상 • 균형을 회복하기 위해 일탈, 무시, 굴종의 세 가지 형태의 행동을 하게 된다.	
통제과잉	• 다른 사람의 행동을 통제하거나 수정의 능력이 과도할 때 일어나는 현상 • 통제과잉의 세 가지 행동유형	
	이기적 이용	청부살인, 마약거래자 이용 등 타인을 범죄에 이용
	묻지 마 폭력	불특정 증오범죄, 환경오염
	일시적 비합리적 행동	아동학대

② 엘리아 앤더슨의 거리의 규범(code of the street) : 소외감 · 고립감의 정도에 따라 구분

㉠ 고상한 집단 : 중산층 가치반영(시민규범 내면화)

㉡ 거리집단 : 거리규범(무조건적 타인 배제, 남성성 추구 등)

4. 통합이론

(1) 의의

① 기존의 이론이 너무 많이 난립하였기 때문에 다양한 이론들을 통합하자는 논의로, 이론적 가정들이 상호 모순된다는 지적이 있다는 점과 개별 이론들이 범죄현상을 충분히 설명하지 못하고 있다는 비판도 존재했다.

② 대부분의 범죄이론들은 범죄원인에 있어서 특정한 한 측면만을 집중적으로 조명하거나 범죄현상에 대한 파편화된 정보만을 제공하고 있다.

(2) 접근방식의 변화

① 전통적 접근방식

이론의 전통적인 발전과정은 경쟁적 접근방식이라는 점이다. 범죄현상을 둘러싸고 대립되는 이론적 주장들이 범죄학자들이 수행하는 경험적 연구들을 통해 검증되고, 그 결과 경험적 증거에 의해 지지를 받은 주장은 살아남고 그렇지 못한 주장들은 폐기되는 방식이다.

② 대안적 접근방식

이론 간 우열을 다투기보다는 현상에 대한 논리적이고 체계적인 설명의 제공이라는 이론 본연의 역할에 보다 충실하고자 하는 데에 목적을 둔 것으로, 쏜베리(Thornberry)는 이론통합을 특정 현상에 대해 보다 종합적인 설명을 제공할 목적으로 논리적으로 연결되는 두 개 이상의 명제를 결합시키는 행위라고 정의한다.

(3) 통합유형

① 상하통합 : 고전적인 형태의 이론통합으로, 일반성이나 추상성이 상대적으로 높은 이론으로 그보다 수준이 낮은 이론을 포섭한다.

② 병렬통합 : 손쉬운 방식의 이론통합으로, 설명하고자 하는 범죄나 범죄자 집단을 가장 잘 설명할 수 있는 범죄학 이론별로 분할하는 방식이다. 범죄자를 성별, 사회경제적 지위, 성장환경 등에 따라 구분한 뒤, 각각 최적의 이론을 적용할 수도 있다. 과 동료들의 통합모형은 행위자를 사회적 유대가 강한 청소년 집단과 약한 집단으로 구분한 뒤, 각각 최적의 이론을 적용할 수도 있다.

③ 순차통합 : 논리적인 형태의 통합으로, 인과관계의 차원에서 각 이론에 속한 변수들의 시간적 순서를 정한 후, 한 이론의 종속변수가 다른 이론의 독립변수가 되도록 하여 이론들을 병합한다.

(4) 대표적인 통합이론

① 엘리엇과 동료들의 통합이론

ⓐ 엘리엇(Elliott)과 동료들은 긴장이론, 사회통제이론, 사회학습이론을 결합한 통합이론을 제시하였다.

ⓛ 긴장이론과 사회통제이론의 결합 성공에 대한 열망의 반대방향 작동

ⓐ 긴장이론 : 긍정적 목표를 달성하기 위한 기회가 차단되었다고 느끼는 개인에게 성공에 대한 높은 열망은 관습적 수단을 포기하고 불법적 수단을 선택하게 만드는 요인이 됨

ⓑ 사회통제이론 : 성공에 대한 높은 열망은 교육과 같은 제도화된 수단에 대한 몰입을 높여 범죄의 유혹에 빠지지 않도록 하는 규범적 통제기제로 작용

ⓒ 사회통제이론과 사회학습이론의 결합

ⓐ 사회통제이론은 사회적 유대가 약하기 때문에 청소년이 범죄를 저지른다고 주장하지만, 엘리엇과 동료들은 이것만으로는 충분한 설명이 되지 않는다고 비판했고, 청소년의 비행행위가 특정 사회집단으로부터 지지를 받거나 보상으로 이어질 때 비행행위가 유지된다는 점을 고려해야 한다고 주장했다.

ⓑ 비행 또래집단은 사회적 유대가 약한 청소년이 비행을 시작하고 지속하는 데 필수적인 사회적 조건을 제공한다.

> ● **범죄를 저지르게 되는 인과과정 경로**
>
> ① 첫 번째 경로 : 가정과 학교 등 관습집단과의 유대가 약한 청소년이 비행 또래집단과 접촉하면서 범죄에 대한 학습이 이루어지는 과정이다.
>
> ② 두 번째 경로 : 초반에는 관습적 집단과의 사회적 유대가 강한 청소년들이 문화적으로 가치 있는 성공목표에 몰입하지만, 이를 성취하기 위한 제도적 수단과 기회가 제약됨으로 인해 긴장이 형성되고, 이로 인해 사회적 유대는 느슨해지는 반면 비행 또래집단과의 유대는 강화되어 범죄를 학습하게 되는 과정이다.

② 헤이건의 권력통제이론(power-control theory).

　　㉠ 헤이건(Hagan)은 마르크스주의 범죄이론과 페미니스트 범죄이론과 같은 비판적 범죄학을 사회통제이론과 결합한 통합이론을 제시하였다.

　　㉡ 사회의 계급구조와 전통적 가부장제가 어떻게 가정에서 자녀의 성별에 따라 차별적인 양육방식으로 적용되는지, 또 범죄성의 차이로 이어지는지 설명한다.

가부장적인 가정	• 남편은 직장에서 권력적 지위, 아내는 전업주부이거나 직장에서 비권력적 지위 • 남성과 여성 간의 젠더계층화가 뚜렷, 아내는 남편의 통제에 종속 • 남성은 생산활동, 여성은 가사활동이라는 전통적 성역할 인식
양성평등적인 가정	• 남편과 아내는 맞벌이부부로 직장 내 지위의 격차가 별로 없고, 가정 내에서도 남편과 아내 사이에 비교적 수평적 권력관계 유지 • 가부장적 가정에 비해 젠더계층화가 약하고, 성역할에 대한 고정관념도 덜함

　　㉢ 가정 내 젠더구조화 정도는 부모의 자녀 양육방식에 영향을 끼친다.

가부장적인 가정	• 아들에 비해 딸의 행동을 더 엄격히 감시하고 통제 • 딸에겐 모험적·일탈적 행동 통제로 사춘기 동안 비행이나 범죄에 별로 가담하지 않음 • 아들은 상대적으로 자유롭게 위험하거나 일탈적인 행동들을 저지름 • 가부장적 가정은 양성평등적 가정보다 청소년비행에 있어 성별 차이가 심함
양성평등적인 가정	• 딸과 아들에 대한 부모의 감시와 통제가 별반 차이 없음 • 젠더 사회화를 통해 자녀들이 고정된 성역할을 받아들이도록 하지도 않음 • 자녀들이 저지르는 비행과 범죄의 정도에 있어서 성별 차이가 뚜렷하게 나타나지 않음

③ 콜빈과 폴리의 마르크스주의 통합이론

　　㉠ 콜빈(Colvin)과 폴리(Poly)는 마르크스주의 범죄이론과 사회통제이론을 결합한 통합이론을 제시하였다.

　　㉡ 자본주의 사회에서 자본가계급은 자신들의 이익을 극대화하기 위해 생산과정에 노동자계급을 세 가지 부류로 나눠 보다 효과적으로 통제하려고 한다.

계급	방식
미숙련 저임금 노동자	강압적 통제
노동조합 가입 노동자	물질적 보상
고숙련 고임금 전문가	업무적 자율성과 높은 지위, 의사결정권한 부여

　　㉢ 노동자의 지위에 따라서 차별적인 통제방식이 가정의 부모 양육방식과 연관되어 있다 보고, 노동자계급 가정에서 양육된 청소년은 부모의 강압적 양육방식으로 인해 부모와의 유대관계가 약해져 범죄를 저지를 가능성이 높아진다.

　　㉣ 미숙련 저임금 노동자 집단은 가장 문제되는 부류로, 직장 내 강압적 통제방식에 익숙해진 이들은 가정에서 자녀들을 같은 방식으로 양육하고, 이로 인해 부모와 자녀 사이, 학교 선생님과의 유대관계를 형성하지 못하며, 낮은 학업성취도와 소외감을 겪게 되어 결국 주류 사회와의 단절을 경험하고 있는 비슷한 처지의 비행청소년들에게로 이끌리게 되고, 비행에 가담하게 된다.

⊙ 통합이론 보충

① 슈메이커(Shoemaker)는 아노미나 사회해체가 사회통제의 약화나 결여를 초래하며, 약화된 사회통제가 동료집단의 영향력을 증대시켜서 비행에 이르게 한다는 인과모형을 제시하고 문화적 일탈(아노미와 사회해체), 사회통제이론, 사회학습이론을 통합한다.

② 웨이스(Weiss)와 동료들은 성별, 인종, 경제적 지위 등의 사회구조적 모형을 이용하여 통합하였는데, 저소득층이거나 해체된 지역사회일수록 일선 사회화기관과 제도의 영향력이 약해져서 이러한 지역에 사는 청소년일수록 관습적 사회와의 유대가 약화되기 쉽다.

CHAPTER
7

형사정책학의 새로운 경향

◇ 범죄자와 수형자의 인권보호   ◇ 형벌의 일반예방기능에 대한 관심고조
◇ 비범죄화   ◇ 비형벌화와 전환(Diversion)
◇ 중간처우 및 사회내 처우제도 발전   ◇ 형사정책 연구방법 개선
◇ 범죄의 사전예방대책 중시   ◇ 부정기형 및 가석방제도 폐지 경향
◇ 회복적 사법(정의) 개념 등장

1. 범죄자와 수형자의 인권보호

범죄자의 사회적 위험성에 대응하기 위한 사회방위적 형사정책에서 비롯된 수형자 인권침해 요소에 대한 반성과 수형자 권리운동의 영향으로 인권보호 인식이 확대되면서, 교정관련법령의 보장적 기능에 대한 재인식과 교정행정 법정주의 등이 강조되고 있다.

2. 형벌의 일반예방기능에 대한 관심 고조

범죄자를 교정교화하는 각종 대책들이 재범방지에 효과적이지 못하였다는 인식에서 형벌의 일반예방기능이 강조되면서(억제이론·정의모델 등) 조기비행예측표 연구, 빈부격차 해소, 지역사회 조직화, 사회복지정책 수립 등 범죄의 사전방지대책 개발에 관심이 고조되고 있다.

3. 비범죄화 참고

(1) 의의

비범죄화는 법과 도덕을 분리하여 다양한 가치관이 공존하는 사회에 개인의 법익을 구체적으로 침해하지 않거나, 피해자가 없는 경우에는 범죄로 처벌하지 않는 것을 의미한다. 종류로는 사실상의 비범죄화, 재판상의 비범죄화, 입법(법률)상의 비범죄화가 있다.

(2) 종류

① 사실상의 비범죄화(단속상의 비범죄화)

     법규는 존재하지만 수사기관이 단속하지 않는 범죄로 '단속상의 비범죄화'라고도 한다.

② 재판상의 비범죄화

판례의 변경을 통하여 과거에 처벌되었던 행위를 처벌하지 않는 '사법상의 비범죄화'를 뜻하며, 가장 중요한 비범죄화의 핵심이다.

③ 입법(법률)상의 비범죄화

법률을 폐지 또는 변경하여 범죄행위로 규정하지 않는 것을 말한다.

(3) 비범죄화 대상 ★

비범죄화는 비영리적 공연음란죄, 음화판매죄, 간통죄, 사상범죄, 낙태죄, 동성애, 매춘, 마리화나 흡연, 경미한 마약사용, 도박, 행정위반죄 등 주로 개인의 법익을 구체적으로 침해하지 않거나 피해자가 없는 범죄를 대상으로 논의되고 있다.

4. 비형벌화 ★

(1) 의의

① 범죄소년에 대해 형벌 대신 보호처분을 하는 것과 같이 비형벌적 처분으로 형벌을 대체하는 것을 말한다.

② 비형벌화는 비범죄화와는 달리 범죄행위 자체는 인정하되 형벌부과의 타당성과 처우효과를 고려하여 비형벌적 제재를 과하는 것을 말하며, 종류로는 '입법상의 비형벌화', '형사사법상의 비형벌화'가 있다.

(2) 종류

① 입법상의 비형벌화

형벌에 대신하여 행정벌을 과하는 경우와 같이 입법단계에서 형벌을 대체하는 것을 말한다.

② 형사사법상의 비형벌화

㉠ 재판 전 단계에서의 비형벌화(전환, Diversion) : 경찰의 훈방, 검찰의 기소유예 등 재판 전 단계에서 형사절차에 개입시키지 않는 좁은 의미의 전환(Diversion)을 말한다.

㉡ 재판 단계에서의 비형벌화 : 집행유예 및 선고유예 등이 이에 속한다.

㉢ 교정(재판 후) 단계에서의 비형벌화 : 보호관찰, 사회봉사명령, 전자감시제도 등이 있다.

5. 다이버전(Diversion, 전환) ★

(1) 전환은 낙인이론의 산물로 형사사법기관이 통상의 형사절차를 중단하고 이를 대체하는 새로운 절차로 이행(전환)하는 것을 의미하며, 공식적 형사절차로부터 벗어나 사회내 처우 프로그램에 위탁하는 것을 내용으로 한다.

(2) 전환(Diversion)은 진행단계별로 체포 전·기소 전·공판절차 개시 전 다이버전(전환)으로 분류할 수 있고, 주체에 따라 경찰·검사·법원에 의한 다이버전으로 구분할 수 있다.

(3) 비범죄화가 낙인이론을 바탕으로 한 법대책으로서의 실체적 접근 방안이라면, 전환은 절차적 접근 방안에 해당한다.

6. 중간처우 및 사회 내 처우제도 발전

범죄자의 재범방지와 사회복귀라는 관점에서 수형자 처우의 개별화·과학화·사회화를 추구하는 처우의 다원화 및 시설 내 처우에서 사회 내 처우로 전환하는 교정의 사회화 등이 추구되고 있는데, 이는 사회복귀이념이 강조되고 있는 현실을 반영한 것이다.

7. 형사정책 연구방법의 개선

경제, 마약, 환경, 컴퓨터, 화이트칼라 범죄 등 각종 신종범죄의 출현과 암수문제 등 종래의 연구 방법에 대한 비판이 증가하면서 이에 대한 개선방안이 새롭게 강구되고 있다.

8. 범죄의 사전예방대책 중시

범죄자의 처벌과 교정을 통한 사후 개선적 재범방지 및 사회복귀가 실패했다고 평가받고 있다. 그래서 오늘날의 형사정책은 사후적인 2차적·3차적 범죄예방 대책보다는, 환경개선 등 1차적 범죄예방 대책을 강구해 사전에 범죄를 차단하는 것에 보다 많은 연구가 진행되고 있다.

> **◆ 범죄예방**
> ① 1차적 예방 : 사회환경 개선
> ② 2차적 예방 : 조기범죄예측(잠재성 범죄자, 우범자)
> ③ 3차적 예방 : 형벌을 통한 재사회화(범죄자 재범방지)

9. 부정기형

개선·의료모델에 의해 수형자 인권이 침해되는 것에 반발해 사법(정의)모델이 등장하면서 상대적 부정기형제도 및 가석방제도가 폐지되고 있는 경향이 있다.

10. 피해자 보호 및 권리보장

가해자와 피해자의 관계를 연구하여 효과적인 범죄대책을 강구할 필요성과 가해자의 권리를 보호하는 것에 못지않게 피해자를 보호하는 것이 필요하다는 공감대가 형성되어, 갈수록 피해자에 대한 관심이 부각되면서 이들의 권리와 안전을 보호하는 규정을 관련 법령에 적극적으로 반영하고 있는 추세에 있다.

11. 회복적 사법(정의) 중시 경향

(1) 의의

1970년대 중반 캐나다에서 가해자와 피해자 간의 조정형태로 처음 시행된 회복적 사법이 미국으로 전파되고, 1980년대에는 영국·독일·프랑스·벨기에 등 유럽에서 '형사화해프로그램'을 도입하고, 1990년대 중반부터는 UN의 주도하에 국제적 연구가 추진되고 있다.

(2) 우리나라의 회복적 사법 관련 내용

① 형사조정 조항 신설

회복적 사법을 중시하는 경향으로 인해, 우리나라는 2010.5.14.「범죄피해자보호법」을 전부 개정하면서 이를 통합하고 '형사조정' 조문을 신설하였다.

②「범죄피해자보호법」

제6장 형사조정

제41조(형사조정 회부) ★

① 검사는 피의자와 범죄피해자(이하 "당사자"라 한다) 사이에 형사분쟁을 공정하고 원만하게 해결하여 범죄피해자가 입은 피해를 실질적으로 회복하는 데 필요하다고 인정하면 당사자의 신청 또는 직권으로 수사 중인 형사사건을 형사조정에 회부할 수 있다.

② 형사조정에 회부할 수 있는 형사사건의 구체적인 범위는 대통령령으로 정한다. 다만, 다음 각 호의 어느 하나에 해당하는 경우에는 형사조정에 회부하여서는 아니 된다.

  1. 피의자가 도주하거나 증거를 인멸할 염려가 있는 경우

  2. 공소시효의 완성이 임박한 경우

  3. 불기소처분의 사유에 해당함이 명백한 경우(다만, 기소유예처분의 사유에 해당하는 경우는 제외한다)

제42조(형사조정위원회) ★

① 제41조에 따른 형사조정을 담당하기 위하여 각급 지방검찰청 및 지청에 형사조정위원회를 둔다.

② 형사조정위원회는 2명 이상의 형사조정위원으로 구성한다.

③ 형사조정위원은 형사조정에 필요한 법적 지식 등 전문성과 덕망을 갖춘 사람 중에서 관할 지방검찰청 또는 지청의 장이 미리 위촉한다.

④「국가공무원법」제33조 각 호의 어느 하나에 해당하는 사람은 형사조정위원으로 위촉될 수 없다.

⑤ 형사조정위원의 임기는 2년으로 하며, 연임할 수 있다.

---

⑥ 형사조정위원회의 위원장은 관할 지방검찰청 또는 지청의 장이 형사조정위원 중에서 위촉한다.

⑦ 형사조정위원에게는 예산의 범위에서 법무부령으로 정하는 바에 따라 수당을 지급할 수 있으며, 필요한 경우에는 여비, 일당 및 숙박료를 지급할 수 있다.

⑧ 제1항부터 제7항까지에서 정한 사항 외에 형사조정위원회의 구성과 운영 및 형사조정위원의 임면(任免) 등에 관한 사항은 대통령령으로 정한다.

제43조(형사조정의 절차)

① 형사조정위원회는 당사자 사이의 공정하고 원만한 화해와 범죄피해자가 입은 피해의 실질적인 회복을 위하여 노력하여야 한다.

② 형사조정위원회는 형사조정이 회부되면 지체 없이 형사조정 절차를 진행하여야 한다.

③ 형사조정위원회는 필요하다고 인정하면 형사조정의 결과에 이해관계가 있는 사람의 신청 또는 직권으로 이해관계인을 형사조정에 참여하게 할 수 있다.

④ 제1항부터 제3항까지에서 정한 사항 외에 형사조정의 절차에 관한 사항은 대통령령으로 정한다

제44조(관련 자료의 송부 등)

① 형사조정위원회는 형사사건을 형사조정에 회부한 검사에게 해당 형사사건에 관하여 당사자가 제출한 서류, 수사서류 및 증거물 등 관련 자료의 사본을 보내 줄 것을 요청할 수 있다.

② 제1항의 요청을 받은 검사는 그 관련 자료가 형사조정에 필요하다고 판단하면 형사조정위원회에 보낼 수 있다. 다만, 당사자 또는 제3자의 사생활의 비밀이나 명예를 침해할 우려가 있거나 수사상 비밀을 유지할 필요가 있다고 인정하는 부분은 제외할 수 있다.

③ 당사자는 해당 형사사건에 관한 사실의 주장과 관련된 자료를 형사조정위원회에 제출할 수 있다.

④ 형사조정위원회는 제1항부터 제3항까지의 규정에 따른 자료의 제출자 또는 진술자의 동의를 받아 그 자료를 상대방 당사자에게 열람하게 하거나 사본을 교부 또는 송부할 수 있다.

⑤ 관련 자료의 송부나 제출 절차 및 열람 등에 대한 동의의 확인 방법 등에 관한 사항은 대통령령으로 정한다.

제45조(형사조정절차의 종료)

① 형사조정위원회는 조정기일마다 형사조정의 과정을 서면으로 작성하고, 형사조정이 성립되면 그 결과를 서면으로 작성하여야 한다.

② 형사조정위원회는 조정 과정에서 증거위조나 거짓 진술 등의 사유로 명백히 혐의가 없는 것으로 인정하는 경우에는 조정을 중단하고 담당 검사에게 회송하여야 한다.

③ 형사조정위원회는 형사조정 절차가 끝나면 제1항의 서면을 붙여 해당 형사사건을 형사조정에 회부한 검사에게 보내야 한다.

④ 검사는 형사사건을 수사하고 처리할 때 형사조정 결과를 고려할 수 있다. 다만, 형사조정이 성립되지 아니하였다는 사정을 피의자에게 불리하게 고려하여서는 아니 된다.

⑤ 형사조정의 과정 및 그 결과를 적은 서면의 서식 등에 관한 사항은 법무부령으로 정한다.

> ### ◉ 소년부 판사의 화해권고(「소년법」 제25조의3)

① 소년부 판사는 소년의 품행을 교정하고 피해자를 보호하기 위하여 필요하다고 인정하면 소년에게 피해변상 등 피해자와의 화해를 권고할 수 있다.

② 소년부 판사는 화해를 위하여 필요하다고 인정하면 기일을 지정하여 소년, 보호자 또는 참고인을 소환할 수 있다.

③ 소년부 판사는 소년이 제1항의 권고에 따라 피해자와 화해하였을 경우에는 보호처분을 결정할 때 이를 고려할 수 있다.

박상민
JUSTICE
형사정책 책

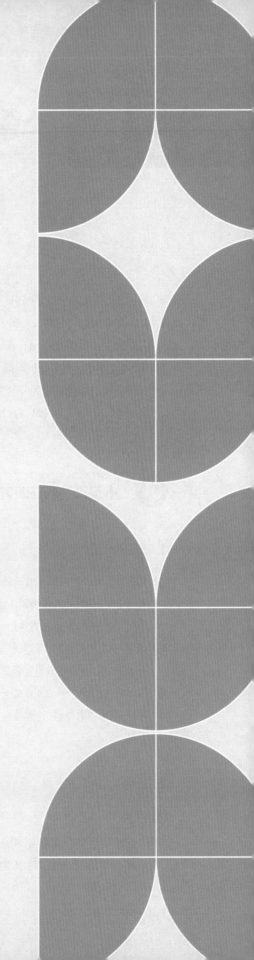

PART —— 3

범죄
원인론

소질과 환경

범죄원인론은 행위자의 특성인 소질에 따른 생물학적 원인론과 심리학적 원인론 및 행위자가 처해 있는 환경에 따른 사회학적 원인론으로 대별할 수 있다. 생물학적 원인론은 신체적·유전적 요인 등을 중심으로 설명하고, 심리학적 원인론은 인간의 심리상태와 성격 등을 중심으로 설명한다. 사회학적 원인론은 행위자가 처해 있는 개인적 환경인 미시적 사회환경과 경제상태·사회구조 등과 같은 거시적 사회환경으로 구별할 수 있다. 하지만 통설은 소질적 요인과 환경적 요인이 상호작용하면서 범죄가 유발된다고 한다.

01 소질과 환경의 개념 참고

JUSTICE

1. 의의

(1) 1764년 베카리아의 「범죄와 형벌」로 비롯된 고전학파는 형집행 과정에서의 위하력에 의한 범죄예방과 포이에르바하의 '심리강제설'에 의한 범죄예방 등 일반인을 대상으로 하는 '일반예방주의'에 바탕을 두고 있다.

(2) 이렇게 고전학파는 개인적인 특성, 심리적인 성격, 주변환경 등 소질과 환경을 고려하지 않아 진정한 의미의 범죄원인론으로 보기 어렵다.

(3) 그러다 1876년 롬브로조가 「범죄인론」을 발표하면서 비롯된 실증주의에 의해 비로소 범죄인이라는 특별예방주의 관점에서 소질과 환경을 고려하게 되면서 범죄원인에 대해 관심을 갖게 되었다.

2. 소질

(1) 개념

① 소질은 일정한 행동을 할 가능성 내지 발달방향을 의미하므로, 선천적인 유전소질(원시소질)에 국한되지 않고, 후천적인 발전요소도 포함하는 개념이다.

② 소질은 유전 및 수태 시 모체를 둘러싼 외부적 조건(산모의 질병·음주 등), 출산 전후의 외부적 조건(태아손상 등), 성장기의 외부적 조건(두뇌손상 등) 등에 의해 형성된다.

(2) 관련내용

소질과 관련된 것으로는 유전적 결함, 체질과 성격 이상, 성별, 연령, 지능 등이 있다.

3. 환경

(1) 개념

환경이란 행위자에게 직·간접적으로 영향을 미치는 물질적·정신적 세계를 통칭하는 개념이다. 이는 현실적으로 경험적인 영향을 준 것과 영향을 줄 수 있는 외부적 사정도 포함하는 개념이지만, "이러한 것을 인식하였는가"하는 문제와는 상관이 없다.

(2) 분류

① 범인성 인격환경(개인적 환경, 행위자 환경, 미시적 사회환경)
행위자의 인격형성 및 발달과정에 그를 둘러싸고 있었던 외부적 조건을 말한다. 범인성 인격환경과 관련된 것으로는 알코올중독·가정·학교·직업·혼인 등이 있다.
② 범인성 행위환경(사회적 환경, 거시적 사회환경)
행위자가 범죄행위를 할 당시의 외부적인 사정을 의미한다. 범인성 행위환경과 관련된 것으로는 사회적 조건·자연현상·경제변동·전쟁 등이 있다.

02 소질과 환경의 상호관련성 참고

JUSTICE

1. 범인성 인격의 형성과정

(1) 인격규정 인자

인격규정 인자는 유전성·선천성 및 조기에 획득된 소질을 말하며, 이들은 환경과 상호작용을 하면서 발전한다.

(2) 인격형성 인자

소질적 인자에 의하여 규정된 인격은 신체적·정신적 요인과 환경조건이 동태적으로 작용하면서 일정한 형태로 인격이 형성된다. 특히 가정의 기능적 결함은 범죄성(범인성) 인격형성에 중요한 요인이 된다.

(3) 인격전개 인자

일단 형성된 인격도 사춘기와 같은 내면적 계기나, 전쟁·사회혼란과 같은 압박적인 환경이 전개되면 현저하게 변화하며, 이러한 요인도 범죄에 중요한 작용을 한다.

(4) 환경감수성

환경감수성은 각자가 환경에 대한 친화성을 가지는 정도를 말한다. 범인성이 강한 성격 이상자는 의지박약형이 많고, 우범지역에서는 범죄에 대한 면역이 생기기 쉽다.

(5) 환경선택

자신을 에워싸고 있는 주위환경 중에서 개인적인 욕구를 채우기 위해 특정한 것을 주체적으로 선택하는 것을 말한다.

2. 소질과 환경의 관계

(1) 의의

소질은 각자가 발전할 수 있는 방향과 그 범위를 결정하며, 환경은 그 범위 내에서 발전의 크기와 구체적 형태를 결정한다고 할 수 있다.

(2) 룩셈버거(Luxemburger)

① 의의

룩셈버거는 소질과 환경의 개별적인 영향의 크기에 따라 '내인성 범죄'와 '외인성 범죄'로 구분하였다.

② 구분

㉠ 내인성 범죄(소질) : 주로 소질에 의해 나타나는 범죄를 말하며, 성격이상 및 신체 이상으로 인한 경우에 많이 나타난다.

㉡ 외인성 범죄(환경) : 주로 환경적 요인에 의해 나타나는 범죄를 말하며, 환경개선 및 잠재적 범죄자를 교육시키면 범죄를 예방·억제할 수 있어 형사정책적으로 중시하고 있다.

생물학적 범죄원인론

생물학적 범죄원인론으로는 유전적 결함, 체질과 성격 이상, 성별, 연령, 지능 등이 있다.

01 유전과 범죄 JUSTICE

1. 의의

자손들에게 유전되는 것은 외부적인 특성이 아니라 유전소질, 즉 유전자이다. "유전소질이 범죄에 어떠한 영향을 미치는가"에 대한 연구로는 유전부인의 연구, 범죄인 가계연구, 쌍생아연구, 양자연구, 성염색체연구 등이 있다.

2. 유전부인(遺傳負因)

(1) 의의

① 유전부인은 선조의 유전조건 중에서 범죄성이 유발되기 쉬운 나쁜 유전조건을 말한다. 즉, 혈족 중에 내인성 정신병(정신분열증 · 조울증 · 간질 등), 정신병질, 정신박약, 음주기벽성, 범죄성 등이 존재하는 경우를 말한다.
② 대표적인 학자로는 슈툼플(Stumpfl : 독일), 리들(Riedl), 글룩(Glueck)부부 등이 있다.

(2) 종류(유전부인이 누구에게 있는가를 기준) ★

① 직접부인(直接負因) : 유전부인이 부모에게 있는 경우
② 간접부인(間接負因) : 유전부인이 조부모에게 있는 경우
③ 방계부인(傍系負因) : 유전부인이 부모의 형제나 자매에게 있는 경우

(3) 평가

유전부인에 대한 조사만으로는 범죄가 유전된다고 단언할 수 없다. 다만 범죄의 원인으로 유전소질의 중요성은 인정될 수 있다.

> ● **내인성 정신병과 외인성 정신병** 참고
> ① 내인성 정신병 : 정신분열증, 조울증, 간질 등
> ② 외인성 정신병 : 중독, 감염병, 외상 등에 의한 정신병 등 외인성 정신병은 유전부인에 포함시키지 않는다.

3. 쌍생아 연구

(1) 의의

① 쌍생아 연구는 일란성 쌍생아와 이란성 쌍생아의 범죄일치율을 비교하여 범죄의 유전적 영향을 연구하는 방법이다.

② 일란성 쌍생아의 범죄일치율이 높은 경우, 범죄에 대한 소질(유전소질)의 영향을 인정할 수 있다. 일란성 쌍생아의 범죄불일치율이나 이란성 쌍생아의 범죄일치율을 비교하면, 범죄에 대한 환경의 영향을 인정할 수 있다.

③ 즉, 쌍생아 연구는 범죄에 대한 소질 및 환경의 영향을 동시에 연구할 수 있는 방법이라 할 수 있다.

(2) 대표적 연구

① 갈튼(F. Galton : 영국) : 쌍생아 연구를 최초로 개척하였다.

② 랑게(J. Lange : 독일) : 랑게는 쌍생아 연구를 범죄생물학에 도입해 획기적으로 연구한 「숙명으로서의 범죄」(1929)를 발표하였다(일란성 〉 이란성).

③ 그 외 슈툼플(Stumpfl)은 일치판단의 개념을 구체화하고, 로자노프(Rosanoff)는 가장 광범위한 연구를 시도하였다.

(3) 연구결과

대부분의 연구결과 일란성 쌍생아의 일치율이 이란성 쌍생아나 일반형제보다 높은 것으로 나타났다. 하지만 환경을 전혀 고려하지 않아 신뢰성을 부여하기 어려운 점이 있다.

> ● **달가드(Dalgard) & 크링글렌(Kringlen)** ★
> "범죄발생에 있어 유전적인 요소의 중요성이란 존재하지 않는 것"이라고 하며 비판하였다.

> ● **보충**
> 랑게(Lange)는 정신의학자(독일)로, 범죄생물학에 쌍생아연구를 도입하였는데, 일란성 쌍생아의 범죄일 치율이 높게 나타나서 범죄는 개인이 타고난 유전적 소질에 의해 저지르게 된다고 주장하였다. 랑게는 일란성 13쌍과 이란성 17쌍 모두 30쌍의 쌍생아를 대상으로 연구한 결과, 일란성 쌍생아의 경우 13 쌍 중에서 10쌍이, 이란성 쌍생아의 경우 2쌍만이 양쪽 모두 범죄를 저질러, 일란성 쌍생아에서 쌍생 아 모두가 범죄를 저지른 비율이 이란성 쌍생아에서 쌍생아 모두가 범죄를 저지른 비율보다 높다는 것 을 확인하였고, 이를 통해 '범죄란 개인이 타고난 유전적 소질에 의해 저질러지는 것'으로 이해하였다.

4. 양자(입양아) 연구

(1) 의의

① 양자연구(養子研究)는 범죄자 중에서 입양아를 조사하여 그의 친부모와 양부모의 범죄성을 비교하여 범죄와 유전의 상관성을 규명하는 방법을 말한다.

② 친부모의 범죄성과 관련이 높으면 범죄의 유전성을 인정할 수 있는 반면, 양부모의 범죄성과 관련이 높으면 가정적 결함인 환경적 요인과 범죄와의 관련성을 인정할 수 있다.

③ 다수의 입양아가 양부모보다는 <u>친부모와 유사한 행동</u>을 하는 것으로 밝혀졌다.

(2) 대표적 연구

① 슐징거(F. Schulsinger) : 1972년 양자연구를 처음으로 시도하였다(정신질환자 양자).

② 크로우(R. Crowe) : 어머니가 범죄자였던 양자를 대상으로 연구하였다.

③ 허칭스(Hutchings)와 메드닉(Mednick) : 부(아버지)의 범죄성과 상관관계를 연구하여 가장 성공적인 성과를 얻었다.

> ● **입양아의 범죄율이 높게 나타난 순서**
> ① 허칭스와 메드닉(Hutchings & Mednick)은 초기 입양아 연구들의 문제점을 개선하기 위하여 친 아버지(=유전)와 양아버지(=환경)의 범죄율을 비교하여 입양아의 범죄율을 조사하였다. 이 연구결과 는 생물학적 부모에 의한 유전의 영향(20%)이 입양부모에 의한 환경의 영향(14.7%)보다 더 크다 는 사실을 밝혔고, 더불어 생물학적 부모와 입양부모가 모두 범죄경력이 있을 때, 즉 유전과 환경 의 영향이 중첩될 때 범죄성향이 가장 증가(25%)한다는 사실도 보여 주었다.
> ② 입양아의 범죄율이 높게 나타난 순서 : 친아버지·양아버지 모두 범죄 > 친아버지만 범죄 > 양 아버지만 범죄

5. 범죄인 가계연구(家系研究)

(1) 의의

범죄인 가계연구는 특정범죄인의 가계를 소급해 조사하여 가계의 특징에서 범죄성의 유전 여부와 범죄원인을 찾는 연구방법이다.

(2) 대표적 연구

① 덕데일(Dugdale)과 이스타브룩(Estabrook)의 쥬크(Jukes)가 연구(1877)
한 가족 6명 모두가 수형자인 가족을 연구한 것으로, 범죄성의 유전성을 긍정하였다.
② 고다드(Goddard)의 칼리카크(Kallikaks)가 연구(1912)
지능학파의 창시자인 고다드는 정신박약자 가계를 연구하여 범죄의 유전성을 긍정하였다.

(3) 비 판

① 범죄인 가계연구는 개별적인 환경의 영향과 배우자의 영향을 고려하지 않았다.
② 특정한 사례만으로 일반화하기에는 한계가 있다.
③ 생물학적 지식보다 통계에 의존하고 있어 과학적 기초가 부족하다.

> **➔ 사회학자 견해** 참고
> ① 유전성을 부정한 연구 : 서덜랜드의 조나단 에드워드(Edward)가(家) 연구
> ② 선조 중에는 살인자가 있었지만, 후손 중에는 살인자가 전혀 없어 유전성을 부인하였다.
> ③ 서덜랜드 등 사회학자는 일반적으로 유전소질은 범죄와 무관하다고 한다.

6. 성염색체 연구(유전과는 관련없음)

(1) 의의

성염색체의 형태·구성·개수 등에 이상이 있으면 성격적인 결함을 초래할 수 있다. 이러한 성염색체 이상과 범죄성과의 상관관계를 연구하는 것이 성염색체 연구이다.

(2) 연구결과

성염색체 연구는 제이콥스(P. A. Jacobs)와 스트롱(J. A. Strong)의 연구에서 비롯되었다. 성염색체 이상은 유전되는 것이 아니라, 수태 전후의 변이인 선천소질에 의한 것으로 밝혀졌다.

(3) 종류

① XYY(초남성)
㉠ 남성적 특성을 나타내는 Y염색체가 증가한 것으로 1961년 샌드버그(A. A. Sandberg)가

처음 발견하였다.

ⓒ 공격성을 띠고 있고, 조발성 범죄가 많으며, 성범죄·방화·살인 등 강력범죄를 범하기 쉽다.

ⓒ 저지능, 큰 신장, 성적인 조숙, 조발성, 공격적인 것이 특징이다.

ⓒ 간질환자와 유사한 이상뇌파를 나타내고, 교정교화가 거의 불가능한 것으로 보고 있다.

ⓒ 범죄학상 가장 문제가 되는 성염색체 이상이다.

② XXY(여성적 남성)

ⓐ 여성적 특성을 나타내는 X염색체가 증가한 것이다.

ⓑ 남성이면서 여성적 특징인 클라인펠터(Klinefelter) 증후군을 간직하고 있다.

ⓒ 동성애·성범죄·조폭범죄·방화·절도 등의 범죄성과 연관이 있고, 정상인에 비해 범죄나 비행이 높다고 한다.

ⓓ 신체적 특징으로는 둥그스름, 발육지체, 저지능, 자기중심적인 반사회적 경향, 자신감 결여, 정신적 미숙, 무정자증, 여성형 유방 등을 소지하고 있다.

③ 기타 : XXX형(슈퍼여성), XXXY형 등이 있다.

> ● **위트킨(Witken)**
>
> 위트킨은 코펜하겐에서 태어난 XYY(초남성)형 12명을 대상으로 범죄내역을 조사하였지만, 정상인에 비해 폭력적인 범죄를 더 많이 저지른다는 증거를 발견하지 못했다.

7. 통계방법에 의한 연구

(1) 고링(C. Goring)은 통계적 방법을 사용하여 범죄성이 선조에서 후대로 전수되는지를 조사하였다.

(2) 구금빈도와 구금기간 2가지 측면에서 조사한 결과, 부모와 자식 간의 범죄성 상관관계는 매우 높았다. 즉, 부모의 구금횟수가 많고, 구금기간이 길수록 자식에게도 비슷한 결과가 나타났다. 하지만 구금으로 인한 자녀양육 소홀 등 환경적 요인을 제대로 고려하지 않은 단점이 있다.

02 신체적 특징과 범죄

JUSTICE

1. 골상학 연구 참고

(1) 갈(F. J. Gall)

18세기말 오스트리아의 외과의사인 갈(Gall)은 두개골의 모양과 안면의 모습은 성격·지능·범죄성 등과 상관관계가 있다고 주장하였다.

(2) 롬브로조(C. Lombroso)

① 롬브로조는 1876년 「범죄인론」에서, 범죄자는 원시인과 유사하고 격세유전에 의해 출생한다고 주장하며 생래적 범죄성과 신체적 특성에 관해 연구하였다.

② 생래적 범죄인은 예방이나 교정이 불가능하므로 초범자도 무기형이 필요하고, 잔악범인 경우 사형도 인정하였다.

③ 영국의 고링(Goring)과 프랑스학파인 라까사뉴(Lacassagne), 따르드(Tarde) 등은 롬브로조 이론을 비판하였지만, 후튼(Hooton)은 이를 옹호하였다.

(3) 고링(C. Goring)

고링은 1913년 「영국의 수형자」에서 영국의 수형자 3,000명과 일반인의 신체적 특징을 비교·분석한 결과, 범죄인은 일반적으로 신장과 체중이 다소 미달될 뿐, 신체적으로 범죄인과 일반인이 구별되는 특징을 발견할 수 없었다고 하며, 롬브로조 이론을 비판하였다.

(4) 후튼(E. Hooton)

하버드대학 인류학과 교수였던 후튼(E. Hooton)은 미국의 수형자와 일반시민을 대상으로 신체부위의 특징에 관해 연구하였다. 그는 1939년 「범죄와 인간」에서 범죄자가 비범죄자와 크게 구별되는 특징은 신체적 열등성 내지 생물학적 열등성이라고 하며, 고링의 이론을 반박하면서 롬브로조 이론을 옹호하고 범죄인 가계를 인정하였다.

2. 체형과 범죄(크레취머, 셸던, 글룩부부) ★

(1) 의의

체형과 범죄는 개인의 고유한 체격형을 바탕으로 그의 성격(기질)과 정신병질(정신병) 및 범죄와의 상관관계를 연구하는 방법을 말한다. 이를 체질생물학이라고 하며, 이는 범죄인류학과 정신병리학을 통합한 것이다.

(2) 대표적인 학자

① 크레취머(E. Kretschmer)
1921년 「신체구조와 성격」에서 체형을 투사형(운동형)·세장형·비만형·발육부전형(혼합형)으로 4분류하고, 이와 병존하는 성격(기질) 및 정신병질과 정신병이 존재한다고 하면서, 체형과 범죄와의 관련성을 설명하였다.

② 셸던(W. H. Sheldon)
태아가 형성될 때 기본적인 3개의 세포막(외배엽·중배엽·내배엽)의 형태에 따라 신체유형을 알 수 있고, 신체유형은 기질유형과 매우 밀접한 연관이 있다고 하였다.

③ 글룩(Glueck)부부

  ㉠ 내용: 범죄소년과 일반소년 각각 500명을 비교한 결과, 비행소년은 체형적으로 <u>투사형(중배엽우월형 · 신체긴장형)이 많고</u>, 기질적으로 보통소년과 차이가 있다고 하였다.

  ㉡ 비행소년의 특징 : 태도가 외향적이며 침착하지 못하고, 직접적 · 구체적으로 표현(행동)하는 경향이 있고, 공격적 · 모험적 · 의혹적 · 적대적 · 무계획적인 것이 특성이며, 사회의 관습이나 규칙 또는 양심에 순응하는 경향이 부족하다.

④ 셀던(Sheldon)

1939년부터 10년간 메사추세츠주 소년원에 수용된 200명의 소년과 범죄경험이 없는 대학생 200명의 신체유형을 측정하여 비교분석하였다. 비행소년집단은 중배엽형, 즉 근육이나 골격의 발달이 높았고 외배엽형, 즉 신경계는 낮았으며 내배엽형, 즉 소화기 등의 발달 상태는 보통이었다. 반면 일반 대학생의 경우 중배엽형 수치는 매우 낮은 반면, 외배엽형의 수치는 주목할 정도로 높았다.

● 체형과 범죄 ★

크레취머의 체형	셀던의 체형	정신병질 (기질성)	긴장부분 (정신병형)	범죄형태	범죄 시기
① 투사형 (운동형)	중배엽 우월성	간질병질(점착성) 촉발적 불만	신체긴장 (간질)	범죄자가 가장 많음, 신체상의 범죄가 많음(폭력 등)	사춘기
② 세장형	외배엽 우월성	분열병질(분열성) 비사교적, 변덕적	두뇌긴장 (정신분열)	사기 · 절도 및 누범에 많음	사춘기
③ 비만형	내배엽 우월성	순환병질(순환성) 사교적, 정이 많다.	내장긴장 (조울증)	범죄가 적음, 기회적 · 우발적 범죄가 많음	갱년기
④ 발육부전형 (혼합형)	–	–	–	비폭력적 풍속범이 많음	사춘기 전후

● **체형이론 더 알아보기**

① 글룩(Glueck)부부

  ㉠ 연구방법

    ⓐ 집단표본조사 : 나이, 지능지수, 인종, 거주지역 등이 유사한 11세부터 16세 사이의 범죄소년 500명과 일반소년 500명을 비교연구 대상으로 삼았다.

    ⓑ 연구의 특징 : 가정적 · 가족적 관계, 성격구조나 체형적 · 인류학적 체질 평가 등 다양한 측면의 통계를 비교하고, 동태적으로 추적하는 다원인자적이고, 예측적인 관점과 임상적 관점을 통합하는 특징을 보여 주고 있다.

  ㉡ 연구결과

    ⓐ 체형특징 : 비행소년은 체격적으로 투사형(중배엽우월성, 신체긴장형)이 많고 기질적으로도 보통소년과 차이점이 있다고 지적하였다.

    ※ 범죄성 : 중배엽 > 외배엽 > 균형형 > 내배엽

    ⓑ 심리적 특징 : 비행소년은 심리적으로는 직업적 · 구체적 표현을 하는 경향이 있고 침착하지

못하며, 태도가 적대적이거나 의혹적이고 문제의 해결에 있어 무계획적이라는 특성을 가지고 있다고 보았다.

② 코르테(Cortes)
  ㉠ 체형과 정신적 기질연구
    ⓐ 체형과 기질 : 앞선 체형이론은 신체적 특징에만 관심을 두어 왜 중배엽형의 사람이 범죄를 저지를 가능성이 높은가에 대해 충분히 설명하지 못했으나, 코르테는 체형에 따른 정신적 성향을 고려하여 체형과 범죄발생과의 인과관계를 보다 정교히 발전시켰다.
    ⓑ 체형이 뚜렷한 73명의 소년 및 100명의 여대생과 20명의 성인범죄자를 대상으로 조사한 결과, 체형별로 뚜렷한 정신적 기질의 차이를 발견할 수 있었다.
  ㉡ 결과
    ⓐ 내배엽형 : 정신기질이 내장긴장형, 즉 몸가짐이 부드럽고 온순한 성향이었다.
    ⓑ 중배엽형 : 정신기질이 신체긴장형, 즉 활동적이며 공격적인 성향과 상관성이 높았다.
    ⓒ 외배엽형 : 정신기질이 두뇌긴장형, 즉 내향적이며 비사교적인 성향이 강한 상관도를 보였다.

3. 생화학적 기능장애와 범죄(유전) 참고

(1) 의의

생화학물은 인간의 내분비선에서 생성되는 각종 호르몬을 말한다. 생화학적 기능장애(불균형)와 범죄는 호르몬 등 각종 분비물의 불균형 상태가 신체반응이나 정신활동에 영향을 주어 그러한 행동을 유발할 수 있다는 견해를 말한다.

(2) 특징

① 생화학적 불균형은 선천적 · 유전적으로 결정된다고 하는 것이 통설이다.
② 생화학적 범죄원인론은 20C 중엽 폴링(L. Pauling)을 중심으로 주장되었으나, 의학의 발달로 그 중요성은 점차 상실되어 가고 있다.

4. 생화학적 기능장애

(1) 의의

① 범죄를 인체 내의 생화학적 결핍이나 불균형으로 인한 감정적 장애에 기인하는 것으로 주장한다. 범죄학적 측면에서는 대체로 체중감량과 환경오염물질, 알레르기 등에 주로 기인하여 다루어진다.
② 인체 내의 화학적 결핍이나 불균형이 사람들의 사고형태와 동작의 통제에 영향을 미치고, 이러한 불균형이 직접적으로 비행 또는 범죄와 연결되기도 하며, 간접적으로는 사회규율을 지키고 학습하는 것에 영향을 미친다는 가설에 기초한다.

(2) 비타민 · 미네랄 결핍

① 사회생물학자에 따르면, 두뇌의 성장에는 어느 정도 수준의 미네랄과 비타민을 필요로 하는데, 이러한 영양소가 결핍되면 이상행동을 초래할 수 있다는 것이다.

② 체중감량과 관련된 비타민 결핍이나 의존 등은 반사회적 행위와 관련이 있으며, 학습장애나 행동장애를 유발하기도 한다.

③ 비타민 결핍(vitamin deficiency) : 필요한 영양소를 함유한 음식을 충분히 소비하지 못하는 경우를 말한다.

④ 비타민 의존(vitamin dependency) : 유전적 조건으로 인하여 정상적인 최소요구치 이상으로 이들 영양소를 필요로 하는 경우를 말한다.

(3) 비타민 결핍과 범죄

① 학습장애나 행동장애가 있는 어린이들은 대개 비타민 B3와 B6에 지나치게 의존하는 경향을 보인다.

② 지나치게 활동적인 젊은이의 주요 원인이 비타민 B3에 의존한다는 연구결과가 있고, 행동문제가 있는 청소년들에게 긍정적인 변화를 가져왔던 중요한 요인 하나가 체중감량이었다는 연구결과도 있다.

③ 사회의 반사회적 행위가 사람들의 부적절한 음식섭취나 미네랄, 비타민 흡수에 영향을 받는다는 사실을 보여준다.

● 칼슘결핍과 범죄

신체특징	근육민감성, 얼굴 및 목에 경련
행동특징	흥분성, 불안정, 환경변화에 민감, 민감성, 난폭한 반동, 정서불안
범죄유형	공격적 가학적인 범죄행동

(4) 저혈당증

① 사람은 정상적인 뇌 기능을 위해서 최소한의 혈당을 필요로 하는데, 이것이 부족하게 되면 뇌 기능을 저하해 혼돈, 갈등, 우울증(depression), 불안(anxiety) 등을 초래한다는 것이다.

② 이들의 특징은 공격적이고 폭력적인 행동을 보인다.

③ 폭력과 성폭행 등을 저혈당과 연관시키는 연구가 많이 이루어지고 있으며, 시설에 수용된 재소자들이 정상인보다 저혈당인 경우가 많다는 연구결과도 있다.

● 저혈당증과 범죄

저혈당증	혈액 내 포도당 함량의 미달, 인슐린 과다사용도 원인
행동특징	공격성, 흥분성, 의지력 및 도덕성 감소, 성충동 강화, 상상력 상실, 쇠약감
범죄유형	강도, 폭행, 원시적 공격행위

(5) 내분비장애

① 주요한 남성 호르몬 중 하나인 테스토스테론(testosterone)이 남성의 2차 성장을 통제하는데, 이 호르몬의 수준과 남성의 범죄적 폭력성, 충동성 및 반사회성 사이에 밀접한 관계가 있다는 것이다.

② 테스토스테론(testosterone)은 뼈나 근육의 발육을 돕고, 미국에서는 "강간범의 테스토스테론은 일반인보다 많다"라고 보고된 연구결과도 있다.

➡ 호르몬에 관한 연구

청소년 호르몬장애	불량소년의 20% 정도가 내분비장애, 과반수가 뇌하수체와 갑상선 호르몬 이상
성범죄 수형자	성범죄자의 절반가량이 성선호르몬 불균형
수형자 약물치료	내분비계 장애에 대한 호르몬치료를 통해 70%가량이 인격변화
체중 비만형 범죄	뇌하수체 호르몬의 이상, 약물치료를 통해 이상성 회복

(6) 환경오염

① 지나친 환경오염은 인간의 생명을 앗아가기도 하지만, 일정 수준의 환경오염이 사람에게 감정적 · 행동적 장애를 초래할 수도 있다는 것이다.

② 식용색소나 향료가 청소년의 반항, 충동, 반사회적 행동을 야기한다는 연구결과가 있으며, 형광등이나 텔레비전과 같은 인공불빛에서 나오는 방사선도 반사회적 · 폭력적 행위를 유발할 수도 있다.

(7) 월경긴장

여성에 있어서 월경 전후의 비정상적인 호르몬 수치의 변화로 인한 생화학적 불균형이 범죄와 어느 정도 관련이 있다는 보고가 많이 제기되고 있다.

5. 뇌의 기능장애

(1) 의의

① 두뇌활동에 관한 연구에 따르면, 중앙신경계통(central nervous system)은 인간의 자의적인 근육활동을 통제하는데, 신경생리학적 연구는 이 중앙신경계통의 비정상적 활동과 범행의 관계를 연구한다.

② 중앙신경계통의 문제는 두뇌의 전자파(electronic pulses)를 측정하는 EEG(electro encephalo graph)를 이용하는 경우가 가장 대표적이다.

(2) 비정상적인 두뇌파형

① 두뇌의 특정 부위 손상은 폭력적 행동과 공격성을 촉진하기도 한다.

② 측두엽성 간질은 발작기간에 많은 분노, 감정, 우울, 강박적인 행동, 편집증, 공격성을 나타 낸다.

③ EEG가 비정상일 경우와 밀접하게 관련된 행동으로는 충동통제의 저조, 부적절한 사회적 적 응, 적대감, 충동적인 성질 그리고 파괴성 등이 있다.

④ 성인들의 경우, 비정상적인 EEG는 적개심, 비관적·부정적인 태도, 불안·초조감, 불복종· 불신임적인 태도, 충동적인 행동과 관련이 있다.

⑤ 살인범도 높은 비율로 EEG가 비정상으로 나타난다.

⑥ 대뇌 중에서 전두엽 부위가 손상되면 대표적 증상으로 주의산만, 자발성 감퇴 등이 나타나고, 뇌간 부분이 손상되면 감정과 욕구, 기질, 성격에 기본적인 장애와 폭발성, 공격성 등 범죄성 과 관계 깊은 행동패턴을 보인다.

⑦ 노르에피네프린은 교감신경계에서 신경전달물질로 작용하거나 호르몬으로도 작용하는 물질로 서 부신수질에서 생성되는데, 집중력과 반응행동을 담당하는 뇌의 영역에 작용하여, 심박동수 를 증가시키고 혈당을 올리며 골격근으로의 혈류량을 증가시킨다.

(3) 간질

① 간질환자는 폭력적이고 통제불능인 상태가 나타나는데, 실제로도 교도소 수용자에게서는 일 반인보다 간질보유비율이 높게 나타나고 있다.

② 최근에는 간질발작 도중에 폭력의 발생은 거의 희박하다는 주장도 있어 간질이 범죄와 중대한 관계가 있는지는 논쟁의 여지가 있다.

(4) 뇌 손상, 뇌 기능장애

① X선 검사로 뇌 기능의 손상 여부를 결정하는데, 검사의 결과를 이용하여 두뇌 손상과 범인성 의 관계를 분석할 수 있다.

② 실제로 재소자나 폭력적인 환자들은 특히 정면부와 관자놀이 부근의 뇌 기능장애를 앓고 있는 경우가 많다는 연구결과가 있다.

③ 뇌 손상은 인성변화를 초래하여 다양한 심리학적 문제를 야기하기도 하는데, 예를 들어 악성 종양을 가진 사람들은 우울증, 신경과민, 격분, 살인기도 등에 쉽게 빠질 확률이 높다.

6. 자율신경조직과 범죄

(1) 자율신경조직

인간의 신경조직 중에서 의식적으로 지각되지 않지만, 신체기능을 관장하는 신경조직으로서 사 람들이 갈등이나 공포상태에 있을 때 특히 활발히 작동한다.

① 처벌이 예견될 때 느끼는 불안반응은 사람들이 사회의 규범을 배우는 데 중요한 작용을 한다.

② 처벌이 예견되는 행동을 할 때 나타나는 불안감을 떨쳐버리기 위하여 문제의 행동을 하지 않 게 된다.

(2) 사회생활의 장애 초래

자율신경계 기능의 장애로 인하여 처벌이 예견되는 상황에서 불안반응이 즉각적으로 발현되지 않거나, 혹은 그 반대로 상황이 종료되었는데도 불안반응이 신속히 제거되지 못한다면 정상적인 사회생활에 장애가 될 수 있다.

(3) 아이젠크(Eysenck)

자율신경계의 특성을 중심으로 각 개인의 성격과 행동유형을 설명하였는데, 외향적인 사람은 대체로 처벌에 대한 불안감을 덜 느끼고 항상 새로운 자극을 추구하는 경향이 있으므로, 그만큼 반사회적 행위를 저지를 가능성이 크다고 보았다.

(4) 신경전달물질과 범죄

① 범죄행위는 도파민, 세로토닌, 모노아미 산화효소와 관련
② 도파민
    ㉠ 뇌 신경세포의 흥분을 전달하는 역할을 하는 신경전달물질의 하나로, 광범위한 행동 및 기술과 연관
    ㉡ 낮은 수치 : 집중력 부족, 높은 우울증과 연관
    ㉢ 높은 수치 : 공격성, 피해망상, 부정적 감정, 과잉행동과 연관
② 세로토닌
    ㉠ 감정, 인지, 행동을 통제하는 신경전달물질로, 중추신경과 소화기관에서 생성
    ㉡ 중추신경계에서의 낮은 세로토닌 수치는 높은 수준의 충동성, 반항장애, 우울증과 연관
③ 모노아미 산화효소
    ㉠ 신경전달이 끝난 후 과도한 신경전달물질의 분해를 책임진다.
    ㉡ 최상의 기능 : 중간 수준의 범위에 있어야 한다.
    ㉢ 낮은 수치는 처벌에 대한 반항, 충동성, 어린 시설의 과잉행동, 낮은 학업수행능력, 외향성, 유흥을 위한 마약사용과 같은 행동과 연관

> **❷ 생물학적 범죄이론 보충**
> ① 뇌는 크게 뇌간, 변연계 그리고 대뇌피질의 3층 구조로 구성되어 있다. 척추 위에 위치한 뇌간은 호흡, 순환, 생식 등 기초적인 생존 관련 기능을 담당하고, 뇌의 가운데 부분에 위치한 변연계에는 편도체, 시상하부, 해마 등이 존재하며 주로 본능적 욕구, 충동, 감정을 담당한다. 그중 편도체는 공포와 분노기능을 담당하기 때문에 범죄와 직접적인 관련성이 높다. 뇌의 바깥쪽에 위치한 대뇌피질은 기억, 언어, 집중, 의식 등 고차원적 사고기능을 담당하고 그중 특히 전두엽은 변연계에서 대뇌피질 방향으로 투사(project)된 욕구, 충동, 감정 관련 신경정보를 억제하거나, 사회적 맥락에 맞게 조절·제어·표출하게 하는 소위 집행기능을 수행한다
> ② 세로토닌 시스템은 사람의 충동성이나 욕구를 조절하고 억제하는 역할을 담당한다. 세로토닌이 너무 적으면 충동성, 욕구, 분노 등이 제대로 통제되지 않아 폭력, 자살, 알코올중독 등이 유발되기도 한다.

③ 신경전달물질인 도파민은 운동능력, 집중력, 문제해결능력을 매개한다. 특히 뇌에 존재하는 도파민 시스템은 보상과 쾌락을 담당하는 역할을 한다. 특정 행위나 자극이 도파민을 증가시키면 즉각적인 만족과 쾌락을 느끼게 되므로, 사람들은 관련 행위나 자극을 지속적으로 추구하게 된다. 비정상적 도파민 신경전달은 충동적 행위 및 폭력범죄와 깊은 연관성을 지닌다.

④ 유전자-환경 상호작용(gene environment interaction: GxE)이란 개인의 유전형질에 따라 환경적 요인에 대한 반응성 또는 예민성이 달라지는 현상을 지칭한다(Plomin, 1990). 예를 들어, 동일한 스트레스 요인에 대해 어떤 사람은 기질적으로 예민하게 반응하고, 어떤 사람은 태연하게 반응하는 경우가 이에 해당한다. 통계학상 상호작용이란 두 가지 요인이 공존하는 경우에 시너지 효과가 발생하는 것을 지칭한다. 마찬가지로 유전자-환경 상호작용은 범죄유발 환경요인과 그 요인에 대한 반응성이 강한 위험 대립유전자가 동시에 존재하는 경우, 해당 표현형이 특히 강하게 발현된다는 사실을 의미한다. 반대로 범죄유발 환경이 존재하더라도 위험 대립유전자가 존재하지 않거나, 위험 대립유전자가 존재하더라도 범죄유발 환경이 존재하지 않는 경우에는, 해당 표현형이 발현되지 않거나 오직 미약하게 발현될 뿐이다.

⑤ 유전자-환경 상호작용의 개념은 동일한 범죄유발 환경(예: 부모의 학대나 슬럼가 거주)이 개인의 유전적 성향에 따라 각기 다른 결과로 노정됨을 보여준다. 이에 비해 유전자-환경 상관관계(gene environment correlation: rGE)는 개인이 처하거나 경험하게 되는 범죄유발 환경 자체가 그 개인의 유전적 성향과 관련성이 있음을 나타내는 개념이다. 유전자와 환경 간에 상관관계가 존재하게 되는 이유는 사람들이 자신들의 유전적 성향에 따라 자신의 환경을 선택하고, 변화시키며, 또 만들어 낸다는 사실에 기인한다. 유전자-환경 상관관계는 다음과 같이 3종류가 존재한다.

㉠ 수동적 유전자-환경 상관관계 : 수동적 유전자-환경 상관관계는 부모가 자녀에게 제공해 준 가정환경과 자녀들의 유전적 성향 사이에 상관관계가 있음을 의미한다. 어떠한 사람이 부모의 학대와 폭력 등으로 점철된 불우한 환경 속에서 자랐다면, 그 사람 또한 폭력성과 관련된 유전적 소인을 지닐 가능성이 높다. 그 이유는 부모가 제공한 폭력적 가정환경이 부모의 유전적 성향에 의해 형성되었고, 그러한 부모의 유전적 성향이 또한 자식에게 유전되기 때문이다. 이 경우 개인은 부모가 물려주는 가정환경 및 유전적 성향에 대해 거부할 권한이 없어 수동적으로 물려받을 수밖에 없기 때문에 수동적 유전자-환경 상관관계라고 칭한다.

부정적 양육환경에서 자란 자녀가 비행과 범죄를 저지를 가능성이 높다는 것은 범죄학에서는 주지의 사실이다. 사회학적 범죄학 이론들은 이 경우 부모의 부정적 양육이 자녀의 비행과 범죄행위의 주요 원인이라고 간주한다. 그러나 자녀의 비행행위는 사실 부모의 부정적 양육과 부모로부터 수동적으로 물려받은 유전적 성향이 공동으로 작용하여 나타난 결과이다. 그러나 기존의 사회학적 범죄학 연구방법으로는 환경과 유전이 범죄에 미치는 영향을 따로 분리해 낼 수 없기 때문에 유전이 범죄에 미치는 영향을 논하는 것이 불가능하다.

이에 비해 유전적 요인과 환경적 요인을 동시에 고려할 수 있는 행동유전학적 연구에 따르면, 범죄원인으로 지목되는 부모의 행동 및 양육방식, 비행친구와의 교제, 스트레스 유발 경험 등 많은 환경적 요인들이 모두 어느 정도 유전과 관련됨이 드러났다. 55개의 행동유전학적 연구에 대한 메타분석에서 켄들러와 베이커(Kendler & Baker, 2007)는 이러한 환경적 요인들의 분산 중 15%에서 35%가 유전분산으로 설명됨을 밝히고 있다.

㉡ 촉발적(evocative) 유전자-환경 상관관계 : 촉발적 유전자-환경 상관관계는 사람들이 각각의 유전적 성향에 따라 주위 환경으로부터 각기 다른 반응을 유도해 낸다는 사실과 관계된다. 예를 들어, 유전적 영향에 의해 수려한 외모를 지닌 사람들은 주위 사람들의 관심과 호감을 유발한다. 마찬가지로 충동적이거나 포악한 사람들은 유순한 사람들에 비해 주위 사람들의 분노와 공격성을 촉발시킬 가능성이 높다. 동일 부모가 자녀들에게 대하는 양육방식이 각기 다른 이유도 촉발적 유전자-환경 상관관계에 해당한다.

형사정책

비버(Beaver)와 동료들은 쌍생아 구조방정식 모델기법을 이용해 반사회적 성향을 지닌 아이들이 부모로부터 거칠고 폭력적인 양육방식을 유도해 내는 현상을 밝혀냈다(Beaver, Barnes, May, & Schwart, 2011). 즉, 부모의 양육방식이 자녀의 유전적 성향에 따라 변하게 되는 일명 자녀효과(child effect)가 존재함을 입증한 것이다. 기존의 사회학적 범죄학 이론은 부모의 양육방식이 자녀의 범죄성향에 일방적인 영향을 미치는 것으로 이해한다. 그러나 촉발적 유전자-환경 상관관계의 개념은 자녀의 유전적 성향이 역으로 부모의 양육방식에 영향을 미칠 수 있음을 시사한다.

ⓒ 능동적(active) 유전자-환경 상관관계 : 능동적 유전자-환경 상관관계는 사람들이 자신의 유전적 성향에 부합하는 환경을 능동적으로 선택하거나 만들어 내는 현상을 의미한다. 개인들이 자신의 유전적 기질에 부합하는 환경을 능동적으로 선택하고 창조하기 때문에 이러한 현상이 발생하고, 유전학에서는 이를 "적소찾기(niche-picking)"라고 부른다(Scarr & Mc-Cartney, 1983). 물론 유전자가 스스로 적소찾기를 하는 것은 아니다. 특정 대립유전자는 개인에게 특정 성향과 적성을 지니게끔 유도하고, 개인들은 자신의 성향과 적성에 맞는 환경을 선택하거나 만들어 내는 것이다. 범죄의 경우에도 유전자들이 직접적으로 범죄행위를 발생시키는 것이 아니라, 범죄행위를 용이하게 저지를 수 있는 특정 기질이나 성향(충동성, 공격성, 자극추구성향, 공감능력 결핍 등)을 유도해 내고, 이러한 기질과 성향으로 인해 범죄발생 가능성이 높아지는 것이다.

⑥ 과코티졸화(hypercortisolism) 현상이 유지되게 되면 스트레스 요인 발생 시 극도의 공포와 불안을 겪고 불안장애나 우울장애의 양상을 띠게 된다. 주로 학대받는 여자아이나 장기간 가정폭력에 시달린 여성에게서 과코티졸화 현상이 발견된다. 알로스테시스 부하가 코티졸 분비를 감소시키는 저코티졸화(hypocortisolism)로 발현되는 경우에는, 반대로 HPA축이 저활성화되어 불안과 두려움이 오히려 감소하게 된다. 저코티졸화는 학대가정이나 슬럼가와 같은 범죄유발환경에서 성장한 남자아이에게서 자주 목격된다.

03 연령과 범죄 참고

JUSTICE

1. 의의

일반적으로 연령에 따라 청소년기, 성년기, 장년기, 갱년기, 노년기로 구분할 수 있다.
청소년에서 장년기까지는 폭력적인 범죄가 많고, 갱년기와 노년기에는 지능적인 범죄가 많다. 각국의 통계에 의하면 일반적으로 최고범죄율을 나타내는 연령계층은 20 ~ 25세이다.

2. 범죄생활곡선

(1) 범죄생활곡선(호체, 호프만)

범죄생활곡선은 사람들이 범죄성을 나타내기 시작한 때로부터 소멸되기까지의 과정을 연령적으로 추급했을 때 나타나는 곡선을 말한다. 1920년경 호체(A. Hoche)와 호프만(H. Hoffmann)이 생물학적 생활곡선 개념을 범죄학에 최초로 도입해 개발하였다.

(2) 일반적 범죄생활곡선(슈바브)

① 일반적 범죄생활곡선은 일반범죄인 또는 특수죄종의 범죄인 집단을 통계적으로 정리한 범죄생활곡선을 말한다. 누범자들의 범죄초발연령과 체격형을 연구한 슈바브(G. Schwab)의 연구가 가장 유명하다.

② 연구결과 세장형과 투사형은 사춘기 때, 발육부전형(발육이상형, 혼합형)은 사춘기 이후에, 비만형은 갱년기 때 범죄율이 가장 높게 나타났다.

3. 성숙이론(글룩부부)

(1) 글룩(Glueck)부부는 교도소 및 소년원 출소자 2,000명을 대상으로 15년간 추행조사를 실시하였다. 그 중에 다수가 25 ~ 35세까지 범죄행위를 반복하다가 그 이후에 스스로 범죄생활을 중단하였는데, 이를 성숙이론이라고 한다.

(2) 성숙이론과 유사한 이론으로는, 나이가 들수록 범죄가 감소한다는 노화이론과 정착과정이론 그리고 사회적자본이론이 있다.

04 각종 중독과 범죄 참고 JUSTICE

1. 알코올(명정상태)과 범죄

(1) 의의

알코올의 과음 및 상용은 직접적인 범죄원인이 되기도 하고, 간접적인 범죄원인(가족의 곤궁과 불화)이 되기도 한다. 최근에는 알코올 중독범죄에 대하여 형벌을 부과하는 대신에 치료처분을 부과하는 것이 세계적인 추세이다.

(2) 알코올 중독 상태의 특징

사고력과 판단력 감퇴, 사고의 천박성, 도덕심 후퇴, 노동의욕 상실, 자제력 상실, 주의산만, 충동적·폭발적 증상, 망각증상, 피로감의 일시적 상실 등이 특징이다.

(3) 명정상태와 범죄

① 명정상태(酩酊狀態)는 알코올의 일시적인 과음으로 정신장애 상태까지 이른 급성알코올중독상태를 말한다. 명정상태가 되면 피로감이 일시적으로 사라지고 도덕성이 후퇴하게 되어 충동범죄·격정범죄·과실범죄가 많이 발생한다.

② 크레페린(E. Kraepelin)은 명정상태에서의 격정범죄와 충동범죄를 설명하였다.

> **옐리네크(E. M. Jelineck)의 알코올 중독자가 되는 과정(4단계)** 참고
> ① 징후기 : 연일 음주하고 양을 늘리는 시기이다.
> ② 전구기 : 알코올을 약품으로 생각해 이용하고 끊임없이 술 생각에 빠지며 건망증세가 나타난다.
> ③ 위험기 : 통제력을 잃고 양을 조절하지 못하며 허세적 행동을 하고 공격성을 띠게 된다.
> ④ 만성기 : 계속 만취된 상태로 사고능력의 장애가 생기고, 불안(공포)과 떨림으로 고통을 느끼게 된다.

2. 약물중독과 범죄

(1) 약물중독은 계층과 장소가 점차 확산되는 추세이고, 저연령화 현상 및 재범율이 증가하는 추세에 있으며, 약물중독 중 절대다수가 필로폰 사범이다.

(2) 우리나라의 「마약류 관리에 관한 법률」에는 아편·모르핀·헤로인·코카인 등 협의의 마약뿐만 아니라, 향정신성의약품과 대마 등을 포함하고 있다. 하지만 일부 국가의 경우 마리화나 등과 같이 경미한 것은 규제대상에서 제외하는 경우도 있다.

(3) 대책으로는 형벌보다 치료중심의 처우와 교육 등 사회적 예방활동을 강화하고, 유통과정을 철저히 감시하고 차단하는 방안이 필요하다.

05 정신적 결함과 범죄

JUSTICE

정신적 결함인 정신심리상태 이상은 정신병·정신병질(이상성격)·정신신경증 등으로 분류할 수 있으며, 정신박약(지능결함)도 이에 포함된다. 일반적으로 정신분열증(정신병) 및 정신병질의 경우 범죄와 상관관계가 높다.

1. 정신병과 범죄

(1) 정신병은 광의로는 정신병·정신병질·정신박약·정신신경증을 포함하지만, 협의로는 정신분열증·조울증·간질 등과 같이 정신기능 이상으로 인하여 정상적인 사회생활을 할 수 없는 경우를 말한다. 하지만 간질의 경우 현대의학이 발달하면서 정신병의 일종으로 보는 견해가 점차 미약해지고 있다.

(2) 정신적 결함은 정도(관점)에 따라 생물학적 또는 심리학적 범죄원인론으로 구분될 수 있다.

(3) 정신병자는 일종의 환자이기 때문에, 교정시설에 수용해서는 아니 되며, 가능한 신속히 정신관련 의료시설로 이송하여 치료할 수 있도록 하는 것이 바람직하다. 우리나라에는 공주치료감호소가 있다.

2. 정신병질과 범죄

(1) 의의

① 정신병질은 성격이 심히 왜곡되어, 사회를 괴롭히거나 자신이 고통을 받는 이상성격을 말한다. 즉, 성격이상 정도가 정상을 벗어나 사회병리적 또는 반사회적인 성격장애를 뜻한다.

② 오늘날 정신의학 및 범죄학에서 가장 많이 사용하는 것은 슈나이더(K. Schneider)의 정신병질 10분법이다.

(2) 특징

① 누범, 상습범, 중대범죄인의 경우 정신병질자가 많다.

② 정신병질자는 반사회적인 행위를 표출하기 쉽다.

③ 범죄에서 벗어나는 시기를 훨씬 지나도 범죄를 지속하는 경향이 있다.

(3) 슈나이더의 정신병질 10분법 ★

구분	성격적 특징	관련 범죄유형
① 발양성	낙천적, 경솔, 불안정성, 약속남발, 감정제어능력 부족	상습범 · 누범 중에 많음 모욕죄 · 사기죄와 관련
② 의지박약성	저항력을 상실하여 우왕좌왕하며 지능이 낮음	누범자 중 가장 많음 각종 중독자, 매춘부가 많음 무계획적인 소규모 절도 · 사기가 많음
③ 무정성	동정심 · 수치심 등 양심과 감정이 결여되어 냉혹 · 잔혹함	흉악범(살인 · 강도 · 강간), 범죄단체조직, 누범 등과 관련, 범죄와 가장 밀접함
④ 폭발성	자극에 민감하고, 병적으로 흥분함	살상 · 모욕 · 손괴 · 폭행 등 충동적 범죄와 관련, 충동적 자살도 가능.
⑤ 기분이변성	기분동요가 심해 예측이 곤란	범죄자 중에 가장 많다. 방화 · 도벽 · 음주광 · 과음 · 도주 등과 관련
⑥ 과장성 (자기현시욕성)	자기중심적, 자신에게 주목과 관심을 유발, 기망적 허언 남발, 욕구좌절 시 히스테리 증상 보임	기망적 성격에 따른 고등사기, 구금수형자 중 꾀병자가 많음
⑦ 광신성(열광성)	이념과 사상에 열중하고 행동하는 성격, 타인에 대한 불신으로 인한 범죄가 많음.	타인에 대한 불신으로 인한 범죄 가능, 투쟁적인 정치범 · 종교범 및 소송을 좋아하는 소송광과 관련
⑧ 우울성	염세성, 회의적 인생관 자책성, 불평이 심함.	범죄와 관련이 적음, 자살유혹이 강함, 강박관념에 의한 살상과 성범죄는 가능
⑨ 자신결핍성	능력이 부족하다는 인식으로 주변을 의식하고 강박관념에 시달리지만, 도덕성은 강함	도덕성이 강해 범죄와 관련은 적음, 강박관념으로 인한 범죄는 가능
⑩ 무력성	심신의 피곤함을 호소하며 타인의 동정을 바라고 신경질적임	범죄와 관련이 적음

> **범죄와 적극적 관련(7가지)**
> ① 7가지 : 기분이변성, 무정성, 발양성, 의지박약성, 폭발성, 과장성, 광신성(열광성)
> ② 범죄인 : 범죄인 중에 기분이변성이 가장 많고, 다음으로 무정성, 발양성, 폭발성, 과장성 순서임
> ③ 의지박약형 : 상습누범자 중 가장 많으며, 청소년비행과 관련이 많음
> ④ 무정성 : 도덕적 백치, 동정심 결여, 수치와 죄책감 결여로 가장 문제되는 정신병질이며, 범죄와 관련이 가장 깊음
>
> **범죄와 소극적 관련(3가지)** ★
> ① 무력성, ② 자기결핍성, ③ 우울성
>
> **사이코패스(Psychopathy)와 소시오패스(Sociopathy)** ★
> ① 사이코패스(Psychopathy)
> 양심이란 게 없으며, 기본적으로 동정심이나 죄의식을 느낄 줄 모르고 오로지 자기 자신만을 위하고 다른 사람들을 위할 줄 모르는 것을 말한다. 무정성과 유사하며, 지극히 반사회적인 인격장애라 할 수 있다.
> ② 소시오패스(Sociopathy)
> 나름대로 양심을 가지고 있고, 정상적으로 동정심과 죄의식·충성심 등을 느낀다. 하지만 이들이 가지고 있는 선악의 기준은 전체사회가 아니라, 자기가 속한 특정한 집단의 기준과 기대치에 따라 결정되는 것을 말한다. 조직적인 범죄자 등 많은 범죄자가 이 범주에 속한다고 할 수 있으며, 일종의 반사회적 인격장애에 속한다.

3. 정신박약과 범죄

(1) 정신박약은 정신지체 등 지능에 결함이 있는 것을 말한다. 미국의 고다드(Goddard)는 "정신박약은 범죄와 비행의 최대 단일원인이다"라고 하였다.

(2) 머치슨(Murchison)·힐리(Healy) 등은 이를 부정하였으며, 사기·경제범죄 등 갈수록 지능적인 범죄가 증가하고 있어, 정신박약과 범죄의 상관성은 갈수록 멀어지고 있다고 할 수 있다.

4. 정신신경증과 범죄

(1) 정신신경증은 정신적인 갈등이나 쇼크에 의한 정신적·신체적 이상증상을 말한다.

(2) 정신신경증으로는 신경질, 불안신경증, 강박신경증, 히스테리 등이 있다.

(3) 방화벽, 절도벽, 음주벽, 강박살인 범죄 등과 관련이 있다.

> **반사회적 성격장애** ★
> ① 증상
> ㉠ 극단적인 이기주의 및 자기중심적
> ㉡ 거짓말 반복 : 자신의 이익, 쾌락 추구가 목적 증상

ⓒ 충동적 성향 : 쉽게 흥분하며 미리 계획을 세우지 않고 행동한다.
ⓔ 책임감, 양심의 가책, 죄책감이 결여되어 범죄를 반복하는 경향을 보인다.
② 사이코패스
　　ⓐ 정신병(psycho-)적인 성질/성향(-pathy)을 나타내는 성격
　　ⓑ 생물학적 요인(선천적/유전적) + 사회환경적 결핍(예 : 학대/방임) : 원인은 아직 명확하지 않음
　　ⓒ 15세 이후부터 나타남(조기 발견이 어려움)
　　ⓓ 공감능력 결여, 정서적 둔감(타인의 고통에 공감하지 못함)
　　ⓔ 법적 윤리적 개념의 내면화가 곤란하고, 옳고 그름, 선악 판단 자체를 못 함(양심의 가책 못 느낌)
　　ⓕ 지능은 평균 이상이지만, 회피학습능력 부족(범죄행위로 인한 고통이 따르더라도 범죄행위를 계속함)
　　ⓖ 처벌을 두려워하지 않아 개선이 곤란하다(연쇄범죄자 많음).
③ 사이코패스 진단법(Psychopathy Checklist-Revised, PCL-R)
　　ⓐ 개발 : (캐나다의 범죄심리학자) 로버트 헤어(Robert Hare)
　　ⓑ 구성 : 20개 문항(평가 0~2점, 총점 40점), 총점이 33~40점일 때 사이코패스 성향이 매우 높은 5등급으로 분류된다.
　　ⓒ 사이코패스 = 전체 인구의 1%(수형자의 25%)
④ 소시오패스
　　ⓐ 옳고 그름 등 사리분별을 할 줄 알면서 범죄를 저지름
　　ⓑ 소시오패스 = 전체 인구의 4%(사이코패스에 비해 훨씬 많음)

CHAPTER
3

심리학적 범죄원인론

범죄의 원인을 범죄자의 이상 심리작용에서 구하려고 하는 입장을 범죄심리학적 이론이라 한다. 이러한 이론으로는 성적인 콤플렉스를 중심으로 범죄원인을 설명하는 프로이드(Freud)의 '정신분석학', 모든 행동의 바탕을 이루는 심적인 에너지로 설명하는 융(Jung)의 '분석심리학', 욕구충족을 중심으로 설명하는 아들러(Adler)의 '개인심리학', 범죄를 정신병이나 정신병질의 소산으로 보는 슈나이더(Schneider)의 '정신병리학적 이론' 등이 있다.

01 정신분석과 범죄

JUSTICE

1. 프로이드(S. Freud)의 정신분석학 ★

(1) 1930년대 이후 프로이드의 업적이 평가되면서 심리학적 원인론이 범죄학의 한 원류가 되었다.
(2) 프로이드(S. Freud)는 범죄행위를 원초아(Id : 본능), 자아(Ego : 행위통제), 초자아(Superego : 양심)가 역동적으로 상호작용한 결과로 보았으며, 인간의 욕망 가운데 가장 중요한 것을 '성적 욕망(리비도)'으로 보았다.
(3) 초자아가 과도하게 형성되면 죄책감·강박감 등을 지나치게 생각하는 정신신경증(노이로제) 환자가 되기 쉽다. 반대로 초자아가 부족하게 형성 되면 불안감이나 죄의식 없이 욕구의 충동에 따라 행동하는 '정신병질자'가 되기 쉬워 범죄를 유발할 가능성이 높다.

> **→ 프로이트와 상반된 견해 : 범죄 원인은 '슈퍼에고'의 미발달** 참고
> ① 오스트리아의 아이히호른(에이크혼) : 소년비행의 원인은 (슈퍼에고에 의해) 통제되지 않은 '이드' (본능)에 있어 양심의 가책 없이 비행을 저지르게 된다.
> ② 이상행동의 원인
>   ㉠ '이드(본능)와 슈퍼에고(초자아)'의 갈등을 '에고(자아)'가 적절하게 조절하지 못한다.
>   ㉡ 갈등의 출현 : '이드'에 의한 (쾌락 추구의) '충동'을 억제하기 위해 '슈퍼에고'가 작동하면서 죄책 감을 유발한다(예 : 오이디푸스 콤플렉스). 이를 '에고'가 조절하지 못하면 이상행동 유발이 가능하다.

③ 각 단계별 특징

성장단계	시기	고착 발생 시
구강기	0 ~ 18개월	입으로 뭐든지 씹으려 함, 구강성교에 집착, 조그만 방화범이 되기 쉬움
항문기	18개월 ~ 3세	학대를 많이 함, 감정조절을 잘 못하고 폭력적 성향을 가지게 됨
남근기	3 ~ 5세	정상적인 이성교제를 하지 못하고, 동성애, 변태적 성향을 가짐
잠복기	6 ~ 12세	사랑받고 싶어 하는 욕구와 관심을 끌려고 하는 욕구가 강해짐
성기기	성인	이성에 대한 관심이 높아짐, 이성에 대한 차이점을 잘 설명해주지 않으면, 여성공포증이나 여성비하적 태도를 가지기 쉬움

◉ '에고'의 갈등 해결 유형(= 방어 기제)

① 억압 : 충동/부정적 경험을 억눌러서(의식이나 기억하지 못하고) 무의식에 머무르게 하는 것(전형적인 방어 기제)
② 부정 : 있는 그대로 받아들이는 것이 고통스러워서 인정하지 않으려 한다.
③ 반동형성 : 금지된 충동을 억제하기 위해 그와 반대되는 생각, 행동을 한다.
④ 투사 : 받아들일 수 없는 생각, 욕구를(자신이 아닌) 타인 또는 외부 환경 때문이라고 돌리는 것을 말한다.
⑤ 승화 : 사회적으로 허용되지 않는 충동을 허용되는 행위로 바꿔서 하는 것이다(방어 기제 중 가장 성숙하고 건설적인 유형).
  예) 성적 충동을 고상한 예술 활동으로 돌리는 무의식적 과정
⑥ 합리화 : 죄책감, 자책을 느끼지 않기 위해 현실을 왜곡하여 상처받지 않도록 한다.
⑦ 전위 : 내적인 충동, 욕구를 다른 대상에게 분출하는 것이다(약자 또는 동물).

◉ (강한 충동에 의한) 욕구가 현실에 의해 좌절되면 위험한 기제 작동

① 공격기제 : 충족하지 못한 욕구(= 욕구좌절)는 타인에 대한 외부적 공격으로 적응
② 퇴행기제 : 욕구충족이 되었던 어린 시절로 퇴보하여 미성숙한 행동으로 불안 완화
③ 고착기제 : 욕구좌절이 반복되어 유아기 때로 퇴행 후 고착되어 무동기범죄를 유발

2. 융(C. G. Jung)의 분석심리학 참고

(1) 스위스의 심리학자인 융(C. G. Jung)은 무의식을 중시하였지만, 프로이드와는 달리 성적인 욕구에 한정하지 않고 모든 행동의 바탕을 이루는 심적인 에너지를 중시하여 분석심리학이라는 새로운 학문적 체계를 정립하였다.
(2) 융은 인간의 태도를 외향성과 내향성으로 분류하고, 외향적인 사람은 범죄에 친화적인 반면, 내향적인 사람은 주의가 깊고 사회규범 등에 대한 학습능력이 높다고 하였다.

3. 아들러(A. Adler)의 개인심리학 참고

(1) 아들러는 프로이드의 성적(性的) 욕망 중심주의를 비판하면서 인간의 심층심리에 작용하는 힘을 중심으로 하는 독자적인 학문을 형성하였는데 이를 개인심리학이라고 한다.

(2) 그는 인간의 <u>기본적 욕동을 열등감의 극복 및 자기보존의 욕동으로</u> 생각하여, 열등감과 비사회성 개념을 중심으로 하는 독자적인 범죄론을 전개하였다(권력의지 강조).

(3) 인간은 권력(힘)과 자기보존에 대한 욕구를 지니고 있으며, 이러한 욕구가 충족되지 못할 때 콤플렉스를 지니게 되고, 이를 과도하게 보상받으려는 사람이 범죄를 하게 된다.

(4) 아들러는 형벌의 범죄방지 효과에 의문을 제기하면서 심리적 치료를 강조하였다.

4. 정신분석의 의의 참고

(1) 심리적(감정적) 요소를 바탕으로 하고 있어 범죄성의 뿌리를 연구하는데 기여하였다.

(2) 사회적으로 문제가 없는 사람들이 범한 돌출적인 범죄행동을 설명하는데 기여하였다.

(3) 심리적인 결정론의 입장에서 형벌 대신에 치료를 주장하였다.

(4) "정신분석학은 검증이 불가능하고, 범죄자에 대한 공헌은 매우 한정적이다"는 비판을 받고 있다.

> **◯ 정신분석학 이론의 대표적 연구 더 알아보기**
>
> ① 힐리(Healy)와 브론너(Bronner) : 형제 중에서 한 명은 범죄를 일삼고 다른 한 명은 일반적인 105명의 형제들을 대상으로 어린 시절 부모와의 관계를 비교·조사하였는데, 대체로 부모들과 애정관계를 맺지 못한 사람이 자신의 가족에서 충족하지 못한 욕구를 충족시키기 위한 잠재적 의도하에 범죄를 저지른다고 주장하였다.
>
> ② 볼비(Bowlby) : 특히 모성의 영향을 강조하였는데, 어린 시절 엄마가 없는 아이들은 기초적인 애정관계를 형성할 수 없어 불균형적인 인성구조를 갖게 되고, 이후에 범죄와 같은 반사회적 행위에 빠져든다고 보았다.
>
> ③ 레들(Redl)과 와인맨(Wineman) – 비행적 자아
> 증오심이 강한 소년들은 고립되어 성장한 결과, 어른들이 자기를 사랑하고 원하며 보호하고 격려해 준다는 느낌을 가지지 못한 것으로 나타났다. 이 결과 비행소년들은 적절한 슈퍼에고를 형성하지 못하고, 에고도 이드의 욕구를 무조건 옹호하는 방향으로 구성되며, 에고가 슈퍼에고의 제재 없이 이드의 욕구대로 형성되는데, 이를 '비행적 자아'라고 지칭하였다.
>
> ④ 공격반응
> ㉠ 로렌즈와 위그(Rorenz & Weig)
> ⓐ 외벌형 : 신체적·언어적 분함을 타인에게 돌린다.
> ⓑ 내벌형 : 자신에게 원인을 돌리고 <u>스스로 비난하여 상처받는다.</u>
> ⓒ 무벌형 : 어느 쪽으로도 향하지 않고 무시하거나 최소화한다.
> ㉡ 달라드와 밀러(Dallard & Miller)
> ⓐ 욕구좌절의 강도에 따라 공격활동은 발생하기 쉽다고 주장한다.
> ⓑ 공격활동을 억제하는 작용은 그 활동에서 예기되는 벌의 강도에 정비례한다.
> ⓒ 욕구좌절의 강도가 일정할 때 공격활동에 대한 벌의 심리적 강제가 클수록 공격활동은 일어나기 어렵다.
> ⓓ 벌의 심리적 강제가 일정하면 욕구좌절의 강도가 큰 만큼 공격활동은 발생하기 쉽다.
> ㉢ 헨리와 쇼트(Henry & Short) : 좌절에서 나온 결과 자신을 죽이도록 공격하는 것은 자살이고, 타인을 죽이도록 공격하는 것은 살인이라는 것이다.

02 성격과 범죄(인성이론) 참고

1. 기본이해

성격과 범죄(인성이론)는 범죄를 인간의 심리적 갈등이 표출된 것으로 보아, 인격적인 특성을 통해 범인성을 찾으려는 입장이다. 즉, 범죄자들을 대상으로 인성검사(Personality Inventory)를 실시하여 그 점수를 비교해, 어떤 인성적 특성을 가진 사람들이 범죄를 저지를 가능성이 높은가를 경험적으로 분석하는 것을 말한다.

2. 대표적 연구

(1) 글룩부부

① 글룩부부는 로르샤하 검사법(Rorschach Test)을 활용해 비행소년 500명과 일반소년 500명을 대상으로 정신의학적 면담을 실시한 후, 비행소년에게 나타나는 공통적인 성격특성을 추출하였다.

② 연구결과
  ㉠ 비행소년은 외향적 · 충동적 · 반항적이다.
  ㉡ 자기도취가 심하고 자기주장이 강하다.
  ㉢ 시기심이 많고 가학적이다.
  ㉣ 타인에 대한 배려와 인격적인 역량이 부족하다.
  ㉤ 권위에 대한 불신과 적개심이 강하다.

(2) 아이젠크(H. J. Eysenck)

① 아이젠크는 융(C. G. Jung)의 내향성 · 외향성 개념을 기초로 내성적인 사람과 외향적인 사람으로 구분하고, 범죄자의 성격 특성을 설명하였다.

② 외향성과 신경증세 경향 두 가지는 반사회적 행동과 관련이 있으며, 양쪽이 모두 높은 사람은 범죄에 대한 저항력이 부족하다고 하였다.

③ 범죄자의 성격을 3가지 차원으로 분석(P-E-N 모델)
  ㉠ 정신병 성향(P) : 정신병적 성향과 반사회적인 이상 성격(예 : 공격성)
  ㉡ 외향성(E) : (내향성과 비교하여) '충동성'이 강한 성격
  ㉢ 신경증 성향(N) : 정서적인 측면에서 '불안정성'을 나타내는 성격

⊘ 성격의 위계 모형

제1수준(기저 수준)	구체적 반응 수준, 단일한 행위나 인지로 이루어진다.

⬇

제2수준	습관적 반응 수준, 습관적 행위나 인지들로 이루어진다.

⬇

제3수준	특질 수준, 상이한 습관적 행동 간의 유의미한 상관으로 정의된다.

⬇

제4수준	유형 수준, 특질 간 관찰된 상관으로 정의된다.

⊘ 성격의 세 차원(P-E-N 모델)

① 정신병적 성향(P)
 ㉠ 정신병을 향한 성향과 반사회적인 이상 성격을 포함한다.
 ㉡ 공격적, 차가움, 자기중심적, 비정함, 비사회적, 비관습적인 것 등으로 특징지어진다.
 ㉢ 정신병리와 연관이 있을 수도 있지만, 개인차는 정상분포를 따르고 어느 정도는 정신병과 무관하다.
② 외-내향성(E) : 사회성과 충동성에서의 차이와 관련
 ㉠ 외향성은 사교적이고, 파티를 좋아하며, 친구가 많고, 흥미진진한 것을 추구하며, 순간의 기분에 따라 행동한다.
 ㉡ 내향성은 조용하고, 내성적이며, 말수가 적고, 반성적이며, 충동적 결정을 불신하고, 잘 정돈된 삶을 선호한다.
 ㉢ 내향인은 외향인에 비해 고통에 더 민감하고, 보다 쉽게 피로하며, 흥분이 수행을 저하하고, 학교 공부를 더 잘하며, 혼자 일하는 직업을 선호하고, 성적으로 덜 활동적이다.
 ㉣ 내향인은 사건들에 의해 더욱 쉽게 각성하고 사회적 금지사항들을 더욱 쉽게 학습한다. 그 결과 내향인은 더 억제되어 있다. 학습에서 내향인은 처벌에 의해서 보다 영향을 받고, 외향인은 보상에 의해서 더욱 영향을 받는다는 증거도 있다.
③ 신경증 성향(N)
 ㉠ 정서적 안정성-불안정성 측정치로, 높은 신경증적 성향은 더 큰 불안정성이 특징이다.
 ㉡ 정서적으로 불안정하고 변덕스러우며, 걱정, 우울, 불안, 낮은 자존감, 긴장, 수줍음 등의 특징이 있고, 신체적 통증의 호소가 빈번하다.

(3) 왈도(C. D. Waldo)와 디니츠(S. Dinitz)

MMPI를 이용하여 범죄자의 성격프로그램을 조사하여, 범죄자들은 정신병리적 일탈경향이 강한 성격이라고 하였다.

(4) 워렌(M. Q. Warren)의 대인성숙도

인간관계 성숙도를 수준에 따라 1 ~ 7단계로 나누고 이를 I - level이라고 명명하면서 비행소년

을 유형화하였다. 워렌은 범죄인은 인간관계 미성숙 단계에 머물러 있기 때문에 대인관계 수준을 높은 단계로 향상하는 훈련을 중점적으로 실시해야 한다고 하였다.

(5) 맨하임(Mannheim)과 윌킨스

'범죄회귀분석방식'을 활용해 영국에서 보스탈 석방자의 재범예측에 활용하였다.

(6) 캘리포니아 성격검사(CPI)

캘리포니아 버클리대학의 고프(Gough)가 1956년에 제작한 18개 척도로 구성된 성격검사로 현재 상담 및 임상적 장면, 학교, 교정원 등에서 사용하고 있다.

(7) 골드버그의 성격의 5요인(초요인)

① 외향성(E) : 대인관계에서의 상호작용 측정(예 : 활동수준, 자극에 대한 욕구)
② 신경증(N) : 정서적인 불안정 측정
③ 우호성(A) : 대인관계에 대한 지향성 측정(예: 타인에 대한 이해 · 공감 능력)
④ 성실성(C) : 목표를 지향하고 지속적으로 유지하는 성향 측정(예: 동기부여, 의지)
⑤ 개방성(O) : 새로운 지식 및 경험을 추구하는지에 대한 성향 측정(예 : 호기심, 창의성)

3. 인성이론의 의의

(1) 범죄원인과 범죄인의 특성을 파악하여, 범죄인의 인성을 교정하거나 치료하는데 기여하였다.
(2) 인성검사는 다수를 대상으로 실시할 수 있고, 채점이 용이한 장점이 있다.
(3) 피검사자의 환경적 요인이 무시되고, 성격 특성과 범죄를 연결시키는 것은 지나친 비약이라는 지적이 있다.
(4) 표본의 대표성에 대한 신빙성 및 범인성과 인성변수 간의 불확실성이 문제점이다.
(5) 사람들이 지배적인 인성을 지니고 있다는 가정은, 잘못된 판단을 할 수 있는 위험성이 있다.

> ➲ **인성검사**
> ① 인성이론과 인성검사
>   ㉠ 인성이론(personality theory)은 비행의 원인으로 비행자의 특성을 파악하고 아울러 비행자의 비행적 인성을 교정하거나 치료하는데 중요한 역할을 해 오고 있다. 인성이론들은 비행이란 인간의 심리적 틀 내에 존재하는 저변의 갈등이 표출된 것이라고 말한다.
>   ㉡ 또한 인성발달이 현재의 생활경험에서도 영향을 받지만 그 발생기원은 아동기에 있으며, 어려서 형성된 특정한 인성적 특징이 그 사람의 일반적 외관분만 아니라 전반적인 행위를 특정 지으며, 비정상적 인성이 비행을 유발시키도록 작용한다고 가정한다.
>   ㉢ 인성이론에서는 연구방법으로 비행과 관계되는 것으로 알려진 파괴적 · 비정상적 인성특징을 평가하기 위해 투사법(projective techniques)과 인성검사표(personality inventory), 그리고 I-Level Test라는 표준화된 방법을 주로 사용한다.

> **투사법**
> 투사법(Projective Techniques)은 추상적인 그림·모양·소리 등을 자극재료로 사용하여 피검사자에게 제시함으로써 나타나는 반응을 분석하는 방법을 말하며, 그 종류로 로르샤하 검사, P-H 스터디, 주제통각 검사 등이 있다.

② 글룩(Glueck)부부의 로르샤하 테스트
　㉠ 스위스의 정신과 의사인 헤르만 로르샤하(H. Rorschach, 1921)가 만든 개인의 성격을 다차원적으로 이해하는 데 도움을 주는 심리검사 방법으로 잉크 방울을 떨어트린 종이를 반으로 접어 좌우 대칭으로 번지게 만든 카드 10장으로 구성되어 있다. 검사를 받을 사람(피검자)에게 카드를 한 장씩 보여주고 그 그림이 무엇으로 보이는가를 물어본다. 여러 장의 카드를 연결된 이야기로 간주하는 반응을 보이는 사람은 세계를 통합적 또는 체계적으로 사유하는 경향이 강하다고 판정하고, 그림의 사소한 부분에 집착하는 사람은 강박적 경향이 있는 것으로 판정한다.
　㉡ 글룩부부에 의한 비행소년 500명과 일반소년 500명을 성격의 심층심리상의 특징을 투사하게 하는 로르샤하 테스트(Rorschach test)에 따르면, <u>비행소년은 일반적으로 외향적이며 활발하고, 충동적이며 자제력이 약하고, 적대적이고 화를 잘 내며, 도전적이고 의심이 많고, 파괴적이었다.</u>
③ 왈도와 디니츠(Waldo & Dinitz)의 MMPI
　㉠ 다면적 인성검사(Minnesota Muliphasic Personality Inventory : MMPI)는 원래 심리진단을 목적으로 1940년 미국의 하셔웨이와 메킨리에 의해 고안된 것으로 <u>550개 문항의 질문지를 주고 그 응답유형을 바탕으로 피검사자의 성격을 검사하는 방법이다.</u>
　㉡ MMPI은 그 결과의 해석 및 활용에 있어서는 전문가가 필요하지만 <u>검사 실시 및 채점 방법은 간단하여 비전문가에 의해서도 손쉽게 행할 수 있다는 장점</u>이 있다. 그러나 문항수가 너무 많고 <u>피검사자의 학력수준이 높아야 정확한 예측이 가능하므로</u> 피검사자의 검사에 대한 태도와 검사상황 등에 따라 그 결과가 좌우될 수 있다고 하는 단점이 있다.
　㉢ 왈도와 디니츠는 이를 이용하여 범죄자의 성격프로그램을 조사하여 범죄자들은 일반인에 비해 정신병리적 일탈경향이 강한 성격이라고 특징지을 수 있다고 보았다.

> **미네소타 다면적 인성검사(MMPI)**
> • 정신의학 분야와 일반의료 분야에서 환자들의 임상진단에 관한 정보를 제공해 주려는 목적으로 개발한 가장 널리 사용되는 객관적 인성검사기법이다.
> • 최초 MMPI의 문항 내용들은 정신과적·의학적·신경학적 장애에 대한 것이었으며, 총 550개로 확정되었다. 550개 문항의 질문지를 주고 그 응답유형을 바탕으로 피검사자의 성격을 검사하는 방법이다.
> • MMPI의 척도 중 가장 먼저 개발된 것은 건강염려증 척도(1번 척도. Hs)였으며, 이어서 강박증(7번 척도.Pt), 우울증(2번 척도.D), 히스테리(3번척도. Hy)의 세가지 신경증 환자집단에 대한 척도가 개발되었다.
> • MMPI는 그 결과의 해석 및 활용에 있어서는 전문가가 필요하지만, 검사 실시 및 채점방법은 간단하여 비전문가에 의해서도 손쉽게 행할 수 있다는 장점이 있다. 그러나 문항수가 너무 많고 피검사자의 학력수준이 높아야 정확한 예측이 가능하므로 피검사자의 검사에 대한 태도와 검사상황 등에 따라 그 결과가 좌우될 수 있다고 하는 단점이 있다.
> • <u>10개의 임상척도는 각각의 개별척도 점수를 사용해 간접적인 임상적 진단이 가능하다. 직접적인 것은 아니지만 임상척도 중 4번 척도(Pd)는 반항, 가족관계분열, 충동성, 학업이나 직업문제, 범법행위, 약물중독 등 반사회적 행동을 나타내므로 범죄인과 비범죄인의 구분에</u>

가장 근접한 척도이다. 8번 척도(Sc)의 점수가 높을 경우 전통적인 규범에서 벗어나는 정신
분열성 생활양식을 반영하며, 9번 척도(Ma)는 조울증의 조증 증상발현의 초기단계에 있는
환자에게 사용하기 위해 개발되었다.
- 최근 MMPI 연구는 각 하위척도와 관련되는 성격적·행동적 변이들을 발견하는 쪽으로 집
중되고 있다.

❯ MMPI의 임상척도

척도명	기호	약자
건강염려증(Hypochondriasis)	1	Hs
우울증(Depression)	2	D
히스테리(Hysteria)	3	Hy
반사회성(Psychopathic Deviate)	4	Pd
남성특성-여성특성(Masculinity-Femininity)	5	Mf
편집증(Paranoia)	6	Pa
강박증(Psychasthenia)	7	Pt
정신분열증(Schizophrenia)	8	Sc
경조증(Hypomania)	9	Ma
사회적 내향성(Social Introversion)	10	Si

④ 워렌(Warren)의 대인성숙도(I-Level)
  ㉠ 워렌이 청소년범죄인의 대인적 성숙도를 측정할 목적으로 1965년 개발한 인성검사법으로 인간
  관계의 성숙 정도의 발전수준을 1~7단계로 나누었다.
  ㉡ 이 검사법에 따르면 비행자는 정상자보다 단계가 낮게 나왔으며 특히 2단계부터 4단계까지 비
  행자가 가장 많이 발견되었다고 한다.

2단계	비사회적·공격적 그리고 폭력지향적 성향	반사회적 모사자
3단계	비행집단의 규칙에 동조하는 성향	문화적 동조자
4단계	전형적인 신경과민과 정신이상의 성향	신경증적 행위자

  ㉢ 이 중 2단계부터 4단계에 속한 사람들이 전체 공식비행소년의 90% 정도를 점하고 있기 때문
  에, 비행소년의 인성이 미성숙할 뿐만 아니라 동시에 공격적이고 수동적이며 신경질적이라고 할
  수 있다.
  ㉣ 치료법 : 범죄인은 인간관계에서 미숙한 단계에 머물러 있기 때문에 범죄에 이르게 된다고 보고,
  그 치료방법으로 범죄인의 대인관계수준을 개선시키는 데에 중점을 두었다.
  ㉤ 성숙이론의 타당성을 긍정하는 논리를 제공하였다.
  ㉥ 단 점
    ⓐ 각 단계별 유형화가 어렵고, 각 단계별 간의 구분이 분명하지 않으며, 단순형보다는 혼합형
    이 많다.
    ⓑ 이 검사법에 의해 교정효과가 향상되었다는 분명한 실증적 연구가 없다.
    ⓒ 훈련이 잘된 전문가를 필요로 한다.
    ⓓ 비교적 많은 비용이 소요된다.

⑤ 고프(Gough)의 캘리포니아 성격검사(CPI)
　ⓐ 1956년 캘리포니아 버클리대학의 고프가 제작한 18개 척도로 구성된 성격검사도구로 MMPI와 함께 가장 널리 활용되는 성격검사이다. MMPI가 신경증이나 정신병과 같은 정서적 문제를 진단하기 위한 것인데 반해 CPI는 정상적인 사람의 심리적 특성을 이해하기 위한 것이라고 할 수 있다.
　ⓑ 현재 상담 및 임상적 장면, 학교, 교정원 등에서 널리 사용되고 있다.

➡ 심리학적 범죄이론에 관한 평가

① 프로이트(Freud)의 정신분석이론은 범죄자의 현재 상황보다 초기 아동기의 경험을 지나치게 강조한다는 비판을 받는다.
② 스키너는 고전적 조건형성과 도구적 조건형성을 철저하게 구분할 것을 주장하였다. 인간행동에 대한 환경의 결정력을 지나치게 강조하여 인간의 내적·정신적 영향력을 배제하였고, 인간을 조작이 가능한 대상으로 취급함으로써 인간의 모든 행동이 조작화를 통해 수정 가능하다고 보는 시각 때문에 인간의 자유의지와 존엄성을 무시하고 인간을 지나치게 단순화·객관화한다는 비판을 받고 있다.
③ 콜버그(Kohlberg)의 도덕발달이론은 도덕적 판단과 도덕적 행위 간의 불일치가 문제점으로 지적되고 있다.
④ 아이젠크(Eysenck)의 성격이론은 극단적인 범행동기를 파악하는 데 유용하지만, 그렇지 않은 범죄자의 범행원인 파악은 어려운 것으로 평가된다.
⑤ 반두라는 보보인형실험을 통해 TV 등 미디어를 통한 공격성 학습원리를 증명하였다.

03 인지발달이론 참고

JUSTICE

　인지발달이론은 법이나 규율에 대한 자신의 사고를 조직화하는 방법에 따라 비행적 또는 정상적인 행위를 한다는 이론이다. 이는 범죄자들은 인지발달 정도(단계)가 낮은 사람들이라는 견해이지만, 범죄인이 반드시 도덕적 수준이 낮다고 단정하기는 어렵다.

① 피아제의 인지발달단계(인지발달이란 자신의 경험을 통해 단계적으로 형성해가는 자발적인 과정)
　ⓐ 감각운동기(0~2세) : 인지발달의 첫 단계로 단순한 감각(반사)운동을 시작, 대상 영속성 개념을 이해+모방
　ⓑ 전(前) 조작기(2~7세) : 사물을 말로 표현하는 방법 학습, 보고 느낀 대로 생각하고 자기중심적 태도를 보인다.
　ⓒ 구체적 조작기(7~11세) : 관찰 후 사물 간 관계, 순서를 인지한다.
　　('구체적'인 사물에 대해 '논리적'인 조작이 가능한 시기) 탈 중심화
　ⓓ 형식적 조작기(조합적 사고) (11세~) : 언어, 기호(➡ 형식적인 도구)를 사용하여 추상적·논리적 이해와 생각이 가능한 시기이다.
② 피아제의 주요 개념
　ⓐ 도식(Scheme) : 개인이 가지고 있는 이해의 틀

ⓛ 동화 : 이미 형성되어 있는 '도식'과 동일시(⇒ '동화')하여 쉽게 이해한다.
ⓒ 조절 : 기존의 '도식'에 맞지 않아 변형/대체하는 과정(⇒ '조절')을 통해 해소
ⓔ 조직 : 인지능력이 발달하게 되면 비슷한 대상을 같은 범주로 분류한다.
③ 콜버그 : 도덕성은 정해진 과정에 따라 발달, 3수준마다 각 2단계씩 사회화 진행
　　⑦ 1수준 : 전인습적 도덕성
　　　　ⓐ 1단계 : 처벌받지 않을 행동, 처벌과 복종단계(혼나니까)
　　　　ⓑ 2단계 : 일반적으로 이익이 되는 행동, 쾌락주의(상받으려고)
　　ⓛ 2수준 : 인습적 도덕성
　　　　ⓐ 3단계 : 타인의 인정을 받고 비난받지 않을 행동, 대인관계 조화(친구에게 왕따 두려움)
　　　　ⓑ 4단계 : 법과 질서에 의해 엄격히 규정된 행동
　　ⓒ 3수준 : 후인습적 도덕성
　　　　ⓐ 5단계 : 법은 대중의 복리를 위한 사회계약이라는 입장에 근거하여 판단
　　　　ⓑ 6단계 : 보편적인 윤리원칙에 입각해서 판단
④ 반두라(Bandura)의 사회학습이론
　　⑦ 의의
　　　　ⓐ 반두라(Bandura)는 공격적 행위가 취하는 특정 형태, 공격적 행위를 표현하는 빈도, 공격적 행위가 보이는 상황, 공격을 위하여 선택되는 특정 목표 등은 대개 사회학습요인에 의해 결정된다고 본다.
　　　　ⓑ 사회학습이론에서는 밖으로 드러나는 행동에만 초점을 맞추는 행동주의 학습이론과 달리, 인간의 내면에서 일어나는 인지과정도 중시한다.
　　　　ⓒ 개인은 직접적인 경험이 아닌 관찰을 통해서도 학습을 할 수 있으며, 성격은 타인의 행동을 관찰하고, 관찰된 행동을 시행한 후 얻어지는 결과에 따라 형성되는 것으로 본다.
　　　　ⓓ 관찰학습을 통해 형성된 정보는 자기효율성이라는 강화를 통해 필요성이 있을 때 행동으로 옮겨지는데, 이처럼 관찰에서 행동에 이르기까지는 4가지 단계가 필요하다.
　　ⓛ 관찰에서 행동까지의 4단계
　　　　ⓐ 모방단계 : 타인의 행동을 보고 들으면서 그 행동을 따라서 하는 것으로, 관찰을 통해 학습된다.
　　　　ⓑ 인지단계 : 인지적 활동을 통해 인간의 심상, 사고, 계획을 생각하고 인지한다. 또한 인지적 통제하에 자신의 행동을 조정하여 행동의 결과를 예측할 수 있다. 자신의 장래 학습과 수행에 영향을 미치는 인지적 구조는 고전적 조건화, 조작적 조건화, 관찰학습을 통해 습득한다.
　　　　ⓒ 자기규제단계 : 관찰과정, 판단과정, 자기반응과정의 세 요소로 이루어진다. 인간행동은 자기강화에 의하여 규제된다.
　　　　ⓓ 자기효율성단계 : 어떤 행동을 성공적으로 수행할 수 있다는 신념이다.
　　ⓒ 학습과정
　　　　ⓐ 집중단계 : 관찰을 통한 학습이 이루어지기 위해서 행동이나 상황이 관찰자의 주의를 끌어야 하는 단계
　　　　ⓑ 인지단계 : 관찰을 통해 학습한 정보를 기억하는 단계로, 학습한 정보가 내적으로 보유·강화되는 단계
　　　　ⓒ 재생단계 : 저장된 기억을 재생하는 단계로, 학습한 내용과 관찰자의 행동이 일치하도록 자기수정이 이루어지는 단계
　　　　ⓓ 동기화단계 : 학습한 내용대로 행동에 옮기기 전에 기대감을 갖게 만드는 단계

CHAPTER
4

사회학적 범죄원인론

행위자가 처해 있는 환경을 중심으로 범죄원인을 규명하려 하는 것을 '사회학적 범죄원인론'(환경인자론)이라고 한다. 이러한 사회학적 범죄원인론은 행위자의 인격형성 및 인격발전 과정에 외부적으로 영향을 준 개인적 환경인 '범인성 인격환경'과 범죄행위를 할 당시의 사회적 환경인 '범인성 행위환경'으로 대별할 수 있다. 그리고 범인성 인격환경으로는 가정·학교·직업·혼인 등이 있고, 범인성 행위환경으로는 사회적 조건·자연환경·경제변동·전쟁 등이 있다.

01 개인적 환경(범인성 인격환경)

JUSTICE

1. 학교교육과 범죄

(1) 학교교육이 범죄억제작용을 한다는 입장과 범죄촉진작용을 한다는 상반된 입장이 있으며, 범죄인은 일반인에 비해 학력이 낮은 것은 세계적으로 공통된 현상이다.

(2) 힐리(Healy)와 브론너(Bronner)는 "학업태만은 범죄의 유치원이다"라고 하였고, 글룩부부는 비행소년과 무비행소년의 학교생활 특징을 들면서 학교생활 불량성은 비행 및 범죄와 상관관계가 매우 높다고 하였다.

2. 직업과 범죄

(1) 직업 유무와 범죄

직업이 없는 사람은 경제적 이유로 재산범죄를 행할 수 있고, 범죄유혹에 빠질 가능성이 많다. 우리나라의 경우 전체 범죄자 중에 무직자가 가장 많다.

(2) 직업유형과 범죄

① 의의

직업의 종류별로 범죄율과 범죄유형에 있어 다소 차이가 있다.

② 구분

　　㉠ 범죄율이 낮은 직업 : 공무원, 의사, 변호사, 저술가, 교원, 농림업자, 가사종사자 등

　　㉡ 범죄율이 높은 직업 : 불안정적인 노동자, 상공업자, 교통업종사자 등

3. 가정환경과 범죄 참고

(1) 결손가정

① 형태

　　㉠ 형태적 결손가정 : 양친 또는 그 일방이 없는 형태의 가정을 말한다.

　　㉡ 기능적 결손가정 : 양친이 있어도 가정의 본질적인 기능인 안정된 생활보장과 자녀에 대한 심리적·신체적 교육이 결여된 가정을 뜻한다. 기능적 결손가정이 범죄학상 가장 문제되는 가정이다.

② 견해

　　㉠ 그룰레(Gruhle)는 모친이 없는 경우가 더 위험하고, 호프만(Hoffmann)은 부친이 없는 경우가 더 위험하다고 한다. 일반적인 견해는 학령기 이전에는 모친이 없는 경우, 그 이후에는 부친이 없는 경우가 더 위험하다.

　　㉡ 글룩부부는 양친의 자녀에 대한 애정의 태도나 가족 간의 애정관계가 소년비행에 영향을 미친다고 하였다.

> ● **결손가정의 영향**
> ① 결손은 나이가 어릴수록, 남자보다 여자가 영향을 더 많이 받는다.
> ② 미혼부모·별거 등으로 인한 결손이 사별·이혼 등에 의한 결손보다 더 영향을 준다.
> ③ 결손가정은 경미한 범죄보다 강력범죄와 더 관련이 있다.

(2) 빈곤가정

경제적 곤궁이 가족구성원의 인격형성에 영향을 주고, 간접적으로 범죄와 연결된다고 한다. 글룩부부는 비행소년과 빈곤 간의 상관성을 인정하였지만, 힐리(Healy)는 부정하였다.

> 참고
> ● **빈곤과 범죄**
> ① 빈곤층의 범죄율이 상대적으로 높은 것으로 나타나고 있다. 다만, 빈곤이 범죄의 직접적인 원인이라고 단정하기 어렵다는 것이 일반적 견해이다.
> ② 빈곤층의 범죄유발요인 : 빈곤이 범죄의 직접적인 원인라기보다는 빈곤층에 수반되기 쉬운 열등감, 좌절감, 소외감, 가정기능의 결함, 삶의 목표에 대한 포기 등이 매개가 되어 범죄가 유발된다.

③ 절대적 빈곤과 상대적 빈곤

절대적 빈곤	• 절대적 빈곤과 범죄의 상관성을 인정하는 추세이다. • 1894년 이탈리아의 비어스(Verce), 1938년 영국의 버트(Burt), 1942년 미국의 쇼(Shaw)와 맥케이(Mckay), 1965년 밀러(Miller)의 연구가 있다.
상대적 빈곤	• 타인과 비교함으로써 느끼는 심리적 박탈감을 의미한다. • 이는 범죄가 하류계층에 국한되지 않고 광범위한 사회계층의 문제라고 지적한다. • 케틀레(Quetelet), 스토우퍼(Stouffer), 머튼(Merton), 토비(Toby) 등을 들 수 있다.

(3) 부도덕가정(비행가정)

① 가족구성원 중에 범죄자·알코올중독자·불량자 등이 있어 도덕적으로 이완된 경우이다.
② 부도덕가정과 소년비행의 상관성은 범죄성의 유전에 대한 문제와 관련이 있다.
③ 형태적으로는 결함이 없지만, 결국 '기능적 결손가정'과 유사하다.

(4) 갈등가정

① 가족 간(특히 양친 간)에 심리적 갈등이 존재하여 인간적인 융화가 결여된 가정이다.
② 가정불화로 인한 응집력 결여와 긴장관계가 비행의 주요원인이 된다.
③ 기능적 결손가정과 부도덕가정이 갈등가정과 가장 유사하다.
④ 뉴메이어(Neumeyer)는 형식적인 결손가정보다 갈등가정이 범죄와 상관성이 더 높다고 하였다.

(5) 시설가정

고아원 등 아동양육시설이 가정역할을 대신하는 형태를 말한다. 대체로 반항적이고 거부적인 감정과 타인을 무시하는 태도 등 반사회적인 행위를 하기 쉽다.

4. 결혼과 범죄 참고

(1) 남성

결혼은 도덕성 회복의 계기가 되고, 성범죄 억제작용을 한다.

(2) 여성

여성범죄자의 80% 이상이 기혼여성이다. 이는 결혼으로 인한 부양책임, 사회와 접촉기회가 많은 것을 원인으로 들 수 있다. 일반적으로 경제적 기초가 없는 조혼은 쌍방 모두 범죄발생률을 높인다.

(3) 이혼

이혼의 경우 범죄와 상관성을 인정하는 입장과 부정하는 입장이 있다.

5. 군중심리와 범죄 [참고]

(1) 의의

군중이 적극적이고 능동적인 난중(亂衆 : Mob)의 형태가 되는 경우에 군중심리가 발생한다. 이러한 군중심리는 집단적 폭력범죄인 군중범죄로 발전할 수 있다.

(2) 군중심리의 특징

군중심리는 개인적 사고의 저급한 정감성, 타인의 암시에 민감한 반응을 보이는 피암시성, 충동성, 저능성, 무책임성, 무절제성, 무비판적 행동, 단락반응 현상, 정신적 단일성의 법칙 등이 특징이다.

(3) 정신적 단일성의 법칙(르봉 : Le Bon)

군중은 처음에는 개별적 의사로 참여하지만, 심리적 상호영향이 증대되면 지도자가 이끄는 대로 단일정신으로 응집되는 것을 '정신적 단일성의 법칙'이라고 한다. 단일정신은 개체의 의사를 초월한 하나의 독립정신으로 작용한다.

(4) 피암시성

타인의 암시에 민감한 반응을 보이는 피암시성은 청소년 · 여자 · 저능아 · 범죄잠재성이 있는 자가 강하다.

6. 성별과 범죄

(1) 개요

① 거의 모든 범죄행위에 있어서 남성이 여성보다 높은 범죄율을 보이고 있다. 이러한 공식통계상의 범인성의 성차는 대부분의 자기보고식 조사에서도 확인되고 있다.

② 성별에 따른 범죄율의 차이는 여성의 낮은 공격성, 사회화 과정에서 고착된 성역할, 여성의 남성보다 낮은 지위에서 기인한다고 볼 수 있다.

③ 헤이건(Hagan)의 권력통제이론에서 살펴보면, 가부장적 남녀 간의 범죄율 차이가 크며, 평등적인 가족은 그 차이가 작다. 남자는 '위험을 감수'하도록 교육하고, 여자는 '위험을 회피'하도록 교육한다. 범죄에서의 성별차이는 부모의 가부장적 양육형태에 의해 결정된다.

④ 여성은 대체적으로 극히 공격적인 행위를 할 수 없을 정도로 수동적인 성격을 가지고 있으며, 남을 공격할 수 있을 정도로 신체적 조건이 용이치 않기 때문에 여성범죄보다 남성범죄가 범죄성이 강하다. 여성범죄도 증가하고 있지만 남성범죄 또한 증가하고 있다.

⑤ 여성범죄는 주로 재산범죄가 많으며, 강력범죄는 전적으로 남성의 범죄라는 인식이 있다.

⑥ 여성범죄의 증가가 단순한 통계상의 가공인지 사실인지는 확실치 않으나, 그것이 사실이라면 주로 전통적인 여성범행이 증가한 것일 뿐, 여성운동과 성역할의 변화가 여성범죄의 변화에 영향을 미쳤는지 여부는 확실치 않다.

(2) 여성범죄의 원인

여성범죄에 관한 초기 이론들은 여성범죄를 신체적·감정적 또는 심리적 탈선의 결과로 보았다.

① 롬브로조(Lombroso)
  ㉠ 남성보다 어림, 저지능, 경건함, 모성애 그리고 약함 등 여성의 전형적인 특질이 부족한 소수의 여성범죄집단이 있다고 주장하였다.
  ㉡ 남성성 가설(masculinity hypothesis) : 범죄를 범하는 여성은 몸에 털이 많이 나는 등의 신체적 특성으로 정상적인 여성과 구별될 수 있다. 비행여성은 이러한 신체적 특성뿐 아니라 감정적인 면에서도 다른 여성보다 범죄적 또는 비범죄적 남성과 더 가까워 보인다고 주장하였다.
  ㉢ 여성은 남성보다 진화가 덜 되었으며, 보다 어린이 같고, 덜 감성적이며, 지능이 낮다고 보았다.

② 프로이트(Freud)
  ㉠ 개인적인 문제들에 대한 이러한 여성의 관심은 왜 여성이 정의롭게 행동하지 않고, 사회적 관심이 좁으며, 문명을 발전시키는 데 중요한 공헌을 하지 않는지를 설명한다.
  ㉡ 여성은 일반적으로 수동적이지만, 범죄여성은 남성에 대한 자연적인 시기심을 억제할 수 없어서 규범으로부터 일탈한 것으로 간주하고 있다. 따라서 이는 여성범죄인을 병약자처럼 취급하여 지금도 대부분의 여성범죄인 교정의 기초가 되고 있다.

③ 오토 폴락(Otto Pollak)
  ㉠ 기본적인 자연적 여성성향으로부터의 일탈로 보지 않고, 자연적으로 범죄지향적인 성향이 있다고 보고 있다.
  ㉡ 여성이 남성보다 더 일탈적이고, 약으며, 생리적이고, 사회적으로 어떤 유형의 범죄에 대해서는 더 용이하다는 것이다.
  ㉢ 여성이 남성에 못지않은 범죄를 하지만, 단지 여성의 범죄는 은폐되거나 편견적인 선처를 받기 때문에 통계상 적은 것으로 보일 뿐이라고 한다.
  ㉣ 기사도 가설(chivalry hypothesis) : 여성이 남성에 의해 이용되기보다는 그들의 남성동료로 하여금 범죄를 수행하도록 그 남성을 이용한다고 보는 가설이다. 즉, 남성은 여성을 유순하고 보호가 필요한 존재로 취급함에 따라 여성이 범죄자가 될 수 있다는 것을 믿기 어려워하고, 신고나 고발, 유죄선고를 잘 하지 않는다는 것으로, 여성범죄자에 대한 형사사법기관의 관대한 처벌을 뜻한다.

> ❷ 생리주기와 범죄의 관계
> 달톤(Dalton, 1961)은 여성의 생리주기와 범죄의 관계를 밝히려는 시도를 하였다. 386명의 교정시설 입소여성과 102명의 교도소 규율위반 여성수용자를 대상으로 생리주기와 그들의 행위 사이의 관계를 분석한 결과, 높은 상관관계가 나타난 것으로 보고하였다.

④ 헤이건(John Hagan)의 권력통제이론
　　㉠ 의의 : 범죄의 성별차이를 설명하기 위하여 페미니즘이론, 갈등이론, 통제이론의 요소들을 종합하여 구성한 것으로, 범죄에서의 성별차이가 부모의 가부장적 양육행태에 의해서 결정된다고 주장하는 이론이다.
　　㉡ 특징
　　　ⓐ 가족구조는 자본주의 체제하에서의 계급적 위치와, 남자와 여자에 대한 사회적 통제의 차이에 의해서 결정된다.
　　　ⓑ 가부장적 가정(전통적인 남성지배적 가정)에서 남자는 위험을 감수하도록 가르치고, 여자는 위험을 회피하도록 가르치는 등 딸은 더 엄격하게 통제된다.
　　　ⓒ 가부장적 가정은 아버지의 직업이 존재하여 명령과 지시를 하고, 어머니는 전업주부로 명령과 지시를 받는 복종적 위치의 가정이며, 평등주의적 가정은 부모 모두가 타인에게 권위를 가지는 직업에 종사한다.
　　　ⓓ 가부장적 가정의 경우 남녀 간의 비행이나 범죄의 차이가 크고, 평등주의적 가정의 경우 그 차이가 적다.
⑤ 신여성범죄자
　　㉠ 70년대에 들어서는 여성의 사회적 역할 변화와 그에 따른 여성범죄율 변화의 관계에 초점을 맞추는, 여성범죄의 원인에 대한 새로운 주장이 등장하였다.
　　㉡ 전통적으로 여성범죄율이 낮은 이유를 여성의 사회경제적 지위가 낮기 때문이라고 보고, 여성의 사회적 역할이 변하면서 여성의 생활상이 남성의 생활상과 유사해지고, 여성의 범죄활동도 남성의 그것과 닮아간다는 주장이다.
⑥ 페미니즘(Feminism) : 여성은 성차별을 받고 있다는 전제하에 이를 해결하려는 노력으로 인해 여권주의, 남녀동권주의, 여권신장론, 여성해방론이라고도 불린다.
　　㉠ 자유주의적 페미니즘
　　　ⓐ 성 불평등의 원인은 법적·제도적 기회의 불평등으로 인한 것이므로, 여성에게 기회를 동등하게 부여하고 선택의 자유를 허용한다면 성 불평등은 해결될 수 있다고 주장한다. 더 나아가 법적·제도적 불평등은 성별 분업과 전통적 성역할 때문이며, 교육의 기회, 취업의 기회, 정치적 기회 등 공적 영역에서 동등한 기회를 여성에게 제공한다면 성 불평등은 낮아질 것이라고 낙관한다.
　　　ⓑ 성 불평등을 구조적이고 체계적인 문제라고 보지 않기 때문에 성차별도 사회의 정책적인 노력에 의해 해소될 수 있다고 생각한다. 남성의 특징, 여성의 특징을 함께 인정하는 "양성적 성역할의 습득과 구습을 타파하는 노력"을 해결방안으로 제시한다.
　　㉡ 마르크시스트적 페미니즘
　　　ⓐ 마르크시즘의 핵심적 주장을 성 불평등을 설명하는 분석틀로 사용하는데, 이들은 자유주의적 페미니스트들이 자유주의적 세계관에 갇혀서 계급 불평등과 성 불평등의 구조적 본질을 간과하고 있다고 비판한다.

ⓑ 여성억압은 사유재산제의 도입과 함께 시작되었으며, 따라서 여성억압과 불평등을 해결하려면 사유재산의 불평등이 극대화된 자본주의에 대해 투쟁해야 한다고 주장한다. 즉, 계급사회가 타파되면 여성은 남성에게 더 이상 경제적으로 의존하지 않고 자유로워질 수 있다고 본다.

ⓒ 여성의 억압이 자본주의의 정치적·경제적·사회적 구조 때문이라고 보았으며, 임금차별은 자본주의의 속성과 관련되어 있는 것으로 분석하고 있다. 자본주의하에서 저임금 노동과 불안정한 노동이 여성의 삶을 고통으로 내몰고 있다는 점을 강조하고 있다.

ⓒ 사회주의적 페미니즘

ⓐ 마르크시스트적 페미니즘은 사유재산으로 인한 계급 불평등을 지나치게 강조하여 성 불평등이 핵심적으로 부각되지 못했다는 점을 비판하면서, 계급 불평등과 함께 가부장제로 인한 성 불평등을 분석해야 한다고 주장한다. 다시 말해서 자본주의가 성 불평등의 필요하고 또 충분한 원인이 되는지, 아니면 그렇지 않은지에 따라서 마르크시스트적 페미니즘과 사회주의적 페미니즘이 갈라진다.

ⓑ 계급 하나로만 여성의 종속을 설명할 수는 없으며, 계급 불평등과 가부장제를 양대 지배체계로 진단해야 함을 강조한다.

ⓔ 급진적 페미니즘

ⓐ 한걸음 더 나아가 가부장제에 의한 여성억압은 남성의 여성에 대한 공격과 여성의 성에 대한 통제로 나타난 것이라고 주장한다.

ⓑ 여성은 임신과 출산을 위한 기간에는 자신과 아이의 생존을 위해 남성에게 의존적일 수밖에 없으며, 이것이 남성으로 하여금 쉽게 여성을 지배하고 통제하도록 만들었다고 한다.

ⓒ 급진적 페미니스트들은 여성의 성(sexuality)에 대한 억압과 통제를 분석의 핵심으로 삼는다. 즉, 가부장제의 형성과 강화를 통해 여성에 대한 억압과 여성의 성에 대한 통제가 어떻게 이루어졌는지를 분석할 필요가 있다고 주장한다.

(3) 여성범죄의 특징

① 특징 중 가장 대표적인 것은 은폐된 범죄성이다.
② 합리적이고 이지적이지 못하며 정에 이끌리기 쉬운 여성의 특성 때문에 우발적으로 범죄에 가담하게 되거나 상황적 범죄가 대부분이다.
③ 배후에서 공범으로 가담하는 경우가 많다.
④ 주변 남성의 암시나 유혹에 따라 그 남성을 위하여 범행하게 되는 경우가 많다.
⑤ 여성범죄자의 반수 가까이가 누범자이며, 일반적으로 지능이 낮고, 정신박약자 내지 정신병질자가 많다.
⑥ 잘 아는 사람을 범행대상으로 삼는 경우가 많다.
⑦ 법행수법도 독살 등 비신체적 수법을 택하는 경우가 많다.

⑧ 경미한 범행을 반복해서 자주 행하는 경우가 많다.

⑨ 여성의 사회적 지위가 낮은 나라에서는 여성에게 개방된 사회적 활동범위가 현저히 좁기 때문에 범죄를 범할 기회가 적지만, 여성의 사회적 진출이 많이 이루어짐에 따라서 여성의 범죄도 증가한다.

⑩ 남성은 미혼자의 범죄율이 기혼자보다 높은 것에 비해서 여성은 기혼자의 범죄율이 높은 것이 특징이다.

⑪ 여성범죄의 동기 중에는 여성의 성적 위기감이나 모성애의 발로에 기인하는 경우도 있다.

> **● 여성범죄 정리**
> - 롬브로조 – 남성성 가설
> - 헤이건 – 권력통제이론
> - 폴락 – 기사도 가설
> - 신여성범죄자 이론 – 페미니즘

> **● 여성범죄 보충**
> ① 사이먼(Simon, 1975)은 더 많은 여성이 경제활동에 참여하게 됨으로써 절도나 사기, 횡령과 화이트칼라범죄를 저지를 수 있는 기회를 더 많이 갖게 될 것이라고 주장한다(성평등 가설).
> ② 아들러(Adler, 1975)는 가정 내에서 자신의 역할에 충실했던 여성들이 전통적인 역할을 버림에 따라, 주로 남성에 의해 저질러지던 폭력범죄나 강력범죄를 일으키는 여성들의 수도 증가할 것이라고 가정하였다(성평등 가설).
> ③ 성평등 가설(gender equality hypothesis) : 전반적인 사회발전은 여성의 지위를 향상시켜 점차 남성과 평등해지며 이 향상된 지위가 합법적인 영역에서의 남녀평등과 함께 비합법적인 영역, 즉 범죄영역에서도 남녀가 범죄의 양과 질에 있어 유사해진다고 본다.
> ④ 주변화 가설(marginalization hypothesis) : 여성의 범죄참여 정도가 증가하고 있다는 것에는 동의하지만, 그 증가원인을 여성의 역할변화나 사회적·경제적 지위의 향상에서 찾는 것이 아니라, 전통적인 여성역할의 수행을 위해 그리고 악화된 그들의 지위 때문이라고 보는 주장으로, 성평등 가설보다는 좀 더 지지를 받고 있다.
> ⑤ 데일리의 여성범죄자가 범죄에 처음 가담하게 되는 경로 5가지 : ㉠ 거리여성(street women), ㉡ 학대받은 여성(battered women), ㉢ 어린 시절 학대와 그로 인해 공격적인 여성(harmed and harming women), ㉣ 약물 관련 여성, ㉤ 경제적 동기로 범죄를 저지른 여성(economically-driven women)
> ⑥ 러셀(Russell, 1984)은 한 사회의 가부장적 관계와 성폭력범죄 발생수준의 관련성을 주장하였는데, 국가 간 비교연구를 통해 성폭력범죄가 많이 발생하는 사회는 여성의 공적 영역 참여 정도가 낮고, 전반적인 남녀 간 권력차이가 크다는 것을 밝혀냈다.
> ⑦ 통(Tong, 1984)은 친밀한 관계에서의 학대와 폭력을 네 가지로 분류하고 있는데, ㉠ 신체적 폭력, ㉡ 성적 학대, ㉢ 심리적 학대, ㉣ 재산의 파손 및 애완동물 학대가 그것이다. 이러한 유형은 단독으로 나타나기도 하고 중첩되어 나타나기도 한다.
> ⑧ 벨크냅(Belknap)은 여성주의 범죄학이 밝혀낸 여성의 고유한 경험, 특히 피해와 가해의 중첩으로 인한 여성범죄자들의 트라우마에 대한 성 인지적 치료 프로그램의 필요성을 점차 더 인식하고 있고, 정책에 반영되고 있는 점을 큰 성과로 꼽았다.

02 사회적 환경(범인성 행위환경)

JUSTICE

1. 지역사회와 범죄 참고

(1) 범죄의 지역적 차이를 단순히 지리적 조건만으로 한정하기 어려우며, 교통과 문명이 발달할수록 지역적인 차이가 줄어드는 경향이 있다.

(2) 케틀레(Quetelet)는 인신범죄는 따뜻한 지방, 재산범죄는 추운 지방에서 많이 일어난다는 범죄의 기온법칙을 주장하였다.

> **참고**
> **➔ 룬덴(Lunden)의 지역사회와 범죄발생론**
> ① 산업사회와 도시는 전통사회와 농촌보다 범죄발생률이 높다. 즉, 전통적 농촌사회에서 도시의 산업사회로 생활양식이 변화함으로써 범죄가 증가한다는 것이다.
> ② 이질적 문화를 가진 사회는 동질적 문화를 가진 사회보다 범죄율이 높다.
> ③ 수평적·수직적 사회이동이 많은 사회는 사회이동이 적은 사회에 비하여 범죄율이 높다.
> ④ 사회구조와 그 기능의 갑작스러운 변화는 범죄를 증가시킨다.
> ⑤ 상호적·공식적 계약에 의한 사회는 가족적·종족적 연대에 의한 사회보다 범죄율이 높다.
> ⑥ 강제력과 권력에 의하여 통제되는 사회는 계약적이고 가족적 체계에 의한 사회보다 범죄율이 높다.
> ⑦ 계급 간의 차이가 큰 사회는 계급 간의 차이가 작은 사회보다 범죄율이 높다.
> ⑧ 심리적 고립감, 무규범의 정도가 높은 사회는 사회적 통합성과 유대가 높은 사회보다 범죄율이 높다.
> ⑨ 물질적으로 풍요로운 사회는 빈곤한 사회보다 범죄율이 높다.
> ⑩ 공식적 규범과 비공식적 규범 간의 갈등이 심한 사회는 두 요소가 일치하는 사회보다 범죄율이 높다.
> ⑪ 전쟁에서 패배한 사회는 권위구조의 붕괴로 인하여 범죄율이 증가한다.
> ⑫ 홍수, 지진 등의 갑작스러운 재해는 도덕과 규범적 통제를 약화시켜 범죄발생을 증가시킨다.

2. 도시화와 범죄 참고

(1) 사회해체와 생활의 불안전성이 도시에서 범죄가 다발하는 이유이다.

(2) 재산범죄·풍속범죄 및 기술적이고 지능적인 범죄는 도시의 범죄로, 폭력적·본능적·충동적인 범죄는 농촌의 범죄로 인식하기도 하지만, 교통과 메스컴의 발달로 차이가 점차 희박해지고 있다.

(3) 도시지역에서 범죄가 많이 발생하는 이유로는 이웃과 연대감 약화, 인구과밀로 인한 분쟁의 소지, 상이한 가치관으로 인한 규범의식 희박, 타인에 대한 무관심, 자신을 숨길 수 있는 익명성, 유혹의 기회, 경쟁사회로 인한 스트레스 및 불안감, 도주가 용이한 점 등을 들 수 있고 해결방안은 지역사회의 조직화이다.

3. 자연환경과 범죄 참고

(1) 계절과 범죄

① 재산범죄 : 겨울철에 많고 여름철에 적다(따뜻한 지방보다 추운지방이 많다).
② 폭력범죄 : 여름철에 많고 겨울철에 적다.
③ 성범죄 : 봄에 증가하기 시작하여 여름철에 최고조를 이루다가 추워질수록 감소한다.

(2) 요일과 범죄

요일 자체의 특성보다는, 올림픽과 같이 당해 요일의 경제·사회·문화적 환경에 더 많이 영향을 받는다.

(3) 시간과 범죄

범죄는 오후와 야간에 많이 발생하고, 특히 대인범죄는 20 ~ 24시에 많이 발생한다. 우리나라의 경우 절도는 저녁과 밤사이, 강도는 밤과 새벽사이에 많이 발생한다.

4. 사회계층과 범죄 참고

(1) 빈곤과 범죄

① 절대적 빈곤 : 절대적 빈곤과 범죄와의 연관성은 일반적으로 인정한다.
② 상대적 빈곤 : 타인과 비교로 인한 심리적 박탈감을 의미하므로 어떤 계층에도 존재한다.

(2) 경제상태와 범죄

① 봉거(Bonger) : 경제적 결정설 입장에서 사회주의적 범죄관인 환경설을 최초로 주장하였다.
② 반칸(Van Kan) : 자본주의 사회를 범죄의 온상으로 보고, 빈곤의 범죄결정력에 치중하였다.
③ 엑스너(Exner) : 범죄통계를 기초로 경제발전과 범죄와의 관계를 연구하였다.
④ 메이어(Mayer) : 곡물가격의 변동과 재산범죄(절도범)의 상관관계를 최초로 연구하였다.

(3) 경제변동과 범죄

① 곡물가격과 범죄 : 식량비와 재산범죄는 정비례한다.
② 소득변동과 범죄 : 물가와 재산범은 정비례하고, 임금변동과 재산범죄는 반비례한다.
③ 경기변동과 범죄
   ㉠ 호황기 : 종업원·젊은층 범죄가 증가하고, 사치성 범죄가 증가한다.
   ㉡ 불황기 : 여성보다 남성, 미혼자보다 기혼자의 범죄율이 증가한다. 기업주와 고연령층의 범죄가 증가하고, 절도 등 일반범죄가 증가한다.

(4) 화폐가치의 변동과 범죄

① 인플레이션 : 물건 자체를 절도하는 재산범죄가 증가하고, 풍속범과 대인범죄는 감소한다.

② 디플레이션 : 금전에 대한 범죄가 증가한다.

5. 매스컴과 범죄 ★

(1) 의의

대중전달 매체인 매스컴 또는 매스미디어는 범죄를 억제하는 순기능적 역할을 한다는 관점과 범죄를 촉진하는 역기능적 역할을 한다는 상반된 관점이 있다.

(2) 매스컴의 범죄무관론(매스컴의 순기능, 범죄억제기능, 정화론적 입장)

① 의의

ㄱ 매스컴은 비인격적인 사회적 환경에 불과하므로 범죄 증가와는 무관하며, 오히려 범죄를 감소하는데 기여한다는 입장이다.

ㄴ 크래퍼(Klapper), 리커티(Ricutti), 레윈(Lewin) 등 주로 미국의 사회학자들이 주장하였다.

② 내용

ㄱ 민감화작용 : 폭력에 강력하게 반응하고, 지각된 윤리의식으로 모방을 더 어렵게 한다.

ㄴ 정화작용(카타르시스) : 폭력물 시청이 오히려 정서적 이완을 가져와 자극을 발산하게 함으로써 공격적 성향을 감소시킨다.

ㄷ 문화개발이론 : 사회문화의 구조적 모순과 갈등을 통합하고 조정하는 역할을 한다.

ㄹ 억제가설 : 폭력피해에 대한 책임감과 보복에 대한 공포심 등을 일으켜 범죄충동을 억제시킨다.

(3) 매스컴의 범죄유관론(매스컴의 역기능, 학습이론적 입장)

① 의의

ㄱ 매스컴으로 인해 시청자들이 심적으로 충동을 받거나 실제로 모방을 하는 등 범죄 증가와 직접적 또는 간접적으로 관련이 있다는 입장이다.

ㄴ 캇츠(Katz), 버코비츠(Berkowitz), 윌슨(Wilson), 슈람(Schramm) 등이 주장하였다.

ㄷ 매스컴과 범죄유관론으로는 단기효과이론과 장기효과이론이 있다.

② 내용

ㄱ 단기(직접)효과이론 : 시청자들에게 모방충동을 야기시키고, 범죄수법을 시사해주는 등 폭력을 우상화·영웅화함으로써 직접적으로 범죄를 유발하게 한다는 이론이다.

ㄴ 장기(간접)효과이론(슈람, Schramm)

ⓐ 슈람(Schramm)이 주장한 이론으로 가장 유력한 견해로 인정받고 있다.

ⓑ 매스컴이 취미생활의 변화, 건전한 정신발달 저해, 무비판·무감각적 성향 증대, 오락

물 탐닉, 과잉묘사 및 엽기적인 취향 등을 유입하게 함으로써 간접적(장기적)으로 범죄 유발효과를 가져온다는 이론이다.

> **구별**
> ① 슈어(Schur) : 낙인이론가로서 자아관념으로서의 일탈을 주장하였다.
> ② 슈람(Schramm) : 매스컴의 장기(간접)효과이론을 주장하였다.
> ③ 슈바브(Schwab) : 범죄초발연령과 체격형에 관한 일반적 범죄생활곡선을 연구하였다.

(4) 학습이론적 관점

① 의의

매스컴을 통한 모방효과 · 강화작용 · 둔감화작용 · 습관성 등으로 인해 범죄유발효과가 발생한다는 것이 학습이론적 관점이다.

② 내용

㉠ 모방효과(자극성가설) : 매스컴을 통한 관찰학습과 상징적 모방을 통해 범죄가 유발된다.

㉡ 강화작용 : 매스컴을 통해 개인의 특정한 성향이나 비건전한 가치가 강화되어 범죄가 유발된다.

㉢ 둔감화작용 : 매스컴을 많이 시청하게 되면 비행에 둔감하게 되고 죄책감을 느끼지 않게 되어 범죄가 유발된다.

㉣ 습관성가설 : 끊임없는 범죄보도로 범죄에 대한 정상적인 감각이 마비되면 범죄가 유발된다.

6. 전쟁과 범죄 참고

(1) 엑스너(Exner)는 제1차 대전 전후의 독일을 대상으로 4단계(감격기 · 의무이행기 · 피로이완기 · 붕괴기)로 나누어 연구하였다.

(2) 전쟁으로 인한 인플레이션, 경제불황, 생활궁핍과 관련된 범죄가 증가하였다.

(3) 재산범죄는 증가한 반면 인신범죄는 감소하고, 여성과 소년범죄가 증가하였다.

03 최근의 범죄추세   J U S T I C E

1. 범죄율과 검거율

(1) 범죄율

① 범죄율은 전체범죄 발생건수를 인구 10만 명을 기준으로 산출한 것이다.
② 이는 인구변동과 관계없이 범죄발생의 심각성을 나타낸다.
③ 범죄율은 통계수치에 불과하므로, 범죄와 범죄자와의 상관관계를 설명할 수 없고, 중한 범죄와 경한 범죄를 동등하게 취급하는 단점이 있다.
④ 우리나라의 범죄율은 1990년 이후 지속적으로 증가해 오다가 2005년 이후에는 약간의 기복은 있지만 비슷한 추세를 보이고 있다.

(2) 검거율

실제로 인지한 범죄자를 검거하는 비율을 산출한 것이다. 우리나라는 1990년대 이후 평균 90% 이상을 유지해오다가 2003년부터 검거율이 90% 아래로 떨어지고 있다.

2. 범죄별 특성과 추세 참고

(1) 강력범죄

살인 · 강도 · 강간 · 방화 등의 강력범죄 및 형법범은 대체로 지속적인 증가추세를 보이고 있다.

(2) 교통범죄

교통사고 예방대책에 따라 영향을 많이 받으며, 최근 토요휴무제를 실시한 이후 음주운전으로 인한 사망 등의 교통사고가 증가하는 경향이 있다.

(3) 컴퓨터(사이버) 범죄

① 의의
컴퓨터범죄는 컴퓨터를 조작하거나 오 · 남용해 불법적으로 정보 또는 경제적 가치를 취하거나 다른 사람에게 손실을 주는 것을 뜻한다. 급속한 기술 발달로 갈수록 지능화 · 고도화되면서 그 피해규모가 커지고 있어, 어떤 범죄보다 신속한 대응이 절실히 필요하다.
② 특징
㉠ 범행이 반복적 · 지속적이고, 피해정도가 광범위하다.
㉡ 직접적인 신체적 접촉없이 가능하고, 단기간에 많은 정보를 처리할 수 있다.
㉢ 전문지식이 없이는 적발이 곤란하고, 피해를 당한 기업들이 이미지 손상을 우려해 은폐하

는 경우가 많다.

ⓔ 정보에 대한 개념이 불확실하고, 기술발전 속도가 빨라지는 만큼 위법성 판단기준을 정하기 어려운 점이 있다.

ⓜ 보호객체인 데이터는 이동 및 공유가 가능하므로 배타적인 소유권을 인정하기 어려운 점이 있다.

ⓗ 컴퓨터범죄는 다른 범죄에 비해 전체적인 피해규모가 큰 편임에도 불구하고 이에 대한 범죄성 인식은 부족한 편이다.

(4) 환경범죄

① 의의

환경범죄는 사람의 건강에 위해를 가하거나 환경을 파괴하는 환경오염 행위 등을 뜻한다.

② 특징

㉠ 자연적 재해가 아닌 인위적으로 야기되는 범죄이다.

㉡ 현상이 단기간에 나타나지 않고 상당기간 경과한 후 불특정 다수인에게 나타난다(인위성, 간접성, 전파성, 완만성).

㉢ 행위자의 범죄의식이 희박하고, 신체적·사회적 약자가 피해자이다.

㉣ 공해방지 기술과 관련이 많고, 행위자가 다수인 경우 책임의 주체가 불명확하다.

(5) 조직범죄

① 의의

㉠ 조직범죄는 위협 또는 무력을 사용하거나 불법적 활동을 통해 이득을 추구하고 법망을 피하기 위해 부패를 이용하는 집단에 의한 범죄를 뜻한다.

㉡ 우리나라에서는 주로 조직폭력범죄를 문제시 하고 있으며, 최근에는 광역화·기업화되고 있는 경향이 있다. 자금동원 방법도 자금세탁을 하는 등 지능화·다양화되고 있으며, 외국의 조직폭력집단과 연계하는 국제화 경향을 보이고 있다.

② 조직범죄 근절대책

㉠ 조직규합을 와해시키고 세력확장을 차단해야 한다.

㉡ 청소년폭력조직을 선도하여 조직범죄 구성원으로 유입되는 것을 차단해야 한다.

㉢ 국제적인 조직망을 갖춘 외국의 범죄조직과의 연계를 차단해야 한다.

㉣ 조직범죄의 경제적 기반을 와해시키기 위해 자금원을 차단해야 한다.

(6) 마약류범죄

의존성이 있는 물질을 오용·남용하는 것으로, 보통 마약·대마·향정신성의약품에 대한 제반 관련규정을 위반하는 것을 말하며, 「마약류 관리에 관한 법률」로 통합해 시행하고 있다.

(7) 경제범죄

① 재산범죄

개인적 법익을 침해하는 범죄를 뜻한다.

② 경제범죄

경제범죄는 국가나 사회의 경제구조 및 경제기능을 침해하는 범죄를 뜻한다. 이는 빈곤으로 인한 범죄와는 달리, 지극히 타산적인 영리성, 타인을 따라하는 모방성, 다수가 연관된 상호연쇄성, 지능적이고 전문지식에 의한 전문성, 권력과 결탁하는 신분성과 권력성 등이 특징이다.

(8) 화이트칼라 범죄(White Collar : 서덜랜드) ★

① 의의

㉠ 서덜랜드(E. H. Sutherland)가 최초로 화이트칼라 범죄를 정의하였다.

㉡ 화이트칼라 범죄는 경영인 등 높은 사회적 지위를 가진 자가 이욕적 동기에서 자신의 직업활동과 관련해 행하는 범죄로 정의하고, 학습의 결과로 보았다.

㉢ 경제범죄, 기업범죄, 공무원범죄, 환경범죄, 컴퓨터범죄 등을 예로 들 수 있다.

② 내용

㉠ 법률의 허점을 교묘히 악용하거나 권력과 결탁해 은밀히 자행되고 있어 암수범죄가 많이 발생한다.

㉡ 피해규모가 큰 반면, 간접적이고 조직적으로 은밀히 자행되고 있어 일반인은 유해성을 잘 못 느낀다.

㉢ 직무와 무관한 살인·폭력과 같은 일반형사범은 화이트칼라 범죄에서 제외한다.

③ 영향

㉠ 사회적 불신풍조 조장과 부정부패의 원인이 된다.

㉡ 사회질서와 도의가 저하되어 결국 사회해체의 원인이 된다.

㉢ 피해가 광범위하므로 사회와 국가 전체에 피해를 줄 수 있다.

④ 특징

관료적, 권력적, 지능적, 착취적, 간접적(우회적), 욕망적, 이욕적(영리성), 조직적, 계획적, 은폐적, 신분적, 장기적, 연속적, 모방성, 상호연쇄성, 전문성, 피해감정의 미약성 등을 특징으로 들 수 있다.

CHAPTER
5

범죄인 분류

01 범죄인의 개념 참고

1. 「형법」상의 범죄자(범죄인)

「형법」상의 범죄자는 실정법규를 위반한 자를 뜻한다.

2. 형사정책상의 범죄자

형사정책상의 범죄자는 「형법」상 범죄자 뿐만 아니라 일탈행위자·비행자 등을 모두 포함하는 넓은 개념이다.

02 범죄인 분류의 의의

1. 의의

범죄인 분류는 범죄자를 유형별로 분류하여, 범죄원인을 규명하고 범죄인의 처우대책을 수립함과 함께 궁극적으로는 범죄방지대책을 수립하는 것이 목표이다. 이는 범죄원인을 규명하는데 도움이 될 뿐만 아니라, 범죄예방·수사·재판·교정 등 각 방면의 대책을 수립하는데 기초가 된다.

2. 분류의 종류

(1) 범죄인 분류

범죄자를 유형별로 분류하는 것을 뜻하며, 궁극적인 목적은 범죄방지대책 수립이다.

(2) 피해자 분류

피해자가 되기 쉬운 피해자성을 밝히는 것을 목적으로 한다.

(3) 수형자 분류

수형자에 대한 개별처우의 전제조건이며, <u>교정교화</u>와 처우의 과학화를 위해 실시한다.

03 범죄인 분류

1. 롬브로조(C. Lombroso)의 분류 〈6분류〉 ★

(1) 의의

자연과학적인 범죄인류학적 측면에서 처음으로 범죄를 연구하였으며, 범죄인을 6분류하고 이에 상응한 처우를 주장하였다.

(2) 분류

① 생래적 범죄인
   ㉠ 생물학적 열등성(격세유전)을 지닌 전형적인 범죄인을 말한다.
   ㉡ <u>초범자도 무기구금하고, 누범자는 사형</u>에 처해야 한다.
② 정신병 범죄인
   ㉠ 정신적 결함에 의한 범죄인을 말한다.
   ㉡ 처벌은 생래적 범죄인과 같다.
③ 격정(우발) 범죄인
   ㉠ 순간적 흥분에 의한 범죄인을 말하며, 살인범의 경우 격정범이 절대다수이다.
   ㉡ 벌금으로 처벌해야 한다.
④ 기회 범죄인
   ㉠ 우연적 범죄인(사이비 범죄인) : 명예와 생존을 위한 범죄행위를 말한다(정당방위 등).
   ㉡ 준범죄인 : 생래적 범죄인과 구별되지만, 간질과 격세유전이라는 점에서는 유사하다.
⑤ 관습 범죄인 : 좋지 못한 환경의 영향으로 관습적으로 행하는 범죄행위를 말한다.
⑥ 잠재적 범죄인 : 알코올·분노 등 특별한 상황하에서의 범죄행위를 말한다.

2. 페리(E. Ferri)의 분류 〈5분류〉 ★

(1) 의의

① 페리는 롬브로조와 달리 사형폐지론자이다.
② <u>페리는 롬브로조의 잠재적 범죄인을 없애고 5분류하였다.</u>

(2) 분류

① 생래적 범죄인

    ㉠ 롬브로조의 생래적 범죄인과 같다(격세유전).

    ㉡ 무기격리와 유형에 처해야 한다(롬브로조와는 달리 <u>사형은 주장하지 않음</u>).

② 정신병 범죄인

    ㉠ 정신병 또는 신경증적 이상으로 인한 범죄자를 말한다.

    ㉡ 정신병원에 수용하여야 한다.

③ 관습(상습) 범죄인

    ㉠ 나쁜 습관으로 인한 범죄자를 말한다.

    ㉡ 개선가능한 자는 훈련시키고, 개선불가능한 자는 무기 격리해야 한다.

④ 기회범죄인 또는 우발 범죄인(<u>대부분이다</u>)

    ㉠ 좋지 못한 환경으로 인한 범죄자를 말한다.

    ㉡ 중한 자는 훈련 및 치료 조치하고, 경한 자는 손해배상 조치를 하여야 한다.

    ㉢ 범죄자 중 가장 많고, 처우가 가장 필요한 범죄자이다.

⑤ 격정 범죄인

    ㉠ 급성적 또는 만성적 정신장애로 인한 범죄자를 말한다.

    ㉡ 손해배상 또는 필요시 강제이주 조치를 하여야 한다.

3. 가로팔로(R. Garofalo)의 분류 〈3분류〉 ★

(1) 의의

범죄인류학적 요인에 사회심리학적 요소를 가미해서 범죄자를 3분류하였다.

(2) 분류

① 자연범

    ㉠ 인류의 근본적 · <u>애타적 정조의 결여</u>, 즉, 연민의 정(동정심)과 성실의 정(정직성)의 결여로 인한 범죄자를 말한다. 이는 개선효과가 전혀 없는 폭력 · 살인 등 원시적인 범죄인과 생래적인 범죄인을 말한다.

    ㉡ <u>자연범에 대하여는 사형과 유형을 주장</u>하였다(단, 비상습적인 재산범 중 소년은 수용훈련, 성년은 강제노역 조치).

    ㉢ 자연범의 종류 : 살인(모살 : 謀殺), 폭력(강도), 재산(절도), 풍속(강간) 범죄인 등이 있다.

② 법정범

    ㉠ 자연범 이외의 범죄인으로 법률에 범죄로 규정한 범죄를 말한다.

    ㉡ <u>법정범에 대하여는 정기구금을 주장</u>하였다.

③ 과실범

과실범에 대하여는 불처벌을 주장하였다(강제적 보상 주장).

> ⊙ **범죄인류학파**
> 처우방법을 차별화(개별처우)하기 위한 범죄인 분류를 중시하였다.

4. 리스트(F. Liszt)의 분류

(1) 의의

"처벌되어야 할 것은 행위가 아니고 행위자이다"라고 하면서, 주관주의와 목적주의 입장에서 행위자(범죄자)의 '반사회적 위험성'의 정도에 따라 범죄인을 분류하고 처우할 것을 주장하였다.

(2) 분류

① 리스트

범죄원인보다 범죄대책적인 측면에서 개선가능한 자와 개선불가능한 자로 나누고, 개별적인 범죄인의 반사회성에 따라 형벌을 개별화할 것을 강조하였다.

② 처우

⊙ 개선가능한 자

ⓐ 개선이 필요한 자 : 개선형을 주장하였다(개선을 위한 형벌).

ⓑ 개선이 불필요한 자 : 위하형을 주장하였다(위하를 목적으로 하는 벌금형 등).

ⓒ 개선불가능한 자

개선이 불가능한 자는 종신형 등 무해화 처분(범행불가능 처분)을 주장하였다. 이는 보안처분 등 사회방위를 중시한 것이다.

> ⊙ **리스트(F. Liszt)**
> 리스트는 목적형주의자로 단기자유형은 피해야 한다고 주장하였으며, 개선·위하·무해화라는 형벌효과를 기초로 이에 상응하는 범죄인 유형을 찾으려고 하였다.

● 리스트의 범죄인 분류

리스트(F. Liszt)		
개선 불가능자	법익침해 의식이 없거나 희박한 범죄인	**무해화조치** 사회는 개선이 불가능한 자로부터 스스로를 방위해야 하므로 이들에게는 종신형에 의한 무해화 조치를 취해야 한다. 개선불가능한 자의 문제는 사회적 병리현상에 속하므로 이들에 대한 범죄 학적 · 형사정책적 연구는 매우 중요
개선 가능자	동정범죄인 긴급범죄인 성욕범죄인 격정범죄인	**개선조치** 선천적 · 후천적으로 범죄성향이 있으나, 개선이 불가능한 상태에 이르지 않은 자에게는 개선을 위한 형벌이 부과되어야 한다. 다만, 단기 자유형은 불합리한 결과를 초래하므로 피해야 한다.
기회범	명예 · 지배욕범죄인 이념범죄인 이욕 · 쾌락욕범죄인	**위하** 일시적인 행위로 범행한 자에 대한 형벌은 손상된 법률의 권위를 회복시키는 것으로 충분하므로 위하의 목적으로 부과해야 한다. 다만 형벌은 벌금 정도가 적합하고 단기자유형은 피해야 한다.

5. 국제형사학협회(I. K. V)의 분류 〈3분류〉

(1) 의의

국제형사학협회는 창설자인 리스트의 영향을 받아, 행위자의 사회적 위험성이라는 관점에서 3분류하였다.

(2) 분류

① 개선가능

순간적 범죄인, 즉 기회적인 범죄인을 말한다.

② 개선곤란

사회생활 적응능력이 현저하게 약화된 범죄인을 말한다.

③ 개선불가능

사회생활 적응능력을 기대할 수 없는 범죄인을 말한다.

6. 아샤펜부르그(G. Aschaffenburg)의 분류 〈7분류〉 ★

(1) 의의

범죄인의 개인적 요소(혈통, 연령, 성별, 신체적 · 정신적 특성)와 환경적 요소(종교, 직업, 자연환경, 경제조건)가 결합된 행동양식, 즉 법적 안정성에 대한 위험성 정도를 기준으로 7분류하였다. 이는 국제형사학협회의 분류를 세분화한 것으로, 가장 전통적인 분류방법이다.

(2) 분류

① 우발 범죄인

과실범의 일종이다(부주의 범죄자).

② 격정 범죄인

순간적인 감정 폭발로 인한 범죄자를 말한다.

③ 기회 범죄인

우연한 기회가 동기가 된 범죄자를 말한다(유실물의 착복, 공복 중의 빵도둑 등).

사려가 부족하고 유혹에 잘 빠지는 것이 특징이다.

④ 예모 범죄인

사전에 심사숙고하고 냉정한 계획수립 후에 실행한 범죄자를 말한다(고도의 공공위험성이

있음).

⑤ 누범 범죄인

㉠ 유사한 심리적 동기로 범죄를 반복하는 범죄자를 말한다.

㉡ 인격과 결부해야만 이해가 된다고 한다.

⑥ 관습 범죄인

㉠ 범죄생활이 습관화되어 있고, 처벌받는 것을 불명예로 생각하지 않는 자를 말한다.

㉡ 대부분 소극적인 성격의 소유자로, 심리적 변질이 주요원인이다(부랑자 · 매춘부 등).

⑦ 직업 범죄인

㉠ 범죄를 직업으로 생각하고, 주로 특수한 소질을 가진 범죄자를 말한다.

㉡ 적극적인 범죄욕구를 지니고 있고 대부분 개선불가능한 자이다.

7. 그룰레(W. Gruhle)의 분류 〈5분류〉

(1) 기본이해

범죄는 여러 가지 동기로부터 일어나는 인간의 행동양식이라고 하면서, 동기를 심리학적으로 분석하여 5분류하였다.

(2) 분류(경향, 박약, 격정, 명예, 곤궁)

① 경향으로 인한 범죄인

㉠ 능동적 경향범죄인 : 범죄를 직업으로 생각하고 자진해서 범죄를 행하는 자를 말한다(직업 범죄인).

㉡ 수동적 경향범죄인 : 범죄를 거부하지 않지만 자진하여 범죄를 하지 않는 자를 말한다.

② 박약으로 인한 범죄인

저항력이 박약해서 범행을 하는 자를 말한다(정신박약자 · 매춘부).

③ 격정으로 인한 범죄인

순간적인 감정폭발로 범행을 하는 자를 말한다(질투심으로 인한 살인).

④ 명예(확신)으로 인한 범죄인

정치범이 주로 이에 속한다.

⑤ 곤궁으로 인한 범죄인

경미한 재산범과 기회범죄인이 많다.

8. 젤리히(E. Seelig)의 분류 〈8분류〉

(1) 의의

범죄인의 인격적 특징과 행동양식 양면을 종합하여 범죄인을 분류하였다.

(2) 분류

① 노동을 기피하는 직업범죄인

범죄를 통해 생활비를 취득하는 자를 말한다(부랑자 · 소매치기 · 좀도둑 등).

② 저항력이 약한 재산범죄인

환경자극에 대한 저항이 약하여 때때로 재산범죄를 범하는 자를 말한다.

③ 공격벽으로 인한 범죄인

습관적인 흥분이나 긴장상태로 사소한 자극에도 폭발적으로 적대시하는 자를 말한다.

④ 성적 억제력 결여로 인한 범죄인

성도착상태에서 억제력의 결여로 행하는 풍속범죄자를 말한다.

⑤ 위기 범죄인

사춘기 · 갱년기 · 파산 등 갈등적 상황에 의해 일시적으로 범죄를 하는 자를 말한다.

⑥ 원시적 반응의 범죄인

월경 시의 절도 충동과 같이 인격적 통제가 곤란한 상태로 인한 범죄자를 말한다.

⑦ 확신범

일정한 개인적 · 사회적 신조를 지키기 위해 범죄를 하는 자를 말한다.

⑧ 공동체규율의 결함으로 인한 범죄인

교통법규 · 경제법규 등을 위반한 자 또는 과실범을 말한다.

9. 콰이(Quay)의 분류 〈4분류〉

(1) 의의

콰이는 심리학적 원인을 기준으로 범죄인을 4분류하였다.

(2) 분류

① 사회화 결핍과 정서적 감응 결핍에 의한 범죄인
② 죄책감·불안을 수반한 적대행동을 하는 범죄인
③ 하위문화를 통해 발생하는 인격장애로 인한 범죄인
④ 통상의 미성숙상태로 인한 범죄인

10. 마이호퍼(W. Maihofer)의 분류 〈4분류〉

(1) 의의

마이호퍼는 재사회화 이념에 따라 범죄자를 분류하고 유형별로 형벌목적을 달리해야 한다고 하였다.

(2) 분류

① 속죄 용의가 있는 기회범 : 사회봉사활동을 시키는 등 속죄의 기회를 주어야 한다.
② 속죄 용의가 없는 기회범 : 형벌을 부과하되, 사회화에 장애가 되는 자유형은 배재해야 한다.
③ 개선 가능한 상태범 : 개선에 효과적인 교육형을 부과하여야 한다.
④ 개선 불가능한 상태범 : 사회보호 및 책임주의에 입각한 보안처분을 부과하여야 한다.

11. 스툼플(F. Stumpfl)의 범죄인 분류 〈다원적 관점, 2군으로 분류〉 ★

(1) 의의

범죄인의 성격적 태도 또는 장래의 징후를 기준으로 범죄인을 2군으로 분류하였다.

(2) 분류

① 성격적 태도에 의한 분류
　㉠ 경범죄인(갈등범죄인) : 외적사정이나 내적갈등으로 인하여 범죄를 하는 자를 말한다.
　㉡ 중범죄인 : 외적사정이나 내적갈등 없이 이상한 퇴화가 결정적인 원인으로 작용해 범죄를 하는 자를 말한다.
② 장래의 징후에 의한 분류(경범죄인과 중범죄인에 대한 하위분류임)
　㉠ 조발성범죄인 : 25세 이전에 범죄를 범한 자를 말한다.
　㉡ 지발성범죄인 : 고년기(高年期)에 범죄를 범한 자를 말한다.

12. 엑스너(F. Exner)의 분류 〈다원적 관점〉

(1) 의의

① 엑스너는 다른 학자와는 달리 다원적(포괄적) 관점에서 범죄인을 분류하였다.

② 범죄자의 기본형을 여러 가지 관점에서 분류한 매우 포괄적인 분류방법이다.

(2) 분류

① 성격학적 범죄인 분류
   ㉠ 범죄인의 유사한 성격에 기인한 분류 : 크레취머와 셀던의 분류가 유명하다.
   ㉡ 범죄인의 성격적 태도를 기준으로 분류 : 상태범죄인(성격이 원인), 기회범죄인
② 유전생물학적 범죄인 분류
   내인성범죄인과 외인성범죄인이 있다.
③ 범죄심리학적 범죄인 분류
   범행동기에 의한 분류이다(소유욕·성욕·호기심·복수·격정·정치적 동기 등).
④ 체질학적 범죄인 분류
   범죄자 중에는 세장형과 투사형이 많고, 비만형은 적다.
⑤ 범죄사회학적 범죄인 분류
   성격적 특징보다 외적현상을 기준으로 한 분류이다(연령·직업 등).
⑥ 형사정책적 분류
   ㉠ 범죄방지수단을 기준으로 한 분류이다.
   ㉡ 범죄원인론적 분류, 예후진단적 분류, 연령계층적 분류 등이 있다.

> **범죄인 분류**
> ① 단원적(일원적) 관점에 의한 분류 : 롬브로조, 페리, 가로팔로, 리스트, 아샤펜부르그, 그룰레, 젤리히 등
> ② 다원적(포괄적) 관점에 의한 분류 : 스툼플, 엑스너 등

04 최근의 범죄인 분류

JUSTICE

1. 전통적인 분류방법의 한계

(1) 전통적인 범죄인 분류는 범죄원인론이나 범죄대책론 중 어느 한쪽에 치중하고 있어, 이를 보완하기 위해 범죄인과 범죄행위를 종합적으로 고려하여 수형자를 처우하기 위한 범죄인 분류가 시도 되었다.
(2) 이는 여러 가지 측면을 결합시킨 '생활력(Career)'이라는 개념을 사용하여 행위특성과 행위자특성을 통합하려는 미국 사회학자들의 입장이다.

2. 사우어(W. Sauer)의 분류

(1) 의의

개별범죄의 유형을 '행위유형'과 '행위자유형'으로 2분류하였다.

(2) 분류

① 행위유형 : 조폭범, 표현범, 배신범, 착취범
② 행위자유형 : 공격범, 이욕범, 본능범

05 우리나라의 형사사법상 범죄인 분류(5분류) ★   J U S T I C E

1. 우발범죄인

(1) **의의** : 범죄의 동기가 우발적이고 반복 가능성이 없는 비계획적인 범죄자이다.

(2) **대책** : 기소유예, 선고유예, 집행유예 등을 활용한다.

2. 상습범죄인

(1) 의의

① 동종의 범죄를 반복해 실행할 습성이 있는 자이다.
② 이는 행위가 아닌 행위자의 인격적 특성에서 야기된 범죄인을 말한다.
③ 잔학성, 조폭성, 음주벽, 노동혐오 등이 특징이다.

(2) 대책

부정기형 또는 사회방위처분이 필요하다. 「형법」에는 가중처벌 규정을 두고 있다.

3. 심신장애범죄인

(1) 의의

① 사물의 변별능력이 상실되거나 미약한 상태에서 범행을 한 자를 말한다.
② 개선이 불가능한 것은 아니다.

(2) 대책

형벌이 아닌 특별한 개선 및 치료감호 등의 처분이 필요하다.

4. 사상범죄인

(1) 의의

사상·신념 등에 의한 행위로 법규를 위반한 자(확신범·양심범 등)이지만, 개선이 불가능한 것은 아니다.

(2) 대책

공소보류제도, 보안관찰처분(기간 2년, 이론상 무제한 갱신 가능) 등을 활용한다.

(3) 사상범죄인에 대한 대책

① 라드브르흐 : 금고형을 주장하였다.
② 리프만 : 교육적 차원의 처벌을 주장하였다.
③ 하이츠 : 금고형보다 자유형으로 단일화할 것을 주장하였다.

5. 소년범죄인

(1) 의의

현행 「소년법」상 소년은 19세 미만의 자이다.

(2) 대책

보호처분, 상대적 부정기형 선고, 환형처분 금지 등을 활용하고 있다.

CHAPTER
6

피해자학과 범죄피해자 보상제도

01 피해자학

피해자학은 범죄로부터 피해를 받거나 피해를 받을 위험이 있는 자를 대상으로, 그 생물학적·사회학적 특성을 과학적으로 연구하고, 이를 기초로 범죄에 있어서의 피해자의 역할과 형사사법에 있어서 피해자 보호 등에 관해 연구하는 학문을 말한다.

1. 등장 배경

(1) 기존의 가해자만의 연구가 한계를 드러내자, 가해자와 피해자의 관계를 연구하여 광범위하고 효과적인 범죄대책을 강구할 필요성이 대두되었다.
(2) 가해자의 권리를 보호하는 것에 못지않게 피해자를 보호하는 것이 필요하다는 공감대가 형성되었다.
(3) 피해자학은 20C 중반 형사절차상 피해자의 권리가 충분히 반영되지 못하는 현실을 개선하기 위해 비롯되었다.

> ● **피해자의 중립화**
> 고대에 사인들 간의 복수가 국가의 형벌권으로 변모하게 된 배경은 피해자의 중립화이다.

2. 발전과정 참고

(1) 피해자학 용어

피해자학 용어는 1948년 미국의 워텀(Wartham)의 저서인 「폭력의 현장」에서 처음으로 사용하였다.

(2) 국제피해자학 심포지엄

1973년 예루살렘에서 최초로 국제피해자학 심포지엄이 개최된 이래 3년마다 개최되고 있다.

(3) 세계피해자학회

1979년 독일에서 개최된 제3회 국제피해자학 심포지엄 대회기간 중 피해자학의 연구와 국제적인 정보교환을 위하여 '세계피해자학회'가 설립되었다.

(4) 우리나라

① 우리나라는 1987년 「범죄피해자구조법」을 제정하고, 2005년 「범죄피해자보호법」을 제정하였다.
② 1992년에는 '한국피해자학회'를 설립하여 1993년부터 '피해자학연구' 학회지를 간행하는 등 피해자에 대한 관심이 꾸준히 증대되어 오고 있다.
③ 2010.5.14. 「범죄피해자구조법」과 「범죄피해자보호법」을 「범죄피해자보호법」으로 통합하면서 기존의 「범죄피해자구조법」은 폐기하였다.

3. 피해자학의 독립과학성 유무(독립과학성 인정)

(1) 초기에는 다수의 학자들이 피해자학의 독립적인 학문성을 부정하였다.
(2) 하지만 멘델존(Mendelsohn), 슈나이더(Schneider), 카스트로(Castro) 등 일부학자들은 독립과학성을 주장하며 이를 긍정한다.
(3) 최근에는 피해자에 대한 관심이 꾸준히 증대되면서 독립과학성이 부각되고 있다.

4. 피해자의 범위 참고

(1) 최협의

형식적 범죄개념에 해당하는 범죄행위에 의해 손해를 입은 사람을 뜻한다.

(2) 협의

실질적 범죄개념에 해당하는 범죄행위에 의해 법익을 침해당한 사람을 뜻한다.

(3) 광의(범죄피해자 보호법)

피해자를 범죄와 분리하고, 법익을 침해당한 사람 및 그와 관련을 맺고 있는 사람(가족 등)까지 포함한 개념이다.

(4) 최광의

피해자를 범죄와 분리하고, 형사사건 뿐만 아니라 민사·행정사건을 포함한 유해한 피해를 입은 모든 사람을 포함한다.

5. 피해자학의 연구 참고

(1) 의의

① 피해자학에 대한 연구의 효시로는 멘델존(B. Mendelsohn)으로 보고 있다.

② 본격적으로 피해자에 대한 연구가 시작된 것은 제2차 대전 이후이다.

③ 18C 말 재판사례연구 등과 같이 그 이전에도 단편적이지만 피해자에 대한 관심을 기울여 왔다.

(2) 발전과정

피해자학은 처음에는 범죄 발생에 있어서 피해자의 상호작용을 중심으로 연구하였다. 그 후 형사절차에 있어서 피해자의 권리와 안전을 적극적으로 보호하고, 국가가 공적으로 피해를 구제하는 방향으로 확대되면서 발전하였다.

(3) 멘델존(B. Mendelsohn)

① 루마니아의 변호사인 멘델존은 1940년 「범죄학에 있어서 강간사건과 여성판사의 필요성」을 발표하여 피해자학의 필요성을 피력하였다.

② 1956년 「피해자학 : 생물학·심리학·사회학의 지평선(새로운 접근)」에서 피해자학을 최광의로 해석해 독자적인 학문성을 주장하였다.

(4) 헨티히(H. von Hentig)

1948년 「범죄자와 그 피해자」에서, "피해자의 존재가 오히려 범죄자를 만들어낸다"고 지적하면서 범죄자와 피해자의 관계에 대한 과학적 연구의 필요성을 강조하였다. 그는 처음으로 피해자학을 체계적·학문적 수준으로 구성하였지만, 피해자학을 범죄학에 대한 보조과학으로 보았다.

(5) 엘렌베르거(H. Ellenburger)

1954년 「범죄자와 피해자 간의 심리학적 관계」에서 범죄원인에 대응한 피해원인이라는 개념을 제시하고, 범죄예방을 위해서는 피해원인이 범죄원인 못지않게 중요하다고 주장하였다.

(6) 프라이(M. Fry) 여사

1957년 「피해자를 위한 정의」 논문에서 피해자의 공적구조에 대한 관심을 촉구하였다. 그 영향으로 뉴질랜드에서 최초로 1963년에 「범죄피해자보상법」을 제정하였다.

02 피해자의 분류

1. 의의

피해자학의 발전은 피해자의 과학적 분류에서 출발하였으며, 피해자의 분류에 크게 기여한 학자로는 멘델존 · 헨티히 · 엘렌베르거 · 레클리스 · 칼멘 등이 있다.

2. 멘델존(Mendelsohn)의 분류 ★

(1) 의의

범죄에 대한 피해자의 유책성 정도를 기준으로 분류하였다.

(2) 분류

① 이상적인 피해자로 책임이 전혀 없는 피해자
   영아살인죄의 영아, 약취 · 유인죄의 유아
② 무지에 의한 피해자로 유책성이 적은 피해자(피해자 중 절대다수임)
   낙태로 인해 사망한 임산부(무지에 의한 피해자)
③ 자발적인 피해자로 가해자와 동등한 정도로 유책한 피해자
   동반자살, 촉탁과 승낙에 의한 살인
④ 가해자보다 유책한 피해자
   모친에게 살해된 패륜아, 유발적 피해자, 부주의에 의한 피해자
⑤ 가장 유책한 피해자
   ㉠ 공격적 피해자 : 정당방위의 상대방, 가해자적 피해자
   ㉡ 기망적(기만적) 피해자 : 무고죄의 범인
   ㉢ 환상적(상상적) 피해자 : 피해망상자, 히스테리 발작자, 병적 거짓말쟁이

3. 칼멘(Karmen)의 분류 ★

(1) 의의

규범과 피해자의 책임을 종합적으로 고려해 분류하였다.

(2) 분류

① 비행적 피해자
   ㉠ 반사회적 행위로 비행의 표적인 자
   ㉡ 속이려다 오히려 사기 당한 경우

© 피해자가 범죄를 유발 또는 촉진한 경우

② <u>유인 피해자</u> : 유인으로 인한 강간 피해자

③ <u>조심성 없는 피해자</u> : 관리소홀, 방치 등

④ <u>보호받을 가치가 없는</u> 피해자 : 비판범죄론 등에서 주장하는 부정축재자 등

4. 헨티히(Hentig)의 분류 ★

(1) 의의

약자와 심리학적 측면에서 분류하였다.

(2) 분류

① 일반적 피해자

<u>어린이, 여성, 노인, 소수민족, 정신장애자 등 정신적 · 신체적 약자인 것이 특징이다.</u>

② 심리학적 피해자

의기소침자, 무관심자, 탐욕자, 호색가, 학대자, 폭군, 정서불안자, 파멸된 자 등이 있다.

범죄인에게 가장 유력한 먹이는 '파멸된 자'이다.

5. 엘렌베르거(Ellenburger)의 분류 ★

(1) 의의

피해자가 되기 쉬운 심리학적 측면을 기준으로 분류하였다.

(2) 분류

① 잠재적 피해자(피해자가 되기 쉬운 자)

피학대자, 우울증 환자, 죄책감 소지자, 자기도취에 빠진 자 등이 있다.

② 일반적 피해자

정상적인 성격을 간직하고 있는 자이다.

6. 레클리스(Reckless)의 분류 ★

(1) 의의

피해자가 가해자에게 중대한 도발을 했는지를 기준으로 분류하였다.

(2) 분류

① 순수한 피해자 : 가해자 - 피해자 모델

② 도발한 피해자 : 피해자 - 가해자 - 피해자 모델

7. 쉐이퍼의 분류(기능 중심)

① 무관한 피해자 : 범죄 책임이 없는 유형
② 유발적 피해자 : 범죄에 일부 책임이 있는 유형
③ 촉진적 피해자 : 범죄자와 책임을 공유하는 유형
④ 연약한 피해자 : 사회적으로 나약하고 책임이 없는 유형
⑤ 신체적으로 나약한 피해자 : 신체적으로 나약하고 책임이 없는 유형
⑥ 자기피해자화 : 피해가 전적으로 자기책임인 유형(매춘, 약물 등)
⑦ 정치적 피해자 : 책임이 없는 피해자 유형

8. 볼프강의 분류

① 1차 피해자화 : 개인범주
② 2차 피해자화 : 조직규모
③ 3차 피해자화 : 사회질서 파괴자
④ 가정폭력범죄 : 범죄자와 피해자가 가장 밀접하게 연결되는 영역(개인적 성격의 범죄로 인식)

03 피해자학 이론 참고

JUSTICE

1. 피해자학 이론의 주요개념

피해자학의 주요개념은 범행의 기회와 대상의 선택으로 구별한 후, 전자를 범죄와의 접근성과 범죄에의 노출로 구분하고, 후자를 표적의 매력성과 보호능력으로 구분한 것이다.

(1) 범행의 기회

① 범죄와의 접근성
  범죄 다발지역에 가까울수록 피해 위험성이 증대된다.
② 범죄에의 노출
  범죄에 대한 개인의 취약 가능성을 의미하며, 외진 지역, 위험한 시간 등을 말한다.

(2) 대상의 선택

① 표적의 매력성
  특정한 표적이 범죄자에게 상징적·경제적 가치가 있는 것을 의미한다. 다수의 화폐 보유, 고급 보석 착용 등을 말한다.

② 보호능력

경비 등 범죄발생을 미연에 방지할 수 있는 능력을 뜻한다.

2. 범죄기회이론(범죄피해 원인론)

범죄기회이론은 범죄피해 원인에 대한 해명이론으로 '생활양식노출이론'과 '일상생활이론' 및 이를 결합한 대안이론인 '구조적 선택이론'과 '합리적 선택이론'(표적선택 과정이론)이 있다.

(1) 생활양식노출이론

① 힌델링(Hindlang)이 주장한 미시적 관점의 이론이다.

② 이는 개인의 일상적인 생활양식이 그 사람의 범죄피해 위험성을 결정하는 중요한 요인으로 보는 입장이다.

③ 즉, 성별·연령·계층 등으로 인한 차이는 직업·여가·생활 등의 차이를 가져오고, 이러한 생활양식의 차이에 의해 범죄위험성에 대한 노출의 정도와 범죄피해 가능성이 결정된다고 한다.

> 개인적 차이(성별·연령 등) ⇒ 생활양식 차이 ⇒ 노출정도 결정 ⇒ 범죄피해 가능성 결정

(2) 일상생활이론(거시적 관점) ★

① 코헨(L. Cohen)과 펠슨(M. Felson)이 주장한 거시적 관점의 이론으로, 범죄자가 아닌 범행의 조건을 특성화한 이론이다.

② 실업률·경제적 불평등·인종차별 등과 같은 일상생활(일상활동)의 구조적 변화가 범죄접촉에 직접적인 영향을 미친다는 견해이다.

③ 이는 동기를 가진 자, 적당한 범행대상(표적), 보호능력(경비)의 부존재 3요소를 결합하여 범죄를 설명한다.

④ 전통적인 범죄원인론은 첫째 요인(동기를 가진 자)인 범죄자의 규명에 중점을 두고 있는 반면, 일상생활이론은 둘째 요인(적당한 범행대상)과 셋째 요인(보호능력)을 중시하는 이론이다.

⑤ 일상생활이론은 모든 사람들은 이익은 극대화하고 고통은 최소화한다는 고전학파이론과 같이, 범죄의 동기나 범죄를 저지를 개연성이 있는 잠재적인 범죄인의 수는 일정하다는 고전학파의 관점에서, 범죄자에 대한 규명이 아닌 범행의 조건을 중시하는 합리적이고 이성적인 사고를 바탕으로 하고 있기 때문에 현대적 고전학파이론이라 한다.

(3) 대안이론

대안이론은 생활양식노출이론과 일상생활이론이 상호보완적이라 이를 결합한 것을 말하며, 구조적 선택이론과 합리적 선택이론이 있다.

① 구조적 선택이론

　㉠ 의의

　　미테(T. D. Miethe)와 마이어(R. F. Meier)가 주장한 이론이다. 이는 범행의 기회와 대상의 선택이라는 2가지 관점에서 범죄발생 요건을 설명한 것으로, 생활양식노출이론과 일상생활이론을 통합한 이론이다.

　㉡ 범행의 기회와 대상의 선택

　　ⓐ 범행의 기회(구조적 특성) : 범행의 기회는 범죄와의 접근성과 노출로 구성되고, 서로 독립변수로 작용한다. 이는 일상생활이론을 바탕으로 설명한 것이다.

　　ⓑ 대상의 선택(상황적 요건) : 대상의 선택은 매력성과 보호가능성이 구성되고, 서로 가변변수로 작용한다. 이는 생활양식이론을 바탕으로 설명한 것이다.

② 합리적 선택이론(표적선택과정이론)

　㉠ 클라크(R. V. Clarke)와 코니쉬(D. B. Cornish)가 주장한 이론이다.

　㉡ 최소한의 위험과 비용으로 최대의 효과를 얻을 수 있는 피해자를 선택한다는 이론이다. 즉, 개인적 요인(범행의 기회)과 상황적 요인(대상의 선택)을 고려해 이익이 될 때 범행을 하게 된다는 내용이다. 이는 범죄자가 합리적으로 생각해서 범죄를 선택하는 것을 중시한 이론이다.

　㉢ 결국 합리적 선택이론은 인간은 이성적이고 합리적이라는 고전학파 사상을 바탕으로 하고 있어, 현대적 고전학파이론이라고 한다.

⊙ 범죄피해 발생원인 ★

생활양식이론(생활양식노출이론)은 범죄자와 접촉기회 및 범죄위험에의 노출이라는 사회계층별 요소를 중시한 반면, 일상생활이론(일상활동이론)은 범죄대상의 매력성과 감시의 부재와 같은 상황적 요소를 중시한다.

---

3. 범죄비용과 범죄공포 참고

(1) 범죄비용

각종 범죄로 인한 실질적인 사회 전체 범죄비용을 산출하는 것은 사실상 불가능하다.

(2) 범죄공포

① 범죄에 대한 공포는 젊은층과 남성보다 노인과 여성이 더 높지만, 노인과 여성이 범죄피해가 적은 것은 이를 유발할 수 있는 상황을 회피하기 때문이다.

② 범죄와 무관한 간접적인 피해인 범죄에 대한 공포는 시민생활에 지대한 영향을 미치며, 사회 전체적인 관점에서 보면 간접적인 피해가 직접적인 피해보다 더 심각할 수 있다. 이러한 연유로 피해자학은 직접적인 피해 뿐만 아니라 간접적인 피해도 중시한다.

4. 피해자화의 3단계 참고

(1) 제1차적 피해자화

각종 범죄로 인해 개인적인 법익이 침해받는 것을 말한다.

(2) 제2차적 피해자화

범죄통제기관(경찰·검찰·법원)을 통해 받는 프라이버시 침해 및 정신적 피해를 말한다.

(3) 제3차적 피해자화

정신적·육체적 고통이 두려워 고소 등을 단념하는 반사회적 반응을 보이는 것을 말한다.

5. 피해자에 대한 배려

(1) 공교육 및 공직자에 대한 피해자 관련교육을 강화해야 한다.
(2) 사법절차에 피해자를 참여하게 하여야 한다.
(3) 피해자보상제도를 현실적으로 개선하여야 한다.
(4) 위기 발생 시 즉각 개입해 위협을 방지하고 보호하여야 한다.
(5) 피해자에 대해 지속적인 상담을 실시하여야 한다.

6. 피해자학의 형사정책적 의의

(1) 피해예방에 활용할 수 있다(방범의 과학화, 범죄수사 단서 제공, 범죄예측에 기여).
(2) 가해자에게 적정한 형사책임량 부과가 가능하다(양형산정 및 각종 처분 시 참조).
(3) 피해자의 인권보호와 보상연구에 기여한다.
(4) 공식범죄통계 결함을 보충할 수 있다.
(5) 범죄방지대책 수립에 기여한다.

04 범죄피해자 보상제도 참고

JUSTICE

범죄피해자 보상제도는, 범죄로 인하여 피해를 받은 사람들에게 피해의 전부 또는 일부를 국가가 금전을 지급하여 구제하는 제도를 말한다.

1. 연혁

(1) 고대 함무라비법전

강도죄의 경우, 범인 미검거 시 재산손실과 생명손실에 대한 국가배상을 인정하였다.

(2) 벤담(J. Bentham)

공리주의자인 벤담은 범죄의 사회적 원인 및 국가 엄격책임론을 내세워 피해자 보상을 주장하였으며, 행위자를 추가적으로 제재하기 위하여 피해자를 위한 원상회복 의무를 범죄자에게 부과하여야 한다고 하였다.

(3) 실증학파

이탈리아학파인 페리 · 가로팔로 등은 범죄발생을 사회적 원인으로 보아 피해자보상을 고려하였다.

(4) 프라이(M. Fly) 여사 ★

① 「피해자를 위한 정의」 논문을 통해 피해자의 공적구제에 대한 관심을 촉구하였다.
② 프라이의 영향으로 뉴질랜드에서 1963년에 최초로 「범죄피해자보상법」을 제정하였다.

2. 피해자보상에 대한 학설

(1) <u>국가책임설(책임배상설)</u>

범죄를 방지하지 못한 국가가 손해를 배상할 책임이 있다.

(2) 사회복지설(생활보호형)

곤궁한 자를 구제하는 사회보장적 측면의 생계보장책이다.

(3) 사회보험설(재해보상형)

국민의 세금에 의한 보험형태의 위험분산이다.

(4) 동등보호설

가해자만 교정하고 보호하는 것은 형평에 위반되므로, 피해자도 보호해야 한다.

> **➲ 범죄피해자 보상제도의 연혁**
> ① 고대 함무라비법전에서 강도죄의 경우 범인 미검거 시 피해자의 재산손해와 생명손실에 대하여 국가배상을 인정한 적이 있었다.
> ② 벤담은 행위자를 추가적으로 제재하기 위하여 피해자를 위한 원상회복의 의무를 범죄자에게 부과하여야 한다고 주창하였고, 가로팔로는 범죄자에 대한 사회방위와 범죄자의 재사회화를 위한 강력한

수단으로 원상회복을 고려하였다.
③ 영국의 여성 형벌개량가 프라이(Fry)는 『피해자를 위한 정의』(1957)에서 피해자의 공적 구제에 대한 관심을 촉구하였다.
④ 뉴질랜드에서 1963년 최초로 「범죄피해자보상법」을 제정·실시한 이후 영국을 비롯한 세계 각국에서 입법화되었다.
⑤ 헌법 제30조에 근거하여 1987년 「범죄피해자 구조법」이 제정되었고, 이후 2010년 범죄피해자를 보호·지원하는 제도와 범죄피해자를 구조하는 제도를 통합하여 「범죄피해자 보호법」으로 통합하였다.
※ 범죄피해자 보상제도 채택국가로는 호주, 캐나다, 북아일랜드, 미국, 일본 등이 있다.

3. 우리나라의 범죄피해자 보상제도

(1) 연혁

① 「헌법」(제30조) : 타인의 범죄행위로 인하여 생명·신체에 대한 피해를 받은 국민은 법률이 정하는 바에 의하여 국가로부터 구조를 받을 수 있다.
② 「범죄피해자 구조법」 제정 : 1987.11.28. 「범죄피해자 구조법」이 제정되어 1988.7.1.부터 시행하였다.
③ 「범죄피해자 보호법」제정 : 2005.12.23. 「범죄피해자 보호법」이 제정되어 2006.3.24.부터 시행하였다.

(2) 「범죄피해자 보호법」 전부개정

우리나라는 2010.5.14. 「범죄피해자 구조법」과 「범죄피해자 보호법」을 통합하여 「범죄피해자 보호법」을 전부개정하면서 기존의 「범죄피해자 구조법」은 폐지하였다.

(3) 「범죄피해자 보호법」

제1장 총칙

제1조(목적)
이 법은 범죄피해자 보호·지원의 기본 정책 등을 정하고 타인의 범죄행위로 인하여 생명·신체에 피해를 받은 사람을 구조(救助)함으로써 범죄피해자의 복지 증진에 기여함을 목적으로 한다.

제2조(기본이념)
① 범죄피해자는 범죄피해 상황에서 빨리 벗어나 인간의 존엄성을 보장받을 권리가 있다.
② 범죄피해자의 명예와 사생활의 평온은 보호되어야 한다.
③ 범죄피해자는 해당 사건과 관련하여 각종 법적 절차에 참여할 권리가 있다.

제3조(정의)

① 이 법에서 사용하는 용어의 뜻은 다음과 같다.

1. "범죄피해자"란 타인의 범죄행위로 피해를 당한 사람과 그 배우자(사실상의 혼인관계를 포함한다), 직계친족 및 형제자매를 말한다.

2. "범죄피해자 보호·지원"이란 범죄피해자의 손실 복구, 정당한 권리 행사 및 복지 증진에 기여하는 행위를 말한다. 다만, 수사·변호 또는 재판에 부당한 영향을 미치는 행위는 포함되지 아니한다.

3. "범죄피해자 지원법인"이란 범죄피해자 보호·지원을 주된 목적으로 설립된 비영리법인을 말한다.

4. "구조대상 범죄피해"란 대한민국의 영역 안에서 또는 대한민국의 영역 밖에 있는 대한민국의 선박이나 항공기 안에서 행하여진 사람의 생명 또는 신체를 해치는 죄에 해당하는 행위(「형법」 제9조(형사미성년자), 제10조제1항(심신상실자), 제12조(강요된행위), 제22조제1항(긴급피난)에 따라 처벌되지 아니하는 행위를 포함하며, 같은 법 제20조(정당행위) 또는 제21조제1항(정당방위)에 따라 처벌되지 아니하는 행위 및 과실에 의한 행위는 제외한다)로 인하여 사망하거나 장해 또는 중상해를 입은 것을 말한다.

5. "장해"란 범죄행위로 입은 부상이나 질병이 치료(그 증상이 고정된 때를 포함한다)된 후에 남은 신체의 장해로서 대통령령으로 정하는 경우를 말한다.

6. "중상해"란 범죄행위로 인하여 신체나 그 생리적 기능에 손상을 입은 것으로서 대통령령으로 정하는 경우를 말한다.

② 제1항제1호에 해당하는 사람 외에 범죄피해 방지 및 범죄피해자 구조 활동으로 피해를 당한 사람도 범죄피해자로 본다.

제4조(국가의 책무)

국가는 범죄피해자 보호·지원을 위하여 다음 각 호의 조치를 취하고 이에 필요한 재원을 조달할 책무를 진다.

1. 범죄피해자 보호·지원 체제의 구축 및 운영
2. 범죄피해자 보호·지원을 위한 실태조사, 연구, 교육, 홍보
3. 범죄피해자 보호·지원을 위한 관계 법령의 정비 및 각종 정책의 수립·시행

제5조(지방자치단체의 책무)

① 지방자치단체는 범죄피해자 보호·지원을 위하여 적극적으로 노력하고, 국가의 범죄피해자 보호·지원 시책이 원활하게 시행되도록 협력하여야 한다.

② 지방자치단체는 제1항에 따른 책무를 다하기 위하여 필요한 재원을 조달하여야 한다.

제6조(국민의 책무)

국민은 범죄피해자의 명예와 사생활의 평온을 해치지 아니하도록 유의하여야 하고, 국가 및 지방자치단체가 실시하는 범죄피해자를 위한 정책의 수립과 추진에 최대한 협력하여야 한다.

제2장 범죄피해자 보호 · 지원의 기본 정책

제7조(손실 복구 지원 등)

① 국가 및 지방자치단체는 범죄피해자의 피해정도 및 보호 · 지원의 필요성 등에 따라 상담, 의료제공(치료비 지원을 포함한다), 구조금 지급, 법률구조, 취업 관련 지원, 주거지원, 그 밖에 범죄피해자의 보호에 필요한 대책을 마련하여야 한다.

② 국가는 범죄피해자와 그 가족에게 신체적 · 정신적 안정을 제공하고 사회복귀를 돕기 위하여 일시적 보호시설(이하 "보호시설"이라 한다)을 설치 · 운영하여야 한다. 이 경우 국가는 보호시설의 운영을 범죄피해자 지원법인, 「의료법」에 따른 종합병원, 「고등교육법」에 따른 학교를 설립 · 운영하는 학교법인, 그 밖에 대통령령으로 정하는 기관 또는 단체에 위탁할 수 있다.

③ 국가는 범죄피해자와 그 가족의 정신적 회복을 위한 상담 및 치료 프로그램을 운영하여야 한다.

④ 보호시설의 설치 · 운영 기준, 입소 · 퇴소의 기준 및 절차, 위탁운영의 절차, 감독의 기준 및 절차와 제3항에 따른 상담 및 치료 프로그램의 운영 등에 관한 사항은 대통령령으로 정한다.

제8조(형사절차 참여 보장 등)

① 국가는 범죄피해자가 해당 사건과 관련하여 수사담당자와 상담하거나 재판절차에 참여하여 진술하는 등 형사절차상의 권리를 행사할 수 있도록 보장하여야 한다.

② 국가는 범죄피해자가 요청하면 가해자에 대한 수사 결과, 공판기일, 재판 결과, 형 집행 및 보호관찰 집행 상황 등 형사절차 관련 정보를 대통령령으로 정하는 바에 따라 제공할 수 있다.

제8조의2(범죄피해자에 대한 정보 제공 등)

① 국가는 수사 및 재판 과정에서 다음 각 호의 정보를 범죄피해자에게 제공하여야 한다.

   1. 범죄피해자의 해당 재판절차 참여 진술권 등 형사절차상 범죄피해자의 권리에 관한 정보

   2. 범죄피해 구조금 지급 및 범죄피해자 보호 · 지원 단체 현황 등 범죄피해자의 지원에 관한 정보

3. 그 밖에 범죄피해자의 권리보호 및 복지증진을 위하여 필요하다고 인정되는 정보

② 제1항에 따른 정보 제공의 구체적인 방법 및 절차 등에 필요한 사항은 대통령령으로 정한다.

제9조(사생활의 평온과 신변의 보호 등)

① 국가 및 지방자치단체는 범죄피해자의 명예와 사생활의 평온을 보호하기 위하여 필요한 조치를 하여야 한다.

② 국가 및 지방자치단체는 범죄피해자가 형사소송절차에서 한 진술이나 증언과 관련하여 보복을 당할 우려가 있는 등 범죄피해자를 보호할 필요가 있을 경우에는 적절한 조치를 마련하여야 한다.

제3장 범죄피해자 보호·지원의 기본계획 등

제12조(기본계획 수립)

① 법무부장관은 제15조에 따른 범죄피해자 보호위원회의 심의를 거쳐 범죄피해자 보호·지원에 관한 기본계획(이하 "기본계획"이라 한다)을 5년마다 수립하여야 한다.

② 기본계획에는 다음 각 호의 사항이 포함되어야 한다.

1. 범죄피해자 보호·지원 정책의 기본방향과 추진목표
2. 범죄피해자 보호·지원을 위한 실태조사, 연구, 교육과 홍보
3. 범죄피해자 보호·지원 단체에 대한 지원과 감독
4. 범죄피해자 보호·지원과 관련된 재원의 조달과 운용
5. 그 밖에 범죄피해자를 보호·지원하기 위하여 법무부장관이 필요하다고 인정한 사항

제13조(연도별 시행계획의 수립)

① 법무부장관, 관계 중앙행정기관의 장과 특별시장·광역시장·도지사·특별자치도지사(이하 "시·도지사"라 한다)는 기본계획에 따라 연도별 시행계획(이하 "시행계획"이라 한다)을 수립·시행하여야 한다.

② 관계 중앙행정기관의 장과 시·도지사는 다음 연도의 시행계획과 전년도 추진 실적을 매년 법무부장관에게 제출하여야 한다. 이 경우 법무부장관은 그 시행계획이 부적합하다고 판단할 때에는 그 시행계획을 수립한 장에게 시행계획의 보완·조정을 요구할 수 있다.

③ 제1항 및 제2항에서 정한 사항 외에 시행계획의 수립과 시행에 필요한 사항은 대통령령으로 정한다.

제15조(범죄피해자보호위원회)

① 범죄피해자 보호·지원에 관한 기본계획 및 주요 사항 등을 심의하기 위하여 법무부장관 소속으로 범죄피해자보호위원회(이하 "보호위원회"라 한다)를 둔다.

② 보호위원회는 다음 각 호의 사항을 심의한다.

   1. 기본계획 및 시행계획에 관한 사항

   2. 범죄피해자 보호 · 지원을 위한 주요 정책의 수립 · 조정에 관한 사항

   3. 범죄피해자 보호 · 지원 단체에 대한 지원 · 감독에 관한 사항

   4. 그 밖에 위원장이 심의를 요청한 사항

③ 보호위원회는 위원장을 포함하여 20명 이내의 위원으로 구성한다.

④ 제1항부터 제3항까지의 규정에서 정한 사항 외에 보호위원회의 구성 및 운영 등에 관한 사항은 대통령령으로 정한다.

제4장 구조대상 범죄피해에 대한 구조

제16조(구조금의 지급요건)

국가는 구조대상 범죄피해를 받은 사람(이하 "구조피해자"라 한다)이 다음 각 호의 어느 하나에 해당하면 구조피해자 또는 그 유족에게 범죄피해 구조금(이하 "구조금"이라 한다)을 지급한다.

1. 구조피해자가 피해의 전부 또는 일부를 배상받지 못하는 경우
2. 자기 또는 타인의 형사사건의 수사 또는 재판에서 고소 · 고발 등 수사단서를 제공하거나 진술, 증언 또는 자료제출을 하다가 구조피해자가 된 경우

제17조(구조금의 종류 등)

① 구조금은 유족구조금 · 장해구조금 및 중상해구조금으로 구분하며, 일시금으로 지급한다.

② 유족구조금은 구조피해자가 사망하였을 때 제18조에 따라 맨 앞의 순위인 유족에게 지급한다. 다만, 순위가 같은 유족이 2명 이상이면 똑같이 나누어 지급한다.

③ 장해구조금 및 중상해구조금은 해당 구조피해자에게 지급한다.

제18조(유족의 범위 및 순위)

① 유족구조금을 지급받을 수 있는 유족은 다음 각 호의 어느 하나에 해당하는 사람으로 한다.

   1. 배우자(사실상 혼인관계를 포함한다) 및 구조피해자의 사망 당시 구조피해자의 수입으로 생계를 유지하고 있는 구조피해자의 자녀

   2. 구조피해자의 사망 당시 구조피해자의 수입으로 생계를 유지하고 있는 구조피해자의 <u>부모, 손자 · 손녀, 조부모 및 형제자매</u>

   3. 제1호 및 제2호에 해당하지 아니하는 구조피해자의 자녀, 부모, 손자 · 손녀, 조부모 및 형제자매

② 제1항에 따른 유족의 범위에서 태아는 구조피해자가 사망할 때 이미 출생한 것으로 본다.

③ 유족구조금을 받을 유족의 순위는 제1항 각 호에 열거한 순서로 하고, 같은 항 제2호 및 제3호에 열거한 사람 사이에서는 해당 각 호에 열거한 순서로 하며, 부모의 경우에는 <u>양부모를 선순위로 하고 친부모를 후순위로 한다.</u>

④ 유족이 다음 각 호의 어느 하나에 해당하면 유족구조금을 받을 수 있는 유족으로 보지 아니한다.

   1. 구조피해자를 고의로 사망하게 한 경우

   2. 구조피해자가 사망하기 전에 그가 사망하면 유족구조금을 받을 수 있는 선순위 또는 같은 순위의 유족이 될 사람을 고의로 사망하게 한 경우

   3. 구조피해자가 사망한 후 유족구조금을 받을 수 있는 선순위 또는 같은 순위의 유족을 고의로 사망하게 한 경우

제19조(구조금을 지급하지 아니할 수 있는 경우)

① 범죄행위 당시 구조피해자와 가해자 사이에 다음 각 호의 어느 하나에 해당하는 친족관계가 있는 경우에는 구조금을 지급하지 아니한다.

   1. 부부(사실상의 혼인관계를 포함한다)

   2. 직계혈족

   3. 4촌 이내의 친족

   4. 동거친족

② 범죄행위 당시 구조피해자와 가해자 사이에 제1항 각 호의 어느 하나에 해당하지 아니하는 친족관계가 있는 경우에는 구조금의 일부를 지급하지 아니한다.

③ 구조피해자가 다음 각 호의 어느 하나에 해당하는 행위를 한 때에는 구조금을 지급하지 아니한다.

   1. 해당 범죄행위를 교사 또는 방조하는 행위

   2. 과도한 폭행·협박 또는 중대한 모욕 등 해당 범죄행위를 유발하는 행위

   3. 해당 범죄행위와 관련하여 현저하게 부정한 행위

   4. 해당 범죄행위를 용인하는 행위

   5. 집단적 또는 상습적으로 불법행위를 행할 우려가 있는 조직에 속하는 행위(다만, 그 조직에 속하고 있는 것이 해당 범죄피해를 당한 것과 관련이 없다고 인정되는 경우는 제외한다)

   6. 범죄행위에 대한 보복으로 가해자 또는 그 친족이나 그 밖에 가해자와 밀접한 관계가 있는 사람의 생명을 해치거나 신체를 중대하게 침해하는 행위

④ 구조피해자가 다음 각 호의 어느 하나에 해당하는 행위를 한 때에는 구조금의 <u>일부를 지급하지 아니한다.</u>★

   1. 폭행·협박 또는 모욕 등 해당 범죄행위를 유발하는 행위

2. 해당 범죄피해의 발생 또는 증대에 가공(加功)한 부주의한 행위 또는 부적절한 행위

⑤ 유족구조금을 지급할 때에는 제1항부터 제4항까지의 규정을 적용할 때 "구조피해자"는 "구조피해자 또는 맨 앞의 순위인 유족"으로 본다.

⑥ 구조피해자 또는 그 유족과 가해자 사이의 관계, 그 밖의 사정을 고려하여 구조금의 전부 또는 일부를 지급하는 것이 사회통념에 위배된다고 인정될 때에는 구조금의 전부 또는 일부를 지급하지 아니할 수 있다.

⑦ 제1항부터 제6항까지의 규정에도 불구하고 구조금의 실질적인 수혜자가 가해자로 귀착될 우려가 없는 경우 등 구조금을 지급하지 아니하는 것이 사회통념에 위배된다고 인정할 만한 특별한 사정이 있는 경우에는 구조금의 전부 또는 일부를 지급할 수 있다.

제20조(다른 법령에 따른 급여 등과의 관계)

구조피해자나 유족이 해당 구조대상 범죄피해를 원인으로 하여 「국가배상법」이나 그 밖의 법령에 따른 급여 등을 받을 수 있는 경우에는 대통령령으로 정하는 바에 따라 구조금을 지급하지 아니한다.

제21조(손해배상과의 관계)

① 국가는 구조피해자나 유족이 해당 구조대상 범죄피해를 원인으로 하여 손해배상을 받았으면 그 범위에서 구조금을 지급하지 아니한다.

② 국가는 지급한 구조금의 범위에서 해당 구조금을 받은 사람이 구조대상 범죄피해를 원인으로 하여 가지고 있는 손해배상청구권을 대위한다.

③ 국가는 제2항에 따라 손해배상청구권을 대위할 때 대통령령으로 정하는 바에 따라 가해자인 수형자나 보호감호대상자의 작업장려금 또는 근로보상금에서 손해배상금을 받을 수 있다.

제22조(구조금액)

① 유족구조금은 구조피해자의 사망 당시(신체에 손상을 입고 그로 인하여 사망한 경우에는 신체에 손상을 입은 당시를 말한다)의 월급액이나 월실수입액 또는 평균임금에 24개월 이상 48개월 이하의 범위에서 유족의 수와 연령 및 생계유지상황 등을 고려하여 대통령령으로 정하는 개월 수를 곱한 금액으로 한다.

② 장해구조금과 중상해구조금은 구조피해자가 신체에 손상을 입은 당시의 월급액이나 월실수입액 또는 평균임금에 2개월 이상 48개월 이하의 범위에서 피해자의 장해 또는 중상해의 정도와 부양가족의 수 및 생계유지상황 등을 고려하여 대통령령으로 정한 개월 수를 곱한 금액으로 한다.

③ 제1항 및 제2항에 따른 월급액이나 월실수입액 또는 평균임금 등은 피해자의 주소지를 관할하는 세무서장, 시장·군수·구청장(자치구의 구청장을 말한다) 또는 피해자의 근무기관의 장(長)의 증명이나 그 밖에 대통령령으로 정하는 공신력 있는 증명에 따른다.

④ 제1항 및 제2항에서 구조피해자의 월급액이나 월실수입액이 평균임금의 2배를 넘는 경우에는 평균임금의 2배에 해당하는 금액을 구조피해자의 월급액이나 월실수입액으로 본다.

제23조(외국인에 대한 구조)

이 법은 외국인이 구조피해자이거나 유족인 경우에는 해당 국가의 상호보증이 있는 경우에만 적용한다.

제24조(범죄피해구조심의회 등)

① 구조금 지급에 관한 사항을 심의·결정하기 위하여 각 지방검찰청에 범죄피해구조심의회(이하 "지구심의회"라 한다)를 두고 법무부에 범죄피해구조본부심의회(이하 "본부심의회"라 한다)를 둔다.

② 지구심의회는 설치된 지방검찰청 관할 구역(지청이 있는 경우에는 지청의 관할 구역을 포함한다)의 구조금 지급에 관한 사항을 심의·결정한다.

③ 본부심의회는 다음 각 호의 사항을 심의·결정한다.

　1. 제27조에 따른 재심신청사건

　2. 그 밖에 법령에 따라 그 소관에 속하는 사항

④ 지구심의회 및 본부심의회는 법무부장관의 지휘·감독을 받는다.

⑤ 지구심의회 및 본부심의회 위원 중 공무원이 아닌 위원은 「형법」 제127조 및 제129조부터 제132조까지의 규정을 적용할 때에는 공무원으로 본다.

⑥ 지구심의회 및 본부심의회의 구성 및 운영 등에 관한 사항은 대통령령으로 정한다.

제25조(구조금의 지급신청) ★

① 구조금을 받으려는 사람은 법무부령으로 정하는 바에 따라 그 주소지, 거주지 또는 범죄 발생지를 관할하는 지구심의회에 신청하여야 한다.

② 제1항에 따른 신청은 해당 구조대상 범죄피해의 발생을 안 날부터 3년이 지나거나 해당 구조대상 범죄피해가 발생한 날부터 10년이 지나면 할 수 없다.

제26조(구조결정)

지구심의회는 제25조제1항에 따른 신청을 받으면 신속하게 구조금을 지급하거나 지급하지 아니한다는 결정(지급한다는 결정을 하는 경우에는 그 금액을 정하는 것을 포함한다)을 하여야 한다.

제27조(재심신청) ★

① 지구심의회에서 구조금 지급신청을 기각(일부기각된 경우를 포함한다) 또는 각하하면 신청인은 결정의 정본이 송달된 날부터 2주일 이내에 그 지구심의회를 거쳐 본부심의회에 재

심을 신청할 수 있다.

② 제1항의 재심신청이 있으면 지구심의회는 1주일 이내에 구조금 지급신청 기록 일체를 본부심의회에 송부하여야 한다.

③ 본부심의회는 제1항의 신청에 대하여 심의를 거쳐 4주일 이내에 다시 구조결정을 하여야 한다.

④ 본부심의회는 구조금 지급신청을 각하한 지구심의회의 결정이 법령에 위반되면 사건을 그 지구심의회에 환송할 수 있다.

⑤ 본부심의회는 구조금 지급신청이 각하된 신청인이 잘못된 부분을 보정하여 재심신청을 하면 사건을 해당 지구심의회에 환송할 수 있다.

제28조(긴급구조금의 지급 등)

① 지구심의회는 제25조제1항에 따른 신청을 받았을 때 구조피해자의 장해 또는 중상해 정도가 명확하지 아니하거나 그 밖의 사유로 인하여 신속하게 결정을 할 수 없는 사정이 있으면 신청 또는 직권으로 대통령령으로 정하는 금액의 범위에서 긴급구조금을 지급하는 결정을 할 수 있다.

② 제1항에 따른 긴급구조금 지급신청은 법무부령으로 정하는 바에 따라 그 주소지, 거주지 또는 범죄 발생지를 관할하는 지구심의회에 할 수 있다.

③ 국가는 지구심의회가 긴급구조금 지급 결정을 하면 긴급구조금을 지급한다.

④ 긴급구조금을 받은 사람에 대하여 구조금을 지급하는 결정이 있으면 국가는 긴급구조금으로 지급된 금액 내에서 구조금을 지급할 책임을 면한다.

⑤ 긴급구조금을 받은 사람은 지구심의회에서 결정된 구조금의 금액이 긴급구조금으로 받은 금액보다 적을 때에는 그 차액을 국가에 반환하여야 하며, 지구심의회에서 구조금을 지급하지 아니한다는 결정을 하면 긴급구조금으로 받은 금액을 모두 반환하여야 한다.

제31조(소멸시효) ★

구조금을 받을 권리는 그 구조결정이 해당 신청인에게 송달된 날부터 2년간 행사하지 아니하면 시효로 인하여 소멸된다.

제32조(구조금 수급권의 보호) ★

구조금을 받을 권리는 양도하거나 담보로 제공하거나 압류할 수 없다.

제5장 범죄피해자 보호 · 지원사업의 지원 및 감독

제38조(재판 등에 대한 영향력 행사 금지)

범죄피해자 보호 · 지원 업무에 종사하는 자는 형사절차에서 가해자에 대한 처벌을 요구하거나 소송관계인에게 위력을 가하는 등 수사, 변호 또는 재판에 부당한 영향을 미치기 위한 행위를 하여서는 아니 된다.

제39조(비밀누설의 금지)

범죄피해자 보호·지원 업무에 종사하고 있거나 종사하였던 자는 그 업무를 수행하는 과정에서 알게 된 타인의 사생활에 관한 비밀을 누설하여서는 아니 되며, 범죄피해자를 보호하고 지원하는 목적으로만 그 비밀을 사용하여야 한다.

박상민
JUSTICE
형사정책 책

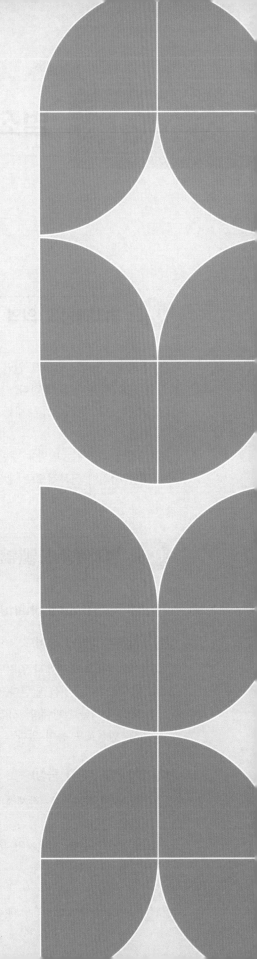

PART —— 4

범죄예방 및
범죄방지대책

CHAPTER 1 범죄예방

01 범죄예방의 의의 참고 JUSTICE

(1) 범죄예방은 범죄발생의 원인을 제거하거나 범죄억제 작용을 강화하여 장래에 범죄가 발생하지 않도록 하는 것을 말한다.

(2) 일반적으로 범죄대책은 범행 후 범죄인에 대한 사후처리 절차와 그 과정을 중심으로 논의되어 왔다.

(3) 하지만 최근에는 범죄에 대한 사전예방, 즉 사전 대응적 전략을 중시하고 있으며, 특히 소년비행을 사전에 근본적으로 예방하기 위한 환경개선 등 각종 사회정책을 중시하고 있다.

02 범죄예방 모델(유형) 참고 JUSTICE

1. 브랜팅햄(Brantingham)과 파우스트(Faust)의 범죄예방 모델

(1) 1차예방(일반인 중심)

① 사회정책적 측면에서 일반인을 대상으로 범죄원인이 될 수 있는 것을 정화하고, 인성교육 등을 실시하는 것을 말한다.

② 형벌에 의한 일반예방, 시민에 의한 범죄예방, 환경개선, 사회정화 활동, 경찰·경비 등의 순찰, 인성교육 등이 있다.

(2) 2차예방(우범자 중심)

① 범죄가능성이 있는 잠재적 범죄자를 조기에 발견하여 교육시키고 감시하여 범죄를 예방하는 것을 말한다.

② 우범지역 순찰, 범죄지역 분석, 비행 조짐을 보이는 자의 분류심사, 범죄예측 행위, 교육프로그램 개발 등이 있다.

(3) 3차예방(범죄자 중심)

① 범죄자 또는 과거에 범행한 적이 있는 자를 대상으로 더 이상 재범을 하지 않도록 특별예방차원에서 실시하는 것을 말한다.
② 구금, 교정 및 치료, 사회복귀, 전과자 고용, 갱생보호사업, 민간운영 교정프로그램, 지역사회의 교정활동, 선별적 무력화, 형벌에 의한 특별예방(시설수용 등) 등이 있다.

> ➡ **2차적 예방과 3차적 예방 보충**
> ① 2차적 예방은 범죄가능성이 높은 취약지역이나 개인을 대상으로 하기 때문에 이들과 많이 접촉하는 지역사회의 지도자나 부모, 교사 등에게 많이 의존하게 된다.
> ② 3차적 예방은 범죄자를 대상으로 하는 예방조치로서 과거에 범행한 적이 있는 범죄자를 대상으로 재범하지 않도록 하는 것으로, 특별예방과 관계가 있다.

2. 제프리(C. R. Jeffery)의 범죄통제(대책) 모델 ★

(1) 범죄억제 모델

① 형법 내지 형벌을 통하여 범죄를 방지하고 억제하는 것을 말한다.
② 이는 형벌에 의한 범죄억제 효과를 높이기 위해 처벌의 확실성·엄격성·신속성을 중시하는 입장이다.
③ 고전학파의 견해와 맥을 같이하고 있으며, 일반인이 대상인 일반예방주의 및 1차예방(초범예방) 중심의 이론이다.

(2) 사회복귀 모델

① 정신질환자를 치료하는 임상적 개선, 외부통근 작업과 같은 지역활동, 교육과 직업훈련 강화, 복지정책 등을 통한 범죄인의 재사회화와 재범방지에 중점을 둔 것을 말한다(수형자의 교화개선을 중심으로 이해).
② 이는 범죄자라는 특별예방관점에서의 교정 및 교정처우의 주요한 모델이다.
③ 범죄인의 생물학적·심리학적 특성과 사회적 환경에 따라 차이가 나는 것이 문제점이다.

(3) 환경공학적 범죄통제 모델(사회환경 개선을 통한 범죄통제 모델)

① 사회환경 개선 또는 환경개선을 통하여 범죄를 예방하는 것을 말한다.
② 도시정책, 환경정화, 인간관계 개선, 사회 각 분야의 갈등해소 등이 요구된다.
③ 사회통제의 일환으로 범죄대책을 보고 있는 가장 궁극적인 범죄대책이라 할 수 있다.
④ 제프리(Jeffery)는 범죄대책모델로서 범죄억제모델, 사회복귀모델, 환경개선을 통한 범죄예방모델을 제시하였으며, 이 세 가지 모델은 상호 보완관계에 있다.

	제프리	뉴만	클라크	코헨 & 펠슨	브랜팅햄 부부	윌슨 & 켈링
환경 범죄학	범죄예방모델	방어공간	합리적 선택	일상활동	범죄패턴	깨진 유리창
	CPTED		상황적 범죄예방	적절한 목표, 감독 없음	교차점· 경로·경계	

※ 참고로 랩(Lab)은 범죄예방의 개념을 실제의 범죄발생 및 시민의 범죄에 대한 두려움을 제거하는 활동이라고 하였다.

3. 기타 참고

(1) 젤리히(Seelig)의 예방론

진압에 의한 예방(사후 진압적 조치), 진압에 의하지 않는 예방(사전 예방적 조치)으로 구별하였다.

(2) 합리적 선택이론에 따른 범죄예방론

인간은 이성적이고 합리적이라는 고전학파이론의 관점에서, 범죄의 비용을 극대화하고 범행의 기회와 이익 및 유인요인을 최소화하여 범죄를 예방하는 것을 말한다.

(3) 지역사회의 방범활동

① 의의

지역사회의 방범활동은 잠재적 피해자와 범죄를 유발할 수 있는 물리적인 환경을 개선하여 범죄를 예방하는 지역사회 차원의 범죄방지 활동을 말한다. 이러한 방안으로는 '비공식적 통제'와 '상황적 범죄예방'이 있다.

② 종류

㉠ 비공식적 통제 : 사법기관에 의한 공식적인 통제가 아닌 시민에 의한 통제를 뜻한다.

㉡ 상황적 범죄예방 : 범죄적 상황인 범행의 기회를 감소 또는 제거하여 범죄를 예방하는 것을 말한다. 대표적인 상황적 범죄예방모델로는 CPTED(Crime Prevention Through Environment Design : 사회환경 개선을 통한 범죄예방)가 있다.

> **⊙ 깨진 유리창이론(Broken Window Theory) ★**
>
> ① 의의
>
> ㉠ 미국의 범죄학자인 윌슨(wilson)과 켈링(kelling)이 주장한 이론으로, 깨진 유리창이라는 글에 처음으로 소개된 사회 무질서에 대한 이론이다.
>
> ㉡ 낙서나 유리창 파손, 쓰레기의 방치 등 경미한 범죄를 방치하면 결국 큰 범죄로 이어지게 된다는 범죄심리학 이론으로서 우리의 일상생활에서 사소한 침해행위가 발생했을 때 이를 제때 처리하지 않으면 결국 더 큰 행위로 발전하게 된다는 것을 의미한다.
>
> ② 특징
>
> ㉠ 깨진 유리창이론(Broken Window Theory)은 지역사회의 무질서가 범죄의 직접적 원인으로서 지역사회 내의 기초질서 위반행위의 방치가 심각한 범죄를 야기하기 때문에 기초질서 위반사범

의 단속을 강조하고 있다.

ⓒ 뉴욕시 경찰국은 '깨진 유리창이론(Broken Window Theory)'을 적용하여 기초질서 위반사범에 대한 철저한 단속을 펼친 결과 범죄율이 대폭 감소하는 성과를 거두었다.

ⓒ 물리적 퇴락과 사회적 무질서를 지역의 통제력 결여로 인지하고, 물리적 퇴락에 대한 조치나 대처가 이루어지지 않으면 공공장소의 질서유지에 어려움을 겪게 된다.

➔ 범죄전이와 혜택의 확산

① 범죄의 전이

㉠ 범죄의 전이란 개인 또는 사회의 예방 활동에 의한 범죄의 변화를 의미한다. 전이에 관한 대부분의 논의는 한 지역에서 다른 지역으로의 이동에 초점을 둔다. 범죄 전이는 범죄를 줄이거나 예방하기보다는 단지 범죄를 이동시키는 것에 불과하다.

㉡ 레페토(Reppetto)는 범죄의 전이를 영역적 전이, 시간적 전이, 전술적 전이, 목표의 전이, 기능적 전이로 구분하였다.

영역적 전이	한 지역에서 다른 지역, 일반적으로 인접 지역으로의 이동
시간적 전이	낮에서 밤으로와 같이 한 시간에서 다른 시간으로의 범행 이동
전술적 전이	범행에 사용하는 방법을 바꿈
목표의 전이	같은 지역에서 다른 피해자 선택
기능적 전이	범죄자가 한 범죄를 그만두고, 다른 범죄유형으로 옮겨감
범죄자 전이	범죄자의 활동의 중지가 또 다른 범죄자에 의해 대체

㉢ 전이는 범죄예방활동의 결과로서 가능한 것이나 평가에서 직접적으로 조사되는 것은 드물어, 지금의 범죄예방에 관한 연구는 전이의 문제를 무시하거나 단지 연구의 보조 정도로만 생각한다.

② 혜택의 확산

㉠ 개념[클라크와 웨이스버드(Clarke & Weisburd)]
범죄예방을 통한 혜택의 확산은 직접적인 목표지역, 통제하는 사람, 개입 대상이 되는 유형의 범죄 또는 개입되는 시기를 넘어서 개입의 유익한 효과가 퍼지는 것을 말한다.

㉡ 후광효과 및 무임승차효과
확산은 범죄예방노력이 범죄를 전이시키기보다는 목표로 한 지역이나 사람 외의 지역이나 사람에게까지 혜택을 줄 것이라고 가정한다. 이른바 후광효과(halo effect), 무임승차효과(free bonus effect)라고 한다.

➔ 상황적 범죄예방모델

① 의의

㉠ 상황적 범죄이론은 범죄자를 가변적인 상황요인, 즉 범죄환경과 기회조건에 따라 행동하는 역동적인 존재로 본다. 과거에는 범죄를 개인의 속성에서 찾았으나 상황적 범죄예방 이론에서는 범죄기회(criminal opportunity)가 주어지면 누구든지 저지를 수 있는 행위로 보는 것이다. 즉, 잠재적 범죄자들은 범죄행위로 체포되지 않고 범죄의 목적을 달성할 수 있는 기회가 주어진다면, 자발적으로 범죄행위를 선택할 수 있는 합리적인 존재이다.

㉡ 따라서 범죄예방은 특별한 범죄기회를 감소시킴으로써 성취될 수 있다는 것이 상황적 범죄이론이다. 범죄예방 활동은 잠재적 범죄자들의 범죄기회를 제거하는 것이 최선의 대안이며, 이러한

정책대안은 사람이나 재물 같은 범죄표적물에 대한 주의 깊은 보호, 범죄수단에 대한 통제, 잠재적 범죄자들의 행동에 대한 주의 깊은 추적 등 세 가지 요소를 기초로 이루어진다.

② 환경범죄학과의 관계
　㉠ 환경범죄학은 주택이나 건물, 지역 등의 환경이 가진 범죄취약 요인을 분석하여 범죄기회를 감소하기 위해 환경설계를 통한 범죄예방 전략을 강조하는 이론이다. 환경범죄학은 방어공간이론, CPTED, 일상활동 이론, 깨진 유리창이론 등을 포함한다. 따라서 환경범죄학은 상황적 범죄예방 이론의 범주에 포함된다.
　㉡ 상황적 범죄이론은 환경적 범죄기회 제거분만 아니라 개인의 생활양식의 개선에 의한 범죄기회 제거를 강조하는 생활양식 이론까지 포함한다는 측면에서 환경범죄학보다 그 범위가 더 넓다.
　㉢ CPTED = Crime Prevention Through Environmental Design의 약어
　　의미 : 환경설계를 통한 범죄예방(= 셉테드)
　　범죄를 유발하는 물리적 환경을 개선하여 근본적으로 범죄를 예방하는 과학적인 방법이다.
　　- 환경의 설계, 이용을 통해 감시 효과를 높인다.
　　ⓐ 물리적 설계, 주민참여, 경찰 활동 이 3가지 요소를 효과적으로 사용한다.
　　ⓑ 범죄다발지역을 안전하게 보호하여 범죄에 대한 공포를 감소시켜 삶의 질을 향상시킨다.

③ CPTED의 기본 원리(5가지)
　㉠ 자연감시 : 예) 주택설계 시 골목길로 테라스 배치, CCTV, 가로등 확대
　㉡ 자연적인 접근 통제 : 예) 건물 출입구의 단일화, 방범경보장치 설치
　㉢ 영역성 강화 : 예) 보안시스템 표지판 설치, 조경 관리, 출입통제 강화
　㉣ 보수 관리 : 예) 파손 즉시 보수, 청결 유지(낙서 지우기)
　㉤ 활동 지원 : 주민참여 증대를 위한 설계로 자연감시와 접근 통제를 강화한다.
　　예) 놀이터, 근린공원, 체육시설 배치, 벤치 설치

④ 뉴먼의 방어공간개념
　㉠ 주민을 범죄로부터 보호할 수 있도록 주거환경을 조성해놓은 공간을 말한다.
　㉡ 건축설계 과정에서 익명성 감소(예 : 범죄자의 침입, 도주로 차단)와 자연감시 증가로 범죄기회를 감소
　㉢ 방어공간을 조성하기 위한 기본요소(4가지)

경계 표시	(공간에 대한) 감시	(공간의) 이미지	주변 지역 보호

　㉣ 방어공간을 통한 특정 지역의 범죄예방효과는 다른 지역으로 '확산'되어 광범위한 영향을 준다고 주장한다(이익의 확산 효과).
　㉤ 뉴먼의 방어공간 개념이 CPTED의 이론적 기초가 되었다.

셉테드(CPTED)의 활용 예

① 조도가 높은 가로등을 설치하는 경우
② 범죄 은신처를 제거하기 위해 담을 없애거나 높이를 제한하는 경우
③ 주민의 동의 아래 범죄가 잦은 골목길에 폐쇄회로(CCTV)를 설치하는 경우
④ 퀼트작(Cul-de-sac) : 도시계획 단계에서부터 막다른 골목을 설계하는 경우
⑤ 앨리게이터(Allegater) : 우범지역에 주민만 이용할 수 있는 대문을 설치하는 경우
　※ 1세대 CPTED는 범죄예방에 효과적인 물리 환경을 설계·개선하는 하드웨어 중심의 접근방법이며, 2세대 CPTED는 주민이 환경개선 과정에 직접 참여하여 물리적 개선과 함께 유대감을

재생하는 소프트웨어적 접근방법이고, 3세대 CPTED는 2세대 CPTED에 대한 접근을 확장하여 지역구성원이 스스로 필요한 서비스를 결정하고 추진하는 공동체적 추진절차를 구축하는 것을 말한다.

기출

다음은 범죄자 甲과 乙의 범행장소 선정에 관한 가상 시나리오이다. 경찰의 순찰강화가 B지역과 C지역에 미친 효과에 해당하는 것으로 가장 적절하게 연결한 것은?

경찰행정 22

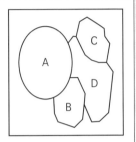

범죄자 甲은 A지역에서 범죄를 할 예정이었으나, A지역의 순찰이 강화된 것을 확인하고 C지역으로 이동해서 범죄를 저질렀다. 범죄자 乙은 B지역에서 범행을 계획하였으나, A지역의 순찰이 강화된 것을 인지하고 A지역과 인접한 B지역 대신 멀리 떨어진 C지역으로 이동해서 범죄를 저질렀다.

① B지역 - 이익의 확산(diffusion of benefits)
　C지역 - 범죄전이(crime displacement)
② B지역 - 범죄전이(crime displacement)
　C지역 - 억제효과(deterrent effect)
③ B지역 - 범죄전이(crime displacement)
　C지역 - 이익의 확산(diffusion of benefits)
④ B지역 - 이익의 확산(diffusion of benefits)
　C지역 - 억제효과(deterrent effect)

해설

甲은 A지역의 순찰이 강화되어 멀리 떨어진 C지역으로 이동해서 범죄를 저질렀고, 乙은 B지역은 순찰이 강화된 A지역과 가까우므로 멀리 떨어진 C지역에서 범죄를 저질렀다. 따라서 B지역은 긍정적 효과가 미친 이익의 확산지역에 해당하고, C지역은 부정적 효과가 미친 전이효과가 발생한 지역에 해당한다.

정답 ①

● 범죄두려움(Fear of Crime)

① 범죄두려움에 대한 개념은 다양하나 일반적으로 특정 범죄의 피해자가 될 가능성의 추정이나 범죄 등에 대한 막연한 두려움의 추정으로 정의된다.
② 범죄두려움의 무질서 모델이란 지역사회의 무질서 수준이 범죄두려움에 영향을 준다는 설명방식이다.
③ 이웃통합모델은 이웃지역의 결속과 상호신뢰가 존재한다면 지역의 두려움은 감소될 수 있다는 이론이고, 무질서모델은 개인에게 지각되는 물리적·사회적 무질서가 범죄의 두려움을 증가시킨다는 이론이다.
④ 일반적으로 여성이나 노인은 젊은 남성에 비해 범죄피해율이 매우 낮지만 상대적으로 범죄두려움은 더 높게 나타나는 현상을 범죄피해-두려움의 패러독스라 한다.

⑤ 범죄두려움 개념은 CCTV, 조명개선 등의 범죄예방효과 확인을 위한 지역주민의 주관적 평가에 활용할 수 있다.

➔ 경찰의 문제지향적 경찰활동(SARA모델)

① SARA모델은 문제지향적 경찰활동으로 탐색, 분석, 대응, 평가의 단계를 통하여 문제를 해결하는 과정을 설명한다.
② 탐색(Scanning) 단계는 지역사회 문제, 쟁점, 관심사 등을 인식하고 범주화하는 단계이다.
③ 분석(Analysis) 단계는 문제의 범위와 성격에 따라 문제에 대한 원인을 파악하기 위해 데이터를 수집하고 분석하는 단계이다.
④ 대응(Response) 단계는 경찰과 지역사회의 다양한 주체가 협력하여 분석된 문제의 원인을 제거하고 해결하는 단계이다.
⑤ 평가(Assessment) 단계는 대응 후의 효과성을 검토하는 단계로서 문제해결의 전 과정에 대한 문제점을 분석하고 환류를 통해 대응방안 개선을 도모한다.

기출

절도범죄의 취약물품(Hot Products)에 대한 설명으로 가장 적절하지 않은 것은?   경찰간부 24
① 취약물품이란 범죄자의 주의를 끌고 절도의 대상이 되기 쉬운 물건을 의미한다.
② 클라크(Clarke)는 취약물품의 특성을 설명하기 위해 코헨과 펠슨(Cohen & Felson)의 VIVA개념을 확장하여 CRAVED개념을 제시하였다.
③ 취약물품으로서 휴대폰보다 대형 미술품의 경우가 CRAVED성격에 더 가깝다.
④ 제품디자인(Product Design)이나 목표물 강화(Target Hardening) 전략은 취약물품 절도를 예방할 수 있다.

해설
취약물품이란 범죄자의 주의를 끌고 절도의 대상이 되기 쉬운 물건을 의미하며, 취약물품으로서 가장 좋은 예는 작고 가볍고 비싼 물건인 노트북, 휴대전화 등을 들 수 있다. 클라크와 뉴먼은 범행대상이 되는 것은 일상적 물품으로, 물품의 설계를 변경함으로써 범행대상이 될 가능성을 낮추는 것이 가능하다고 한다.
※ CRAVED(크레이브드) : Concealable(은폐 가능한), Removable(탈착식), Available(이용 가능한), Valuable(가치 있는), Enjoyable(즐거운), Disposable(처분 가능한)

정답 ③

CHAPTER 2 범죄방지대책

범죄의 현상과 원인을 규명하고 범죄자와 피해자를 과학적으로 분석하여 범죄방지대책을 수립하는 것이 형사정책의 궁극적인 목적이다. 그렇기 때문에 범죄방지대책은 형사정책의 가장 핵심적인 영역이라 할 수 있다.

01 범죄방지대책의 의의 JUSTICE

(1) 범죄방지대책은 범죄발생의 원인을 제거하거나 범죄억지력을 강화함으로써 범죄발생을 미연에 방지하는 것을 말한다.
(2) 이러한 방안으로는 일반인을 대상으로 하는 초범예방대책과 범죄자를 대상으로 하는 재범방지대책이 있다.

02 범죄방지대책 ★ JUSTICE

(1) 의의

초범예방을 위한 대책은 죄를 범하기 전에 범죄를 방지하는 대책을 말한다. 이러한 대책으로는 형벌(일반예방기능), 경찰의 범죄예방 활동, 지역사회의 조직화, 매스컴의 범죄예방 활동, 그룹워크, 여가지도, 협력회의의 편성과 활동 등이 있다.

(2) 종류

① 형벌(형벌의 일반예방기능)

형벌의 일반예방기능은 잠재적 범죄인에게 위하작용을 하여 범죄를 예방하는 기능과 함께 일반인에게 준법의식을 갖게 하는 것을 말한다. 포이에르바하(Feuerbach)의 심리강제설이 대표적인 이론이다.

② 경찰의 범죄예방 활동

경찰은 범죄진압과 범죄예방 기능을 함께 담당하고 있는데, 그 중에 범죄예방 차원에서 범행의 기회와 범죄유발 요인을 사전에 제거하는 방범활동 등을 말한다.

③ 지역사회의 조직화

범죄를 사회화 현상으로 파악하여, 범죄의 영향을 미치는 인적·물적 환경을 정비하여 범죄를 예방하는 것을 말한다. 이는 초범예방 뿐만 아니라 재범방지에도 매우 효과적이지만, 인구의 유동성이 높은 지역에서는 비효율적인 단점이 있다.

④ 매스컴의 범죄예방 활동

매스컴을 통해 신종범죄 또는 빈번하게 발생하는 범죄 등의 위험성을 신속하게 전파하고, 이와 관련된 교육을 실시하여 범죄를 예방하는 것을 말한다.

⑤ 그룹워크(Group Work)

반사회적인 성향이 있는 개인이나 집단을 분류하여 교육을 시키거나 다양한 치료방안을 강구하여 건전한 사고를 갖게 하는 것을 말한다. 이를 위해서는 유능한 자격자 및 지역사회와 관계기관의 조직적이고 계속적인 지원과 노력이 필요하다.

⑥ 여가지도

건전한 레크리에이션 활동 등을 통한 여가지도는 소년범죄예방에 도움이 되며, 특히 청소년의 반항적 가치관인 반달리즘(Vandalism) 치료에 효과적이다. 하지만 레크리에이션 클럽이 비행소년 등에게 지나치게 매력적으로 작용하면, 그 클럽 자체가 범죄나 비행의 온상이 될 수 있는 단점이 있다.

⑦ 협력회의의 편성과 활동

범죄예방을 위한 유관기관들이 연계하여 통합적이고 조직적으로 범죄예방활동을 하는 것을 말한다. 이러한 활동은 관계기관들이 자발적이고 적극적으로 동참하지 않으면 형식에 치우칠 우려가 있다.

> **➡ 반달리즘(Vandalism)**
> 청소년의 반항적 가치관으로 인한 기존의 문화예술 파괴주의를 말한다. 벽에 낙서 등 주로 경미한 범죄와 관련이 있다.

03 재범방지를 위한 대책

JUSTICE

(1) 의의

재범방지를 위한 대책은 교정시설을 통한 재범방지 및 출소자에 대한 사회여건 개선을 들 수 있다. 이러한 대책으로는 형벌(특별예방기능), 기계적 개선법, 임상적 개선법, 집단관계에 의한 개선법, 교육 및 훈련, 전문적 기술의 응용에 의한 개선 등이 있다.

(2) 종류

① 형벌(형벌의 특별예방 기능)

특별예방적 차원에서 범죄자에게 책임에 상응하는 고통을 부여하고 격리시켜 교화·개선하여 재범을 방지하는 것을 뜻한다. 이는 매우 소극적인 기능일 뿐만 아니라 인권침해 등 여러 가지 폐단이 야기될 우려가 있다.

② 기계적 개선법

교정시설 수형기간 중 강제적으로 교육과 직업훈련 등을 실시하여 윤리의식을 함양하고 사회 적응력을 향상시켜 재범을 방지하는 것을 말한다. 이렇게 징역형과 같이 형벌에 부수해 강제적으로 실시하는 것을 '기계적 개선법'이라고 한다. 이는 사회복귀 후 상황이 바뀌면 사회에 적응하지 못해 실효성을 거두기 어려운 점이 있으므로, 석방 후 사회적인 보호와 배려가 필요하다.

③ 임상적 개선법

범죄인의 생물학적·정신의학적·심리학적 이상이나 결함을 찾아서 의료적으로 치료하여 재범을 방지하는 것을 말한다. 치료감호처분과 같이 주로 개인적인 원인으로 인한 범죄자에게 실효성이 있다. 이는 전문가에 의한 진단과 치료 등 많은 비용과 시간이 소모되는 것에 비해 효과가 적다는 비판을 받고 있다.

④ 집단관계에 의한 개선법

개인적인 특수한 성격이나 속성을 치료하는 임상적 개선법과 반대로, 범죄인의 행동을 집단관계나 집단문화의 소산으로 보아, 수형자의 대인관계를 개선함으로써 재범을 방지하는 것을 말한다. 이러한 방안으로는 수형자의 과학적 분류를 기초로 한 수형자 자치제와 종교서적 연구 활동 등을 들 수 있다. 교정시설 내에서는 각종 취미활동 등을 활성화할 수 있는 방안을 적극적으로 강구할 필요가 있다.

⑤ 전문기술의 응용에 의한 개선(Social Work)

전문적인 기술을 응용하여 범죄자의 능력을 발전시켜 사회적응력을 향상할 수 있도록 원조하고 지도하는 것을 말한다. 사회사업(Social Work)을 통한 사회적 자원의 활용과 지역사회와의 연계가 필요하며, 전문가의 적극적인 참여와 처우의 사회화 등 지역사회 전체를 치료적인 기능을 갖도록 조직화하는데 의의가 있다.

⑥ 교육·훈련

　범죄자가 사회에 적용할 수 있도록 교육시키고 훈련시키는 것을 말하며, 기계적 개선법을 보충하는 의미를 지니고 있다. 교육, 훈련기회의 확대, 교육프로그램의 개선, 양질의 직업훈련을 위한 복지정책, 적절한 직업알선 등이 포함된다. 실효성을 거두기 위해서는 석방 후에도 지속적인 직업훈련과 전문가를 통한 재활교육 등이 필요하다.

⑦ 사회여건 개선

　수형자를 건전하게 사회에 복귀시키기 위해서는, 전과자를 포용할 수 있는 사회여건과 인식의 전환이 필요하다.

CHAPTER 3 범죄예측

범죄예측 또는 비행예측은 범죄자나 비행소년을 조사하여 그 장래의 범죄나 비행을 예측하는 것을 말한다. 범죄통계가 집단현상으로서의 범죄분석에 기여한다면 범죄예측은 개별현상으로서의 범죄분석에 기여한다. 이는 곧 인간의 범죄행동을 예측하여 범죄예방 및 석방이나 양형의 자료로 활용하는 등, 범죄원인을 파악하고 범죄방지대책을 수립하는데 매우 유용하다. 최근에는 범죄예측 뿐만 아니라 차후 범죄시점까지도 예측하는데 많은 노력을 하고 있다.

01 범죄예측의 의의

JUSTICE

1. 의의

범죄예측은 범죄예방·수사·재판·교정 등 각 단계에서 개별적인 범죄인 또는 비행소년에 대하여 장래의 범죄 또는 재범을 예측하는 것을 말한다. 이는 수형자에 대해 가석방 적격심사를 할 때 의사 또는 심리학자가 범죄생물학적 입장에서 개선가능성 유무를 분류하는 것에서 비롯되었다.

2. 범죄예측의 유용성

(1) 장래의 범죄행위를 사전에 예측함으로써 범죄를 예방할 수 있다.
(2) 개별현상으로서의 범죄를 이해하는데 도움을 준다.
(3) 범죄인에 대한 처분과 처우의 기초를 제공하고, 교도소 과밀화 해소에 기여한다.
(4) 청소년의 비행예방과 양형자료 및 가석방 적격심사할 때 활용할 수 있다.
(5) 정확한 범죄원인 파악과 적절한 범죄방지대책 수립에 도움을 준다.
(6) 정신의학 및 범죄심리학 등을 활용하면 효율성을 높일 수 있다.

> ● **범죄통계와 범죄예측**
> ① 범죄통계 : 집단현상으로서 범죄파악에 유용하다.
> ② 범죄예측 : 개별현상으로서의 범죄이해에 용이하다.

3. 범죄예측의 전제조건 ★

(1) 객관성 : 누가 검사하더라도 비슷한 결과가 나오고 신뢰할 수 있어야 한다.

(2) 타당성 : 예측하고자 하는 목적에 기여하고 도움이 되어야 한다.

(3) 단순성 : 작성이 간단하고 단시일 내에 할 수 있어야 한다.

(4) 경제성(효율성) : 비용과 시간이 절약되고 효율성이 있어야 한다.

4. 예측방법

통계적 비행예측방법(점수법)으로서의 비행예측표는 1923년 미국의 워너(S. Warner) 교수가 '가석방 적격심사 기준에 관한 연구보고서'를 시작으로 세계 각국에서 연구하게 되었다. 일반적으로 점수법에는 '양점법'과 '난점법'이 있으며, 양점법은 예측표에 따른 점수가 높을수록 위반율이 낮고, 난점법은 그 반대이다.

(1) 미국 ★

① 워너(S. Warner) : 점수법의 창시자로 범죄예측을 가장 먼저 시도하였다. 1923년 점수법을 기초로 가석방 대상자를 선별하기 위해 약 60개 항목을 가지고 재범가능성을 점수화하여 범죄예측을 시도하였다.

② 버제스(E. W. Burgess)

  ㉠ 1928년 미국의 버제스는 재범예측을 위하여 수형자들에게 공통된 인자를 추출하여 이를 토대로 경험표라는 범죄예측표를 처음으로 작성하여 가석방기간 중의 재범예측에 활용하였으며, 객관적인 범죄예측의 기초를 마련하였다.

  ㉡ 수형자가 가석방되기 전의 생활상에서 21개 인자를 추출하고, 이에 대해 각각 가중치 (＋1, 0, －1)를 부여하였는데, 이를 '실점부여방식(양점법)'이라고 한다.

③ 글룩(Glueck)부부(가중실점방식) ★

  ㉠ 처음(1930년대)에는 난점법에 의한 재범예측을 시도하였지만, 1940년대에는 비행소년 500명과 일반소년 500명을 상호비교하여 추출한 인자를 대상으로 점수를 부여하여 합산하는 가중실점방식에 의한 조기예측표를 소개하였다.

  ㉡ 약 300개의 인자를 검정하여 최종적으로 사회적 인자, 성격적 인자, 정신의학적 인자 각각5개씩을 추출하고, 그 중에서도 사회적 인자가 가장 유효한 예측인자임을 밝혀내었다.

  ㉢ 글룩부부는 버제스의 연구결함을 보충하고 세분화하였으며, 조사방법으로는 면접법을 채택하였다.

(2) 독일 [참고]

① 엑스너(Exner)
  1935년 버제스의 연구결과를 독일에 소개하고 범죄예측의 필요성을 강조하였다.

② 쉬이트(Schiedt)

주관적 추정을 배제하고 완전히 기록에만 근거한 난점법을 활용한 새로운 방법을 고안하였다. 1939년 교도소에서 석방된 범죄인의 성격을 분석조사하여 추출한 15개 인자를 대상으로 범죄예측표를 작성하고 교정가능·교정의문·교정불가능으로 분류하였다.

(3) 기타 [참고]

① 스위스의 프레이(E. Frey)

프레이는 글룩부부의 가중실점방식을 이용하여 사전예측·사후예측·종국예측을 위한 예측인자를 찾아내어 예측표를 작성하였다.

② 영국의 맨하임(H. Manheim)과 윌킨스(L. T. Wilkins)

1955년 소년원 퇴원자를 조사하여 '범죄회귀분석 방식'에 의한 재범예측표를 작성하였다.

③ 위트(Witte)와 쉬미트(Schimitt)의 생존분석

재범의 확률과 시점을 예측한 대표적인 연구로, 출소자들이 범죄행위로 인해 재수용되는 시기의 분포와 이에 영향을 주는 요인을 밝히고자 하였다. 연구결과 약물이나 알코올중독 경험자·누범자·장기수형자·젊은 남자·재산범죄자 일수록 출소 후 단기간 내에 재범하는 경향이 높은 것으로 나타났다.

> ⊙ **범죄예측**
> ① 미국 : 가석방과 관련해 발달하였다.
> ② 독일 : 범죄원인을 해명하는 차원에서 발달하였다.

(4) 최근의 방법 ★

최근에는 하셔웨이(S. Hathaway)와 맥킨리(J. Mckinly)가 고안한 '미네소타 다면적 인성 검사법'(MMPI)이 가장 표준화된 인성조사방법으로 많이 활용되고 있다.

(5) 우리나라의 범죄예측

① 우리나라는 1960년대부터 글룩부부의 예측표 등을 활용하기 시작하였다.
② 현재는 MMPI(미네소타 다면적 인성검사법) 방식을 보편적으로 활용하고 있다.

> ⊙ **MMPI(Minnesota Multiphasic Personality Inventory)**
> ① 의의
>   ③ 하셔웨이(S. Hathaway : 임상심리학자)와 맥킨리(J. Mckinly : 정신건강의학과 의사)가 고안한 것으로 미네소타 다면적 인성검사법이라고 한다.
>   ⓒ 처음에는 정신과적 측면의 비정상적인 행동과 진단을 분류하기 위해 고안하였지만, 현재는 인성(성격)검사 방법으로 세계적으로 가장 널리 활용하고 있다.

ⓒ 가장 표준화된 범죄자 인성조사 방법으로, 정신이상 정도를 측정하고 성격진단 및 상담치료에 활용하고 있다.

ⓔ 수용자의 행위에 대한 합리적인 예측가능성을 측정하는 도구로 활용하고, 보안수준과 교정프로그램에 수형자를 합리적으로 배정하는데 공헌하였다.

② 타당성척도와 임상척도

　ⓐ 타당성 척도(4가지) : ?(알 수 없다)척도, L척도, F척도, K척도

　　ⓐ ?(알 수 없다 척도) : 문항에 답하지 않거나, 그렇다와 아니다를 모두 답한 것

　　ⓑ L척도 : 고의적으로 자신을 미화시켜 좋게 응답하는 것을 탐지

　　ⓒ F척도 : 보통과는 다르거나 비전형적인 방법으로 응답하는 것을 탐지

　　ⓓ K척도 : 정신적인 장애가 있으면서도 정상적인 척 응답하는 것을 탐지

　ⓛ 임상척도(10가지) : 건강염려증(Hs), 우울증(D), 히스테리(Hy), 반사회성(Pd), 남성(여성)특성(Mf), 편집증(Pa), 강박증(Pt), 정신분열증(Sc), 경조증(Ma), 내향성(Si)

③ 문제점

문항수가 과다하고(Full Form 566문항, 단축형 383문항), 학력수준이 높아야 정확성이 높아지는 단점이 있다.

● 교정심리검사

① 교정심리검사는 교정본부에서 자체적으로 개발한 검사방법으로, 수형자의 문제행동 가능성과 재범위험성 예측 등에 활용하고 있다.

② 교정시설에서는 심리검사 대상자에게 먼저 교정심리검사 등을 실시한 후 특이성격 등 필요한 경우에 MMPI 등을 추가로 활용하고 있다.

5. 형사사법 각 단계별 범죄예측

(1) 의의

범죄예측은 범죄 또는 비행의 예측시점의 차이, 즉 형사사법의 단계에 따라 조기예측(예방단계), 수사단계 예측, 재판단계 예측, 교정단계 예측으로 분류할 수 있다.

(2) 분류

① 조기예측(예방예측)

　⊙ 잠재적 범죄자를 사전에 식별하여 범죄성이 심화·발전되기 전에 범행을 사전에 예방하는 것을 말한다. 경찰 등 범죄예방활동 단계에서 주로 행해지며, 글룩부부의 소년비행예측이 가장 유명하다.

　ⓛ 우리나라의 경우 소년분류심사원에서 행하는 일반소년에 대한 외래분류심사가 이에 해당한다. 범죄자에 대한 교정교화 및 범죄로 인한 피해회복이 어려우므로 범죄를 사전에 예방하는 것이 매우 중요하다.

　ⓒ 조기예측은 범죄를 예방하기 위한 예측에 불과하므로, 범행 후 실시되는 사법예측이 아님에 유의해야 한다.

② 수사단계 예측

　　㉠ 범죄를 수사한 기관이 수사종결 시 범죄인의 처리나 처분을 결정할 때 사용하는 예측을 말한다. 주로 장래의 수사방향이나 재판가능성을 판단하는데 필요하다.

　　㉡ 검찰의 선도조건부 기소유예처분 결정, 비행소년에 대한 요보호성 및 잠재적 비행성을 파악하는데 유용하다.

③ 재판단계 예측

　　㉠ 재판단계에서 범죄자의 양형을 결정하는 중요한 범죄예측이며, 처우의 개별화를 위해서도 필요하다.

　　㉡ 재판단계 예측은 재범예측과 (사회)적응예측이 있다. 이를 보완하기 위해 판결 전 조사제도를 활용하고 있으며, 전통적으로 형사정책상 가장 중시해 온 범죄예측이다.

　　㉢ 치료감호, 집행유예, 선고유예 시에 이를 활용할 수 있다.

④ 교정단계 예측(석방단계 예측)

　　㉠ 가석방 결정, 출소 후 사후관리, 보호관찰, 갱생보호 위탁 등을 결정할 때 필요한 예측을 말하며, 범죄예측은 석방단계 예측에서부터 시작되어 발전하였다.

　　㉡ 석방단계 예측으로는 버제스식, 글룩부부식, 쉬이트(Schiedt)식(난점법) 등이 있다.

> ● **범죄예측 발전순서** : 석방 시 예측 ⇒ 재판 시 예측 ⇒ 조기예측 ★

02 　예측방법의 분류 ★

JUSTICE

범죄예측 방법은 일반적으로 인격 전체를 비교분석하여 종합해서 판단하는 '전체적 관찰법'과 범죄자의 특성을 통계적으로 수식화한 것을 활용하는 '통계적 관찰법'으로 분류할 수 있다. 이를 보다 세분하면 전체적 관찰법, 임상적 관찰법, 통계적 관찰법 및 이를 종합한 통합적 예측방법으로 나눌 수 있다.

1. 전체적 관찰법(직관적 예측법, 주관적 예측법)

(1) 의의

전체적 관찰법(예측법)은 범죄생물학의 입장에서 인격 · 환경조건 · 성장과정 등을 분석 · 종합하여 대상자의 범죄행동을 논리적으로 예측하는 것을 말한다. 이는 주로 개별범죄자의 개선가능성 및 개선을 위해 필요한 기간 등을 예측한다.

(2) 평가

① 예측자의 직관적 예측능력을 토대로 하는 예측방법으로 범죄자에 대한 직업경험이 중요한 역할을 한다.

② 판단자의 주관적·직관적 예측이라 신뢰성이 희박하고 합리적인 판단기준이 결여되기 쉽다. 실무자인 경우 전문가에 의한 보완이 필요하다.

2. 통계적 관찰법(점수법)

(1) 의의

범죄자의 특징을 계량화해서 평가한 총점수에 따라 장래의 범죄행동을 예측하는 방법으로 점수법이라고 한다. 점수를 수식화한 예측표는 많은 사례를 조사한 경험을 통계적으로 정리한 것이기 때문에 경험표라고도 한다.

(2) 평가

① 장점

   ㉠ 누구나 쉽게 활용할 수 있다.

   ㉡ 객관적 기준인 예측표에 의해 작성하므로 실효성 및 공평성이 높다.

   ㉢ 비용이 저렴하다.

② 단점

   ㉠ 예측목록이 연구자에 따라 상이하다.

   ㉡ 보편타당한 예측표 및 절차 설정이 매우 어렵다.

   ㉢ 도출된 결과에 대한 타당한 자료를 제시하기 어렵다.

   ㉣ 개별적인 특수사정을 고려하기 어렵다.

3. 임상적 예측방법(경험적 개별예측방법, 전체적 관찰법의 일종)

정신건강의학과 의사나 범죄심리학자가 임상실험을 통해 조사·관찰한 것을 바탕으로 예측하는 것을 말한다. 판단자의 주관적 입장이 개입될 가능성과 자료해석 오류 가능성 및 비용이 많이 드는 단점이 있다.

4. 통합적 예측방법(구조예측)

전체적 관찰법과 통계적 관찰법을 조합하여 각각의 단점을 보완해서 예측하는 방법을 말한다. 각각의 결함을 감소시킬 수는 있지만 완전하게 결함을 제거하는 것은 불가능하며, 이중적 예측방법이라 시간이 많이 소요되는 등 실효성이 적다는 지적이 있다.

03 범죄예측의 한계

1. 잘못된 예측 ★

(1) 잘못된 긍정(범죄 가긍정, 허위 긍정)

① 장래에 범죄를 할 것으로 잘못 예측하는 경우를 말한다.
② 불필요한 구금 등 인권침해를 야기한다.

(2) 잘못된 부정(범죄 가부정, 허위 부정)

① 장래에 범죄를 하지 않을 것으로 잘못 예측하는 경우를 말한다.
② 범죄로 인한 사회적 위험을 야기한다.

(3) 과잉예측

① 미래에 대한 범죄가 예측의 표적이라면 '잘못된 부정' 예측은 최소화 되어야 한다.
② '잘못된 긍정'은 안전한 사람에 대한 지속적인 수용을 의미하므로 과잉예측 문제를 야기시킨다.
③ 교정분야에 있어서는 특히 잘못된 긍정과 과잉예측이 문제가 되며, 이는 곧 불공정·부정의 형사정책이라는 비판을 받게 된다.

2. 범죄예측의 문제점

(1) 철학적, 법률적 문제

① 미래예측에 대하여 제재를 부과하는 것으로, 책임과 무관한 처벌이 문제이다.
② 처벌이 과거에 행한 범행의 사회적 위해 정도에 비례하여 부과되기 보다는, 미래의 범행에 대한 예측에 의해 부과되므로, 형벌과 책임이 불일치한다.

(2) 도덕적, 윤리적 문제

① 객관성이 결여되기 쉽고 개별적인 특수사정을 고려하기 어렵다.
② 범죄예측 결과에 대한 정확한 근거를 제시하기 어렵다.
③ 소수인종·소외계층 등에 따라 차별을 받을 우려가 있어 공평한 사법처리가 어렵다.

(3) 기술적인 문제

① 인간의 행위를 사전에 정확하게 예측한다는 것은 사실상 불가능하다.
② 잘못된 예측이 과반수이상을 차지하는 등 예측의 부정확성이 문제이다.

형사정책

기출

범죄예측에 관한 내용으로 가장 적절하지 않은 것은?   경찰간부 24

① 범죄예측은 크게 범죄사건예측, 범죄자예측, 범죄자신원(동일성)예측, 피해자예측 등 4가지 영역으로 구분된다.
② 현재 우리나라 경찰청에서는 CCTV를 활용한 AI인식시스템으로 프리카스(Pre-CAS)를 활용하고 있다.
③ 범죄를 예측하고 경찰활동에 체계적으로 적용한 미국 내 최초의 사례는 뉴욕경찰국(NYPD)의 공간지각시스템(DAS)이다.
④ 미국 법무부 산하 국립사법연구소(NIJ)는 예측적 경찰활동이란 "다양한 분석기법을 활용하여 경찰개입이 필요한 목표물을 통계적으로 예측함으로써 범죄를 예방하거나 해결하는 제반활동"이라고 정의하였다.

[해설]
범죄를 예측하고 경찰활동에 체계적으로 적용한 미국 내 최초의 사례는 미국 캘리포니아주 LA경찰국과 산타크루즈 경찰서에서 시행한 프레드폴(PredPol)이다.

[정답] ③

PART —— 5

형벌론

CHAPTER 1 형벌이론

01 형벌의 의의 참고

1. 의의

형벌은 국가가 범죄에 대한 법률상의 효과로써 범죄자에게 부과하는 법익박탈 행위를 말한다. 일반적으로 유죄로 인정된 범죄에 대해서는 범죄의 경중 및 재범의 위험성 등에 따라 형벌 또는 보안처분이 과해지거나, 형벌과 보안처분이 병과되기도 한다.

> ● **형벌과 보안처분**
> ① 형벌 : 과거의 법익침해에 대한 제재를 뜻한다(협의의 형벌, 형식적 의미).
> ② 보안처분 : 범죄인의 위험성을 기초로 미래의 범죄예측에 대한 제재를 말한다.

2. 형벌이론의 변천과정

(1) 프랑스혁명 이전까지는 응보형주의와 일반예방주의에 따라 가혹한 형벌집행을 통한 위하효과에 중점을 주었다.

(2) 인권존중사상과 실증주의사상 등으로 범죄인을 교화·개선하는 목적형주의와 교육형주의 및 특별예방주의가 강조되었다.

(3) 1970년대 중반 이후, 교육형주의의 효용성을 부정하면서 다시 구금을 통한 응보를 강조한 신응보형주의가 등장하였다.

02 형벌이론 JUSTICE

형벌이론은 형벌의 본질을 어디에 두느냐에 따라 응보형주의(應報形主義)와 목적형주의(目的刑主義)로 나눌 수 있고, 범죄예방의 대상에 따라 일반예방주의와 특별예방주의로 나눌 수 있다.

1. 응보형주의와 목적형주의

(1) 응보형주의(절대설, 절대주의)

① 의의

응보형주의는 형벌의 본질이 범죄에 대한 정당한 응보에 있다고 보는 사상이다. 이는 범죄에 대한 해악을 형벌에 의하여 응보하는데 그 본질이 있다고 보는 입장으로, '절대설(絕對說)'이라고도 한다. 대표적인 학자로는 칸트(Kant), 헤겔(Hegel), 빈딩(Binding) 등이 있다.

② 공과

㉠ 응보형주의는 형벌의 목적에 관한 이론이 아니라, <u>형벌의 본질에 관한 이론이다.</u> 특히 응보형주의는 책임주의 및 죄형법정주의에 입각하여 형벌권의 행사를 제한하려 한 것이 형벌이론에 기여한 점이 크다.

㉡ 그러나 형벌은 책임이 있다고 하여 반드시 형벌을 과해야 하는 것은 아니며, 단순히 해악에 대해 해악으로 응보하는 것은 구체적이고 명확한 기준을 제시하지 못하는 단점이 있다.

(2) 목적형주의(상대설, 상대주의)

① 목적형주의는 형벌은 그 자체가 목적이 아니라, 사회를 방어·보호하는 목적을 달성하기 위한 수단으로 보는 입장으로 '상대설'이라고 한다.

② 이는 상대주의·의사결정론·실증적·전망적(미래지향적) 관점에서 장래의 범죄를 예방하는 보안처분과 사회방위를 중시하는 이론이다.

> **➔ 신응보형주의**
>
> ① 신응보형주의는 1970년대 중반 이후 미국에서 활발히 전개된 형벌이론으로, 교육형주의에 입각한 수형자 처우 프로그램이 범죄자의 재범방지 및 누범방지에 실패했다는 주장에서 비롯되었다.
>
> ② 이는 수형자들의 개선 자체보다는 인간적인 조건하에서의 구금 및 응보주의를 바탕으로 한 구금위주의 교정을 주장하는 견해이다. 교육형주의의 효용성 및 수용자의 동의없는 강제교육을 부정한 반면, 적법절차 보장·인간적인 처우 등 수용자의 권리보장 및 처우 프로그램의 자발적 선택과 자치활동 확충 등 교정제도의 개선을 중시하는 정의(사법·공정) 모델의 입장이다. 이는 형벌의 목적을 응보로 보고 있어 반교정주의 성격을 지니고 있다.
>
> ③ 알렌(Allen), 모리스(Morris), 윌슨(Willson), 포겔(Fogel), 마틴슨(Martinson) 등이 주장하였다.

PART 5

2. 일반예방주의와 특별예방주의

(1) 일반예방주의

① 의의

일반예방주의는 범죄예방의 대상을 '일반인'에 두는 고전학파의 견해로, 형벌의 목적을 일반인에게 겁을 주어 범죄를 하지 않도록 예방하는데 두고 있다. 베카리아(C. Beccaria), 벤담(J. Bentham), 포이에르바하(Feuerbach)가 대표적인 학자이다.

② 내용

㉠ 형집행 과정에서의 일반예방(위하설) : 준엄하고 가혹한 형집행을 일반인에게 공개함으로써 범죄예방 효과를 거두는 것을 의미한다.

㉡ 형벌예고에 의한 일반예방(심리강제설) : 심리강제설은 일반예방주의를 집대성한 포이에르바하가 주장하였다. 이는 형벌의 내용을 명확히 법률에 규정하여 범죄를 범한 때에는 이익보다 더 큰 해악이 따른다는 것을 일반인에게 알려 범죄예방효과를 거두는 것을 말한다.

(2) 특별예방주의

① 기본이해

특별예방주의는 형벌예방의 대상을 '범죄인'에게 두고 있는 사상으로, 형벌의 목적은 범죄인을 교화·개선하여 다시는 죄를 범하지 않도록 하는데 있다는 견해이다. 이는 무해화를 통한 사회방위와 재사회화를 강조한 것으로, 독일의 리스트가 집대성하였다.

② 등장배경

㉠ 19C 중엽 자본주의의 발달과 함께 재범자가 급증함에 따라 자유의사를 전제로 한 응보형주의의 한계가 나타났다. 또한 자연과학의 발달로 범죄를 사회병리적 현상으로 파악하는 한편, 형벌도 과학적·실증적 방법에 의해 그 본질을 규명하려는 이론이 대두되었다.

㉡ 특별예방주의는 이탈리아의 실증주의 학자들에 의해 주장되어, 리스트의 목적형주의에 의하여 확립되었으며, 교육형주의와 사회방위이론도 이에 속한다.

3. 특별예방주의 주요내용

(1) 이탈리아의 실증학파

이탈리아의 실증학파인 롬브로조·페리·가로팔로는 결정론적 관점에서 개별처우를 바탕으로 하는 특별예방주의를 주장하였다.

(2) 리스트의 목적형주의

형벌을 특별예방적 관점에서 범죄인의 재범을 방지하는데 불가결한 것으로 보았다. 리스트는 형벌의 목적을 개선·위하·무해화에 두고, 개선이 필요한 상태범죄인은 개선을, 개선이 불필요한 기회범에 대해서는 위하를, 개선이 불가능한 상태범죄인은 격리를 통하여 무해화(제거, 격리)해야 한다고 주장하였다.

(3) 교육형주의

① 의의

교육형주의는 형벌의 목적을 교육을 통한 범죄방지에 두는 이론으로, 독일의 리프만 (Liepmann), 이탈리아의 란자(Lanza), 스페인의 살다나(Saldana) 등이 주장하였다.

② 주요학자

㉠ 리프만 : 범죄인을 인간으로 존중하지 않으면 안 된다는 명제 아래, "형벌은 인도적인 교육형이어야 한다"고 하였다.

㉡ 란자 : "학교에서 이성적 문맹을 퇴치하는 것과 같이 감옥(교도소)에서는 도덕적 문맹을 퇴치해야 한다"고 하며 형벌의 의의가 교육에 있음을 강조하였다.

㉢ 살다나 : "형벌은 사회에 공헌할 때 정당성이 있다"고 하며 교육형주의를 주장하였다.

③ 내용

㉠ 교육형주의는 교정의 본질을 범죄원인과 범죄인의 성격을 조사하여 그에 알맞은 교육을 실시하는 것에 두고 있어, 교정교육 프로그램 개발을 중시한다.

㉡ 교육형주의는 형벌을 교육으로 보기 때문에 형벌자체의 존엄성과 위하력이 무시되기 쉬운 점이 있다.

(4) 사회방위이론

① 의의

㉠ 사회방위이론은 단순히 법률을 통해 사회를 보호하는 소극적인 방안이 아니라, 적극적으로 범죄를 예방하고 과학적으로 범죄인을 처우하여 사회에 복귀시키는 현대적 범죄예방이론이다.

㉡ 초기실증주의의 숙명적 결정론과 객관주의(고전주의) 형벌이론의 회의에서 출발하여, 전체주의에 무력했던 소극적 개인주의 및 자유주의에 대한 반성에서 비롯되었다.

② 연혁

㉠ 프린스(A. Prins)가 리스트(Liszt)의 목적형사상 내지 특별예방이론을 바탕으로 이론적 기초를 마련하였다.

㉡ 제2차 대전 이후에는 그라마티카(이탈리아)의 '급진적 사회방위론'과 앙셀(프랑스)의 '신사회방위론'으로 발전하였다.

③ 대표적 이론

㉠ 그라마티카(Gramatica)의 급진적 사회방위론(단적인 주관주의, 일원론 입장) : 그라마티카는 「사회방위의 기초」(1961)에서 단적인 주관주의에 입각해, 행위를 기초로 하는 형벌을 행위자에게 적합한 보안처분으로 대체할 것을 요구하는 급진적인 사회방위이론을 주

장하였다. 이는 형벌의 가치를 무시하고 사회방위처분만을 강조한 <u>단적인 주관주의 입장</u>인 일원적 대체주의(일원론)이다.

    © <u>앙셀(Ancel)의 신사회방위론(이원론 입장)</u> : 앙셀은 지나친 사회방위는 오히려 개인의 인권이 무시될 위험이 있으므로, 사회보호와 범죄인의 재사회화를 동시에 고려한 신사회방위을 주장하였다. 이는 형벌의 가치를 인정하면서 사회방위처분을 가미해 이원적으로 범죄에 대처하는 이론으로, 범죄인의 인도적 처우와 재사회화를 강조하였으며, <u>특히 소년에 대한 보호주의를 강조</u>하였다.

  ④ 사회방위론의 문제점

    ㉠ <u>범죄인의 장래 범죄위험성에 대한 제지가 문제이다.</u>

    ㉡ 사회적 위험이라는 개념이 모호하고 평등의 원칙에 위배될 소지가 있다.

    ㉢ 사회방위라는 미명하에 범죄인의 인도적 처우가 경시될 가능성이 많다.

    ㉣ 탈법률주의로 인한 죄형법정주의 및 법치국가 원리가 침해될 수 있다.

    ㉤ 형벌의 일반예방 효과와 위하력을 무시하고 있다.

    ㉥ 현행법의 사회방위기능을 경시하는 경향이 있다.

4. 절충설(결합설)

(1) 응보형주의와 목적형주의 및 일반예방주의와 특별예방주의 이론들의 장점을 결합하여 형벌의 본질과 목적을 설명하는 것을 절충설이라 한다.

(2) 절충설은 형벌은 본질상 해악에 대한 응보로서의 성질을 가지면서도 예방의 목적을 달성할 수 있어야 한다는 이론이다. 즉 책임은 형벌의 상한을 제한할 뿐이며, 형벌의 하한은 일반예방과 특별예방의 목적에 의해 결정된다고 보는 견해로 다수설이다.

(3) 메르켈(Merkel), 히펠(Hippel) 등이 주장하였다.

➡ 응보형주의와 목적형주의

  ① 응보형주의 : 관념적, 회고적(과거지향적)

  ② 목적형주의 : 실증적, 전망적(미래지향적)

➡ 주관주의와 객관주의(형벌의 기초가 되는 범죄의 본질에 관한 이론)

  ① 객관주의

    외부에 나타난 행위의 결과를 기초로 형벌의 종류와 경중이 결정되어야 한다는 이론이다.

  ② 주관주의

    ㉠ 범죄인을 특수한 성격의 소유자로 보고, 형벌의 대상을 범죄사실이 아닌 범죄인으로 보며, 형벌의 종류와 경중도 범죄인의 악성 내지 사회적 위험성에 의하여 결정되어야 한다는 이론이다.

    ㉡ 주관주의를 범인주의, 성격주의라고도 하며, 범죄인의 반사회적 성격을 형벌의 대상으로 하는 자연과학적 결정론에 기초한 것이다.

→ 구파(고전학파)와 신파(실증학파, 근대학파) ★

① 고전학파(구파) : 고전학파는 계몽주의·개인주의·자유주의사상을 배경으로 응보형사상과 일반예방주의 및 객관주의와 결합하여 법치국가적 이념 아래 형성된 이론들을 말한다. 형벌은 책임주의에 입각해 범죄행위와 균형을 이루어야 하므로 부정기형이어서는 안되며, 보안처분과는 구별되어야 한다는 입장이다.

② 근대학파(신파, 실증학파) : 19C 후반 자연과학적 방법론에 의하여 실증적으로 연구하는 이론들을 말한다. 롬브로조 등 실증학파에 의하여 주장되고, 리스트 등 근대사회학파에 의해 확립되었다. 이는 리프만·란자·살다나 등에 의해 교육형주의로 발전한 특별예방주의와 주관주의가 결합한 이론이라 할 수 있다.

③ 절충설(통합설) 정리

응보형주의	목적형주의	
책임원칙 수용	일반예방	특별예방
	일반인의 규범의식 강화	재사회화, 형벌의 개별화 수용
형벌의 상한 제한	형벌의 하한 결정	

④ 형사절차에 따른 형벌의 기능 고려

입법단계	재판단계	형 집행단계
일반예방, 위하적 효과	응보형주의, 책임원칙	특별예방, 재사회화 목적

→ 구파(고전학파)와 신파(실증학파, 근대학파)의 비교 ★

구분	고전학파	실증학파
① 시기	18C 후반 ~ 19C중엽	19C 후반 ~ 현대
② 배경	개인주의, 자유주의, 합리주의, 법치주의, 계몽주의	자연과학 발달, 실증주의, 소년범·누범 등 범죄급증
③ 인간관	자유의사론, 비결정론(Free Will, 자유의지) 정상인(이성적, 합리적, 공리적)	의사결정론, 결정론(소질과 환경의 영향) 비정상인(비이성적, 비합리적, 비공리적)
④ 범죄론	객관주의(범죄중심) (법익침해 결과 중시)	주관주의(범죄자 중심) (범죄자의 반사회적 성격 중시)
⑤ 책임론	도의적 책임론(행위 책임)	사회적 책임론(행위자 책임)
⑥ 형벌론	응보형주의, 일반예방주의	목적형, 교육형주의, 특별예방주의
⑦ 보안처분론	이원론	일원론
⑧ 자유형	정기형제도	각종 유예제도 활용, 가석방, 상대적 부정기형, 단기자유형 제한
⑨ 처우모델	처벌 중시 구금모델, 정의모델(사법모델)	처우 중시(치료, 개선, 교화, 교정 등) 의료모델, 개선모델, 재통합모델
⑩ 주요관점	사회통제 중시 형법 등 사법제도 중시 형법개혁운동, 감옥개량운동	범죄자처우 및 사회방위 중시 범죄원인 중시 과학적(개별)처우 중시
⑪ 기여	형벌권 제한, 개인의 자유와 권리신장 형벌완화(박애주의)	형벌의 개별화, 범죄인의 재사회화, 범죄 감소

형벌의 정당성

1. 형벌부과의 정당성 ★

범죄자에 대한 형벌의 부과는 일반적으로 '응보적 정당성'과 '공리적 정당성'에서 그 합리성을 찾고 있다. 응보적 정당성은 과거 범죄행위에 중점을 두고 있는 반면, 공리적 정당성은 미래의 범죄예방에 중점을 두고 있다.

응보적 정당성(범죄에 대한 처벌)	공리적 정당성(예방적 차원의 처벌 : 사회보호)
① 과거지향적(사후대응적) ② 도덕적 근거 ③ 책임에 상응한 처벌을 중시 ④ 처벌은 당연한 것으로 인식함	① 미래지향적(범죄예방중시) ② 경험적 논리에 근거 ③ 복수가 아닌 범죄의 제지를 중시 ④ 범죄감소에 염두를 둔 처벌을 중시

2. 처벌의 목적

(1) 응보(처벌 중시)

① 범죄인이 아닌 범죄에 대한 보복적 성격이다.

② 객관주의, 절대형주의, 자유의사론에 기초하고 있다.

③ 범죄와 형벌의 형평 및 책임을 중시한다.

④ 관념적이고, 회고적(과거지향적)이다.

⑤ 처벌은 당위적이고 도덕적인 의무위반에 대한 책임이며, 책임과 비례성을 중시한다.

(2) 공리주의(범죄예방중시)

① 의의

형벌을 통한 무능력화와 범죄억제 및 사회복귀를 추구한다. 즉 구금으로 범죄를 무력화하고, 고통을 부과하여 범죄동기를 억제하고, 범죄인을 개선·변화하여 사회에 복귀시켜 재범을 방지하는 것이 목표이다.

② 공리주의의 정당성 기준

공리주의의 정당성 기준은 무능력화, 제지(특별제지와 일반제지) 및 교화개선이다. 형벌이 공공의 안전에 기여하고(무능력화), 범죄인이 범죄를 못하도록 제지하고(특별제지), 일반인이 법을 준수하도록 하고(일반제지), 재교육시켜 사회에 동조할 수 있으면(교화개선) 형벌은 정당화 될 수 있다.

③ 주요학자

㉠ 베카리아 : 베카리아는 「범죄와 형벌」에서, 형벌의 목적은 사회의 복수를 대행하는 것이

아니라 사람들이 범행하지 않도록 제지하는 것이며, 형벌의 엄중성·신속성·확실성이 이러한 목적에 가장 적합한 것이라고 주장하였다.

ⓒ 벤담 : 최대다수의 최대행복을 주장한 벤담은 인간은 이성적이며 최소한의 고통으로 최대한의 행복을 추구하므로, 범죄에 상응한 처벌은 억제효과가 있다고 하였다.

> **처벌의 정당성**
> ① 응보 : 책임과 비례성 중시
> ② 공리 : 일반예방(일반억제), 특별예방(특별억제), 사회복귀, 무능력화, 보상주의, 회복주의
>
> **처벌의 효과**
> ① 형벌강화 : 범죄억제 효과는 높지만 교화개선이나 사회복귀는 어렵다.
> ② 무능력화 : 공공(사회)의 안전은 증진시키지만 교화개선은 경시된다.
> ③ 교화개선 : 재교육과 재사회화를 강조하지만, 공공의 안전은 의문이다.

3. 공리주의 처벌이론

(1) 제지(억제)이론

① 종류
ⓐ 일반제지 : 범죄자의 처벌이 일반대중의 법 위반 방지에 기여하는 것을 뜻한다.
ⓑ 특별제지 : 범죄자를 교화개선하여 범죄를 방지하는 것을 뜻한다.

② 제지효과 : 확실성 > 엄중성 > 신속성
ⓐ 확실성 : 범죄에 대한 처벌을 받을 가능성 내지 확률을 뜻한다.
ⓑ 엄중성 : 형벌의 정도 내지 강도를 뜻한다.
ⓒ 신속성 : 범죄행위와 처벌 간의 시간적 간격을 뜻한다.

③ 제지효과 둔화 요인
인간적·인본주의 교정, 수용자의 인권신장, 처우이념의 강조, 부정기형, 적법절차 강화 등 사법부 개입(권익존중), 보호관찰과 전환제도 등이 제지효과 둔화 요인이다.

(2) 교화개선(복귀)

교화개선은 범죄가 아닌 범죄자에 초점을 두고 있다. 공리주의의 1차적 목적은 사회보호이고, 교화개선은 2차적 목적이다.

(3) 무능력화

① 의의
무능력화는 범죄가 아닌 범죄자의 특성에 기초한 미래지향적인 조치로, 범죄인의 교화개선

PART 5

보다 격리를 보다 중시한다.
② 종류
　㉠ 집합적 무능력(무력)화 : 모든 강력범에게 장기형을 선고하고, 가석방을 제한하는 것을 말한다.
　㉡ 선별적 무능력화 : 소수의 중누범자와 직업범죄자를 장기구금하는 것으로, 차별적 처벌이
　　문제이다.
③ 문제점 : 무능력화의 가장 큰 문제점은 범죄예측의 곤란성이다.

구분	집합적 무능력화	선별적 무능력화
① 대상	모든 강력범죄자에 대해 장기형	소수의 중누범자에 대해 장기형
② 내용	• 가석방 요건을 강화하여 가석방을 지연함 • 정기형하에서 장기형을 강제하는 법률 제정 • 선시제도의 가산점을 줄여 석방시기 지연	• 과학적 방법으로 재범의 위험성이 높은 자 구금 • 위험성이 높은 범죄자일수록 장기간 구금 • 부정기형제도와 궤를 같이함
③ 공통점	범죄예방이 목적임(교화개선이 아님), 구금을 전제로 함	

> **응보·억제·교화개선이 상호 갈등적인 이유 ★**
> 서로 목표가 다르고, 수단이 다르기 때문이다.

> **응보, 일반제지, 무능력화 비교 ★**
> ① 응보 : 과거지향적, 범죄에 상응한 처벌(책임)을 중시
> ② 일반제지 : 범죄 특성에 기초, 일반인이 대상
> ③ 무능력화 : 미래지향적, 사회방위 목적, 범죄자의 특성에 기초, 특별제지의 일종
>
> ★ 응보, 제지(억제), 무력화 등은 모두 수용을 전제로 하는 경우가 많다.

04 범죄행위에 대한 관점 참고

JUSTICE

1. 기본이해

(1) 범죄행위에 대한 관점으로는 자유의사론(비결정론), 결정론(실증주의), 상황적 결정론, 범죄의
무작위성, 동태적 관점 등이 있다.
(2) 범죄가 개인의 자유로운 선택의 결과인지, 통제할 수 없는 요인에 의해 결정되는 것인지에 따라
범죄의 원인과 책임의 소재 및 처벌이 결정된다.
(3) 범죄원인은 하나의 개별적 관점이 아닌, 상호복합적 관점에서 이해하는 것이 바람직하다.

2. 범죄행위에 대한 관점

(1) 비결정론(자유의사론, 고전주의 입장)

① 의의

개인의 자유의사인 선택의 자유에 대한 책임(처벌)을 강조한 이론으로, 범죄자는 도덕적 장애자로서 처벌하며, 범죄의 책임에 상응한 처벌을 중시한다. 맛차(Matza)의 잠재적 마리화나 흡연자에 대한 연구가 대표적이다(흡연은 선택의 결과).

② 범죄통제전략

고전주의 입장으로, 처벌을 가장 적절한 범죄통제 대책으로 본다.

(2) 결정론(의사결정론, 실증주의 입장)

① 의의

통제가 불가능한 사회적·생물학적 요인에 의해 범죄가 자행된 것으로 보는 이론으로, 범죄자는 사회적 병약자이므로 처벌보다는 치료나 처우의 대상으로 본다.

② 내용

ㄱ 생물학적 결정론 : 정신질환 등 개인적 소질에서 범죄원인을 찾는 가장 극단적인 결정론이지만, 분실물의 습득 등 상황적인 우연의 요소도 일부 가미한다.

ㄴ 심리학적 결정론 : 초기아동기의 경험 및 콤플렉스를 중심으로 범죄원인을 설명하는 프로이드의 정신분석을 통한 인성이론이 대표적이다.

ㄷ 사회학적 결정론 : 범죄를 나쁜 환경에 의한 학습의 결과로 보는 입장으로, 서덜랜드의 차별적 접촉이론이 대표적이다.

③ 범죄통제전략

ㄱ 결정론은 환경개선과 재사회화 등 비처벌적인 이념을 강조한다.

ㄴ 사회환경적 요인을 중시하면서 개별적 교정에 치중한다.

ㄷ 범죄자만의 변화와 개선만으로는 성공하기 어려우며, 범죄자와 지역사회가 동시에 변화하여 재통합을 할 수 있을 때 성공적인 교정이 될 수 있다.

> **➔ 처벌과 처우**
> ① 처벌(범죄, 행위) : 자유의사에 기초한 것으로, 책임에 상응하는 처벌을 강조한다.
> ② 처우(범죄자, 행위자) : 결정론의 입장에서 개별적인 치료와 교정을 중시한다.

(3) 상황적 결정론(표류이론)

① 의의

범죄는 상황적 압력과 여건 및 범행의 기회 등 전적으로 행위자 이외의 요인에 의해 이루어지는 것으로 보는 이론이다. 청소년들이 범죄적 상황으로 표류하기 때문에 비행을 한다는 맛차의 표류이론이 대표적이다.

② 범죄통제전략

　　㉠ 범죄적 상황의 통제와 범죄적 상황의 회피가 범죄통제전략이다.

　　㉡ 상황의 통제는 범죄를 유발할 수 있는 상황을 예방하는 것으로, 자동차 도난방지장치 설치, 가로등 조도조정, 범죄다발지역 순찰강화 등과 같은 환경개선이 필요하다.

　　㉢ 상황의 회피는 사람들을 범죄적 환경에 처하지 않게 하는 것으로, 위험지역 통행 제한이나 금지 등 대부분 긴급상황에서만 제한적으로 활용하고 있다.

　　㉣ 상황의 통제와 회피는 범죄를 다른 지역으로 대체하는 효과가 있다.

③ 특징

　　㉠ 상황적 결정론은 범죄자보다는 '범죄적 상황'을 중시하는 이론이다.

　　㉡ 상황적 범죄는 대체로 비직업적인 초보자나 아마추어에 의해 행해지고, 전문적·직업적 범죄와는 관련이 적다.

　　㉢ 폭력·살인은 상황적인 요소가 강하고, 절도·횡령은 계획적인 요소가 강하다.

---

05 형벌의 종류 참고   J U S T I C E

1. 현행법상 형벌의 종류(9가지)

「형법」상 형벌의 종류로는 사형, 징역, 금고, 자격상실, 자격정지, 벌금, 구류, 과료, 몰수가 있다.

2. 주형과 부가형

(1) 주형(主刑) : 주형은 독립하여 선고하는 형벌을 말한다.

(2) 부가형(附加刑) : 부가형은 주형에 부과하여 과하는 형벌을 말한다. 몰수는 원칙으로 부가형이며, 그 외의 형벌은 주형에 해당한다.

3. 현대 형벌의 지도원리

(1) 일반예방효과(심리적 강제효과)가 있다.

(2) 수형자(범죄자)의 교화개선을 촉구(특별예방적 기능)하는 효과가 있다.

(3) 일반인의 법과 도의교육 효과가 있다.

(4) 도덕의 퇴폐화방지 효과가 있다.

(5) 건설적인 사회건설에 기여한다.

(6) 사형벌(私刑罰)을 방지한다.

CHAPTER 2 사형제도

사형은 범죄인의 생명을 박탈하는 형벌이라 흔히 생명형 또는 극형이라고 하며, 형벌제도상 가장 오래된 역사를 가지고 있다. 고대에 이를수록 더 흔히 사용해 왔으며, 집행방법도 극히 잔인하고 공개적이었다. 하지만 오늘날에는 사형을 선고하는 인원도 점차 감소하고 집행방법도 완화되어 비공개 (밀행)를 원칙으로 하고 있으며, 사형제도를 전면적으로 폐지하는 국가도 갈수록 늘어나고 있다.

01 사형존폐론(사형폐지론, 사형존치론, 시기상조론) 참고

 JUSTICE

1. 사형폐지론

(1) 기본이해

사형은 형벌 중 가장 오래되고 극단적인 것이므로 어느 시대에든 폐지론이 있었다고 할 수 있다. 사형폐지론자로는 토마스 모어, 베카리아, 존 하워드, 리프만, 서덜랜드 등이 있다.

(2) 주장자

① 토마스 모어(Thomas More) : 16C 초 「유토피아」에서 사형제도 폐지를 제창하였다.
② 베카리아(C. Beccaria) : 18C 후반 「범죄와 형벌」에서 "사형보다는 자유박탈이 더 효과적이다"라고 하며 사형제도 폐지를 주장하였다. 베카리아의 사형폐지 주장과 인도주의사상의 영향으로 점차 사형의 적용범위를 제한하거나 사형제도 자체를 폐지하는 경향이 나타나게 되었다.
③ 존 하워드(J. Howard) : 「감옥상태론」에서 베카리아의 주장에 동조하였다.
④ 리프만(Liepmann) : 교육형주의자로서 사형보다는 교육을 중시하였다.

(3) 주장내용

① 사형은 야만스러운 제도로 인도주의에 반한다.
② 법률만능, 형벌만능은 신뢰할 수 없다.
③ 오판의 경우 구제가 불가능하다.

④ 형벌이 준엄하여도 범죄예방에 도움이 되지 않는다.

⑤ 범죄원인의 사회환경적 요인을 무시하고 오직 범죄인에게만 돌리고 있다.

⑥ 사형은 현대적 교정이념에 반하며, 개선적·교육적 기능을 갖지 못한다.

⑦ 주권재민의 법치국가에서 국가는 사형에 처할 권리가 없다.

⑧ 사형을 폐지한 나라에서 범죄가 증가하였다는 실증적 증거를 찾을 수 없다.

⑨ 사형은 피해자에 대한 손해보상 내지 구제적인 측면에서 도움이 되지 않는다.

⑩ 사형은 그 자체가 위헌이다(Furman v. Georgia 판결, 미국 1972년).

2. 사형존치론

(1) 의의

① 일반적으로 형벌의 위하력, 국민감정, 교정경비 등의 견지에서 사형존치를 주장한다.

② 대표적인 학자로는 칸트(Kant), 헤겔(Hegel), 루소(Rousseau), 로크(Locke) 등 계몽주의 사상가들을 들 수 있다.

③ 그 외 롬브로조(Lombroso), 메츠거(Mezger), 블랙스톤(Blackstone) 등도 사형존치를 주장하였다.

(2) 주장내용

① 사형제도의 위하력인 일반예방 효과로써의 범죄억제력을 인정한다.

② 흉악범은 사형 이외에는 법익보호 목적을 달성할 수 없고, 사회방위를 위해서도 필요하다.

③ 살인범의 생명은 박탈당할 수 있다는 것은 일반 국민들이 갖고 있는 법적 확신이다.

④ 3심제 등을 통해 신중하게 사법제도를 운영하고 있어 오판의 우려는 거의 없다.

⑤ 사형을 통한 범죄예방효과를 무기형으로는 달성할 수 없다.

⑥ 사형은 피해자나 일반인의 피해감정을 국가가 대신하여 해소해 주는 효과가 있다.

⑦ 무기형에 대한 대체는 국가재정의 부담을 초래하며, 무기형이 사형보다 반드시 인도적이라고는 보기 어렵다.

⑧ 사형제도는 위헌이 아니다(Gregg v. Georgia 판결, 미국 1977년).

(3) 개선방안

사형제도의 문제점을 해결하기 위한 방안으로는, 유예기간을 경과한 모범적인 사형확정자 감형(무기 등), 종신무기형, 가석방을 인정하는 무기형, 장기유기형 등을 활용하자는 주장이 있다.

> **◉ 사형의 위하력에 대한 실증적 연구**
>
> ① 셀린(Sellin) : 미국에서 사형을 존치한 주와 폐지한 주의 살인을 비교하여 사형의 범죄억제 효과를 부인하였다.
>
> ② 엘리히(Ehrlich) : 사형의 범죄억제력 효과를 인정하였다.

3. 시기상조설

(1) 기본이해

사형제도는 폐지되어야 하지만, 현실적 여건을 고려해 점진적 · 제한적으로 폐지하자는 견해이다. 대표적인 학자로는 프랑켈(Frankel), 폴(Voll), 슈미트(Schmidt) 등이 있다.

(2) 주장내용

① 사형은 폐지되어야 하지만, 여러 가지 여건을 감안하여 점진적 · 제한적으로 폐지하는 것이 바람직하다.
② 사형존폐는 이론에 관한 문제가 아니라 정치 · 사회환경 등과 관련된 사회문제이다.
③ 일반 사회인이 문화적으로 성숙되면 사형의 유용성은 자연적으로 감소된다.
④ 현실적인 우리나라의 상황에서는 사형폐지는 시기상조라는 입장이 다수설이다.

> ● **관련판례**
> ① 현재 우리의 상황에서 볼 때 사형폐지는 아직 시기상조(대판, 1967.9.12.).
> ② 우리나라의 실정과 국민의 도덕적 감정을 고려하여 사형을 합헌으로 인정함(대판, 1987.3.8.)
> ③ 사형제도는 위헌이 아님(헌재, 1996.11.28.)
> ④ 사형제도는 헌법에 위반되지 아니함(헌재, 2010.2.25.)

4. 합리적 운영방안

(1) 사형을 선고할 수 있는 범죄유형을 최대한 제한하여 운영한다.
(2) 사형선고 시 신중을 기하고, 오판을 최소화하기 위해 판결 전 조사제도를 활용한다.
(3) 사형선고를 받은 사람에게는 유예기간을 두어 개선의 정도를 참작하여 감형 등을 활용하는 방안이 필요하다.

> ● **우리나라의 사형집행**
> ① 우리나라는 법적으로는 아직 사형제 시행 국가이다. 하지만 1997.12.30. 이후 사형을 집행하지 않고 있다. 10년 동안 사형을 집행하지 않으면 국제인권단체 엠네스티(국제사면위원회)가 인정하는 사실상 사형제 폐지국으로 분류된다. 이 국가들 중에 사형을 집행한 국가는 단 한 나라도 없다.
> ② 국제사면위원회는 2008년 1월부터 우리나라를 사실상 사형제 폐지국으로 보고 있다.
> ③ 영국 · 독일 · 프랑스 등 유럽지역 국가들을 비롯한 130여 국가가 사형제를 폐지했거나 집행하지 않고 있는 반면, 미국 · 일본 · 중국 · 러시아 · 폴란드 · 태국 · 아랍국가 등에서는 아직 사형제를 유지하고 있다.
> ④ 2006년 5월 국가인권위원회는 국가기관으로는 처음으로 사형제 폐지를 공식 권고한 바 있다.

PART 5

02 사형집행의 종류 및 방법

JUSTICE

1. 사형집행의 종류

사형 집행방법으로는 교살·총살·참살·전기살·가스살·독약살(사약)·석형(돌을 던져 살해 : 아랍지역) 등이 있다. 그 중에 가스살이 신속성과 인도성에 기여하며, 최근에는 무통주사에 의한 처형(미국 텍사스 주 등)도 점차 확대되고 있는 추세에 있다.

2. 「형법」상 사형을 과할 수 있는 범죄 ★

(1) 절대적 법정형 : 여적죄
(2) 상대적 법정형 : 내란죄, 외환유치죄, 폭발물사용죄, 살인죄 등이 있다.

> ● **특별법**
> 「형법」 이외의 특별법에 사형을 과할 수 있는 범죄가 다수 규정되어 있다.

3. 현행법상 사형집행의 방법

(1) 의의

「형법」(교수형)과 「군형법」(총살형)에 사형집행방법이 규정되어 있다. 우리나라는 일반인에 대해서는 교수형, 군인에 대해서는 총살의 방법으로 사형을 집행한다.

(2) 관련 규정

> **사형(「형법」 제66조)**
> 사형은 교정시설 안에서 교수(絞首)하여 집행한다.
>
> **사형 집행(「군형법」 제3조)**
> 사형은 소속 군 참모총장이 지정한 장소에서 총살로써 집행한다.

4. 현행법상 사형 관련 규정

(1) 「소년법」상 특칙

사형 및 무기형의 완화(「소년법」 제59조)

죄를 범할 당시 18세 미만인 소년에 대하여 사형 또는 무기형(無期刑)으로 처할 경우에는 15년의 유기징역으로 한다.

(2) 「형사소송법」

사형의 집행(「형사소송법」 제463조)

사형은 법무부장관의 명령에 의하여 집행한다.

사형판결확정과 소송기록의 제출(「형사소송법」 제464조)

사형을 선고한 판결이 확정한 때에는 검사는 지체없이 소송기록을 법무부장관에게 제출하여야 한다.

사형집행명령의 시기(「형사소송법」 제465조)

① 사형집행의 명령은 판결이 확정된 날로부터 6월 이내에 하여야 한다.
② 상소권회복의 청구, 재심의 청구 또는 비상상고의 신청이 있는 때에는 그 절차가 종료할 때까지의 기간은 전항의 기간에 산입하지 아니한다.

사형집행의 기간(「형사소송법」 제466조)

법무부장관이 사형의 집행을 명한 때에는 5일 이내에 집행하여야 한다.

사형집행의 참여(「형사소송법」 제467조)

① 사형의 집행에는 검사와 검찰청서기관과 교도소장 또는 구치소장이나 그 대리자가 참여하여야 한다(경찰서장 X).
② 검사 또는 교도소장 또는 구치소장의 허가가 없으면 누구든지 형의 집행장소에 들어가지 못한다.

사형집행조서(「형사소송법」 제468조)

사형의 집행에 참여한 검찰청서기관은 집행조서를 작성하고 검사와 교도소장 또는 구치소장이나 그 대리자와 함께 기명날인 또는 서명하여야 한다.

PART 5

사형집행의 정지(「형사소송법」 제469조)

① 사형선고를 받은 사람이 심신의 장애로 의사능력이 없는 상태이거나 임신 중인 여자인 때에는 법무부장관의 명령으로 집행을 정지한다.
② 제1항에 따라 형의 집행을 정지한 경우에는 심신장애의 회복 또는 출산 후에 법무부장관의 명령에 의하여 형을 집행한다.

(3) 「형집행법」

사형확정자의 수용(법 제89조)

① 사형확정자는 독거수용한다. 다만, 자살방지, 교육·교화프로그램, 작업, 그 밖의 적절한 처우를 위하여 필요한 경우에는 법무부령으로 정하는 바에 따라 혼거수용할 수 있다.
② 사형확정자가 수용된 거실은 참관할 수 없다.

개인상담 등(법 제90조)

① 소장은 사형확정자의 심리적 안정 및 원만한 수용생활을 위하여 교육 또는 교화프로그램을 실시하거나 신청에 따라 작업을 부과할 수 있다.
② 사형확정자에 대한 교육·교화프로그램, 작업, 그 밖의 처우에 필요한 사항은 법무부령으로 정한다.

사형의 집행(법 제91조)

① 사형은 교정시설의 사형장에서 집행한다.
② 공휴일과 토요일에는 사형을 집행하지 아니한다.

CHAPTER 3 자유형제도

자유형은 광의로는 국외추방·유형·거주지제한·구금형 등 범죄인의 자유권을 박탈 또는 제한하는 형벌을 말하며, 협의로는 신체를 구금하여 자유를 박탈하는 형벌을 말한다. 오늘날은 자유형이라고 하면 협의를 뜻하고, 형벌제도 중 가장 중요한 위치를 차지하고 있으며, 형법에는 징역·금고·구류 3종류가 있다.

01 자유형의 의의

JUSTICE

1. 의의

(1) 고대에는 사형과 신체형이 형벌의 중심이었다. 그러다 근세에 이르러 비로소 자유형이 형벌체계 중 가장 중요한 지위를 차지하게 되어 막둥이 형벌이라고도 한다.

(2) 자유를 박탈하는 것은 인간에게 최대의 고통이므로 자유형은 형벌을 고통 또는 해악으로 보는 응보형주의에도 부응하고, 형벌을 교화개선적 기능으로 보는 목적형주의 내지 교육형주의 입장에도 부응하는 가장 좋은 사회방위수단이라 할 수 있다.

2. 자유형의 연혁 참고

(1) 근세 이전에도 구금시설이 있었으나, 이는 수사나 재판의 절차를 확보하고 형벌을 집행하기 위한 미결구금의 형태로 이용되었을 뿐, 형벌의 한 종류로 인정되지는 않았다.

(2) 범죄인의 개선교화를 목적으로 하는 근대적인 자유형은 16C 말 유럽 각지의 도시에 설치된 '노역장'에서 그 기원을 찾고 있다. 노역장은 자본주의가 발전하면서 도시에 부랑자·걸인·매춘부·불량소년 등이 급증하자, 이들을 구금해 교화개선하고 값싼 노동력을 확보하기 위한 방안으로 시도되었다.

(3) 1555년 런던에 브라이드 웰(Bride Well) 교정원이 최초로 설립되었고, 1595년에 설치된 네덜란드의 암스테르담 징치장이 대표적이다. 1704년 교황 클레멘스 11세는 산 미켈레 수도원 내

에 '소년감화원'을 설치하여 불량청소년의 인성교육과 직업훈련을 실시하였다. 그 후 자유형의 교육 개선적 기능은 응보형사상의 영향으로 후퇴하였다.

(4) 그러다 1777년 존 하워드(John Howard)가 「감옥상태론」을 저술해 당시 감옥의 폐해를 비판하면서 그 개선방향을 제시하여 감옥개량운동이 일어났다.

3. 자유형의 발전

(1) 자유형은 노동을 통한 범죄인의 개선이라는 교육형주의 관점에서 시작되었다.
(2) 19C 말 실증주의학파(결정론)의 영향으로 범죄자에 맞는 개별처우 및 과학적 처우가 강조되면서 자유형이 발전하였다.
(3) 자유형은 구금주의(응보) ⇒ 자유구금(자유박탈) ⇒ 교정주의 순으로 변화·발전하였다.

4. 자유형의 효과

(1) 범죄인을 사회로부터 격리시켜 자유를 박탈하고 법적 해악으로서의 징벌성을 충족시킨다.
(2) 범죄인에게 원칙적으로 노동을 강제하여 교화개선시켜 건전한 사회인으로 육성시킨다.
(3) 범죄인을 구속함으로써 장래의 범죄적 위험을 차단하는 사회방위 역할을 한다.
(4) 자유형은 사회 일반인에게는 일방예방기능, 범죄인에게는 특별예방기능을 한다.
(5) 오늘날의 자유형은 응보주의에서 교화개선을 추구하는 방안을 중심으로 추구하고 있다.

> ● **자유형의 효과**
> 응보와 일반예방 효과 + 교육 및 특별예방 효과

5. 자유형 집행방식 [참고]

(1) 구금주의

① 구금주의는 특정한 시설에 구금하여 자유를 박탈하는 고통을 주어 일반예방효과를 거둠과 동시에 적극적으로 교화개선을 실시하여 사회복귀를 도모하는 것을 말한다.
② 구금제도는 구금방식에 따라 엄정독거제·완화독거제·혼거제 등으로 분류하며, 우리나라는 독거제가 원칙이며, 예외적으로 혼거제를 채택하고 있다.

(2) 유형주의

과거에는 국외추방·유배형 등이 있었지만, 현재는 역사적 의의만 남아 있다.

02 자유형의 종류와 기간

1. 자유형의 종류

현행 「형법」상 자유형의 종류로는 징역 · 금고 · 구류 3종류가 있다.

2. 내용

(1) 징역

① 징역은 자유형 중에서 가장 무거운 형벌로 정역에 복무하게 하며, 종류로는 유기징역과 무기징역이 있다.

② 기간은 유기징역의 경우 1개월 이상 30년 이하(가중 시 50년까지 가능), 무기징역의 경우 기간의 제한이 없다.

(2) 금고

① 금고는 정역을 부과하지 않는 점에서 징역과 다르다.

② 수형자를 교도소에 구금하여 자유를 박탈하는 것과 형기는 징역과 같다.

③ 신청에 따른 작업은 가능하며, 실제로 70% 이상이 신청에 따른 작업을 하고 있다.

(3) 구류

① 구류도 자유형의 일종이므로 본질적으로는 징역 및 금고와 같지만, 기간이 단기라는 점이 다르다.

② 기간은 1일 이상 30일 미만이다(이하가 아님에 유의할 것).

③ 구류도 정역을 부과하지 않지만, 신청에 따른 작업은 가능하다는 점에서는 금고와 같다.

④ 주로 「경범죄처벌법」 위반이 대부분이라 일반적으로 경찰서 유치장에서 집행하고 있다.

⑤ 구류는 기간이 단기라 교화개선 효과를 거두기 어려울 뿐만 아니라 악풍감염 등의 우려가 있으므로, 벌금형 · 사회봉사명령 등으로 대체할 필요가 있다.

(4) 관련 규정

> **징역 또는 금고의 기간(「형법」 제42조)**
>
> 징역 또는 금고는 무기 또는 유기로 하고 유기는 1개월 이상 30년 이하로 한다. 단, 유기징역 또는 유기금고에 대하여 형을 가중하는 때에는 50년까지로 한다.
>
> **구류(「형법」 제46조)**
>
> 구류는 1일 이상 30일 미만으로 한다.

> ● **자유형 관련 내용**
> ① 조선시대 자유형 : 도형(유기징역, 자유형과 가장 유사함)과 유형(무기금고)이 있었다.
> ② 수용자 처우에 관한 유엔최저기준규칙 : 자유형 집행기준을 규정한 국제적 규칙이다.
>
> ● **신청에 따른 작업**
> ① 신청에 따른 작업(법 제67조) : 소장은 금고형 또는 구류형의 집행 중에 있는 사람에 대하여는 신청에 따라 작업을 부과할 수 있다.
> ② 작업과 교화(법 제86조 ①) : 소장은 미결수용자에 대하여는 신청에 따라 교육 또는 교화프로그램을 실시하거나 작업을 부과할 수 있다.
> ③ 작업(시행규칙 제153조 ①) : 소장은 사형확정자가 작업을 신청하면 교도관회의와 심의를 거쳐 교정시설 안에서 실시하는 작업을 부과할 수 있다. 이 경우 부과하는 작업은 심리적 안정과 원만한 수용생활을 도모하는데 적합한 것이어야 한다.

03 자유형의 개선방안

JUSTICE

1. 의의

자유형의 개선방안으로는 단기자유형 폐지, 자유형 단일화, 부정기형제도 도입 등이 거론되고 있다.

2. 자유형의 단일화 참고

(1) 의의

① 자유형의 단일화는 목적형·교육형주의 입장에서 자유형의 내용에 따른 구별을 없애고, 단지 자유박탈을 내용으로 하는 형벌로 단일화하자는 견해이다.
② 일반적으로 자유형의 단일화는 징역과 금고의 구별을 없애고 단일화함을 말한다.
  ⑦ 광의(완전 단일화론) : 징역·금고·구류 3종 모두 단일화하는 것을 말한다.
  ⑥ 협의(부분적 단일화론) : 징역·금고 2종의 구별을 없애고 단일화하는 것을 말한다.

(2) 배경

① 1872년 런던에서 개최된 제1회 국제형무회의(1929년 국제형법 및 형무회의로 개칭)에서 처음으로 자유형의 단일화 문제가 제기되었다.
② 1878년 스톡홀름에서 개최된 '제2회 국제형무회의'에서 자유형의 단일화를 의결하였다.
③ 제2차 대전 이후 영국·독일·오스트리아·스위스·스웨덴·헝가리 등 많은 국가들이 입법으로 명문화하여 자유형을 단일화하였다.

(3) 자유형 단일화 찬성론

① 자유형의 이념을 범죄인의 교화개선에 두는 한 징역과 금고를 구별할 실익이 없다.

② 교정정책의 일관성을 유지하기 위해 단일화가 필요하다.

③ 징역과 금고의 구별은 노동천시사상에서 비롯된 구시대적 발상에서 비롯되었다.

④ 징역형은 파렴치범, 금고형은 비파렴치범이라는 구별이 곤란하고 입법적으로도 쉽지 않다.

⑤ 징역형을 받은 사람은 모두 파렴치범이라는 낙인이 수형자의 교화개선에 방해가 된다.

⑥ 법률에 윤리적 개념을 지나치게 도입한 것은 적절하지 않다.

⑦ 형을 집행할 때 개별적·합목적성 관점에서 결정할 사항을 사전에 확정하는 것은 잘못이다.

⑧ 금고 수형자 대부분이 신청에 따른 작업을 하고 있어 양자를 구별할 실익이 없다.

(4) 자유형 단일화 반대론

① 형의 종류도 범죄에 대한 기본적인 평가의 차이를 둘 필요가 있다.

② 형벌의 종류가 다양할수록 형벌의 개별화를 실현하는데 도움이 된다.

③ 정치범 등 비파렴치범에 대한 대우는 국민의 법적 확신이다.

④ 파렴치범의 구별은 상대적이기는 하지만 구별이 불가능한 것은 아니다.

⑤ 현재의 분류처우가 낙후되어 있어, 형종의 선택을 교정단계로 미룰 수 없다.

⑥ 자유형은 교육적인 목적 및 응보적 측면도 있어 그 내용을 구별할 필요가 있다.

3. 단기자유형 폐지 문제 ★

(1) 의의

단기자유형은 말 그대로 형기가 짧은 자유형을 말한다. 그 기간은 3월·6월·1년 이하의 형을 각각 주장하기도 하지만, 일반적으로 단기자유형은 '6월 이하의 형'을 말한다.

> **◐ 단기자유형에 대한 견해**
>
> 독일의 리스트(Liszt)가 처음으로 단기자유형의 폐해를 지적하였다. 이탈리아의 뽀레스타(Poresta)는 "수형자의 개선을 위해서는 너무나 짧은 기간이지만 그를 부패시키는 데에는 충분한 기간이다"고 하며 이를 지적하였다.

(2) 단기자유형 폐지 논의

1872년 제1회 '국제형무회의'에서 폐지하기로 결의한 이후, 여러 차례에 걸쳐 비판적 검토와 함께 폐지를 지적해 왔다.

(3) 단기자유형의 문제점

① 비교적 죄질이 경한 범죄를 범한 자나 초범자에게는 과하는 것이 보통이다.
② 국제형법 및 형무회의에서 여러 차례 비판적 검토와 함께 폐해를 지적하였다.
③ 기간이 짧아 수형자를 교화개선시키는 특별예방적 효과가 거의 없다.
④ 형기가 짧아 정신적 고통 및 위하력이 약해 일반예방적 효과도 미약하다.
⑤ 전과자로 낙인이 되면 사회복귀가 어렵고, 재범의 위험성도 그 만큼 커진다.
⑥ 단기수형자 가족의 경제적 파탄과 정신적 부담을 초래한다.
⑦ 악풍에 감염될 우려가 있고, 과다수용으로 인한 수용시설 부족현상을 초래한다.
⑧ 교육형주의자는 특별예방적 효과가 없음을 이유로 단기자유형의 폐지를 주장한다.

(4) 단기자유형 대체방안

① 보호관찰제도 활용
독자적 보호관찰, 사회봉사명령, 선행보증(보호관찰의 기원), 가택구금, 거주제한 등을 수반하는 보호관찰제도를 활용하면 사회내 처우로 전환할 수 있다.
② 유예제도 활용
기소유예, 선고유예, 집행유예를 활용하면 범죄인을 조속히 사회에 복귀시킬 수 있다.
③ 벌금형 활용
벌금형을 과할 수 있는 범위를 확대하고, 피고인의 재산상태에 상응한 벌금형 도입이 필요하다.
④ 구금제도 완화
주말구금, 휴일구금, 단속구금, 반구금제, 충격구금, 병영식캠프, 무구금강제노역 등과 같은 구금이 완화된 사회적 처우 및 중간처벌을 활용할 수 있다.
⑤ 피해배상제도 활용
피해배상을 명하고, 피해자의 의사를 존중하는 방안을 강구하면 형을 완화할 수 있다.

> ● 단기자유형의 대체방안
>
> 단기자유형의 대체방안은 시설내 수용이 아닌 주로 사회내 처우와 구금이 완화된 사회적 처우 및 중간처벌 형태로 이루어지고 있다.
>
> ● 단기자유형의 효용성 ★
>
> ① 단기자유형이 반드시 부정적인 효과만을 초래하는 것은 아니다.
> ② 청소년범죄, 경제사범, 교통범죄 등에 있어서는 효과적인 형벌수단이 될 수 있다.
> ③ 단기자유형을 활용한 혼합양형제도를 운영하는 국가들이 늘어가고 있는 추세이다.
>
> ● 단기자유형 활용 예
>
> ① 영국 : 청소년에 대한 단기수용소의 3S 요법(Short, Sharp, Shock)

② 미국
    ⊙ Shock Probation : 단기자유형 집행 후 보호관찰에 회부
    ⓛ Shock Parole : 단기자유형 집행 후 가석방 실시
    ⓒ Split Sentencing : 형의 일부에 대해 집행유예 선고
    ⓔ Boot Camp : 병영식 캠프 운영(병영훈련 등을 통한 비행성 교정)
    ⓜ Work Camp : 육체노동을 통한 비보안 주거형으로 운영(회복적사법으로 활용 : 노동으로 인한 보수를 피해자에 대한 보상으로 활용하도록 함)
③ 독일 : 주말구금 등 소년구금에 주로 활용하고 있다.

➥ **누진처우와 부정기형** ★
시설내 처우 형태인 누진처우와 부정기형제도는 단기자유형의 대체방안이 아니다.

4. 부정기형 도입 문제

(1) 의의

부정기형은 자유형의 기간을 정하지 않고 수형자의 교화개선 정도인 교정성적에 따라 추후에 집행을 종료(석방을 결정)하는 것을 말한다.

(2) 종류

① 절대적 부정기형
  전혀 형기를 정하지 않고 선고하는 것은 죄형법정주의 원칙상 허용되지 않는다.
② 상대적 부정기형
  장기와 단기로 기간을 정하여 형을 선고하는 것으로, 우리나라는 소년범에 대해서만 인정하고 있다.

➥ **형기 상한선과 형기 하한선** ★
  ① 형기 상한선은 인권침해를 방지할 수 있고, 형기 하한선은 조기석방을 예방할 수 있다.
  ② 교육형주의자, 개선론자 : 형기의 상한과 하한의 범위를 넓게 잡으려 한다(교화개선 효과 중시).
  ③ 책임주의론자, 응보론자 : 형기의 상한과 하한의 범위를 좁게 잡으려 한다(책임에 상응한 처벌 중시).

(3) 배경

① 부정기형은 19C 초 교육형주의자에 의해 제창되었다.
② 그 후 19C 말 미국의 드와이트(Dwight), 브록웨이(Brockway), 와인즈(Wines), 산본(Sanborn) 등이 아메리카감옥협회를 조직해 부정기형 운동을 전개하여, 1877년 뉴욕의 '엘마이라(Elmira)감화원'에서 형기의 상한을 정한 '상대적 부정기형'을 최초로 실시하였다.

③ 부정기형은 형벌개별화의 필연적 결과이며 범죄로부터 사회를 방위하는 가장 유력한 방법 중의 하나라는 것이 부정기형 도입의 주요논거이다.

(4) 찬성론

① 개선목적을 달성할 수 있는 가장 적합한 방법이다(형벌개별화원칙에 부응).
② 초범자나 범죄성이 계속되지 않는 자에게는 수형기간을 단축하는 이점이 있다.
③ 상습자와 누범자는 장기구금으로 인한 사회방위 효과가 있다.
④ 교정단계에서 범죄성을 재평가함으로써 형량의 불균형을 시정할 수 있다.
⑤ 노력여하에 따라 석방기일을 당길 수 있어 개선의욕을 촉진할 수 있고 교화개선 목적에 적합하다.
⑥ 부정기형 자체가 범죄인에게 위하효과가 있고, 개선정도에 따라 석방하므로 사회와 수형자 모두에게 유익하다.

(5) 반대론

① 석방시기 결정이 교정기관에 달려 있고, 교정시설 내의 교화개선 효과가 의문스럽다.
② 실제 운영상 장기수용으로 인한 인권침해의 우려가 있다.
③ 개선의 판단기준이 모호하고, 교도관과 수형자 간에 결탁할 우려가 있다.
④ 정직한 수형자보다는 오히려 교활한 수형자에게 유리할 수 있다.
⑤ 불확실한 형기는 수형자에게는 긴장감을 주고 그 가족에게는 불안감을 줄 수 있다.
⑥ 사회적 약자에게 불리하게 작용할 수 있어 불공정 시비가 발생할 소지가 있다.

(6) 운영실태

① 외국
미국의 일부 주에서 부정기형을 운영하고 있지만, 다른 나라에서는 소년범에 대한 상대적 부정기형 이외, 성인범죄자에 대해 적용하는 예가 거의 없다.
② 우리나라
㉠ 「소년법」

부정기형(「소년법」 제60조)
① 소년이 법정형으로 장기 2년 이상의 유기형(有期刑)에 해당하는 죄를 범한 경우에는 그 형의 범위에서 장기와 단기를 정하여 선고한다. 다만, 장기는 10년, 단기는 5년을 초과하지 못한다(특정강력범의 경우 장기는 15년, 단기는 7년까지 가능함).
② 소년의 특성에 비추어 상당하다고 인정되는 때에는 그 형을 감경할 수 있다.
③ 형의 집행유예나 선고유예를 선고할 때에는 제1항을 적용하지 아니한다.

---

④ 소년에 대한 부정기형을 집행하는 기관의 장은 형의 단기가 지난 소년범의 행형(行刑) 성적이 양호하고 교정의 목적을 달성하였다고 인정되는 경우에는 관할 검찰청 검사의 지휘에 따라 그 형의 집행을 종료시킬 수 있다.

ⓒ 「형법」: 현행 「형법」은 정기형을 원칙으로 하고 있다. 하지만 형기 중에 가석방이 인정되므로 실질적으로는 형기를 부정기화하고 있다고 할 수 있다. 이는 선고단계가 아닌 형 집행 단계에서 형기의 부정기화제도를 인정한 것이다(소극적 부정기형).

CHAPTER
4

각종 유예제도

유예제도는 단기자유형의 폐해를 피하려는 취지에서 검사가 재량에 의해 기소를 하지 않거나, 법관이 형을 선고 또는 집행하지 아니하고도 형벌의 목적을 달성할 수 있도록 고안된 제도이다. 종류로는 기소유예·선고유예·집행유예가 있으며, 범죄인의 조속한 사회복귀를 도모할 수 있어 형사정책적으로 중요한 의미를 지니고 있다.

01 기소유예제도 참고

JUSTICE

1. 의의

(1) 기소유예는 충분한 범죄혐의가 있고 소송조건이 구비되었지만, 「형법」 제51조(양형의 조건)를 참작하여 검사의 재량에 의해 공소제기를 하지 않는 처분을 말한다.

(2) 기소유예는 범죄의 혐의가 없거나 소송조건을 갖추지 못한 경우에 내리는 협의의 불기소처분과 피의자 등의 소재불명으로 수사절차를 일시 중시하는 기소중지와 구별된다.

> **양형의 조건(「형법」 제51조)**
> 형을 정함에 있어서는 다음 사항을 참작하여야 한다.
> 1. 범인의 연령, 성행, 지능과 환경
> 2. 피해자에 대한 관계
> 3. 범행의 동기, 수단과 결과
> 4. 범행 후의 정황

2. 장점

(1) 기소 전의 단계에서 사회복귀가 가능하므로 단기자유형의 폐해를 방지할 수 있다.

(2) 개별사건에 대한 구체적 정의실현과 실질적 공평추구에 필요한 탄력성을 제공할 수 있다.

(3) 합리적인 공소제기로 일반인의 신뢰를 얻을 수 있다.

(4) <u>공소제기 자체의 일반예방효과와 특별예방효과를 증대시킬 수 있다.</u>

(5) 재판으로 인한 폐해를 감소시키고 법원 및 교정기관의 부담을 경감시킨다.

3. 단점

(1) 범죄인에 대한 처분을 검찰의 행정적 처분에 맡기는 것은 옳지 않다.

(2) 정치적 개입이나 부당한 불기소처분 등 검사가 사건을 자의적으로 처리할 우려가 있다.

(3) 무죄결정이 아니라, 기소 자체만을 유예하는 것이므로 법적 안정성이 침해될 수 있다.

> **참고**
>
> **현행법상 부당한 불기소처분 또는 기소유예의 억제조치**
>
> ① 재정신청
> ② 고소 · 고발인의 검찰항고 · 재항고제도(검찰청법 제10조)
> ③ 헌법소원(헌법재판소법 제68조 제1항)(※ 피의자도 헌소 제기 가능)
> ④ 불기소처분 통지제도, 불기소처분 이유고지제도 등

---

02 선고유예제도

JUSTICE

1. 기본이해

(1) 내용

① 법원이 비교적 경미한 범죄인에 대하여 일정기간 형의 선고를 유예하고, <u>그 유예기간(2년)</u>이 실효됨이 없이 경과하면 <u>면소</u>된 것으로 간주하는 제도이다.

② 처벌의 오점이 남지 않아 피고인의 사회복귀를 용이하게 하는 <u>특별예방적 목적</u>을 달성하기 위해 <u>책임주의를 양보</u>한 것이라 할 수 있다.

③ 유죄판결이지만 형을 선고하지 않고 일정기간 유예한다는 점에서 「형법」상의 제재 중 가장 가벼운 제재라고 할 수 있어, 사회복귀 효과가 크다.

④ 재산형과 자유형의 폐해를 방지할 수 있어 형벌대용방안으로 적합하다.

(2) 구별

① 선고유예는 형의 <u>선고 자체를 유예</u>한다는 점에서, 형을 선고하되 집행만을 유예하는 <u>집행유예와 구별된다.</u>

② 우리나라는 일단 유죄판결을 하고 형의 선고만을 유예한다. 주문이 아닌 판결이유에 형의 종류나 기간 등을 정해 놓으며, 벌금형의 경우 벌금액 뿐만 아니라 환형유치처분까지 정해둔다.

2. 연혁

(1) 영국

① 재판관이 유죄가 확정된 개선가능한 소년범이나 초범에게 판결의 선고를 유예하는 대신, 서약제도를 활용하여 조건부로 석방하는 것이 관행처럼 되어 왔다.
② 그러다 1842년 콕스(E. Cox) 판사에 의해 보호관찰제도와 결합되면서 프로베이션(Probation)제도로 정착되었다.
③ 그 후 1907년 「보호관찰법」에 입법화되고, 1948년 「형사재판법」에 의해 정비되었다.

(2) 미국

① 1841년 보스턴의 존 오거스터스(J. Augustus)가 범죄인의 보증인을 자원하여 재판관에게 선고유예 하도록 하고 이를 감독·지도하면서 비롯되었다.
② 1878년 보스턴 시가 소재한 매사추세츠주에서 처음으로 입법화하였다.

(3) 영미법계

단순히 유죄판결만 하고 형의 종류나 기간은 정하지 않고 보호관찰을 실시하고 있다.

3. 현행법(「형법」)상 선고유예제도

(1) 법적 성격

법원에 의한 조건부 사면 성격이다.

(2) 선고유예 요건 ★

> **선고유예의 요건(「형법」 제59조)**
> ① 1년 이하의 징역이나 금고, 자격정지 또는 벌금의 형을 선고할 경우에 제51조(양형의 조건)의 사항을 고려하여 뉘우치는 정상이 뚜렷할 때에는 그 형의 선고를 유예할 수 있다. 다만, 자격정지 이상의 형을 받은 전과가 있는 사람에 대해서는 예외로 한다.
> ② 형을 병과할 경우에도 형의 전부 또는 일부에 대하여 선고를 유예할 수 있다.

★ 선고유예
　① 대상 : 1년 이하의 징역이나 금고, 자격정지, 벌금형
　② 선고유예는 주형과 부가형을 포함한 처단형 전체에 대해 할 수 있다.

　　ⓐ 주형을 선고유예 하는 경우 : 부가형인 몰수나 추징도 선고유예할 수 있다.

　　ⓑ 주형을 선고유예 하지 않는 경우 : 몰수나 추징만을 선고유예할 수 없다(몰수와 추징은 선고유예 대상이 아님).

　③ 징역형과 벌금형을 병과하는 경우에 징역형은 집행을 유예하고, 벌금형의 선고만 유예할 수 있다.

(3) 보호관찰

> **보호관찰(「형법」 제59조의 2)**
> ① 형의 선고를 유예하는 경우에 재범방지를 위하여 지도 및 원호가 필요한 때에는 보호관찰을 받을 것을 명할 수 있다.
> ② 제1항의 규정에 의한 보호관찰의 기간은 1년으로 한다.

① 선고유예의 보호관찰 기간은 1년으로 정해져 있다.

② 선고유예는 집행유예와는 달리 사회봉사명령이나 수강명령제도가 없다.

(4) 선고유예의 효과

> **선고유예의 효과(「형법」 제60조)**
> 형의 선고유예를 받은 날로부터 2년을 경과한 때에는 면소된 것으로 간주한다.

(5) 선고유예의 실효

> **선고유예의 실효(「형법」 제61조)**
> ① 형의 선고유예를 받은 자가 유예기간 중 자격정지 이상의 형에 처한 판결이 확정되거나 자격정지 이상의 형에 처한 전과가 발견된 때에는 유예한 형을 선고한다.
> ② 제59조의2(보호관찰)의 규정에 의하여 보호관찰을 명한 선고유예를 받은 자가 보호관찰기간중에 준수사항을 위반하고 그 정도가 무거운 때에는 유예한 형을 선고할 수 있다.

① 선고유예제도에는 실효(필요적 실효, 임의적 실효)제도만 있고, 취소제도는 없다.

② 보호관찰 준수사항을 위반하고 그 정도가 무거워도, 유예한 형을 선고해야만 선고유예가 실효된다.

03 집행유예제도

JUSTICE

1. 의의

(1) 집행유예제도는 유죄에 대한 형을 선고하면서 일정기간 형의 집행을 유예하고 그 기간을 특정한 사고없이 경과한 때에는, 형을 선고한 효력이 상실되어 형의 선고가 없었던 것과 같은 효과를 부여하는 제도를 말한다.

(2) 이는 범죄인을 사회에 복귀시켜 구금으로 인한 폐해를 방지하고, 범죄인에게 심리적 압박을 가하여 개선을 촉진하게 함으로써 특별예방 목적을 실현할 수 있는 제도이다.

(3) 집행유예기간 경과 시 형의 선고효력이 상실(실효)되어 전과가 남지 않는다.

(4) 집행유예 선고 시 보호관찰, 사회봉사명령, 수강명령을 동시에 선고할 수 있다.

2. 연혁

집행유예제도는 영미법계에서 발전한 보호관찰제도가 유럽에 도입되면서 변형된 것으로, 유럽에서 처음으로 입법화한 것은 벨기에의 「가석방 및 조건부 유죄판결에 관한 법률」이다.

3. 법적 성격

(1) 영미의 보호관찰(Probation) 회부

형을 선고하지 않고 단순히 유죄판결만 하여 보호관찰에 회부한 후, 보호관찰 기간이 무사히 경과하면 형을 선고하지 않고, 보호관찰 준수사항을 위반하는 경우에는 법관이 재량으로 형을 선고하는 제도를 말한다.

(2) 조건부 유죄판결 ★

집행유예기간이 무사히 경과하면 형의 선고의 효력을 상실시키는 제도를 말한다. 프랑스·벨기에 등에서 실시하고 있으며, 우리나라도 이에 해당한다.

(3) 조건부 사면

집행유예 기간이 경과하면 행정기관이 사면처분하여 형의 집행을 면제시키고, 그 후 법원이 형의 선고를 면제하는 제도를 말한다. 독일 등에서 실시하고 있다.

4. 현행법상 집행유예제도

(1) 성격

조건부 유죄판결의 성격이다.

(2) 집행유예의 요건

> **집행유예의 요건(「형법」제62조)** ★
> ① 3년 이하의 징역이나 금고 **또는** 500만원 이하의 벌금의 형을 선고할 경우에 제51조(양형의 조건)의 사항을 참작하여 그 정상에 참작할 만한 사유가 있는 때에는 1년 이상 5년 이하의 기간 형의 집행을 유예할 수 있다. 다만, 금고 이상의 형을 선고한 판결이 확정된 때부터 그 집행을 종료하거나 면제된 후 3년까지의 기간에 범한 죄에 대하여 형을 선고하는 경우에는 그러하지 아니하다.
> ② 형을 병과할 경우에는 그 형의 일부에 대하여 <u>집행을 유예할 수 있다.</u>

① 집행유예 대상 : 3년 이하의 징역이나 금고의 형을 선고할 경우
   • 자격정지, 구류, 과료는 집행유예를 선고하지 못한다.
② 집행유예 기간 : 1년 이상 5년 이하의 기간
③ 형을 병과하는 경우 : 그 형의 일부에 대하여 집행을 유예할 수 있다.

(3) 보호관찰, 사회봉사·수강명령(「형법」제62조의 2)

> **보호관찰, 사회봉사·수강명령(「형법」제62조의 2)**
> ① 형의 집행을 유예하는 경우에는 보호관찰을 받을 것을 명하거나 사회봉사 또는 수강을 명할 수 있다.
> ② 제1항의 규정에 의한 보호관찰의 기간은 집행을 유예한 기간으로 한다. 다만, 법원은 유예기간의 범위내에서 보호관찰기간을 정할 수 있다.
> ③ 사회봉사명령 또는 수강명령은 집행유예기간내에 이를 집행한다.

• 사회봉사명령은 500시간, 수강명령은 200시간의 범위내에서 법원이 그 기간을 정하여야 한다.

(4) 집행유예의 실효 및 취소

> **집행유예의 실효(「형법」제63조)**
> 집행유예의 선고를 받은 자가 유예기간 중 고의로 범한 죄로 금고 이상의 실형을 선고받아 그 판결이 확정된 때에는 집행유예의 선고는 효력을 잃는다.

집행유예의 취소(「형법」 제64조)

① 집행유예의 선고를 받은 후 제62조(집행유예의 요건)단행의 사유가 발각된 때에는 집행유예의 선고를 취소한다.

② 제62조의2(보호관찰, 사회봉사·수강명령)의 규정에 의하여 보호관찰이나 사회봉사 또는 수강을 명한 집행유예를 받은 자가 준수사항이나 명령을 위반하고 그 정도가 무거운 때에는 집행유예의 선고를 취소할 수 있다.

(5) 집행유예의 효과(「형법」 제65조)

집행유예의 효과(「형법」 제65조)

집행유예의 선고를 받은 후 그 선고의 실효 또는 취소됨이 없이 유예기간을 경과한 때에는 형의 선고는 효력을 잃는다.

● 선고유예, 집행유예, 가석방 요약 ★

구분	선고유예	집행유예	가석방
① 대상	1년 이하 징역, 금고, 자격정지, 벌금형	3년 이하 징역, 금고 500만원 이하의 벌금	무기(20년 경과), 유기(형기의 1/3 경과)
② 요건	개전의 정상이 현저한 때, 자격정지 이상 전과가 없는 때	정상에 참작할 만한 사유, 금고 이상 형의 집행종료·면제 후 3년 경과	행상이 양호하여 개전의 정이 현저한 때, 벌금·과료 병과 시 완납
③ 기간	2년	1년 이상 5년 이하	무기(10년), 유기(잔형기)
④ 결정	법원의 재량	법원의 재량	행정처분
⑤ 효과	면소 간주	형의 선고 효력 상실	형집행 종료 간주
⑥ 보안처분	보호관찰(1년), 임의적	보호관찰(집행유예기간, 법원 별도 지정 가능), 사회봉사(집행유예기간 내), 수강명령(집행유예기간 내), 임의적	보호관찰(가석방기간 중 실시), 필요적(단, 불필요 인정 시 제외 가능)
⑦ 실효	유예기간 중 자격정지 이상 형 확정, 자격정지 이상 전과 발견, 준수사항 위반하고 정도가 무거운 때	고의로 범한 죄로 금고 이상 실형 확정(과실범 제외)	가석방 중 금고 이상 형 확정(과실범 제외)
⑧ 취소	없음	금고 이상의 형 집행종료 또는 면제 후 3년 이내 범한 죄에 대해 형을 선고한 것이 발각된 때(필요적) 준수사항이나 명령을 위반하고 정도가 무거운 때(임의적)	감시에 관한 규칙 위배, 준수 사항 위반하고 정도가 무거운 때(임의적)

CHAPTER
5

재산형제도

재산형은 국가가 범인으로부터 일정한 재산적 이익을 박탈하는 것을 내용으로 하는 형벌이며, 최근에는 단기자유형의 대체방안으로 각광을 받고 있다. 현행 「형법」상 재산형의 종류로는 벌금·과료·몰수가 있다.

01 재산형의 연혁

(1) 벌금이 주형의 하나로 널리 채택된 것은 19C 후반부터이며, 최근에는 단기자유형의 대체방안으로 각광을 받고 있다.
(2) 현행 「형법」상 재산형으로는 벌금·과료·몰수 3종이 있으며, 가장 대표적이고 광범위하게 활용되고 있는 것은 벌금형이다.
(3) 벌금과 과료는 금전상 제재인 반면, 몰수는 부가적인 성격을 지니고 있는 재산형이다.

02 벌금과 과료

1. 기본이해

(1) 벌금과 과료는 금액·노역장 유치기간·선고유예 가능여부 등에 차이가 있지만, 모두 금전상 제재를 가하는 것이다.
(2) 재산형은 단기자유형의 대체방안으로 각광을 받고 있지만, 개인적인 경제적 능력의 차이를 고려하지 않은 형평성의 문제와 재범방지효과에 대한 회의적인 측면도 있다.

● 벌금과 과료 요약 ★

구분	금액	노역장 유치기간	형의 시효기간	형의 실효기간	집행·선고유예의 여부
벌금	5만원 이상 (감경시 미만 가능)	1일 이상 3년 이하	5년	2년	가능
과료	2천원 이상 5만원 미만	1일 이상 30일 미만	1년	완납과 동시	불가능

2. 벌금 및 과료 관련 규정(형법)

벌금(「형법」제45조)

벌금은 5만원 이상으로 한다. 다만, 감경하는 경우에는 5만원 미만으로 할 수 있다.

과료(「형법」제47조)

과료는 2천원 이상 5만원 미만으로 한다.

벌금과 과료(「형법」제69조) ★

① 벌금과 과료는 판결확정일로부터 30일내에 납입하여야 한다. 단, 벌금을 선고할 때에는 동시에 그 금액을 완납할 때까지 노역장에 유치할 것을 명할 수 있다.
② 벌금을 납입하지 아니한 자는 1일 이상 3년 이하, 과료를 납입하지 아니한 자는 1일 이상 30일 미만의 기간 노역장에 유치하여 작업에 복무하게 한다.

노역장 유치(「형법」제70조) ★

① 벌금이나 과료를 선고할 때에는 이를 납입하지 아니하는 경우의 노역장 유치기간을 정하여 동시에 선고하여야 한다.
② 선고하는 벌금이 1억원 이상 5억원 미만인 경우에는 300일 이상, 5억원 이상 50억원 미만인 경우에는 500일 이상, 50억원 이상인 경우에는 1천일 이상의 노역장 유치기간을 정하여야 한다.

유치일수의 공제(「형법」제71조)

벌금이나 과료의 선고를 받은 사람이 그 금액의 일부를 납입한 경우에는 벌금 또는 과료액과 노역장 유치기간의 일수(日數)에 비례하여 납입금액에 해당하는 일수를 뺀다.

★ 벌금의 형의 시효기간은 5년이고 실효기간은 2년이며 과료는 시효기간이 1년 실효기간은 완납과 동시이다.
★ 환형처분 금지(「소년법」제62조)
  18세 미만인 소년에게는 「형법」제70조(노역장 유치)에 따른 유치선고를 하지 못한다. 다만, 판결선고 전 구속되었거나 소년분류심사원에 위탁의 조치가 있었을 때에는 그 구속 또는 위탁의 기간에 해당하는 기간은 노역장에 유치한 것으로 보아 「형법」 제57조(판결 전 구금일수의 통산)를 적용할 수 있다.

3. 벌금형의 성격

(1) 일신전속적 : 제3자의 대납이 허용되지 않는다.

(2) 상계금지 : 범죄인이 소유하고 있는 국가에 대한 채권과 상계되지 않는다.

(3) 개별책임 : 다수인이 벌금을 납입하는 경우에도 공동연대 책임을 지지 않는다.

(4) 상속금지 : 원칙적으로 벌금은 상속되지 않으므로 범죄인이 사망하면 소멸한다. 다만, 「형사소송법」에 그 예외를 인정하고 있다.

(5) 벌금 상속금지 예외규정(「형사소송법」)

상속재산에 대한 집행(「형사소송법」 제478조)

몰수 또는 조세, 전매 기타 공과에 관한 법령에 의하여 재판한 벌금 또는 추징은 그 재판을 받은 자가 재판확정 후 사망한 경우에는 그 상속재산에 대하여 집행할 수 있다.

합병 후 법인에 대한 집행(「형사소송법」 제479조)

법인에 대하여 벌금 ,과료, 몰수, 추징, 소송비용 또는 비용배상을 명한 경우에 법인이 그 재판확정 후 합병에 의하여 소멸한 때에는 합병 후 존속한 법인 또는 합병에 의하여 설립된 법인에 대하여 집행할 수 있다.

4. 벌금형의 장점

(1) 구금으로 인한 경제적 폐해 및 범죄오염을 제거할 수 있다.

(2) 국고수입을 늘릴 수 있고, 이를 범죄방지대책에 활용할 수 있다.

(3) 범죄인의 사회복귀를 도모하고, 범죄인과 피해자의 명예를 존중할 수 있다.

(4) 반복하여 부과하여도 자유형에 비해 수형자에 대한 형벌감응성이 약화되지 않는다.

(5) 경미한 과실범 등에게 주의의무를 환기시키는데 효과적이다.

(6) 기업·회사 등 법인에 대한 효과적인 제재수단이 될 수 있다.

(7) 이욕에 의한 범죄에 있어서는 자유형에 못지않은 고통과 교육적 효과를 가진다.

(8) 오판 시 회복이 가능하고 소송경제상 도움이 된다.

(9) 범죄인과 피해자에 대한 정상참작 및 탄력적인 운영이 가능하다.

(10) 단기자유형의 대체방안으로 활용할 수 있다.

(11) 다른 처벌수단과 연계하여 부가적으로 활용할 수 있다.

5. 벌금형의 단점

(1) 범죄인을 석방하므로 사회보호기능과 일반예방기능이 떨어진다.

(2) 벌금을 친족 등 제3자가 납부하게 되면 형벌로서의 효과가 매우 약화된다.

(3) 화폐가치의 변동에 따라 범죄예방력에 영향을 미칠 수 있다.

(4) 금액이 같아도 빈부의 차이에 따라 형벌의 효과가 달라질 수 있다.

(5) 벌금 미납자의 노역집행을 위한 별도시설이 구비되어 있지 않다.

(6) 거액의 벌금도 노역장 유치기간이 3년 이하이기 때문에 형평성에 위배된다.

(7) 교육개선 작용이 미흡하여 형벌의 개별화가 곤란하다.

(8) 벌금 미납 시 본연의 목적을 달성하기 어렵다.

6. 현행 벌금제도

(1) 과형인원의 절대다수가 벌금형을 선고받고 있다.

(2) 우리나라는 총액벌금형제도를 운영하고 있어 빈부의 차이가 고려되지 않아 형평성에 문제가 있다.

7. 개선안 참고

(1) 총액벌금제 대신에 일수벌금제를 도입해 탄력적으로 운영할 필요가 있다.

(2) 500만원 이하의 벌금형에 대해 집행유예제도를 도입하였지만 범위를 확대할 필요가 있다.

(3) 교도소에 수용하는 노역장유치 대신 사회봉사명령 등 대체자유형을 적극 활용해야 한다.

(4) 환자·노약자 등 작업이 곤란한 사람들은 노역장유치 처분 시 신중을 기해야 한다.

(5) 노역장에 유치되어도, 가석방제도와 같이 조기에 석방할 수 있는 제도가 필요하다.

(6) 벌금형 선고 시 법관이 분납 또는 연납하게 할 수 있는 규정을 도입할 필요가 있다.

> **➔ 벌금 등 분할납부 규정 정비**
> ① 현재 「재산형 등에 관한 검찰집행사무규칙」 제12조(분할납부 등)에 의해 벌과금 등을 분할납부 또는 납부연기 할 수 있는 규정을, 「형사소송법」에 법률로 규정하여 법제화하였다.
> ② 「형사소송법」 제477조(재산형 등의 집행) 제⑥항: 벌금, 과료, 추징, 과태료, 소송비용 또는 비용배상의 분할납부, 납부연기 및 납부대행기관을 통한 납부 등 납부방법에 필요한 사항은 법무부령으로 정한다.
>
> **➔ 총액벌금제**
> ① 범행을 기준으로 일정한 금액을 부과하는 것을 원칙으로 하는 벌금제도를 말한다.
> ② 빈부의 격차가 고려되지 않아 배분적 정의 및 형평성에 문제가 있다.

일수벌금제

JUSTICE

1. 기본이해

● 총액벌금제도와 일수벌금제도 비교 ★

구분	총액벌금제도	일수벌금제도(타이렌 교수)
행위자의 책임	전체 벌금액 산정 기준	일수의 기준
행위자의 경제능력과 지불능력	고려하지 않음	1일 벌금액 산정시 고려
형벌의 위하력	낮음	높음
노역장 유치기간의 산정	복잡함	일수만큼 유치(명료함)
배분적 정의 실현	부적합	적합

(1) 의의

① 총액벌금제에 대비되는 개념인 일수벌금제는 행위자의 불법과 책임량에 대응한 일수(日數)를 먼저 정하고, 1일의 벌금액은 본인의 경제상태 내지 지불능력을 고려하여 벌금형을 부과하는 방식이다.

② 일수벌금제는 책임주의와 희생동등의 원칙과의 조화를 추구하는 것이 근본적인 취지이다.

(2) 내용

① 먼저 행위자의 불법과 책임에 따라 일수를 판단한다.

② 1일의 벌금액은 수입·자산·부양가족 등 행위자의 경제사정을 고려하여 산정한다.

③ 벌금액 = 일수(전체일수) × 1일의 벌금액(개별적으로 산정)

2. 연혁

(1) 1910년 스웨덴의 타이렌(Thyren) 교수가 주장하여 포르투갈에서 처음으로 실시하였으며, 스칸디나비아 여러 국가들을 중심으로 발전하여 스칸디나비아식이라고도 한다.

(2) 포르투갈, 핀란드, 스웨덴, 덴마크, 독일, 오스트리아 등에서 실시하고 있다.

3. 장점

(1) 일수는 경제력과 관계없이 불법과 책임에 의해 산정되므로 공평성을 유지할 수 있다.

(2) 경제적 사정을 고려해 벌금액을 산정하므로 미납자를 줄일 수 있다.

(3) 일수가 이미 정해져 있어 환형유치 기간이 명확하다.

(4) 벌금형의 탄력적 운영, 벌금형의 위하력 강화, 배분적 정의 실현에 적합하다.

(5) 형벌의 개별화 취지에 부합한다.

(6) <u>책임주의와 희생동등의 원칙과 조화를 이룰 수 있다.</u>

(7) 벌금형을 자유형에 더 가까이 접근시킨 제도이다.

4. 단점

(1) 양형에 경제적 능력을 지나치게 강조하고 있다.

(2) 법관이 자의적으로 1일의 벌금액을 산정할 우려가 있다.

(3) 개인의 경제력을 정확하게 조사하는 것은 현실적으로 매우 어렵다.

(4) 운영 편의상 벌금액의 총액을 먼저 정하고 역으로 일수를 산정할 우려가 있다.

(5) <u>범죄와 관련이 없는 재산을 주요변수로 삼는 것은 책임주의에 부합하지 않는다.</u>

◐ 벌금 미납자의 사회봉사 집행에 관한 특례법 ★

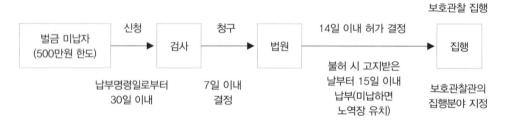

제1조(목적)

이 법은 「형법」 제69조제2항의 벌금 미납자에 대한 노역장 유치를 사회봉사로 대신하여 집행할 수 있는 특례와 절차를 규정함으로써 경제적인 이유로 벌금을 낼 수 없는 사람의 노역장 유치로 인한 구금을 최소화하여 그 편익을 도모함을 목적으로 한다.

제2조(정의)

이 법에서 사용하는 용어의 뜻은 다음과 같다.

1. "벌금 미납자"란 법원으로부터 벌금을 선고받아 확정되었는데도 그 벌금을 내지 아니한 사람을 말한다.

2. "사회봉사"란 보호관찰관이 지정한 일시와 장소에서 공공의 이익을 위하여 실시하는 무보수 근로를 말한다.

3. "사회봉사 대상자"란 벌금 미납자의 신청에 따른 검사의 청구로 법원이 사회봉사를 허가한 사람을 말한다.

제3조(국가의 책무)

국가는 경제적인 이유로 인한 노역장 유치를 최소화하기 위하여 벌금 미납자에 대한 사회봉사 집행 등에 관한 시책을 적극적으로 수립·시행하여야 한다.

제4조(사회봉사의 신청) ★

① 대통령령(500만원범위내)으로 정한 금액 범위 내의 벌금형이 확정된 벌금 미납자는 검사의 납부명령일부터 30일 이내에 주거지를 관할하는 지방검찰청(지방검찰청지청을 포함한다. 이하 같다)의 검사에게 사회봉사를 신청할 수 있다. 다만, 검사로부터 벌금의 일부납부 또는 납부연기를 허가받은 자는 그 허가기한 내에 사회봉사를 신청할 수 있다.

② 제1항에도 불구하고 다음 각 호의 어느 하나에 해당하는 사람은 사회봉사를 신청할 수 없다.

　1. 징역 또는 금고와 동시에 벌금을 선고받은 사람

　2. 「형법」 제69조제1항 단서에 따라 법원으로부터 벌금 선고와 동시에 벌금을 완납할 때까지 노역장에 유치할 것을 명받은 사람

　3. 다른 사건으로 형 또는 구속영장이 집행되거나 노역장에 유치되어 구금 중인 사람

　4. 사회봉사를 신청하는 해당 벌금에 대하여 법원으로부터 사회봉사를 허가받지 못하거나 취소당한 사람. 다만, 사회봉사 불허가 사유가 소멸한 경우에는 그러하지 아니하다.

③ 제1항의 사회봉사를 신청할 때에 필요한 서류 및 제출방법에 관한 사항은 대통령령으로 정하되, 신청서식 및 서식에 적을 내용 등은 법무부령으로 정한다.

제5조(사회봉사의 청구) ★

① 제4조제1항의 신청을 받은 검사는 사회봉사 신청인(이하 "신청인"이라 한다)이 제6조제2항 각 호의 요건에 해당하지 아니하는 때에는 법원에 사회봉사의 허가를 청구하여야 한다.

② 검사는 사회봉사의 청구 여부를 결정하기 위하여 필요한 경우 신청인에게 출석 또는 자료의 제출을 요구하거나, 신청인의 동의를 받아 공공기관, 민간단체 등에 벌금 납입 능력 확인에 필요한 자료의 제출을 요구할 수 있다.

③ 신청인이 정당한 이유 없이 검사의 출석 요구나 자료제출 요구를 거부한 경우 검사는 신청을 기각할 수 있다.

④ 검사는 신청일부터 7일 이내에 사회봉사의 청구 여부를 결정하여야 한다. 다만, 제2항에 따른 출석 요구, 자료제출 요구에 걸리는 기간은 위 기간에 포함하지 아니한다.

⑤ 검사는 사회봉사의 신청을 기각한 때에는 이를 지체 없이 신청인에게 서면으로 알려야 한다.

⑥ 사회봉사의 신청을 기각하는 검사의 처분에 대한 이의신청에 관하여는 「형사소송법」 제489조를 준용한다.

제6조(사회봉사 허가) ★

① 법원은 검사로부터 사회봉사 허가 청구를 받은 날부터 14일 이내에 벌금 미납자의 경제적 능력, 사회봉사 이행에 필요한 신체적 능력, 주거의 안정성 등을 고려하여 사회봉사 허가 여부를 결정한다. 다만, 제3항에 따른 출석 요구, 자료제출 요구에 걸리는 기간은 위 기간에 포함하지 아니한다.

② 다음 각 호의 어느 하나에 해당하는 경우에는 사회봉사를 허가하지 아니한다.

1. 제4조제1항에 따른 벌금의 범위를 초과하거나 신청 기간이 지난 사람이 신청을 한 경우
2. 제4조제2항에 따라 사회봉사를 신청할 수 없는 사람이 신청을 한 경우
3. 정당한 사유 없이 제3항에 따른 법원의 출석 요구나 자료제출 요구를 거부한 경우
4. 신청인이 일정한 수입원이나 재산이 있어 벌금을 낼 수 있다고 판단되는 경우
5. 질병이나 그 밖의 사유로 사회봉사를 이행하기에 부적당하다고 판단되는 경우

③ 법원은 사회봉사 허가 여부를 결정하기 위하여 필요한 경우 신청인에게 출석 또는 자료의 제출을 요구하거나 신청인의 동의를 받아 공공기관, 민간단체 등에 벌금 납입 능력 확인에 필요한 자료의 제출을 요구할 수 있다.

④ 법원은 사회봉사를 허가하는 경우 벌금 미납액에 의하여 계산된 노역장 유치 기간에 상응하는 사회봉사시간을 산정하여야 한다. 다만, 산정된 사회봉사시간 중 1시간 미만은 집행하지 아니한다.

⑤ 사회봉사를 허가받지 못한 벌금 미납자는 그 결정을 고지받은 날부터 15일 이내에 벌금을 내야 하며, 위의 기간 내에 벌금을 내지 아니할 경우 노역장에 유치한다. 다만, 사회봉사 불허가에 관한 통지를 받은 날부터 15일이 지나도록 벌금을 내지 아니한 사람 중 「형법」 제69조제1항에 따른 벌금 납입기간이 지나지 아니한 사람의 경우에는 그 납입기간이 지난 후 노역장에 유치한다.

제7조(사회봉사 허가 여부에 대한 통지)

① 법원은 제6조제1항의 결정을 검사와 신청인에게 서면으로 알려야 한다.

② 법원은 사회봉사를 허가하는 경우 그 확정일부터 3일 이내에 사회봉사 대상자의 주거지를 관할하는 보호관찰소(보호관찰지소를 포함한다. 이하 같다)의 장에게 사회봉사 허가서, 판결문 등본, 약식명령 등본 등 사회봉사 집행에 필요한 서류를 송부하여야 한다.

제8조(사회봉사의 신고)

① 사회봉사 대상자는 법원으로부터 사회봉사 허가의 고지를 받은 날부터 10일 이내에 사회봉사 대상자의 주거지를 관할하는 보호관찰소의 장에게 주거, 직업, 그 밖에 대통령령으로 정하는 사항을 신고하여야 한다.

② 사회봉사 대상자로부터 제1항의 신고를 받은 보호관찰소의 장은 사회봉사 대상자에게 사회봉사의 내용, 준수사항, 사회봉사 종료 및 취소 사유 등에 대하여 고지하여야 한다.

제9조(사회봉사의 집행담당자)

① 사회봉사는 보호관찰관이 집행한다. 다만, 보호관찰관은 그 집행의 전부 또는 일부를 국공립기관이나 그 밖의 단체 또는 시설의 협력을 받아 집행할 수 있다.
② 검사는 보호관찰관에게 사회봉사 집행실태에 대한 관련 자료의 제출을 요구할 수 있고, 집행방법 및 내용이 부적당하다고 인정하는 경우에는 이에 대한 변경을 요구할 수 있다.
③ 보호관찰관은 검사로부터 제2항의 변경 요구를 받으면 그에 따라 사회봉사의 집행방법 및 내용을 변경하여 집행하여야 한다.

제10조(사회봉사의 집행) ★

① 보호관찰관은 사회봉사 대상자의 성격, 사회경력, 범죄의 원인 및 개인적 특성 등을 고려하여 사회봉사의 집행분야를 정하여야 한다.
② 사회봉사는 1일 9시간을 넘겨 집행할 수 없다. 다만, 사회봉사의 내용상 연속집행의 필요성이 있어 보호관찰관이 승낙하고 사회봉사 대상자가 분명히 동의한 경우에만 연장하여 집행할 수 있다(1일 총13시간을 초과금지).
③ 사회봉사의 집행시간은 사회봉사 기간 동안의 집행시간을 합산하여 시간 단위로 인정한다. 다만, 집행시간을 합산한 결과 1시간 미만이면 1시간으로 인정한다.
④ 집행 개시 시기와 그 밖의 사회봉사 집행기준에 관한 사항은 대통령령으로 정하되, 구체적인 절차 및 서식에 적을 내용 등은 법무부령으로 정한다.

제11조(사회봉사의 집행기간) ★

사회봉사의 집행은 사회봉사가 허가된 날부터 6개월 이내에 마쳐야 한다. 다만, 보호관찰관은 특별한 사정이 있으면 검사의 허가를 받아 6개월의 범위에서 한 번 그 기간을 연장하여 집행할 수 있다.

제12조(사회봉사 대상자의 벌금 납입)

① 사회봉사 대상자는 사회봉사의 이행을 마치기 전에 벌금의 전부 또는 일부를 낼 수 있다.
② 사회봉사 집행 중에 벌금을 내려는 사회봉사 대상자는 보호관찰소의 장으로부터 사회봉사 집행확인서를 발급받아 주거지를 관할하는 지방검찰청의 검사에게 제출하여야 한다.
③ 제2항의 사회봉사집행확인서를 제출받은 검사는 미납한 벌금에서 이미 집행한 사회봉사시간에 상응하는 금액을 공제하는 방법으로 남은 벌금을 산정하여 사회봉사 대상자에게 고지한다.

④ 검사는 사회봉사 대상자가 벌금을 전부 또는 일부 낸 경우 그 사실을 지체 없이 사회봉사를 집행 중인 보호관찰소의 장에게 통보하여야 한다.

⑤ 사회봉사 대상자가 미납벌금의 일부를 낸 경우 검사는 법원이 결정한 사회봉사시간에서 이미 납입한 벌금에 상응하는 사회봉사시간을 공제하는 방법으로 남은 사회봉사시간을 다시 산정하여 사회봉사 대상자와 사회봉사를 집행 중인 보호관찰소의 장에게 통보하여야 한다.

제13조(사회봉사 이행의 효과)

이 법에 따른 사회봉사를 전부 또는 일부 이행한 경우에는 집행한 사회봉사시간에 상응하는 벌금액을 낸 것으로 본다.

제14조(사회봉사 허가의 취소)

① 사회봉사 대상자가 다음 각 호의 어느 하나에 해당하는 경우 보호관찰소 관할 지방검찰청의 검사는 보호관찰소의 장의 신청에 의하여 사회봉사 허가의 취소를 법원에 청구한다.

  1. 정당한 사유 없이 제8조제1항의 신고를 하지 아니하는 경우
  2. 제11조의 기간 내에 사회봉사를 마치지 아니한 경우
  3. 정당한 사유 없이 「보호관찰 등에 관한 법률」 제62조제2항의 준수사항을 위반하거나 구금 등의 사유로 사회봉사를 계속 집행하기에 적당하지 아니하다고 판단되는 경우

② 제1항의 취소신청이 있는 경우 보호관찰관은 사회봉사의 집행을 중지하여야 한다. 다만, 제1항의 취소신청에 따라 사회봉사의 집행이 중지된 기간은 제11조의 기간에 포함하지 아니한다.

③ 제1항의 청구를 받은 법원은 사회봉사 대상자의 의견을 듣거나 필요한 자료의 제출을 요구할 수 있다.

④ 법원은 제1항의 청구가 있는 날부터 14일 이내에 사회봉사 취소 여부를 결정한다. 다만, 사회봉사 대상자의 의견을 듣거나 필요한 자료의 제출 요구 등에 걸리는 기간은 위 기간에 포함하지 아니한다.

⑤ 법원은 제4항의 결정을 검사와 사회봉사 대상자에게 서면으로 알려야 한다.

⑥ 제5항의 고지를 받은 검사는 보호관찰소의 장에게 지체 없이 서면으로 알려야 한다.

⑦ 사회봉사 허가가 취소된 사회봉사 대상자는 취소통지를 받은 날부터 7일 이내에 남은 사회봉사시간에 해당하는 미납벌금을 내야 하며, 그 기간 내에 미납벌금을 내지 아니하면 노역장에 유치한다.

⑧ 사회봉사의 취소를 구하는 보호관찰소의 장의 신청 또는 검사의 취소청구가 받아들여지지 아니하는 경우 보호관찰관은 지체 없이 사회봉사를 집행하여야 한다.

> **제15조(사회봉사의 종료)**
> ① 사회봉사는 다음 각 호의 어느 하나에 해당하는 경우에 종료한다.
>   1. 사회봉사의 집행을 마친 경우
>   2. 사회봉사 대상자가 벌금을 완납한 경우
>   3. 제14조에 따라 사회봉사 허가가 취소된 경우
>   4. 사회봉사 대상자가 사망한 경우
> ② 보호관찰소의 장은 사회봉사 대상자가 제1호 또는 제4호에 해당되면 사회봉사 대상자의 주거지를 관할하는 지방검찰청의 검사에게 지체 없이 통보하여야 한다.

04 | 몰수와 추징

JUSTICE

1. 몰수

(1) 의의

① 몰수는 범죄의 반복을 방지하거나 범죄로부터 이득을 보지 못하게 할 목적으로 범행과 관련된 재산을 박탈하여 국고에 귀속시키는 재산형을 말한다.

② 몰수의 종류로는 일반몰수와 특별몰수가 있고, 재량유무에 따라 임의적 몰수와 필요적 몰수로 나눌 수 있다.

(2) 몰수의 종류

① 일반몰수와 특별몰수
   ㉠ 일반몰수 : 범죄인의 전 재산을 국가에 귀속시키는 것으로 19C에 이르러 거의 폐지되었다.
   ㉡ 특별몰수 : 범죄와 관련된 특정물건을 국고에 귀속시키는 것으로, 일반적으로 몰수라 함은 특별몰수를 뜻한다.

> **⊙「형법」상 필요적 몰수 ★**
> 뇌물 또는 뇌물에 공할 금품(제134조), 아편·모르핀이나 그 화합물 또는 아편흡식기구(제206조), 배임수재죄(제 357조)에 의하여 범인이 취득한 재물은 필요적 몰수를 인정하고 있다.

(3) 법적 성질 ★

몰수는 형식적으로 「형법」상 형벌의 한 종류이지만, 실질적으로는 대물적 보안처분에 해당한다는 것이 판례와 다수설의 입장이다.

(4) 관련 규정(「형법」)

> **몰수의 대상과 추징(「형법」 제48조)**
> ① 범인 외의 자의 소유에 속하지 아니하거나 범죄 후 범인 외의 자가 사정을 알면서 취득한 다음 각 호의 물건은 <u>전부 또는 일부를 몰수할 수 있다.</u>
> 1. 범죄행위에 제공하였거나 제공하려고 한 물건
> 2. 범죄행위로 인하여 생겼거나 취득한 물건
> 3. 제1호 또는 제2호의 대가로 취득한 물건
> ② 제1항 각 호의 물건을 몰수할 수 없을 때에는 <u>그 가액(價額)</u>을 추징한다.
> ③ 문서, 도화(圖畵), 전자기록(電磁記錄) 등 특수매체기록 또는 유가증권의 일부가 몰수의 대상이 된 경우에는 그 부분을 폐기한다.
>
> **몰수의 부가성(「형법」 제49조)** ★
> <u>몰수는 타형에 부가하여 과한다. 단, 행위자에게 유죄의 재판을 아니할 때에도 몰수의 요건이 있는 때에는 몰수만을 선고할 수 있다.</u>
>
> **몰수, 추징(「형법」 제134조)**
> 범인 또는 사정을 아는 제3자가 받은 뇌물 또는 뇌물로 제공하려고 한 금품은 몰수한다. 이를 몰수할 수 없을 경우에는 그 가액을 추징한다.

① 몰수는 다른 형벌을 부가하여 과하는 것이 원칙이다.
② 압수한 물건만의 몰수를 위한 공소제기는 안 된다.
③ 검사가 불기소처분을 하는 경우에 압수물을 몰수할 수 없다.
④ 검사가 공소를 제기하지 않고 몰수나 추징을 하는 것은 불고불리의 원칙에 반한다.
⑤ 검사가 기소 시 몰수를 청구하지 않아도 법원이 직권으로 몰수할 수 있다.
⑥ 판례는 권리나 이익에 대한 몰수도 인정하고 있다.
⑦ 범인 이외의 자에게 속하는 물건은 몰수 할 수 없지만, 공범의 경우에는 몰수할 수 있다고 판시하였다.

> ❷ **유죄판결을 하지 않는 경우의 몰수**
> 판례는 선고유예를 예로 들고 있다. 책임능력 결여로 무죄판결을 하는 경우에도 몰수가 가능할 수 있다.

2. 추징

(1) 추징은 몰수할 대상물의 전부 또는 일부를 몰수하기 불가능한 때에 그 가액의 납부를 명하는 사법처분의 일종을 말한다.

(2) 사법처분(「형법」상 형벌이 아님)의 일종이지만, 실질적으로는 부가형의 성격을 지니고 있다.

(3) 1심에서 추징 않은 것을 항소심에서 추징하면 불이익변경금지의 원칙에 위배된다.

> **⊙ 환형처분**
> 벌금은 환형처분(노역장 유치처분)이 가능하지만, 추징은 환형처분이 불가능하다.
>
> **⊙ 과료, 과태료, 추징 구분**
> ① 과료 : 형벌(재산형)
> ② 과태료 : 행정벌, 징계처분
> ③ 추징 :「형법」상 형벌이 아님(사법처분임), 실질적으로는 부가형 성질임

CHAPTER
6 명예형제도

명예형은 범죄인의 일정한 권리나 법적능력을 박탈 또는 제한하는 형벌로 권리박탈형(자격형)이라고도 하며, 형법상으로는 자격상실과 자격정지 두 가지가 있다.

01 명예형의 종류 참고

JUSTICE

1. 치욕형(오욕형)

(1) 근대 이전에는 신체에 먹물로 낙인을 하거나 공개사죄명령 등이 있었다.
(2) 현재에도 일부국가에서는 소년에 대한 보호처분이나 행정상 징계처분의 일종으로 공개견책 등이 행해지고 있다.

2. 권리박탈형(자격형)

(1) 권리박탈형으로는 선거권과 피선거권 등의 권리를 박탈하는 명예상실, 현재의 공직을 박탈하는 공직상실, 의사·변호사 등의 자격과 경영권을 박탈·제한하는 직업금지 등 3가지 유형이 있다.
(2) 「형법」상으로는 자격상실과 자격정지 2가지가 있다.

3. 관련 규정

> **형의 선고와 자격상실, 자격정지(「형법」 제43조)**
> ① 사형, 무기징역 또는 무기금고의 판결을 받은 자는 다음에 기재한 자격을 상실한다.
>   1. 공무원이 되는 자격
>   2. 공법상의 선거권과 피선거권
>   3. 법률로 요건을 정한 공법상의 업무에 관한 자격
>   4. 법인의 이사, 감사 또는 지배인 기타 법인의 업무에 관한 검사역이나 재산관리인이 되

　　는 자격

② 유기징역 또는 유기금고의 판결을 받은 자는 그 형의 집행이 종료하거나 면제될 때까지 전항 제1호 내지 제3호에 기재된 자격이 정지된다. 다만, 다른 법률에 특별한 규정이 있는 경우에는 그 법률에 따른다(※ 당연정지 : 제4호는 적용 안 됨).

[2016. 1. 6. 법률 제13719호에 의하여 2014. 1. 28. 헌법재판소에서 위헌 및 헌법불합치 결정된 이 조 제2항을 개정함.]

※ 위헌 결정(2014.1.28. 2013헌마105) :「형법」제43조 제2항 중 유기징역 또는 유기금고의 판결을 받아 그 형의 집행이 종료되지 아니한 자의 '공법상의 선거권'에 관한 부분은「헌법」에 합치되지 아니한다.

※ 개정(2016.1.6.) : 헌법재판소에서 위헌 및 헌법불합치 결정된 이 조 제2항을 개정하여 단서 조항을 추가함(단서 조항에 따라「공직선거법」제18조 제1항 제2호에서는 1년 이상의 징역 또는 금고의 형에 대하여 선거권을 제한하고 있기 때문에, 1년 미만의 징역 또는 금고의 형을 선고 받은 수형자는 선거권 행사가 가능하다. 또한 집행유예기간 중에 있는 사람도 선거권 행사가 가능하다).

자격정지(형법 제44조)

① 전조에 기재한 자격의 전부 또는 일부에 대한 정지는 1년 이상 15년 이하로 한다.

② 유기징역 또는 유기금고에 자격정지를 병과한 때에는 징역 또는 금고의 집행을 종료하거나 면제된 날로부터 정지기간을 기산한다.

02 자격상실과 자격정지 JUSTICE

1. 자격상실

(1) 의의

자격상실은 사형·무기징역·무기금고의 형을 받은 경우, 별도의 형 선고 없이 부대적 효력으로 당연히 상실되는 자격을 말한다.

(2) 당연히 상실되는 자격

공무원이 되는 자격, 공법상의 선거권과 피선거권, 법률로 요건을 정한 공법상의 업무에 관한 자격, 법인의 이사 또는 감사 또는 지배인, 기타 법인의 업무에 관한 검사역·재산관리인이 되는 자격

2. 자격정지

(1) 의의

① 자격정지는 특정한 자격의 전부 또는 일부를 일정기간 동안 정지시키는 것을 말한다.
② 「형법」에는 자격정지를 선택형 또는 병과형으로 규정하고 있으며, 종류로는 당연정지와 선고정지가 있다.

(2) 당연정지

① 의의 : 유기징역 또는 유기금고 판결을 받는 자는 그 형의 집행이 종료하거나 면제될 때까지 당연히 자격이 정지되는 것을 말한다.
② 당연히 정지되는 자격 : 공무원이 되는 자격, 공법상의 선거권과 피선거권 ,법률로 요건을 정한 공법상의 업무에 관한 자격(법인과 관련된 자격은 정지 안 됨)

(3) 선고정지

① 판결 선고에 의해 자격의 전부 또는 일부를 정지시키는 것을 말한다.
② 정지기간 : 1년 이상 ~ 15년 이하

> **● 기간**
> ① 징역 : 1월 이상 ~ 30년 이하(가중 시 50년까지 가능)
> ② 벌금(노역유치 기간) : 1일 이상 ~ 3년 이하
> ③ 자격정지 : 1년 이상 ~ 15년 이하
> ④ 구류 : 1일 이상 ~ 30일 미만

(4) 자격정지의 기산점 ★

① 징역(금고)형에 자격정지를 병과한 경우(병과형)
   징역 또는 금고의 집행을 종료하거나 면제된 날부터 정지기간을 기산한다.
② 자격정지가 선택형인 경우(선택형)
   자격정지가 확정된 날부터 정지기간을 기산한다.

> **●「소년법」상 특칙(제67조 : 자격에 관한 법령의 적용) ★**
> 소년이었을 때 범한 죄에 의하여 형을 선고받은 자가 그 집행을 종료하거나 면제 받은 경우 자격에 관한 법령을 적용할 때에는 장래에 향하여 형의 선고를 받지 아니한 것으로 본다.

> **⊙ 조선시대의 명예형** [참고]
> ① 조선시대에는 명예형 또는 자격형의 일종으로 윤형(금고, 규형)이 있었다.
> ② 금고 : 일정기간 또는 영구히 관직 취임자격이나 승려의 신분을 박탈하는 것을 말한다.
> ③ 규형 : 관직에 있는 자가 죄를 범한 경우, 현직에서 해임·관직강등 또는 관원명부에서 제명하는 것을 말한다.

3. 명예형의 문제점 [참고]

(1) 명예형은 일반예방효과 및 특별예방효과를 거두기 어려운 점이 있다.

(2) 명예형은 주관적인 성격을 지니고 있어 효과를 확인하기 어렵고 개인적인 편차가 크다.

(3) 범죄자라는 불명예와 별도로 개인의 명예를 박탈하는 것은 이중적 처벌에 해당한다.

(4) 범죄와 무관한 병역의무 면제 등은 오히려 범죄자의 의무를 해소시키는 결과가 된다.

(5) 자격정지를 병과할 경우 사회복귀에 지장을 초래할 수 있다.

(6) 공무원이 되는 자격이나 선거권 박탈 등은 과잉금지의 원칙에 반할 우려가 있다.

PART 5

형의 경중과 실효

01 형의 경중

J U S T I C E

1. 관련 규정

형의 경중(「형법」제50조)

① 형의 경중은 제41조 각 호의 순서에 따른다. 다만, 무기금고와 유기징역은 무기금고를 무거운 것으로 하고 유기금고의 장기가 유기징역의 장기를 초과하는 때에는 유기금고를 무거운 것으로 한다.

② 같은 종류의 형은 장기가 긴 것과 다액이 많은 것을 무거운 것으로 하고 장기 또는 다액이 같은 경우에는 단기가 긴 것과 소액이 많은 것을 무거운 것으로 한다.

③ 제1항 및 제2항을 제외하고는 죄질과 범정(犯情)을 고려하여 경중을 정한다.

2. 형의 경중(「형법」제41조(형의 종류) : 9가지)

사형 ⇒ 징역 ⇒ 금고 ⇒ 자격상실 ⇒ 자격정지 ⇒ 벌금 ⇒ 구류 ⇒ 과료 ⇒ 몰수

02 형의 시효 등

J U S T I C E

1. 형의 시효

(1) 형의 시효는 형을 선고받은 자가 재판이 확정된 후 그 형을 집행 받지 않고, 일정한 기간이 경과한 때에 그 집행이 면제되는 것을 말한다.

(2) 형의 시효는 판결이 확정된 날로부터 진행되고, 시효의 완성으로 형의 집행이 면제된다.

(3) 형의 시효가 경과하면 형의 선고 자체는 유효하지만 형의 집행면제 효과가 발생한다.

2. 공소시효

공소시효는 범죄행위가 종료한 후 공소가 제기됨이 없이 일정기간 경과하면 그 범죄에 관한 국가의 형사소추권(검사의 공소권)이 소멸되는 것을 말한다.

3. 형의 소멸

(1) 형의 소멸은 유죄판결이 확정되어 발생한 국가의 형벌권(형의 집행권)이 소멸되는 것을 말한다.
(2) 형의 소멸사유로는 형의 집행종료 · 면제, 선고유예 · 집행유예 기간 경과, 가석방 기간 경과, 시효완성, 사망, 사면, 형의 실효와 복권 등이 있다.

4. 형의 실효

(1) 형의 실효는 수형인이 자격정지 이상의 형을 받음이 없이 형의 집행이 종료하거나 면제된 날로부터 일정기간이 지나면, 처음부터 형의 선고를 받지 않은 것과 같은 동일한 결과를 가져오게 하는 것을 말한다.
(2) 즉, 전과자의 정상적인 사회복귀를 위하여 전과사실(형의 선고의 법률상의 효과)을 말소시켜 주는 것을 말한다(전과말소제도).
(3) 이를 위해 「형법」에 형의 실효(제81조) 및 복권(제82조)에 관한 규정을 두고 있으며, 특별법으로는 「형의 실효 등에 관한 법률」이 있다.

5. 관련 규정(「형법」)

제77조(형의 시효의 효과)

형(사형은 제외한다)을 선고받은 자에 대해서는 시효가 완성되면 그 집행이 면제된다.

제78조(형의 시효의 기간)

시효는 형을 선고하는 재판이 확정된 후 그 집행을 받지 아니하고 다음 각 호의 구분에 따른 기간이 지나면 완성된다.
1. 삭제 〈2023.8.8〉
2. 무기의 징역 또는 금고 : 20년
3. 10년 이상의 징역 또는 금고 : 15년
4. 3년 이상의 징역이나 금고 또는 10년 이상의 자격정지 : 10년
5. 3년 미만의 징역이나 금고 또는 5년 이상의 자격정지 : 7년
6. 5년 미만의 자격정지, 벌금, 몰수 또는 추징 : 5년
7. 구류 또는 과료 : 1년

제79조(시효의 정지)

① 시효는 형의 집행의 유예나 정지 또는 가석방 기타 집행할 수 없는 기간은 진행되지 아니한다.

② 시효는 형이 확정된 후 그 형의 집행을 받지 아니한 사람이 형의 집행을 면할 목적으로 국외에 있는 기간 동안은 진행되지 아니한다.

제80조(시효의 중단)

시효는 징역, 금고와 구류의 경우에는 수형자를 체포한 때, 벌금, 과료, 몰수와 추징에 있어서는 강제처분을 개시한 때 중단된다.

제83조(기간의 계산)

연(年) 또는 월(月)로 정한 기간은 연 또는 월 단위로 계산한다.

제84조(형기의 기산)

① 형기는 판결이 확정된 날로부터 기산한다.

② 징역, 금고, 구류와 유치에 있어서는 구속되지 아니한 일수는 형기에 산입하지 아니한다.

제85조(형의 집행과 시효기간의 초일)

형의 집행과 시효기간의 초일은 시간을 계산함이 없이 1일로 산정한다.

제86조(석방일)

석방은 형기종료일에 하여야 한다.

03 전과말소제도

JUSTICE

1. 의의

전과(前科)라는 말은 법률상 용어가 아닌 일상적인 용어로 유죄판결을 받은 사실을 의미하며, 전과기록이라 함은 수형인명부, 수형인명표 및 범죄경력자료를 말한다.

2. 현행법상 전과말소제도

(1) 「형법」(재판상 실효)

형의 실효(제81조)

징역 또는 금고의 집행을 종료하거나 집행이 면제된 자가 피해자의 손해를 보상하고 자격정지 이상의 형을 받음이 없이 7년을 경과한 때에는 본인 또는 검사의 신청에 의하여 그 재판의 실효를 선고할 수 있다.

복권(제82조)

자격정지의 선고를 받은 자가 피해자의 손해를 보상하고 자격정지 이상의 형을 받음이 없이 정지기간의 2분의 1을 경과한 때에는 본인 또는 검사의 신청에 의하여 자격의 회복을 선고할 수 있다.

★ 형의 실효 : 형의 실효에 관한 재판이 확정되면 형의 선고에 의한 법적 효과는 장래에 향하여 소멸한다.

(2) 「형의 실효 등에 관한 법률」(당연실효)

정의(제2조)

"전과기록"이란 수형인명부, 수형인명표 및 범죄경력자료를 말한다.

형의 실효(제7조) ★

① 수형인이 자격정지 이상의 형을 받지 아니하고 형의 집행을 종료하거나 그 집행이 면제된 날부터 다음 각 호의 구분에 따른 기간이 경과한 때에 그 형은 실효된다. 다만, 구류(拘留)와 과료(科料)는 형의 집행을 종료하거나 그 집행이 면제된 때에 그 형이 실효된다.

   1. 3년을 초과하는 징역·금고: 10년

   2. 3년 이하의 징역·금고: 5년

   3. 벌금: 2년

② 하나의 판결로 여러 개의 형이 선고된 경우에는 각 형의 집행을 종료하거나 그 집행이 면제된 날부터 가장 무거운 형에 대한 제1항의 기간이 경과한 때에 형의 선고는 효력을 잃는다. 다만, 제1항제1호 및 제2호를 적용할 때 징역과 금고는 같은 종류의 형으로 보고 각 형기를 합산한다.

CHAPTER 8 판결 전 조사제도와 양형의 합리화

01 판결 전 조사제도

1. 의의

판결 전 조사제도는 판결 전에 개별 범죄자에게 형의 종류나 양 및 보안처분 등의 적합한 처우를 하기 위하여 범죄자의 개별특성 및 생활환경 등을 면밀히 조사하여 재판에 활용하는 것을 말한다.

2. 연혁

판결 전 조사제도는 미국에서 보호관찰관에게 피고인에 대한 과학적 조사를 의뢰하여 이를 기초로 법관이 재판을 선고한 것에서 유래하였다. 1911년 미국 일리노이주 시카고시에서 처음 실시하였으며, 1940년 「표준관찰보호법」에서 공식화되었다.

3. 절차

일반적으로 소송절차이분론(유·무죄 인정절차, 양형절차)에 의해 유죄로 인정된 자를 대상으로 하며, 판결 전 조사제도는 보호관찰제도와 밀접한 관련이 있으며, 판결 전에 조사한다.

4. 유용성 ★

(1) 법관의 편견과 예단을 차단하여 적절한 판결과 양형합리화에 도움을 준다.
(2) 변호인의 변호활동을 보완하는 기능을 하며, 피고인의 인권보장에 기여한다.
(3) 피고인의 환경을 개선할 기회를 제공하며, 자력갱생의 지침을 제공한다.
(4) 보호관찰시 범죄인 처우의 지침으로 활용할 수 있다.
(5) 교정시설에서는 수용자의 개별처우 자료로 활용할 수 있다.
(6) 무죄판결 시에는 조사가 불필요하므로 소송경제에 도움이 될 수도 있다.

5. 비판

(1) 조사결과에 대한 피고인측의 반대신문권 확보문제와 공개 여부가 문제로 지적되고 있다.

(2) 상습범의 경우 피고인의 인격조사는 이미 유무죄의 판단단계에서 논해질 수밖에 없다.

(3) 직권주의의 부활 및 재판의 신속한 진행을 저해하는 등 소송경제에 반한다.

(4) 공정한 조사가 이루어지지 않은 경우 양형의 합리화에 역행할 수도 있다.

6. 우리나라의 판결 전 조사제도

(1) 형사사건

판결 전 조사(「보호관찰 등에 관한 법률」 제19조)

① 법원은 피고인에 대하여 「형법」 제59조의2(선고유예) 및 제62조의2(집행유예)에 따른 보호관찰, 사회봉사 또는 수강을 명하기 위하여 필요하다고 인정하면 그 법원의 소재지(所在地) 또는 피고인의 주거지를 관할하는 보호관찰소의 장에게 범행 동기, 직업, 생활환경, 교우관계, 가족상황, 피해회복 여부 등 피고인에 관한 사항의 조사를 요구할 수 있다(성인과 소년 모두가능).

조사의 위촉(소년법 제56조)

법원은 소년에 대한 형사사건에 관하여 필요한 사항을 조사하도록 조사관에게 위촉할 수 있다.

(2) 보호사건

조사명령(「소년법」 제11조)

① 소년부 판사는 조사관에게 사건 본인, 보호자 또는 참고인의 심문이나 그 밖에 필요한 사항을 조사하도록 명할 수 있다.

② 소년부는 제4조제3항에 따라 통고된 소년을 심리할 필요가 있다고 인정하면 그 사건을 조사하여야 한다.

결정 전 조사(「보호관찰 등에 관한 법률」 제19조의 2)

① 법원은 「소년법」 제12조에 따라 소년 보호사건에 대한 조사 또는 심리를 위하여 필요하다고 인정하면 그 법원의 소재지 또는 소년의 주거지를 관할하는 보호관찰소의 장에게 소년의 품행, 경력, 가정상황, 그 밖의 환경 등 필요한 사항에 관한 조사를 의뢰할 수 있다.

② 제1항의 의뢰를 받은 보호관찰소의 장은 지체 없이 조사하여 서면으로 법원에 통보하여야 하며, 조사를 위하여 필요한 경우에는 소년 또는 관계인을 소환하여 심문하거나 소속 보호관찰관으로 하여금 필요한 사항을 조사하게 할 수 있다.

★ 검사의 결정 전 조사(「소년법」 제49조의2)
　검사는 소년 피의사건에 대하여 소년부 송치, 공소제기, 기소유예 등의 처분을 결정하기 위하여 필요하다고 인정하면 피의자의 주거지 또는 검찰청 소재지를 관할하는 보호관찰소의 장, 소년분류심사원장 또는 소년원장(보호관찰소장 등)에게 피의자의 품행, 경력, 생활환경이나 그밖에 필요한 사항에 관한 조사를 요구할 수 있다.

7. 향후과제

(1) 판결 전 조사제도의 활용을 확대 적용할 필요가 있다.
(2) 인적 자원과 물적 설비를 확충해 전문적이고 과학적인 조사가 될 수 있도록 해야 한다.
(3) 판결 전 조사제도에 관한 인식을 새롭게 하여 객관적이고 공정한 조사가 되도록 해야 한다.

 양형의 합리화　　　　　JUSTICE

1. 의의

법관이 형사사건이 유죄로 인정되는 경우에 실체재판을 통하여 구제적인 형벌의 종류와 정도를 정하는 것을 형의 양정 또는 양형(量刑)이라고 한다. 양형은 행위자의 개별적인 책임과 균형을 이루는 범위 내에서 정해져야 한다는 책임주의원칙을 전제로 하고 있다.

> **양형의 조건(「형법」 제51조)**
> 형을 정함에 있어서는 다음 사항을 참작하여야 한다.
> ① 범인의 연령, 성행, 지능과 환경　　② 피해자에 대한 관계
> ③ 범행의 동기, 수단과 결과　　　　　④ 범행 후의 정황

2. 양형의 문제점

(1) 의의

① 부적절한 양형은 재범의 원인이 되는 등 형벌의 목적에 반하는 결과를 가져 올 수 있어, 일반적으로 법관의 자의적이거나 균형을 잃은 양형을 제한하기 위한 일정한 표준을 두고 있다.
② 현행 「형법」에는 양형인자 이외 다른 규정은 없지만 정상을 참작할 수 있는 것이 있으면 모두 활용이 가능하다.

(2) 문제점

현행 「형법」에는 양형조건만 예시적으로 열거하고 있어 적용할 때 개인차가 많이 생길 수 있고, 법관에게 재량을 너무 많이 부여하고 있어 양형의 합리화에 부적절한 점이 있다.

(3) 우리나라의 양형위원회

① 2007.1.26. 「법원조직법」 개정 시 양형위원회 규정을 신설하여, 2007.4.27. 대법원에 양형위원회를 설립하였다.

② 살인, 강도, 성범죄, 뇌물, 횡령, 배임, 위증, 무고 등의 범죄에 대한 양형기준을 마련하여 시행하고 있다.

3. 양형의 합리화 방안

(1) 양형지침서(Sentencing Guidelines) 또는 적용예측표 활용(법적구속력이 없다.)

(2) 양형위원회 설치

(3) 판결 전 조사제도 활용

(4) 소송절차이분화(유무죄 인정절차, 양형절차)

(5) 검사 구형의 합리화

(6) 판결서에 양형의 이유명시

(7) 양형부당에 대한 상고사유 완화 등

● 양형에 관한 이론 ★

① 유일점이론(유일형이론)

책임은 언제나 고정되고 정해진 크기이므로, 정당한 형벌이란 항상 하나일 수밖에 없다는 이론을 말한다. 책임을 중시하여 범죄 예방목적을 고려하지 않은 단점이 있다.

② 범주(범위)이론(판단여지이론, 재량여지이론, 책임범주이론)

책임과 일치하는 정확한 형벌은 결정할 수 없고, 형벌은 그 하한과 상한에 책임에 적합한 범위가 있으므로 그 범위에서 특별예방과 일반예방을 고려하여야 한다는 이론을 말한다. 법관의 재량에 의하여 조정될 수 있어 실용적인 측면이 있다.

③ 단계이론(위가이론)

평가단계를 나누어, 형량결정은 불법과 책임에 비례하여 결정하고, 형의 종류와 집행여부는 예방적 목적을 고려하여 판단해야 한다는 이론을 말한다. 양형에 관한 목적을 약화시킬 수 있는 단점이 있다.

④ 특별예방형 위가이론 [참고]

응보형론을 배제한 채 책임을 상한선으로 하고, 법질서 방위라는 적극적 일반예방 목적을 하한선으로 한 뒤, 구체적으로 형을 양정할 경우 특별예방 목적의 우위를 주장하는 이론을 말한다.

박상민 JUSTICE 형사정책 책

PART —— 6

보안
처분론

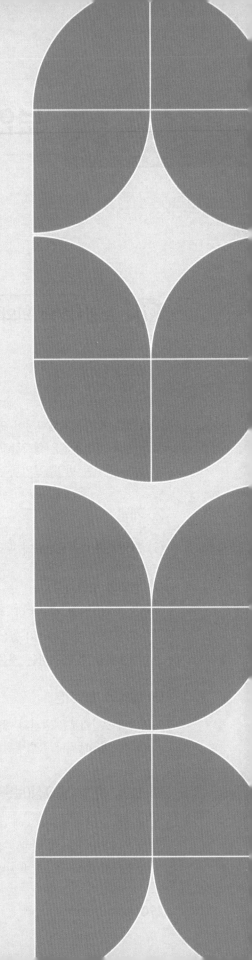

보안처분 일반론

01 보안처분의 의의와 연혁 참고

JUSTICE

1. 의의

(1) 보안처분은 범죄로부터 사회를 방위하는데 형벌만으로 불충분하거나 부적당한 경우에 국가가 범죄인이나 범죄위험성이 있는 자에게 형벌 이외의 방법으로 행하는 범죄예방처분을 말한다.

(2) 형벌과 보안처분은 형사상 제재라는 점에서는 같다. 하지만 <u>형벌은 응보·속죄·일반예방적 기능을 가지는 반면, 보안처분은 개선·보안·특별예방적 기능을 가지는 점에서 구별된다.</u>

2. 개념

(1) 보안처분 : 적용범위에 따라 광의의 보안처분과 협의의 보안처분으로 구별할 수 있다.

(2) 광의의 보안처분

광의의 보안처분은 범죄의 예방과 진압을 위하여 국가가 행하는 형벌 이외의 모든 강제처분을 말한다. 이는 양육능력이 없는 부모의 친권박탈·선행보증 등과 같은 처분도 포함되므로, <u>반드시 범죄행위를 전제로 하는 것은 아니다.</u>

(3) 협의의 보안처분

협의의 보안처분은 범죄의 예방과 진압을 위하여 범죄인 또는 범죄의 위험성이 있는 자에 대하여 일정한 범죄행위나 촉법행위 등과 같은 <u>범죄행위를 전제로 과하는 강제처분을 말한다.</u>

3. 보안처분의 필요성(보완적)

(1) 형벌은 과거의 범죄행위에 대한 사후적 조치이므로 형벌만으로 사회를 방위하는데 한계가 있다.

(2) 형사미성년자(14세 미만)·심신상실자 등과 같은 책임무능력자로부터 사회를 방위하고 이들을 보호하기 위해서도 형벌 이외의 처분이 필요하다.

(3) 알코올 중독자·우범자 등과 같이 장래에 범죄인으로 발전될 위험성이 있는 자를 특별예방하고 교화개선하기 위한 사전예방 조치가 필요하다.

4. 연혁

(1) 고대국가

정치범의 국외추방, 절도범의 수족절단 및 성범죄자에 대한 성기절단 등이 있었다.

(2) 중세국가

사형, 신체상해형, 부정기 보안구금, 노역장유치 등이 있었다.

(3) 근대초기 경찰국가

증거가 아닌 범죄혐의만 있어도 처벌하는 혐의형과 보안감치 및 개선구금 조치를 인정하였다.

(4) 카롤리나 형법전(1532년)

범죄행동이 예상되고 장래를 보장할 수 없는 경우 부정기의 보안처분을 인정하였다. 하지만 이는 형벌과 보안처분의 관계가 명확하지 않고 미결구금으로서의 성격이 강하여, 현대적 의미의 보안처분과는 상당한 거리가 있다.

02 보안처분 주장자

JUSTICE

1. 의의

18C 말 독일의 클라인(Klein)이 보안처분이론을 최초로 정립하고 주장하였다. 하지만 당시의 인권사상 및 포이에르바하(Feuerbach)를 중심으로 한 죄형법정주의(법치국가시대)와 완고한 응보형사상으로 빛을 보지 못했다.

그 후 1세기를 경과한 19C 말 실증학파의 발흥과 초기자본주의 사회의 폐단으로 범죄가 급증함에 따라, 전통적인 형벌의 한계를 인식하고 새로운 사회방위수단을 강구하면서 보안처분사상이 다시 부각되었다(이원주의의 기초).

2. 대표적 학자

(1) 클라인(E. F. Klein, 1744 ~ 1810)

① 일반예방 및 응보목적의 형벌제도와 개개인의 위험에 대응한 특별예방 및 교화개선이 목적인

보안처분과의 본질적 차이점을 인정하면서 그 필요성을 역설하였다.

② 형벌과 보안처분을 구별한 보안처분에 관한 이론 및 개념을 최초로 정립하여, 보안처분의 독
자성을 강조하고, 보안처분을 반드시 해악적인 것으로는 보지 않았다.

③ 이원론의 입장에서 특별예방을 위한 보안처분사상을 프로이센 일반 란트법의 형법분야에 도
입하였다.

(2) 페리(Ferri)의 형벌대용물 사상(일원론)

① 페리는 범죄의 사회적 원인을 중시하는 사회적 결정론의 입장에서, 형벌보다 사회정책을 통한
범죄예방을 주장하면서, 종래의 도덕적 책임론 대신 사회적 책임론 및 위험성의 원리를 제창
하였다.

② 1921년 「형법에 있어서의 새로운 지평선」에서 형사책임 및 형벌없는 형법전(보안처분) 제정
을 주장하였는데, 이는 일원론적 입장에서 보안처분과 형벌의 등가성을 내세우며 형벌 이외의
형벌대용물사상을 주장한 것이다.

③ 또한 그는 형벌 대신 '제재'라는 말을 사용하여 형벌과 보안처분의 구별을 없애고, 상대적 또
는 절대적 부정기형을 내용으로 하는 보안처분을 주장하였다.

(3) 리스트(Liszt)의 목적형주의

① 1883년 「형법에 있어서의 목적형사상」(마부르그 강령 :Marburg Program)에서, 실증학파
(신파) 입장에서 보안처분사상을 전개하였다.

② 형벌과 보안처분을 일원론적 입장에서 파악하여, 형벌로 특별예방 효과가 없는 개선불가능한
자에 대한 보안처분을 주장하였다.

③ 행위자에 대한 특별예방을 목적으로 하는 목적형주의에 기초하여, 범죄진압형을 사회방위형
으로 전환할 것을 역설하였다.

(4) 칼 슈토스(Carl Stoss)의 이원주의(신·구양파 조화)

① 리스트 사상을 구체화하여 보안처분제도를 형법전에 처음으로 도입하였다(스위스 형법 예비
초안 작성).

② 신파와 구파의 학설을 절충하여 형벌 이외에 보안처분을 새로 규정하고, 이원론적 입장에서
응보형론에 기반을 두면서도 형벌과는 분리된 보안처분제도를 인정하였다.

> **◑ 보안처분 입법화**
> ① 칼 슈토스의 초안을 최초로 채택해 입법화한 것은 영국의 「범죄예방법」(1908년)이다.
> ② 보안처분을 인정하지 않는 국가도 소년법에는 예외없이 채택하고 있다.

> **➔ 일원론자와 이원론자**
> ① 보안처분 일원론자 : 페리, 리스트
> ② 보안처분 이원론자 : 클라인, 칼슈토스

3. 보안처분의 특징

(1) 형벌로 사회복귀나 사회방위가 불가능하거나 부적당한 경우에 실시한다.

(2) 형벌을 대체 또는 보충하기 위해 과하는 형벌 이외의 강제조치이다.

(3) 책임과는 무관하게 행위자의 장래의 위험성에 대한 국가의 예방조치이다.

(4) 행위자의 개선(특별예방·재사회화)과 사회방위를 주목적으로 하는 제재수단이다.

03 보안처분의 기본원리(보안처분의 한계) 참고   J U S T I C E

1. 의의

(1) 보안처분 기본원리로는 '보안처분 법정주의'와 보안처분의 정당성의 기준인 '비례의 원칙'을 들수 있다.

(2) 보안처분 법정주의는 "보안처분의 종류·요건·효과 등을 법률로 미리 정해두어야 한다"는 원칙을 말하며, 비례의 원칙은 "개인의 인권침해는 사회방위와 균형을 이루어야 한다"는 원칙을 말한다.

2. 보안처분 법정주의

(1) 의의

보안처분은 형벌은 아니지만, 대상자의 법익을 박탈 또는 제한하는 형벌에 버금가는 형사제재이므로, 기본권 보장의 측면에서 형벌과 마찬가지로 죄형법정주의가 적용되어야 한다는 것을 말한다.

(2) 내용

① 종류

보안처분 법정주의로는 관습법 금지의 원칙, 유추해석 금지의 원칙, 소급효 금지의 원칙, 절대적 부정기형 금지의 원칙 등이 있다.

② 내용

㉠ 관습법 금지의 원칙 : 보안처분은 형벌에 버금가는 법익을 박탈 또는 제한하는 형사제재

이기 때문에 형벌에 준하는 엄격한 법정주의가 요구되므로, 관습법은 보안처분의 법원이 될 수 없다.

ⓛ 유추해석 금지의 원칙 : 보안처분은 장래의 위험성에 대한 합목적성인 조치라는 점을 강조하는 입장에서는 유추해석이 허용된다는 견해도 있지만, 보안처분의 형벌적 특성과 인권 보장을 위해 유추해석은 금지되어야 한다는 것이 다수설이다.

ⓒ 소급효 금지의 원칙 : 보안처분은 형벌적 자유제한을 수반하는 형사제재에 속하기 때문에 소급효가 금지되어야 한다는 것이 일반적인 견해이다.

ⓔ 절대적 부정기형 금지의 원칙 : 보안처분은 대상자의 범죄적 위험성에 기초한 합목적인 제재수단이므로 원칙적으로는 부정기형이어야 한다. 하지만 개인의 자유를 무제한 제한할 수 있는 절대적 부정기형은 죄형법정주의에 어긋나므로 허용될 수 없다. 가능한 필요최소한의 상한선을 엄격하게 규정하면서 정기적인 심사과정을 두어 최소화할 필요가 있다.

(3) 보안처분 법정주의의 한계

보안처분은 장래의 위험성에 대한 합목적인 조치라는 입장에서 살펴보면, 죄형법정주의 원리를 그대로 적용하는 데는 한계가 있지만, 개인의 기본적 보장과 보안처분의 합목적성이 조화를 이룰 수 있도록 함께 고려되어야 한다.

3. 보안처분의 정당성 ★

(1) 의의

보안처분의 정당성이란, 범죄인의 개선과 보안처분은 행위자가 저지른 범행과 그에게 예상되는 범죄의 의미와 위험성의 정도와 비례해야 한다는 의미이다. 이는 곧 보안처분에 의한 개인의 인권침해는 사회방위와 균형을 이루어야 함을 뜻한다.

(2) 내용

① 보안처분의 정당성(비례의 원칙)(책임의 원칙 ×)

보안처분의 정당성의 기준은 "개인의 인권침해는 사회방위와 균형을 이루어야 한다"는 '비례의 원칙'이다.

② 비례의 원칙 내용

ⓐ 적합성의 원칙 : 자유제한은 사회보호 및 사회복귀에 적합하고 유용한 것이어야 한다.

ⓑ 필요성의 원칙 : 수단의 선택은 필요한 최소한의 침해에 그친 수단이어야 한다.

ⓒ 균형성의 원칙(협의의 비례성의 원칙) : 침해와 결과 사이에 균형과 조화를 이루어야 한다.

4. 보안처분의 적용요건(전제조건) ★

(1) 행위자가 형벌적응성이 없어야 한다.

(2) 위험성에 대한 판단은 장래의 가정적 판단이며, 위험성의 정도는 개연성이 있을 정도이어야 한다.

(3) 보안처분은 위법한 행위의 존재는 요구되지만, 반드시 유책할 필요는 없다(심신장애인, 약물중독자 등).

(4) 보안처분에 대한 판단은 선고 또는 시행되는 시점이 기준이다(범행시가 아님).

04 보안처분의 법적 성질

JUSTICE

1. 보안처분의 법적 성질에 관한 견해

(1) 응보형주의 입장(이원론)

이원론적 관점에서 형벌과 보안처분의 법적 성질을 본질적으로 구별한다.

(2) 교육형주의 및 목적형주의 입장(일원론)

일원론적 관점에서 사회방위라는 측면에서 형벌과 보안처분의 법적 성질을 동일하게 본다.

(3) 대체주의 입장(제한적 이원론)

일원론과 이원론을 절충한 입장이다.

2. 이원론(응보형주의)

(1) 기본이해

① 이원론은 형벌의 본질을 응보에 있다고 보는 입장에서 주장하는 이론이다.

② 형벌과 보안처분의 법적 성격을 본질적으로 다르게 본다.

③ 형벌과 보안처분을 동시에 선고하고 중복적으로 집행될 수 있다.

④ 보안처분은 형벌을 보충하는 것이므로 부정기적이며, 일반적으로 형벌의 집행종료 후에 보안처분을 집행한다.

⑤ 형벌과 보안처분의 대체성은 부정하지만, 병과하는 것은 인정한다.

⑥ 이원론적 입장에서의 보안처분은 일종의 행정처분이므로 그 선고는 행정청이 한다.

⑦ 클라인(Klein), 메이어(Mayer), 비르크마이어(Birkmeyer), 벨링(Beling) 등이 주장하였다.

(2) 주장논거

① 형벌은 규범적 비난이자 응보인 반면, 보안처분은 사회방위와 범죄인의 교정교화를 목적으로 한다.
② 형벌의 기초는 책임을 전제로 하지만, 보안처분은 행위자의 사회적 위험성이다.
③ 형벌은 범죄를 전제로 하지만, 보안처분은 위험한 성격에 착안한 것이다.
④ 형벌은 과거의 범죄에 대한 진압이지만, 보안처분은 장래에 대한 범죄의 예방이다.
⑤ 형벌은 과거의 범죄에 대한 형사처분이지만, 보안처분은 장래의 위험에 대한 행정처분이다.
⑥ 형벌은 일반예방이 목적이고, 보안처분은 특별예방이 목적이다.

(3) 이원론의 문제점

이원론은 형벌과 보안처분을 병과하는 <u>이중처벌 및 이로 인한 가혹한 처벌</u>이 문제이고, 보안처분은 선고기관이 행정청이라 남용의 우려가 있다.

(4) 비판

사회방위와 행위자의 교화개선이라는 미명하에 형벌과 보안처분을 병과하면 가중처벌하게 되는 결과를 가져오므로, <u>상품사기 또는 명칭사기</u>라는 비판을 받고 있다.

3. 일원론(교육형주의, 목적형주의)

(1) 기본이해

① 형벌과 보안처분은 모두 사회방위와 범죄인의 개선·교육을 목적으로 하고, 행위자의 반사회적 <u>위험성을 기초로 과하는 사회방위처분으로 보아, 양자는 본질적인 차이가 없다고 한다.</u>
② 양자 간에는 대체가 가능하므로, 형벌과 보안처분 가운데 <u>어느 하나만을 선택적으로 선고하여 집행해야 한다.</u>
③ <u>보안처분은 형사처분의 성격을 가지므로 선고는 법원에서 하여야 한다.</u>
④ 목적형주의 및 교육형주의를 주장한 리스트·페리·락신(Roxin) 등이 주장하였으며, 스웨덴·영국·벨기에·덴마크 등에서 이를 채택하고 있다.

(2) 주장논거

① 형벌도 개선 및 격리를 목적으로 하므로 넓은 의미의 보안처분이라 할 수 있다.
② 다만, 보안처분은 행위자가 형벌적응성이 없는 경우에 형벌을 대신하여 과하는 것으로 정도와 분량의 차이만 있을 뿐이다.
③ 고전적 응보형의 입장은 부당하며, 형벌도 수형자의 사회복귀에 중점을 두어야 한다.

(3) 문제점

행위자의 개별책임 분만 아니라 반사회적 위험성까지 가미하여 제재를 가하면 책임주의에 반하며, 형벌과 보안처분이 중복되는 경우 일원론의 타당성에 대한 의문이 생길 수 있다.

4. 대체주의(제한적 이원론)

(1) 기본이해

① 형벌은 책임의 정도에 따라 선고하되, 그 집행단계에서는 형벌을 보안처분과 대체하거나 보안처분의 집행이 종료된 후에 형벌을 집행하는 제도로 제한적 이원론이라고 한다.
② 형벌과 보안처분의 요건과 선고는 별개로 보지만 집행은 대체할 수 있다고 본다.
③ 형벌과 보안처분의 동시선고가 가능하다(병과가 가능함).
④ 보안처분 집행기간은 형기에 산입한다.
⑤ 범죄인의 사회복귀를 위해서는 보안처분을 형벌보다 먼저 집행하는 것이 합리적이다(보안처분 우선집행주의).
⑥ 보안처분과 형벌은 선고의 내용과 절차가 별개이므로, 특별법을 제정하거나 형사소송법에 특별규정을 두는 것이 바람직하다.
⑦ 칼 슈토스(Carl Stoss)가 주장한 이래 스위스·독일 등의 형법에서 이를 채택하였다.

(2) 주장논거

① 형사정책상 형벌과 보안처분에는 별 차이가 없다.
② 보안처분도 자유박탈 내지 제한을 뜻하므로, 형벌의 목적을 달성할 수 있다.
③ 이중적 처벌의 폐단이 있는 이원주의를 배제할 수 있다.
④ 이론보다 형사정책적 측면을 고려한 가장 현실적응성이 뛰어난 이론이다.

(3) 문제점

① 형벌과 보안처분의 대체가 책임주의에 합치되지 않는다.
② 형벌과 보안처분의 한계가 명확하지 않다.
③ 보안처분을 받는 자가 더 유리할 수도 있어 정의관념에 반한다.

> ● **형벌과 보안처분의 대체성**
> 일원론자들은 형벌과 보안처분의 대체성을 인정하는 반면, 이원론자들은 이를 부정하는 입장이다.
>
> ● **보호관찰과 보안처분**
> ① 보호관찰 : 갱생보호가 목적, 법원이 선고, 영미에서 발달, 사회내 처우가 원칙
> ② 보안처분 : 사회방위처분, 행정기관(원칙), 대륙계 국가에서 발달, 시설내 처우가 원칙

PART 6

> **형벌과 보안처분**
> ① 형벌 : 도덕적 책임주의, 범죄진압, 회고적, 형사처분, 응보적
> ② 보안처분 : 사회적 책임주의, 범죄예방, 전망적, 행정처분, 사회방위와 교정교육

● 보안처분이론 요약 ★

구분	이원론(이원주의)	일원론(일원주의)	대체주의
① 의의	형벌과 보안처분을 구별	형벌과 보안처분을 동일시	선고단계 : 이원론 집행단계 : 일원론
② 학자	클라인, 메이어, 비르크메이어, 베링 (응보형주의자)	리스트, 페리, 락신(목적형, 교육형, 사회방위론자)	칼 슈토스
③ 논거	형벌(응보) 보안처분(사회방위, 교정교육)	형벌과 보안처분 동일시 (모두 사회방위 처분)	현실적응성 있음, 형사정책적 측면 고려
④ 대체성	대체성 부정, 병과는 인정	대체성 인정, 어느 하나만 선고해 집행	요건과 선고는 별개, 집행 시 대체성 인정
⑤ 선고기관	행정처분(행정청)	형사처분(법원)	특별법이나 형소법에 특별규정
⑥ 문제점	이중처벌 위험 상품사기 또는 명칭사기	책임주의에 반함, 중복 시 문제가 됨	책임주의와 불일치, 양자 적용범위 불분명, 정의관념에 반할 우려

05 보안처분의 종류

1. 의의

보안처분은 연령에 따라 소년에 대한 보안처분과 성년에 대한 보안처분으로 구별한다. 또한 대상에 따라 대인적 보안처분과 대물적 보안처분으로 구분하고, 그 중 대인적 보안처분은 자유를 제한하는 정도에 따라 자유를 박탈하는 보안처분과 자유를 제한하는 보안처분으로 구별한다.

2. 연령에 의한 구분

(1) 소년에 대한 보안처분 : 「소년법」(보호처분)

(2) 성년에 대한 보안처분 : 「치료감호 등에 관한 법률」(치료감호, 치료명령), 「보안관찰법」(보안관찰) 등

3. 대상에 의한 구분

(1) 대인적 보안처분 [참고]

① 자유박탈 보안처분(시설에 수용하여 자유를 박탈하는 처분)

    ㉠ 치료감호처분 : 대상자를 치료감호소 등에 일정기간 수용하여 치료하는 처분

    ㉡ 교정처분 : 알코올·마약중독자 등을 교정소 또는 금단시설 등에 수용하여 습벽을 치료하는 처분

    ㉢ 노동시설수용처분 : 부랑자 등을 노동시설에 수용하여 일정한 작업에 종사하게 하는 처분

    ㉣ 사회치료처분 : 정신병질자 등을 사회치료시설에 수용하여 치료하는 처분

② 자유제한 보안처분(시설에 수용하지 않고 자유를 제한하는 처분)

    ㉠ 보호관찰 : 사회 내에서 보호관찰기관의 지도와 원호를 받게 하는 처분

    ㉡ 사회봉사·수강명령 : 사회 내에서 무보수 봉사 또는 교육 등을 받도록 하는 처분

    ㉢ 선행보증 : 위반 시 보증금의 몰수라는 심리적 압박을 통해 선행을 확보하는 처분

    ㉣ 직업(작업)금지 : 직업이나 영업을 일정기간 금지시키는 처분

    ㉤ 거주제한 : 일정한 범죄자에게 주거를 제한하는 보안처분(가택구금 등)

    ㉥ 국외추방 : 외국인 범죄자를 자국으로 추방하는 처분(「출입국관리법」을 위반한 자, 금고 이상의 형을 선고받고 석방된 외국인)

    ㉦ 음주점 출입금지 : 범죄원인이 음주의 과음에 있는 자에게 과하는 처분

    ㉧ 운전면허박탈 : 운전 부적합 자에 대한 운전면허를 취소하는 처분

    ㉨ 단종·거세 : 생식능력을 제거하거나 성생활까지 불가능하게 하는 처분

(2) 대물적 보안처분(몰수, 영업소 폐쇄, 법인 해산)

① 몰수 : 형벌과 보안처분 양면적 성격이 있지만 대물적 보안처분으로 보는 것이 다수설이다.

② 영업소 폐쇄 : 범죄에 이용되는 영업소를 일시적 또는 영구적으로 폐쇄시키는 처분이다.

③ 법인 해산 : 범죄와 관련된 법인조직의 해산을 명하는 처분이다.

현행법상 보안처분

 01 현행법상 보안처분제도의 개관 JUSTICE

현행법상 보안처분 정리

법률	종류	내용
① 「치료감호 등에 관한 법률」	치료감호	• 심신장애인 · 정신성적장애인 성폭력범죄자 : 15년 • 약물중독자 : 2년 • 특정 살인범죄자 : 2년 범위 3회 연장 가능
	보호관찰	가종료 · 치료위탁 시 3년(연장 안 됨)
	치료명령	보호관찰 기간 내(선고유예자 · 집행유예자)
② 「보안관찰법」	보안관찰	기간 2년(제한 없이 갱신 가능)
③ 「보호관찰 등에 관한 법률」	보호관찰	선고유예, 집행유예, 가석방, 임시퇴원, 기타 다른 법령
	사회봉사 · 수강명령	집행유예, 소년법, 기타 다른 법령
④ 「형법」	보호관찰	선고유예, 집행유예, 가석방된 자
	사회봉사 · 수강명령	집행유예
⑤ 「소년법」	보호처분	① 보호자 또는 보호자를 대신하는 자에게 감호위탁(6월, 6월 이내 1차 연장 가능) ② 수강명령(12세 이상, 100시간 이내) ③ 사회봉사명령(14세 이상, 200시간 이내) ④ 단기 보호관찰(1년, 연장 ×) ⑤ 장기 보호관찰(2년, 1년 범위 1차 연장 가능) ⑥ 아동복지시설이나 소년보호시설에 감호위탁(6월, 6월 이내 1차 연장 가능) ⑦ 병원, 요양소, 의료재활소년원에 위탁(6월, 6월 이내 1차 연장 가능) ⑧ 1개월 이내의 소년원 송치 ⑨ 단기 소년원 송치(6월 이내, 연장 ×) ⑩ 장기 소년원 송치(12세 이상, 2년 이내, 연장 ×) ※ 위탁 및 감호위탁(6월, 6월 이내 1차 연장 가능)
⑥ 「국가보안법」	감시 · 보도	공소보류자에 대한 감시 · 보도
⑦ 「성매매 알선 등 행위의 처벌에 관한 법률」	보호처분	보호처분기간 : 6월 사회봉사 · 수강명령 : 100시간 이내

법률	종류	내용
⑧ 「가정폭력범죄의 처벌 등에 관한 특례법」	보호처분	보호처분기간 : 6월 초과 안 됨 사회봉사·수강명령 : 200시간 이내
⑨ 「마약류관리에 관한 법률」	마약중독자의 치료보호	검사기간 1개월 이내, 치료보호기간 12월 이내
⑩ 「아동·청소년의 성보호에 관한 법률」	수강명령 또는 이수명령, 보호처분	수강명령 또는 성폭력 치료프로그램 이수명령 : 500시간 이내
⑪ 「전자장치 부착 등에 관한 법률」	전자장치 부착, 치료 프로그램 이수	① 1년 이상 30년 이하, 보호관찰 ② 치료 프로그램 이수명령 : 500시간 이내
⑫ 「성폭력범죄자의 성충동 약물치료에 관한 법률」	보호관찰, 성충동 약물치료	보호관찰, 약물 치료명령 : 15년 이내(19세 이상)
⑬ 「성폭력범죄의 처벌 등에 관한 특례법」	보호관찰, 수강(이수)	보호관찰, 수강 또는 이수명령 : 500시간 이내
⑭ 「스토킹범죄의 처벌 등에 관한 법률」	보호관찰, 수강(이수)	보호관찰, 수강 또는 이수명령 : 200시간 이내

02 치료감호 등에 관한 법률

JUSTICE

1. 「치료감호 등에 관한 법률」(치료감호, 치료명령, 보호관찰)

◉ 치료감호제도 정리

대상자	심신장애자	금고 이상의 형에 해당하는 죄를 범한 때	
	약물중독자	금고 이상의 형에 해당하는 죄를 범한 때	
	정신성적 장애인	금고 이상의 형에 해당하는 성폭력범죄를 지은 자	
청구	① 사유 : 치료의 필요성과 재범의 위험성 ② 전문가의 감정 여부 : 심신장애인, 약물중독자는 참고, 정신성적 장애인은 필수 청구 ③ 청구시기 : 항소심 변론 종결 시, 합의부 ④ 독립청구 : 심신상실자, 반의사불벌죄, 친고죄, 기소유예자 ⑤ 검사의 청구가 없는 치료감호는 법원에서 선고할 수 없고, 청구를 요청할 수는 있음		
치료감호 영장	① 보호구속 사유 → 검사 청구 → 관할지방법원 판사 발부 　㉠ 일정한 주거가 없을 때, ㉡ 증거를 인멸할 염려가 있을 때, ㉢ 도망가거나 도망할 염려가 있을 때 ② 치료감호 청구만을 하는 때에는 구속영장은 치료감호영장으로 보며 그 효력을 잃지 아니한다.		
치료감호 집행	심신장애, 정신성적 장애인	최대 15년	
	약물중독자	최대 2년	
	집행순서	치료감호 먼저 집행, 치료기간 형기산입	
	살인범죄자 치료감호 기간 연장	① 법원은 검사의 청구로 3회까지 매회 2년 범위 연장결정 가능 ② 검사의 청구 : 치료감호 종료 6개월 전 ③ 법원의 결정 : 치료감호 종료 3개월 전	

PART 6

종료 · 가종료 치료 위탁 심사	가종료 종료심사	① 집행 개시 후 매 6개월마다 심사
	치료위탁 가종료	② 가종료됐거나 치료위탁 한 경우 보호관찰 개시 : 3년 ③ 치료위탁 · 가종료자의 종료 심사 : 매 6개월마다 심사
	치료위탁신청	① 독립청구된 자 : 1년 경과 후 위탁 ② 형벌병과시 : 치료기간이 형기 경과한 때
	재집행	① 금고 이상 형에 해당되는 죄를 지은 때(과실 제외) ② 보호관찰에 관한 지시 · 감독 위반 ③ 증상 악화되어 치료감호 필요
	피치료감호자 등의 종료심사 심청	치료감호의 집행이 시작된 날부터 6개월이 지난 후 가능 신청이 기각된 경우 6개월이 지난 후 다시 신청 가능
청구 시효		판결 확정 없이 치료 청구시부터 15년
보호관찰		① 기간 : 3년 ② 대상자 신고의무 : 출소 후 10일 이내 ③ 종료 : 기간 종료, 치료감호 재수용, 금고 이상 형의 집행을 받게 된 때에는 종료되지 않고 계속 진행
유치		① 요건 : 가종료의 취소 신청, 치료 위탁의 취소 신청 ② 절차 : 보호관찰소장 → 검사(구인된 때부터 48시간 이내 유치허가 청구) → 지방법원 판사 허가 → 보호관찰소 장 24시간 이내 검사에게 유치사유 신청 → 검사는 48시간 이내에 치료감호심의위원회에 가종료 등 취소 ③ 구인한 날부터 30일 + 1회 20일 연장 가능 + 유치기간 치료감호 기간에 산입
시효 (집행 면제)		심신장애인 및 정신성적 장애인에 해당하는 자의 치료감호는 10년
		약물중독자에 해당하는 자의 치료감호는 7년
실효	재판상 실효	집행종료 · 면제된 자가 피해자의 피해를 보상하고 자격정지 이상의 형이나 치료감 호를 선고받지 아니하고 7년이 지났을 때에 본인이나 검사의 신청에 의함
	당연 실효	집행종료 · 면제된 자가 자격정지 이상의 형이나 치료감호를 선고받지 아니하고 10 년이 지났을 때
피치료감호자 등 격리사유		① 자신이나 다른 사람을 위험에 이르게 할 가능성이 뚜렷하게 높은 경우 ② 중대한 범법행위 또는 규율위반 행위를 한 경우 ③ 수용질서를 문란하게 하는 중대한 행위를 한 경우

➡ 치료명령제도 정리

대상	① 통원치료 필요와 재범의 위험성 ② 심신미약자와 알코올중독자 및 약물중독자로 금고 이상의 형에 해당하는 죄를 지은 자
선고 · 집행유예시 치료명령	① 보호관찰 병과(선고유예 1년, 집행유예 유예기간) ② 치료기간은 보호관찰기간을 초과할 수 없다
집행	① 검사의 지휘를 받아 보호관찰관이 집행 ② 정신보건전문요원 등 전문가에 의한 인지행동 치료 등 심리치료 프로그램의 실시 등의 방법으로 집행
치료기관의 지정	법무부장관 지정
준수사항위반	선고유예 실효 또는 집행유예 취소
비용부담	원칙 본인부담, 예외 국가부담

치료감호 등에 관한 법률

제1조(목적)

이 법은 심신장애 상태, 마약류·알코올이나 그 밖의 약물중독 상태, 정신성적(精神性的) 장애가 있는 상태 등에서 범죄행위를 한 자로서 재범(再犯)의 위험성이 있고 특수한 교육·개선 및 치료가 필요하다고 인정되는 자에 대하여 적절한 보호와 치료를 함으로써 재범을 방지하고 사회복귀를 촉진하는 것을 목적으로 한다.

제2조(치료감호대상자)

① 이 법에서 "치료감호대상자"란 다음 각 호의 어느 하나에 해당하는 자로서 치료감호시설에서 치료를 받을 필요가 있고 재범의 위험성이 있는 자를 말한다.

　1. 「형법」 제10조제1항(심신상실자)에 따라 벌하지 아니하거나 같은 조 제2항(심신미약자)에 따라 형을 감경할 수 있는 심신장애인으로서 금고 이상의 형에 해당하는 죄를 지은 자

　2. 마약·향정신성의약품·대마, 그 밖에 남용되거나 해독(害毒)을 끼칠 우려가 있는 물질이나 알코올을 식음(食飮)·섭취·흡입·흡연 또는 주입받는 습벽이 있거나 그에 중독된 자로서 금고 이상의 형에 해당하는 죄를 지은 자

　3. 소아성기호증(小兒性嗜好症), 성적가학증(性的加虐症) 등 성적 성벽(性癖)이 있는 정신성적 장애인으로서 금고 이상의 형에 해당하는 성폭력범죄를 지은 자

② 제1항제2호의 남용되거나 해독을 끼칠 우려가 있는 물질에 관한 자세한 사항은 대통령령으로 정한다.

제2조의3(치료명령대상자)

이 법에서 "치료명령대상자"란 다음 각 호의 어느 하나에 해당하는 자로서 통원치료를 받을 필요가 있고 재범의 위험성이 있는 자를 말한다.

1. 「형법」 제10조제2항에 따라 형을 감경할 수 있는 심신장애인으로서 금고 이상의 형에 해당하는 죄를 지은 자

2. 알코올을 식음하는 습벽이 있거나 그에 중독된 자로서 금고 이상의 형에 해당하는 죄를 지은 자

3. 마약·향정신성의약품·대마, 그 밖에 대통령령으로 정하는 남용되거나 해독을 끼칠 우려가 있는 물질을 식음·섭취·흡입·흡연 또는 주입받는 습벽이 있거나 그에 중독된 자로서 금고 이상의 형에 해당하는 죄를 지은 자(성폭력 ×)

제3조(관할)

① 치료감호사건의 토지관할은 치료감호사건과 동시에 심리하거나 심리할 수 있었던 사건의 관할에 따른다.

② 치료감호사건의 제1심 재판관할은 지방법원합의부 및 지방법원지원 합의부로 한다. 이 경우 치료감호가 청구된 치료감호대상자(이하 "피치료감호청구인"이라 한다)에 대한 치료감호사건과 피고사건의 관할이 다른 때에는 치료감호사건의 관할에 따른다.

제4조(검사의 치료감호 청구) ★

① 검사는 치료감호대상자가 치료감호를 받을 필요가 있는 경우 관할 법원에 치료감호를 청구할 수 있다.

② 치료감호대상자에 대한 치료감호를 청구할 때에는 정신건강의학과 등의 전문의의 진단이나 감정(鑑定)을 참고하여야 한다. 다만, 제2조제1항제3호(정신성적장애인)에 따른 치료감호대상자에 대하여는 정신건강의학과 등의 전문의의 진단이나 감정을 받은 후 치료감호를 청구하여야 한다.

⑤ 검사는 공소제기한 사건의 항소심 변론종결시까지 치료감호를 청구할 수 있다.

⑥ 법원은 치료감호 청구를 받으면 지체 없이 치료감호청구서의 부본을 피치료감호청구인이나 그 변호인에게 송달하여야 한다. 다만, 공소제기와 동시에 치료감호 청구를 받았을 때에는 제1회 공판기일 전 5일까지, 피고사건 심리 중에 치료감호 청구를 받았을 때에는 다음 공판기일 전 5일까지 송달하여야 한다.

⑦ 법원은 공소제기된 사건의 심리결과 치료감호를 할 필요가 있다고 인정할 때에는 검사에게 치료감호 청구를 요구할 수 있다(직권 ×).

제6조(치료감호영장)

① 치료감호대상자에 대하여 치료감호를 할 필요가 있다고 인정되고 다음 각 호의 어느 하나에 해당하는 사유가 있을 때에는 검사는 관할 지방법원 판사에게 청구하여 치료감호영장을 발부받아 치료감호대상자를 보호구속[보호구금(保護拘禁)과 보호구인(保護拘引)을 포함한다. 이하 같다]할 수 있다.

  1. 일정한 주거가 없을 때

  2. 증거를 인멸할 염려가 있을 때

  3. 도망하거나 도망할 염려가 있을 때

② 사법경찰관은 제1항의 요건에 해당하는 치료감호대상자에 대하여 검사에게 신청하여 검사의 청구로 관할 지방법원 판사의 치료감호영장을 발부받아 보호구속할 수 있다.

제7조(치료감호의 독립 청구)

검사는 다음 각 호의 어느 하나에 해당하는 경우에는 공소를 제기하지 아니하고 치료감호만을 청구할 수 있다.

1. 피의자가 「형법」 제10조제1항(심신상실자)에 해당하여 벌할 수 없는 경우
2. 고소 · 고발이 있어야 논할 수 있는 죄에서 그 고소 · 고발이 없거나 취소된 경우 또는 피해자의 명시적인 의사에 반(反)하여 논할 수 없는 죄에서 피해자가 처벌을 원하지 아니한다는 의사표시를 하거나 처벌을 원한다는 의사표시를 철회한 경우(친고죄와 반의사불벌죄)
3. 피의자에 대하여 「형사소송법」 제247조(기소유예)에 따라 공소를 제기하지 아니하는 결정을 한 경우

제8조(치료감호 청구와 구속영장의 효력)

구속영장에 의하여 구속된 피의자에 대하여 검사가 공소를 제기하지 아니하는 결정을 하고 치료감호 청구만을 하는 때에는 구속영장은 치료감호영장으로 보며 그 효력을 잃지 아니한다.

제9조(피치료감호청구인의 불출석)

법원은 피치료감호청구인이 「형법」 제10조제1항에 따른 심신장애로 공판기일에의 출석이 불가능한 경우에는 피치료감호청구인의 출석 없이 개정(開廷)할 수 있다.

제16조(치료감호의 내용)

① 치료감호를 선고받은 자(이하 "피치료감호자"라 한다)에 대하여는 치료감호시설에 수용하여 치료를 위한 조치를 한다.
② 피치료감호자를 치료감호시설에 수용하는 기간은 다음 각 호의 구분에 따른 기간을 초과할 수 없다.
   1. 제2조제1항제1호(심신장애인) 및 제3호(정신성적장애인)에 해당하는 자 : 15년
   2. 제2조제1항제2호(약물중독자)에 해당하는 자 : 2년
③ 「전자장치 부착 등에 관한 법률」 제2조제3호의2에 따른 살인범죄(이하 "살인범죄"라 한다)를 저질러 치료감호를 선고받은 피치료감호자가 살인범죄를 다시 범할 위험성이 있고 계속 치료가 필요하다고 인정되는 경우에는 법원은 치료감호시설의 장의 신청에 따른 검사의 청구로 3회까지 매회 2년의 범위에서 제2항 각 호의 기간을 연장하는 결정을 할 수 있다.
④ 치료감호시설의 장은 정신건강의학과 등 전문의의 진단이나 감정을 받은 후 제3항의 신청을 하여야 한다.
⑤ 제3항에 따른 검사의 청구는 제2항 각 호의 기간 또는 제3항에 따라 연장된 기간이 종료하기 6개월 전까지 하여야 한다.

⑥ 제3항에 따른 법원의 결정은 제2항 각 호의 기간 또는 제3항에 따라 연장된 기간이 종료하기 3개월 전까지 하여야 한다.

제16조의2(치료감호시설)

① 제16조제1항에서 "치료감호시설"이란 다음 각 호의 시설을 말한다.
   1. 국립법무병원
   2. 국가가 설립·운영하는 국립정신의료기관 중 법무부장관이 지정하는 기관(이하 "지정법무병원"이라 한다)

제17조(집행 지휘)

① 치료감호의 집행은 검사가 지휘한다.
② 제1항에 따른 지휘는 판결서등본을 첨부한 서면으로 한다.

제18조(집행 순서 및 방법)

치료감호와 형(刑)이 병과(倂科)된 경우에는 치료감호를 먼저 집행한다. 이 경우 치료감호의 집행기간은 형 집행기간에 포함한다.

제20조(치료감호 내용 등의 공개)

이 법에 따른 치료감호의 내용과 실태는 대통령령으로 정하는 바에 따라 공개하여야 한다. 이 경우 피치료감호자나 그의 보호자가 동의한 경우 외에는 피치료감호자의 개인신상에 관한 것은 공개하지 아니한다.

제21조의2(치료감호시설 간 이송)

① 제37조에 따른 치료감호심의위원회는 피치료감호자에 대하여 치료감호 집행을 시작한 후 6개월마다 국립법무병원에서 지정법무병원으로 이송할 것인지를 심사·결정한다.
② 지정법무병원으로 이송된 피치료감호자가 수용질서를 해치거나 증상이 악화되는 등의 사유로 지정법무병원에서 계속 치료하기 곤란할 경우 제37조에 따른 치료감호심의위원회는 지정법무병원의 피치료감호자를 국립법무병원으로 재이송하는 결정을 할 수 있다.
③ 제37조에 따른 치료감호심의위원회는 제1항 및 제2항의 결정을 위하여 치료감호시설의 장 또는 소속 정신건강의학과 의사의 의견을 청취할 수 있다.

제22조(가종료 등의 심사·결정)

제37조에 따른 치료감호심의위원회는 피치료감호자에 대하여 치료감호 집행을 시작한 후 매 6개월마다 치료감호의 종료 또는 가종료(假終了) 여부를 심사·결정하고, 가종료 또는 치료위탁된 피치료감호자에 대하여는 가종료 또는 치료위탁 후 매 6개월마다 종료 여부를 심사·결정한다.

제23조(치료의 위탁)

① 제37조에 따른 치료감호심의위원회는 치료감호만을 선고받은 피치료감호자에 대한 집행이 시작된 후 1년이 지났을 때에는 상당한 기간을 정하여 그의 법정대리인, 배우자, 직계친족, 형제자매(이하 "법정대리인 등"이라 한다)에게 치료감호시설 외에서의 치료를 위탁할 수 있다.

② 제37조에 따른 치료감호심의위원회는 치료감호와 형이 병과되어 형기(刑期)에 상당하는 치료감호를 집행받은 자에 대하여는 상당한 기간을 정하여 그 법정대리인 등에게 치료감호시설 외에서의 치료를 위탁할 수 있다.

③ 제1항이나 제2항에 따라 치료위탁을 결정하는 경우 치료감호심의위원회는 법정대리인 등으로부터 치료감호시설 외에서의 입원·치료를 보증하는 내용의 서약서를 받아야 한다.

제24조(치료감호의 집행정지)

피치료감호자에 대하여 「형사소송법」 제471조제1항 각 호의 어느 하나에 해당하는 사유가 있을 때에는 같은 조에 따라 검사는 치료감호의 집행을 정지할 수 있다. 이 경우 치료감호의 집행이 정지된 자에 대한 관찰은 형집행정지자에 대한 관찰의 예에 따른다.

제29조(근로보상금 등의 지급)

근로에 종사하는 피치료감호자에게는 근로의욕을 북돋우고 석방 후 사회정착에 도움이 될 수 있도록 법무부장관이 정하는 바에 따라 근로보상금을 지급하여야 한다(필수).

제30조(처우개선의 청원)

① 피치료감호자등이나 법정대리인 등은 법무부장관에게 피치료감호자등의 처우개선에 관한 청원(請願)을 할 수 있다.

제31조(운영실태 등 점검)

법무부장관은 연 2회 이상 치료감호시설의 운영실태 및 피치료감호자등에 대한 처우상태를 점검하여야 한다.

제32조(보호관찰) ★

① 피치료감호자가 다음 각 호의 어느 하나에 해당하게 되면 「보호관찰 등에 관한 법률」에 따른 보호관찰(이하 "보호관찰"이라 한다)이 시작된다.
  1. 피치료감호자에 대한 치료감호가 가종료되었을 때
  2. 피치료감호자가 치료감호시설 외에서 치료받도록 법정대리인 등에게 위탁되었을 때
  3. 제16조제2항 각 호에 따른 기간 또는 같은 조 제3항에 따라 연장된 기간(이하 "치료감호기간"이라 한다)이 만료되는 피치료감호자에 대하여 제37조에 따른 치료감호심의위원회

가 심사하여 보호관찰이 필요하다고 결정한 경우에는 치료감호기간이 만료되었을 때

② 보호관찰의 기간은 3년으로 한다.

③ 보호관찰을 받기 시작한 자(이하 "피보호관찰자"라 한다)가 다음 각 호의 어느 하나에 해당하게 되면 보호관찰이 종료된다.

　　1. 보호관찰기간이 끝났을 때

　　2. 보호관찰기간이 끝나기 전이라도 제37조에 따른 치료감호심의위원회의 치료감호의 종료결정이 있을 때

　　3. 보호관찰기간이 끝나기 전이라도 피보호관찰자가 다시 치료감호 집행을 받게 되어 재수용되었을 때

제33조(피보호관찰자의 준수사항)

① 피보호관찰자는 「보호관찰 등에 관한 법률」 제32조제2항에 따른 준수사항을 성실히 이행하여야 한다.

② 제37조에 따른 치료감호심의위원회는 피보호관찰자의 치료경과 및 특성 등에 비추어 필요하다고 판단되면 제1항에 따른 준수사항 외에 다음 각 호의 사항 중 전부 또는 일부를 따로 보호관찰기간 동안 특별히 지켜야 할 준수사항으로 부과할 수 있다.

　　1. 주기적인 외래치료 및 처방받은 약물의 복용 여부에 관한 검사

　　2. 야간 등 재범의 기회나 충동을 줄 수 있는 특정 시간대의 외출 제한

　　3. 재범의 기회나 충동을 줄 수 있는 특정지역·장소에 출입 금지

　　4. 피해자 등 재범의 대상이 될 우려가 있는 특정인에게 접근 금지

　　5. 일정한 주거가 없는 경우 거주 장소 제한

　　6. 일정량 이상의 음주 금지

　　7. 마약 등 중독성 있는 물질 사용 금지

　　8. 「마약류 관리에 관한 법률」에 따른 마약류 투약, 흡연, 섭취 여부에 관한 검사

　　9. 그 밖에 피보호관찰자의 생활상태, 심신상태나 거주지의 환경 등으로 보아 피보호관찰자가 준수할 수 있고 그 자유를 부당하게 제한하지 아니하는 범위에서 피보호관찰자의 재범 방지 또는 치료감호의 원인이 된 질병·습벽의 재발 방지를 위하여 필요하다고 인정되는 사항

③ 제37조에 따른 치료감호심의위원회는 피보호관찰자가 제1항 또는 제2항의 준수사항을 위반하거나 상당한 사정변경이 있는 경우에는 직권 또는 보호관찰소의 장의 신청에 따라 준수사항 전부 또는 일부의 추가·변경 또는 삭제에 관하여 심사하고 결정할 수 있다.

④ 제1항부터 제3항까지의 규정에 따른 준수사항은 서면으로 고지하여야 한다.

⑤ 보호관찰소의 장은 피보호관찰자가 제1항부터 제3항까지의 준수사항을 위반하거나 위반

할 위험성이 있다고 인정할 상당한 이유가 있는 경우에는 준수사항의 이행을 촉구하고 제22조에 따른 가종료 또는 제23조에 따른 치료의 위탁(이하 "가종료 등"이라 한다)의 취소 등 불리한 처분을 받을 수 있음을 경고할 수 있다.

제33조의2(유치 및 유치기간 등)

① 보호관찰소의 장은 제33조에 따른 준수사항을 위반한 피보호관찰자를 구인(拘引)할 수 있다. 이 경우 피보호관찰자의 구인에 대해서는 「보호관찰 등에 관한 법률」 제39조(구인사유) 및 제40조(긴급구인)를 준용한다.

② 보호관찰소의 장은 다음 각 호의 어느 하나에 해당하는 신청을 검사에게 요청할 필요가 있다고 인정하는 경우에는 구인한 피보호관찰자를 교도소, 구치소 또는 치료감호시설에 유치할 수 있다.

　1. 제22조에 따른 가종료의 취소 신청

　2. 제23조에 따른 치료 위탁의 취소 신청

③ 보호관찰소의 장은 제2항에 따라 피보호관찰자를 유치하려는 경우에는 검사에게 신청하여 검사의 청구로 관할 지방법원 판사의 허가를 받아야 한다. 이 경우 검사는 피보호관찰자가 구인된 때부터 48시간 이내에 유치허가를 청구하여야 한다.

④ 보호관찰소의 장은 유치허가를 받은 때부터 24시간 이내에 검사에게 가종료 등의 취소 신청을 요청하여야 한다.

⑤ 검사는 보호관찰소의 장으로부터 제4항에 따른 신청을 받았을 경우에 그 이유가 타당하다고 인정되면 48시간 이내에 제37조에 따른 치료감호심의위원회에 가종료 등의 취소를 신청하여야 한다.

⑥ 보호관찰소의 장이 제2항에 따라 피보호관찰자를 유치할 수 있는 기간은 구인한 날부터 30일로 한다. 다만, 보호관찰소의 장은 제5항에 따른 검사의 신청이 있는 경우에 제37조에 따른 치료감호심의위원회의 심사에 필요하면 검사에게 신청하여 검사의 청구로 관할 지방법원 판사의 허가를 받아 20일의 범위에서 한 차례만 유치기간을 연장할 수 있다.

⑦ 보호관찰소의 장은 다음 각 호의 어느 하나에 해당하는 경우에는 유치를 해제하고 피보호관찰자를 즉시 석방하여야 한다.

　1. 제37조에 따른 치료감호심의위원회가 제43조제1항에 따른 검사의 가종료 등의 취소 신청을 기각한 경우

　2. 검사가 제43조제3항에 따른 보호관찰소의 장의 가종료 등의 취소 신청에 대한 요청을 기각한 경우

⑧ 제2항에 따라 유치된 피보호관찰자에 대하여 가종료 등이 취소된 경우에는 그 유치기간을 치료감호기간에 산입한다.

제34조(피보호관찰자 등의 신고 의무)

① 피보호관찰자나 법정대리인 등은 대통령령으로 정하는 바에 따라 출소 후의 거주 예정지나 그 밖에 필요한 사항을 미리 치료감호시설의 장에게 신고하여야 한다.

② 피보호관찰자나 법정대리인 등은 출소 후 10일 이내에 주거, 직업, 치료를 받는 병원, 피보호관찰자가 등록한 「정신건강증진 및 정신질환자 복지서비스 지원에 관한 법률」 제3조제3호에 따른 정신건강복지센터(이하 "정신건강복지센터"라 한다), 그 밖에 필요한 사항을 보호관찰관에게 서면으로 신고하여야 한다.

제35조(치료감호의 종료)

① 제32조제1항제1호 또는 제2호(보호관찰기간이 끝나면)에 해당하는 경우에는 보호관찰기간이 끝나면 피보호관찰자에 대한 치료감호가 끝난다.

② 제37조에 따른 치료감호심의위원회는 피보호관찰자의 관찰성적 및 치료경과가 양호하면 보호관찰기간이 끝나기 전에 보호관찰의 종료를 결정할 수 있다.

제36조(가종료 취소와 치료감호의 재집행)

제37조에 따른 치료감호심의위원회는 피보호관찰자(제32조제1항제3호에 따라 치료감호기간 만료 후 피보호관찰자가 된 사람은 제외한다)가 다음 각 호의 어느 하나에 해당할 때에는 결정으로 가종료 등을 취소하고 다시 치료감호를 집행할 수 있다.

1. 금고 이상의 형에 해당하는 죄를 지은 때. 다만, 과실범은 제외한다.
2. 제33조의 준수사항이나 그 밖에 보호관찰에 관한 지시·감독을 위반하였을 때
3. 제32조제1항제1호에 따라 피보호관찰자가 된 사람이 증상이 악화되어 치료감호가 필요하다고 인정될 때

제37조(치료감호심의위원회)

① 치료감호 및 보호관찰의 관리와 집행에 관한 사항을 심사·결정하기 위하여 법무부에 치료감호심의위원회(이하 "위원회"라 한다)를 둔다.

② 위원회는 판사, 검사, 법무부의 고위공무원단에 속하는 일반직공무원 또는 변호사의 자격이 있는 6명 이내의 위원과 정신건강의학과 등 전문의의 자격이 있는 3명 이내의 위원으로 구성하고, 위원장은 법무부차관으로 한다.

③ 위원회는 다음 각 호의 사항을 심사·결정한다.

    1. 피치료감호자에 대한 치료감호시설 간 이송에 관한 사항

    2. 피치료감호자에 대한 치료의 위탁·가종료 및 그 취소와 치료감호 종료 여부에 관한 사항

    3. 피보호관찰자에 대한 준수사항의 부과 및 준수사항 전부 또는 일부의 추가·변경 또는

삭제에 관한 사항

4. 피치료감호자에 대한 치료감호기간 만료 시 보호관찰 개시에 관한 사항

5. 그 밖에 제1호부터 제4호까지에 관련된 사항

④ 위원회에는 전문적 학식과 덕망이 있는 자 중에서 위원장의 제청으로 법무부장관이 위촉하는 자문위원을 둘 수 있다.

⑤ 위원회의 위원 중 공무원이 아닌 위원은 「형법」과 그 밖의 법률에 따른 벌칙을 적용할 때에는 공무원으로 본다.

제44조(피치료감호자 등의 심사신청)

① 피치료감호자와 그 법정대리인 등은 피치료감호자가 치료감호를 받을 필요가 없을 정도로 치유되었음을 이유로 치료감호의 종료 여부를 심사·결정하여 줄 것을 위원회에 신청할 수 있다.

② 제1항에 따른 신청을 할 때에는 심사신청서와 심사신청이유에 대한 자료를 제출하여야 한다.

③ 제1항에 따른 신청은 치료감호의 집행이 시작된 날부터 6개월이 지난 후에 하여야 한다. 신청이 기각된 경우에는 6개월이 지난 후에 다시 신청할 수 있다.

④ 위원회는 제1항에 따른 신청에 대한 심사를 마친 때에는 지체 없이 심사 기준과 그 결정 이유를 피치료감호자와 법정대리인 등에게 통보하여야 한다.

제44조의2(선고유예 시 치료명령 등)

① 법원은 치료명령대상자에 대하여 형의 선고 또는 집행을 유예하는 경우에는 치료기간을 정하여 치료를 받을 것을 명할 수 있다.

② 제1항의 치료를 명하는 경우 보호관찰을 병과하여야 한다.

③ 제2항에 따른 보호관찰기간은 선고유예의 경우에는 1년, 집행유예의 경우에는 그 유예기간으로 한다. 다만, 법원은 집행유예 기간의 범위에서 보호관찰기간을 정할 수 있다.

④ 제1항의 치료기간은 제3항에 따른 보호관찰기간을 초과할 수 없다.

제44조의3(판결 전 조사)

① 법원은 제44조의2에 따른 치료를 명하기 위하여 필요하다고 인정하면 피고인의 주거지 또는 그 법원의 소재지를 관할하는 보호관찰소의 장에게 범죄의 동기, 피고인의 신체적·심리적 특성 및 상태, 가정환경, 직업, 생활환경, 병력(病歷), 치료비용 부담능력, 재범위험성 등 피고인에 관한 사항의 조사를 요구할 수 있다.

② 제1항의 요구를 받은 보호관찰소의 장은 지체 없이 이를 조사하여 서면으로 해당 법원에 알려야 한다. 이 경우 필요하다고 인정하면 피고인이나 그 밖의 관계인을 소환하여 심문하거나 소속 보호관찰관에게 필요한 사항을 조사하게 할 수 있다.

③ 보호관찰소의 장은 제2항의 조사를 위하여 필요하다고 인정하면 국공립 기관이나 그 밖의 단체에 사실을 알아보거나 관련 자료의 열람 등 협조를 요청할 수 있다.

제44조의4(전문가의 진단 등)

법원은 제44조의2에 따른 치료를 명하기 위하여 필요하다고 인정하는 때에는 정신건강의학과 전문의에게 피고인의 정신적 상태, 알코올 의존도 등에 대한 진단을 요구할 수 있다.

제44조의5(준수사항)

치료명령을 받은 사람은 다음 각 호의 사항을 준수하여야 한다.
1. 보호관찰관의 지시에 따라 성실히 치료에 응할 것
2. 보호관찰관의 지시에 따라 인지행동 치료 등 심리치료 프로그램을 성실히 이수할 것

제44조의6(치료명령의 집행)

① 치료명령은 검사의 지휘를 받아 보호관찰관이 집행한다.

제44조의8(선고유예의 실효 등)

① 법원은 제44조의2에 따라 치료를 명한 선고유예를 받은 사람이 정당한 사유 없이 치료기간 중에 제44조의5의 준수사항을 위반하고 그 정도가 무거운 때에는 유예한 형을 선고할 수 있다.
② 법원은 제44조의2에 따라 치료를 명한 집행유예를 받은 사람이 정당한 사유 없이 치료기간 중에 제44조의5의 준수사항을 위반하고 그 정도가 무거운 때에는 집행유예의 선고를 취소할 수 있다.
③ 치료명령대상자에 대한 경고 · 구인 · 긴급구인 · 유치 · 선고유예의 실효 및 집행유예의 취소 등에 대하여는 「보호관찰 등에 관한 법률」 제38조부터 제45조까지, 제45조의2, 제46조 및 제47조를 준용한다.

제44조의9(비용부담)

① 제44조의2에 따른 치료명령을 받은 사람은 치료기간 동안 치료비용을 부담하여야 한다. 다만, 치료비용을 부담할 경제력이 없는 사람의 경우에는 국가가 비용을 부담할 수 있다.

제45조(치료감호 청구의 시효) ★

① 치료감호 청구의 시효는 치료감호가 청구된 사건과 동시에 심리하거나 심리할 수 있었던 죄에 대한 공소시효기간이 지나면 완성된다.
② 치료감호가 청구된 사건은 판결의 확정 없이 치료감호가 청구되었을 때부터 15년이 지나면 청구의 시효가 완성된 것으로 본다.

제46조(치료감호의 시효)

① 피치료감호자는 그 판결이 확정된 후 집행을 받지 아니하고 다음 각 호의 구분에 따른 기간이 지나면 시효가 완성되어 집행이 면제된다.

   1. 제2조제1항제1호(심신장애인) 및 제3호(정신성적장애인)에 해당하는 자의 치료감호 : 10년

   2. 제2조제1항제2호(약물중독자)에 해당하는 자의 치료감호 : 7년

② 시효는 치료감호의 집행정지 기간 또는 가종료 기간이나 그 밖에 집행할 수 없는 기간에는 진행되지 아니한다.

③ 시효는 피치료감호자를 체포함으로써 중단된다.

제47조(치료감호의 선고와 자격정지)

피치료감호자는 그 치료감호의 집행이 종료되거나 면제될 때까지 다음 각 호의 자격이 정지된다.

1. 공무원이 될 자격
2. 공법상의 선거권과 피선거권
3. 법률로 요건을 정한 공법상 업무에 관한 자격

제48조(치료감호의 실효)

① 치료감호의 집행을 종료하거나 집행이 면제된 자가 피해자의 피해를 보상하고 자격정지 이상의 형이나 치료감호를 선고받지 아니하고 7년이 지났을 때에는 본인이나 검사의 신청에 의하여 그 재판의 실효(失效)를 선고할 수 있다. 이 경우 「형사소송법」 제337조를 준용한다.

② 치료감호의 집행을 종료하거나 집행이 면제된 자가 자격정지 이상의 형이나 치료감호를 선고받지 아니하고 10년이 지났을 때에는 그 재판이 실효된 것으로 본다.

★ 「치료감호 등에 관한 법률」 : 보호관찰, 치료명령 관련내용만 규정되어 있음(사회봉사 · 수강명령 관련 규정은 없음).

➡ 「사회보호법」의 폐지와 경과규정

① 「사회보호법」 폐지 : 2005.8.4. 「사회보호법」이 폐지될 때, 부칙에 경과규정을 두어 「사회보호법」이 폐지되기 전에 이미 확정된 보호감호 판결의 효력은 유지하도록 하였다. 「사회보호법」이 폐지되기 전에 보호감호가 확정된 일부 피보호감호자들은 현재 특정 교정시설에 수용되어 있다.

② 이미 선고된 보호감호 판결 및 집행에 관한 경과조치(폐지된 「사회보호법」 부칙 제2조)
「사회보호법」이 폐지 전에 이미 확정된 보호감호판결의 효력은 유지되고, 그 확정판결에 따른 보호감호 집행에 관하여는 종전의 「사회보호법」에 따른다. 다만, 보호감호의 관리와 집행에 관한 사회보호위원회의 권한은 「치료감호 등에 관한 법률」(구 「치료감호법」)에 따른 치료감호심의위원회가 행사한다.

03 보호관찰제도의 의의

JUSTICE

1. 의의

(1) 보호관찰은 자유형의 반성에서 비롯되었으며, 범죄자를 교정시설에 수용하지 아니하고 일상적인 사회생활을 하게 하면서 재범에 빠지지 않도록 지도 · 감독 및 원호하는 <u>사회내 처우 방법</u>을 말한다.

(2) 보호관찰의 방법은 범죄인에 대한 지도 · 감독 및 원호가 주요소이며, 범죄인에 대한 공적인 처우방법이라는 점에서 복지사업이나 사회사업과는 구별된다.

2. 보호관찰의 개념

(1) 협의의 보호관찰

선고유예자와 집행유예자에 대한 보호관찰을 의미한다.

(2) 광의의 보호관찰

협의의 보호관찰과 사회봉사명령 및 수강명령 등을 포함하며, 일반적으로 보호관찰이라고 하면 광의의 보호관찰을 의미한다.

3. 보호관찰제도의 유형

(1) 프로베이션(Probation)(집행유예 보호관찰)

① 유죄가 인정되는 범죄자에 대하여 형을 선고유예 또는 집행유예하면서 재범방지 및 재사회화를 달성하기 위해 보호관찰을 실시하는 것을 프로베이션(Probation : 협의의 보호관찰)이라고 한다.

② 영미에서의 보호관찰제도는 선고유예 및 집행유예제도와 결합해 발전해 왔다.

(2) 페롤(Parole)(가석방 보호관찰)

① 페롤(Parole)은 보호관찰을 조건으로 가석방(교도소)하거나 임시퇴원(소년원)하는 것을 말한다. 영미법계 국가에서는 일찍부터 가석방을 실시하면서 필요적 · 유권적 보호관찰을 실시해 왔다.

② 대륙법계 국가에서는 누진제에 의한 가석방제도에 관심을 두어 프로베이션(Probation)과 페롤(Parole) 모두 실시하지 않고 있다가, 그 필요성이 대두되어 뒤늦게 도입하였다.

4. 영미법과 대륙법의 보호관찰

(1) 영미법계

유죄를 인정한 후, 형의 선고 또는 집행을 유예하면서 보호관찰에 회부하는 제도로 보호관찰의 기원이 되었다.

(2) 대륙법계

형의 선고유예나 집행유예와는 별도의 처우수단인 조건부 판결 또는 조건부 특사의 형태로 이루어져 왔다.

5. 연혁

(1) 최초의 보호관찰(민간)

① 1841년 미국의 매사추세츠주 보스턴시에서 제화점을 경영하며 금주협회회원으로 활동하던 민간독지가 존 오거스터스(J. Augustus, 1789 ~ 1855)가 최초로 프로베이션(Probation)이라는 용어를 사용하여 그를 최초의 보호관찰관으로 부르고 있다.
② 약 2,000명의 알콜중독자 등에게 형의 선고유예를 받게 한 후 근면한 시민으로 사회에 복귀시켰으며, 케이스 워크(Case Work) 방법을 첨가하여 보호관찰제도의 원형을 완성하였다.

(2) 현대적 의미의 보호관찰(Probation)

1878년 매사추세츠주에서 최초로 보호관찰에 관한 성문법을 제정하여, 국가가 채용한 보호관찰관에 의한 공식적(강제적) 보호관찰을 시행하였다.

6. 보호관찰의 기능과 법적 성격

(1) 기능

보호관찰은 처벌기능, 재활기능, 범죄통제 및 억제기능, 지역사회통합 기능을 가진다.

(2) 법적성격

① 보안처분설 : 범죄의 특별예방을 목적으로 하는 보안처분의 일종으로 보는 견해로, 통설과 판례의 입장이다.
② 변형된 형집행설 : 준수사항을 위반하면 재구금할 수 있어, 자유형의 변형 또는 대체수단으로 보는 견해이다.
③ 독립된 제재수단설 : 형벌도 보안처분도 아닌 제3의 형법적 제재방법으로 보는 견해이다.

PART 6

> ➔ **보안처분과 보호관찰**
> ① 보안처분 : 시설내 처우를 원칙으로 하며, 책임무능력자 등에 대한 사회방위처분을 말한다.
> ② 보호관찰 : 사회내 처우를 원칙으로 하며, 범죄인의 갱생보호를 목적으로 한다.

7. 보호관찰제도의 장단점

(1) 장점

① 구금처분에 대한 유용한 대안이며, 과밀수용 해소 및 부정적 낙인을 피할 수 있다.
② 효율적인 사회내 처우가 가능하며, 구금비용 절감에 따른 재정부담이 감소한다.
③ 사회적 유대와 접촉을 지속할 수 있어 범죄자의 사회복귀를 용이하게 한다.
④ 일반시민들을 보호할 수 있고, 범죄자의 자유를 극대화시킬 수 있다.
⑤ 범죄인의 자기 책임의식을 촉진·강화하여 적극적인 자기변화를 추구할 수 있다.
⑥ 선고유예와 집행유예를 효율적으로 활용할 수 있는 수단이다.
⑦ 소년과 부녀자에 대한 효율적인 처우수단이 될 수 있고, 시민들의 협조를 얻을 수 있다(누범과 강력범에 대해 보호관찰을 실시하면 범죄 위험성이 높다).

(2) 단점

① 범죄자에게 관대한 반면, 사회의 안전을 해할 우려가 있다.
② 보호관찰 대상자가 너무 많으면 지도·감독과 원호보다는 처벌 위주로 운영되기 쉽다.
③ 보호관찰에 필요한 충분한 재원과 전문인력을 확보하기 어렵다.
④ 대상자 선발 시 자의나 독선이 개입될 우려가 있다.
⑤ 범죄자의 자발성과 보호관찰의 강제성 사이에 모순이 야기될 수 있다.
⑥ 효과가 의문이고 형사사법망 확대라는 문제점이 있다.

> ➔ **미국의 랜드(Rand) 연구소의 연구 결과**
> 거의 모든 보호관찰대상자가 다시 체포되었다고 한다.

8. 보호관찰의 종류

(1) 집중감독(감시) 보호관찰 ★

갱 집단이나 약물중독자등 일부 강력범죄자까지 대상으로 하며, 1주에 5회 이상 집중적인 접촉관찰과 전자추적장치를 부착해 제한구역을 벗어나면 즉시 감응장치가 작동하도록 하여 추적관찰하는 것을 말한다.

(2) 충격보호관찰

주로 형의 유예 처분을 받은 초범자를 대상으로 하며, 3 ~ 6개월간 병영식 캠프 등에 수용해 극기훈련과 준법교육을 실시한 후 일반 보호관찰로 전환하는 것을 말한다.

(3) 음주운전 보호관찰

음주자 차량에 감시장치를 부착하거나 수시로 소변검사를 실시하여 음주운전을 억제하고 금주교육을 실시하는 것을 말한다.

(4) 교통사범 보호관찰

교통범죄자에 대해 일정기간 운전실습과 교통관련 집단교육을 실시하는 것을 말한다.

9. 보호관찰관의 유형(Ohlin) ★

(1) 처벌적 보호관찰관

처벌과 위협 등 범죄자의 통제와 감시를 중시하는 것을 말한다.

(2) 보호적 보호관찰관(어정쩡한 입장)

범죄자에 대한 지원과 칭찬 및 질책을 병행하는 보호자적인 역할을 하는 것을 말한다.

(3) 복지적 보호관찰관

범죄자에 대한 복지향상과 원호를 중시하는 것을 말한다.

(4) 수동적 보호관찰관

범죄자에게 최소한 개입하는 것으로 통제와 지원이 모두 소극적이다.

보호관찰관의 유형	주요 특징
처벌적 보호관찰관	위협과 처벌을 수단으로 범죄자를 사회에 동조하도록 강요하고 사회의 보호, 범죄자의 통제 그리고 범죄자에 대한 체계적 의심 등 강조
보호적 보호관찰관	• 사회와 범죄자의 보호 양자 사이를 망설이는 유형 • 주로 직접적인 지원이나 강연 또는 칭찬과 꾸중의 방법을 이용 • 사회와 범죄자의 입장을 번갈아 편들기 때문에 어정쩡한 입장에 처하기 쉬움
복지적 보호관찰관	• 자신의 목표를 범죄자에 대한 복지의 향상에 두고 범죄자의 능력과 한계를 고려하여 적응할 수 있도록 도움을 줌 • 범죄자의 개인적 적응 없이는 사회의 보호도 있을 수 없다고 믿음
수동적 보호관찰관	자신의 임무를 단지 최소한의 노력을 요하는 것으로 인식하는 사람

10. 보호관찰관의 모형(Smykla) ★

(1) 전통적 모형(내부통제)

만능적인 보호관찰관으로 지도·감독과 원호 등 다양한 기능을 수행하지만 통제를 더 중시한다.

(2) 프로그램 모형(내부프로그램)

보호관찰관이 직접 전문가적 역할을 수행하지만, 개인에 의한 부분처우라서 한계가 있다.

(3) 옹호모형(외부위탁)

원호와 변화를 중시하여 전문적인 사회적 서비스를 받을 수 있도록 주선한다.

(4) 중개모형(외부중개)

대상자에게 중개의 방법으로 외부자원을 적극적으로 활용하면서 전문적인 보호관찰을 받을 수 있게 하는 것을 말한다. 중개모형은 <u>오늘날 가장 바람직한 유형</u>으로 평가받고 있다.

전통적 모형	내부자원 활용 + 대상자에 대해서 지도·감독에서 보도원호에 이르기까지 다양한 기능을 수행하나 통제가 더 강조됨
프로그램 모형	내부적으로 해결하고 관찰관이 전문가로 기능하기 때문에 대상자를 분류하여 관찰관의 전문성에 따라 배정하게 됨
옹호모형	외부자원을 적극 활용하여 관찰대상자에게 다양하고 전문적인 사회적 서비스를 제공받을 수 있도록 무작위로 배정된 대상자들을 사회기관에 위탁하는 것을 주요 일과로 삼고 있음
중개모형	사회자원의 개발과 중개의 방법으로 외부자원을 적극 활용하여 대상자가 전문적인 보호관찰을 받을 수 있게 하는 것

> **케이스워크제도(Case Works System)**
> 보호관찰관과 대상자가 1:1로 접촉하며 적합한 처우방안을 강구하는 것을 말한다.
>
> **집중접근제도(Team Approach System)**
> 각 분야의 전문가로 구성된 여러 보호관찰관들이 담당분야별로 대상자를 분석하면서 적절한 처우방안을 강구해 나가는 것을 말한다.

04 우리나라의 보호관찰제도 참고

1. 연혁

(1) 「소년법」 개정 및 「보호관찰법」 제정

① 1963년 「소년법」을 개정하면서 소년보호사건에 보호처분의 형태로 처음 법제화하였다.

② 1988년 「소년법」이 개정되면서 「보호관찰법」이 제정되었다.

③ 1989.7.1.부터 소년범에 대해 전면적인 보호관찰을 실시하였다.

(2) (구) 「사회보호법」 개정

성인범죄자에 대해서는 1989.3.25. (구) 「사회보호법」을 개정하면서 보호감호 가출소자 및 치료감호 치료위탁자에 대하여 처음으로 보호관찰을 실시하였다.

(3) 「성폭력범죄의 처벌 및 피해자보호 등에 관한 법률」 제정

① 1993년 「성폭력범죄의 처벌 및 피해자보호 등에 관한 법률」이 제정되어, 1994.4.1.부터 성인 및 소년 성폭력범에 대한 선고유예·집행유예 선고자 및 가석방자에 대해 보호관찰을 실시하였다.

② 2010.4.15. 전부개정 시 「성폭력 범죄의 처벌 등에 관한 특례법」및 「성폭력방지 및 피해자보호 등에 관한 법률」로 분리되면서, 앞의 특례법에 이를 규정하고 있다.

(4) 「형법」 개정 및 「보호관찰 등에 관한 법률」 제정

① 「형법」

1995년 「형법」을 개정하면서 성인범에 대해서도 선고유예·집행유예 선고자 및 가석방자에게 보호관찰을 명할 수 있도록 하였으며, 개정 당시 유예기간을 두어 1997.1.1.부터 보호관찰을 실시하도록 하였다.

② 「보호관찰 등에 관한 법률」

㉠ 1995년 「갱생보호법」과 「보호관찰법」이 「보호관찰 등에 관한 법률」로 통합되었다.

㉡ 1995년 「형법」이 개정됨에 따라, 1996년 「보호관찰 등에 관한 법률」을 전부개정하여 이를 반영하였다.

(5) 「가정폭력범죄의 처벌 등에 관한 특례법」 제정

1997년 「가정폭력범죄의 처벌 등에 관한 특례법」을 제정하면서, 보호처분으로 보호관찰·사회봉사·수강명령 등을 규정하고, 1998.7.1.부터 시행하였다.

(6) 「사회보호법」 폐지 및 「치료감호 등에 관한 법률」 제정

2005.8.4. 「사회보호법」이 폐지되면서 「치료감호 등에 관한 법률」(구「치료감호법」)이 제정되어, 치료감호 가종료자 및 치료위탁자(법정대리인 등)를 대상으로 보호관찰을 실시하고 있다.

(7) 기타

그 외 「청소년의 성보호에 관한 법률」, 「성매매알선 등 행위의 처벌에 관한 법률」 등에 보호관찰을 규정하고 있다.

2. 보호관찰 관련법률(청소년보호법 X)

「보호관찰 등에 관한 법률」 이외에, 「형법」, 「소년법」, 「치료감호 등에 관한 법률」, 「가정폭력범죄의 처벌 등에 관한 특례법」, 「아동·청소년의 성보호에 관한 법률」, 「성매매알선 등 행위의 처벌에 관한 법률」, 「성폭력범죄자의 성충동 약물치료에 관한 법률」, 「특정범죄자에 대한 보호관찰 및 전자장치 부착 등에 관한 법률」 등에 보호관찰을 규정하고 있다.

> **◑ 「치료감호 등에 관한 법률」 및 「보안관찰법」**
> 보호관찰과 사회봉사·수강명령은 일반적으로 법률에 함께 규정하고 있지만, 「치료감호 등에 관한 법률」과 「보안관찰법」(보안관찰)에는 보안관찰만 규정하고 있다. 이는 정신질환자·약물중독자 및 사상범 등에게 사회봉사·수강명령을 부과하는 것은 부적합한 것으로 이해할 수 있다.

05 보호관찰 등에 관한 법률　　　　JUSTICE

1. 보호관찰

(1) 목적

> **제1조(목적)**
> 이 법은 죄를 지은 사람으로서 재범 방지를 위하여 보호관찰, 사회봉사, 수강(受講) 및 갱생보호(更生保護) 등 체계적인 사회 내 처우가 필요하다고 인정되는 사람을 지도하고 보살피며 도움으로써 건전한 사회 복귀를 촉진하고, 효율적인 범죄예방 활동을 전개함으로써 개인 및 공공의 복지를 증진함과 아울러 사회를 보호함을 목적으로 한다.

(2) 국민의 협력 등

> **제2조(국민의 협력 등)**
> ① 모든 국민은 제1조의 목적을 달성하기 위하여 그 지위와 능력에 따라 협력하여야 한다.
> ② 국가와 지방자치단체는 죄를 지은 사람의 건전한 사회 복귀를 위하여 보호선도 사업을 육성할 책임을 진다.
> ③ 국가는 이 법의 집행과정에서 보호관찰을 받을 사람 등의 인권이 부당하게 침해되지 않도록 주의하여야 한다.

(3) 대상자 ★

> **제3조(대상자)**
> ① 보호관찰을 받을 사람(이하 "보호관찰 대상자"라 한다)은 다음 각 호와 같다.
>   1. 「형법」 제59조의2에 따라 보호관찰을 조건으로 형의 선고유예를 받은 사람
>   2. 「형법」 제62조의2에 따라 보호관찰을 조건으로 형의 집행유예를 선고받은 사람
>   3. 「형법」 제73조의2 또는 이 법 제25조에 따라 보호관찰을 조건으로 가석방되거나 임시퇴원된 사람
>   4. 「소년법」 제32조제1항제4호(단기보호관찰) 및 제5호(장기보호관찰)의 보호처분을 받은 사람
>   5. 다른 법률에서 이 법에 따른 보호관찰을 받도록 규정된 사람
> ② 사회봉사 또는 수강을 하여야 할 사람(이하 "사회봉사 · 수강명령 대상자"라 한다)은 다음 각 호와 같다.
>   1. 「형법」 제62조의2에 따라 사회봉사 또는 수강을 조건으로 형의 집행유예를 선고받은 사람
>   2. 「소년법」 제32조에 따라 사회봉사명령 또는 수강명령을 받은 사람
>   3. 다른 법률에서 이 법에 따른 사회봉사 또는 수강을 받도록 규정된 사람
> ③ 갱생보호를 받을 사람(이하 "갱생보호 대상자"라 한다)은 형사처분 또는 보호처분을 받은 사람으로서 자립갱생을 위한 숙식 제공, 주거 지원, 창업 지원, 직업훈련 및 취업 지원 등 보호의 필요성이 인정되는 사람으로 한다.

PART 6

(4) 보호관찰의 기간 ★

> **제30조(보호관찰의 기간)**
> 보호관찰 대상자는 다음 각 호의 구분에 따른 기간에 보호관찰을 받는다.
> 1. 보호관찰을 조건으로 형의 선고유예를 받은 사람: 1년
> 2. 보호관찰을 조건으로 형의 집행유예를 선고받은 사람: 그 유예기간. 다만, 법원이 보호관찰 기간을 따로 정한 경우에는 그 기간
> 3. 가석방자 : 「형법」 제73조의2 또는 「소년법」 제66조에 규정된 기간
> 4. 임시퇴원자 : 퇴원일부터 6개월 이상 2년 이하의 범위에서 심사위원회가 정한 기간
> 5. 「소년법」 제32조제1항제4호 및 제5호의 보호처분을 받은 사람: 그 법률에서 정한 기간
> 6. 다른 법률에 따라 이 법에서 정한 보호관찰을 받는 사람: 그 법률에서 정한 기간

★ 보호관찰의 기간
- 선고유예 : 1년
- 집행유예 : 그 유예기간(법원이 보호관찰 기간을 따로 정한 경우에는 그 기간)
- 가석방자 : 「형법」(무기 : 10년, 유기형 : 남은 형기(10년 초과할 수 없음))
- 임시퇴원자 : 6개월 이상 2년 이하의 범위에서 심사위원회가 정한 기간
- 「소년법」상 보호처분
  1) 단기보호관찰 : 1년
  2) 장기보호관찰 : 2년, 1년의 범위에서 한 번 연장할 수 있음
- 「치료감호 등에 관한 법률」: 3년(가종료 또는 법정대리인 등에게 위탁)

(5) 준수사항(일반준수사항 빈출) ★

> **제32조(보호관찰 대상자의 준수사항)**
> ① 보호관찰 대상자는 보호관찰관의 지도·감독을 받으며 준수사항을 지키고 스스로 건전한 사회인이 되도록 노력하여야 한다.
> ② 보호관찰 대상자는 다음 각 호의 사항을 지켜야 한다.
>   1. 주거지에 상주(常住)하고 생업에 종사할 것
>   2. 범죄로 이어지기 쉬운 나쁜 습관을 버리고 선행(善行)을 하며 범죄를 저지를 염려가 있는 사람들과 교제하거나 어울리지 말 것
>   3. 보호관찰관의 지도·감독에 따르고 방문하면 응대할 것
>   4. 주거를 이전(移轉)하거나 1개월 이상 국내외 여행을 할 때에는 미리 보호관찰관에게 신고할 것
> ③ 법원 및 심사위원회는 판결의 선고 또는 결정의 고지를 할 때에는 제2항의 준수사항 외에 범죄의 내용과 종류 및 본인의 특성 등을 고려하여 필요하면 보호관찰 기간의 범위에서

기간을 정하여 다음 각 호의 사항을 특별히 지켜야 할 사항으로 따로 과(科)할 수 있다.

1. 야간 등 재범의 기회나 충동을 줄 수 있는 특정 시간대의 외출 제한
2. 재범의 기회나 충동을 줄 수 있는 특정 지역·장소의 출입 금지
3. 피해자 등 재범의 대상이 될 우려가 있는 특정인에 대한 접근 금지
4. 범죄행위로 인한 손해를 회복하기 위하여 노력할 것
5. 일정한 주거가 없는 자에 대한 거주장소 제한
6. 사행행위에 빠지지 아니할 것
7. 일정량 이상의 음주를 하지 말 것
8. 마약 등 중독성 있는 물질을 사용하지 아니할 것
9. 「마약류관리에 관한 법률」상의 마약류 투약, 흡연, 섭취 여부에 관한 검사에 따를 것
10. 그 밖에 보호관찰 대상자의 재범 방지를 위하여 필요하다고 인정되어 대통령령으로 정하는 사항

④ 보호관찰 대상자가 제2항 또는 제3항의 준수사항을 위반하거나 사정변경의 상당한 이유가 있는 경우에는 법원은 보호관찰소의 장의 신청 또는 검사의 청구에 따라, 심사위원회는 보호관찰소의 장의 신청에 따라 각각 준수사항의 전부 또는 일부를 추가, 변경하거나 삭제할 수 있다.

⑤ 제2항부터 제4항까지의 준수사항은 서면으로 고지하여야 한다.

시행령 제19조(특별준수사항) 참고

법 제32조제3항제10호에서 "대통령령으로 정하는 사항"이란 다음 각 호의 사항을 말한다.

1. 운전면허를 취득할 때까지 자동차(원동기장치자전거를 포함한다) 운전을 하지 않을 것
2. 직업훈련, 검정고시 등 학과교육 또는 성행(性行: 성품과 행실)개선을 위한 교육, 치료 및 처우 프로그램에 관한 보호관찰관의 지시에 따를 것
3. 범죄와 관련이 있는 특정 업무에 관여하지 않을 것
4. 성실하게 학교수업에 참석할 것
5. 정당한 수입원에 의하여 생활하고 있음을 입증할 수 있는 자료를 정기적으로 보호관찰관에게 제출할 것
6. 흉기나 그 밖의 위험한 물건을 소지 또는 보관하거나 사용하지 아니할 것
7. 가족의 부양 등 가정생활에 있어서 책임을 성실히 이행할 것
8. 그 밖에 보호관찰 대상자의 생활상태, 심신의 상태, 범죄 또는 비행의 동기, 거주지의 환경 등으로 보아 보호관찰 대상자가 준수할 수 있고 자유를 부당하게 제한하지 아니하는 범위에서 개선·자립에 도움이 된다고 인정되는 구체적인 사항

(6) 보호관찰심사위원회

제5조(설치)
① 보호관찰에 관한 사항을 심사·결정하기 위하여 법무부장관 소속으로 보호관찰 심사위원회(이하 "심사위원회"라 한다)를 둔다.
② 심사위원회는 고등검찰청 소재지 등 대통령령으로 정하는 지역에 설치한다.

제6조(관장 사무)
심사위원회는 이 법에 따른 다음 각 호의 사항을 심사·결정한다.
1. 가석방과 그 취소에 관한 사항
2. 임시퇴원, 임시퇴원의 취소 및 보호소년의 퇴원(이하 "퇴원"이라 한다)에 관한 사항
3. 보호관찰의 임시해제와 그 취소에 관한 사항
4. 보호관찰의 정지와 그 취소에 관한 사항
5. 가석방 중인 사람의 부정기형의 종료에 관한 사항
6. 이 법 또는 다른 법령에서 심사위원회의 관장 사무로 규정된 사항
7. 제1호부터 제6호까지의 사항과 관련된 사항으로서 위원장이 회의에 부치는 사항

제7조(구성)
① 심사위원회는 위원장을 포함하여 5명 이상 9명 이하의 위원으로 구성한다.
② 심사위원회의 위원장은 고등검찰청 검사장 또는 고등검찰청 소속 검사 중에서 법무부장관이 임명한다.
③ 심사위원회의 위원은 판사, 검사, 변호사, 보호관찰소장, 지방교정청장, 교도소장, 소년원장 및 보호관찰에 관한 지식과 경험이 풍부한 사람 중에서 법무부장관이 임명하거나 위촉한다.
④ 심사위원회의 위원 중 3명 이내의 상임위원을 둔다.

제8조(위원의 임기)
위원의 임기는 2년으로 하되, 연임할 수 있다. 다만, 공무원인 비상임위원의 임기는 그 직위에 있는 기간으로 한다.

제10조(위원의 신분 등)
① 상임위원은 고위공무원단에 속하는 일반직공무원 또는 4급 공무원으로서 「국가공무원법」제26조의5에 따른 임기제공무원으로 한다.
② 상임위원이 아닌 위원은 명예직으로 한다. 다만, 예산의 범위에서 법무부령으로 정하는 바에 따라 여비나 그 밖의 수당을 지급할 수 있다.

제11조(심사)

① 심사위원회는 심사자료에 의하여 제6조 각 호의 사항을 심사한다.

② 심사위원회는 심사에 필요하다고 인정하면 보호관찰 대상자와 그 밖의 관계인을 소환하여 심문하거나 상임위원 또는 보호관찰관에게 필요한 사항을 조사하게 할 수 있다.

③ 심사위원회는 심사에 필요하다고 인정하면 국공립기관이나 그 밖의 단체에 사실을 알아보거나 관계 자료의 제출을 요청할 수 있다.

제12조(의결 및 결정)

① 심사위원회의 회의는 재적위원 과반수의 출석으로 개의하고, 출석위원 과반수의 찬성으로 의결한다.

② 제1항에도 불구하고 회의를 개최할 시간적 여유가 없는 등 부득이한 경우로서 대통령령으로 정하는 경우에는 서면으로 의결할 수 있다. 이 경우 재적위원 과반수의 찬성으로 의결한다.

③ 심사위원회의 회의는 비공개로 한다.

④ 결정은 이유를 붙이고 심사한 위원이 서명 또는 기명날인한 문서로 한다.

제12조의2(벌칙 적용에서 공무원 의제)

심사위원회의 위원 중 공무원이 아닌 사람은 「형법」 제127조 및 제129조부터 제132조까지의 규정을 적용할 때에는 공무원으로 본다.

(7) 보호관찰소

제14조(보호관찰소의 설치)

① 보호관찰, 사회봉사, 수강 및 갱생보호에 관한 사무를 관장하기 위하여 법무부장관 소속으로 보호관찰소를 둔다.

② 보호관찰소의 사무 일부를 처리하게 하기 위하여 그 관할 구역에 보호관찰지소를 둘 수 있다.

제15조(보호관찰소의 관장 사무)

보호관찰소(보호관찰지소를 포함한다. 이하 같다)는 다음 각 호의 사무를 관장한다.

1. 보호관찰, 사회봉사명령 및 수강명령의 집행
2. 갱생보호
3. 검사가 보호관찰관이 선도(善導)함을 조건으로 공소제기를 유예하고 위탁한 선도 업무
4. 제18조에 따른 범죄예방 자원봉사위원에 대한 교육훈련 및 업무지도

5. 범죄예방활동

6. 이 법 또는 다른 법령에서 보호관찰소의 관장 사무로 규정된 사항

제16조(보호관찰관)

① 보호관찰소에는 제15조 각 호의 사무를 처리하기 위하여 보호관찰관을 둔다.

② 보호관찰관은 형사정책학, 행형학, 범죄학, 사회사업학, 교육학, 심리학, 그 밖에 보호관찰
   에 필요한 전문적 지식을 갖춘 사람이어야 한다.

제18조(범죄예방 자원봉사위원)

① 범죄예방활동을 하고, 보호관찰활동과 갱생보호사업을 지원하기 위하여 범죄예방 자원봉
   사위원(이하 "범죄예방위원"이라 한다)을 둘 수 있다.

② 법무부장관은 법무부령으로 정하는 바에 따라 범죄예방위원을 위촉한다.

③ 범죄예방위원의 명예와 이 법에 따른 활동은 존중되어야 한다.

④ 범죄예방위원은 명예직으로 하되, 예산의 범위에서 직무수행에 필요한 비용의 전부 또는
   일부를 지급할 수 있다.

⑤ 범죄예방위원의 위촉 및 해촉, 정원, 직무의 구체적 내용, 조직, 비용의 지급, 그 밖에 필요
   한 사항은 법무부령으로 정한다.

★ 범죄예방 자원봉사위원(범죄예방위원) : 범죄예방활동 + 보호관찰활동과 갱생보호사업을 지원

★ 검사의 선도위탁(「보호관찰 등에 관한 법률」 제15조 제3호)
  검사가 보호관찰관이 선도함을 조건으로 공소제기를 유예하고 위탁한 선도 업무인 검사의 선도위탁은, 규정상 대상자가
  성년과 소년을 불문한다는 점에서, 소년을 대상으로 실시하는 선도조건부 기소유예제도와 구별된다.

(8) 판결 전 조사, 결정 전 조사 ★

제19조(판결 전 조사)

① 법원은 피고인에 대하여 「형법」 제59조의2 및 제62조의2에 따른 보호관찰, 사회봉사 또는
   수강을 명하기 위하여 필요하다고 인정하면 그 법원의 소재지(所在地) 또는 피고인의 주거
   지를 관할하는 보호관찰소의 장에게 범행 동기, 직업, 생활환경, 교우관계, 가족상황, 피해
   회복 여부 등 피고인에 관한 사항의 조사를 요구할 수 있다.

② 제1항의 요구를 받은 보호관찰소의 장은 지체 없이 이를 조사하여 서면으로 해당 법원에
   알려야 한다. 이 경우 필요하다고 인정하면 피고인이나 그 밖의 관계인을 소환하여 심문하
   거나 소속 보호관찰관에게 필요한 사항을 조사하게 할 수 있다.

③ 법원은 제1항의 요구를 받은 보호관찰소의 장에게 조사진행상황에 관한 보고를 요구할 수 있다.

제19조의2(결정 전 조사)

① 법원은 「소년법」 제12조에 따라 소년 보호사건에 대한 조사 또는 심리를 위하여 필요하다고 인정하면 그 법원의 소재지 또는 소년의 주거지를 관할하는 보호관찰소의 장에게 소년의 품행, 경력, 가정상황, 그 밖의 환경 등 필요한 사항에 관한 조사를 의뢰할 수 있다.

② 제1항의 의뢰를 받은 보호관찰소의 장은 지체 없이 조사하여 서면으로 법원에 통보하여야 하며, 조사를 위하여 필요한 경우에는 소년 또는 관계인을 소환하여 심문하거나 소속 보호관찰관으로 하여금 필요한 사항을 조사하게 할 수 있다.

★ 판결 전 조사와 결정 전 조사의 차이점
  • 판결 전 조사(형사 피고인) : 법원은 피고인에 대하여 보호관찰, 사회봉사 또는 수강을 명하기 위하여 필요하다고 인정하면 관할 보호관찰소의 장에게 피고인에 대한 사항의 조사를 요구할 수 있다.
  • 결정 전 조사(소년 보호사건) : 법원은 소년 보호사건에 대한 조사 또는 심리를 위하여 필요한 경우 관할 보호관찰소의 장에게 필요한 사항에 관한 조사를 의뢰할 수 있다.

(9) 판결의 통지 등

제20조(판결의 통지 등)

① 법원은 「형법」 제59조의2(선고유예) 또는 제62조의2(집행유예)에 따라 보호관찰을 명하는 판결이 확정된 때부터 3일 이내에 판결문 등본 및 준수사항을 적은 서면을 피고인의 주거지를 관할하는 보호관찰소의 장에게 보내야 한다.

② 제1항의 경우 법원은 그 의견이나 그 밖에 보호관찰에 참고가 될 수 있는 자료를 첨부할 수 있다.

③ 법원은 제1항의 통지를 받은 보호관찰소의 장에게 보호관찰 상황에 관한 보고를 요구할 수 있다.

제21조(교도소장 등의 통보의무)

① 교도소 · 구치소 · 소년교도소의 장은 징역 또는 금고의 형을 선고받은 소년(이하 "소년수형자"라 한다)이 「소년법」 제65조 각 호의 기간을 지나면 그 교도소 · 구치소 · 소년교도소의 소재지를 관할하는 심사위원회에 그 사실을 통보하여야 한다.

② 소년원장은 보호소년이 수용된 후 6개월이 지나면 그 소년원의 소재지를 관할하는 심사위원회에 그 사실을 통보하여야 한다.

★ 통보의무
- 교정시설의 장 : 소년수형자가 「소년법」상 규정된 가석방 기간이 지나면 관할 심사위원회에 그 사실을 통보하여야 한다.
- 소년원장 : 보호소년이 수용된 후 6개월이 지나면 그 소년원의 소재지를 관할하는 심사위원회에 그 사실을 통보하여야 한다.

(10) 가석방·퇴원 및 임시퇴원의 신청 등

제22조(가석방·퇴원 및 임시퇴원의 신청)
① 교도소·구치소·소년교도소 및 소년원(이하 "수용기관"이라 한다)의 장은 「소년법」 제65조 각 호의 기간이 지난 소년수형자 또는 수용 중인 보호소년에 대하여 법무부령으로 정하는 바에 따라 관할 심사위원회에 가석방, 퇴원 또는 임시퇴원 심사를 신청할 수 있다.
② 제1항의 신청을 할 때에는 제26조 또는 제27조에 따라 통지받은 환경조사 및 환경개선활동 결과를 고려하여야 한다.

제23조(가석방·퇴원 및 임시퇴원의 심사와 결정)
① 심사위원회는 제22조제1항에 따른 신청을 받으면 소년수형자에 대한 가석방 또는 보호소년에 대한 퇴원·임시퇴원이 적절한지를 심사하여 결정한다.
② 심사위원회는 제21조에 따른 통보를 받은 사람에 대하여는 제22조제1항에 따른 신청이 없는 경우에도 직권으로 가석방·퇴원 및 임시퇴원이 적절한지를 심사하여 결정할 수 있다.
③ 심사위원회는 제1항 또는 제2항에 따라 소년수형자의 가석방이 적절한지를 심사할 때에는 보호관찰의 필요성을 심사하여 결정한다.
④ 심사위원회는 제1항부터 제3항까지의 규정에 따라 심사·결정을 할 때에는 본인의 인격, 교정성적, 직업, 생활태도, 가족관계 및 재범 위험성 등 모든 사정을 고려하여야 한다.

제24조(성인수형자에 대한 보호관찰의 심사와 결정)
① 심사위원회는 「형의 집행 및 수용자의 처우에 관한 법률」 제122조에 따라 가석방되는 사람에 대하여 보호관찰의 필요성을 심사하여 결정한다.
② 심사위원회는 제1항에 따른 보호관찰심사를 할 때에는 제28조에 따른 보호관찰 사안조사 결과를 고려하여야 한다.

★ 수용기관의 장 : 「소년법」상 가석방 관련 기간이 지난 소년수형자 또는 수용 중인 보호소년에 대하여 관할 심사위원회에 가석방, 퇴원 또는 임시퇴원 심사를 신청할 수 있다(환경조사 및 환경개선활동 결과를 고려하여야 한다).
★ 심사위원회 : 「형집행법」에 따라 가석방되는 사람(성인수형자)에 대하여 보호관찰의 필요성을 심사하여 결정한다.
★ 소년수형자와 성년수형자의 가석방 신청
- 소년수형자(보호관찰심사위원회), 성년수형자(가석방심사위원회)
- 보호관찰 필요성 심사 : 소년·성년수형자 모두 보호관찰심사위원회에서 심사·결정한다.

(11) 법무부장관의 허가

제25조(법무부장관의 허가)

심사위원회는 제23조에 따른 심사 결과 가석방, 퇴원 또는 임시퇴원이 적절하다고 결정한 경우 및 제24조에 따른 심사 결과 보호관찰이 필요없다고 결정한 경우에는 결정서에 관계 서류를 첨부하여 법무부장관에게 이에 대한 허가를 신청하여야 하며, 법무부장관은 심사위원회의 결정이 정당하다고 인정하면 이를 허가할 수 있다.

★ 심사 결과 가석방, 퇴원 또는 임시퇴원이 적절하다고 결정한 경우 및 보호관찰이 필요없다고 결정한 경우 : 법무부장관에게 이에 대한 허가를 신청하여야 한다.

(12) 환경조사 및 환경개선활동(소년이 대상임)

제26조(환경조사)

① 수용기관·병원·요양소·「보호소년 등의 처우에 관한 법률」에 따른 소년의료보호시설의 장은 소년수형자 및 「소년법」 제32조 제1항 제7호·제9호·제10호의 보호처분 중 어느 하나에 해당하는 처분을 받은 사람(이하 "수용자"라 한다)을 수용한 경우에는 지체 없이 거주예정지를 관할하는 보호관찰소의 장에게 신상조사서를 보내 환경조사를 의뢰하여야 한다(제8호 제외).

② 제1항에 따라 환경조사를 의뢰받은 보호관찰소의 장은 수용자의 범죄 또는 비행의 동기, 수용 전의 직업, 생활환경, 교우관계, 가족상황, 피해회복 여부, 생계대책 등을 조사하여 수용기관의 장에게 알려야 한다. 이 경우 필요하다고 인정하면 수용자를 면담하거나 관계인을 소환하여 심문(審問)하거나 소속 보호관찰관에게 필요한 사항을 조사하게 할 수 있다.

제27조(환경개선활동)

① 보호관찰소의 장은 제26조에 따른 환경조사 결과에 따라 수용자의 건전한 사회 복귀를 촉진하기 위하여 필요하다고 인정하면 본인의 동의를 얻거나 가족·관계인의 협력을 받아 본인의 환경개선을 위한 활동을 할 수 있다.

② 보호관찰소의 장은 제1항에 따른 환경개선활동을 위하여 필요하다고 인정하면 수용기관의 장에게 수용자의 면담 등 필요한 협조를 요청할 수 있다.

③ 보호관찰소의 장은 제1항에 따른 환경개선활동의 결과를 수용기관의 장과 수용기관의 소재지를 관할하는 심사위원회에 알려야 한다.

(13) 보호관찰 사안조사(성년수형자 중 가석방 적격심사신청 대상자)

제28조(성인수형자에 대한 보호관찰 사안조사)

① 교도소·구치소·소년교도소의 장은 징역 또는 금고 이상의 형을 선고받은 성인(이하 "성인수형자"라 한다)에 대하여 「형의 집행 및 수용자의 처우에 관한 법률」 제121조에 따라 가석방심사위원회에 가석방 적격심사신청을 할 때에는 신청과 동시에 가석방 적격심사신청 대상자의 명단과 신상조사서를 해당 교도소·구치소·소년교도소의 소재지를 관할하는 심사위원회에 보내야 한다.

② 심사위원회는 교도소·구치소·소년교도소의 장으로부터 가석방 적격심사신청 대상자의 명단과 신상조사서를 받으면 해당 성인수형자를 면담하여 직접 제26조제2항 전단에 규정된 사항, 석방 후의 재범 위험성 및 사회생활에 대한 적응 가능성 등에 관한 조사(이하 "보호관찰 사안조사"라 한다)를 하거나 교도소·구치소·소년교도소의 소재지 또는 해당 성인수형자의 거주예정지를 관할하는 보호관찰소의 장에게 그 자료를 보내 보호관찰 사안조사를 의뢰할 수 있다.

③ 제2항에 따라 보호관찰 사안조사를 의뢰받은 보호관찰소의 장은 지체 없이 보호관찰 사안조사를 하고 그 결과를 심사위원회에 통보하여야 한다.

④ 교도소·구치소·소년교도소의 장은 심사위원회 또는 보호관찰소의 장으로부터 보호관찰 사안조사를 위하여 성인수형자의 면담 등 필요한 협조 요청을 받으면 이에 협조하여야 한다.

★ 보호관찰사안조사 : 성년수형자를 가석방 적격심사신청을 할 때 보호관찰 실시유무를 판단하기 위해 실시하는 제도임.

(14) 보호관찰의 개시 등

제29조(보호관찰의 개시 및 신고)

① 보호관찰은 법원의 판결이나 결정이 확정된 때 또는 가석방·임시퇴원된 때부터 시작된다.

② 보호관찰 대상자는 대통령령으로 정하는 바에 따라 주거, 직업, 생활계획, 그 밖에 필요한 사항을 관할 보호관찰소의 장에게 신고하여야 한다.

제31조(보호관찰 담당자)

보호관찰은 보호관찰 대상자의 주거지를 관할하는 보호관찰소 소속 보호관찰관이 담당한다.

★ 보호관찰의 개시 : 법원의 판결이나 결정이 확정된 때 또는 가석방·임시퇴원된 때부터 시작된다(보호관찰 : 보호관찰관이 담당한다).

(15) 지도 · 감독 및 원호

제33조(지도 · 감독)

① 보호관찰관은 보호관찰 대상자의 재범을 방지하고 건전한 사회 복귀를 촉진하기 위하여 필요한 지도 · 감독을 한다.

② 제1항의 지도 · 감독 방법은 다음 각 호와 같다.

1. 보호관찰 대상자와 긴밀한 접촉을 가지고 항상 그 행동 및 환경 등을 관찰하는 것
2. 보호관찰 대상자에게 제32조의 준수사항을 이행하기에 적절한 지시를 하는 것
3. 보호관찰 대상자의 건전한 사회 복귀를 위하여 필요한 조치를 하는 것

제33조의2(분류처우)

① 보호관찰소의 장은 범행 내용, 재범위험성 등 보호관찰 대상자의 개별적 특성을 고려하여 그에 알맞은 지도 · 감독의 방법과 수준에 따라 분류처우를 하여야 한다.

② 제1항에 따른 분류처우에 관하여 필요한 사항은 대통령령으로 정한다.

제34조(원호)

① 보호관찰관은 보호관찰 대상자가 자조(自助)의 노력을 할 때에는 그의 개선과 자립을 위하여 필요하다고 인정되는 적절한 원호(援護)를 한다.

② 제1항의 원호의 방법은 다음 각 호와 같다.

1. 숙소 및 취업의 알선
2. 직업훈련 기회의 제공
3. 환경의 개선
4. 보호관찰 대상자의 건전한 사회 복귀에 필요한 원조의 제공

제25조의2(원호협의회) ★

① 보호관찰소의 장은 법 제34조의 원호활동을 종합적이고 체계적으로 전개하기 위하여 원호협의회를 설치할 수 있다.

② 원호협의회는 5명 이상의 위원으로 구성하되, 보호관찰소의 장은 당연직 위원으로서 위원장이 되고, 위원은 다음 각 호에 해당하는 사람 중에서 위원장이 위촉한다.

1. 보호관찰소 관할구역의 보건소의 장 및 기초자치단체의 사회복지 또는 청소년 업무 관련 부서장
2. 종합사회복지관, 알코올상담센터, 정신보건센터, 청소년상담실 등 사회복지시설의 장 또는 관련 부서장
3. 노동부 고용지원센터의 장 또는 관련 부서장
4. 대학교수, 초 · 중 · 고등학교의 장 또는 교사

　　5. 학원 등 사설교육기관의 장

　　6. 의사, 변호사, 약사 등의 전문직 종사자

　　7. 사회적으로 신망을 받고 봉사활동에 열의를 가진 기업인 또는 자영업자

　　8. 보호사무관 이상으로 7년 이상 보호관찰 또는 소년선도업무에 종사한 경력이 있는 사람

　　9. 그 밖에 보호관찰업무에 관심을 갖고 보호관찰 대상자 원호를 지원할 역량을 갖춘 사람

③ 위원의 임기는 2년으로 한다.

④ 위원장은 위원의 활동이 부진하거나 품위손상 등 사유로 직무수행이 곤란하다고 인정되는 경우에는 그 위원을 해촉할 수 있다.

⑤ 위원장은 보호관찰 대상자와 그의 가족에 대한 생계, 의료·교육·법률 문제 해결, 직업훈련, 취업알선, 기초생활수급자 지정 등 종합적인 지원이 필요한 경우 협의회를 소집하여 원호의 내용, 분야, 규모 등을 협의할 수 있다.

⑥ 위원장은 보호관찰 대상자와 그의 가족에 대한 특정 분야의 원호활동을 각 위원에게 개별적으로 의뢰할 수 있다.

제35조(응급구호)

보호관찰소의 장은 보호관찰 대상자에게 부상, 질병, 그 밖의 긴급한 사유가 발생한 경우에는 대통령령으로 정하는 바에 따라 필요한 구호를 할 수 있다.

제36조(갱생보호사업자 등의 원조와 협력)

보호관찰소의 장은 제34조에 따른 원호와 제35조에 따른 응급구호를 위하여 필요한 경우에는 국공립기관, 제67조제1항에 따라 갱생보호사업 허가를 받은 자, 제71조에 따른 한국법무보호복지공단, 그 밖의 단체에 대하여 숙식 제공이나 그 밖의 적절한 원조 또는 협력을 요청할 수 있다. 이 경우 필요한 비용은 국가가 예산의 범위에서 지급한다.

제36조의2(정신질환 보호관찰 대상자의 치료 등을 위한 협력)

① 보호관찰 대상자로서 정신건강의학과전문의가 「정신건강증진 및 정신질환자 복지서비스 지원에 관한 법률」 제3조제1호에 따른 정신질환자로 진단하거나 감정한 사람(이하 "정신질환 보호관찰 대상자"라 한다)은 같은 조 제3호의 정신건강복지센터에 등록하여 상담, 진료, 재활 지원 등의 서비스를 받을 수 있다.

② 보호관찰소의 장은 제1항의 정신질환 보호관찰 대상자의 보호관찰이 종료되는 때에는 심사위원회의 심사를 거쳐 그 종료사실을 정신질환 보호관찰 대상자의 주소지를 관할하는 경찰관서의 장 및 지방자치단체의 장에게 통보할 수 있다.

③ 심사위원회는 제2항에 따라 정신질환 보호관찰 대상자의 보호관찰 종료사실통보가 적절한지 심사할 때에는 정신질환 보호관찰 대상자의 재범 방지 및 치료의 필요성 여부를 심사하

여 결정한다.

④ 제2항에 따라 통보하는 정보의 구체적인 범위, 통보 방법 및 통보 절차 등에 필요한 사항은 대통령령으로 정한다.

(16) 보호관찰 대상자에 대한 통제(조사, 경고, 구인, 긴급구인, 유치) ★

제37조(보호관찰 대상자 등의 조사)

① 보호관찰소의 장은 보호관찰을 위하여 필요하다고 인정하면 보호관찰 대상자나 그 밖의 관계인을 소환하여 심문하거나 소속 보호관찰관에게 필요한 사항을 <u>조사하게 할 수 있다.</u>

② 보호관찰소의 장은 보호관찰을 위하여 필요하다고 인정하면 국공립기관이나 그 밖의 단체에 사실을 알아보거나 관련 자료의 열람 등 <u>협조를 요청할 수 있다.</u>

③ 제1항과 제2항의 직무를 담당하는 사람은 직무상 비밀을 엄수하고, 보호관찰 대상자 및 관계인의 인권을 존중하며, 보호관찰 대상자의 건전한 사회 복귀에 방해되는 일이 없도록 주의하여야 한다.

제38조(경고)

보호관찰소의 장은 보호관찰 대상자가 제32조의 준수사항을 위반하거나 위반할 위험성이 있다고 인정할 상당한 이유가 있는 경우에는 준수사항의 이행을 촉구하고 형의 집행 등 불리한 처분을 받을 수 있음을 경고할 수 있다.

제39조(구인)

① 보호관찰소의 장은 보호관찰 대상자가 제32조의 준수사항을 위반하였거나 위반하였다고 의심할 상당한 이유가 있고, 다음 각 호의 어느 하나에 해당하는 사유가 있는 경우에는 관할 지방검찰청의 검사에게 신청하여 검사의 청구로 관할 지방법원 판사의 구인장을 발부받아 보호관찰 대상자를 구인(拘引)할 수 있다.

1. 일정한 주거가 없는 경우
2. 제37조제1항에 따른 소환에 따르지 아니한 경우
3. 도주한 경우 또는 도주할 염려가 있는 경우

② 제1항의 구인장은 검사의 지휘에 따라 <u>보호관찰관이 집행</u>한다. 다만, 보호관찰관이 집행하기 곤란한 경우에는 <u>사법경찰관리에게 집행하게 할 수 있다.</u>

제40조(긴급구인)

① 보호관찰소의 장은 제32조의 준수사항을 위반한 보호관찰 대상자가 제39조제1항 각 호의 어느 하나에 해당하는 사유가 있는 경우로서 긴급하여 제39조에 따른 구인장을 발부받을

수 없는 경우에는 그 사유를 알리고 구인장 없이 그 보호관찰 대상자를 구인할 수 있다. 이 경우 긴급하다 함은 해당 보호관찰 대상자를 우연히 발견한 경우 등과 같이 구인장을 발부받을 시간적 여유가 없는 경우를 말한다.

② 보호관찰소의 장은 제1항에 따라 보호관찰 대상자를 구인한 경우에는 긴급구인서를 작성하여 즉시 관할 지방검찰청 검사의 승인을 받아야 한다.

③ 보호관찰소의 장은 제2항에 따른 승인을 받지 못하면 즉시 보호관찰 대상자를 석방하여야 한다.

제41조(구인 기간)

보호관찰소의 장은 제39조 또는 제40조에 따라 보호관찰 대상자를 구인하였을 때에는 제42조에 따라 유치(留置) 허가를 청구한 경우를 제외하고는 구인한 때부터 48시간 이내에 석방하여야 한다. 다만, 제42조제2항에 따른 유치 허가를 받지 못하면 즉시 보호관찰 대상자를 석방하여야 한다.

제42조(유치)

① 보호관찰소의 장은 다음 각 호의 신청이 필요하다고 인정되면 제39조 또는 제40조에 따라 구인한 보호관찰 대상자를 수용기관 또는 소년분류심사원에 유치할 수 있다.
   1. 제47조에 따른 보호관찰을 조건으로 한 형(벌금형을 제외한다)의 선고유예의 실효(失效) 및 집행유예의 취소 청구의 신청
   2. 제48조에 따른 가석방 및 임시퇴원의 취소 신청
   3. 제49조에 따른 보호처분의 변경 신청

② 제1항에 따른 유치를 하려는 경우에는 보호관찰소의 장이 검사에게 신청하여 검사의 청구로 관할 지방법원 판사의 허가를 받아야 한다. 이 경우 검사는 보호관찰 대상자가 구인된 때부터 48시간 이내에 유치 허가를 청구하여야 한다.

③ 보호관찰소의 장은 유치 허가를 받은 때부터 24시간 이내에 제1항 각 호의 신청을 하여야 한다.

④ 검사는 보호관찰소의 장으로부터 제1항제1호의 신청을 받고 그 이유가 타당하다고 인정되면 48시간 이내에 관할 지방법원에 보호관찰을 조건으로 한 형의 선고유예의 실효 또는 집행유예의 취소를 청구하여야 한다.

제43조(유치기간) ★

① 제42조에 따른 유치의 기간은 제39조제1항 또는 제40조제1항에 따라 구인한 날부터 20일로 한다.

② 법원은 제42조제1항제1호 또는 제3호에 따른 신청이 있는 경우에 심리(審理)를 위하여 필요하다고 인정되면 심급마다 20일의 범위에서 한 차례만 유치기간을 연장할 수 있다.

③ 보호관찰소의 장은 제42조제1항제2호에 따른 신청이 있는 경우에 심사위원회의 심사에 필요하면 검사에게 신청하여 검사의 청구로 지방법원 판사의 허가를 받아 10일의 범위에서 한 차례만 유치기간을 연장할 수 있다(가석방 및 임시퇴원의 취소신청).

제44조(유치의 해제)

보호관찰소의 장은 다음 각 호의 어느 하나에 해당하는 경우에는 유치를 해제하고 보호관찰 대상자를 즉시 석방하여야 한다.

1. 검사가 제47조제1항에 따른 보호관찰소의 장의 신청을 기각한 경우
2. 법원이 제47조제1항에 따른 검사의 청구를 기각한 경우
3. 심사위원회가 제48조에 따른 보호관찰소의 장의 신청을 기각한 경우
4. 법무부장관이 제48조에 따른 심사위원회의 신청을 허가하지 아니한 경우
5. 법원이 제49조에 따른 보호관찰소의 장의 신청을 기각한 경우

제45조(유치기간의 형기 산입)

제42조에 따라 유치된 사람에 대하여 보호관찰을 조건으로 한 형의 선고유예가 실효되거나 집행유예가 취소된 경우 또는 가석방이 취소된 경우에는 그 유치기간을 형기에 산입한다.

★ 보호관찰 대상자의 통제 : 경고, 구인, 긴급구인, 유치가 있음
★ 유치기간 : 법원의 허가를 받은 날부터 20일로 한다.
 • 선고유예의 실효 및 집행유예의 취소 청구 또는 보호처분의 변경 신청 : 심급마다 20일의 범위에서 한 차례만 연장할 수 있다.
 • 가석방 및 임시퇴원의 취소 신청 : 10일의 범위에서 한 차례만 연장할 수 있다.

(17) 보호장구와 선고유예의 실효 및 집행유예의 취소 등

46조의2(보호장구의 사용)

① 보호관찰소 소속 공무원은 보호관찰 대상자가 다음 각 호의 어느 하나에 해당하고, 정당한 직무집행 과정에서 필요하다고 인정되는 상당한 이유가 있으면 제46조의3제1항에 따른 보호장구를 사용할 수 있다.

1. 제39조 및 제40조에 따라 구인 또는 긴급구인한 보호관찰 대상자를 보호관찰소에 인치하거나 수용기관 등에 유치하기 위해 호송하는 때
2. 제39조 및 제40조에 따라 구인 또는 긴급구인한 보호관찰 대상자가 도주하거나 도주할 우려가 있는 때
3. 위력으로 보호관찰소 소속 공무원의 정당한 직무집행을 방해하는 때

4. 자살·자해 또는 다른 사람에 대한 위해의 우려가 큰 때

5. 보호관찰소 시설의 설비·기구 등을 손괴하거나 그 밖에 시설의 안전 또는 질서를 해칠 우려가 큰 때

② 보호장구를 사용하는 경우에는 보호관찰 대상자의 나이, 신체적·정신적 건강상태 및 보호 관찰 집행 상황 등을 고려하여야 한다.

③ 그 밖에 보호장구의 사용절차 및 방법 등에 관하여 필요한 사항은 법무부령으로 정한다

제46조의3(보호장구의 종류 및 사용요건) ★

① 보호장구의 종류는 다음 각 호와 같다.

1. 수갑

2. 포승

3. 보호대(帶)

4. 가스총

5. 전자충격기

② 보호장구의 종류별 사용요건은 다음 각 호와 같다.

1. 수갑·포승·보호대(帶) : 제46조의2제1항제1호부터 제5호까지의 어느 하나에 해당하는 때

2. 가스총 : 제46조의2제1항제2호부터 제5호까지의 어느 하나에 해당하는 때

3. 전자충격기 : 제46조의2제1항제2호부터 제5호까지의 어느 하나에 해당하는 경우로서 상황이 긴급하여 다른 보호장구만으로는 그 목적을 달성할 수 없는 때

제46조의4(보호장구 사용의 고지 등)

① 제46조의3제1항제1호부터 제3호까지의 보호장구를 사용할 경우에는 보호관찰 대상자에 게 그 사유를 알려주어야 한다. 다만, 상황이 급박하여 시간적인 여유가 없을 때에는 보호 장구 사용 직후 지체 없이 알려주어야 한다.

② 제46조의3제1항제4호 및 제5호의 보호장구를 사용할 경우에는 사전에 상대방에게 이를 경고하여야 한다. 다만, 상황이 급박하여 경고할 시간적인 여유가 없는 때에는 그러하지 아니하다.

제46조의5(보호장구 남용 금지)

제46조의3제1항에 따른 보호장구는 필요한 최소한의 범위에서 사용하여야 하며, 보호장구를 사용할 필요가 없게 되면 지체 없이 사용을 중지하여야 한다.

제47조(보호관찰을 조건으로 한 형의 선고유예의 실효 및 집행유예의 취소)

① 「형법」 제61조제2항에 따른 선고유예의 실효 및 같은 법 제64조제2항에 따른 집행유예의 취소는 검사가 보호관찰소의 장의 신청을 받아 법원에 청구한다.

② 제1항의 실효 및 취소절차에 관하여는 「형사소송법」 제335조를 준용한다.

제48조(가석방 및 임시퇴원의 취소)

① 심사위원회는 가석방 또는 임시퇴원된 사람이 보호관찰기간 중 제32조의 준수사항을 위반하고 위반 정도가 무거워 보호관찰을 계속하기가 적절하지 아니하다고 판단되는 경우에는 보호관찰소의 장의 신청을 받거나 직권으로 가석방 및 임시퇴원의 취소를 심사하여 결정할 수 있다.

② 심사위원회는 제1항에 따른 심사 결과 가석방 또는 임시퇴원을 취소하는 것이 적절하다고 결정한 경우에는 결정서에 관계 서류를 첨부하여 법무부장관에게 이에 대한 허가를 신청하여야 하며, 법무부장관은 심사위원회의 결정이 정당하다고 인정되면 이를 허가할 수 있다.

제49조(보호처분의 변경)

① 보호관찰소의 장은 「소년법」 제32조제1항제4호 또는 제5호의 보호처분에 따라 보호관찰을 받고 있는 사람이 보호관찰 기간 중 제32조의 준수사항을 위반하고 그 정도가 무거워 보호관찰을 계속하기 적절하지 아니하다고 판단되면 보호관찰소 소재지를 관할하는 법원에 보호처분의 변경을 신청할 수 있다(단기, 장기 보호관찰).

② 제1항에 따른 보호처분의 변경을 할 경우 신청대상자가 19세 이상인 경우에도 「소년법」 제2조 및 제38조제1항에도 불구하고 같은 법 제2장의 보호사건 규정을 적용한다.

제50조(부정기형의 종료 등)

① 「소년법」 제60조제1항에 따라 형을 선고받은 후 가석방된 사람이 그 형의 단기(短期)가 지나고 보호관찰의 목적을 달성하였다고 인정되면 같은 법 제66조에서 정한 기간 전이라도 심사위원회는 보호관찰소의 장의 신청을 받거나 직권으로 형의 집행을 종료한 것으로 결정할 수 있다.

② 임시퇴원자가 임시퇴원이 취소되지 아니하고 보호관찰 기간을 지난 경우에는 퇴원된 것으로 본다.

★ 선고유예 실효 및 집행유예 취소 : 검사가 보호관찰소의 장의 신청을 받아 법원에 청구

★ 가석방 및 임시퇴원 취소 : 보호관찰심사위원회 심사 · 결정 ⇒ 법무부장관에게 허가 신청

★ 보호처분 변경 : 보호관찰소의 장 ⇒ 법원에 보호처분 변경 신청

(18) 보호관찰의 종료, 임시해제 및 정지

제51조(보호관찰의 종료) ★

① 보호관찰은 보호관찰 대상자가 다음 각 호의 어느 하나에 해당하는 때에 종료한다.

1. 보호관찰 기간이 지난 때
2. 「형법」 제61조에 따라 보호관찰을 조건으로 한 형의 선고유예가 실효되거나 같은 법 제 63조 또는 제64조에 따라 보호관찰을 조건으로 한 집행유예가 실효되거나 취소된 때
3. 제48조 또는 다른 법률에 따라 가석방 또는 임시퇴원이 실효되거나 취소된 때
4. 제49조에 따라 보호처분이 변경된 때
5. 제50조에 따른 부정기형 종료 결정이 있는 때
6. 제53조에 따라 보호관찰이 정지된 임시퇴원자가 「보호소년 등의 처우에 관한 법률」 제 43조제1항의 나이(22세)가 된 때
7. 다른 법률에 따라 보호관찰이 변경되거나 취소·종료된 때

② 보호관찰 대상자가 보호관찰 기간 중 금고 이상의 형의 집행을 받게 된 때에는 해당 형의 집행기간 동안 보호관찰 대상자에 대한 보호관찰 기간은 계속 진행되고, 해당 형의 집행이 종료·면제되거나 보호관찰 대상자가 가석방된 경우 보호관찰 기간이 남아있는 때에는 그 잔여기간 동안 보호관찰을 집행한다.

제52조(임시해제) ★

① 심사위원회는 보호관찰 대상자의 성적이 양호할 때에는 보호관찰소의 장의 신청을 받거나 직권으로 보호관찰을 임시해제할 수 있다.

② 임시해제 중에는 보호관찰을 하지 아니한다. 다만, 보호관찰 대상자는 준수사항을 계속하여 지켜야 한다.

③ 심사위원회는 임시해제 결정을 받은 사람에 대하여 다시 보호관찰을 하는 것이 적절하다고 인정되면 보호관찰소의 장의 신청을 받거나 직권으로 임시해제 결정을 취소할 수 있다.

④ 제3항에 따라 임시해제 결정이 취소된 경우에는 그 임시해제 기간을 보호관찰 기간에 포함한다.

제53조(보호관찰의 정지)

① 심사위원회는 가석방 또는 임시퇴원된 사람이 있는 곳을 알 수 없어 보호관찰을 계속할 수 없을 때에는 보호관찰소의 장의 신청을 받거나 직권으로 보호관찰을 정지하는 결정(이하 "정지결정"이라 한다)을 할 수 있다.

② 심사위원회는 제1항에 따라 보호관찰을 정지한 사람이 있는 곳을 알게 되면 즉시 그 정지를 해제하는 결정(이하 "정지해제결정"이라 한다)을 하여야 한다.

③ 보호관찰 정지 중인 사람이 제39조 또는 제40조에 따라 구인된 경우에는 구인된 날에 정지해제결정을 한 것으로 본다.

④ 형기 또는 보호관찰 기간은 정지결정을 한 날부터 그 진행이 정지되고, 정지해제결정을 한 날부터 다시 진행된다.

⑤ 심사위원회는 제1항에 따라 정지결정을 한 후 소재 불명이 천재지변이나 그 밖의 부득이한 사정 등 보호관찰 대상자에게 책임이 있는 사유로 인한 것이 아닌 것으로 밝혀진 경우에는 그 정지결정을 취소하여야 한다. 이 경우 정지결정은 없었던 것으로 본다.

★ 임시해제 : 보호관찰을 하지 않음, 준수사항은 계속됨, 임시해제 기간은 보호관찰 기간에 포함한다.

(19) 보호관찰사건의 이송 등

제54조(직무상 비밀과 증언 거부)

심사위원회 및 보호관찰소의 직원이거나 직원이었던 사람이 다른 법률에 따라 증인으로 신문(訊問)을 받는 경우에는 그 직무상 알게 된 다른 사람의 비밀에 대하여 증언을 거부할 수 있다. 다만, 본인의 승낙이 있거나 중대한 공익상 필요가 있는 경우에는 그러하지 아니하다.

제55조(보호관찰사건의 이송)

보호관찰소의 장은 보호관찰 대상자가 주거지를 이동한 경우에는 새 주거지를 관할하는 보호관찰소의 장에게 보호관찰사건을 이송할 수 있다.

55조의2(기부금품의 접수)

① 보호관찰소의 장은 기관·단체 또는 개인이 보호관찰 대상자에 대한 원호 등을 위하여 보호관찰소에 자발적으로 기탁하는 금품을 접수할 수 있다.

② 기부자에 대한 영수증 발급, 기부금품의 용도 지정, 장부의 열람, 그 밖에 필요한 사항은 대통령령으로 정한다.

제55조의4(범죄경력자료 등의 조회 요청)

① 법무부장관은 이 법에 따른 보호관찰의 집행이 종료된 사람의 재범 여부를 조사하고 보호관찰명령의 효과를 평가하기 위하여 필요한 경우에는 그 집행이 종료된 때부터 3년 동안 관계 기관에 그 사람에 관한 범죄경력자료와 수사경력자료에 대한 조회를 요청할 수 있다.

② 제1항의 요청을 받은 관계 기관의 장은 정당한 사유 없이 이를 거부해서는 아니 된다.

2. 사회봉사명령제도(중간처벌)

(1) 개념

① 사회봉사명령이란 법원이 비교적 죄질이 가벼운 범죄자나 비행소년을 교도소나 소년원에 구금하는 대신 정상적인 사회생활을 영위하게 하면서 일정기간 무보수로 사회봉사활동을 하도록 명령하는 제도를 말한다.

② 단기자유형의 대체, 과밀수용해소, 형벌의 다양화, 구금에 대한 회의, 범죄자와 사회의 재통합, 사회에 대한 배상 및 보호관찰에 따른 부수적인 처분 등의 이유로 도입되었다.

③ 사회봉사명령제도는 보호관찰 이래 최대의 형벌개혁으로 평가받고 있다.

(2) 기능

① 처벌적 기능

범죄자의 여가를 박탈하여 일정기간 동안 무보수로 지정된 노동에 종사하게 하는 처벌적 기능을 지니고 있다.

② 속죄적 기능

범죄자가 직접 땀을 흘리며 사회를 위해 봉사하는 과정을 통해 참된 삶의 의미를 생각하게 되면, 자신의 범죄행위를 스스로 반성하게 하는 기능과 함께 속죄할 수 있는 기회를 부여할 수 있다.

③ 배상적 기능

피해자나 지역사회를 위한 봉사활동을 하게 함으로써 범죄로 인해 야기된 피해를 배상하게 하는 기능과 함께, 사회적 이익을 위해 봉사하기 때문에 사회사업적 기능도 한다.

④ 범죄자와 사회의 재통합 기능

범죄자에게 봉사활동을 하게 함으로써 범죄자와 사회의 화해 및 사회재통합을 이룩하게 하는 기능 및 사회복귀를 촉진하게 하는 기능을 한다.

(3) 사회봉사명령의 성격에 대한 학설

① 구금회피수단설

사회봉사명령제도를 과잉구금에 대처하기 위한 구금회피의 수단으로 보는 견해이다.

② 사회적 책임설

범죄인에게 봉사활동을 통하여 사회적 책임을 환기시키고 사회에 보상할 기회를 제공하는 제도로 보는 견해이다.

③ 봉사정신 자각설

범죄인에게 자원봉사의 소중한 정신을 배우게 하고 봉사활동의 숭고한 가치를 깨닫게 하는 제도로 보는 견해이다.

④ 구금대체수단설(유력설)

주로 단기나 중기의 구금형에 대한 대체수단으로 보는 것으로 '최근의 유력한 견해'이다.

(4) 연혁

① 사회봉사제도는 1960년대에 영국에서 당사자의 동의를 기초로 한 자유노동으로 자유형을 대체시켜 과밀수용을 해소하려는 시도에서 비롯하였다(우리나라 X).

② 1970년 영국의 '형벌제도에 대한 자문위원회'가 작성한 비구금형벌과 반구금형벌 보고서(우튼보고서)에서 사회봉사명령제도의 도입을 제시하였다.

③ 사회봉사명령제도는 보호관찰보다는 형벌적 성격이 강하면서 단기구금형을 대체할 수 있는 장점이 있어, 1972년 「형사재판법」에 최초로 도입된 후 영국 전역 및 여러 나라로 전파되었다.

④ 영국·프랑스·포르투갈 등은 사회봉사명령을 독립된 형벌로 인정하고 있는 반면, 우리나라를 비롯한 독일 등은 집행유예 등에 따른 보호관찰의 조건으로 인정하고 있다.

● 보호관찰과 사회봉사명령 비교

보호관찰	사회봉사명령
① 지도·원조를 받는 수동적 객체로 처우	① 사회에 봉사활동을 하는 능동적 주체로 전환
② 처우의 중점을 지도나 원조에 둠	② 처우의 중점을 봉사활동 중심의 통제로 바꿈
③ 범죄인의 관리통제 기능 미약	③ 범죄인의 관리통제 기능을 사회로 대체
④ 인적·물적 자원 등 비용이 과다	④ 보호관찰보다 비용이 저렴
⑤ 처벌적 측면보다 범죄방지를 중시	⑤ 자유형에 상응한 처벌효과가 있음
⑥ 전통적인 사회내 처우의 기본형태	⑥ 구금형과 비구금적 처우의 간격을 줄임

3. 수강명령제도

(1) 개념

① 수강명령은 유죄가 인정된 범죄인이나 비행소년을 교화개선하기 위해 일정한 기간 강의나 교육을 받도록 명하는 것을 말한다.

② 영국에서 비행소년들로 하여금 단기간 동안 강한충격(Short-sharp-shock)을 받도록 하자는 취지에 창안되어, 1948년 영국의 「형사재판법」에 21세 미만자를 대상으로 도입하였다.

③ 주로 주말을 이용해 비행소년들의 여가시간을 박탈함으로써 범죄기회를 감소시키는 한편 건전한 여가활용 습관을 익히도록 하는 것이 목적이며, 심성개발 훈련·인간관계개선·성교육·약물남용 폐해교육 등을 실시한다.

④ 우리나라는 형법과 소년법에 의한 수강명령이 절대다수이고 실제 수강시간은 50시간 이하가 대부분이며, 영국의 주간학교(주간센터)와 같이 보호관찰소에 출석하거나 위탁된 교육 프로그램에 참가하는 형식으로 운영하고 있다.

(2) 수강명령 제한 대상자

① 수강명령은 격리할 필요가 있거나, 범죄전력이 있는 범죄자 및 과거 수용전력이 있는 자들에 게는 특별한 사정이 없는 한 허용되지 않는 것이 원칙이다.

② 마약·알코올 중독자 등 특별한 치료를 요하는 자는 사회봉사명령 보다 수강명령이 더 적합 하다.

4. 우리나라의 사회봉사 및 수강명령제도

(1) 연혁

① 우리나라의 사회봉사 및 수강명령제도는 1988.12.31. 개정된 「소년법」에 따라 1989.7.1.부터 시 행하였으며, 1995.12.29. 개정된 「형법」에 따라 1997.1.1.부터 성인에게도 이를 시행하고 있다.

② 「소년법」과 「형법」 외에, 「보호관찰 등에 관한 법률」, 「가정폭력범죄의 처벌 등에 관한 특례 법」 등에 사회봉사명령과 수강명령을 규정하고 있다.

(2) 특징

① 우리나라의 사회봉사명령과 수강명령은 당사자의 동의를 전제로 하고 있지 않다.

② 보호관찰관이 집행을 담당하므로 민간독지가에 의한 처우의 성격은 없다.

③ 「형법」은 "형의 집행을 유예하는 경우에는 보호관찰을 받을 것을 명하거나 사회봉사 또는 수 강을 명할 수 있다"고 규정하고 있어, 사회봉사와 수강명령은 보호관찰과 독립적인 관계에 있 다. 다만 실무상으로는 대체로 병과하여 운영하고 있다.

④ 2007.12.21. 「소년법」을 개정하면서 사회봉사 및 수강명령을 보호관찰에 따른 부수적인 보호 처분에서, 독립된 보호처분으로 부과할 수 있도록 하였다.

(3) 사회봉사와 수강명령의 장단점

① 장점

㉠ 범죄자라는 낙인을 회피할 수 있고, 범죄자의 사회복귀를 도모할 수 있다.

㉡ 봉사활동을 통해 사회의 응보감정 약화 및 범죄에 대한 속죄와 사회적 책임감을 고양시킨다.

㉢ 범죄자와 사회와의 연대를 강화하고 범죄자의 재사회화를 촉진할 수 있다.

㉣ 시설내 처우 및 다른 사회내 처우보다 경제적이다.

㉤ 보호관찰에 대한 부수적 처분 및 독립된 형벌로 활용할 수 있어 형벌의 다양화에 기여한다.

㉥ 범죄자에 상응한 개별처우를 할 수 있어 범죄예방 및 감소에 기여한다.

㉦ 사회전문가에 의한 처우가 가능하고, 자원봉사자의 참여를 확대할 수 있다.

㉧ 범죄인을 수동적 객체에서 사회에 봉사하는 능동적 주체로 전환시킬 수 있다.

㉨ 봉사활동을 통한 형벌의 엄격함을 유지할 수 있고, 민간독지가의 참여 및 확대가 가능하다.

㉩ 수강명령은 대상자의 여가를 박탈하는 처벌효과가 있고, 건전한 여가활용 습관을 갖도록

할 수 있어 교육적·개선적 효과를 얻을 수 있다.

② 단점

    ㉠ 지역과 국가마다 상이하여 일반적으로 통용되는 기준 및 <u>통일성이 미흡</u>하다.

    ㉡ 지역사회에 기반을 둔 다른 처우와 같이 유용성을 실증하기 어려운 점이 있다.

    ㉢ 단기자유형의 대체방안으로 기대만큼 제대로 활용되지 못하고 있다.

    ㉣ 사회봉사명령 위반 시 처리기준이 명확하게 확립되어 있지 않다.

    ㉤ 법관의 사회봉사 시간 산정기준 및 대상자 선정이 불명확하고, 공정한 운용이 어렵다.

    ㉥ <u>정상적인 직업활동을 저해할 우려가 있고, 다른 좋지 못한 낙인으로 간주될 수 있다.</u>

(4) 사회봉사와 수강명령의 내용

① 사회봉사명령

    자연보호활동, 식물원봉사활동, 도서관봉사활동, 문화재봉사활동, 장애인 및 노약자 시설 봉사활동 등이 있다.

② 수강명령

    약물남용의 폐해에 대한 교육, 인간관계 개선교육, 올바른 성관념을 위한 성교육, 심성개발 훈련 교육 등이 있다.

(5) 관련법률(치료감호등에 관한 법률X)

「보호관찰 등에 관한 법률」 이외에, 「형법」, 「소년법」, 「가정폭력범죄의 처벌 등에 관한 특례법」, 「아동·청소년의 성보호에 관한 법률」, 「성매매알선 등 행위의 처벌에 관한 법률」 등에 사회봉사·수강명령을 규정하고 있다.

(6) 「보호관찰 등에 관한 법률」

① 대상자 및 범위

> ### 제3조(대상자)
>
> ① 보호관찰을 받을 사람(이하 "보호관찰 대상자"라 한다)은 다음 각 호와 같다.
>
>   1. 「형법」 제59조의2에 따라 보호관찰을 조건으로 형의 선고유예를 받은 사람
>
>   2. 「형법」 제62조의2에 따라 보호관찰을 조건으로 형의 집행유예를 선고받은 사람
>
>   3. 「형법」 제73조의2 또는 이 법 제25조에 따라 보호관찰을 조건으로 가석방되거나 임시퇴원된 사람
>
>   4. 「소년법」 제32조제1항제4호 및 제5호의 보호처분을 받은 사람
>
>   5. 다른 법률에서 이 법에 따른 보호관찰을 받도록 규정된 사람
>
> ② 사회봉사 또는 수강을 하여야 할 사람(이하 "사회봉사·수강명령 대상자"라 한다)은 다

음 각 호와 같다.

1. 「형법」 제62조의2에 따라 사회봉사 또는 수강을 조건으로 형의 집행유예를 선고받은 사람
2. 「소년법」 제32조에 따라 사회봉사명령 또는 수강명령을 받은 사람
3. 다른 법률에서 이 법에 따른 사회봉사 또는 수강을 받도록 규정된 사람

③ 갱생보호를 받을 사람(이하 "갱생보호 대상자"라 한다)은 형사처분 또는 보호처분을 받은 사람으로서 자립갱생을 위한 숙식 제공, 주거 지원, 창업 지원, 직업훈련 및 취업 지원 등 보호의 필요성이 인정되는 사람으로 한다.

제59조(사회봉사명령 · 수강명령의 범위)

① 법원은 「형법」 제62조의2에 따른 사회봉사를 명할 때에는 500시간, 수강을 명할 때에는 200시간의 범위에서 그 기간을 정하여야 한다. 다만, 다른 법률에 특별한 규정이 있는 경우에는 그 법률에서 정하는 바에 따른다.
② 법원은 제1항의 경우에 사회봉사 · 수강명령 대상자가 사회봉사를 하거나 수강할 분야와 장소 등을 지정할 수 있다.

② 판결의 통지 등

제60조(판결의 통지 등)

① 법원은 「형법」 제62조의2에 따른 사회봉사 또는 수강을 명하는 판결이 확정된 때부터 3일 이내에 판결문 등본 및 준수사항을 적은 서면을 피고인의 주거지를 관할하는 보호관찰소의 장에게 보내야 한다.
② 제1항의 경우에 법원은 그 의견이나 그 밖에 사회봉사명령 또는 수강명령의 집행에 참고가 될 만한 자료를 첨부할 수 있다.
③ 법원 또는 법원의 장은 제1항의 통지를 받은 보호관찰소의 장에게 사회봉사명령 또는 수강명령의 집행상황에 관한 보고를 요구할 수 있다.

③ 집행담당자

제61조(사회봉사 · 수강명령 집행 담당자)

① 사회봉사명령 또는 수강명령은 보호관찰관이 집행한다. 다만, 보호관찰관은 국공립기관이나 그 밖의 단체에 그 집행의 전부 또는 일부를 위탁할 수 있다(협력 ×).
② 보호관찰관은 사회봉사명령 또는 수강명령의 집행을 국공립기관이나 그 밖의 단체에 위탁한 때에는 이를 법원 또는 법원의 장에게 통보하여야 한다.

③ 법원은 법원 소속 공무원으로 하여금 사회봉사 또는 수강할 시설 또는 강의가 사회봉사·수강명령 대상자의 교화·개선에 적당한지 여부와 그 운영 실태를 조사·보고하도록 하고, 부적당하다고 인정하면 그 집행의 위탁을 취소할 수 있다.

④ 보호관찰관은 사회봉사명령 또는 수강명령의 집행을 위하여 필요하다고 인정하면 국공립기관이나 그 밖의 단체에 협조를 요청할 수 있다.

④ 사회봉사·수강명령 준수사항

제62조(사회봉사·수강명령 대상자의 준수사항) ★

① 사회봉사·수강명령 대상자는 대통령령으로 정하는 바에 따라 주거, 직업, 그 밖에 필요한 사항을 관할 보호관찰소의 장에게 신고하여야 한다.

② 사회봉사·수강명령 대상자는 다음 각 호의 사항을 준수하여야 한다.

1. 보호관찰관의 집행에 관한 지시에 따를 것
2. 주거를 이전하거나 1개월 이상 국내외여행을 할 때에는 미리 보호관찰관에게 신고할 것

③ 법원은 판결의 선고를 할 때 제2항의 준수사항 외에 대통령령으로 정하는 범위에서 본인의 특성 등을 고려하여 특별히 지켜야 할 사항을 따로 과(科)할 수 있다.

④ 제2항과 제3항의 준수사항은 서면으로 고지하여야 한다.

⑤ 사회봉사·수강명령의 종료

제63조(사회봉사·수강의 종료)

① 사회봉사·수강은 사회봉사·수강명령 대상자가 다음 각 호의 어느 하나에 해당하는 때에 종료한다.

1. 사회봉사명령 또는 수강명령의 집행을 완료한 때
2. 형의 집행유예 기간이 지난 때
3. 「형법」 제63조 또는 제64조에 따라 사회봉사·수강명령을 조건으로 한 집행유예의 선고가 실효되거나 취소된 때
4. 다른 법률에 따라 사회봉사·수강명령이 변경되거나 취소·종료된 때

② 사회봉사·수강명령 대상자가 사회봉사·수강명령 집행 중 금고 이상의 형의 집행을 받게 된 때에는 해당 형의 집행이 종료·면제되거나 사회봉사·수강명령 대상자가 가석방된 경우 잔여 사회봉사·수강명령을 집행한다.

보호관찰이 규정되어 있는 법률	사회봉사·수강명령이 규정되어 있는 법률
치료감호등에관한법률, 보호관찰등에관한법률, 형법, 소년법, 성매매알선등행위의처벌에관한법률, 아동·청소년의성보호에관한법률, 성폭력범죄의처벌에관한법률, 가정폭력범죄의처벌등에관한법률 ※ 청소년보호법×	보호관찰등에관한법률, 형법, 소년법, 성매매알선등행위의처벌에관한법률, 아동·청소년의성보호에관한법률, 성폭력범죄의처벌에관한법률, 가정폭력범죄의처벌등에관한법률 ※ 치료감호등에관한법률×

5. 갱생보호

(1) 갱생보호의 개념

① 협의의 갱생보호

협의의 갱생보호는 교도소·소년원 등의 수용시설에서 형사처분이나 보호처분을 집행받고 출소하는 자를 후견·지도·보호하는 활동을 말하며, 이를 석방자보호 또는 사법보호라고도 한다.

② 광의의 갱생보호

광의의 갱생보호는 협의의 갱생보호를 포함한 일체의 법적 구금상태에서 벗어난 자(집행유예·선고유예·기소유예 등)를 대상으로 후견·지도·보호하는 활동을 말하며, 범죄자를 건전한 사회인으로 복귀할 수 있도록 조력하는 일체의 보호활동을 뜻한다.

(2) 갱생보호의 연혁

① 미국

㉠ 갱생보호는 신파형벌이론(목적형·교육형주의)과 기독교의 박애사상의 영향을 받아 탄생되었다.

㉡ 1776년 미국에서 리차드 위스터(R. Wister)가 '불행한 수형자를 돕기 위한 필라델피아 협회'를 결성해 처음으로 출소자보호를 위한 민간인의 조직적인 활동을 시작하였다.

㉢ 1789년 '교도소의 열악한 상태를 완화하기 위한 필라델피아 협회'로 명칭을 바꾼 후 존 오거스터스(J. Augustus)를 중심으로 행형개량과 갱생보호에 힘쓰게 되었다. 그 후 출소자보호운동이 상당한 호응을 얻어 각국으로 전파되어 교도소협의를 창설하는 등 많은 단체들이 활발한 활동을 하고 있다.

② 영국

영국은 보호관찰부 유예(Probation) 및 보호관찰부 가석방(Parole)과 결부된 유권적 갱생보호 형태로 발전하였다. 1862년 「갱생보호법」을 제정하고, 1907년 「범죄자보호관찰법」에 의한 유권적 갱생보호에 해당하는 보호관찰(Probation)을 실시하고, 1936년 전국석방수형자원조협회를 창설하였다.

③ 독일

독일은 국가를 중심으로 한 갱생보호 활동을 전개하였다. 1867년 브란덴부르크에 국영방직

공장을 설립하여 부랑자·전과자·걸인 등을 수용하여 그 노동력을 산업에 활용하였다. 1826년 교도소 협회, 1827년 수형자 개선을 위한 협회를 조직하여 갱생보호활동을 전개하였다.

④ 국제적 관심
　㉠ 신시내티선언
　　갱생보호에 관한 국제회의의 효시는 1870년 미국 교도소협회가 개최한 국제회의인 신시내티선언이다. 이 회의에서 "범죄자에 대한 국가의 책임으로서 개선 이외에 취업의 기회를 주어야 하며, 잃어버린 사회적 지위를 회복시켜야 주어야 한다"는 지침을 만들어 채택하였다.
　㉡ 1872년 국제형무회의(1929년 국제형법 및 형무회의로 개칭)
　　갱생보호사업에 대한 국제적인 협력의 중요성을 합의하고 갱생보호를 위한 민간단체의 필요성을 강조하였다.
　㉢ 1960년 제2회 UN 범죄방지 및 범죄자처우회의
　　수형자의 가족에 대한 원조를 포함한 석방자처우 및 사후보호, 사회내 처우를 위한 최저 기준 등을 논의하였다.

⑤ 우리나라
　㉠ 1961년「갱생보호법」을 제정하여 도청단위로 갱생보호회를 설립하고, 각 교도소 소재지에 갱생보호소가 설립되었다.
　㉡ 1988년「보호관찰법」을 제정하면서 부분적으로 유권적 갱생보호가 가능하게 되었다.
　㉢ 1995년「보호관찰 등에 관한 법률」을 제정하면서 기존의「보호관찰법」과「갱생보호법」을 통합하고 종전의 갱생보호회를 한국갱생보호공단으로 개칭하였다.
　㉣ 2008년 한국갱생보호공단을 한국법무보호복지공단으로 개칭하였다.

(3) 갱생보호의 의의

① 의의
　㉠ 출소자들의 현실적응 및 정상적인 사회복귀에 기여하는 교도소와 사회의 가교 역할을 한다.
　㉡ 출소자를 사회가 이웃으로 받아주지 않는 사회지체현상을 극복하고 해소할 수 있다.
　㉢ 열등감과 소외감을 갖기 쉬운 출소자의 심리적 지체해소 및 자립의식을 고취할 수 있다.
　㉣ 생활기반이 취약한 출소자들에게 경제적 자립기반을 조성하여 안정된 생활을 하게 할 수 있다.
　㉤ 출소자 주변의 우범자들로부터 보호하고 재범을 방지하는 데 기여한다.

> **◉ 누범배란기간**
> 출소 후 2 ~ 3개월은 특히 범죄를 범하기 쉬워 이를 누범배란기간이라고 한다.
>
> **◉ 갱생보호의 주목적**
> 재범방지, 자립의식 고취 및 경제적 자립기반 조성이 목적이다.

② 갱생보호의 법적 성질
    ㉠ 임의적 갱생보호(비유권적 갱생보호)
        ⓐ 출소자의 신청이나 동의를 전제로 물질적·정신적 원조를 제공하는 것을 말한다.
        ⓑ 인도주의와 봉사정신에 바탕을 둔 사회사업적 성격이 강한 비유권적 보호활동이다.
    ㉡ 강제적 갱생보호(필요적·유권적 갱생보호)
        ⓐ 출소자의 신청이나 동의없이 국가의 권한과 필요에 의해 강제적으로 일정기간 보호하는 것으로, 갱생보호를 형사사법제도의 일환으로 실시하는 강제적·유권적·필요적 보호활동을 말한다.
        ⓑ 영미법계 국가의 보호관찰부 유예제도와 대륙법계 국가의 보호관찰부 가석방이 이에 해당한다.
③ 갱생보호의 종류
    ㉠ 사후보호(After-care)
        형기종료 등으로 출소한 자를 원호하는 것으로 가장 전통적이고 고전적인 형태의 갱생보호제도이다.
    ㉡ 보호관찰부 집행유예(Probation)
        형의 선고나 집행을 유예하는 대신 유예기간 중 보호관찰을 받게 하면서 보호활동을 하는 것을 말한다.
    ㉢ 보호관찰부 가석방(Parole)
        가석방 또는 임시퇴원으로 출소한 자를 보호관찰을 받게 하면서 보호활동을 하는 것을 말한다.

(4) 현행법(보호관찰 등에 관한 법률)상 갱생보호

① 임의적 갱생보호 원칙 ★

> **제66조(갱생보호의 신청 및 조치)**
> ① 갱생보호 대상자와 관계 기관은 보호관찰소의 장, 제67조제1항에 따라 갱생보호사업 허가를 받은 자 또는 제71조에 따른 한국법무보호복지공단에 갱생보호 신청을 할 수 있다.

② 제1항의 신청을 받은 자는 지체 없이 보호가 필요한지 결정하고 보호하기로 한 경우에는 그 방법을 결정하여야 한다.

③ 제1항의 신청을 받은 자가 제2항에 따라 보호결정을 한 경우에는 지체 없이 갱생보호에 필요한 조치를 하여야 한다.

제15조 제2항(보호관찰소의 관장 사무)

갱생보호에 관한 사무는 보호관찰소가 사무를 관장한다.

★ 갱생보호 : 우리나라는 신청에 의한 임의적 갱생보호를 원칙으로 하고 있다.
★ 갱생보호 신청 : 1) 보호관찰소의 장, 2) 갱생보호사업 허가를 받은 자, 3) 한국법무보호복지공단에 신청

② 갱생보호 대상자

제3조 제③항(대상자)

갱생보호를 받을 사람(이하 "갱생보호 대상자"라 한다)은 형사처분 또는 보호처분을 받은 사람으로서 자립갱생을 위한 숙식 제공, 주거 지원, 창업 지원, 직업훈련 및 취업 지원 등 보호의 필요성이 인정되는 사람으로 한다.

시행령 제40조(갱생보호)

① 법 제65조제1항에 따른 갱생보호는 갱생보호를 받을 사람(이하 "갱생보호 대상자"라 한다)이 친족 또는 연고자 등으로부터 도움을 받을 수 없거나 이들의 도움만으로는 충분하지 아니한 경우에 한하여 행한다.

② 갱생보호를 하는 경우에는 미리 갱생보호 대상자로 하여금 자립계획을 수립하게 할 수 있다.

③ 운영기준

제4조(운영의 기준)

보호관찰, 사회봉사, 수강 또는 갱생보호는 해당 대상자의 교화, 개선 및 범죄예방을 위하여 필요하고도 적절한 한도 내에서 이루어져야 하며, 대상자의 나이, 경력, 심신상태, 가정환경, 교우관계, 그 밖의 모든 사정을 충분히 고려하여 가장 적합한 방법으로 실시되어야 한다.

PART 6

④ 갱생보호의 방법

제65조(갱생보호의 방법)(여비 X, 생업지도 X, 선행지도 X) ★

① 갱생보호는 다음 각 호의 방법으로 한다.

1. 숙식 제공
2. 주거 지원
3. 창업 지원
4. 직업훈련 및 취업 지원
5. 출소예정자 사전상담
6. 갱생보호 대상자의 가족에 대한 지원
7. 심리상담 및 심리치료
8. 사후관리
9. 그 밖에 갱생보호 대상자에 대한 자립 지원

② 제1항 각 호의 구체적인 내용은 대통령령으로 정한다.

③ 제71조에 따른 한국법무보호복지공단 또는 제67조에 따라 갱생보호사업의 허가를 받은 자는 제1항 각 호의 갱생보호활동을 위하여 갱생보호시설을 설치·운영할 수 있다.

④ 제3항의 갱생보호시설의 기준은 법무부령으로 정한다.

시행령 제41조(숙식 제공)

① 법 제65조제1항제1호에 따른 숙식 제공은 생활관 등 갱생보호시설에서 갱생보호 대상자에게 숙소·음식물 및 의복 등을 제공하고 정신교육을 하는 것으로 한다.

② 제1항의 규정에 의한 숙식제공은 6월을 초과할 수 없다. 다만, 필요하다고 인정하는 때에는 매회 6월의 범위내에서 3회에 한하여 그 기간을 연장할 수 있다.

③ 제1항의 규정에 의하여 숙식을 제공한 경우에는 법무부장관이 정하는 바에 의하여 소요된 최소한의 비용을 징수할 수 있다.

※ 배우자, 직계존비속에 대하여는 1주일 이내의 기간 동안 숙식 제공가능.

---

⑤ 갱생보호사업자

제67조(갱생보호사업의 허가)

① 갱생보호사업을 하려는 자는 법무부령으로 정하는 바에 따라 법무부장관의 허가를 받아야 한다. 허가받은 사항을 변경하려는 경우에도 또한 같다.

② 법무부장관은 갱생보호사업의 허가를 할 때에는 사업의 범위와 허가의 기간을 정하거나 그 밖에 필요한 조건을 붙일 수 있다.

제70조의2(청문)

법무부장관은 제70조에 따라 갱생보호사업의 허가를 취소하거나 정지하려는 경우에는 청문을 하여야 한다.

⑥ 한국법무보호복지공단

제71조(한국법무보호복지공단의 설립)

갱생보호사업을 효율적으로 추진하기 위하여 한국법무보호복지공단(이하 "공단"이라 한다)을 설립한다.

제76조(임원 및 그 임기)

① 공단에 이사장 1명을 포함한 15명 이내의 이사와 감사 2명을 둔다.

② 이사장은 법무부장관이 임명하고, 그 임기는 3년으로 하되 연임할 수 있다. 다만, 임기가 만료된 이사장은 그 후임자가 임명될 때까지 그 직무를 행한다.

③ 이사는 갱생보호사업에 열성이 있고, 학식과 덕망이 있는 사람 중에서 이사장의 제청에 의하여 법무부장관이 임명하거나 위촉하며, 임기는 3년으로 하되 연임할 수 있다. 다만, 공무원인 이사의 임기는 그 직위에 있는 동안으로 한다.

④ 감사는 이사장의 제청에 의하여 법무부장관이 임명하며, 임기는 2년으로 하되 연임할 수 있다.

제82조(공단의 사업)

공단은 그 목적을 달성하기 위하여 다음 각 호의 사업을 한다.

1. 갱생보호
2. 갱생보호제도의 조사·연구 및 보급·홍보
3. 갱생보호사업을 위한 수익사업
4. 공단의 목적 달성에 필요한 사업

⑦ 갱생보호사업의 지원

제94조(보조금)

국가나 지방자치단체는 사업자와 공단에 대하여 보조할 수 있다.

제95조(조세감면)

국가나 지방자치단체는 갱생보호사업에 대하여 「조세특례제한법」 및 「지방세특례제한법」

PART 6

에서 정하는 바에 따라 국세 또는 지방세를 감면할 수 있다.

제96조(수익사업)
① 사업자 또는 공단은 갱생보호사업을 위하여 수익사업을 하려면 사업마다 <u>법무부장관의 승인</u>을 받아야 한다. 이를 변경할 때에도 또한 같다.
② 법무부장관은 수익사업을 하는 사업자 또는 공단이 수익을 갱생보호사업 외의 사업에 사용한 경우에는 수익사업의 시정이나 정지를 명할 수 있다.

제97조(감독)
① 법무부장관은 사업자와 공단을 지휘·감독한다.

⑧ 갱생보호의 문제점과 개선방안
　㉠ 문제점
　　ⓐ 갱생보호가 임의적이라 제대로 실효성을 거두기 어려운 점이 있다.
　　ⓑ 갱생보호에 대한 국가적 관심과 재정지원이 빈약하다.
　　ⓒ 갱생보호를 위한 전문인력이 절대적으로 부족하다.
　　ⓓ 갱생보호에 대한 국민들의 관심과 협조가 부족한 편이다.
　　ⓔ 갱생보호가 중간처우 내지 사회내 처우와 연결이 미약하다.
　㉡ 개선방안
　　ⓐ 강제적 갱생보호제도를 도입해 확대할 필요가 있다.
　　ⓑ 다양한 지도 및 지원방안을 개발해야 한다.
　　ⓒ 범죄예방위원의 전문화가 필요하다.
　　ⓓ 갱생보호를 중간처우 및 사회내 처우와 연결하여 확대 실시해야 한다.
　　ⓔ 전문직원을 양성하여 갱생보호활동을 전문화해야 한다.
　　ⓕ 생업지원금과 여비지급을 현실화하기 위한 재원확보가 필요하다.
　　ⓖ 복지시설(생활관 등)을 늘이고 직업훈련 및 취업알선을 확대해 나가야 한다.
　　ⓗ 국가의 재정지원을 확대해 갱생보호활동을 확대해 나가야 한다.
　　ⓘ 교정기관과 긴밀한 협력관계를 형성해 대상자를 확대해 나가야 한다.

전자장치 부착 등에 관한 법률

JUSTICE

1. 전자감시제도정리

구분	판결선고에 의한 부착명령 집행	가석방 및 가종료자 등의 부착집행 (부착명령을 선고받지 아니한 특정범죄자)	집행유예 시 부착명령 집행
대상	① 성폭력범죄자(임의적) ② 미성년자 대상 유괴범죄자, 살인범죄자(초범은 임의적, 재범 이상은 필요적) ③ 강도범죄자(임의적) ④ 스토킹범죄자(임의적)	① 보호관찰조건부 가석방(필요적) ② 보호관찰조건부 가종료 · 치료위탁 · 가출소(임의적)	특정범죄자로 집행유예 시 보호관찰 대상자(임의적)
처분기관	법원의 부착명령판결	관련 위원회 등의 결정	법원의 부착명령판결
기간	① 법정형의 상한이 사형 또는 무기징역인 특정범죄 : 10년 이상 30년 이하 ② 법정형 중 징역형의 하한이 3년 이상의 유기징역인 특정범죄(①에 해당하는 특정범죄는 제외) : 3년 이상 20년 이하 ③ 법정형 중 징역형의 하한이 3년 미만의 유기징역인 특정범죄(① 또는 ②에 해당하는 특정범죄는 제외) : 1년 이상 10년 이하	보호관찰기간의 범위에서 기간을 정하여	집행유예 시의 보호관찰기간의 범위 내에서 기간을 정하여
집행권자	검사의 지휘를 받아 보호관찰관이 집행	보호관찰관	검사의 지휘를 받아 보호관찰관이 집행
집행개시시점	특정범죄사건에 대한 형의 집행이 종료되거나 면제 · 가석방되는 날 또는 치료감호의 집행이 종료 · 가종료되는 날 석방 직전에 피부착명령자의 신체에 전자장치를 부탁함으로써 집행한다. 다만, 부착명령의 원인이 된 특정범죄사건이 아닌 다른 범죄사건으로 형이나 치료감호의 집행이 계속될 경우에 는 부착명령의 원인이 된 특정범죄사건이 아닌 다른 범죄사건에 대한 형의 집행이 종료되거나 면제 · 가석방되는 날 또는 치료감호의 집행이 종료 · 가종료되는 날	① 가석방되는 날 ② 가종료 또는 치료위탁되거나 가출소되는 날. 다만, 치료감호와 형이 병과된 가종료자의 경우, 집행할 잔여형기가 있는 때에는 그 형의 집행이 종료되거나 면제되는 날 부착한다.	전자장치를 부착하라는 법원의 판결이 확정된 때부터 집행
종료사유	① 부착명령기간이 경과 시 ② 부착명령과 함께 선고한 형이 사면되어 그 선고의 효력을 상실 시	① 가석방기간이 경과하거나 가석방이 실효 또는 취소된 때 ② 가종료자등의 부착기간이 경과하	① 부착명령기간이 경과한 때 ② 집행유예가 실효 또는 취소된 때 ③ 집행유예된 형이 사면되어 형의

③ 부착명령이 임시해제된 자가 그 가해제가 취소됨이 없이 잔여 부착명령기간을 경과 시	거나 보호관찰이 종료된 때 ③ 가석방된 형이 사면되어 형의 선고의 효력을 상실하게 된 때	선고의 효력을 상실하게 된 때

[기타 주요 내용]
① 검사의 청구 : 항소심 변론종결 시까지 하여야 한다.
② 특정범죄사건에 대하여 판결의 확정 없이 공소가 제기된 때부터 15년이 경과한 경우에는 부착명령을 청구할 수 없다.
③ 주거이전 등 허가 : 피부착자는 주거를 이전하거나 7일 이상의 국내여행을 하거나 출국할 때에는 미리 보호관찰관의 허가를 받아야 한다.
④ 임시해제 신청 : 집행이 개시된 날부터 3개월이 경과한 후에 신청이 기각된 경우에는 기각된 날부터 3개월이 경과한 후에 다시 신청 할 수 있다.
⑤ 준수사항 위반 등 위반 시 1년 범위 내 연장 가능
⑥ 19세 미만에 대한 선고는 가능하나, 부착은 19세부터 가능하다.
⑦ 19세 미만의 사람에 대하여 특정범죄를 저지른 경우 부착기간 하한의 2배 가중가능
⑧ 보석과 전자장치 부착
　㉠ 법원은 보석조건으로 피고인에게 전자장치 부착을 명할 수 있음
　㉡ 보호관찰소의 장은 피고인의 보석조건 이행 상황을 법원에 정기적으로 통지
　㉢ 보호관찰소의 장은 피고인이 전자장치 부착명령을 위반한 경우 및 보석조건을 위반하였음을 확인한 경우에는, 지체 없이 법원과 검사에게 통지
　㉣ 구속영장의 효력이 소멸한 경우, 보석이 취소된 경우, 보석조건이 변경되어 전자장치를 부착할 필요가 없게 되는 경우엔 전자장치의 부착이 종료됨

2. 「전자장치 부착 등에 관한 법률」

제1장 총칙

제1조(목적)

이 법은 수사 · 재판 · 집행 등 형사사법 절차에서 전자장치를 효율적으로 활용하여 불구속재판을 확대하고, 범죄인의 사회복귀를 촉진하며, 범죄로부터 국민을 보호함을 목적으로 한다.

제2조(정의) ★

이 법에서 사용하는 용어의 정의는 다음과 같다.

특정범죄	성폭력범죄, 미성년자 대상 유괴범죄, 살인범죄, 강도범죄 및 스토킹범죄
성폭력범죄	가. 「형법」 제2편 제32장 강간과 추행의 죄 중 제297조(강간) · 제297조의2(유사강간) · 제298조(강제추행) · 제299조(준강간, 준강제추행) · 제300조(미수범) · 제301조(강간 등 상해 · 치상) · 제301조의2(강간 등 살인 · 치사) · 제302조(미성년자등에 대한 간음) · 제303조(업무상위력 등에 의한 간음) · 제305조(미성년자에 대한 간음, 추행) · 제305조의2(상습범), 제2편 제38장 절도와 강도의 죄 중 제339조(강도강간) · 제340조(해상강도) 제3항(사람을 강간한 죄만을 말한다) 및 제342조(미수범)의 죄(제339조 및 제340조 제3항 중 사람을 강간한 죄의 미수범만을 말한다) 나. 「성폭력범죄의 처벌 등에 관한 특례법」 제3조(특수강도강간 등)부터 제10조(업무상 위력 등에 의한 추행)까지의 죄 및 제15조(미수범)의 죄(제3조부터 제9조까지의 미수범만을 말한다)

성폭력범죄	다. 「아동 · 청소년의 성보호에 관한 법률」 제7조(아동 · 청소년에 대한 강간 · 강제추행 등) · 제8조(장애인인 아동 · 청소년에 대한 간음 등) · 제9조(강간 등 상해 · 치상) 및 제10조(강간 등 살인 · 치사)의 죄 라. 가목부터 다목까지의 죄로서 다른 법률에 따라 가중 처벌되는 죄
미성년자 대상 유괴범죄	가. 미성년자에 대한 「형법」 제287조부터 제292조까지, 제294조, 제296조, 제324조의2 및 제336조의 죄 나. 미성년자에 대한 「특정범죄가중처벌 등에 관한 법률」 제5조의2(약취 · 유인죄의 가중처벌)의 죄 다. 가목과 나목의 죄로서 다른 법률에 따라 가중 처벌되는 죄
살인범죄	가. 「형법」 제2편 제1장 내란의 죄 중 제88조(내란목적의 살인) · 제89조(미수범)의 죄(제88조의 미수범만을 말한다), 제2편 제24장 살인의 죄 중 제250조(살인, 존속살해) · 제251조(영아살해) · 제252조(촉탁, 승낙에 의한 살인 등) · 제253조(위계 등에 의한 촉탁살인 등) · 제254조(미수범) · 제255조(예비, 음모), 제2편 제32장 강간과 추행의 죄 중 제301조의2(강간 등 살인 · 치사) 전단, 제2편 제37장 권리행사를 방해하는 죄 중 제324조의4(인질살해 · 치사) 전단 · 제324조의5(미수범)의 죄(제324조의4 전단의 미수범만을 말한다), 제2편 제38장 절도와 강도의 죄 중 제338조(강도살인 · 치사) 전단 · 제340조(해상강도) 제3항(사람을 살해한 죄만을 말한다) 및 제342조(미수범)의 죄(제338조 전단 및 제340조 제3항 중 사람을 살해한 죄의 미수범만을 말한다) 나. 「성폭력범죄의 처벌 등에 관한 특례법」 제9조(강간 등 살인 · 치사)제1항의 죄 및 제15조(미수범)의 죄(제9조 제1항의 미수범만을 말한다) 다. 「아동 · 청소년의 성보호에 관한 법률」 제10조(강간 등 살인 · 치사)제1항의 죄 라. 「특정범죄 가중처벌 등에 관한 법률」 제5조의2(약취 · 유인죄의 가중처벌)제2항 제2호의 죄 및 같은 조 제6항의 죄(같은 조 제2항 제2호의 미수범만을 말한다) 마. 가목부터 라목까지의 죄로서 다른 법률에 따라 가중처벌 되는 죄
강도범죄	가. 「형법」 제2편 제38장 절도와 강도의 죄 중 제333조(강도) · 제334조(특수강도) · 제335조(준강도) · 제336조(인질강도) · 제337조(강도상해, 치상) · 제338조(강도살인 · 치사) · 제339조(강도강간) · 제340조(해상강도) · 제341조(상습범) · 제342조(미수범)의 죄(제333조부터 제341조까지의 미수범만을 말한다) 및 제343조(예비, 음모)의 죄 나. 「성폭력범죄의 처벌 등에 관한 특례법」 제3조(특수강도강간 등)제2항 및 제15조(미수범)의 죄(제3조 제2항의 미수범만을 말한다) 다. 가목과 나목의 죄로서 다른 법률에 따라 가중처벌 되는 죄
스토킹범죄	「스토킹범죄의 처벌 등에 관한 법률」 제18조 제1항 및 제2항의 죄
위치추적 전자장치	전자파를 발신하고 추적하는 원리를 이용하여 위치를 확인하거나 이동경로를 탐지하는 일련의 기계적 설비로서 대통령령으로 정하는 것

시행령 제2조(위치추적 전자장치의 구성)

「전자장치 부착 등에 관한 법률」(이하 "법"이라 한다) 제2조 제4호에 따른 위치추적 전자장치(이하 "전자장치"라 한다)는 다음 각 호로 구성한다.

1. 휴대용 추적장치 : 전자장치가 부착된 사람(이하 "피부착자"라 한다)이 휴대하는 것으로서 피부착자의 위치를 확인하는 장치
2. 재택(在宅) 감독장치 : 피부착자의 주거지에 설치하여 피부착자의 위치를 확인하는 장치
3. 부착장치 : 피부착자의 신체에 부착하는 장치로서, 휴대용 추적장치와 재택 감독장치에 전자파를 송신하거나 피부착자의 위치를 확인하는 장치

> **시행령 제3조**
> 삭제 〈2021.9.14.〉

제3조(국가의 책무)
국가는 이 법의 집행과정에서 국민의 인권이 부당하게 침해되지 아니하도록 주의하여야 한다.

제4조(적용범위) ★★
만 19세 미만의 자에 대하여 부착명령을 선고한 때에는 19세에 이르기까지 이 법에 따른 전자장치를 부착할 수 없다.

제2장 형 집행 종료 후의 전자장치 부착

제5조(전자장치 부착명령의 청구) ★
① 검사는 다음 각 호의 어느 하나에 해당하고, 성폭력범죄를 다시 범할 위험성이 있다고 인정되는 사람에 대하여 전자장치를 부착하도록 하는 명령(이하 "부착명령"이라 한다)을 법원에 청구할 수 있다(임의적 청구).
  1. 성폭력범죄로 징역형의 실형을 선고받은 사람이 그 집행을 종료한 후 또는 집행이 면제된 후 10년 이내에 성폭력범죄를 저지른 때
  2. 성폭력범죄로 이 법에 따른 전자장치를 부착 받은 전력이 있는 사람이 다시 성폭력범죄를 저지른 때
  3. 성폭력범죄를 2회 이상 범하여(유죄의 확정판결을 받은 경우를 포함한다) 그 습벽이 인정된 때
  4. 19세 미만의 사람에 대하여 성폭력범죄를 저지른 때
  5. 신체적 또는 정신적 장애가 있는 사람에 대하여 성폭력범죄를 저지른 때
② 검사는 미성년자 대상 유괴범죄를 저지른 사람으로서 미성년자 대상 유괴범죄를 다시 범할 위험성이 있다고 인정되는 사람에 대하여 부착명령을 법원에 청구할 수 있다(임의적 청구). 다만, 유괴범죄로 징역형의 실형 이상의 형을 선고받아 그 집행이 종료 또는 면제된 후 다시 유괴범죄를 저지른 경우에는 부착명령을 청구하여야 한다(필요적 청구).
③ 검사는 살인범죄를 저지른 사람으로서 살인범죄를 다시 범할 위험성이 있다고 인정되는 사람에 대하여 부착명령을 법원에 청구할 수 있다(임의적 청구). 다만, 살인범죄로 징역형의 실형 이상의 형을 선고받아 그 집행이 종료 또는 면제된 후 다시 살인범죄를 저지른 경우에는 부착명령을 청구하여야 한다(필요적 청구).
④ 검사는 다음 각 호의 어느 하나에 해당하고 강도범죄를 다시 범할 위험성이 있다고 인정되는 사람에 대하여 부착명령을 법원에 청구할 수 있다(임의적 청구).

1. 강도범죄로 징역형의 실형을 선고받은 사람이 그 집행을 종료한 후 또는 집행이 면제된 후 10년 이내에 다시 강도범죄를 저지른 때
2. 강도범죄로 이 법에 따른 전자장치를 부착하였던 전력이 있는 사람이 다시 강도범죄를 저지른 때
3. 강도범죄를 2회 이상 범하여(유죄의 확정판결을 받은 경우를 포함한다) 그 습벽이 인정된 때

⑤ 검사는 다음 각 호의 어느 하나에 해당하고 스토킹범죄를 다시 범할 위험성이 있다고 인정되는 사람에 대하여 부착명령을 법원에 청구할 수 있다.

1. 스토킹범죄로 징역형의 실형을 선고받은 사람이 그 집행을 종료한 후 또는 집행이 면제된 후 10년 이내에 다시 스토킹범죄를 저지른 때
2. 스토킹범죄로 이 법에 따른 전자장치를 부착하였던 전력이 있는 사람이 다시 스토킹범죄를 저지른 때
3. 스토킹범죄를 2회 이상 범하여(유죄의 확정판결을 받은 경우를 포함한다) 그 습벽이 인정된 때

⑥ 제1항부터 제5항까지의 규정에 따른 부착명령의 청구는 공소가 제기된 특정범죄사건의 항소심 변론종결 시까지 하여야 한다.

⑦ 법원은 공소가 제기된 특정범죄사건을 심리한 결과 부착명령을 선고할 필요가 있다고 인정하는 때에는 검사에게 부착명령의 청구를 요구할 수 있다.

⑧ 제1항부터 제5항까지의 규정에 따른 특정범죄사건에 대하여 판결의 확정 없이 공소가 제기된 때부터 15년이 경과한 경우에는 부착명령을 청구할 수 없다.

제6조(조사)

① 검사는 부착명령을 청구하기 위하여 필요하다고 인정하는 때에는 피의자의 주거지 또는 소속 검찰청(지청을 포함한다. 이하 같다) 소재지를 관할하는 보호관찰소(지소를 포함한다. 이하 같다)의 장에게 범죄의 동기, 피해자와의 관계, 심리상태, 재범의 위험성 등 피의자에 관하여 필요한 사항의 조사를 요청할 수 있다.

② 제1항의 요청을 받은 보호관찰소의 장은 조사할 보호관찰관을 지명하여야 한다.

③ 제2항에 따라 지명된 보호관찰관은 지체 없이 필요한 사항을 조사한 후 검사에게 조사보고서를 제출하여야 한다.

④ 검사는 제1항의 요청을 받은 보호관찰소의 장에게 조사진행상황의 보고를 요구할 수 있다.

⑤ 검사는 부착명령을 청구함에 있어서 필요한 경우에는 피의자에 대한 정신감정이나 그 밖에 전문가의 진단 등의 결과를 참고하여야 한다.

> **시행령 제4조(조사)**
> ① 검사는 법 제6조 제1항에 따라 보호관찰소(지소를 포함한다. 이하 같다)의 장에게 조사를 요청할 때에는 법 제5조 제1항부터 제4항까지의 규정에 따른 전자장치를 부착하도록 하는 명령(이하 "부착명령"이라 한다)을 청구하는 피의자의 인적사항 및 범죄사실의 요지를 통보하여야 한다. 이 경우 법무부령으로 정하는 참고자료를 보낼 수 있다.
> ② 보호관찰소의 장은 법 제6조 제1항의 조사를 위하여 교도소 · 소년교도소 · 구치소 · 군교도소의 장, 경찰서장, 치료감호소의 장(이하 "수용기관의 장"이라 한다)에게 협조를 요청을 할 수 있다. 이 경우 수용기관의 장은 특별한 사유가 없으면 협조하여야 한다.

제7조(부착명령 청구사건의 관할) ★
① 부착명령 청구사건의 관할은 부착명령 청구사건과 동시에 심리하는 특정범죄사건의 관할에 따른다.
② 부착명령 청구사건의 제1심 재판은 지방법원 합의부(지방법원지원 합의부를 포함한다. 이하 같다)의 관할로 한다.

제8조(부착명령 청구서의 기재사항 등)
① 부착명령 청구서에는 다음 각 호의 사항을 기재하여야 한다.
   1. 부착명령 청구대상자(이하 "피부착명령청구자"라 한다)의 성명과 그 밖에 피부착명령청구자를 특정할 수 있는 사항
   2. 청구의 원인이 되는 사실
   3. 적용 법조
   4. 그 밖에 대통령령으로 정하는 사항
② 법원은 부착명령 청구가 있는 때에는 지체 없이 부착명령 청구서의 부본을 피부착명령청구자 또는 그의 변호인에게 송부하여야 한다. 이 경우 특정범죄사건에 대한 공소제기와 동시에 부착명령 청구가 있는 때에는 제1회 공판기일 5일 전까지, 특정범죄사건의 심리 중에 부착명령 청구가 있는 때에는 다음 공판기일 5일 전까지 송부하여야 한다.

> **시행령 제5조(부착명령 청구서의 기재사항 및 방식)**
> ① 법 제8조 제1항 제1호에서 "그 밖에 피부착명령청구자를 특정할 수 있는 사항"이란 피부착명령청구자의 주민등록번호, 직업, 주거, 등록기준지를 말하고, 같은 항 제4호에서 "대통령령으로 정하는 사항"이란 피부착명령청구자의 죄명을 말한다.

② 검사가 공소 제기와 동시에 부착명령을 청구할 경우에는 공소장에 부착명령 청구의 원인이 되는 사실과 적용 법조문을 추가하여 적는 것으로 부착명령 청구서를 대신할 수 있다.

제9조(부착명령의 판결 등) ★

① 법원은 부착명령 청구가 이유 있다고 인정하는 때에는 다음 각 호에 따른 기간의 범위 내에서 부착기간을 정하여 판결로 부착명령을 선고하여야 한다. 다만, 19세 미만의 사람에 대하여 특정범죄를 저지른 경우에는 부착기간 하한을 다음 각 호에 따른 부착기간 하한의 2배로 한다.

법정형의 상한이 사형 또는 무기징역인 특정범죄	10년 이상 30년 이하(20년)
법정형 중 징역형의 하한이 3년 이상의 유기징역인 특정범죄(제1호에 해당하는 특정범죄는 제외한다)	3년 이상 20년 이하(6년)
법정형 중 징역형의 하한이 3년 미만의 유기징역인 특정범죄(제1호 또는 제2호에 해당하는 특정범죄는 제외한다)	1년 이상 10년 이하(2년)

② 여러 개의 특정범죄에 대하여 동시에 부착명령을 선고할 때에는 법정형이 가장 중한 죄의 부착기간 상한의 2분의 1까지 가중하되, 각 죄의 부착기간의 상한을 합산한 기간을 초과할 수 없다. 다만, 하나의 행위가 여러 특정범죄에 해당하는 경우에는 가장 중한 죄의 부착기간을 부착기간으로 한다.

③ 부착명령을 선고받은 사람은 부착기간 동안 「보호관찰 등에 관한 법률」에 따른 보호관찰을 받는다.

④ 법원은 다음 각 호의 어느 하나에 해당하는 때에는 판결로 부착명령 청구를 기각하여야 한다.

  1. 부착명령 청구가 이유 없다고 인정하는 때
  2. 특정범죄사건에 대하여 무죄(심신상실을 이유로 치료감호가 선고된 경우는 제외한다)·면소·공소기각의 판결 또는 결정을 선고하는 때
  3. 특정범죄사건에 대하여 벌금형을 선고하는 때
  4. 특정범죄사건에 대하여 선고유예 또는 집행유예를 선고하는 때(제28조 제1항에 따라 전자장치 부착을 명하는 때를 제외한다)

⑤ 부착명령 청구사건의 판결은 특정범죄사건의 판결과 동시에 선고하여야 한다.

⑥ 부착명령 선고의 판결이유에는 요건으로 되는 사실, 증거의 요지 및 적용 법조를 명시하여야 한다.

⑦ 부착명령의 선고는 특정범죄사건의 양형에 유리하게 참작되어서는 아니 된다.

⑧ 특정범죄사건의 판결에 대하여 상소 및 상소의 포기·취하가 있는 때에는 부착명령 청구사건의 판결에 대하여도 상소 및 상소의 포기·취하가 있는 것으로 본다. 상소권회복 또

PART 6

는 재심의 청구나 비상상고가 있는 때에도 또한 같다.

⑨ 제8항에도 불구하고 검사 또는 피부착명령청구자 및 「형사소송법」 제340조(피고인의 법정대리인)·제341조(피고인의 배우자, 직계친족, 형제자매 또는 원심의 대리인이나 변호인)에 규정된 자는 부착명령에 대하여 독립하여 상소 및 상소의 포기·취하를 할 수 있다. 상소권회복 또는 재심의 청구나 비상상고의 경우에도 또한 같다.

제9조의2(준수사항) ★

① 법원은 제9조 제1항에 따라 부착명령을 선고하는 경우 부착기간의 범위에서 준수기간을 정하여 다음 각 호의 준수사항 중 하나 이상을 부과할 수 있다. 다만, 제4호의 준수사항은 500시간의 범위에서 그 기간을 정하여야 한다.

1. 야간, 아동·청소년의 통학시간 등 특정 시간대의 외출제한
2. 어린이 보호구역 등 특정지역·장소에의 출입금지 및 접근금지

2의2. 주거지역의 제한

3. 피해자 등 특정인에의 접근금지
4. 특정범죄 치료 프로그램의 이수
5. 마약 등 중독성 있는 물질의 사용금지
6. 그 밖에 부착명령을 선고받는 사람의 재범방지와 성행교정을 위하여 필요한 사항

② 삭제 〈2010.4.15.〉

③ 제1항에도 불구하고 법원은 성폭력범죄를 저지른 사람(19세 미만의 사람을 대상으로 성폭력범죄를 저지른 사람으로 한정한다) 또는 스토킹범죄를 저지른 사람에 대해서 제9조 제1항에 따라 부착명령을 선고하는 경우에는 다음 각 호의 구분에 따라 제1항의 준수사항을 부과하여야 한다.

1. 19세 미만의 사람을 대상으로 성폭력범죄를 저지른 사람 : 제1항 제1호 및 제3호의 준수사항을 포함할 것. 다만, 제1항 제1호의 준수사항을 부과하여서는 아니 될 특별한 사정이 있다고 판단하는 경우에는 해당 준수사항을 포함하지 아니할 수 있다.
2. 스토킹범죄를 저지른 사람 : 제1항 제3호의 준수사항을 포함할 것

제10조(부착명령 판결 등에 따른 조치)

① 법원은 제9조에 따라 부착명령을 선고한 때에는 그 판결이 확정된 날부터 3일 이내에 부착명령을 선고받은 자(이하 "피부착명령자"라 한다)의 주거지를 관할하는 보호관찰소의 장에게 판결문의 등본을 송부하여야 한다.

② 교도소, 소년교도소, 구치소, 국립법무병원 및 군교도소의 장(이하 "교도소장등"이라 한다)은 피부착명령자가 석방되기 5일 전까지 피부착명령자의 주거지를 관할하는 보호관찰소의 장에게 그 사실을 통보하여야 한다.

제11조(국선변호인 등)

부착명령 청구사건에 관하여는 「형사소송법」 제282조(필요적 변호) 및 제283조(국선변호인)를 준용한다.

제12조(집행지휘)

① 부착명령은 검사의 지휘를 받아 보호관찰관이 집행한다.

② 제1항에 따른 지휘는 판결문 등본을 첨부한 서면으로 한다.

> **시행령 제6조(집행지휘)**
>
> 검사는 부착명령의 판결이 확정되면 지체 없이 부착명령을 선고받은 사람(이하 "피부착명령자"라 한다)의 주거지를 관할하는 보호관찰소의 장에게 법 제12조 제2항의 부착명령 집행을 지휘한 서면을 보내야 한다.

제13조(부착명령의 집행) ★

① 부착명령은 특정범죄사건에 대한 형의 집행이 종료되거나 면제·가석방되는 날 또는 치료감호의 집행이 종료·가종료되는 날 석방 직전에 피부착명령자의 신체에 전자장치를 부착함으로써 집행한다. 다만, 다음의 경우에는 각 호의 구분에 따라 집행한다.

    1. 부착명령의 원인이 된 특정범죄사건이 아닌 다른 범죄사건으로 형이나 치료감호의 집행이 계속될 경우에는 부착명령의 원인이 된 특정범죄사건이 아닌 다른 범죄사건에 대한 형의 집행이 종료되거나 면제·가석방 되는 날 또는 치료감호의 집행이 종료·가종료되는 날부터 집행한다.

    2. 피부착명령자가 부착명령 판결 확정 시 석방된 상태이고 미결구금일수 산입 등의 사유로 이미 형의 집행이 종료된 경우에는 부착명령 판결 확정일부터 부착명령을 집행한다.

② 제1항 제2호에 따라 부착명령을 집행하는 경우 보호관찰소의 장은 피부착명령자를 소환할 수 있으며, 피부착명령자가 소환에 따르지 아니하는 때에는 관할 지방검찰청의 검사에게 신청하여 부착명령 집행장을 발부받아 구인할 수 있다.

③ 보호관찰소의 장은 제2항에 따라 피부착명령자를 구인한 경우에는 부착명령의 집행을 마친 즉시 석방하여야 한다.

④ 부착명령의 집행은 신체의 완전성을 해하지 아니하는 범위 내에서 이루어져야 한다.

⑤ 부착명령이 여러 개인 경우 확정된 순서에 따라 집행한다.

⑥ 다음 각 호의 어느 하나에 해당하는 때에는 부착명령의 집행이 정지된다.

    1. 부착명령의 집행 중 다른 죄를 범하여 구속영장의 집행을 받아 구금된 때

    2. 부착명령의 집행 중 다른 죄를 범하여 금고 이상의 형의 집행을 받게 된 때

    3. 가석방 또는 가종료된 자에 대하여 전자장치 부착기간 동안 가석방 또는 가종료가 취

소되거나 실효된 때

⑦ 제6항 제1호에도 불구하고 구속영장의 집행을 받아 구금된 후에 다음 각 호의 어느 하나에 해당하는 사유로 구금이 종료되는 경우 그 구금기간 동안에는 부착명령이 집행된 것으로 본다. 다만, 제1호 및 제2호의 경우 법원의 판결에 따라 유죄로 확정된 경우는 제외한다.
1. 사법경찰관이 불송치결정을 한 경우
2. 검사가 혐의없음, 죄가안됨, 공소권없음 또는 각하의 불기소처분을 한 경우
3. 법원의 무죄, 면소, 공소기각 판결 또는 공소기각 결정이 확정된 경우

⑧ 제6항에 따라 집행이 정지된 부착명령의 잔여기간에 대하여는 다음 각 호의 구분에 따라 집행한다.
1. 제6항 제1호의 경우에는 구금이 해제되거나 금고 이상의 형의 집행을 받지 아니하게 확정된 때부터 그 잔여기간을 집행한다.
2. 제6항 제2호의 경우에는 그 형의 집행이 종료되거나 면제된 후 또는 가석방된 때부터 그 잔여기간을 집행한다.
3. 제6항 제3호의 경우에는 그 형이나 치료감호의 집행이 종료되거나 면제된 후 그 잔여기간을 집행한다.

⑨ 제1항부터 제8항까지 규정된 사항 외에 부착명령의 집행 및 정지에 관하여 필요한 사항은 대통령령으로 정한다.

시행령 제7조(부착명령의 집행)

① 보호관찰관은 피부착명령자에 대한 판결문 등본, 법 제12조 제2항의 부착명령 집행을 지휘한 서면, 그 밖의 관련 서류를 확인한 후 부착명령을 집행하여야 한다.

② 보호관찰관은 법 제13조 제1항에 따라 부착명령을 집행하기에 앞서 피부착명령자에게 법 제14조와 이 영에 따른 피부착자의 의무사항 및 법 제38조 및 제39조에 따른 벌칙에 관한 사항을 알려야 한다.

③ 부착명령은 다음 각 호의 방법으로 집행한다.
1. 휴대용 추적장치는 피부착명령자가 휴대할 수 있도록 교부한다. 다만, 부착장치에 피부착자의 위치를 확인하는 기능이 있는 경우에는 교부하지 아니한다.
2. 부착장치는 피부착명령자의 발목에 부착한다. 다만, 발목에 부착할 수 없는 특별한 사유가 있으면 다른 신체 부위에 부착할 수 있다.
3. 재택 감독장치는 피부착명령자의 석방 후 지체 없이 피부착명령자의 주거지에 고정하여 설치한다. 다만, 피부착명령자의 주거가 일정하지 아니하거나 그 밖에 재택 감독장치를 설치하기 어려운 사정이 있는 경우에는 설치하지 아니할 수 있다.

④ 보호관찰소의 장은 소속 보호관찰관이 부착명령을 집행하기 위하여 필요하면 수용기관의 장에게 협조를 요청할 수 있다. 이 경우 수용기관의 장은 특별한 사유가 없으면

협조하여야 한다.

⑤ 수용기관의 장은 피부착자가 부착명령의 집행 중 「형법」 제70조에 따른 노역장유치의 집행을 받게 된 경우 피부착자의 주거지를 관할하는 보호관찰소의 장에게 통보하여 담당 보호관찰관이 전자장치를 분리하여 회수하도록 하여야 하며, 피부착자가 노역장유치의 집행을 마치고 석방되기 전에 피부착자의 주거지를 관할하는 보호관찰소의 장에게 석방예정 사실을 통보하여 석방 전에 담당 보호관찰관이 피부착자에게 전자장치를 부착할 수 있도록 하여야 한다.

시행령 제8조(부착명령의 집행정지)

① 보호관찰관은 법 제13조 제6항에 따라 부착명령의 집행이 정지되면 지체 없이 전자장치를 분리하여 회수하여야 한다. 이 경우 부착명령의 집행기간은 신체에서 부착장치를 분리한 때부터 정지된다.

② 수용기관의 장은 법 제13조 제6항 각 호의 사유로 피부착자가 구금된 경우에는 즉시 그의 주거지를 관할하는 보호관찰소의 장에게 그 사실을 통보하여야 한다.

③ 보호관찰관은 법 제13조 제8항에 따른 부착명령의 잔여기간 집행사유가 발생한 경우 다시 전자장치를 부착하여야 한다. 이 경우 부착명령의 집행기간은 신체에 부착장치를 부착한 때부터 진행한다.

④ 수용기관의 장은 법 제13조 제8항 제1호에 따른 부착명령의 잔여기간 집행사유가 발생한 경우 구금을 해제하기 전에 피부착명령자의 주거지를 관할하는 보호관찰소의 장에게 그 사실을 통보하여야 한다.

⑤ 수용기관의 장은 법 제13조 제8항 제2호 및 제3호에 따른 부착명령의 잔여기간 집행사유가 발생한 경우 부착명령의 집행이 정지된 사람이 석방되기 5일 전까지 그의 주거지를 관할하는 보호관찰소의 장에게 그 사실을 통보하여야 한다.

시행령 제9조(부착명령 집행정지자의 이송)

수용기관의 장은 법 제13조 제6항에 따라 부착명령의 집행이 정지된 사람을 다른 수용기관으로 이송할 경우에는 그의 주거지를 관할하는 보호관찰소의 장과 해당 수용기관의 장에게 그 사실을 통보하여야 한다.

시행령 제10조(전자장치의 일시 분리)

① 보호관찰관은 피부착자의 치료, 전자장치의 교체, 그 밖에 전자장치를 일시 분리할 필요가 있는 경우 보호관찰소의 장의 승인을 받아 전자장치의 전부 또는 일부를 피부착자의 신체 또는 주거에서 일시적으로 분리할 수 있다. 다만, 승인을 받을 시간적 여유가 없을 경우에는 분리한 후 지체 없이 보고하여야 한다.

② 보호관찰관은 제1항의 일시 분리 사실을 대장에 적고 그 대장을 비치하여야 한다.

제14조(피부착자의 의무) ★★

① 전자장치가 부착된 자(이하 "피부착자"라 한다)는 전자장치의 부착기간 중 전자장치를 신체에서 임의로 분리·손상, 전파 방해 또는 수신자료의 변조, 그 밖의 방법으로 그 효용을 해하여서는 아니 된다.

② 피부착자는 특정범죄사건에 대한 형의 집행이 종료되거나 면제·가석방되는 날부터 10일 이내에 주거지를 관할하는 보호관찰소에 출석하여 대통령령으로 정하는 신상정보 등을 서면으로 신고하여야 한다.

③ 피부착자는 주거를 이전하거나 7일 이상의 국내여행을 하거나 출국할 때에는 미리 보호관찰관의 허가를 받아야 한다.

시행령 제11조(전자장치의 효용 유지 의무)

피부착자는 전자장치의 부착기간 중 법 제14조 제1항에 따라 전자장치의 효용 유지를 위하여 다음 각 호의 사항을 준수하여야 한다.

1. 전자장치의 기능이 정상적으로 유지될 수 있도록 전자장치를 충전, 휴대 또는 관리할 것
2. 전자장치가 정상적으로 작동하지 아니하는 경우 지체 없이 그 사실을 보호관찰관에게 알릴 것
3. 전자장치의 기능 유지를 위한 보호관찰관의 정당한 지시에 따를 것

시행령 제12조(주거이전·국내여행 및 출국 허가 등)

① 법 제14조 제2항에서 "대통령령으로 정하는 신상정보 등"이란 제15조의2 제1항 제1호부터 제8호까지의 사항 및 그 밖에 피부착자에 대한 지도·감독에 필요한 사항을 말한다.

② 피부착자는 법 제14조 제3항에 따른 주거이전 등의 허가를 받으려고 할 때에는 본인의 성명, 주거, 주거이전 예정지나 국내여행 예정지 또는 출국 예정지, 주거이전 이유나 국내여행 목적 또는 출국 목적, 주거이전 일자나 국내여행 기간 또는 출국 기간 등을 적은 허가신청서와 소명자료를 보호관찰소에 출석하여 제출하여야 한다.

③ 제2항에 따른 허가 신청을 받은 보호관찰관은 신청일부터 7일 이내에 주거이전 예정지나 국내여행 예정지 또는 출국 예정지, 주거이전 이유나 국내여행 목적, 출국의 목적 또는 법 제9조의2 및 「보호관찰 등에 관한 법률」 제32조에 따른 준수사항 이행 정도 등을 종합적으로 고려하여 허가 여부를 결정하여야 한다.

④ 보호관찰관은 제3항에 따라 피부착자의 출국 허가를 결정할 경우 피부착자가 다음 각 호의 어느 하나에 해당하는 경우에는 출국을 허가하지 아니할 수 있다. 다만, 제1호의 경우에는 출국을 허가하지 아니하여야 한다.

1. 「출입국관리법」제4조 등 다른 법률의 규정에 따라 출국이 금지된 경우
2. 출국의 목적에 관한 소명자료를 제출하지 아니하는 경우
3. 부착명령 집행기간 중 정당한 사유 없이 출국 허가기간 내에 귀국하지 아니하였거나 허가를 받지 아니하고 출국한 전력이 있는 경우

⑤ 보호관찰관은 제3항에 따라 피부착자의 출국 허가를 결정할 경우 그 허가기간을 출국일부터 3개월 이내의 범위에서 정하되, 불가피한 경우에만 이를 초과하여 정할 수 있다.

⑥ 피부착자는 주거이전 허가를 받아 다른 보호관찰소의 관할 구역으로 주거를 이전한 경우 3일 이내에 새로운 주거지를 관할하는 보호관찰소에 출석하여 제1항의 신고를 하여야 한다.

⑦ 보호관찰소의 장은 소속 보호관찰관이 제3항에 따라 피부착자에게 출국을 허가한 경우 법무부장관에게 피부착자의 출입국 사실을 통보하여 줄 것을 요청하여야 한다.

⑧ 법무부장관은 제7항에 따른 요청을 받은 경우에는 피부착자의 출입국 시 지체 없이 그 사실을 보호관찰소의 장에게 통보하여야 한다.

⑨ 제3항에 따른 출국 허가를 받아 출국했던 피부착자는 입국한 후 지체 없이 관할 보호관찰소에 출석하여 전자장치가 정상적으로 작동하는지를 확인받아야 한다.

제14조의2(부착기간의 연장 등) ★

① 피부착자가 다음 각 호의 어느 하나에 해당하는 경우에는 법원은 보호관찰소의 장의 신청에 따른 검사의 청구로 1년의 범위에서 부착기간을 연장하거나 제9조의2 제1항의 준수사항을 추가 또는 변경하는 결정을 할 수 있다.
   1. 정당한 사유 없이 「보호관찰 등에 관한 법률」 제32조에 따른 준수사항을 위반한 경우
   2. 정당한 사유 없이 제14조 제2항(보호관찰소에 출석하여 서면 신고)을 위반하여 신고하지 아니한 경우
   3. 정당한 사유 없이 제14조 제3항을 위반하여 허가를 받지 아니하고 주거이전·국내여행 또는 출국을 하거나, 거짓으로 허가를 받은 경우
   4. 정당한 사유 없이 제14조 제3항에 따른 출국허가 기간까지 입국하지 아니한 경우

② 제1항 각 호에 규정된 사항 외의 사정변경이 있는 경우에도 법원은 상당한 이유가 있다고 인정되면 보호관찰소의 장의 신청에 따른 검사의 청구로 제9조의2 제1항의 준수사항을 부과, 추가, 변경 또는 삭제하는 결정을 할 수 있다.

시행령 제12조의2(부착기간의 연장 등의 신청)

① 보호관찰소의 장은 법 제14조의2에 따라 부착기간의 연장을 신청하거나 같은 조 또는 법 제14조의3에 따라 준수사항의 부과·추가·변경·삭제를 신청하는 경우에는 다음

각 호의 사항을 적은 서면으로 신청해야 한다.
1. 피부착자 또는 피부착명령자의 성명, 주민등록번호, 직업 및 주거
2. 신청의 취지
3. 부착기간의 연장 또는 준수사항의 부과·추가·변경·삭제가 필요한 사유
② 보호관찰소의 장은 제1항의 신청을 할 때 신청사유를 소명할 수 있는 자료를 제출하여야 한다.
③ 법원은 법 제14조의2 또는 제14조의3에 따른 청구의 심리를 위하여 필요한 경우에는 담당 보호관찰관을 출석시켜 의견을 들을 수 있고, 피부착자 또는 피부착명령자를 소환하여 심문하거나 필요한 사항을 확인할 수 있다.

제14조의3(피부착명령자에 대한 준수사항의 부과 등)
피부착명령자의 재범의 위험성에 관하여 행형(行刑) 성적 등 자료에 의해 판결 선고 당시에 예상하지 못한 새로운 사정이 소명되는 등 특별한 사정이 있는 경우 법원은 보호관찰소의 장의 신청에 따른 검사의 청구로 제9조의2 제1항의 준수사항을 부과, 추가, 변경 또는 삭제하는 결정을 할 수 있다.

제15조(보호관찰관의 임무)
① 보호관찰관은 피부착자의 재범방지와 건전한 사회복귀를 위하여 필요한 지도와 원호를 한다.
② 보호관찰관은 전자장치 부착기간 중 피부착자의 소재지 인근 의료기관에서의 치료, 상담시설에서의 상담치료 등 피부착자의 재범방지 및 수치심으로 인한 과도한 고통의 방지를 위하여 필요한 조치를 할 수 있다.
③ 보호관찰관은 필요한 경우 부착명령의 집행을 개시하기 전에 교도소장등에게 요청하여 「형의 집행 및 수용자의 처우에 관한 법률」 제63조의 교육, 제64조의 교화프로그램 및 제107조의 징벌에 관한 자료 등 피부착자의 형 또는 치료감호 집행 중의 생활실태를 확인할 수 있는 자료를 확보하고, 형 또는 치료감호의 집행을 받고 있는 피부착자를 면접할 수 있다. 이 경우 교도소장등은 보호관찰관에게 협조하여야 한다.

시행령 제13조(상담치료 등의 집행)
① 법무부장관은 다음 각 호의 시설 또는 단체를 지정하여 법 제15조 제2항의 치료 및 상담치료 등을 실시하게 할 수 있다.
1. 「정신건강증진 및 정신질환자 복지서비스 지원에 관한 법률」 제3조 제4호에 따른 정신건강증진시설
2. 「성폭력방지 및 피해자보호 등에 관한 법률」 제10조에 따른 성폭력피해상담소, 같

　　　은 법 제27조에 따른 전담의료기관

　　3. 특정 범죄자를 치료하고 특정 범죄자 교정프로그램을 개발·실시한 경험이 있는 민간단체 또는 기관

② 법무부장관은 제1항의 치료 및 상담치료 등에 대하여 예산의 범위에서 비용의 전부 또는 일부를 지급할 수 있다.

③ 법무부장관은 제1항의 치료 및 상담치료에 필요한 프로그램의 개발과 전문인력의 양성을 위하여 노력하여야 한다.

④ 법무부장관은 제1항에 따른 지정을 받은 시설 또는 단체가 치료 및 상담치료 등을 실시하기에 부적당한 경우 그 지정을 취소할 수 있다.

제16조(수신자료의 보존·사용·폐기 등)

① 보호관찰소의 장은 피부착자의 전자장치로부터 발신되는 전자파를 수신하여 그 자료(이하 "수신자료"라 한다)를 보존하여야 한다.

② 수신자료는 다음 각 호의 경우 외에는 열람·조회·제공 또는 공개할 수 없다.

　　1. 피부착자의 특정범죄 혐의에 대한 수사 또는 재판자료로 사용하는 경우

　　2. 보호관찰관이 지도·원호를 목적으로 사용하는 경우

　　3. 「보호관찰 등에 관한 법률」 제5조에 따른 보호관찰심사위원회(이하 "심사위원회"라 한다)의 부착명령 임시해제와 그 취소에 관한 심사를 위하여 사용하는 경우

　　4. 보호관찰소의 장이 피부착자의 제38조 또는 제39조에 해당하는 범죄 혐의에 대한 수사를 의뢰하기 위하여 사용하는 경우

③ 삭제 〈2012.12.18.〉

④ 검사 또는 사법경찰관은 제2항 제1호에 해당하는 사유로 수신자료를 열람 또는 조회하는 경우 관할 지방법원(군사법원을 포함한다) 또는 지원의 허가를 받아야 한다. 다만, 관할 지방법원 또는 지원의 허가를 받을 수 없는 긴급한 사유가 있는 때에는 수신자료 열람 또는 조회를 요청한 후 지체 없이 그 허가를 받아 보호관찰소의 장에게 송부하여야 한다.

⑤ 검사 또는 사법경찰관은 제4항 단서에 따라 긴급한 사유로 수신자료를 열람 또는 조회하였으나 지방법원 또는 지원의 허가를 받지 못한 경우에는 지체 없이 열람 또는 조회한 수신자료를 폐기하고, 그 사실을 보호관찰소의 장에게 통지하여야 한다.

⑥ 보호관찰소의 장은 다음 각 호의 어느 하나에 해당하는 때에는 수신자료를 폐기하여야 한다.

　　1. 부착명령과 함께 선고된 형이 「형법」 제81조에 따라 실효된 때

　　2. 부착명령과 함께 선고된 형이 사면으로 인하여 그 효력을 상실한 때

　　3. 전자장치 부착이 종료된 자가 자격정지 이상의 형 또는 이 법에 따른 전자장치 부착을 받음이 없이 전자장치 부착을 종료한 날부터 5년이 경과한 때

⑦ 제1항부터 제6항까지에서 규정한 사항 외에 수신자료의 보존·사용·열람·조회·제공·폐기 등에 관하여 필요한 사항은 대통령령으로 정한다.

시행령 제14조(수신자료의 사용)

보호관찰소의 장 및 법 제16조의3에 따른 위치추적 관제센터의 장은 법 제16조 제2항 제1호, 제3호 및 제4호에 따라 수신자료가 사용된 경우에는 그 사실을 대장에 적고 이를 비치해야 한다.

시행령 제14조의2(수신자료 열람 또는 조회)

① 검사는 법 제16조 제4항 본문에 따라 수신자료를 열람 또는 조회하려는 경우에는 관할 법원에 피부착자에 대한 수신자료의 열람 또는 조회를 허가하여 줄 것을 청구할 수 있다.

② 사법경찰관은 법 제16조 제4항 본문에 따라 수신자료를 열람 또는 조회하려는 경우 검사에게 피부착자에 대한 수신자료의 열람 또는 조회에 대한 허가를 신청하고, 검사는 관할 법원에 그 허가를 청구할 수 있다.

③ 제1항 및 제2항에 따른 수신자료 열람 또는 조회의 허가 청구 또는 신청은 피부착자의 인적사항, 수신자료 제공기관, 청구·신청 사유 및 필요한 자료의 범위를 적은 서면으로 하여야 한다.

④ 검사 또는 사법경찰관은 법 제16조 제4항 본문에 따라 수신자료를 열람 또는 조회하는 경우에는 보호관찰소의 장(법 제16조의3에 따른 위치추적 관제센터의 장을 포함한다. 이하 제14조의3부터 제14조의6까지에서 같다)에게 관할 법원의 허가서 사본을 내주어야 한다.

시행령 제14조의3(긴급 수신자료 열람 또는 조회)

① 검사 또는 사법경찰관은 법 제16조 제4항 단서에 따라 수신자료의 열람 또는 조회를 요청하는 경우에는 보호관찰소의 장에게 다음 각 호의 서류를 팩스 등의 방법으로 제시하여야 한다.
  1. 피부착자의 인적사항, 긴급한 사유, 수신자료 제공기관, 요청사유 및 필요한 자료의 범위를 적은 긴급 열람·조회 요청서
  2. 자신의 신분을 표시할 수 있는 증표

② 검사는 제1항에 따른 긴급 수신자료 열람 또는 조회를 요청한 경우에는 지체 없이 관할 법원에 그 허가를 청구하여야 한다.

③ 사법경찰관은 제1항에 따른 긴급 수신자료 열람 또는 조회를 요청한 경우에는 지체 없이 검사에게 긴급 수신자료 열람 또는 조회에 대한 허가를 신청하고, 검사는 관할

법원에 그 허가를 청구할 수 있다.

④ 검사 또는 사법경찰관이 법 제16조 제4항 단서에 따라 보호관찰소의 장에게 송부하여야 할 자료는 관할 법원의 허가서 사본으로 한다.

시행령 제14조의4(열람 또는 조회한 수신자료의 보존·폐기 등)

① 검사 또는 사법경찰관은 법 제16조 제4항과 제5항에 따른 수신자료의 열람 또는 조회 허가 신청 및 청구 현황, 수신자료 열람 또는 조회 사실을 적은 대장을 3년간 소속 기관에 갖추어 두어야 한다.

② 보호관찰소의 장은 검사 또는 사법경찰관에게 수신자료를 열람 또는 조회하게 하였을 때에는 해당 수신자료 열람 또는 조회 사실을 적은 대장과 수신자료 열람·조회 요청서 등 관련 자료를 3년간 갖추어 두어야 한다.

③ 검사가 제14조의3 제3항에 따른 사법경찰관의 허가 신청을 기각하면 사법경찰관은 지체 없이 열람 또는 조회한 수신자료를 폐기하여야 한다.

④ 검사 또는 사법경찰관은 법 제16조 제5항 또는 이 조 제3항에 따라 열람 또는 조회한 수신자료를 폐기하였을 때에는 지체 없이 그 사실을 서면으로 보호관찰소의 장에게 통지하여야 한다.

시행령 제14조의5(수신자료 사용사건의 결과 통지 등)

① 검사 또는 사법경찰관은 수신자료를 열람 또는 조회하여 수사한 사건에 관하여 공소를 제기하거나 공소의 제기 또는 입건을 하지 아니하는 처분(기소중지결정은 제외한다)을 하였을 때에는 그 처분의 결과를 수신자료를 제공한 보호관찰소의 장에게 서면으로 통지하여야 한다.

② 사법경찰관은 수신자료를 열람 또는 조회하여 수사한 사건을 종결하는 경우에는 그 결과를 검사에게 보고하여야 한다. 다만, 그 사건을 검찰에 송치하는 경우에는 그러하지 아니하다.

시행령 제14조의6(수신자료 관련 비밀누설 금지 등)

수신자료를 열람 또는 조회한 사람은 그로 인하여 알게 된 타인의 비밀을 누설하거나 피부착자의 명예를 훼손하지 아니하도록 하여야 한다.

시행령 제15조(수신자료의 폐기)

① 전자장치 부착기간이 끝난 사람이 부착을 마친 날부터 5년 내에 자격정지 이상의 형을 받은 경우에는 그 형의 집행이 끝난 날부터 5년이 지난 때에 수신자료를 폐기한다.

② 수신자료의 폐기는 전산자료에서 삭제하는 방법으로 한다.

제16조의2(피부착자의 신상정보 제공 등)

① 보호관찰소의 장은 범죄예방 및 수사에 필요하다고 판단하는 경우 피부착자가 제14조 제2항에 따라 신고한 신상정보 및 피부착자에 대한 지도·감독 중 알게 된 사실 등의 자료를 피부착자의 주거지를 관할하는 경찰관서의 장 등 수사기관에 제공할 수 있다.

② 수사기관은 범죄예방 및 수사활동 중 인지한 사실이 피부착자 지도·감독에 활용할 만한 자료라고 판단할 경우 이를 보호관찰소의 장에게 제공할 수 있다.

③ 보호관찰소의 장은 피부착자가 범죄를 저질렀거나 저질렀다고 의심할만한 상당한 이유가 있을 때에는 이를 수사기관에 통보하여야 한다.

④ 수사기관은 체포 또는 구속한 사람이 피부착자임을 알게 된 경우에는 피부착자의 주거지를 관할하는 보호관찰소의 장에게 그 사실을 통보하여야 한다.

⑤ 제1항부터 제4항에 따른 제공 및 통보의 절차와 관리 등에 필요한 사항은 대통령령으로 정한다.

시행령 제15조의2(피부착자의 신상정보 제공 등)

① 법 제16조의2 제1항에 따라 보호관찰소의 장이 피부착자의 주거지를 관할하는 경찰관서의 장 등 수사기관에 제공할 수 있는 피부착자의 신상정보는 다음 각 호와 같다.

1. 성명

2. 주민등록번호. 다만, 외국인 및 「재외동포의 출입국과 법적 지위에 관한 법률」 제2조 제1호에 따른 재외국민(주민등록을 하지 아니한 경우만 해당하며, 이하 이 호에서 "재외국민"이라 한다)과 같은 조 제2호에 따른 외국국적동포(이하 "외국국적동포"라 한다)에 대해서는 다음 각 목의 구분에 따라 표기한다.

   가. 외국인의 경우 : 국적·여권번호 및 외국인등록번호(외국인등록번호가 없는 경우에는 생년월일)

   나. 재외국민의 경우 : 여권번호 및 생년월일

   다. 외국국적동포의 경우 : 국적·여권번호 및 같은 법 제7조 제1항에 따라 부여된 국내거소신고번호(국내거소신고번호가 없는 경우에는 생년월일)

3. 주소 및 실제 거주지

   가. 내국인의 경우 : 「주민등록법」에 따라 신고한 주소와 실제 거주지 주소

   나. 외국인의 경우 : 「출입국관리법」 제32조에 따라 등록한 국내 체류지와 실제 거주지 주소

   다. 외국국적동포의 경우 : 「재외동포의 출입국과 법적 지위에 관한 법률」 제6조에 따라 신고한 국내 거소와 실제 거주지 주소

4. 연락처

5. 사진

6. 죄명 및 판결·결정 내용

7. 전자장치 부착기간(법 제14조의2에 따라 부착기간이 연장된 경우에는 그 연장된 기간)

8. 직업

9. 그 밖에 보호관찰소의 장이 범죄예방 및 수사에 필요하다고 인정하는 사항

② 법 제16조의2 제3항에 따라 보호관찰소의 장이 수사기관에 통보하는 사항은 다음 각 호와 같다.

1. 제1항 각 호의 사항

2. 피부착자가 저지른 범죄 또는 저지른 것으로 의심되는 범죄사건의 발생일시, 장소 및 범행내용

③ 법 제16조의2 제4항에 따라 수사기관이 보호관찰소의 장에게 통보하는 사항은 다음 각 호와 같다.

1. 피부착자의 성명 및 주민등록번호

2. 피부착자의 범죄사실

3. 피부착자의 체포 또는 구속 일시 및 장소

④ 제1항에 따른 피부착자 신상정보의 제공은 보호관찰소의 장이 관리하는 제1항 각 호의 피부착자 신상정보에 관한 전자기록을 「형사사법절차 전자화 촉진법」 제2조 제4호에 따른 형사사법정보시스템에 등록하고, 수사기관은 이를 조회하는 방식 등으로 할 수 있다.

⑤ 수사기관의 장은 제4항에 따라 조회한 피부착자의 신상정보를 문서로 출력한 경우 제1항 제7호에 따른 전자장치 부착기간이 끝나면 그 문서를 폐기하여야 한다.

제16조의3(위치추적 관제센터의 설치·운영)

① 법무부장관은 보호관찰소의 장 및 보호관찰관이 피부착자의 위치를 확인하고 이동경로를 탐지하며, 전자장치로부터 발신되는 전자파를 수신한 자료를 보존·사용·폐기하는 업무를 지원하기 위하여 위치추적 관제센터를 설치하여 운영할 수 있다.

② 위치추적 관제센터의 장은 피부착자가 제9조의2 제1항 각 호(제4호 및 제6호는 제외한다)에 따른 준수사항 또는 제14조 제1항에 따른 효용 유지 의무를 위반하거나, 위반하였다고 의심할만한 상당한 이유가 있고 피부착자에 대한 신속한 지도·감독을 위하여 긴급히 필요한 경우 지방자치단체의 장에게 「개인정보 보호법」 제2조 제7호에 따른 고정형 영상정보처리기기를 통하여 수집된 영상정보의 제공 등 협조를 요청할 수 있다.

③ 제2항에 따라 피부착자에 관한 영상정보를 제공받은 위치추적 관제센터의 장은 영상정보

의 열람이 종료된 후 그 사실을 해당 피부착자에게 통지하여야 한다.

④ 제3항에 따른 통지의 시기 및 방법 등 영상정보 열람사실의 통지에 필요한 사항은 법무부령으로 정한다.

> **시행령 제3조**
> 삭제 〈2021.9.14.〉

제17조(부착명령의 임시해제 신청 등) ★★

① 보호관찰소의 장 또는 피부착자 및 그 법정대리인은 해당 보호관찰소를 관할하는 심사위원회에 부착명령의 임시해제를 신청할 수 있다.

② 제1항의 신청은 부착명령의 집행이 개시된 날부터 3개월이 경과한 후에 하여야 한다. 신청이 기각된 경우에는 기각된 날부터 3개월이 경과한 후에 다시 신청할 수 있다.

③ 제2항에 따라 임시해제의 신청을 할 때에는 신청서에 임시해제의 심사에 참고가 될 자료를 첨부하여 제출하여야 한다.

> **시행령 제16조(부착명령의 임시해제 신청)**
> ① 법 제17조 제1항에 따른 부착명령의 임시해제 신청은 「보호관찰 등에 관한 법률」 제5조에 따른 보호관찰심사위원회(이하 "심사위원회"라 한다)에 서면으로 해야 한다.
> ② 심사위원회는 피부착자 또는 그 법정대리인이 부착명령의 임시해제를 신청한 경우 지체 없이 그 사실을 보호관찰소의 장에게 통보해야 한다.

제18조(부착명령 임시해제의 심사 및 결정)

① 심사위원회는 임시해제를 심사할 때에는 피부착자의 인격, 생활태도, 부착명령 이행상황 및 재범의 위험성에 대하여 보호관찰관 등 전문가의 의견을 고려하여야 한다.

② 심사위원회는 임시해제의 심사를 위하여 필요한 때에는 보호관찰소의 장으로 하여금 필요한 사항을 조사하게 하거나 피부착자나 그 밖의 관계인을 직접 소환·심문 또는 조사할 수 있다.

③ 제2항의 요구를 받은 보호관찰소의 장은 필요한 사항을 조사하여 심사위원회에 통보하여야 한다.

④ 심사위원회는 피부착자가 부착명령이 계속 집행될 필요가 없을 정도로 개선되어 재범의 위험성이 없다고 인정하는 때에는 부착명령의 임시해제를 결정할 수 있다. 이 경우 피부착자로 하여금 주거이전 상황 등을 보호관찰소의 장에게 정기적으로 보고하도록 할 수 있다.

⑤ 심사위원회는 부착명령의 임시해제를 하지 아니하기로 결정한 때에는 결정서에 그 이유를 명시하여야 한다.

⑥ 제4항에 따라 부착명령이 임시해제된 경우에는 제9조 제3항에 따른 보호관찰과 제9조의2에 따른 준수사항 및 「아동·청소년의 성보호에 관한 법률」 제61조 제3항에 따른 보호관찰이 임시해제된 것으로 본다. 다만, 심사위원회에서 보호관찰 또는 준수사항 부과가 필요하다고 결정한 경우에는 그러하지 아니하다.

> **시행령 제17조(부착명령 임시해제의 심사 및 결정)**
> ① 심사위원회는 법 제18조 제1항에 따라 부착명령의 임시해제를 심사할 때에는 보호관찰관, 정신건강의학과 의사, 정신보건임상심리사, 그 밖의 전문가의 의견을 고려해야 한다.
> ② 심사위원회는 법 제18조 제4항 및 제5항의 결정을 하면 지체 없이 그 결정서 등본을 관할 보호관찰소의 장과 신청인에게 송달하여야 한다.
> ③ 보호관찰관은 법 제18조 제4항의 부착명령 임시해제 결정이 있으면 결정서에 기재된 임시해제일에 전자장치를 회수해야 한다.
> ④ 심사위원회가 제1항에 따라 전문가 의견을 고려한 경우 의견을 진술하거나 자료를 제출한 전문가에게는 예산의 범위에서 필요한 비용의 전부 또는 일부를 지급할 수 있다.

제19조(임시해제의 취소 등) ★

① 보호관찰소의 장은 부착명령이 임시해제된 자가 특정범죄를 저지르거나 주거이전 상황 등의 보고에 불응하는 등 재범의 위험성이 있다고 판단되는 때에는 심사위원회에 임시해제의 취소를 신청할 수 있다. 이 경우 심사위원회는 임시해제된 자의 재범의 위험성이 현저하다고 인정될 때에는 <u>임시해제를 취소하여야 한다.</u>

② 제1항에 따라 임시해제가 취소된 자는 잔여 부착명령기간 동안 전자장치를 부착하여야 하고, 부착명령할 때 개시된 보호관찰을 받아야 하며, 부과된 준수사항(준수기간이 종료되지 않은 경우에 한정한다)을 준수하여야 한다. 이 경우 임시해제기간은 부착명령기간에 산입하지 아니한다.

> **시행령 제18조(임시해제의 취소 등)**
> ① 법 제19조 제1항에 따른 임시해제의 취소신청은 심사위원회에 서면으로 해야 한다.
> ② 심사위원회는 법 제19조 제1항에 따라 부착명령의 임시해제 취소 결정을 했을 때에는 지체 없이 그 사실을 관할 보호관찰소의 장에게 통보해야 한다.
> ③ 보호관찰관은 부착명령의 임시해제 취소결정이 있으면 피부착명령자에게 결정서를

제시한 후 전자장치를 부착해야 한다.

④ 임시해제가 취소된 경우 부착명령 집행기간은 부착장치를 피부착명령자의 신체에 부착한 때부터 진행한다.

제20조(부착명령 집행의 종료) ★

제9조에 따라 선고된 부착명령은 다음 각 호의 어느 하나에 해당하는 때에 그 집행이 종료된다.

1. 부착명령기간이 경과한 때
2. 부착명령과 함께 선고한 형이 사면되어 그 선고의 효력을 상실하게 된 때
3. 삭제 〈2008.6.13.〉
4. 부착명령이 임시해제된 자가 그 임시해제가 취소됨이 없이 잔여 부착명령기간을 경과한 때

제21조(부착명령의 시효)

① 피부착명령자는 그 판결이 확정된 후 집행을 받지 아니하고 함께 선고된 특정범죄사건의 형의 시효가 완성되면 그 집행이 면제된다.

② 부착명령의 시효는 피부착명령자를 체포함으로써 중단된다.

제2장의2 형집행종료 후의 보호관찰

제21조의2(보호관찰명령의 청구)

검사는 다음 각 호의 어느 하나에 해당하는 사람에 대하여 형의 집행이 종료된 때부터 「보호관찰 등에 관한 법률」에 따른 보호관찰을 받도록 하는 명령(이하 "보호관찰명령"이라 한다)을 법원에 청구할 수 있다.

1. 성폭력범죄를 저지른 사람으로서 성폭력범죄를 다시 범할 위험성이 있다고 인정되는 사람
2. 미성년자 대상 유괴범죄를 저지른 사람으로서 미성년자 대상 유괴범죄를 다시 범할 위험성이 있다고 인정되는 사람
3. 살인범죄를 저지른 사람으로서 살인범죄를 다시 범할 위험성이 있다고 인정되는 사람
4. 강도범죄를 저지른 사람으로서 강도범죄를 다시 범할 위험성이 있다고 인정되는 사람
5. 스토킹범죄를 저지른 사람으로서 스토킹범죄를 다시 범할 위험성이 있다고 인정되는 사람

제21조의3(보호관찰명령의 판결) ★

① 법원은 제21조의2 각 호의 어느 하나에 해당하는 사람(특정범죄 재범 위험성이 있는 사람)이 금고 이상의 선고형에 해당하고 보호관찰명령의 청구가 이유 있다고 인정하는 때에는 2년 이상 5년 이하의 범위에서 기간을 정하여 보호관찰명령을 선고하여야 한다.

② 법원은 제1항에도 불구하고 제9조 제4항 제1호(부착명령 청구가 이유 없다고 인정하는

때)에 따라 부착명령 청구를 기각하는 경우로서 제21조의2 각 호의 어느 하나에 해당하여 보호관찰명령을 선고할 필요가 있다고 인정하는 때에는 직권으로 제1항에 따른 기간을 정하여 보호관찰명령을 선고할 수 있다.

제21조의4(준수사항) ★

① 법원은 제21조의3에 따라 보호관찰명령을 선고하는 경우 제9조의2 제1항 각 호의 준수사항 중 하나 이상을 부과할 수 있다. 다만, 제9조의2 제1항 제4호(특정범죄 치료 프로그램의 이수)의 준수사항은 300시간의 범위에서 그 기간을 정하여야 한다.

② 제1항 본문에도 불구하고 법원은 성폭력범죄를 저지른 사람(19세 미만의 사람을 대상으로 성폭력범죄를 저지른 사람으로 한정한다) 또는 스토킹범죄를 저지른 사람에 대해서는 제21조의3에 따라 보호관찰명령을 선고하는 경우 제9조의2 제1항 제3호(피해자 등 특정인에의 접근금지)를 포함하여 준수사항을 부과하여야 한다.

제21조의5(보호관찰명령의 집행)

보호관찰명령은 특정범죄사건에 대한 형의 집행이 종료되거나 면제·가석방되는 날 또는 치료감호 집행이 종료·가종료되는 날부터 집행한다. 다만, 보호관찰명령의 원인이 된 특정범죄사건이 아닌 다른 범죄사건으로 형이나 치료감호의 집행이 계속될 경우에는 보호관찰명령의 원인이 된 특정범죄사건이 아닌 다른 범죄사건에 대한 형의 집행이 종료되거나 면제·가석방되는 날 또는 치료감호의 집행이 종료·가종료되는 날부터 집행한다.

제21조의6(보호관찰대상자의 의무)

① 보호관찰대상자는 특정범죄사건에 대한 형의 집행이 종료되거나 면제·가석방되는 날부터 10일 이내에 주거지를 관할하는 보호관찰소에 출석하여 서면으로 신고하여야 한다.

② 보호관찰대상자는 주거를 이전하거나 7일 이상의 국내여행을 하거나 출국할 때에는 미리 보호관찰관의 허가를 받아야 한다.

제21조의7(보호관찰 기간의 연장 등)

① 보호관찰대상자가 정당한 사유 없이 제21조의4 또는 「보호관찰 등에 관한 법률」 제32조에 따른 준수사항을 위반하거나 제21조의6에 따른 의무를 위반한 때에는 법원은 보호관찰소의 장의 신청에 따른 검사의 청구로 다음 각 호의 결정을 할 수 있다.

  1. 1년의 범위에서 보호관찰 기간의 연장

  2. 제21조의4에 따른 준수사항의 추가 또는 변경

② 제1항 각 호의 처분은 병과할 수 있다.

③ 제1항에 규정된 사항 외의 사정변경이 있는 경우에도 법원은 상당한 이유가 있다고 인정하면 보호관찰소의 장의 신청에 따른 검사의 청구로 제21조의4에 따른 준수사항을 추가,

변경 또는 삭제하는 결정을 할 수 있다.

시행령 제18조의2(보호관찰 기간의 연장 등)

① 보호관찰소의 장은 법 제21조의7에 따라 보호관찰 기간의 연장 또는 준수사항의 추가 · 변경 · 삭제를 신청하는 경우에는 다음 각 호의 사항을 적은 서면으로 하여야 한다.
  1. 보호관찰대상자의 성명, 주민등록번호, 직업 및 주거
  2. 신청의 취지
  3. 보호관찰 기간의 연장 또는 준수사항의 추가 · 변경 · 삭제가 필요한 사유
② 보호관찰소의 장은 제1항의 신청을 할 때 신청사유를 소명할 수 있는 자료를 제출하여야 한다.
③ 법원은 법 제21조의7에 따른 청구의 심리를 위하여 필요한 경우에는 담당 보호관찰관을 출석시켜 의견을 들을 수 있으며, 보호관찰대상자를 소환하여 심문(審問)하거나 필요한 사항을 확인할 수 있다.

제21조의8(준용규정)

보호관찰대상자에 대해서는 제5조 제6항 · 제8항, 제6조부터 제8조까지, 제9조 제2항부터 제9항까지, 제9조의2, 제10조부터 제12조까지, 제13조 제5항부터 제9항까지, 제15조 및 제17조부터 제21조까지의 규정을 준용하되, "부착명령"은 "보호관찰명령"으로, "부착기간"은 "보호관찰 기간"으로, "피부착명령청구자"는 "피보호관찰명령청구자"로, "피부착자"는 "보호관찰대상자"로, "전자장치 부착"은 "보호관찰"로 본다.

시행령 제18조의3(준용규정)

보호관찰대상자의 조사, 집행지휘, 주거이전 허가, 상담치료, 임시해제 및 취소 등에 관하여는 제4조부터 제6조까지, 제12조 제1항부터 제7항까지, 제13조, 제16조, 제17조 제1항 · 제2항 · 제4항 및 제18조 제1항 · 제2항을 준용한다. 이 경우 "부착명령"은 "보호관찰명령"으로, "부착기간"은 "보호관찰 기간"으로, "피부착명령청구자"는 "피보호관찰명령청구자"로, "피부착명령자"는 "피보호관찰명령자"로, "피부착자"는 "보호관찰대상자"로, "전자장치 부착"은 "보호관찰"로 본다.

제3장 가석방 및 가종료 등과 전자장치 부착

제22조(가석방과 전자장치 부착) ★   ※ 보호관찰심사위원회에서 부착결정

① 제9조에 따른 부착명령 판결을 선고받지 아니한 특정 범죄자로서 형의 집행 중 가석방되

어 보호관찰을 받게 되는 자는 준수사항 이행 여부 확인 등을 위하여 가석방기간 동안 전자장치를 부착하여야 한다(필요적 부착). 다만, 심사위원회가 전자장치 부착이 필요하지 아니하다고 결정한 경우에는 그러하지 아니하다.

② 심사위원회는 특정범죄 이외의 범죄로 형의 집행 중 가석방되어 보호관찰을 받는 사람의 준수사항 이행 여부 확인 등을 위하여 가석방 예정자의 범죄내용, 개별적 특성 등을 고려하여 가석방 기간의 전부 또는 일부의 기간을 정하여 전자장치를 부착하게 할 수 있다(임의적 부착).

③ 심사위원회는 제1항 및 제2항의 결정을 위하여 가석방 예정자에 대한 전자장치 부착의 필요성과 적합성 여부 등을 조사하여야 한다.

④ 심사위원회는 제1항 및 제2항에 따라 전자장치를 부착하게 되는 자의 주거지를 관할하는 보호관찰소의 장에게 가석방자의 인적사항 등 전자장치 부착에 필요한 사항을 즉시 통보하여야 한다.

⑤ 교도소장등은 제1항 및 제2항에 따른 가석방 예정자가 석방되기 5일 전까지 그의 주거지를 관할하는 보호관찰소의 장에게 그 사실을 통보하여야 한다.

시행령 제19조(전자장치 부착 적합성조사)

① 교도소·소년교도소·구치소의 장은 가석방 예정자에 대한 심사위원회의 법 제22조 제3항에 따른 전자장치 부착의 필요성과 적합성 여부 등의 조사(이하 "전자장치 부착 적합성조사"라 한다)를 위해 「형의 집행 및 수용자의 처우에 관한 법률」 및 관계 법령에 따라 가석방 적격심사 신청 대상자가 선정되면 지체 없이 해당 대상자에 대한 다음 각 호의 사항이 포함된 자료를 해당 교도소·소년교도소·구치소의 소재지를 관할하는 심사위원회에 보내야 한다.

1. 성명
2. 주민등록번호
3. 죄명
4. 전체 형명 및 형기
5. 최초 형기 및 최종 형기의 기산일
6. 최종 형기종료일
7. 처우등급(「형의 집행 및 수용자의 처우에 관한 법률 시행령」 제84조 제2항에 따른 처우등급 중 도주 등의 위험성에 따라 구분한 처우등급을 말한다) 및 재범위험에 관한 사항

② 심사위원회는 제1항에 따라 교도소·소년교도소·구치소의 장으로부터 자료를 받은 경우에는 가석방 예정자에 대한 전자장치 부착 적합성조사를 하거나, 교도소·소년교

도소·구치소의 소재지 또는 해당 가석방 예정자의 거주예정지를 관할하는 보호관찰소의 장과 협의하여 보호관찰소의 장에게 전자장치 부착 적합성조사를 위하여 필요한 사항의 조사를 의뢰할 수 있다.

③ 보호관찰소의 장은 제2항에 따른 의뢰를 받은 경우에는 필요한 조사를 하고 그 결과를 심사위원회에 통보해야 한다.

④ 교도소·소년교도소·구치소의 장은 심사위원회 또는 보호관찰소의 장으로부터 제2항 또는 제3항에 따른 전자장치 부착 적합성조사 등을 위한 가석방 예정자 면담 등 필요한 협조를 요청받은 경우 특별한 사정이 없으면 이에 협조해야 한다.

⑤ 심사위원회 또는 보호관찰소의 장은 전자장치 부착 적합성조사를 위해 필요하다고 인정하면 국가기관, 지방자치단체 또는 공공기관의 장에게 사실을 알아보거나 관련 자료의 열람 등 협조를 요청할 수 있다. 이 경우 해당 기관의 장은 특별한 사정이 없는 한 이에 협조해야 한다.

⑥ 전자장치 부착 적합성조사의 내용에는 가석방 예정자의 범죄경력, 범죄내용 및 직업, 경제력, 생활환경 등 개별적 특성에 관한 사항이 포함되어야 한다.

시행령 제19조의2(결정의 고지 등)

① 심사위원회는 「보호관찰 등에 관한 법률」 제24조 제1항에 따른 보호관찰 결정서 등본을 수용기관의 장에게 송달하면서 법 제22조 제1항 및 제2항에 따른 전자장치 부착에 관한 사항을 함께 통보해야 한다.

② 「치료감호 등에 관한 법률」 제37조에 따른 치료감호심의위원회는 법 제23조 제1항에 따라 피치료감호자 또는 피보호감호자에게 전자장치를 부착하는 결정을 한 경우 그 결정서를 피치료감호자 또는 피보호감호자에게, 결정서 등본을 수용기관의 장(보호감호시설의 장을 포함한다. 이하 이 장에서 같다)에게 각각 송달하여야 한다.

③ 제1항 또는 제2항에 따라 결정서 등본을 송달받은 수용기관의 장은 전자장치를 부착하게 될 가석방예정자, 피치료감호자 또는 피보호감호자에게 전자장치 부착에 관한 내용을 알려주어야 한다.

제23조(가종료 등과 전자장치 부착) ★   ※ 치료감호심의위원회에서 부착결정

① 「치료감호 등에 관한 법률」 제37조에 따른 치료감호심의위원회(이하 "치료감호심의위원회"라 한다)는 제9조에 따른 부착명령 판결을 선고받지 아니한 특정 범죄자로서 치료감호의 집행 중 가종료 또는 치료위탁되는 피치료감호자나 보호감호의 집행 중 가출소되는 피보호감호자(이하 "가종료자등"이라 한다)에 대하여 「치료감호 등에 관한 법률」 또는 「사회보호법」(법률 제7656호로 폐지되기 전의 법률을 말한다)에 따른 준수사항 이행 여부 확인 등을 위하여 보호관찰 기간의 범위에서 기간을 정하여 전자장치를 부착하게 할

수 있다(임의적 부착).

② 치료감호심의위원회는 제1항에 따라 전자장치 부착을 결정한 경우에는 즉시 피부착결정 자의 주거지를 관할하는 보호관찰소의 장에게 통보하여야 한다.

③ 치료감호시설의 장·보호감호시설의 장 또는 교도소의 장은 가종료자등이 가종료 또는 치료위탁되거나 가출소되기 5일 전까지 가종료자등의 주거지를 관할하는 보호관찰소의 장에게 그 사실을 통보하여야 한다.

시행령 제20조(치료감호소의 장 등의 통보)

① 치료감호시설의 장 및 보호감호시설의 장은 법 제23조 제1항에 따라 전자장치 부착결정을 받은 사람(이하 "피부착결정자"라 한다)을 다른 수용기관으로 이송할 경우 그 수용기관의 장에게 이송되는 사람이 전자장치 부착결정을 받았음을 통보하여야 한다.

② 제1항에 따라 피부착결정자를 인수한 수용기관의 장은 그가 출소하기 5일 전까지 그 주거지를 관할하는 보호관찰소의 장에게 피부착결정자의 석방 예정 사실을 통보하여야 한다.

제24조(전자장치의 부착) ★

① 전자장치 부착은 보호관찰관이 집행한다.

② 전자장치는 다음 각 호의 어느 하나에 해당하는 때 석방 직전에 부착한다.

  1. 가석방되는 날

  2. 가종료 또는 치료위탁되거나 가출소되는 날. 다만, 제23조 제1항에 따른 피치료감호자에게 치료감호와 병과된 형의 잔여 형기가 있거나 치료감호의 원인이 된 특정범죄사건이 아닌 다른 범죄사건으로 인하여 집행할 형이 있는 경우에는 해당 형의 집행이 종료·면제되거나 가석방되는 날 부착한다.

③ 전자장치 부착집행 중 보호관찰 준수사항 위반으로 유치허가장의 집행을 받아 유치된 때에는 부착집행이 정지된다. 이 경우 심사위원회가 보호관찰소의 장의 가석방 취소신청을 기각한 날 또는 법무부장관이 심사위원회의 허가신청을 불허한 날부터 그 잔여기간을 집행한다.

제25조(부착집행의 종료) ★★

제22조 및 제23조에 따른 전자장치 부착은 다음 각 호의 어느 하나에 해당하는 때에 그 집행이 종료된다.

1. 가석방 기간이 경과하거나 가석방이 실효 또는 취소된 때

2. 가종료자등의 부착기간이 경과하거나 보호관찰이 종료된 때

3. 가석방된 형이 사면되어 형의 선고의 효력을 상실하게 된 때
4. 삭제 〈2010.4.15〉

제26조(수신자료의 활용)

보호관찰관은 수신자료를 준수사항 이행여부 확인 등 「보호관찰 등에 관한 법률」에 따른 보호관찰대상자의 지도 · 감독 및 원호에 활용할 수 있다.

제27조(준용)

이 장에 따른 전자장치 부착에 관하여는 제13조 제4항 · 제6항 제1호 · 제8항 제1호 · 제9항, 제14조, 제15조, 제16조, 제16조의2, 제16조의3 및 제17조부터 제19조까지의 규정을 준용한다.

시행령 제21조(준용)

이 장에 따른 전자장치 부착에 관하여는 제7조부터 제12조까지, 제12조의2 및 제13조부터 제18조까지의 규정을 준용한다.

※ 부착명령과 부착집행 비교

구분	부착명령	부착집행
결정기관	법원의 부착명령판결	보호관찰심사위원회 · 치료감호심의위원회의 결정
부착기간	최소 1년, 최대 30년	보호관찰기간
부착 시작시점	• 형집행 종료 · 면제 · 가석방되는 날 • 치료감호의 집행종료 · 가종료되는 날	• 가석방되는 날 • 치료감호의 치료위탁 · 가종료 · 가출소되는 날
종료시점	• 부착명령기간이 경과한 때 • 부착명령과 함께 선고한 형이 사면되어 그 선고의 효력을 상실하게 된 때 • 부착명령이 임시해제된 자가 그 임시해제가 취소됨이 없이 잔여 부착명령기간을 경과한 때	• 가석방기간이 경과하거나 가석방이 실효 또는 취소된 때 • 가종료자 등의 부착기간이 경과하거나 보호관찰이 종료된 때 • 가석방된 형이 사면되어 형의 선고의 효력을 상실하게 된 때

제4장 형의 집행유예와 부착명령

제28조(형의 집행유예와 부착명령) ※ 법원의 판결에 의한 부착명령

① 법원은 특정범죄를 범한 자에 대하여 형의 집행을 유예하면서 보호관찰을 받을 것을 명할 때에는 보호관찰 기간의 범위 내에서 기간을 정하여 준수사항의 이행여부 확인 등을 위하여 전자장치를 부착할 것을 명할 수 있다(임의적 부착명령).

② 법원은 제1항에 따른 부착명령기간 중 소재지 인근 의료기관에서의 치료, 지정 상담시설에서의 상담치료 등 대상자의 재범방지를 위하여 필요한 조치들을 과할 수 있다.

③ 법원은 제1항에 따른 전자장치 부착을 명하기 위하여 필요하다고 인정하는 때에는 피고인의 주거지 또는 그 법원의 소재지를 관할하는 보호관찰소의 장에게 범죄의 동기, 피해자와의 관계, 심리상태, 재범의 위험성 등 피고인에 관하여 필요한 사항의 조사를 요청할 수 있다.

> **시행령 제22조(집행유예와 부착명령의 집행)**
>
> 법 제28조 제1항에 따라 집행유예와 함께 전자장치 부착을 명하는 법원의 판결이 확정된 사람은 판결 확정 후 10일 이내에 보호관찰소에 출석하여 법 제29조 제1항에 따른 부착명령의 집행에 따라야 한다.

제29조(부착명령의 집행)

① 부착명령은 전자장치 부착을 명하는 법원의 판결이 확정된 때부터 집행한다.

② 부착명령의 집행 중 보호관찰 준수사항 위반으로 유치허가장의 집행을 받아 유치된 때에는 부착명령 집행이 정지된다. 이 경우 검사가 보호관찰소의 장의 집행유예 취소신청을 기각한 날 또는 법원이 검사의 집행유예취소청구를 기각한 날부터 그 잔여기간을 집행한다.

제30조(부착명령 집행의 종료) ★★

제28조의 부착명령은 다음 각 호의 어느 하나에 해당하는 때에 그 집행이 종료된다.

1. 부착명령기간이 경과한 때
2. 집행유예가 실효 또는 취소된 때
3. 집행유예된 형이 사면되어 형의 선고의 효력을 상실하게 된 때
4. 삭제 〈2010.4.15.〉

제31조(준용)

이 장에 따른 부착명령에 관하여는 제6조, 제9조 제5항부터 제7항까지, 제10조 제1항, 제12조, 제13조 제4항·제6항 제1호·제8항 제1호·제9항, 제14조, 제15조 제1항, 제16조, 제16조의2, 제16조의3, 제17조부터 제19조까지 및 제26조를 준용한다.

> **시행령 제23조(준용)**
>
> 이 장에 따른 부착명령에 관하여는 제4조, 제6조부터 제12조까지, 제12조의2 및 제13조부터 제18조까지의 규정을 준용한다.

제5장 보석과 전자장치 부착

제31조의2(보석과 전자장치 부착) ※ 법원의 결정에 의한 부착명령

① 법원은 「형사소송법」 제98조 제9호(그 밖에 피고인의 출석을 보증하기 위하여 법원이 정하는 적당한 조건을 이행할 것)에 따른 보석조건으로 피고인에게 전자장치 부착을 명할 수 있다(임의적 부착명령).

② 법원은 제1항에 따른 전자장치 부착을 명하기 위하여 필요하다고 인정하면 그 법원의 소재지 또는 피고인의 주거지를 관할하는 보호관찰소의 장에게 피고인의 직업, 경제력, 가족상황, 주거상태, 생활환경 및 피해회복 여부 등 피고인에 관한 사항의 조사를 의뢰할 수 있다.

③ 제2항의 의뢰를 받은 보호관찰소의 장은 지체 없이 조사하여 서면으로 법원에 통보하여야 하며, 조사를 위하여 필요한 경우에는 피고인이나 그 밖의 관계인을 소환하여 심문하거나 소속 보호관찰관에게 필요한 사항을 조사하게 할 수 있다.

④ 보호관찰소의 장은 제3항의 조사를 위하여 필요하다고 인정하면 국공립 기관이나 그 밖의 단체에 사실을 알아보거나 관련 자료의 열람 등 협조를 요청할 수 있다.

> **시행령 제23조의2(보석조건 전자장치 부착 결정 전 조사)**
>
> ① 법원은 법 제31조의2 제2항에 따라 보호관찰소의 장에게 조사를 의뢰하는 경우에는 피고인의 인적사항 및 범죄사실의 요지를 통보해야 한다. 이 경우 필요하면 참고자료를 보낼 수 있다.
>
> ② 보호관찰소의 장은 법 제31조의2 제3항에 따른 조사를 위해 수용기관의 장에게 협조를 요청할 수 있다. 이 경우 수용기관의 장은 특별한 사유가 없으면 이에 협조해야 한다.

제31조의3(전자장치 부착의 집행)

① 법원은 제31조의2 제1항에 따라 전자장치 부착을 명한 경우 지체 없이 그 결정문의 등본을 피고인의 주거지를 관할하는 보호관찰소의 장에게 송부하여야 한다.

② 제31조의2 제1항에 따라 전자장치 부착명령을 받고 석방된 피고인은 법원이 지정한 일시까지 주거지를 관할하는 보호관찰소에 출석하여 신고한 후 보호관찰관의 지시에 따라 전자장치를 부착하여야 한다.

③ 보호관찰소의 장은 제31조의2 제1항에 따른 피고인의 보석조건 이행 여부 확인을 위하여 적절한 조치를 하여야 한다.

④ 전자장치 부착 집행의 절차 및 방법 등에 관한 사항은 대통령령으로 정한다.

시행령 제23조의3(보석허가 결정문의 송부 등)

법원은 긴급한 필요가 있는 경우 법 제31조의3 제1항에 따라 보호관찰소의 장에게 결정문의 등본을 송부하기 전에 팩스·전자우편 등의 방법으로 그 사본을 먼저 송부할 수 있다.

시행령 제23조의4(전자장치 부착 보석 피고인의 신고)

법 제31조의2 제1항에 따라 보석조건으로 전자장치 부착명령을 받고 석방된 피고인(이하 "전자장치 보석피고인"이라 한다)은 법 제31조의3 제2항에 따라 주거지를 관할하는 보호관찰소에 출석하여 신고하는 경우 법무부령으로 정하는 신고서를 제출해야 한다.

시행령 제23조의5(전자장치 부착 등)

① 보호관찰관은 법 제31조의3 제2항에 따라 부착명령을 집행하는 경우 같은 조 제1항에 따라 송부된 전자장치 보석피고인에 대한 결정문 등본(제23조의3에 따른 사본을 포함한다)을 확인한 후 전자장치를 부착해야 한다.

② 보호관찰관은 제1항에 따라 전자장치를 부착하기 전에 전자장치 보석피고인에게 다음 각 호의 내용을 알려주어야 한다.
   1. 전자장치의 효용 유지를 위해 필요한 다음 각 목에 따른 의무 사항
      가. 전자장치의 기능이 정상적으로 유지될 수 있도록 전자장치를 충전, 휴대 또는 관리할 것
      나. 전자장치가 정상적으로 작동하지 않는 경우에는 지체 없이 그 사실을 보호관찰관에게 알릴 것
      다. 전자장치의 기능 유지를 위한 보호관찰관의 정당한 지시에 따를 것
   2. 법 제31조의3 제3항에 따라 보호관찰관이 전자장치 보석피고인의 보석조건 이행 여부를 확인하기 위해 필요한 조치를 할 수 있다는 것
   3. 법원이 정한 보석조건을 위반한 경우 「형사소송법」 제102조 제2항 제5호(법원이 정한 조건을 위반한 때 법원의 직권 또는 검사의 청구에 의한 보석 취소)에 따라 보석이 취소될 수 있다는 것
   4. 그 밖에 법원이 정한 보석조건의 이행에 필요한 사항

③ 전자장치의 부착은 다음 각 호의 방법으로 한다.
   1. 부착장치는 전자장치 보석피고인의 발목 또는 손목에 부착한다. 다만, 발목 또는 손목에 부착할 수 없는 특별한 사유가 있으면 다른 신체 부위에 부착할 수 있다.
   2. 재택 감독장치는 전자장치 보석피고인이 제23조의4에 따라 보호관찰소에 신고한 날 해당 피고인의 주거지에 고정하여 설치한다. 다만, 전자장치 보석피고인의 주거가 일정하지 않거나 그 밖에 재택 감독장치를 설치하기 어려운 사정이 있는 경우에

는 설치하지 않을 수 있다.

④ 보호관찰소의 장은 법 제31조의3 제3항에 따라 피고인의 보석조건 이행 여부를 확인하기 위하여 국가기관, 지방자치단체 또는 공공기관의 장에게 사실을 알아보거나 관련 자료의 열람 등 협조를 요청할 수 있다. 이 경우 해당 기관의 장은 특별한 사정이 없는 한 이에 협조해야 한다.

제31조의4(보석조건 이행 상황 등 통지)

① 보호관찰소의 장은 제31조의2 제1항에 따른 피고인의 보석조건 이행 상황을 법원에 정기적으로 통지하여야 한다.

② 보호관찰소의 장은 피고인이 제31조의2 제1항에 따른 전자장치 부착명령을 위반한 경우 및 전자장치 부착을 통하여 피고인에게 부과된 주거의 제한 등 「형사소송법」에 따른 다른 보석조건을 위반하였음을 확인한 경우 지체 없이 법원과 검사에게 이를 통지하여야 한다.

③ 제2항에 따른 통지를 받은 법원은 「형사소송법」 제102조(보석조건의 변경과 취소 등)에 따라 피고인의 보석조건을 변경하거나 보석을 취소하는 경우 이를 지체 없이 보호관찰소의 장에게 통지하여야 한다.

④ 제1항부터 제3항까지의 규정에 따른 통지의 절차 및 방법 등에 관한 사항은 대통령령으로 정한다.

시행령 제23조의6(보석조건 이행 상황 통지)

① 보호관찰소의 장은 법 제31조의4 제1항에 따라 피고인의 보석조건 이행상황을 매월 말일을 기준으로 작성하여 그 다음달 10일까지 보석결정을 한 법원에 송부해야 한다.

② 제1항에도 불구하고 법원은 피고인의 재판을 위해 피고인의 보석조건 이행상황을 신속하게 파악할 필요가 있는 경우에는 보호관찰소의 장에게 피고인의 보석조건 이행상황에 관한 자료를 요청할 수 있다.

시행령 제23조의7(보석조건 위반 통지)

① 보호관찰소의 장은 전자장치 보석피고인이 다음 각 호의 어느 하나에 해당하는 경우 법 제31조의4 제2항에 따라 보석결정을 한 법원과 그 법원에 대응하는 검찰청 검사에게 지체 없이 통지해야 한다.

1. 정당한 사유 없이 법 제31조의3 제2항에 따라 법원이 지정한 일시까지 보호관찰소에 출석하여 신고하지 않은 경우
2. 전자장치 부착을 거부하는 경우
3. 전자장치의 효용 유지를 위해 필요한 보호관찰관의 정당한 지시에 따르지 않는 경우

4. 「형사소송법」에 따른 다른 보석조건을 위반하거나 위반 사실의 확인을 위해 필요한 보호관찰관의 정당한 지시에 따르지 않는 경우

5. 전자장치를 신체에서 임의로 분리·손상, 전파 방해 또는 수신자료의 변조를 하는 경우

6. 소재를 알 수 없는 경우

② 제1항에 따른 통지는 인편 또는 등기우편의 방법으로 한다. 다만, 긴급한 경우에는 전화·팩스·전자우편 등의 방법으로 먼저 통지하고 사후에 인편 또는 등기우편의 방법으로 할 수 있다.

시행령 제23조의8(보석조건 변경 및 보석취소 통지)

법원은 「형사소송법」 제102조 제1항(보석조건의 변경·유예) 또는 제2항(보석 취소)에 따라 보석조건을 변경하거나 취소한 경우 보호관찰소의 장에게 보석조건 변경이나 보석취소 결정문의 등본을 송부해야 한다. 이 경우 긴급한 경우에는 전화·팩스·전자우편 등의 방법으로 먼저 통지할 수 있다.

시행령 제23조의9(준용규정)

이 장에 따른 전자장치 부착 등에 관하여는 제10조, 제14조의6 및 제15조를 준용한다. 이 경우 "피부착자"는 "전자장치 보석피고인"으로 본다.

제31조의5(전자장치 부착의 종료) ★

제31조의2 제1항에 따른 전자장치의 부착은 다음 각 호의 어느 하나에 해당하는 경우에 그 집행이 종료된다.

1. 구속영장의 효력이 소멸한 경우
2. 보석이 취소된 경우
3. 「형사소송법」 제102조(보석조건의 변경과 취소 등)에 따라 보석조건이 변경되어 전자장치를 부착할 필요가 없게 되는 경우

제5장의2 스토킹행위자에 대한 전자장치 부착

제31조의6(전자장치 부착의 집행)

① 법원은 「스토킹범죄의 처벌 등에 관한 법률」 제9조 제1항 제3호의2에 따른 잠정조치(이하 이 장에서 "잠정조치"라 한다)로 전자장치의 부착을 결정한 경우 그 결정문의 등본을 스토킹행위자의 사건 수사를 관할하는 경찰관서(이하 이 장에서 "관할경찰관서"라 한다)의 장과 스토킹행위자의 주거지를 관할하는 보호관찰소(이하 이 장에서 "보호관찰소"라 한다)의 장에게 지체 없이 송부하여야 한다.

② 잠정조치 결정을 받은 스토킹행위자는 법원이 지정한 일시까지 보호관찰소에 출석하여 대통령령으로 정하는 신상정보 등을 서면으로 신고한 후 보호관찰관의 지시에 따라 전자장치를 부착하여야 한다.

③ 보호관찰소의 장은 스토킹행위자가 제2항에 따라 전자장치를 부착하면 관할경찰관서의 장에게 이를 즉시 통지하여야 하고, 관할경찰관서의 장은 「스토킹범죄의 처벌 등에 관한 법률」 제9조 제1항 제2호 및 제3호의2에 따른 스토킹행위자의 잠정조치 이행 여부를 확인하기 위하여 피해자에 대한 다음 각 호의 사항을 보호관찰소의 장에게 즉시 통지하여야 한다.

   1. 성명
   2. 주민등록번호
   3. 주소 및 실제 거주지
   4. 직장 소재지
   5. 전화번호
   6. 그 밖에 대통령령으로 정하는 피해자의 보호를 위하여 필요한 사항

④ 보호관찰소의 장은 스토킹행위자가 다음 각 호의 어느 하나에 해당하는 경우 그 사실을 관할경찰관서의 장에게 즉시 통지하여야 한다.

   1. 정당한 사유 없이 제2항에 따라 법원이 지정한 일시까지 보호관찰소에 출석하여 신고하지 아니하거나 전자장치 부착을 거부하는 경우
   2. 잠정조치 기간 중 「스토킹범죄의 처벌 등에 관한 법률」 제9조 제1항 제2호를 위반하였거나 위반할 우려가 있는 경우
   3. 잠정조치 기간 중 「스토킹범죄의 처벌 등에 관한 법률」 제9조 제4항을 위반하였거나 위반하였다고 의심할 상당한 이유가 있는 경우
   4. 그 밖에 잠정조치의 이행 및 피해자의 보호를 위하여 적절한 조치가 필요한 경우로서 대통령령으로 정하는 사유가 있는 경우

⑤ 관할경찰관서의 장은 제4항에 따른 통지가 있는 경우 즉시 스토킹행위자가 소재한 현장에 출동하는 등의 방법으로 그 사유를 확인하고, 「스토킹범죄의 처벌 등에 관한 법률」 제9조 제1항 제4호에 따른 유치 신청 등 피해자 보호에 필요한 적절한 조치를 하여야 한다.

⑥ 관할경찰관서의 장은 「스토킹범죄의 처벌 등에 관한 법률」 제11조 제5항에 따라 잠정조치 결정이 효력을 상실하는 때에는 보호관찰소의 장에게 이를 지체 없이 통지하여야 한다.

⑦ 법원은 잠정조치의 연장·변경·취소 결정을 하는 경우 관할경찰관서의 장과 보호관찰소의 장에게 이를 지체 없이 통지하여야 한다.

⑧ 제1항부터 제7항까지에 따른 전자장치 부착의 집행 등에 필요한 사항은 대통령령으로 정한다.

제31조의7(전자장치 부착의 종료)

제31조의6에 따른 전자장치 부착은 다음 각 호의 어느 하나에 해당하는 때에 그 집행이 종료된다.

1. 잠정조치의 기간이 경과한 때
2. 잠정조치가 변경 또는 취소된 때
3. 잠정조치가 효력을 상실한 때

제31조의8(스토킹행위자 수신자료의 보존·사용·폐기 등)

① 보호관찰소의 장은 제31조의6 제2항에 따라 전자장치를 부착한 스토킹행위자의 전자장치로부터 발신되는 전자파를 수신하여 그 자료(이하 "스토킹행위자 수신자료"라 한다)를 보존하여야 한다.

② 스토킹행위자 수신자료는 다음 각 호의 경우 외에는 열람·조회·제공 또는 공개할 수 없다.
   1. 「스토킹범죄의 처벌 등에 관한 법률」 제2조 제2호에 따른 스토킹범죄 혐의에 대한 수사 또는 재판자료로 사용하는 경우
   2. 「스토킹범죄의 처벌 등에 관한 법률」 제9조 제1항 제2호 및 제3호의2에 따른 잠정조치 이행 여부를 확인하기 위하여 사용하는 경우
   3. 「스토킹범죄의 처벌 등에 관한 법률」 제11조에 따른 잠정조치의 연장·변경·취소의 청구 또는 그 신청을 위하여 사용하는 경우
   4. 「스토킹범죄의 처벌 등에 관한 법률」 제20조 제1항 제1호 및 같은 조 제2항에 해당하는 범죄 혐의에 대한 수사를 위하여 사용하는 경우

③ 검사 또는 사법경찰관이 제2항 제1호에 해당하는 사유로 스토킹행위자 수신자료를 열람 또는 조회하는 경우 그 절차에 관하여는 제16조 제4항 및 제5항을 준용한다.

④ 보호관찰소의 장은 다음 각 호의 어느 하나에 해당하는 때에는 스토킹행위자 수신자료를 폐기하여야 한다.
   1. 잠정조치가 효력을 상실한 때
   2. 잠정조치의 원인이 되는 스토킹범죄사건에 대해 법원의 무죄, 면소, 공소기각 판결 또는 공소기각 결정이 확정된 때
   3. 잠정조치 집행을 종료한 날부터 5년이 경과한 때

시행령 제29조(민감정보 및 고유식별정보의 처리)

② 검사는 다음 각 호의 사무를 수행하기 위해 불가피한 경우 「개인정보 보호법」 제23조에 따른 건강 및 성생활에 관한 정보, 같은 법 시행령 제18조 제1호 또는 제2호에 따른 유전정보 또는 범죄경력자료에 해당하는 정보 및 같은 영 제19조에 따른 주민

등록번호, 여권번호, 운전면허의 면허번호 또는 외국인등록번호가 포함된 자료를 처리할 수 있다.

1. 법 제5조에 따른 부착명령 청구에 관한 사무
2. 법 제6조(법 제21조의8 및 제31조에 따라 준용되는 경우를 포함한다)에 따른 조사에 관한 사무
3. 법 제12조(법 제21조의8 및 제31조에 따라 준용되는 경우를 포함한다)에 따른 부착명령의 집행 지휘에 관한 사무
4. 법 제13조에 따른 부착명령 집행장 발부에 관한 사무
5. 법 제14조의2에 따른 부착기간 연장청구 등에 관한 사무
5의2. 법 제14조의3에 따른 피부착명령자에 대한 준수사항의 부과 등 청구에 관한 사무
6. 법 제16조(법 제27조 및 제31조에 따라 준용되는 경우를 포함한다)에 따른 수신자료의 열람·조회·폐기 등에 관한 사무
7. 법 제21조의2에 따른 보호관찰명령 청구에 관한 사무
8. 법 제21조의7에 따른 보호관찰기간의 연장청구 등에 관한 사무
9. 법 제29조에 따른 부착명령 집행에 관한 사무
10. 법률 제9112호 특정 성폭력범죄자에 대한 위치추적 전자장치 부착에 관한 법률 일부개정법률 부칙 제2조에 따른 부착명령의 청구, 조사, 집행에 관한 사무
11. 제1호부터 제5호까지, 제5호의2, 제6호부터 제10호까지의 규정에 따른 사무를 수행하기 위해 필요한 사무

③ 보호관찰소의 장 또는 보호관찰관은 다음 각 호의 사무를 수행하기 위해 불가피한 경우 「개인정보 보호법」 제23조에 따른 건강 및 성생활에 관한 정보, 같은 법 시행령 제18조 제1호 또는 제2호에 따른 유전정보 또는 범죄경력자료에 해당하는 정보 및 같은 영 제19조에 따른 주민등록번호, 여권번호, 운전면허의 면허번호 또는 외국인등록번호가 포함된 자료를 처리할 수 있다.

1. 법 제6조(법 제21조의8 및 제31조에 따라 준용되는 경우를 포함한다)에 따른 조사에 관한 사무
2. 법 제13조(법 제21조의8, 제27조 및 제31조에 따라 준용되는 경우를 포함한다)에 따른 부착명령의 집행에 관한 사무
3. 법 제14조의2에 따른 부착기간 연장신청 등에 관한 사무
3의2. 법 제14조의3에 따른 피부착명령자에 대한 준수사항의 부과 등 신청에 관한 사무
4. 법 제15조(법 제21조의8 및 제27조에 따라 준용되는 경우를 포함한다)에 따른

피부착자에 대한 자료 확보 등에 관한 사무

5. 법 제16조(법 제27조 및 제31조에 따라 준용되는 경우를 포함한다)에 따른 수신자료의 보존·사용·폐기에 관한 사무

6. 법 제16조의2(법 제27조 및 제31조에 따라 준용되는 경우를 포함한다)에 따른 신상정보 제공 등에 관한 사무

7. 법 제17조부터 제19조까지의 규정(법 제21조의8, 제27조 및 제31조에 따라 준용되는 경우를 포함한다)에 따른 부착명령 임시해제 및 취소에 관한 사무

8. 법 제21조의5에 따른 보호관찰명령의 집행에 관한 사무

9. 법 제21조의7에 따른 보호관찰 기간의 연장신청 등에 관한 사무

10. 법 제22조부터 제24조까지의 규정에 따른 전자장치 부착에 관한 사무

11. 법 제26조(법 제31조에 따라 준용되는 경우를 포함한다)에 따른 수신자료의 활용에 관한 사무

12. 법 제28조에 따른 조사에 관한 사무

13. 법 제29조에 따른 부착명령 집행에 관한 사무

14. 법 제31조의2에 따른 조사에 관한 사무

15. 법 제31조의3에 따른 전자장치 부착의 집행에 관한 사무

16. 법 제31조의4에 따른 보석조건 이행 상황 등 통지에 관한 사무

17. 법률 제9112호 특정 성폭력범죄자에 대한 위치추적 전자장치 부착에 관한 법률 일부개정법률 부칙 제2조에 따른 부착명령의 청구, 조사, 집행에 관한 사무

18. 제1호부터 제3호까지, 제3호의2, 제4호부터 제17호까지의 규정에 따른 사무를 수행하기 위해 필요한 사무

제6장 보칙

제32조(전자장치 부착기간의 계산)

① 전자장치 부착기간은 이를 집행한 날부터 기산하되, 초일은 시간을 계산함이 없이 1일로 산정한다.

② 다음 각 호의 어느 하나에 해당하는 기간은 전자장치 부착기간에 산입하지 아니한다. 다만, 보호관찰이 부과된 사람의 전자장치 부착기간은 보호관찰 기간을 초과할 수 없다.

1. 피부착자가 제14조 제1항을 위반하여 전자장치를 신체로부터 분리하거나 손상하는 등 그 효용을 해한 기간

2. 피부착자의 치료, 출국 또는 그 밖의 적법한 사유로 전자장치가 신체로부터 일시적으로 분리된 후 해당 분리사유가 해소된 날부터 정당한 사유 없이 전자장치를 부착하지 아니한 기간

제32조의2(부착명령 등 집행전담 보호관찰관의 지정)

보호관찰소의 장은 소속 보호관찰관 중에서 다음 각 호의 사항을 전담하는 보호관찰관을 지정하여야 한다. 다만, 보호관찰소의 장은 19세 미만의 사람에 대해서 성폭력범죄를 저지른 피부착자 중 재범의 위험성이 현저히 높은 사람에 대해서는 일정기간 그 피부착자 1명만을 전담하는 보호관찰관을 지정하여야 한다.

1. 부착명령 및 보호관찰명령을 청구하기 위하여 필요한 피의자에 대한 조사
2. 부착명령 및 보호관찰명령의 집행
3. 피부착자 및 보호관찰대상자의 재범방지와 건전한 사회복귀를 위한 치료 등 필요한 조치의 부과
4. 그 밖에 피부착자 및 보호관찰대상자의 「보호관찰 등에 관한 법률」 등에 따른 준수사항 이행 여부 확인 등 피부착자 및 보호관찰대상자에 대한 지도·감독 및 원호

제33조(전자장치 부착 임시해제의 의제)

보호관찰이 임시해제된 경우에는 전자장치 부착이 임시해제된 것으로 본다.

제33조의2(범죄경력자료 등의 조회 요청)

① 법무부장관은 이 법에 따른 부착명령 또는 보호관찰명령의 집행이 종료된 사람의 재범 여부를 조사하고 부착명령 또는 보호관찰명령의 효과를 평가하기 위하여 필요한 경우에는 그 집행이 종료된 때부터 5년 동안 관계 기관에 그 사람에 관한 범죄경력자료와 수사경력 자료에 대한 조회를 요청할 수 있다.

② 제1항의 요청을 받은 관계 기관의 장은 정당한 사유 없이 이를 거부하여서는 아니 된다.

제34조(군법 피적용자에 대한 특칙)

이 법을 적용함에 있어서 「군사법원법」 제2조 제1항 각 호의 어느 하나에 해당하는 자에 대하여는 군사법원은 법원의, 군검사는 검사의, 군사법경찰관리는 사법경찰관리의, 군교도소장은 교도소장의 이 법에 따른 직무를 각각 행한다.

제35조(다른 법률의 준용)

이 법을 적용함에 있어서 이 법에 규정이 있는 경우를 제외하고는 그 성질에 반하지 아니하는 범위 안에서 「형사소송법」 및 「보호관찰 등에 관한 법률」의 규정을 준용한다.

제7장 벌칙

제36조(벌칙)

① 전자장치 부착 업무를 담당하는 자가 정당한 사유 없이 피부착자의 전자장치를 해제하거

나 손상한 때에는 1년 이상의 유기징역에 처한다.

② 전자장치 부착 업무를 담당하는 자가 금품을 수수·요구 또는 약속하고 제1항의 죄를 범한 때에는 2년 이상의 유기징역에 처한다.

③ 수신자료(스토킹행위자 수신자료를 포함한다)를 관리하는 자가 제16조 제2항 또는 제31조의8 제2항을 위반한 때에는 1년 이상의 유기징역에 처한다.

제39조(벌칙)

① 피부착자 또는 보호관찰대상자가 제9조의2 제1항 제3호 또는 제4호의 준수사항을 정당한 사유 없이 위반한 때에는 3년 이하의 징역 또는 3천만원 이하의 벌금에 처한다.

② 피부착자 또는 보호관찰대상자가 정당한 사유 없이「보호관찰 등에 관한 법률」제32조 제2항 또는 제3항에 따른 준수사항을 위반하여 같은 법 제38조에 따른 경고를 받은 후 다시 정당한 사유 없이 같은 법 제32조 제2항 또는 제3항에 따른 준수사항을 위반한 경우 1년 이하의 징역 또는 1천만원 이하의 벌금에 처한다.

③ 피부착자 또는 보호관찰대상자가 제9조의2 제1항 제1호·제2호·제2호의2·제5호 또는 제6호의 준수사항을 정당한 사유 없이 위반한 때에는 1년 이하의 징역 또는 1천만원 이하의 벌금에 처한다.

참고

보안관찰법상의 보안처분

(1) 보안관찰 해당범죄 : 내란목적살인(미수)죄와 동 예비·음모·선동·선전죄, 외환죄, 여적죄, 간첩죄, 모병·시설제공·시설관리·물건제공이적죄와 동 미수범 및 예비·음모·선동·선전죄 등
(2) 기간 : 2년[보안관찰처분심의위원회의 의결로 갱신 가능 – 갱신 횟수 제한 없음(종신형적 성격)]
(3) 절차 : 검사 청구 → 보안관찰처분심의위원회 의결 → 법무부장관 허가(행정처분)
(4) 기간 및 집행 : 2년(갱신가능), 집행은 검사 지휘 하에 사법경찰관리 집행
(5) 보안관찰처분심의위원회
  ① 위원회는 위원장 1인과 6인의 위원으로 구성
  ② 위원장은 법무부차관, 과반수는 변호사의 자격이 있는 자
  ③ 위원은 법무부장관의 제청으로 대통령이 임명 또는 위촉
  ④ 위촉된 위원의 임기는 2년
(6) 벌칙
  ① 보안관찰을 면탈할 목적의 은신 또는 도주한 때 : 3년 이하의 징역
  ② 은닉하거나 도주하게 한 자 : 2년 이하의 징역

07 **성폭력범죄자의 성충동 약물치료에 관한 법률** JUSTICE

1. 치료명령제도의 대상 · 기간 · 집행 · 비용 · 임시해제 · 종료 정리

구분	판결에 의한 치료명령	수형자에 대한 법원의 결정	가종료자 등의 치료감호심의위원회의 결정
대상	사람을 성폭행한 19세 이상인 자로 성도착증 환자	사람을 성폭행한 징역형 이상의 성도착증 환자로 치료에 동의한 자	성도착증 환자(결정일 전 6개월 이내에 실시한 정신건강의학과 전문의의 진단 또는 감정 결과 반드시 참작)
기간	15년 범위 내 법원 선고	15년 범위 내 법원결정고지	보호관찰기간의 범위 내 치료감호심사위원회 결정
관할	지방법원 합의부(지원 합의부 포함)	지방법원 합의부(지원 합의부 제외)	치료감호심사위원회
집행	검사 지휘 보호관찰관 집행	검사 지휘 보호관찰관 집행	보호관찰관 집행
비용	국가부담	본인부담 원칙, 예외 가능 (본인의 동의에 의함)	국가부담
통보	① 석방되기 3개월 전까지 보호관찰소장 통보 ② 석방되기 5일 전까지 보호관찰소장 통보	석방되기 5일 전까지 보호관찰소장 통보	석방되기 5일 전까지 보호관찰소장 통보
집행시기	석방되기 전 2개월 이내	석방되기 전 2개월 이내	석방되기 전 2개월 이내
임시해제	① 치료명령이 개시된 후 6개월 경과, 기각되면 6개월 경과 후에 신청 ② 준수사항도 동시에 임시해제됨 ③ 임시해제기간은 치료명령기간에 산입되지 않음		
치료명령 시효	① 판결 확정 후 집행 없이 형의 시효 기간 경과 ② 판결 확정 후 집행 없이 치료감호의 시효 완성	치료명령 결정이 확정된 후 집행을 받지 아니하고 10년 경과하면 시효 완성	없음
종료	① 기간경과 ② 사면(형선고 효력 상실) ③ 임시해제기간 경과	① 기간 경과 ② 사면(형선고 효력 상실) ③ 임시해제기간 경과	① 기간 경과 ② 보호관찰기간 경과 및 종료 ③ 임시해제기간 경과
기타	① 청구시기 : 항소심 변론 종결 시까지 ② 주거 이전 또는 7일 이상의 국내여행을 하거나 출국할 때에는 보호관찰관의 허가 ③ 치료명령의 집행면제 신청 ㉠ 징역형과 함께 치료명령을 받은 사람 등 : 주거지 또는 현재지 관할 지방법원(지원 포함)에 면제신청(치료감호 집행 중인 경우 치료명령 집행 면제를 신청할 수 없음) ㉡ 면제신청 기간 : 징역형 집행종료되기 전 12개월부터 9개월까지 ㉢ 법원의 결정 : 징역형 집행 종료되기 3개월 전까지(집행 면제 여부 결정에 대한 항고 가능) ㉣ 치료감호심사위원회의 치료명령 집행 면제 : 징역형과 함께 치료명령을 받은 사람의 경우 형기가 남아 있지 아니하거나 9개월 미만의 기간이 남아 있는 사람에 한정하여 집행 면제 결정		

2. 「성폭력범죄자의 성충동 약물치료에 관한 법률」

제1장 총칙

제1조(목적)

이 법은 사람에 대하여 성폭력범죄를 저지른 성도착증 환자로서 성폭력범죄를 다시 범할 위험성이 있다고 인정되는 사람에 대하여 성충동 약물치료를 실시하여 성폭력범죄의 재범을 방지하고 사회복귀를 촉진하는 것을 목적으로 한다.

제2조(정의)

이 법에서 사용하는 용어의 뜻은 다음과 같다.

1. "성도착증 환자"란 「치료감호 등에 관한 법률」 제2조제1항제3호에 해당하는 사람 및 정신건강의학과 전문의의 감정에 의하여 성적 이상 습벽으로 인하여 자신의 행위를 스스로 통제할 수 없다고 판명된 사람을 말한다.

2. "성폭력범죄"란 다음 각 목의 범죄를 말한다.

    가. 「아동·청소년의 성보호에 관한 법률」 제7조(아동·청소년에 대한 강간·강제추행 등)부터 제10조(강간 등 살인·치사)까지의 죄

    나. 「성폭력범죄의 처벌 등에 관한 특례법」 제3조(특수강도강간 등)부터 제13조(통신매체를 이용한 음란행위)까지의 죄 및 제15조(미수범)의 죄(제3조부터 제9조까지의 미수범만을 말한다)

    다. 「형법」 제297조(강간)·제297조의2(유사강간)·제298조(강제추행)·제299조(준강간, 준강제추행)·제300조(미수범)·제301조(강간 등 상해·치상)·제301조의2(강간 등 살인·치사)·제302조(미성년자 등에 대한 간음)·제303조(업무상위력 등에 의한 간음)·제305조(미성년자에 대한 간음, 추행)·제339조(강도강간), 제340조(해상강도)제3항(사람을 강간한 죄만을 말한다) 및 제342조(미수범)의 죄(제339조 및 제340조제3항 중 사람을 강간한 죄의 미수범만을 말한다)

    라. 가목부터 다목까지의 죄로서 다른 법률에 따라 가중 처벌되는 죄

3. "성충동 약물치료"(이하 "약물치료"라 한다)란 비정상적인 성적 충동이나 욕구를 억제하기 위한 조치로서 성도착증 환자에게 약물 투여 및 심리치료 등의 방법으로 도착적인 성기능을 일정기간 동안 약화 또는 정상화하는 치료를 말한다.

제3조(약물치료의 요건)

약물치료는 다음 각 호의 요건을 모두 갖추어야 한다.

1. 비정상적 성적 충동이나 욕구를 억제하거나 완화하기 위한 것으로서 의학적으로 알려진 것일 것

2. 과도한 신체적 부작용을 초래하지 아니할 것
3. 의학적으로 알려진 방법대로 시행될 것

제2장 약물치료명령의 청구 및 판결

제4조(치료명령의 청구)

① 검사는 사람에 대하여 성폭력범죄를 저지른 성도착증 환자로서 성폭력범죄를 다시 범할 위험성이 있다고 인정되는 19세 이상의 사람에 대하여 약물치료명령(이하 "치료명령"이라고 한다)을 법원에 청구할 수 있다.

② 검사는 치료명령 청구대상자(이하 "치료명령 피청구자"라 한다)에 대하여 정신건강의학과 전문의의 진단이나 감정을 받은 후 치료명령을 청구하여야 한다.

③ 제1항에 따른 치료명령의 청구는 공소가 제기되거나 치료감호가 독립청구된 성폭력범죄사건(이하 "피고사건"이라 한다)의 항소심 변론종결시까지 하여야 한다.

④ 법원은 피고사건의 심리결과 치료명령을 할 필요가 있다고 인정하는 때에는 검사에게 치료명령의 청구를 요구할 수 있다.

⑤ 피고사건에 대하여 판결의 확정 없이 공소가 제기되거나 치료감호가 독립청구된 때부터 15년이 지나면 치료명령을 청구할 수 없다.

⑥ 제2항에 따른 정신건강의학과 전문의의 진단이나 감정에 필요한 사항은 대통령령으로 정한다.

제5조(조사)

① 검사는 치료명령을 청구하기 위하여 필요하다고 인정하는 때에는 치료명령 피청구자의 주거지 또는 소속 검찰청(지청을 포함한다. 이하 같다) 소재지를 관할하는 보호관찰소(지소를 포함한다. 이하 같다)의 장에게 범죄의 동기, 피해자와의 관계, 심리상태, 재범의 위험성 등 치료명령 피청구자에 관하여 필요한 사항의 조사를 요청할 수 있다.

② 제1항의 요청을 받은 보호관찰소의 장은 조사할 보호관찰관을 지명하여야 한다.

③ 제2항에 따라 지명된 보호관찰관은 검사의 지휘를 받아 지체 없이 필요한 사항을 조사한 후 검사에게 조사보고서를 제출하여야 한다.

제6조(치료명령 청구사건의 관할)

① 치료명령 청구사건의 관할은 치료명령 청구사건과 동시에 심리하는 피고사건의 관할에 따른다.

② 치료명령 청구사건의 제1심 재판은 지방법원 합의부(지방법원지원 합의부를 포함한다. 이하 같다)의 관할로 한다.

제8조(치료명령의 판결 등)

① 법원은 치료명령 청구가 이유 있다고 인정하는 때에는 15년의 범위에서 치료기간을 정하여 판결로 치료명령을 선고하여야 한다.

② 치료명령을 선고받은 사람(이하 "치료명령을 받은 사람"이라 한다)은 치료기간 동안 「보호관찰 등에 관한 법률」에 따른 보호관찰을 받는다.

③ 법원은 다음 각 호의 어느 하나에 해당하는 때에는 판결로 치료명령 청구를 기각하여야 한다.

  1. 치료명령 청구가 이유 없다고 인정하는 때

  2. 피고사건에 대하여 무죄(심신상실을 이유로 치료감호가 선고된 경우는 제외한다) · 면소 · 공소기각의 판결 또는 결정을 선고하는 때

  3. 피고사건에 대하여 벌금형을 선고하는 때

  4. 피고사건에 대하여 선고를 유예하거나 집행유예를 선고하는 때

④ 치료명령 청구사건의 판결은 피고사건의 판결과 동시에 선고하여야 한다.

⑤ 치료명령 선고의 판결 이유에는 요건으로 되는 사실, 증거의 요지 및 적용 법조를 명시하여야 한다.

⑥ 치료명령의 선고는 피고사건의 양형에 유리하게 참작되어서는 아니 된다.

⑦ 피고사건의 판결에 대하여 「형사소송법」에 따른 상소 및 상소의 포기 · 취하가 있는 때에는 치료명령 청구사건의 판결에 대하여도 상소 및 상소의 포기 · 취하가 있는 것으로 본다. 상소권회복 또는 재심의 청구나 비상상고가 있는 때에도 또한 같다.

⑧ 검사 또는 치료명령 피청구자 및 「형사소송법」 제340조 · 제341조에 규정된 사람은 치료명령에 대하여 독립하여 「형사소송법」에 따른 상소 및 상소의 포기 · 취하를 할 수 있다. 상소권회복 또는 재심의 청구나 비상상고의 경우에도 또한 같다.

제8조의2(치료명령의 집행 면제 신청 등) ★

① 징역형과 함께 치료명령을 받은 사람 및 그 법정대리인은 주거지 또는 현재지를 관할하는 지방법원(지원을 포함한다. 이하 같다)에 치료명령이 집행될 필요가 없을 정도로 개선되어 성폭력범죄를 다시 범할 위험성이 없음을 이유로 치료명령의 집행 면제를 신청할 수 있다. 다만, 징역형과 함께 치료명령을 받은 사람이 치료감호의 집행 중인 경우에는 치료명령의 집행 면제를 신청할 수 없다.

② 제1항 본문에 따른 신청은 치료명령의 원인이 된 범죄에 대한 징역형의 집행이 종료되기 전 12개월부터 9개월까지의 기간에 하여야 한다. 다만, 치료명령의 원인이 된 범죄가 아닌 다른 범죄를 범하여 징역형의 집행이 종료되지 아니한 경우에는 그 징역형의 집행이 종료되기 전 12개월부터 9개월까지의 기간에 하여야 한다.

③ 징역형과 함께 치료명령을 받은 사람은 제1항 본문에 따른 치료명령의 집행 면제를 신청할

때에는 신청서에 치료명령의 집행 면제의 심사에 참고가 될 자료를 첨부하여 제출하여야한다.

④ 법원은 제1항 본문의 신청을 받은 경우 징역형의 집행이 종료되기 3개월 전까지 치료명령의 집행 면제 여부를 결정하여야 한다.

⑤ 법원은 제4항에 따른 결정을 하기 위하여 필요한 경우에는 그 법원의 소재지를 관할하는 보호관찰소의 장에게 치료명령을 받은 사람의 교정성적, 심리상태, 재범의 위험성 등 필요한 사항의 조사를 요청할 수 있다. 이 경우 조사에 관하여는 제5조를 준용하며, "검사"는 "법원"으로 본다.

⑥ 법원은 제4항에 따른 결정을 하기 위하여 필요한 때에는 치료명령을 받은 사람에 대하여 정신건강의학과 전문의의 진단이나 감정을 받게 할 수 있다.

⑦ 제1항에 따른 치료명령 집행 면제 신청사건의 관할에 관하여는 제6조제2항을 준용한다.

⑧ 징역형과 함께 치료명령을 받은 사람 및 그 법정대리인은 제4항의 결정에 대하여 항고(抗告)를 할 수 있다.

⑨ 제8항의 항고에 관하여는 제22조제5항부터 제11항까지를 준용한다. 이 경우 "성폭력 수형자"는 "치료명령을 받은 사람"으로 본다.

제8조의3(치료감호심의위원회의 치료명령 집행 면제 등)

① 「치료감호 등에 관한 법률」 제37조에 따른 치료감호심의위원회(이하 "치료감호심의위원회"라 한다)는 같은 법 제16조제1항에 따른 피치료감호자 중 치료명령을 받은 사람(피치료감호자 중 징역형과 함께 치료명령을 받은 사람의 경우 형기가 남아 있지 아니하거나 9개월 미만의 기간이 남아 있는 사람에 한정한다)에 대하여 같은 법 제22조 또는 제23조에 따른 치료감호의 종료·가종료 또는 치료위탁 결정을 하는 경우에 치료명령의 집행이 필요하지 아니하다고 인정되면 치료명령의 집행을 면제하는 결정을 하여야 한다.

② 치료감호심의위원회는 제1항의 결정을 하기 위하여 필요한 경우에는 치료명령을 받은 사람에 대하여 정신건강의학과 전문의의 진단이나 감정을 받게 할 수 있다.

제8조의4(치료명령의 집행 면제 결정 통지)

법원 또는 치료감호심의위원회는 제8조의2제4항 또는 제8조의3제1항에 따라 치료명령의 집행 면제에 관한 결정을 한 때에는 지체 없이 신청인 또는 피치료감호자, 신청인 또는 피치료감호자의 주거지를 관할하는 보호관찰소의 장, 교도소·구치소 또는 치료감호시설의 장에게 결정문 등본을 송부하여야 한다.

제9조(전문가의 감정 등) ★

법원은 제4조제2항에 따른 정신건강의학과 전문의의 진단 또는 감정의견만으로 치료명령 피청구자의 성도착증 여부를 판단하기 어려울 때에는 다른 정신건강의학과 전문의에게 다시 진단 또는 감정을 명할 수 있다.

제10조(준수사항)
① 치료명령을 받은 사람은 치료기간 동안 「보호관찰 등에 관한 법률」 제32조제2항 각 호(제4호는 제외한다)의 준수사항과 다음 각 호의 준수사항을 이행하여야 한다.
  1. 보호관찰관의 지시에 따라 성실히 약물치료에 응할 것
  2. 보호관찰관의 지시에 따라 정기적으로 호르몬 수치 검사를 받을 것
  3. 보호관찰관의 지시에 따라 인지행동 치료 등 심리치료 프로그램을 성실히 이수할 것
② 법원은 제8조제1항에 따라 치료명령을 선고하는 경우 「보호관찰 등에 관한 법률」 제32조제3항 각 호의 준수사항을 부과할 수 있다.
③ 법원은 치료명령을 선고할 때에 치료명령을 받은 사람에게 치료명령의 취지를 설명하고 준수사항을 적은 서면을 교부하여야 한다.
④ 제1항제3호의 인지행동 치료 등 심리치료 프로그램에 관하여 필요한 사항은 대통령령으로 정한다.

제11조(치료명령 판결 등의 통지) ★
① 법원은 제8조제1항에 따라 치료명령을 선고한 때에는 그 판결이 확정된 날부터 3일 이내에 치료명령을 받은 사람의 주거지를 관할하는 보호관찰소의 장에게 판결문의 등본과 준수사항을 적은 서면을 송부하여야 한다.
② 교도소, 소년교도소, 구치소 및 치료감호시설의 장은 치료명령을 받은 사람이 석방되기 3개월 전까지 치료명령을 받은 사람의 주거지를 관할하는 보호관찰소의 장에게 그 사실을 통보하여야 한다.

제12조(국선변호인 등)
치료명령 청구사건에 관하여는 「형사소송법」 제282조 및 제283조를 준용한다.

제3장 치료명령의 집행

제13조(집행지휘)
① 치료명령은 검사의 지휘를 받아 보호관찰관이 집행한다.
② 제1항에 따른 지휘는 판결문 등본을 첨부한 서면으로 한다.

제14조(치료명령의 집행)
① 치료명령은 「의료법」에 따른 의사의 진단과 처방에 의한 약물 투여, 「정신건강증진 및 정

신질환자 복지서비스 지원에 관한 법률」에 따른 정신보건전문요원 등 전문가에 의한 인지행동 치료 등 심리치료 프로그램의 실시 등의 방법으로 집행한다.

② 보호관찰관은 치료명령을 받은 사람에게 치료명령을 집행하기 전에 약물치료의 효과, 부작용 및 약물치료의 방법·주기·절차 등에 관하여 충분히 설명하여야 한다.

③ 치료명령을 받은 사람이 형의 집행이 종료되거나 면제·가석방 또는 치료감호의 집행이 종료·가종료 또는 치료위탁으로 석방되는 경우 보호관찰관은 석방되기 전 2개월 이내에 치료명령을 받은 사람에게 치료명령을 집행하여야 한다.

④ 다음 각 호의 어느 하나에 해당하는 때에는 치료명령의 집행이 정지된다.

1. 치료명령의 집행 중 구속영장의 집행을 받아 구금된 때
2. 치료명령의 집행 중 금고 이상의 형의 집행을 받게 된 때
3. 가석방 또는 가종료·가출소된 자에 대하여 치료기간 동안 가석방 또는 가종료·가출소가 취소되거나 실효된 때

⑤ 제4항에 따라 집행이 정지된 치료명령의 잔여기간에 대하여는 다음 각 호의 구분에 따라 집행한다.

1. 제4항제1호의 경우에는 구금이 해제되거나 금고 이상의 형의 집행을 받지 아니하는 것으로 확정된 때부터 그 잔여기간을 집행한다.
2. 제4항제2호의 경우에는 그 형의 집행이 종료되거나 면제된 후 또는 가석방된 때부터 그 잔여기간을 집행한다.
3. 제4항제3호의 경우에는 그 형이나 치료감호 또는 보호감호의 집행이 종료되거나 면제된 후 그 잔여기간을 집행한다.

⑥ 그 밖에 치료명령의 집행 및 정지에 관하여 필요한 사항은 대통령령으로 정한다.

시행령 제9조(치료기관)

① 법 제14조제1항 및 제6항에 따라 보호관찰관은 다음 각 호의 시설 또는 기관(이하 "치료기관"이라 한다)으로 하여금 약물치료를 실시하게 할 수 있다.

1. 제2조제1항 각 호의 시설 또는 기관
2. 제1호의 기관 외에 「정신건강증진 및 정신질환자 복지서비스 지원에 관한 법률」에 따른 정신의료기관 중 법무부장관이 지정한 기관

② 제1항에 따라 약물치료를 실시한 치료기관에 대해서는 예산의 범위에서 치료비용의 전부를 지급하여야 한다.

시행령 제10조(수용시설 수용자의 이송 등)

① 치료명령을 받은 사람을 수용하고 있는 수용시설의 장은 치료명령을 받은 사람이 형의 집행이 종료되거나 면제·가석방 등의 사유로 석방되기 3개월 전부터 2개월 전까지 사이에 「형의 집행 및 수용자의 처우에 관한 법률」 제37조제2항(치료감호시설 진료)에 따라 치료

명령을 받은 사람을 치료감호시설로 이송하여야 한다.

② 치료감호시설의 장은 제1항에 따라 치료명령을 받은 사람을 이송 받은 경우에는 지체 없이 그 사실을 그 사람의 주거지를 관할하는 보호관찰소의 장에게 통보하여야 한다.

③ 치료감호시설의 장은 치료명령을 받은 사람이 형 또는 치료감호의 집행이 종료되거나 면제·가석방, 가종료 등의 사유로 석방되기 5일 전까지 석방 예정 사실을 그 사람의 주거지를 관할하는 보호관찰소의 장에게 통보하여야 한다.

제15조(치료명령을 받은 사람의 의무)

① 치료명령을 받은 사람은 치료기간 중 상쇄약물의 투약 등의 방법으로 치료의 효과를 해하여서는 아니 된다.

② 치료명령을 받은 사람은 형의 집행이 종료되거나 면제·가석방 또는 치료감호의 집행이 종료·가종료 또는 치료위탁되는 날부터 10일 이내에 주거지를 관할하는 보호관찰소에 출석하여 서면으로 신고하여야 한다.

③ 치료명령을 받은 사람은 주거 이전 또는 7일 이상의 국내여행을 하거나 출국할 때에는 미리 보호관찰관의 허가를 받아야 한다.

제16조(치료기간의 연장 등)

① 치료 경과 등에 비추어 치료명령을 받은 사람에 대한 약물치료를 계속 하여야 할 상당한 이유가 있거나 다음 각 호의 어느 하나에 해당하는 사유가 있으면 법원은 보호관찰소의 장의 신청에 따른 검사의 청구로 치료기간을 결정으로 연장할 수 있다. 다만, 종전의 치료기간을 합산하여 15년을 초과할 수 없다.

1. 정당한 사유 없이 「보호관찰 등에 관한 법률」 제32조제2항(제4호는 제외한다) 또는 제3항에 따른 준수사항을 위반한 경우

2. 정당한 사유 없이 제15조제2항을 위반하여 신고하지 아니한 경우

3. 거짓으로 제15조제3항의 허가를 받거나, 정당한 사유 없이 제15조제3항을 위반하여 허가를 받지 아니하고 주거 이전, 국내여행 또는 출국을 하거나 허가기간 내에 귀국하지 아니한 경우

② 법원은 치료명령을 받은 사람이 제1항 각 호의 어느 하나에 해당하는 경우에는 보호관찰소의 장의 신청에 따른 검사의 청구로 제10조제2항의 준수사항을 추가 또는 변경하는 결정을 할 수 있다.

③ 제1항 각 호에 규정된 사항 외의 사정변경이 있는 경우에도 법원은 상당한 이유가 있다고 인정되면 보호관찰소의 장의 신청에 따른 검사의 청구로 제10조제2항의 준수사항을 추가, 변경 또는 삭제하는 결정을 할 수 있다.

제17조(치료명령의 임시해제 신청 등) ★

① 보호관찰소의 장 또는 치료명령을 받은 사람 및 그 법정대리인은 해당 보호관찰소를 관할하는 「보호관찰 등에 관한 법률」 제5조에 따른 보호관찰 심사위원회(이하 "심사위원회"라 한다)에 치료명령의 임시해제를 신청할 수 있다.

② 제1항의 신청은 치료명령의 집행이 개시된 날부터 6개월이 지난 후에 하여야 한다. 신청이 기각된 경우에는 기각된 날부터 6개월이 지난 후에 다시 신청할 수 있다.

③ 임시해제의 신청을 할 때에는 신청서에 임시해제의 심사에 참고가 될 자료를 첨부하여 제출하여야 한다.

제18조(치료명령 임시해제의 심사 및 결정)

① 심사위원회는 임시해제를 심사할 때에는 치료명령을 받은 사람의 인격, 생활태도, 치료명령 이행상황 및 재범의 위험성에 대한 전문가의 의견 등을 고려하여야 한다.

② 심사위원회는 임시해제의 심사를 위하여 필요한 때에는 보호관찰소의 장으로 하여금 필요한 사항을 조사하게 하거나 치료명령을 받은 사람이나 그 밖의 관계인을 직접 소환·심문 또는 조사할 수 있다.

③ 제2항의 요구를 받은 보호관찰소의 장은 필요한 사항을 조사하여 심사위원회에 통보하여야 한다.

④ 심사위원회는 치료명령을 받은 사람이 치료명령이 계속 집행될 필요가 없을 정도로 개선되어 죄를 다시 범할 위험성이 없다고 인정하는 때에는 치료명령의 임시해제를 결정할 수 있다.

⑤ 심사위원회는 치료명령의 임시해제를 하지 아니하기로 결정한 때에는 결정서에 그 이유를 명시하여야 한다.

⑥ 제4항에 따라 치료명령이 임시해제된 경우에는 제10조제1항 각 호 및 같은 조 제2항에 따른 준수사항이 임시해제된 것으로 본다.

제19조(임시해제의 취소 등) ★

① 보호관찰소의 장은 치료명령이 임시해제된 사람이 성폭력범죄를 저지르거나 주거 이전 상황 등의 보고에 불응하는 등 재범의 위험성이 있다고 판단되는 때에는 심사위원회에 임시해제의 취소를 신청할 수 있다. 이 경우 심사위원회는 임시해제된 사람의 재범의 위험성이 현저하다고 인정될 때에는 임시해제를 취소하여야 한다.

② 임시해제가 취소된 사람은 잔여 치료기간 동안 약물치료를 받아야 한다. 이 경우 임시해제 기간은 치료기간에 산입하지 아니한다

제20조(치료명령 집행의 종료)

제8조제1항에 따라 선고된 치료명령은 다음 각 호의 어느 하나에 해당하는 때에 그 집행이

종료된다.

1. 치료기간이 지난 때
2. 치료명령과 함께 선고한 형이 사면되어 그 선고의 효력을 상실하게 된 때
3. 치료명령이 임시해제된 사람이 그 임시해제가 취소됨이 없이 잔여 치료기간을 지난 때

제21조(치료명령의 시효)

① 치료명령을 받은 사람은 그 판결이 확정된 후 집행을 받지 아니하고 함께 선고된 피고사건의 형의 시효 또는 치료감호의 시효가 완성되면 그 집행이 면제된다.
② 치료명령의 시효는 치료명령을 받은 사람을 체포함으로써 중단된다.

제4장 수형자 · 가종료자 등에 대한 치료명령

제22조(성폭력 수형자에 대한 치료명령 청구)

① 검사는 사람에 대하여 성폭력범죄를 저질러 징역형 이상의 형이 확정되었으나 제8조제1항에 따른 치료명령이 선고되지 아니한 수형자(이하 "성폭력 수형자"라 한다) 중 성도착증 환자로서 성폭력범죄를 다시 범할 위험성이 있다고 인정되고 약물치료를 받는 것을 동의하는 사람에 대하여 그의 주거지 또는 현재지를 관할하는 지방법원에 치료명령을 청구할 수 있다.
② 제1항의 수형자에 대한 치료명령의 절차는 다음 각 호에 따른다.
  1. 교도소 · 구치소(이하 "수용시설"이라 한다)의 장은 「형법」 제72조제1항의 가석방 요건을 갖춘 성폭력 수형자에 대하여 약물치료의 내용, 방법, 절차, 효과, 부작용, 비용부담 등에 관하여 충분히 설명하고 동의 여부를 확인하여야 한다.
  2. 제1호의 성폭력 수형자가 약물치료에 동의한 경우 수용시설의 장은 지체 없이 수용시설의 소재지를 관할하는 지방검찰청의 검사에게 인적사항과 교정성적 등 필요한 사항을 통보하여야 한다.
  3. 검사는 소속 검찰청 소재지 또는 성폭력 수형자의 주소를 관할하는 보호관찰소의 장에게 성폭력 수형자에 대하여 제5조제1항에 따른 조사를 요청할 수 있다.
  4. 보호관찰소의 장은 제3호의 요청을 접수한 날부터 2개월 이내에 제5조제3항의 조사보고서를 제출하여야 한다.
  5. 검사는 성폭력 수형자에 대하여 약물치료의 내용, 방법, 절차, 효과, 부작용, 비용부담 등에 관하여 설명하고 동의를 확인한 후 정신건강의학과 전문의의 진단이나 감정을 받아 법원에 치료명령을 청구할 수 있다. 이 때 검사는 치료명령 청구서에 제7조제1항 각 호의 사항 외에 치료명령 피청구자의 동의사실을 기재하여야 한다.
  6. 법원은 제5호의 치료명령 청구가 이유 있다고 인정하는 때에는 결정으로 치료명령을 고지하고 치료명령을 받은 사람에게 준수사항 기재서면을 송부하여야 한다.

③ 제2항제6호의 결정에 따른 치료기간은 15년을 초과할 수 없다.

④ 검사는 제2항제5호에 따른 정신건강의학과 전문의의 진단이나 감정을 위하여 필요한 경우 수용시설의 장에게 성폭력 수형자를 치료감호시설 등에 이송하도록 할 수 있다.

⑤ 제2항제6호의 결정이 다음 각 호의 어느 하나에 해당하면 결정을 고지받은 날부터 7일 이내에 검사, 성폭력 수형자 본인 또는 그 법정대리인은 고등법원에 항고할 수 있다.

1. 해당 결정에 영향을 미칠 법령위반이 있거나 중대한 사실오인이 있는 경우

2. 처분이 현저히 부당한 경우

⑥ 항고를 할 때에는 항고장을 원심법원에 제출하여야 하며, 항고장을 제출받은 법원은 3일 이내에 의견서를 첨부하여 기록을 항고법원에 송부하여야 한다.

⑦ 항고법원은 항고 절차가 법률에 위반되거나 항고가 이유 없다고 인정한 경우에는 결정으로써 항고를 기각하여야 한다.

⑧ 항고법원은 항고가 이유 있다고 인정한 경우에는 원결정을 파기하고 스스로 결정을 하거나 다른 관할 법원에 이송하여야 한다.

⑨ 항고법원의 결정에 대하여는 그 결정이 법령에 위반된 때에만 대법원에 재항고를 할 수 있다.

⑩ 재항고의 제기기간은 항고기각 결정을 고지받은 날부터 7일로 한다.

⑪ 항고와 재항고는 결정의 집행을 정지하는 효력이 없다.

⑫ 수용시설의 장은 성폭력 수형자가 석방되기 5일 전까지 그의 주소를 관할하는 보호관찰소의 장에게 그 사실을 통보하여야 한다.

⑬ 제2항제6호에 따라 고지된 치료명령은 성폭력 수형자에게 선고된 제1항의 징역형 이상의 형이 사면되어 그 선고의 효력을 상실하게 된 때에 그 집행이 종료된다.

⑭ 치료명령을 받은 사람은 치료명령 결정이 확정된 후 집행을 받지 아니하고 10년이 경과하면 시효가 완성되어 집행이 면제된다.

제23조(가석방)

① 수용시설의 장은 제22조제2항제6호의 결정이 확정된 성폭력 수형자에 대하여 법무부령으로 정하는 바에 따라 「형의 집행 및 수용자의 처우에 관한 법률」 제119조의 가석방심사위원회에 가석방 적격심사를 신청하여야 한다.

② 가석방심사위원회는 성폭력 수형자의 가석방 적격심사를 할 때에는 치료명령이 결정된 사실을 고려하여야 한다.

제24조(비용부담) ★

① 제22조제2항제6호의 치료명령의 결정을 받은 사람은 치료기간 동안 치료비용을 부담하여야 한다. 다만, 치료비용을 부담할 경제력이 없는 사람의 경우에는 국가가 비용을 부담할 수 있다.

② 비용부담에 관하여 필요한 사항은 대통령령으로 정한다.

제25조(가종료 등과 치료명령)

① 「치료감호 등에 관한 법률」 제37조에 따른 치료감호심의위원회(이하 "치료감호심의위원회"라 한다)는 성폭력범죄자 중 성도착증 환자로서 치료감호의 집행 중 가종료 또는 치료위탁되는 피치료감호자나 보호감호의 집행 중 가출소되는 피보호감호자(이하 "가종료자 등"이라 한다)에 대하여 보호관찰 기간의 범위에서 치료명령을 부과할 수 있다.

② 치료감호심의위원회는 제1항에 따라 치료명령을 부과하는 결정을 할 경우에는 결정일 전 6개월 이내에 실시한 정신건강의학과 전문의의 진단 또는 감정 결과를 반드시 참작하여야 한다.

③ 치료감호심의위원회는 제1항에 따라 치료명령을 부과하는 결정을 한 경우에는 즉시 가종료자 등의 주거지를 관할하는 보호관찰소의 장에게 통보하여야 한다.

제26조(준수사항)

치료감호심의위원회는 제25조에 따른 치료명령을 부과하는 경우 치료기간의 범위에서 준수기간을 정하여 「보호관찰 등에 관한 법률」 제32조제3항 각 호의 준수사항 중 하나 이상을 부과할 수 있다.

제27조(치료명령의 집행)

보호관찰관은 가종료자 등이 가종료ㆍ치료위탁 또는 가출소 되기 전 2개월 이내에 치료명령을 집행하여야 한다. 다만, 치료감호와 형이 병과된 가종료자의 경우 집행할 잔여 형기가 있는 때에는 그 형의 집행이 종료되거나 면제되어 석방되기 전 2개월 이내에 치료명령을 집행하여야 한다.

제28조(치료명령 집행의 종료)

제25조에 따른 약물치료는 다음 각 호의 어느 하나에 해당하는 때에 그 집행이 종료된다.
1. 치료기간이 지난 때
2. 가출소ㆍ가종료ㆍ치료위탁으로 인한 보호관찰 기간이 경과하거나 보호관찰이 종료된 때

제5장 보칙

제30조(치료기간의 계산)

치료기간은 최초로 성 호르몬 조절약물을 투여한 날 또는 제14조제1항에 따른 심리치료 프로그램의 실시를 시작한 날부터 기산하되, 초일은 시간을 계산함이 없이 1일로 산정한다.

제31조(치료명령 등 집행전담 보호관찰관의 지정)

보호관찰소의 장은 소속 보호관찰관 중에서 다음 각 호의 사항을 전담하는 보호관찰관을 지

정하여야 한다.

1. 치료명령을 청구하기 위하여 필요한 치료명령 피청구자에 대한 조사
2. 치료명령의 집행
3. 치료명령을 받은 사람의 재범방지와 건전한 사회복귀를 위한 치료 등 필요한 조치의 부과
4. 그 밖에 치료명령을 받은 사람의 「보호관찰 등에 관한 법률」 등에 따른 준수사항 이행 여부 확인 등 치료명령을 받은 사람에 대한 지도·감독 및 원호

제6장 벌칙

제35조(벌칙)

① 이 법에 따른 약물치료를 받아야 하는 사람이 도주하거나 정당한 사유 없이 제15조제1항(상쇄약물투약)의 의무를 위반한 때에는 7년 이하의 징역 또는 2천만원 이하의 벌금에 처한다.

② 이 법에 따른 약물치료를 받아야 하는 사람이 정당한 사유 없이 제10조제1항(약물치료, 호르몬 수치검사, 인지행동 치료등) 각 호의 준수사항을 위반한 때에는 3년 이하의 징역 또는 1천만원 이하의 벌금에 처한다.

③ 이 법에 따른 약물치료를 받아야 하는 사람이 정당한 사유 없이 제10조제2항(보호관찰법 32조3항의 준수사항)에 따른 준수사항을 위반한 때에는 1천만원 이하의 벌금에 처한다.

08 스토킹범죄의 처벌 등에 관한 법률

JUSTICE

1. 스토킹범죄의 처벌 등에 관한 법률 정리

사법경찰관리 현장응급조치	① 스토킹행위의 제지, 향후 스토킹행위의 중단 통보 및 스토킹행위를 지속적 또는 반복적으로 할 경우, 처벌 서면경고 ② 스토킹행위자와 피해자 등의 분리 및 범죄수사 ③ 피해자 등에 대한 긴급응급조치 및 잠정조치 요청의 절차 등 안내 ④ 스토킹 피해 관련 상담소 또는 보호시설로의 피해자 등 인도(동의한 경우)	단, 긴급응급조치의 기간은 1개월 초과 ×	응급조치 변경	① 긴급응급조치 대상자나 대리인은 취소 또는 종류변경을 사경에 신청 가능 ② 상대방이나 대리인은 상대방 등의 주거 등을 옮긴 경우, 사경에 긴급응급조치 변경신청 가능 ③ 상대방이나 대리인은 긴급응급조치 필요하지 않은 경우, 취소 신청 가능 ④ 사경은 직권 또는 신청에 의해 긴급조치를 취소할 수 있고, 지방법원 판사의 승인을 받아 종류변경 가능

사법경찰관 긴급응급조치 (직권 또는 피해자 등 요청)	① 스토킹행위의 상대방 등이나 그 주거 등으로부터 100m 이내의 접근금지 ② 스토킹행위의 상대방 등에 대한 전기통신을 이용한 접근금지	"	"	※ 통지와 고지 ① 상대방 등이나 대리인은 취소 또는 변경취지 통지 ② 긴급조치 대상자는 취소 또는 변경조치내용 및 불복방법 등 고지
검사의 잠정조치 (청구)	검사는 스토킹범죄가 재발될 우려가 있다고 인정하면 직권 또는 사경의 신청에 따라 잠정조치 청구할 수 있음	–	잠정조치 변경신청	① 피해자, 동거인, 가족, 법정대리인은 2호(100m 이내 접근금지)결정 있은 후 주거 등 옮긴 경우, 법원에 잠정조치결정 변경신청 가능 ② 스토킹행위자나 그 법정대리인은 잠정조치 취소 또는 종류변경을 법원에 신청 가능 ③ 검사는 직권이나 사경의 신청에 따라 기간의 연장 또는 종류변경을 청구할 수 있고, 필요하지 않은 경우 취소청구도 가능 ④ 법원은 결정할 수 있고, 고지하여야 한다.
법원의 잠정조치	① 피해자에 대한 스토킹범죄 중단에 관한 서면경고 ② 피해자 또는 그의 동거인, 가족이나 그 주거 등으로부터 100m 이내의 접근금지 ③ 피해자 또는 그의 동거인, 가족에 대한 전기통신을 이용한 접근금지 ④ 전자장치의 부착 ⑤ 국가경찰관서의 유치장 또는 구치소 유치	①·②·③·④는 3개월을 초과 ×(두 차례에 한정하여 각 3개월의 범위에서 연장 가능 ⑤는 1개월을 초과 ×		

○ 긴급응급조치의 효력상실
  1. 긴급응급조치에서 정한 기간이 지난 때
  2. 법원이 긴급응급조치 대상자에게 다음의 결정을 한 때 – 긴급응급조치에 따른 피해자 등 100m 이내 접근금지결정, 주거 등 장소 100m 이내 접근금지결정, 전기통신이용 접근금지결정(사경에서 법원으로 주체가 바뀌게 됨)

○ 잠정조치의 효력상실
  스토킹행위자에 대한 검사의 불기소처분, 사경의 불송치결정한 때에 효력을 상실함

2. 「스토킹범죄의 처벌 등에 관한 법률」

제1장 총칙

제1조(목적)

이 법은 스토킹범죄의 처벌 및 그 절차에 관한 특례와 스토킹범죄 피해자에 대한 보호절차를 규정함으로써 피해자를 보호하고 건강한 사회질서의 확립에 이바지함을 목적으로 한다.

제2조(정의)

이 법에서 사용하는 용어의 뜻은 다음과 같다.

스토킹행위	상대방의 의사에 반(反)하여 정당한 이유 없이 다음 각 목의 어느 하나에 해당하는 행위를 하여 상대방에게 불안감 또는 공포심을 일으키는 것 가. 상대방 또는 그의 동거인, 가족(이하 "상대방등"이라 한다)에게 접근하거나 따라다니거나 진로를 막아서는 행위 나. 상대방등의 주거, 직장, 학교, 그 밖에 일상적으로 생활하는 장소(이하 "주거등"이라 한다) 또는 그 부근에서 기다리거나 지켜보는 행위 다. 상대방등에게 우편·전화·팩스 또는 「정보통신망 이용촉진 및 정보보호 등에 관한 법률」 제2조 제1항

스토킹행위	제1호의 정보통신망(이하 "정보통신망"이라 한다)을 이용하여 물건이나 글·말·부호·음향·그림·영상·화상(이하 "물건등"이라 한다)을 도달하게 하거나 정보통신망을 이용하는 프로그램 또는 전화의 기능에 의하여 글·말·부호·음향·그림·영상·화상이 상대방등에게 나타나게 하는 행위
	라. 상대방등에게 직접 또는 제3자를 통하여 물건등을 도달하게 하거나 주거 또는 그 부근에 물건등을 두는 행위
	마. 상대방등의 주거등 또는 그 부근에 놓여져 있는 물건등을 훼손하는 행위
	바. 다음의 어느 하나에 해당하는 상대방등의 정보를 정보통신망을 이용하여 제3자에게 제공하거나 배포 또는 게시하는 행위
	  1)「개인정보 보호법」 제2조 제1호의 개인정보
	  2)「위치정보의 보호 및 이용 등에 관한 법률」 제2조 제2호의 개인위치정보
	  3) 1) 또는 2)의 정보를 편집·합성 또는 가공한 정보(해당 정보주체를 식별할 수 있는 경우로 한정한다)
	사. 정보통신망을 통하여 상대방등의 이름, 명칭, 사진, 영상 또는 신분에 관한 정보를 이용하여 자신이 상대방등인 것처럼 가장하는 행위

스토킹범죄	지속적 또는 반복적으로 스토킹행위를 하는 것
피해자	스토킹범죄로 직접적인 피해를 입은 사람
피해자등	피해자 및 스토킹행위의 상대방

제2장 스토킹범죄 등의 처리절차

제3조(스토킹행위 신고 등에 대한 응급조치)

사법경찰관리는 진행 중인 스토킹행위에 대하여 신고를 받은 경우 즉시 현장에 나가 다음 각 호의 조치를 하여야 한다.

1. 스토킹행위의 제지, 향후 스토킹행위의 중단 통보 및 스토킹행위를 지속적 또는 반복적으로 할 경우 처벌 서면경고
2. 스토킹행위자와 피해자등의 분리 및 범죄수사
3. 피해자등에 대한 긴급응급조치 및 잠정조치 요청의 절차 등 안내
4. 스토킹 피해 관련 상담소 또는 보호시설로의 피해자등 인도(피해자등이 동의한 경우만 해당한다)

제4조(긴급응급조치) ★

① 사법경찰관은 스토킹행위 신고와 관련하여 스토킹행위가 지속적 또는 반복적으로 행하여질 우려가 있고 스토킹범죄의 예방을 위하여 긴급을 요하는 경우 스토킹행위자에게 직권으로 또는 스토킹행위의 상대방이나 그 법정대리인 또는 스토킹행위를 신고한 사람의 요청에 의하여 다음 각 호에 따른 조치를 할 수 있다.

  1. 스토킹행위의 상대방등이나 그 주거등으로부터 100미터 이내의 접근 금지
  2. 스토킹행위의 상대방등에 대한 「전기통신기본법」 제2조 제1호의 전기통신을 이용한 접근 금지

② 사법경찰관은 제1항에 따른 조치(이하 "긴급응급조치"라 한다)를 하였을 때에는 즉시 스토킹행위의 요지, 긴급응급조치가 필요한 사유, 긴급응급조치의 내용 등이 포함된 긴급응급조치결정서를 작성하여야 한다.

제5조(긴급응급조치의 승인 신청)

① 사법경찰관은 긴급응급조치를 하였을 때에는 <u>지체 없이</u> 검사에게 해당 긴급응급조치에 대한 사후승인을 지방법원 판사에게 청구하여 줄 것을 신청하여야 한다.

② 제1항의 신청을 받은 검사는 긴급응급조치가 있었던 때부터 <u>48시간</u> 이내에 지방법원 판사에게 해당 긴급응급조치에 대한 사후승인을 청구한다. 이 경우 제4조 제2항에 따라 작성된 긴급응급조치결정서를 첨부하여야 한다.

③ 지방법원 판사는 스토킹행위가 지속적 또는 반복적으로 행하여지는 것을 예방하기 위하여 필요하다고 인정하는 경우에는 제2항에 따라 청구된 긴급응급조치를 승인할 수 있다.

④ 사법경찰관은 검사가 제2항에 따라 긴급응급조치에 대한 사후승인을 청구하지 아니하거나 지방법원 판사가 제2항의 청구에 대하여 <u>사후승인을 하지 아니한 때에는 즉시 그 긴급응급조치를 취소하여야 한다.</u>

⑤ 긴급응급조치기간은 <u>1개월을 초과할 수 없다.</u>

제6조(긴급응급조치의 통지 등)

① 사법경찰관은 긴급응급조치를 하는 경우에는 스토킹행위의 상대방등이나 그 법정대리인에게 통지하여야 한다.

② 사법경찰관은 긴급응급조치를 하는 경우에는 해당 긴급응급조치의 대상자(이하 "긴급응급조치대상자"라 한다)에게 조치의 내용 및 불복방법 등을 고지하여야 한다.

제7조(긴급응급조치의 변경 등)

① 긴급응급조치대상자나 그 법정대리인은 긴급응급조치의 취소 또는 그 종류의 변경을 사법경찰관에게 신청할 수 있다.

② <u>스토킹행위의 상대방등이나 그 법정대리인은 제4조 제1항 제1호의 긴급응급조치가 있은 후 스토킹행위의 상대방등이 주거등을 옮긴 경우에는 사법경찰관에게 긴급응급조치의 변경을 신청할 수 있다.</u>

③ 스토킹행위의 상대방이나 그 법정대리인은 긴급응급조치가 필요하지 아니한 경우에는 사법경찰관에게 해당 긴급응급조치의 취소를 신청할 수 있다.

④ 사법경찰관은 정당한 이유가 있다고 인정하는 경우에는 직권으로 또는 제1항부터 제3항까지의 규정에 따른 신청에 의하여 해당 긴급응급조치를 취소할 수 있고, <u>지방법원 판사의 승인을 받아 긴급응급조치의 종류를 변경할 수 있다.</u>

⑤ 사법경찰관은 제4항에 따라 긴급응급조치를 취소하거나 그 종류를 변경하였을 때에는 스토킹행위의 상대방등 및 긴급응급조치대상자 등에게 다음 각 호의 구분에 따라 통지 또는 고지하여야 한다.

1. 스토킹행위의 상대방등이나 그 법정대리인 : 취소 또는 변경의 취지 통지
2. 긴급응급조치대상자 : 취소 또는 변경된 조치의 내용 및 불복방법 등 고지

PART 6

⑥ 긴급응급조치(제4항에 따라 그 종류를 변경한 경우를 포함한다. 이하 이 항에서 같다)는 다음 각 호의 어느 하나에 해당하는 때에 그 효력을 상실한다.
1. 긴급응급조치에서 정한 기간이 지난 때
2. 법원이 긴급응급조치대상자에게 다음 각 목의 결정을 한 때(스토킹행위의 상대방과 같은 사람을 피해자로 하는 경우로 한정한다)
　가. 제4조 제1항 제1호의 긴급응급조치에 따른 스토킹행위의 상대방등과 같은 사람을 피해자 또는 그의 동거인, 가족으로 하는 제9조 제1항 제2호에 따른 조치의 결정
　나. 제4조 제1항 제1호의 긴급응급조치에 따른 주거등과 같은 장소를 피해자 또는 그의 동거인, 가족의 주거등으로 하는 제9조 제1항 제2호에 따른 조치의 결정
　다. 제4조 제1항 제2호의 긴급응급조치에 따른 스토킹행위의 상대방등과 같은 사람을 피해자 또는 그의 동거인, 가족으로 하는 제9조 제1항 제3호에 따른 조치의 결정

제8조(잠정조치의 청구)

① 검사는 스토킹범죄가 재발될 우려가 있다고 인정하면 직권 또는 사법경찰관의 신청에 따라 법원에 제9조 제1항 각 호의 조치를 청구할 수 있다.
② 피해자 또는 그 법정대리인은 검사 또는 사법경찰관에게 제1항에 따른 조치의 청구 또는 그 신청을 요청하거나, 이에 관하여 의견을 진술할 수 있다.
③ 사법경찰관은 제2항에 따른 신청 요청을 받고도 제1항에 따른 신청을 하지 아니하는 경우에는 검사에게 그 사유를 보고하여야 하고, 피해자 또는 그 법정대리인에게 그 사실을 지체 없이 알려야 한다.
④ 검사는 제2항에 따른 청구 요청을 받고도 제1항에 따른 청구를 하지 아니하는 경우에는 피해자 또는 그 법정대리인에게 그 사실을 지체 없이 알려야 한다.

제9조(스토킹행위자에 대한 잠정조치) ★

① 법원은 스토킹범죄의 원활한 조사·심리 또는 피해자 보호를 위하여 필요하다고 인정하는 경우에는 결정으로 스토킹행위자에게 다음 각 호의 어느 하나에 해당하는 조치(이하 "잠정조치"라 한다)를 할 수 있다.
1. 피해자에 대한 스토킹범죄 중단에 관한 서면 경고
2. 피해자 또는 그의 동거인, 가족이나 그 주거등으로부터 100미터 이내의 접근 금지
3. 피해자 또는 그의 동거인, 가족에 대한 「전기통신기본법」 제2조 제1호의 전기통신을 이용한 접근 금지
3의2. 「전자장치 부착 등에 관한 법률」 제2조 제4호의 위치추적 전자장치(이하 "전자장치"라 한다)의 부착
4. 국가경찰관서의 유치장 또는 구치소에의 유치

② 제1항 각 호의 잠정조치는 병과할 수 있다.

③ 법원은 제1항 제3호의2 또는 제4호의 조치에 관한 결정을 하기 전 잠정조치의 사유를 판단하기 위하여 필요하다고 인정하는 때에는 검사, 스토킹행위자, 피해자, 기타 참고인으로부터 의견을 들을 수 있다. 의견을 듣는 방법과 절차, 그 밖에 필요한 사항은 대법원규칙으로 정한다.

④ 제1항 제3호의2에 따라 전자장치가 부착된 사람은 잠정조치기간 중 전자장치의 효용을 해치는 다음 각 호의 행위를 하여서는 아니 된다.

1. 전자장치를 신체에서 임의로 분리하거나 손상하는 행위

2. 전자장치의 전파를 방해하거나 수신자료를 변조하는 행위

3. 제1호 및 제2호에서 정한 행위 외에 전자장치의 효용을 해치는 행위

⑤ 법원은 잠정조치를 결정한 경우에는 검사와 피해자 또는 그의 동거인, 가족, 그 법정대리인에게 통지하여야 한다.

⑥ 법원은 제1항 제4호에 따른 잠정조치를 한 경우에는 스토킹행위자에게 변호인을 선임할 수 있다는 것과 제12조에 따라 항고할 수 있다는 것을 고지하고, 다음 각 호의 구분에 따른 사람에게 해당 잠정조치를 한 사실을 통지하여야 한다.

1. 스토킹행위자에게 변호인이 있는 경우 : 변호인

2. 스토킹행위자에게 변호인이 없는 경우 : 법정대리인 또는 스토킹행위자가 지정하는 사람

⑦ 제1항 제2호·제3호 및 제3호의2에 따른 잠정조치기간은 3개월, 같은 항 제4호에 따른 잠정조치기간은 1개월을 초과할 수 없다. 다만, 법원은 피해자의 보호를 위하여 그 기간을 연장할 필요가 있다고 인정하는 경우에는 결정으로 제1항 제2호·제3호 및 제3호의2에 따른 잠정조치에 대하여 <u>두 차례에 한정하여 각 3개월의 범위에서 연장할 수 있다.</u>

잠정조치	기간	연장
① 피해자에 대한 스토킹범죄 중단에 관한 서면 경고	-	-
② 피해자 또는 그의 동거인, 가족이나 그 주거등으로부터 100미터 이내의 접근 금지	3개월을 초과할 수 없다.	두 차례에 한정하여 각 3개월의 범위에서 연장할 수 있다.
③ 피해자 또는 그의 동거인, 가족에 대한 「전기통신기본법」 제2조 제1호의 전기통신을 이용한 접근 금지	-	-
④ 「전자장치 부착 등에 관한 법률」 제2조 제4호의 위치추적 전자장치의 부착	-	-
⑤ 국가경찰관서의 유치장 또는 구치소에의 유치	1개월을 초과할 수 없다.	-

제10조(잠정조치의 집행 등)

① 법원은 잠정조치 결정을 한 경우에는 법원공무원, 사법경찰관리, 구치소 소속 교정직공무원 또는 보호관찰관으로 하여금 집행하게 할 수 있다.

② 제1항에 따라 잠정조치 결정을 집행하는 사람은 스토킹행위자에게 잠정조치의 내용, 불복방법 등을 고지하여야 한다.

③ 피해자 또는 그의 동거인, 가족, 그 법정대리인은 제9조 제1항 제2호의 잠정조치 결정이 있은 후 피해자 또는 그의 동거인, 가족이 주거등을 옮긴 경우에는 법원에 잠정조치 결정의 변경을 신청할 수 있다.

④ 제3항의 신청에 따른 변경 결정의 스토킹행위자에 대한 고지에 관하여는 제2항을 준용한다.

⑤ 제1항부터 제4항까지에서 규정한 사항 외에 제9조 제1항 제3호의2에 따른 잠정조치 결정의 집행 등에 관하여는 「전자장치 부착 등에 관한 법률」 제5장의2에 따른다.

제11조(잠정조치의 변경 등)

① 스토킹행위자나 그 법정대리인은 잠정조치 결정의 취소 또는 그 종류의 변경을 법원에 신청할 수 있다.

② 검사는 수사 또는 공판과정에서 잠정조치가 계속 필요하다고 인정하는 경우에는 직권이나 사법경찰관의 신청에 따라 법원에 해당 잠정조치기간의 연장 또는 그 종류의 변경을 청구할 수 있고, 잠정조치가 필요하지 아니하다고 인정하는 경우에는 직권이나 사법경찰관의 신청에 따라 법원에 해당 잠정조치의 취소를 청구할 수 있다.

③ 법원은 정당한 이유가 있다고 인정하는 경우에는 직권 또는 제1항의 신청이나 제2항의 청구에 의하여 결정으로 해당 잠정조치의 취소, 기간의 연장 또는 그 종류의 변경을 할 수 있다.

④ 법원은 제3항에 따라 잠정조치의 취소, 기간의 연장 또는 그 종류의 변경을 하였을 때에는 검사와 피해자 및 스토킹행위자 등에게 다음 각 호의 구분에 따라 통지 또는 고지하여야 한다.

　1. 검사, 피해자 또는 그의 동거인, 가족, 그 법정대리인 : 취소, 연장 또는 변경의 취지 통지

　2. 스토킹행위자 : 취소, 연장 또는 변경된 조치의 내용 및 불복방법 등 고지

　3. 제9조 제6항 각 호의 구분에 따른 사람 : 제9조 제1항 제4호에 따른 잠정조치를 한 사실

⑤ 잠정조치 결정(제3항에 따라 잠정조치기간을 연장하거나 그 종류를 변경하는 결정을 포함한다. 이하 제12조 및 제14조에서 같다)은 스토킹행위자에 대해 검사가 불기소처분을 한 때 또는 사법경찰관이 불송치결정을 한 때에 그 효력을 상실한다.

제12조(항고)

① 검사, 스토킹행위자 또는 그 법정대리인은 긴급응급조치 또는 잠정조치에 대한 결정이 다음 각 호의 어느 하나에 해당하는 경우에는 항고할 수 있다.

1. 해당 결정에 영향을 미친 법령의 위반이 있거나 중대한 사실의 오인이 있는 경우
2. 해당 결정이 현저히 부당한 경우
② 제1항에 따른 항고는 그 결정을 고지받은 날부터 <u>7일</u> 이내에 하여야 한다.

제13조(항고장의 제출)
① 제12조에 따른 항고를 할 때에는 원심법원에 항고장을 제출하여야 한다.
② 항고장을 받은 법원은 <u>3일</u> 이내에 의견서를 첨부하여 기록을 항고법원에 보내야 한다.

제14조(항고의 재판)
① 항고법원은 항고의 절차가 법률에 위반되거나 항고가 이유 없다고 인정하는 경우에는 결정으로 항고를 기각하여야 한다.
② 항고법원은 항고가 이유 있다고 인정하는 경우에는 원결정을 취소하고 사건을 원심법원에 환송하거나 다른 관할법원에 이송하여야 한다. 다만, 환송 또는 이송하기에 급박하거나 그 밖에 필요하다고 인정할 때에는 원결정을 파기하고 스스로 적절한 잠정조치 결정을 할 수 있다.

제15조(재항고)
① 항고의 기각 결정에 대해서는 그 결정이 법령에 위반된 경우에만 대법원에 재항고를 할 수 있다.
② 제1항에 따른 재항고의 기간, 재항고장의 제출 및 재항고의 재판에 관하여는 제12조 제2항, 제13조 및 제14조를 준용한다.

제16조(집행의 부정지)
<u>항고와 재항고는 결정의 집행을 정지하는 효력이 없다.</u>

제17조(스토킹범죄의 피해자에 대한 전담조사제)
① 검찰총장은 각 지방검찰청 검사장에게 스토킹범죄 전담 검사를 지정하도록 하여 특별한 사정이 없으면 스토킹범죄 전담 검사가 피해자를 조사하게 하여야 한다.
② 경찰관서의 장(국가수사본부장, 시·도경찰청장 및 경찰서장을 의미한다. 이하 같다)은 스토킹범죄 전담 사법경찰관을 지정하여 특별한 사정이 없으면 스토킹범죄 전담 사법경찰관이 피해자를 조사하게 하여야 한다.
③ 검찰총장 및 경찰관서의 장은 제1항의 스토킹범죄 전담 검사 및 제2항의 스토킹범죄 전담 사법경찰관에게 스토킹범죄의 수사에 필요한 전문지식과 피해자 보호를 위한 수사방법 및 수사절차 등에 관한 교육을 실시하여야 한다.

제17조의2(피해자 등에 대한 신변안전조치)
법원 또는 수사기관이 피해자등 또는 스토킹범죄를 신고(고소·고발을 포함한다. 이하 이 조

에서 같다)한 사람을 증인으로 신문하거나 조사하는 경우의 신변안전조치에 관하여는 「특정
범죄신고자 등 보호법」 제13조 및 제13조의2를 준용한다. 이 경우 "범죄신고자등"은 "피해자
등 또는 스토킹범죄를 신고한 사람"으로 본다.

제17조의3(피해자등의 신원과 사생활 비밀 누설 금지)

① 다음 각 호의 어느 하나에 해당하는 업무를 담당하거나 그에 관여하는 공무원 또는 그 직
에 있었던 사람은 피해자등의 주소, 성명, 나이, 직업, 학교, 용모, 인적사항, 사진 등 피해
자등을 특정하여 파악할 수 있게 하는 정보 또는 피해자등의 사생활에 관한 비밀을 공개하
거나 다른 사람에게 누설하여서는 아니 된다.
  1. 제3조에 따른 조치에 관한 업무
  2. 긴급응급조치의 신청, 청구, 승인, 집행 또는 취소 · 변경에 관한 업무
  3. 잠정조치의 신청, 청구, 결정, 집행 또는 취소 · 기간연장 · 변경에 관한 업무
  4. 스토킹범죄의 수사 또는 재판에 관한 업무
② 누구든지 피해자등의 동의를 받지 아니하고 피해자등의 주소, 성명, 나이, 직업, 학교, 용
모, 인적 사항, 사진 등 피해자등을 특정하여 파악할 수 있게 하는 정보를 신문 등 인쇄물
에 싣거나 「방송법」 제2조 제1호에 따른 방송 또는 정보통신망을 통하여 공개하여서는 아
니 된다.

제17조의4(피해자에 대한 변호사 선임의 특례)

① 피해자 및 그 법정대리인은 형사절차상 입을 수 있는 피해를 방어하고 법률적 조력을 보장
받기 위하여 변호사를 선임할 수 있다.
② 제1항에 따라 선임된 변호사(이하 이 조에서 "변호사"라 한다)는 검사 또는 사법경찰관의
피해자 및 그 법정대리인에 대한 조사에 참여하여 의견을 진술할 수 있다. 다만, 조사 도중
에는 검사 또는 사법경찰관의 승인을 받아 의견을 진술할 수 있다.
③ 변호사는 피의자에 대한 구속 전 피의자심문, 증거보전절차, 공판준비기일 및 공판절차에
출석하여 의견을 진술할 수 있다. 이 경우 필요한 절차에 관한 구체적 사항은 대법원규칙
으로 정한다.
④ 변호사는 증거보전 후 관계 서류나 증거물, 소송계속 중의 관계 서류나 증거물을 열람하거
나 복사할 수 있다.
⑤ 변호사는 형사절차에서 피해자 및 법정대리인의 대리가 허용될 수 있는 모든 소송행위에
대한 포괄적인 대리권을 가진다.
⑥ 검사는 피해자에게 변호사가 없는 경우 국선변호사를 선정하여 형사절차에서 피해자의 권
익을 보호할 수 있다.

제3장 벌칙

제18조(스토킹범죄)

① 스토킹범죄를 저지른 사람은 3년 이하의 징역 또는 3천만원 이하의 벌금에 처한다.

② 흉기 또는 그 밖의 위험한 물건을 휴대하거나 이용하여 스토킹범죄를 저지른 사람은 5년 이하의 징역 또는 5천만원 이하의 벌금에 처한다.

③ 삭제 〈2023.7.11.〉

제19조(형벌과 수강명령 등의 병과) ★

① 법원은 스토킹범죄를 저지른 사람에 대하여 유죄판결(선고유예는 제외한다)을 선고하거나 약식명령을 고지하는 경우에는 200시간의 범위에서 다음 각 호의 구분에 따라 재범 예방에 필요한 수강명령(「보호관찰 등에 관한 법률」에 따른 수강명령을 말한다. 이하 같다) 또는 스토킹 치료프로그램의 이수명령(이하 "이수명령"이라 한다)을 병과할 수 있다.
  1. 수강명령 : 형의 집행을 유예할 경우에 그 집행유예기간 내에서 병과
  2. 이수명령 : 벌금형 또는 징역형의 실형을 선고하거나 약식명령을 고지할 경우에 병과

② 법원은 스토킹범죄를 저지른 사람에 대하여 형의 집행을 유예하는 경우에는 제1항에 따른 수강명령 외에 그 집행유예기간 내에서 보호관찰 또는 사회봉사 중 하나 이상의 처분을 병과할 수 있다.

③ 제1항에 따른 수강명령 또는 이수명령의 내용은 다음 각 호와 같다.
  1. 스토킹 행동의 진단·상담
  2. 건전한 사회질서와 인권에 관한 교육
  3. 그 밖에 스토킹범죄를 저지른 사람의 재범 예방을 위하여 필요한 사항

④ 제1항에 따른 수강명령 또는 이수명령은 다음 각 호의 구분에 따라 각각 집행한다.
  1. 형의 집행을 유예할 경우 : 그 집행유예기간 내
  2. 벌금형을 선고하거나 약식명령을 고지할 경우 : 형 확정일부터 6개월 이내
  3. 징역형의 실형을 선고할 경우 : 형기 내

⑤ 제1항에 따른 수강명령 또는 이수명령이 벌금형 또는 형의 집행유예와 병과된 경우에는 보호관찰소의 장이 집행하고, 징역형의 실형과 병과된 경우에는 교정시설의 장이 집행한다. 다만, 징역형의 실형과 병과된 이수명령을 모두 이행하기 전에 석방 또는 가석방되거나 미결구금일수 산입 등의 사유로 형을 집행할 수 없게 된 경우에는 보호관찰소의 장이 남은 이수명령을 집행한다.

⑥ 형벌에 병과하는 보호관찰, 사회봉사, 수강명령 또는 이수명령에 관하여 이 법에서 규정한 사항 외에는 「보호관찰 등에 관한 법률」을 준용한다.

> **시행령 제2조(스토킹범죄를 저지른 사람의 재범 예방을 위한 시책 마련)**
> 법무부장관은 「스토킹범죄의 처벌 등에 관한 법률」(이하 "법"이라 한다) 제19조 제1항에 따른 수강명령과 스토킹 치료프로그램 이수명령의 실시에 필요한 프로그램의 개발과 관련 전문인력의 양성 등 스토킹범죄를 저지른 사람의 재범 예방을 위한 시책을 마련해야 한다.

제20조(벌칙)

① 다음 각 호의 어느 하나에 해당하는 사람은 3년 이하의 징역 또는 3천만원 이하의 벌금에 처한다.

  1. 제9조 제4항을 위반하여 전자장치의 효용을 해치는 행위를 한 사람
  2. 제17조의3 제1항을 위반하여 피해자등의 주소, 성명, 나이, 직업, 학교, 용모, 인적사항, 사진 등 피해자등을 특정하여 파악할 수 있게 하는 정보 또는 피해자등의 사생활에 관한 비밀을 공개하거나 다른 사람에게 누설한 사람
  3. 제17조의3 제2항을 위반하여 피해자등의 주소, 성명, 나이, 직업, 학교, 용모, 인적 사항, 사진 등 피해자등을 특정하여 파악할 수 있게 하는 정보를 신문 등 인쇄물에 싣거나 「방송법」 제2조 제1호에 따른 방송 또는 정보통신망을 통하여 공개한 사람

② 제9조 제1항 제2호 또는 제3호의 잠정조치를 이행하지 아니한 사람은 2년 이하의 징역 또는 2천만원 이하의 벌금에 처한다.

③ 긴급응급조치(검사가 제5조 제2항에 따른 긴급응급조치에 대한 사후승인을 청구하지 아니하거나 지방법원 판사가 같은 조 제3항에 따른 승인을 하지 아니한 경우는 제외한다)를 이행하지 아니한 사람은 1년 이하의 징역 또는 1천만원 이하의 벌금에 처한다.

④ 제19조 제1항에 따라 이수명령을 부과받은 후 정당한 사유 없이 보호관찰소의 장 또는 교정시설의 장의 이수명령 이행에 관한 지시에 따르지 아니하여 「보호관찰 등에 관한 법률」 또는 「형의 집행 및 수용자의 처우에 관한 법률」에 따른 경고를 받은 후 다시 정당한 사유 없이 이수명령 이행에 관한 지시를 따르지 아니한 경우에는 다음 각 호에 따른다.

  1. 벌금형과 병과된 경우에는 500만원 이하의 벌금에 처한다.
  2. 징역형의 실형과 병과된 경우에는 1년 이하의 징역 또는 1천만원 이하의 벌금에 처한다.

제21조

삭제 〈2023.7.11.〉

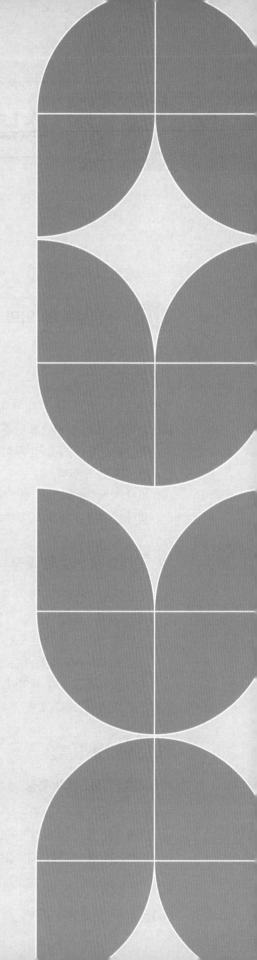

PART — 7

소년범죄와
그 대책

CHAPTER 1 소년보호

01 소년보호의 의의 참고

JUSTICE

1. 의의

(1) 소년보호는 범죄소년과 비행소년을 건전하게 성장하도록 하는 것이 궁극적인 목표이다.
(2) 구체적으로는 문제된 소년을 개별적으로 관찰하여 범인성 인격과 환경을 개선하여 소년을 보호 육성함과 함께 가정 및 사회환경을 적절히 조정하여 소년과 사회를 범죄로부터 보호하는 일련의 활동을 말한다.
(3) 소년은 성장발육기 및 인격형성 단계에 놓여 있어, 모든 형사사법절차에 있어 성년범죄인과 구별하여 특별한 보호와 처우를 할 필요가 있다.

2. 근대의 소년보호 특징

(1) 인도주의와 과학주의를 내세운 실증주의의 발달과 19C 소년재판소의 확립은 소년보호의 결정적인 계기가 되었다.
(2) 소년보호는, 단지 개인 또는 단체의 일이 아닌, 국가 주요정책의 일환으로 실시한 것이 근대적 소년보호의 특징이다. 이는 소년을 형벌의 대상으로 보지 않고, 국가가 소년의 부모된 입장(국친사상)에서 보호할 책임이 있다는 형평법사상을 바탕으로 한 것이다.
(3) 19C 말부터 20C 초에 걸쳐 소년보호에 대해 진지하게 논의되면서 점차 제도화되었다.

3. 소년비행의 특징

(1) 사춘기 청소년의 특징

① 청소년은 공격적·관능적·파괴적·반항적이며 정서적 갈등현상을 보인다.
② 공상이 많고, 비현실적이고, 감수성이 예민하고, 모방성이 심하다.
③ 어른과 동등하게 되고 싶어 과시욕을 보이고, 은어를 사용하는 특징을 지니고 있다.

(2) 소년비행의 특징

① 범죄동기가 자기중심적이고, 행동이 충동적이며, 범죄수단이 비계획적이다.
② 범행은 주로 조폭범(粗暴犯)이 많고, 재산범 특히 절도범이 많다.
③ 단독범보다는 공범의 형태가 현저한 집단적 범죄에 주로 가담한다.

(3) 소년비행의 가정적 요인

양친의 존부 및 양친의 자녀에 대한 애정태도, 가족 간의 결합도 및 애정관계, 무원칙한 가정교육과 자녀에 대한 무관심, 사회적 지위가 낮은 부모의 권위상실 등이 소년비행의 원인으로 지적되고 있다.

(4) 글룩부부의 비행소년 예측연구

글룩부부는 범죄행위는 좌절과 충격을 안겨 준 어린시절의 경험에서 비롯되었다고 하면서, 비행 가능 가족의 특성을 아래와 같이 제시하였다.
① 아버지의 일관성이 없는 과도한 징벌
② 어머니의 부적절한 감독
③ 무관심하거나 적개심이 있는 부모
④ 응집력이 없는 가족 등

02 소년범죄의 동향 JUSTICE

1. 소년범죄의 특징

(1) 의의

제2차 대전 이후 1970년대까지 청소년범죄의 격증은 세계적 현상이었다.

(2) 제2회(1960년) UN 범죄방지 및 범죄자처우회의에서 지적한 소년비행의 새로운 양상

① 알코올·마약 기타 약품과 관계있는 비행이 증가
② 조폭범(粗暴犯)의 증가
  ㉠ 청소년의 범죄 중 폭력범의 비중이 매우 높다.
  ㉡ 조폭범은 상해와 폭행 및 마음 내키는 대로 건물 등을 손괴하는 행위 등을 말한다.
③ 성범죄의 증가
  추행·강간 등 성에 관한 비행이 많고, 성적 윤리와 성적 비행에 큰 변화가 나타났다.

④ 집단비행의 증가

집단으로 행하는 범죄가 많고, 특히 깡패 기타 불량배와 관련 있는 비행이 많다.

⑤ <u>중류 이상 가정출신 소년의 비행화 경향</u>

⑥ 소년비행의 저연령화

특히 12 ~ 13세의 연소한 아동의 비행이 증가하였다.

⑦ 스피드 스릴을 추구하는 범죄 증가

재물이 목적이 아니라, 단지 타고 다닐 목적이나 무단으로 타고 달아나는 범죄가 증가하였다.

⑧ 이유없는 비행의 증가

특별한 이유나 동기가 없고 어른이 이해하기 어려운 범죄가 증가하였다.

2. 우리나라 소년범죄의 특징

(1) 일반적인 경향

① 폭력화 경향

② 소년범의 누범 · 상습화 경향

③ 집단화 경향

④ 범죄연령의 저연령화 경향

⑤ 학생범죄와 여성범죄 증가 경향

⑥ 중류층이상 가정출신자 증가 경향

(2) 최근의 경향

① 전체 범죄인 중 소년범 비율이 지속적으로 증가해 오다가, 1999년부터 소년범 비율이 감소하기 시작하여 2005년에 최저를 기록한 이후 다소 증가하는 경향이 있다.

② 최근에는 친부모 모두가 있는 소년범이 80%에 이르고 있다. 이는 친부모의 존재가 반드시 소년범죄에 억제효과가 있는 것으로 보기 어려운 반면, 맞벌이 부부와 같은 가정적 특성이 반영된 것으로 볼 수 있다.

③ 소년범죄는 직업별로 학생이 가장 많고 절대다수를 차지하고 있다. 이는 학생수가 절대적으로 많은 것이 주요원인이다.

④ 범죄원인으로는 이욕에 의한 것보다 우연으로 발생한 것이 많다. 소년범죄는 우발적, 호기심 등 즉흥적이고 충동적인 원인으로 많이 발생한다.

⑤ 소년범죄는 재산범인 절도가 가장 많고, 그 다음이 폭력 순이다.

03 소년범죄 대책 　　　JUSTICE

1. 의의

(1) 소년범죄 내지 소년비행에 대한 대책은 크게 규범적 대책과 사회적 대책으로 나눌 수 있다.

(2) 규범적 대책은 소년법 또는 소년재판법 등 형사사법상의 소년보호를 의미하며, 사회적 대책은 심리학 및 정신의학적 측면에서 개별 소년이 지닌 문제를 해결함과 함께, 가정·학교·사회 등의 환경을 개선하는 것을 뜻한다.

2. 소년사법의 발전

(1) 영미법계

① 영미법계 국가에서의 소년사법은 형평법(衡平法) 사상인 국친이론(國親理論)을 바탕으로 발전하였다.

② 형평법과 국친이론은, 국가가 소년을 형벌의 대상으로 보지 않고, 소년의 부모된 입장에서 보호와 후견의 대상으로 보는 사상에 기초하고 있으며, 후견을 요하는 소년, 방임된 소년, 부조를 요하는 소년, 기타 비행소년 등을 대상으로 하고 있다.

③ 미국의 「소년재판소법」은 비행소년에 한정하지 않고, 널리 보호를 요하는 일체의 아동을 포함하고 있다.

(2) 대륙법계

형사정책 이론인 교육형주의 사상에 입각하여 소년의 교화개선에 중점을 두면서 발전해 왔다. 즉, 소년심판의 사법적 기능을 중시하면서 개념을 점차 확대해 사회복지이념과 후견사상을 도입하였다.

> ● 소년사법 ★
> ① 소년사법의 이론적 근거는 형평법사상인 국친이론과 교육형주의에 입각한 사상이다.
> ② 소년사법은 소년의 보호적 측면을 강조한 것이지, 일반예방이나 사회방위 개념을 강조한 것이 아니므로, 소년범죄 대책과 비교적 무관한 것은 일반예방과 사회방위 개념이다.

3. 소년법 제정

(1) 미국

① 미국에서는 19C 중엽부터 소년을 성년과 구별하여 특별한 처우를 할 것을 제창하였다.

② 1899년 일리노이주에서 세계 최초로 「소년재판소법」을 제정하여 시카고에 '소년법원'을 개설하였다. 「소년재판소법」의 기본원리는 "소년범죄자는 형벌이 아닌 보호와 지도에 두고 적절한 개별처우계획을 채택하는 것"이다.

③ 1903년 덴버 소년재판소의 린제이(B. B. Lindsey) 판사는 비행소년 뿐만 아니라 소년문제에 책임이 있는 성인에 대해서도 소년법원이 관할권을 갖는 덴버방식(가정식 방식)을 채택하였다.

> **로스코 파운드(Roscoe Pound)**
> "소년법원 운동은 마그나카르타(대헌장) 이래 최대의 진보이다"라고 하였다.

(2) 영국

1847년 「소년범죄인법」을 제정하였으며, 법률상 범죄소년 또는 우범소년만을 관할하는 전담법원을 설치하지 않고 약식재판소(간이재판절차)에서 이를 담당하고 있다. 이는 재판소의 권한을 최소한으로 축소한 반면, 처우의 탄력화와 철저한 보호주의 및 부모와 사회사업가의 협력을 중시한 것이다.

4. 소년법제의 현대적 동향

(1) 소년사법의 국제화

① 국제적 관심
소년범죄 문제는 국제적 관심사로서 2차대전 이후 UN을 중심으로 활발한 활동을 하였다.

② 1985년 제7차 UN 범죄방지 및 범죄자처우회의
소년사법운영에 관한 UN 최저기준규칙(북경 Rule)을 채택하였다.

③ 1990년 제8차 UN 범죄방지 및 범죄자처우회의
소년비행방지에 관한 UN 가이드라인(리야드 지침 : Riyadh Guideline)을 채택하고, 자유를 박탈당한 청소년 보호를 위한 UN 규칙을 마련하였다.

> **리야드 지침의 기본원칙**
> ① 청소년비행 예방은 사회 범죄예방의 본질적인 부분이다.
> ② 청소년비행의 예방을 위하여 어린시절부터 인격을 존중하고 조화롭게 성장할 수 있도록 사회 모두가 노력해야 한다.
> ③ 청소년은 단순한 사회화나 통제의 대상이 아닌, 능동적 역할과 함께 사회의 동반자가 되어야 한다.
> ④ 청소년에 대한 복지가 모든 예방적 계획의 초점이 되어야 한다.
> ⑤ 청소년의 발전에 심각한 손상을 주지 않고, 타인에게 해를 끼치지 않는 행동에 대해서 범죄시하거나 형벌을 부과해서는 안 된다.
> ⑥ 비행예방에 대한 전향적인 정책, 체계적 연구 및 정교한 수단에 대한 필요성과 중요성을 인식해야 한다.

(2) 범죄인처우 관념의 변화

① 사회복귀와 재범방지 차원에서의 특별예방사상이 대두되었다.

② 사회내 처우를 중시하고, 형벌의 개별화, 과학화 및 사회화를 추구하고 있다.

(3) 비범죄화와 전환(Diversion) ★

① 형법의 탈도덕화 경향과 낙인이론의 영향으로 비행소년을 가능한 형사절차에 개입시키지 않고 건전하게 육성하려는 방향으로 나아가고 있다.

② 소년법원운동을 형사사법상 '제1혁명' 이라고 한다면, 4D이론을 '제2혁명' 이라고 할 정도로 중시하고 있다.

  ㉠ 4D이론
    ⓐ 비범죄화(Decriminalization)
    ⓑ 비형벌화(Depenalization)
    ⓒ 비시설수용화(탈시설화, 비시설내 처우, Deinstitutionalization)
    ⓓ 전환(Diversion)
  ㉡ 5D이론(4D이론 + 적법절차)
    ⓐ 비범죄화
    ⓑ 비형벌화
    ⓒ 비시설수용화
    ⓓ 전환
    ⓔ 적법절차(Due process)

(4) 적법절차 보장

① 소년법제의 복지적 · 후견적 기능을 강조하다보니 적법절차가 상대적으로 소홀하게 되어, 이에 대한 반성으로 적법절차를 강조하고 있다.

② 미국의 갈트 판결과 우리나라 「소년법」 제10조(진술거부권의 고지)는 적법절차를 보장한 것이다.

③ 국친사상에 의한 소년보호절차의 적법절차 보장은 갈트판결에 의해 확립되었다.

> ● **갈트(Gault) 판결(1967년, 미국) ★**
> ① 15세의 갈트 소년이, 이웃에 음란성 전화를 했다는 이유만으로, 소년법원이 완전히 비공식적인 절차를 거쳐 성년이 될 때까지 불량소년 수용기관에 수용한 사건이다.
> ② 갈트 판결에서 제시된 적법절차
>   ㉠ 심리 전에 비행사실을 고지할 것
>   ㉡ 변호인 선임을 보장할 것
>   ㉢ 진술거부권을 인정하고 사전에 고지할 것
>   ㉣ 증인에 대한 대질 및 반대신문권을 보장하고 전문증거의 채택을 제한할 것
>   ㉤ 심리절차를 기록하여 사실인정의 결론과 처분결정의 이유를 명시할 것

PART 7

(5) 청년사건의 형사사건화

18 ~ 20세는 소년이 아닌 성년으로 보고 일반형사사건으로 처리해 범죄에 강력히 대응하는 경향이 있다. 1970년대에 범죄통제모델(사법정의모델 입장)이 등장하면서, 소년을 단순한 보호의 대상이 아닌, 책임과 권리의 주체로서 자신의 범죄에 대한 책임을 져야한다는 경향이 대두되었다.

(6) 소년범죄에 대한 처벌의 이원화

중한 범죄자에게는 형사처분을 하고, 경한 범죄자에게는 전환이나 보호처분을 선택하는 경향이 있다.

(7) 형사사법망 확대경향

형벌의 다양화 등으로 기존의 수단과 다른 공식적 개입수단이 증가해 국가에 의해 통제되고 규제되는 인원이 늘어나는 경향이 있다.

(8) 민간인 참여확대

선도조건부 기소유예 등 각종 사회내 처우가 활성화되면서 민간인 참여가 확대되고 있다.

 04 소년교정 모델
JUSTICE

1. 소년사법모델의 변천

(1) 교정주의 모델(Correctionalism)

① 교정주의 모델은 19C와 20C 초 형사사법정책을 주도해 온 기본이념으로, 실증주의 범죄학적 관점에서 개인의 범죄성 인성과 환경을 교화·개선하는 것을 주내용으로 한다.
② 교정주의의 대표적 정책모델로는 보호관찰·사회봉사명령 등과 같은 사회내 처우 및 소년법원, 부정기형제도 등을 들 수 있다.

(2) 사회반응이론 모델(Social Reaction Theory)

1960년대 이론으로, 범죄를 통제하는 사회의 규범자체 또는 통제작용에서 범죄의 원인을 찾는 이론이다. 낙인이론이 대표적이며 불개입주의 및 반교정주의를 초래하기 쉽다.

(3) 정의모델(Justice Model)

① 범죄에 대한 강력한 대응을 요구하는 모델로 1970년대 후반 미국을 중심으로 발전하였다.
② 범죄에 대한 온정주의와 방임주의를 비판하고, 죄형균형주의에 입각한 응보사상을 내세우고 있다. 이는 고전학파의 응보적 일반예방주의와는 개념상 차이가 있지만, 형벌의 목적을 응보

의 대가로 보는 점은 같다.

③ 강력한 사법통제에 의한 범죄문제 해결을 추구하고 있어, 교정주의의 쇠퇴현상을 초래할 수 있다.

2. 바툴라스(Bartollas)와 밀러(Miller)의 소년교정의 모형 ★

(1) 의료모형(Medical Model)

① 결정론적 입장에서 범죄자를 처벌의 대상이 아닌 치료와 보호의 대상으로 보는 입장으로, 범죄자의 교정을 질병치료와 같이 생각하는 이론이다.

② 비행소년과 정상소년의 근본적인 차이를 인정하며, 국친사상의 입장에서 소년보호를 주장하고, 정신의학이나 심리학 등 인간관계 학문을 교정에 도입하는 실증주의 입장이다.

③ 의료모형은 심리극 · 감수성훈련 등 심리적 측면을 중시한다.

(2) 조정(적응) 모형(Adjustment Model)

① 범죄소년을 합리적인 선택과 책임있는 결정을 할 수 있는 존재로 보아 결정론을 부인하며, 범죄자와 '사회의 재통합'을 이루는데 초점을 두고 있다.

② 조정모델은 현실요법 · 환경요법 · 집단지도상호작용 · 교류분석 · 긍정적 동료문화 등 상담자에 의한 처우기법을 중시한다.

(3) 범죄통제 모형(Crime Control Model)

① 범죄소년에게 훈육과 처벌을 통해 강경하게 대처해 나가는 모형으로, 범죄자가 아닌 범죄에 상응한 처벌을 주장하며, "처벌은 신속하고 공정하고 효과적이어야 한다"는 '사법정의모델'의 입장이다.

② 범죄통제 모형은 지역사회의 보호가 소년보호에 우선하기 때문에, 비행소년의 지역사회교정을 반대하는 입장이다.

(4) 최소제한 모형(Least-restrictive Model)

① 낙인이론에 근거하여 비행소년에 대한 형사사법 개입을 최소화해야 한다는 입장으로, 모든 절차적 권리를 보장하고 비시설적 처우를 중시한다.

② 낙인의 부정적 영향, 소년교정의 비인간성, 소년교정의 아마추어화가 소년비행을 확산시켰다고 하며 기존의 이론을 비판하였다.

3. 클로워드(Cloward)와 오린(Ohlin)의 청소년의 비행적 하위문화 참고

(1) 범죄적 하위문화

성인범죄자와 긴밀한 관계를 유지하고, 조직적이고 직업적인 비행 및 범죄행위에 가담하는 등, 범죄행위가 용인 · 장려되는 지역에서 발생한다.

(2) 갈등적(충동적) 하위문화

욕구불만을 패싸움으로 해소하는 등 주로 집단적인 폭력 등을 자행하지만, 직장을 갖거나 결혼을 하면 정상적인 생활을 한다.

(3) 도피적(퇴행적) 하위문화

자포자기하는 이중실패자로, 마약·알코올 섭취자 등의 행위를 말한다.

➔ 차별적 기회구조이론(클로워드, 오린)
① 동조형, ② 개혁형(범죄적 하위문화), ③ 공격형(갈등적 하위문화), ④ 도피형(도피적 하위문화)

➔ 데이비드 스트리트(David Street)의 소년범죄자 처우조직 유형 ★
① 복종 및 동조(구금적 시설) 유형
구금을 강조하는 소년교정시설에서 추구, 외부통제 및 동조 강조, 강력한 직원통제와 다양한 제재 추구, 대규모 보안직원으로 구성, 적은 수의 처우 요원, 규율의 엄격한 집행, 강제된 동조성을 강요하는 준군대식 형태, 조절이 주된 기술
② 재교육 및 개선(발전) 유형
엄격한 규율과 제재가 적용되지만 복종보다 교육 강조, 훈련을 통한 변화 강조, 청소년의 태도와 행동 변화 중시, 개인적 차원의 개발에 중점, 직원은 대부분 교사로 구성, 기술습득과 가족과 같은 분위기 창출에 관심
③ 처우를 중시하는 유형
청소년의 인성변화와 심리적 재편 중시, 많은 처우요원 고용, 가장 복잡한 조직구조, 처우요원과 보완요원의 협조와 청소년의 이해 강조, 처벌은 엄격하지 않게 집행, 다양한 활동과 성취감 강조, 자기 존중심과 자기성찰 강조, 개인적 통제 및 사회적 통제 동시 강조, 개인적 문제해결에 협조, 지역사회생활 준비 강조

➔ 워렌(Waren)이 제시한 비행소년 유형분류

유형	처우기법
비사회적 유형	• 환자부모대체 • 사회를 향한 지지적 선회 • 심리요법보다 교육을 통한 거부감과 방치의 해소
동조자 유형	• 사회적 인식감 증대를 위한 집단처우 • 비행을 지향한 동료집단압력 • 생활기술교육
반사회적-약취 자유형	• 사회적 인식도와 응집력 증대를 위한 집단처우를 통한 사회적으로 수용 가능한 응용기술개발 • 합법적 기회증대 기술개발 • 장기적 개별처우를 통한 아동기문제의 해소와 약취욕구의 해소
신경증적 범죄자 유형	• 가족집단요법 • 개별심리요법

유형	처우기법
부문화-동일시 자유형	• 억제통한 비행중지 • 친사회적 동일시 모형과의 관계개발 • 집단 내 자기 개념 확대
상황적 유형	없음

① 동조자 유형은 일관성 없는 훈육이나 적정한 성인모형의 부재에서 기인한다.
② 부문화 동일시자 유형은 일탈적 하위문화 가치체계의 내재화가 원인이다. 강한 동료집단 지향, 권위 비신뢰, 비행자 낙인에 대한 만족, 자기 만족적, 내적보다 외적 문제 등을 특징으로 한다.
③ 반사회적 약취자 유형은 관습적인 규범이 내재화되어 있지 않고 죄의식이 없다.
④ 상황적 유형은 정신신경증이나 정신착란을 가진 증상 등을 특징으로 한다.
⑤ 비사회적 유형은 심리요법보다 교육을 통하여 사회에 대한 거부감과 방치를 해소하는 처우가 적합하다.

05 소년비행의 원인과 대책 참고

JUSTICE

1. 소년비행의 원인

현대사회의 문제상황 속에서 청소년 비행도 증가하고 있어, 청소년은 사회적 환경의 희생자적인 측면이 있다. 오늘날 소년비행의 가장 큰 원인은 도시화의 급격한 진행, 고유한 가정적 기능의 저하, 학교기능의 약화, 가치관의 변화와 다양화, 매스컴과 인터넷의 부정적인 영향 등 현대사회의 특징이라 할 수 있다.

2. 소년비행의 대책

(1) 소년비행 예방을 위한 사회 전체적인 공감대 형성이 필요하다.
(2) 사회 전체적인 차원에서 예방활동을 강화해 나가야 한다.
(3) 일시적이고 개별적인 단속보다는, 지속적인 계몽활동과 지도를 전개해 나가야 한다.
(4) 유해환경에 대한 규제강화 및 접촉을 차단할 수 있는 제도적 장치를 마련해야 한다.
(5) 비행소년에 대한 적절한 지도와 선도 및 다양한 사회내 처우 방안을 강구해야 한다.

3. 비행소년에 대한 사회내 처우 형태

(1) 청소년봉사국(Youth Service Bureau)

1967년 '법의 집행과 형사사법의 운영에 관한 대통령 자문위원회'가 제안한 제도이며, 사법절차로부터 청소년을 사회내 처우로 전환시키기 위해 설치된 비강제적 · 독립적 공공기관이다.

(2) 대리가정(Foster Homes)

소년법원이나 가정법원에서 비행소년을 실제가정이 아닌 대리 또는 양육가정에 보내어 보호와 훈련을 받도록 하는 것을 말한다.

(3) 집단가정(Group Homes)

가족과 같은 분위기에서 가정과 같은 생활을 중시하는 비보안적 거주 프로그램이다.

(4) 주간처우(Day Treatment)

주간에는 교육을 행하고, 야간에는 가정으로 돌려보낸다. 거주 프로그램에 비해 강제성이 적고 비처벌지향적이며, 부모의 관심과 참여를 고조시킬 수 있다.

(5) 극기훈련(야외실습 : Outward Bound Program)

참여자로 하여금 경험을 통해 스스로 배우고 느낄 수 있게 하는 실험적 학습환경 프로그램으로, 황야에서의 생존 프로그램 등 극기훈련을 중심으로 행해지고 있다.

소년법과 범죄대책

01 소년보호 관련 법률

JUSTICE

1. 우리나라의 소년보호 관련 규정

구분	명칭	적용범위
① 「형법」	형사미성년자 아동	14세 미만 16세 미만(아동혹사죄의 객체)
② 「소년법」	소년	19세 미만
③ 「청소년보호법」	청소년	19세 미만(연만)
④ 「아동 · 청소년의 성보호에 관한 법률」	아동 · 청소년	19세 미만(연만)
⑤ 「아동복지법」	아동	18세 미만
⑥ 「근로기준법」	연소자	18세 미만

> **➲ 「청소년기본법」 제3조 제1호**
> "청소년이라 함은 9세 이상 24세 이하의 자를 말한다. 다만, 다른 법률에서 청소년에 대한 적용을 달리할 필요가 있는 경우에는 따로 정할 수 있다."

2. 우리나라의 「소년법」 제정

(1) 1958.7.24. 인도주의 · 복리주의 · 형사정책적 관점에 입각하여 「소년법」을 제정하였다.
(2) 1963년 소년 전문법원인 '가정법원'을 설치하였다.
(3) 2007.12.21. 대폭 개정된 후 현재에 이르고 있다.

3. 「소년법」상 소년의 구분

구분	내용
① 범죄소년	죄를 범한 14세 이상 19세 미만의 소년(* 형사미성년자 : 14세 미만)
② 촉법소년	형벌 법령에 저촉되는 행위를 한 10세 이상 14세 미만의 소년(형사책임능력이 없어 형사처벌은 불가능하고 보호처분만 가능함)
③ 우범소년	다음에 해당하는 사유가 있고 그의 성격이나 환경에 비추어 앞으로 형벌 법령에 저촉되는 행위를 할 우려가 있는 10세 이상의 소년 1. 집단적으로 몰려다니며 주위 사람들에게 불안감을 조성하는 성벽이 있는 것 2. 정당한 이유 없이 가출하는 것 3. 술을 마시고 소란을 피우거나 유해환경에 접하는 성벽이 있는 것

02 소년법상 소년보호의 원칙

JUSTICE

1. 우리나라 「소년법」의 특징

(1) 「소년법」상 보호처분 규정은 보호사건에 대한 일반법적 성격을 지니고 있고, 형사사건에 대한 규정은 형사법에 대한 특별법적 성격을 가지고 있다.

(2) 「소년법」은 보호사건의 보호처분과 형사처분의 특칙을 정하고 있어 실체법과 절차법적 성격 모두를 지니고 있다.

(3) 「소년법」상 소년과 소년보호 대상이 서로 다르다.
　① 「소년법」상 소년 : 19세 미만(제2조 : 이 법에서 소년이란 19세 미만인 자를 말한다.)
　② 소년보호의 대상 : 10세 이상 19세 미만의 우범소년 · 촉법소년 · 범죄소년

(4) 우리나라는 소년사건에 관해 검사선의주의를 채택하고 있다.

(5) 보호처분을 다양화하고 항고 및 재항고를 인정하고 있다.

(6) 소년보호사건은 소년부(가정법원소년부 또는 지방법원소년부) 관할로 하고 있다.

2. 실체법적 성격

(1) 보호주의

소년이 건전하게 성장하도록 돕기 위해 보호사건에는 보호처분을, 형사사건에는 「소년법」의 특칙을 적용해 소년을 보호하고 있다.

(2) 교육주의

교육주의는 보호주의를 실현하는 원칙으로 소년보호의 전 과정에 나타나고 있다.

(3) 인격주의

「소년법」상의 소년의 개념은 사법개별화의 원리에 따른 인격주의의 표현이며, 소년보호는 소년의 인격에 내재하고 있는 범죄적 위험성을 제거하는 것을 말한다.

(4) 규범주의(목적주의)

소년이 건전하게 성장하도록 돕는 것을 「소년법」의 목적으로 하고 있다.

(5) 예방주의

죄를 범한 소년 이외 우범소년과 촉법소년을 「소년법」의 대상으로 하고 있는 것은 예방주의의 표현이다.

3. 절차법적 성격

(1) 개별주의

처우의 개별화의 원리에 의해 심리절차와 집행을 분리하여 소년 개개인을 1개 사건으로 독립하여 처리하고 있다. 조사는 의학·심리학·교육학·사회학이나 그 밖의 전문적인 지식을 활용하여 소년과 보호자 또는 참고인의 품성·경력·가정상황 그 밖의 환경 등을 밝히도록 노력하여야 한다고 규정한 「소년법」 제9조(조사방침)는 개별주의의 표현이다.

(2) 직권주의

법원이 쟁송의 성격이 아닌 적극적·지도적 입장에서 심리를 진행한다. 이는 국가의 후견적 역할을 강조한 「소년법」상 원칙을 표현한 것이다.

(3) 심문주의

소년은 심판의 당사자가 아니라 심리의 객체로 취급받는다. 이는 소년심리의 목적이 과형보다는 보호에 있기 때문이다.

(4) 과학주의

범죄 또는 비행의 원인을 명확하게 파악하여 적절하게 처우하기 위해서는 과학주의가 필요하다. 소년부는 조사 또는 심리를 할 때에 정신건강의학과 의사·심리학자·사회사업가·교육자나 그 밖의 전문가의 진단, 소년분류심사원의 분류심사 결과와 의견, 보호관찰소의 조사 결과와 의견 등을 고려하여야 한다는 「소년법」 제12조(전문가의 진단)은 과학주의를 표현한 것이다.

(5) 협력주의(원조주의)

소년을 효율적으로 보호하기 위해 국가는 물론이고 소년의 보호자를 비롯한 각종 단체들이 서로 협력하는 것을 말한다. 소년부판사는 그 직무에 관하여 모든 행정기관·학교·병원, 그 밖의 공사단체에 필요한 원조와 협력을 요구할 수 있다는 「소년법」제28조(원조·협력)은 협력주의(원조주의)를 표현한 것이다.

(6) 밀행주의

문제소년이라는 사실을 노출시키지 않고 건전하게 성장할 수 있도록 보호하는 것을 말한다. 소년보호사건의 심리는 공개하지 아니한다고 규정한 「소년법」 제24조(심리의 방식)와, 조사 또는 심리 중에 있는 보호사건 및 형사사건의 방송 규제를 규정한 「소년법」 제68조(보도금지)는 밀행주의를 표현한 것이다.

(7) 통고주의

① 비행소년(범죄소년·촉법소년·우범소년)을 발견한 보호자 또는 학교·사회복리시설·보호관찰소(지소 포함)의 장은 이를 관할 소년부에 통고할 수 있다고 규정한 「소년법」 제4조 ③은 통고주의를 표현한 것이다.
② 통고주의는 전국민의 협력으로 대상소년을 조기에 발견하는데 그 취지가 있으며, 이는 일종의 공중소추적 성격을 띠고 있어, 사회화된 사법의 한 원리로 볼 수 있다.

03 법원선의주의와 검사선의주의 [참고]   J U S T I C E

1. 의의

소년사건의 처리절차에 관한 선결권의 귀속주체에 따라 법원선의주의와 검사선의주의로 나눈다. 일반적으로 보호처분 우선주의에서는 '법원선의주의'를, 형사처분 우선주의에서는 '검사선의주의'가 지배하고 있다. 우리나라에서는 검사선의주의를 채택하고 있다.

2. 법원선의주의

법원선의주의란 검사가 모든 소년사건을 소년법원에 송치하고 소년법원이 우선 결정권을 행사하는 소년사법 체계를 말한다.

3. 검사선의주의

(1) 장점

① 형사정책적 입장에서 형벌과 보호처분을 효과적으로 조화시킬 수 있다.

② 검사가 조기에 사법처리 여부 등을 결정하면 비행소년의 불안감을 완화할 수 있다.

③ 법원의 업무를 경감할 수 있다.

④ 전국적인 일관된 기준을 정립하는데 법원보다는 검사가 유리하다.

⑤ 검사는 행정부 소속이므로 소년복지를 위한 행정적 조치를 강구하기 유리하다.

(2) 단점

① 검사는 선도보다는 처벌을 우선시하는 경향이 있다.

② 검사가 선의권을 행사하더라도 법원이 통제할 수밖에 없어 절차중복 및 처리가 지연될 수 있다.

③ 비행소년의 인격과 환경 등 필수적인 조사를 소홀히 할 우려가 있다.

4. 검사선의주의에 대한 예외

(1) 경찰의 송치(「소년법」 제4조 ②항)

촉법소년과 우범소년은 경찰서장이 직접 관할 소년부에 송치하여야 한다.

(2) 보호자 등의 소년부 통고(「소년법」 제4조 ③항)

비행소년(범죄소년·촉법소년·우범소년)을 발견한 보호자 등은 관할 소년부에 통고할 수 있다.

(3) 검사의 보호처분 회부 제한(「소년법」 제49조 ②·③항)

검사가 소년부에 송치한 사건을 소년부는 검사에게 송치(역송)할 수 있지만, 검사는 이를 소년부에 다시 송치(재역송)할 수 없다.

(4) 부당한 선의권 행사 제한

검사가 기소한 피고사건을 법원이 심리한 결과 보호처분에 해당할 사유가 있다고 인정하면 결정으로써 사건을 관할 소년부에 송치하여야 한다.

(5) 경찰의 훈방 등

경미한 사건은 경찰이 독자적으로 훈방·선도하거나 즉결심판에 회부할 수 있다.

5. 경찰의 소년사건 처리

(1) 의의

소년에 대한 사법처리는 보호자 또는 학교·사회복지시설·보호관찰소의 장이 비행소년을 소년부에 통고하는 매우 예외적인 경우 외에는 일반적으로 경찰에 의해 개시된다.

(2) 소년부 송치(보호처분)

경찰서장은 촉법소년이나 우범소년을 발견한 때에는 직접 소년부에 송치하여야 한다.

(3) 검사에게 송치(형사사건)

경찰이 범죄소년을 수사한 때에는 검사에게 송치하여야 한다.

(4) 훈방 · 즉심

경찰은 소년경찰직무요강에 의거 불량행위 소년에 대해 현장에서 훈방할 수 있고, 「즉결심판법」에 따라 범죄소년을 즉심으로 처리할 수 있다. 하지만 범죄소년은 특별법인 「소년법」에 의해 처리하는 것이 바람직하다.

6. 검사의 소년사건 처리

(1) 의의

검사는 비행소년에 대한 사법처리 여부 및 절차를 선택할 수 있다(검사선의주의).

(2) 불기소처분

범죄혐의가 없거나, 죄가 안되거나, 공소권이 없는 경우

(3) 선도조건부 기소유예

재범가능성이 희박하고 선도의 필요성이 있는 경우

(4) 보호관찰소 선도위탁

연령과 동기 · 수단 및 결과 등 제반사정을 고려하여 전문적인 선도가 요구되는 범죄자인 경우

(5) 소년부 송치

검사는 소년에 대한 피의사건을 수사한 결과 보호처분에 해당하는 사유가 있다고 인정한 경우

(6) 공소제기

동기와 죄질이 금고 이상의 형사처분을 할 필요가 있다고 인정할 때

➋ 선도조건부 기소유예

① 의의 : 검사가 14세 이상 18세 미만의 소년범죄를 수사한 결과 범죄내용이 다소 중하더라도 개선가능성이 있으면, 민간인인 선도위원(원칙 : 범죄예방위원에게 위탁)의 선도를 조건으로 기소유예처분을 하는 것을 말한다.

② 연혁
  ㉠ 1978년 광주지방검찰청에서 처음 실시하였다.
  ㉡ 1981년 소년선도보호지침(법무부훈령)이 제정된 후 전국적으로 실시하였다.
③ 대상 : 범죄내용의 경중에 관계없이 재범가능성이 희박한 18세 미만의 범죄소년
④ 요건
  ㉠ 범죄의 혐의를 받는 소년이 범죄행위 시 14세 이상이고 범죄사실을 인정할 충분한 증거가 있어 협의의 불기소처분의 대상이 아니면서 선도보호의 필요성이 있어야 한다.
  ㉡ 처분시 18세 이상의 범죄소년, 공안사범, 마약사범, 흉악범, 조직적 또는 상습적 폭력배, 치기배, 현저한 파렴치범 등은 원칙적으로 대상에서 제외한다.
⑤ 선도기간 : 선도기간은 1년 또는 6월이며, 3개월씩 2차에 걸쳐 연장할 수 있다.
⑥ 의의
  ㉠ 검찰의 기소재량과 선의권을 바탕으로 한 소년에 대한 대표적인 전환(Diversion)제도이다.
  ㉡ 법적근거가 미약하다는 비판이 있어, 「소년법」개정 시(2007.12.21.) 이를 법제화 하고 내용을 다양화하였다.

「소년법」 제49조의3(조건부 기소유예) ★

검사는 피의자에 대하여 다음 각 호에 해당하는 선도(善導) 등을 받게 하고, 피의사건에 대한 공소를 제기하지 아니할 수 있다. 이 경우 소년과 소년의 친권자·후견인 등 법정대리인의 동의를 받아야 한다.
1. 범죄예방자원봉사위원의 선도
2. 소년의 선도·교육과 관련된 단체·시설에서의 상담·교육·활동 등

검사의 보호관찰소 선도조건부 기소유예(보호관찰소 선도위탁)

① 연혁
  ㉠ 「보호관찰 등에 관한 법률」 제15조 제3호(검사가 보호관찰관이 선도함을 조건으로 공소제기를 유예하고 위탁한 선도 업무) 및 「형사소송법」 제247조(기소편의주의)의 규정에 의하여 실시하고 있다.
  ㉡ 보호관찰소장이 선도대상자를 담당할 보호관찰관을 지정하여 선도하고 있다.
② 선도조건부 기소유예와의 차이
  ㉠ 선도조건부 기소유예 : 18세 미만의 범죄소년을 주된 대상으로 한다.
  ㉡ 보호관찰소 선도유예처분 : 연령과 범죄의 동기, 수단 및 결과 등 제반사정을 고려하여 전문적인 선도가 요구되는 범죄자를 대상으로 한다.

자원보호자제도

① 「소년법」 제32조 제1항 제1호(보호자 또는 보호자를 대신하여 소년을 보호할 수 있는 자에게 감호위탁)처분 시 무조건 보호자에게 돌려보내기 보다는, 관심 있는 민간인과 연결시켜 6개월 동안 선도하는 방법을 말한다.
② 서울가정법원에서 처음으로 시행하였다.

CHAPTER

3   소년법

01 소년사건 절차도

- 총칙
- 보호사건(통칙, 조사심리, 보호처분, 항고)
- 형사사건(통칙, 심판)
- 벌칙

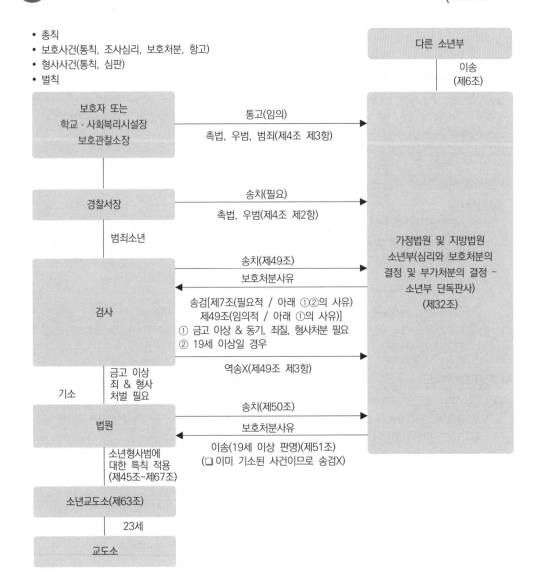

02 총칙

JUSTICE

제1조(목적)

이 법은 반사회성(反社會性)이 있는 소년의 환경 조정과 품행 교정(矯正)을 위한 보호처분 등의 필요한 조치를 하고, 형사처분에 관한 특별조치를 함으로써 소년이 건전하게 성장하도록 돕는 것을 목적으로 한다.

제2조(소년 및 보호자)

이 법에서 "소년"이란 <u>19세 미만</u>인 자를 말하며, "보호자"란 법률상 감호교육(監護教育)을 할 의무가 있는 자 또는 현재 감호하는 자를 말한다.

03 보호사건

JUSTICE

1. 통칙

제3조(관할 및 직능)

① 소년 보호사건의 관할은 소년의 행위지, 거주지 또는 현재지로 한다.

② 소년 보호사건은 가정법원소년부 또는 지방법원소년부[이하 "소년부(少年部)"라 한다]에 속한다.

③ 소년 보호사건의 심리(審理)와 처분 결정은 소년부 단독판사가 한다.

제4조(보호의 대상과 송치 및 통고)

① 다음 각 호의 어느 하나에 해당하는 소년은 소년부의 보호사건으로 심리한다.

1. 죄를 범한 소년(범죄소년)

2. 형벌 법령에 저촉되는 행위를 한 10세 이상 14세 미만인 소년(촉법소년)

3. 다음 각 목에 해당하는 사유가 있고 그의 성격이나 환경에 비추어 앞으로 형벌 법령에 저촉되는 행위를 할 우려가 있는 10세 이상인 소년(우범소년)

   가. 집단적으로 몰려다니며 주위 사람들에게 불안감을 조성하는 성벽(性癖)이 있는 것

   나. 정당한 이유 없이 가출하는 것

   다. 술을 마시고 소란을 피우거나 유해환경에 접하는 성벽이 있는 것

② 제1항제2호(촉법소년) 및 제3호(우범소년)에 해당하는 소년이 있을 때에는 경찰서장은 직접 관할 소년부에 송치(送致)하여야 한다(범죄소년 ×).

③ 제1항 각 호의 어느 하나에 해당하는 소년을 발견한 보호자 또는 학교·사회복리시설·보호관찰소(보호관찰지소를 포함한다. 이하 같다)의 장은 이를 관할 소년부에 통고할 수 있다.

제5조(송치서)

소년 보호사건을 송치하는 경우에는 송치서에 사건 본인의 주거·성명·생년월일 및 행위의 개요와 가정 상황을 적고, 그 밖의 참고자료를 첨부하여야 한다.

제6조(이송)

① 보호사건을 송치받은 소년부는 보호의 적정을 기하기 위하여 필요하다고 인정하면 결정(決定)으로써 사건을 다른 관할 소년부에 이송할 수 있다.

② 소년부는 사건이 그 관할에 속하지 아니한다고 인정하면 결정으로써 그 사건을 관할 소년부에 이송하여야 한다.

제7조(형사처분 등을 위한 관할 검찰청으로의 송치)

① 소년부는 조사 또는 심리한 결과 금고 이상의 형에 해당하는 범죄 사실이 발견된 경우 그 동기와 죄질이 형사처분을 할 필요가 있다고 인정하면 결정으로써 사건을 관할 지방법원에 대응한 검찰청 검사에게 송치하여야 한다.

② 소년부는 조사 또는 심리한 결과 사건의 본인이 19세 이상인 것으로 밝혀진 경우에는 결정으로써 사건을 관할 지방법원에 대응하는 검찰청 검사에게 송치하여야 한다. 다만, 제51조(송치한법원에 이송)에 따라 법원에 이송하여야 할 경우에는 그러하지 아니하다.

제8조(통지)

소년부는 제6조와 제7조에 따른 결정을 하였을 때에는 지체 없이 그 사유를 사건 본인과 그 보호자에게 알려야 한다.

★ 보호사건(소년부 단독판사)
- 대상 : 범죄소년, 촉법소년, 우범소년
- 경찰서장의 소년부 송치 : 촉법 및 우범소년은 책임능력 및 구성요건이 결여되어 검사가 송치할 수 없으므로, 경찰서장이 직접 관할 소년부에 송치하여야 한다(* 촉법, 우범소년: 강제규정)
- 소년부 통고 : 범죄·촉법·우범소년을 발견한 보호자 또는 학교·사회복리시설·보호관찰소의 장은 이를 관할 소년부에 통고할 수 있다(* 범죄, 촉법, 우범소년 : 통고, 임의규정).

2. 조사

제9조(조사 방침)

조사는 의학·심리학·교육학·사회학이나 그 밖의 전문적인 지식을 활용하여 소년과 보호자 또는 참고인의 품행, 경력, 가정 상황, 그 밖의 환경 등을 밝히도록 노력하여야 한다.

제10조(진술거부권의 고지)

소년부 또는 조사관이 범죄 사실에 관하여 소년을 조사할 때에는 미리 소년에게 불리한 진술을 거부할 수 있음을 알려야 한다.

제11조(조사명령)

① 소년부 판사는 조사관에게 사건 본인, 보호자 또는 참고인의 심문이나 그 밖에 필요한 사항을 조사하도록 명할 수 있다.

② 소년부는 제4조제3항에 따라 통고된 소년을 심리할 필요가 있다고 인정하면 그 사건을 조사하여야 한다.

★ 조사명령(제11조 ①)과 조사의 위촉(제56조)
- 소년부 판사는 조사관에게 사건, 본인 등 필요한 사항을 조사하도록 명할 수 있다.
- 법원은 소년에 대한 형사사건에 관하여 필요한 사항을 조사하도록 조사관에게 위촉할 수 있다.

3. 심리

제12조(전문가의 진단)

소년부는 조사 또는 심리를 할 때에 정신건강의학과의사·심리학자·사회사업가·교육자나 그 밖의 전문가의 진단, 소년 분류심사원의 분류심사 결과와 의견, 보호관찰소의 조사결과와 의견 등을 고려하여야 한다.

제13조(소환 및 동행영장)

① 소년부 판사는 사건의 조사 또는 심리에 필요하다고 인정하면 기일을 지정하여 사건 본인이나 보호자 또는 참고인을 소환할 수 있다.

② 사건 본인이나 보호자가 정당한 이유 없이 소환에 응하지 아니하면 소년부 판사는 동행영장을 발부할 수 있다.

제14조(긴급동행영장)

소년부 판사는 사건 본인을 보호하기 위하여 긴급조치가 필요하다고 인정하면 제13조제1항에 따른 소환 없이 동행영장을 발부할 수 있다.

제15조(동행영장의 방식)

동행영장에는 다음 각 호의 사항을 적고 소년부 판사가 서명날인하여야 한다.

1. 소년이나 보호자의 성명
2. 나이
3. 주거
4. 행위의 개요
5. 인치(引致)하거나 수용할 장소
6. 유효기간 및 그 기간이 지나면 집행에 착수하지 못하며 영장을 반환하여야 한다는 취지
7. 발부연월일

제16조(동행영장의 집행)

① 동행영장은 조사관이 집행한다.

② 소년부 판사는 소년부 법원서기관 · 법원사무관 · 법원주사 · 법원주사보나 보호관찰관 또는 사법경찰관리에게 동행영장을 집행하게 할 수 있다.

③ 동행영장을 집행하면 지체 없이 보호자나 보조인에게 알려야 한다.

4. 보조인 및 국선변호인 선임

제17조(보조인 선임)

① 사건 본인이나 보호자는 소년부 판사의 허가를 받아 보조인을 선임할 수 있다.

② 보호자나 변호사를 보조인으로 선임하는 경우에는 제1항의 <u>허가를 받지 아니하여도 된다.</u>

③ 보조인을 선임함에 있어서는 보조인과 연명날인한 서면을 제출하여야 한다. 이 경우 변호사가 아닌 사람을 보조인으로 선임할 경우에는 위 서면에 소년과 보조인과의 관계를 기재하여야 한다.

④ 소년부 판사는 보조인이 심리절차를 고의로 지연시키는 등 심리진행을 방해하거나 소년의 이익에 반하는 행위를 할 우려가 있다고 판단하는 경우에는 보조인 선임의 허가를 취소할 수 있다.

⑤ 보조인의 선임은 심급마다 하여야 한다.

⑥ 「형사소송법」 중 변호인의 권리의무에 관한 규정은 소년 보호사건의 성질에 위배되지 아니하는 한 보조인에 대하여 준용한다.

제17조의2(국선보조인) ★

① 소년이 소년분류심사원에 위탁된 경우 보조인이 없을 때에는 법원은 변호사 등 적정한 자를 보조인으로 선정하여야 한다.

② 소년이 소년분류심사원에 위탁되지 아니하였을 때에도 다음의 경우 법원은 직권에 의하거나 소년 또는 보호자의 신청에 따라 보조인을 선정할 수 있다.

  1. 소년에게 신체적 · 정신적 장애가 의심되는 경우

  2. 빈곤이나 그 밖의 사유로 보조인을 선임할 수 없는 경우

  3. 그 밖에 소년부 판사가 보조인이 필요하다고 인정하는 경우

③ 제1항과 제2항에 따라 선정된 보조인에게 지급하는 비용에 대하여는 「형사소송비용 등에 관한 법률」을 준용한다.

5. 임시조치 ★

제18조(임시조치)

① 소년부 판사는 사건을 조사 또는 심리하는 데에 필요하다고 인정하면 소년의 감호에 관하여 결정으로써 다음 각 호의 어느 하나에 해당하는 조치를 할 수 있다.

  1. 보호자, 소년을 보호할 수 있는 적당한 자 또는 시설에 위탁(3월 이내, 1회 연장 가능)

  2. 병원이나 그 밖의 요양소에 위탁(3월 이내, 1회 연장 가능)

  3. 소년분류심사원에 위탁(1월 이내, 1회 연장 가능)

② 동행된 소년 또는 제52조제1항에 따라 인도된 소년에 대하여는 도착한 때로부터 24시간 이내에 제1항의 조치를 하여야 한다.

③ 제1항제1호 및 제2호의 위탁기간은 3개월을, 제1항제3호의 위탁기간은 1개월을 초과하지 못한다. 다만, 특별히 계속 조치할 필요가 있을 때에는 한 번에 한하여 결정으로써 연장할 수 있다.

④ 제1항제1호 및 제2호의 조치를 할 때에는 보호자 또는 위탁받은 자에게 소년의 감호에 관한 필요 사항을 지시할 수 있다.

⑤ 소년부 판사는 제1항의 결정을 하였을 때에는 소년부 법원서기관 · 법원사무관 · 법원주사 · 법원주사보, 소년분류심사원 소속 공무원, 교도소 또는 구치소 소속 공무원, 보호관찰관 또는 사법경찰관리에게 그 결정을 집행하게 할 수 있다.

⑥ 제1항의 조치(임시조치)는 언제든지 결정으로써 취소하거나 변경할 수 있다.

6. 심리 개시 및 불개시 결정

제19조(심리 불개시의 결정)

① 소년부 판사는 송치서와 조사관의 조사보고에 따라 사건의 심리를 개시(開始)할 수 없거나 개시할 필요가 없다고 인정하면 심리를 개시하지 아니한다는 결정을 하여야 한다. 이 결정은 사건 본인과 보호자에게 알려야 한다.

② 사안이 가볍다는 이유로 심리를 개시하지 아니한다는 결정을 할 때에는 소년에게 훈계하거나 보호자에게 소년을 엄격히 관리하거나 교육하도록 고지할 수 있다.

③ 제1항의 결정이 있을 때에는 제18조의 임시조치는 취소된 것으로 본다.

④ 소년부 판사는 소재가 분명하지 아니하다는 이유로 심리를 개시하지 아니한다는 결정을 받은 소년의 소재가 밝혀진 경우에는 그 결정을 취소하여야 한다.

제20조(심리 개시의 결정)

① 소년부 판사는 송치서와 조사관의 조사보고에 따라 사건을 심리할 필요가 있다고 인정하면 심리 개시 결정을 하여야 한다.

② 제1항의 결정은 사건 본인과 보호자에게 알려야 한다. 이 경우 심리 개시 사유의 요지와 보조인을 선임할 수 있다는 취지를 아울러 알려야 한다.

제29조(불처분 결정)

① 소년부 판사는 심리 결과 보호처분을 할 수 없거나 할 필요가 없다고 인정하면 그 취지의 결정을 하고, 이를 사건 본인과 보호자에게 알려야 한다.

7. 심리절차

제21조(심리 기일의 지정)

① 소년부 판사는 심리 기일을 지정하고 본인과 보호자를 소환하여야 한다. 다만, 필요가 없다고 인정한 경우에는 보호자는 소환하지 아니할 수 있다.

② 보조인이 선정된 경우에는 보조인에게 심리 기일을 알려야 한다.

제22조(기일 변경)

소년부 판사는 직권에 의하거나 사건 본인, 보호자 또는 보조인의 청구에 의하여 심리 기일을 변경할 수 있다. 기일을 변경한 경우에는 이를 사건 본인, 보호자 또는 보조인에게 알려야 한다.

제23조(심리의 개시)

① 심리 기일에는 소년부 판사와 서기가 참석하여야 한다.

② 조사관, 보호자 및 보조인은 심리 기일에 출석할 수 있다.

제24조(심리의 방식)

① 심리는 친절하고 온화하게 하여야 한다.

② 심리는 공개하지 아니한다. 다만, 소년부 판사는 적당하다고 인정하는 자에게 참석을 허가할 수 있다.

제25조(의견의 진술)

① 조사관, 보호자 및 보조인은 심리에 관하여 의견을 진술할 수 있다.

② 제1항의 경우에 소년부 판사는 필요하다고 인정하면 사건 본인의 퇴장을 명할 수 있다.

제26조(증인신문, 감정, 통역 · 번역)

① 소년부 판사는 증인을 신문(訊問)하고 감정(鑑定)이나 통역 및 번역을 명할 수 있다.

제27조(검증, 압수, 수색)

① 소년부 판사는 검증, 압수 또는 수색을 할 수 있다.

제28조(원조, 협력)

① 소년부 판사는 그 직무에 관하여 모든 행정기관, 학교, 병원, 그 밖의 공사단체(公私團體)에 필요한 원조와 협력을 요구할 수 있다.

② 제1항의 요구를 거절할 때에는 정당한 이유를 제시하여야 한다.

제30조의2(기록의 열람 · 등사)

소년 보호사건의 기록과 증거물은 소년부 판사의 허가를 받은 경우에만 열람하거나 등사할 수 있다. 다만, 보조인이 심리 개시 결정 후에 소년 보호사건의 기록과 증거물을 열람하는 경우에는 소년부 판사의 허가를 받지 아니하여도 된다.

제25조의2(피해자 등의 진술권)

소년부 판사는 피해자 또는 그 법정대리인 · 변호인 · 배우자 · 직계친족 · 형제자매(이하 이 조에서 "대리인등"이라 한다)가 의견진술을 신청할 때에는 피해자나 그 대리인등에게 심리 기일에 의견을 진술할 기회를 주어야 한다. 다만, 다음 각 호의 어느 하나에 해당하는 경우에는 그러하지 아니하다.

1. 신청인이 이미 심리절차에서 충분히 진술하여 다시 진술할 필요가 없다고 인정되는 경우

2. 신청인의 진술로 심리절차가 현저하게 지연될 우려가 있는 경우

제25조의3(화해권고)

① 소년부 판사는 소년의 품행을 교정하고 피해자를 보호하기 위하여 필요하다고 인정하면 소년에게 피해 변상 등 피해자와의 화해를 권고할 수 있다.

② 소년부 판사는 제1항의 화해를 위하여 필요하다고 인정하면 기일을 지정하여 소년, 보호자 또는 참고인을 소환할 수 있다.

③ 소년부 판사는 소년이 제1항의 권고에 따라 피해자와 화해하였을 경우에는 보호처분을 결정할 때 이를 고려할 수 있다.

★ 보호사건
① 보호사건의 심리는 형사사건이 아니므로 검사와는 무관하다.
② 보호사건의 심리는 공개하지 않지만, 형사사건은 일반형사사건과 같이 당연히 공개해야 한다.
③ 보호사건은 비공개심리, 비형식심리, 개별심리, 직접심리 등 철저한 직권심리가 적용된다.
④ 심리 불개시 결정, 심리 개시 결정 및 불처분 결정이 있을 때에는 본인과 보호자에게 알려야 한다.

04 보호처분

JUSTICE

1. 보호처분

(1) 소년에 대한 보안처분을 특히 보호처분이라고 한다. 이는 교화개선 및 보호를 위한 소년의 환경 조정과 품행교정에 필요한 처분을 말한다.

(2) 보호처분은 비행소년에 대한 교육적 · 복지적 성격과 사법적 판단(소년부 단독판사)에 따른 징벌적 · 강제적 성격을 갖는 비자의적 처분이다.

(3) 비행소년의 건전한 성장과 교화 및 사회방위 측면을 지닌 복합적 성격의 처분이지만, 소년의 건전한 성장과 교화를 바탕으로 출발하였다.

(4) <u>소년의 보호처분은 그 소년의 장래의 신상에 어떠한 영향도 미치지 아니한다.</u>

2. 차이점

(1) 보안처분과 보호처분은 대상자들을 교화개선하여 사회에 복귀시키는 것을 목적으로 하는 공통점이 있지만, 보호처분은 보안처분과는 달리 격리나 보안을 중시하지 않는다는 점에서 구별된다.

(2) 형벌은 특별예방 뿐만 아니라 일반예방이나 응보의 목적도 지니고 있는 반면, <u>보호처분은 특별예방에 치중하고 있어 일반예방이나 응보적 측면이 매우 미약하다는 점에서 구별된다.</u>

3. 보호처분 요약 ★

처분종류	내용	기간	전부 또는 일부 병합
① 1호 처분	보호자 등에게 감호위탁	6월, (6월의 범위, 1차 연장 가능)	수강명령, 사회봉사명령, 단기 보호관찰, 장기 보호관찰
② 2호 처분	수강명령 (12세 이상)	100시간 이내	보호자 등 감호위탁, 사회봉사명령, 단기 보호관찰, 장기 보호관찰
③ 3호 처분	사회봉사명령 (14세 이상)	200시간 이내	보호자 등 감호위탁, 수강명령, 단기 보호관찰, 장기 보호관찰
④ 4호 처분	단기 보호관찰	1년 〈연장 안 됨〉	보호자 등 감호위탁, 수강명령, 사회봉사명령, 소년보호시설 등에 감호위탁
⑤ 5호 처분	장기 보호관찰	2년, (1년의 범위, 1차 연장 가능)	보호자 등에게 감호위탁, 수강명령, 사회봉사명령, 소년보호시설 등에 감호위탁, 1개월 이내 소년원 송치
⑥ 6호 처분	소년보호시설 등에 감호 위탁	6월, (6월의 범위, 1차 연장 가능)	단기 보호관찰, 장기 보호관찰
⑦ 7호 처분	병원, 요양소, 의료재활소년원에위탁	6월, (6월의 범위, 1차 연장 가능)	–
⑧ 8호 처분	1개월 이내 소년원 송치	1월 이내	장기 보호관찰
⑨ 9호 처분	단기 소년원 송치	6월 이내 〈연장 안 됨〉	–
⑩ 10호 처분	장기 소년원 송치 (12세 이상)	2년 이내 〈연장 안 됨〉	–

★ 보호처분
- 병합이 안 되는 보호처분 : 7호(의료재활소년원에위탁), 9호(단기 소년원 송치), 10호(장기 소년원 송치)
- 14세 이상 : 3호 처분(사회봉사명령)
- 12세 이상 : 2호 처분(수강명령), 10호처분(장기 소년원 송치)

4. 보호처분의 결정

제32조(보호처분의 결정)

① 소년부 판사는 심리 결과 보호처분을 할 필요가 있다고 인정하면 결정으로써 다음 각 호의 어느 하나에 해당하는 처분을 하여야 한다.

1. 보호자 또는 보호자를 대신하여 소년을 보호할 수 있는 자에게 감호 위탁
2. 수강명령
3. 사회봉사명령
4. 보호관찰관의 단기(短期) 보호관찰
5. 보호관찰관의 장기(長期) 보호관찰

PART 7

  6. 「아동복지법」에 따른 아동복지시설이나 그 밖의 소년보호시설에 감호 위탁

  7. 병원, 요양소 또는 「보호소년 등의 처우에 관한 법률」에 따른 의료재활소년원에 위탁

  8. 1개월 이내의 소년원 송치

  9. 단기 소년원 송치

  10. 장기 소년원 송치

② 다음 각 호 안의 처분 상호 간에는 그 전부 또는 일부를 병합할 수 있다.

  1. 제1항제1호 · 제2호 · 제3호 · 제4호 처분

  2. 제1항제1호 · 제2호 · 제3호 · 제5호 처분

  3. 제1항제4호 · 제6호 처분

  4. 제1항제5호 · 제6호 처분

  5. 제1항제5호 · 제8호 처분

③ 제1항제3호(사회봉사명령)의 처분은 14세 이상의 소년에게만 할 수 있다.

④ 제1항제2호(수강명령) 및 제10호(장기보호관찰)의 처분은 12세 이상의 소년에게만 할 수 있다.

⑤ 제1항 각 호의 어느 하나에 해당하는 처분을 한 경우 소년부는 소년을 인도하면서 소년의 교정에 필요한 참고자료를 위탁받는 자나 처분을 집행하는 자에게 넘겨야 한다.

⑥ 소년의 보호처분은 그 소년의 장래 신상에 어떠한 영향도 미치지 아니한다.

제32조의2(보호관찰처분에 따른 부가처분 등)

① 제32조제1항제4호(단기보호관찰) 또는 제5호(장기보호관찰)의 처분을 할 때에 3개월 이내의 기간을 정하여 「보호소년 등의 처우에 관한 법률」에 따른 대안교육 또는 소년의 상담 · 선도 · 교화와 관련된 단체나 시설에서의 상담 · 교육을 받을 것을 동시에 명할 수 있다.

② 제32조제1항제4호 또는 제5호의 처분을 할 때에 1년 이내의 기간을 정하여 야간 등 특정 시간대의 외출을 제한하는 명령을 보호관찰대상자의 준수 사항으로 부과할 수 있다.

③ 소년부 판사는 가정상황 등을 고려하여 필요하다고 판단되면 보호자에게 소년원 · 소년분류심사원 또는 보호관찰소 등에서 실시하는 소년의 보호를 위한 특별교육을 받을 것을 명할 수 있다.

제34조(몰수의 대상)

① 소년부 판사는 제4조제1항제1호(범죄소년) · 제2호(촉법소년)에 해당하는 소년에 대하여 제32조의 처분을 하는 경우에는 결정으로써 물건을 몰수할 수 있다.

5. 보호처분의 기간

제33조(보호처분의 기간)

① 제32조제1항제1호·제6호·제7호의 위탁기간은 6개월로 하되, 소년부 판사는 결정으로써 6개월의 범위에서 한 번에 한하여 그 기간을 연장할 수 있다. 다만, 소년부 판사는 필요한 경우에는 언제든지 결정으로써 그 위탁을 종료시킬 수 있다.

② 제32조제1항제4호의 단기 보호관찰기간은 1년으로 한다.

③ 제32조제1항제5호의 장기 보호관찰기간은 2년으로 한다. 다만, 소년부 판사는 보호관찰관의 신청에 따라 결정으로써 1년의 범위에서 한 번에 한하여 그 기간을 연장할 수 있다.

④ 제32조제1항제2호의 수강명령은 100시간을, 제32조제1항제3호의 사회봉사명령은 200시간을 초과할 수 없으며, 보호관찰관이 그 명령을 집행할 때에는 사건 본인의 정상적인 생활을 방해하지 아니하도록 하여야 한다.

⑤ 제32조제1항제9호에 따라 단기로 소년원에 송치된 소년의 보호기간은 6개월을 초과하지 못한다.

⑥ 제32조제1항제10호에 따라 장기로 소년원에 송치된 소년의 보호기간은 2년을 초과하지 못한다.

⑦ 제32조제1항제6호부터 제10호까지의 어느 하나에 해당하는 처분을 받은 소년이 시설위탁이나 수용 이후 그 시설을 이탈하였을 때에는 위 처분기간은 진행이 정지되고, 재위탁 또는 재수용된 때로부터 다시 진행한다.

6. 보호처분의 변경 등

제35조(결정의 집행)

소년부 판사는 제32조제1항 또는 제32조의2에 따른 처분 결정을 하였을 때에는 조사관, 소년부법원서기관·법원사무관·법원주사·법원주사보, 보호관찰관, 소년원 또는 소년분류심사원 소속 공무원, 그 밖에 위탁 또는 송치받을 기관 소속의 직원에게 그 결정을 집행하게 할 수 있다.

제37조(처분의 변경)

① 소년부 판사는 위탁받은 자나 보호처분을 집행하는 자의 신청에 따라 결정으로써 제32조의 보호처분과 제32조의2의 부가처분을 변경할 수 있다. 다만, 제32조제1항제1호(보호자 등에게 감호위탁)·제6호(소년보호시설등에감호위탁)·제7호(의료재활소년원에위탁)의 보호처분(위탁처분)과 제32조의2제1항의 부가처분(대안교육 또는 상담.교육)은 직권으로 변경할 수 있다.

② 제1항에 따른 결정을 집행할 때에는 제35조를 준용한다.

③ 제1항의 결정은 지체 없이 사건 본인과 보호자에게 알리고 그 취지를 위탁받은 자나 보호처분을 집행하는 자에게 알려야 한다.

제38조(보호처분의 취소)

① 보호처분이 계속 중일 때에 사건 본인이 처분 당시 19세 이상인 것으로 밝혀진 경우에는 소년부 판사는 결정으로써 그 보호처분을 취소하고 다음의 구분에 따라 처리하여야 한다.

　　1. 검사·경찰서장의 송치 또는 제4조제3항의 통고에 의한 사건인 경우에는 관할 지방법원에 대응하는 검찰청 검사에게 송치한다.

　　2. 제50조에 따라 법원이 송치한 사건인 경우에는 송치한 법원에 이송한다.

② 제4조제1항제1호·제2호의 소년(범죄,촉법소년)에 대한 보호처분이 계속 중일 때에 사건 본인이 행위 당시 10세 미만으로 밝혀진 경우 또는 제4조제1항제3호(우범소년)의 소년에 대한 보호처분이 계속 중일 때에 사건 본인이 처분 당시 10세 미만으로 밝혀진 경우에는 소년부 판사는 결정으로써 그 보호처분을 취소하여야 한다.

제39조(보호처분과 유죄판결) ★

보호처분이 계속 중일 때에 사건 본인에 대하여 유죄판결이 확정된 경우에 보호처분을 한 소년부 판사는 그 처분을 존속할 필요가 없다고 인정하면 결정으로써 보호처분을 취소할 수 있다.

제40조(보호처분의 경합) ★

보호처분이 계속 중일 때에 사건 본인에 대하여 새로운 보호처분이 있었을 때에는 그 처분을 한 소년부 판사는 이전의 보호처분을 한 소년부에 조회하여 어느 하나의 보호처분을 취소하여야 한다.

제41조(비용의 보조)

제18조제1항제1호·제2호의 조치에 관한 결정이나 제32조제1항제1호·제6호·제7호(「보호소년 등의 처우에 관한 법률」에 따른 의료재활소년원 위탁처분은 제외한다)의 처분을 받은 소년의 보호자는 위탁받은 자에게 그 감호에 관한 비용의 전부 또는 일부를 지급하여야 한다. 다만, 보호자가 지급할 능력이 없을 때에는 소년부가 지급할 수 있다.

★ 보호처분의 취소
• 행위 또는 처분 당시 10세 미만, 19세 이상 : 보호처분을 취소하여야 한다.
• 보호처분이 계속 중일 때에 유죄판결이 확정된 경우 : 보호처분을 취소할 수 있다.
• 보호처분이 계속 중일 때에 새로운 보호처분이 있었을 때 : 어느 하나의 보호처분을 취소하여야 한다.

7. 항고 및 재항고

제43조(항고)

① 제32조에 따른 보호처분의 결정 및 제32조의2에 따른 부가처분 등의 결정 또는 제37조의 보호처분·부가처분 변경 결정이 다음 각 호의 어느 하나에 해당하면 사건 본인·보호자·보조인 또는 그 법정대리인은 관할 가정법원 또는 지방법원 본원 합의부에 항고할 수 있다.

　1. 해당 결정에 영향을 미칠 법령 위반이 있거나 중대한 사실 오인(誤認)이 있는 경우

　2. 처분이 현저히 부당한 경우

② 항고를 제기할 수 있는 기간은 7일로 한다.

제44조(항고장의 제출)

① 항고를 할 때에는 항고장을 원심(原審) 소년부에 제출하여야 한다.

② 항고장을 받은 소년부는 3일 이내에 의견서를 첨부하여 항고법원에 송부하여야 한다.

제45조(항고의 재판)

① 항고법원은 항고 절차가 법률에 위반되거나 항고가 이유 없다고 인정한 경우에는 결정으로써 항고를 기각하여야 한다.

② 항고법원은 항고가 이유가 있다고 인정한 경우에는 원결정(原決定)을 취소하고 사건을 원소년부에 환송(還送)하거나 다른 소년부에 이송하여야 한다. 다만, 환송 또는 이송할 여유가 없이 급하거나 그 밖에 필요하다고 인정한 경우에는 원결정을 파기하고 불처분 또는 보호처분의 결정을 할 수 있다.

③ 제2항에 따라 항고가 이유가 있다고 인정되어 보호처분의 결정을 다시 하는 경우에는 원결정에 따른 보호처분의 집행 기간은 그 전부를 항고에 따른 보호처분의 집행 기간에 산입(제32조제1항제8호·제9호·제10호 처분 상호 간에만 해당한다)한다.

제46조(집행 정지)

항고는 결정의 집행을 정지시키는 효력이 없다.

제47조(재항고)

① 항고를 기각하는 결정에 대하여는 그 결정이 법령에 위반되는 경우에만 대법원에 재항고를 할 수 있다.

② 제1항의 재항고에 관하여는 제43조제2항(7일) 및 제45조제3항(집행기간산입)을 준용한다.

05 형사사건

J U S T I C E

1. 의의

(1) 소년 형사사건은 소년 보호사건과는 달리, 죄를 범한 14세 이상 19세 미만의 소년에 대하여 형사처분을 과할 목적으로 행하는 제재를 말한다.

(2) 「소년법」 제48조에 소년에 대한 형사사건에 관하여는 「소년법」에 특별한 규정이 없으면 일반형사사건의 예에 따른다고 규정되어 있다. 이렇게 소년에 대한 형사처분도 형벌에 의한 제재라는 점에서 일반 형사사건과 바탕을 같이하고 있다. 하지만 그 대상이 소년이라는 점을 감안하여 여러 가지 특칙을 규정하고 있다.

2. 소년 형사사건의 특칙

(1) 조사 · 심리상의 배려
(2) 사형과 무기형의 완화
(3) 상대적 부정기형 인정
(4) 환형처분의 금지
(5) 집행시 분리주의
(6) 가석방 조건의 완화 및 가석방 기간의 종료에 관한 특칙
(7) 자격에 관한 법령의 적용

3. 소년 형사사건 통칙 규정

제48조(준거법례)

소년에 대한 형사사건에 관하여는 이 법에 특별한 규정이 없으면 일반 형사사건의 예에 따른다.

제49조(검사의 송치)

① 검사는 소년에 대한 피의사건을 수사한 결과 보호처분에 해당하는 사유가 있다고 인정한 경우에는 사건을 관할 소년부에 송치하여야 한다.

② 소년부는 제1항에 따라 송치된 사건을 조사 또는 심리한 결과 그 동기와 죄질이 금고 이상의 형사처분을 할 필요가 있다고 인정할 때에는 결정으로써 해당 검찰청 검사에게 송치할 수 있다.

③ 제2항에 따라 송치한 사건은 다시 소년부에 송치할 수 없다(역송금지).

제50조(법원의 송치)

법원은 소년에 대한 피고사건을 심리한 결과 보호처분에 해당할 사유가 있다고 인정하면 결정으로써 사건을 관할 소년부에 송치하여야 한다.

제51조(이송)

소년부는 제50조에 따라 송치받은 사건을 조사 또는 심리한 결과 사건의 본인이 19세 이상인 것으로 밝혀지면 결정으로써 송치한 법원에 사건을 다시 이송하여야 한다.

제52조(소년부 송치 시의 신병 처리)

① 제49조제1항이나 제50조에 따른 소년부 송치결정이 있는 경우에는 소년을 구금하고 있는 시설의 장은 검사의 이송 지휘를 받은 때로부터 법원 소년부가 있는 시·군에서는 24시간 이내에, 그 밖의 시·군에서는 48시간 이내에 소년을 소년부에 인도하여야 한다. 이 경우 구속영장의 효력은 소년부 판사가 제18조제1항에 따른 소년의 감호에 관한 결정을 한 때에 상실한다.

② 제1항에 따른 인도와 결정은 구속영장의 효력기간 내에 이루어져야 한다.

제53조(보호처분의 효력)

제32조의 보호처분을 받은 소년에 대하여는 그 심리가 결정된 사건은 다시 공소를 제기하거나 소년부에 송치할 수 없다. 다만, 제38조제1항제1호(보호처분의 취소로 검사에 송치)의 경우에는 공소를 제기할 수 있다.

제54조(공소시효의 정지)

제20조에 따른 심리 개시 결정이 있었던 때로부터 그 사건에 대한 보호처분의 결정이 확정될 때까지 공소시효는 그 진행이 정지된다.

제55조(구속영장의 제한)

① 소년에 대한 구속영장은 부득이한 경우가 아니면 발부하지 못한다.

② 소년을 구속하는 경우에는 특별한 사정이 없으면 다른 피의자나 피고인과 분리하여 수용하여야 한다.

4. 검사의 결정 전 조사 및 조건부 기소유예

제49조의2(검사의 결정 전 조사)

① 검사는 소년 피의사건에 대하여 소년부 송치, 공소제기, 기소유예 등의 처분을 결정하기
위하여 필요하다고 인정하면 피의자의 주거지 또는 검찰청 소재지를 관할하는 보호관찰소
의 장, 소년분류심사원장 또는 소년원장(이하 "보호관찰소장등"이라 한다)에게 피의자의
품행, 경력, 생활환경이나 그 밖에 필요한 사항에 관한 조사를 요구할 수 있다.
② 제1항의 요구를 받은 보호관찰소장등은 지체 없이 이를 조사하여 서면으로 해당 검사에게
통보하여야 하며, 조사를 위하여 필요한 경우에는 소속 보호관찰관·분류심사관 등에게 피
의자 또는 관계인을 출석하게 하여 진술요구를 하는 등의 방법으로 필요한 사항을 조사하
게 할 수 있다.
③ 제2항에 따른 조사를 할 때에는 미리 피의자 또는 관계인에게 조사의 취지를 설명하여야
하고, 피의자 또는 관계인의 인권을 존중하며, 직무상 비밀을 엄수하여야 한다.
④ 검사는 보호관찰소장등으로부터 통보받은 조사 결과를 참고하여 소년피의자를 교화·개선
하는 데에 가장 적합한 처분을 결정하여야 한다.

제49조의3(조건부 기소유예)

검사는 피의자에 대하여 다음 각 호에 해당하는 선도(善導) 등을 받게 하고, 피의사건에 대한
공소를 제기하지 아니할 수 있다. 이 경우 소년과 소년의 친권자·후견인 등 법정대리인의
동의를 받아야 한다.
1. 범죄예방자원봉사위원의 선도
2. 소년의 선도·교육과 관련된 단체·시설에서의 상담·교육·활동 등

5. 소년 형사사건의 특칙

(1) 조사·심리상의 배려

제56조(조사의 위촉)

법원은 소년에 대한 형사사건에 관하여 필요한 사항을 조사하도록 조사관에게 위촉할 수 있다.

제57조(심리의 분리)

소년에 대한 형사사건의 심리는 다른 피의사건과 관련된 경우에도 심리에 지장이 없으면 그
절차를 분리하여야 한다.

제58조(심리의 방침)

① 소년에 대한 형사사건의 심리는 친절하고 온화하게 하여야 한다.

② 제1항의 심리에는 소년의 심신상태, 품행, 경력, 가정상황, 그 밖의 환경 등에 대하여 정확한 사실을 밝힐 수 있도록 특별히 유의하여야 한다.

(2) 사형과 무기형의 완화

제59조(사형 및 무기형의 완화)

죄를 범할 당시 18세 미만인 소년에 대하여 사형 또는 무기형(無期刑)으로 처할 경우에는 15년의 유기징역으로 한다.

(3) 상대적 부정기형의 인정

제60조(부정기형)

① 소년이 법정형으로 장기 2년 이상의 유기형(有期刑)에 해당하는 죄를 범한 경우에는 그 형의 범위에서 장기와 단기를 정하여 선고한다. 다만, 장기는 10년, 단기는 5년을 초과하지 못한다.

② 소년의 특성에 비추어 상당하다고 인정되는 때에는 그 형을 감경할 수 있다.

③ 형의 집행유예나 선고유예를 선고할 때에는 제1항(부정기형)을 적용하지 아니한다.

④ 소년에 대한 부정기형을 집행하는 기관의 장은 형의 단기가 지난 소년범의 행형(行刑) 성적이 양호하고 교정의 목적을 달성하였다고 인정되는 경우에는 관할 검찰청 검사의 지휘에 따라 그 형의 집행을 종료시킬 수 있다.

★ 특정강력범죄법 제4조(소년에 대한 형)

① 특정강력범죄(존속살해)를 범한 당시 18세 미만인 소년을 사형 또는 무기형에 처하여야 할 때에는 「소년법」 제59조에도 불구하고 그 형을 20년의 유기징역으로 한다.

② 특정강력범죄를 범한 소년에 대하여 부정기형(不定期刑)을 선고할 때에는 「소년법」 제60조제1항 단서에도 불구하고 장기는 15년, 단기는 7년을 초과하지 못한다.

★ 부정기형
  ① 실형을 선고할 경우에만 부정기형을 선고할 수 있다(집행유예, 선고유예 시 부정기형 선고 안 됨).
  ② 부정기형의 기준은 판결 선고 시가 기준이다.

★ 판례(대판 1983.4.26, 83도524)
  죄를 범한 때에 18세 미만 소년 등과 같이 특별한 규정이 없으면, 판결 선고 시가 기준이다.

(4) 환형처분의 금지

제62조(환형처분의 금지)

18세 미만인 소년에게는 「형법」제70조(노역장유치)에 따른 유치선고를 하지 못한다. 다만, 판결선고 전 구속되었거나 제18조제1항제3호(소년분류심사원)의 조치가 있었을 때에는 그 구속 또는 위탁의 기간에 해당하는 기간은 노역장(勞役場)에 유치된 것으로 보아 「형법」제57조(미결선고 전 구금일수 산입)를 적용할 수 있다.

제61조(미결구금일수의 산입)

제18조제1항제3호(소년분류심사원)의 조치가 있었을 때에는 그 위탁기간은 「형법」제57조제1항의 판결선고 전 구금일수(拘禁日數)로 본다.

(5) 집행 시 분리주의

제63조(징역·금고의 집행)

징역 또는 금고를 선고받은 소년에 대하여는 특별히 설치된 교도소 또는 일반 교도소 안에 특별히 분리된 장소에서 그 형을 집행한다. 다만, 소년이 형의 집행 중에 23세가 되면 일반 교도소에서 집행할 수 있다.

제64조(보호처분과 형의 집행)

보호처분이 계속 중일 때에 징역, 금고 또는 구류를 선고받은 소년에 대하여는 먼저 그 형을 집행한다.

(6) 가석방 조건의 완화 및 가석방 기간 종료에 관한 특칙

제65조(가석방)

징역 또는 금고를 선고받은 소년에 대하여는 다음 각 호의 기간이 지나면 가석방(假釋放)을 허가할 수 있다.
1. 무기형의 경우에는 5년
2. 15년 유기형의 경우에는 3년
3. 부정기형의 경우에는 단기의 3분의 1

제66조(가석방 기간의 종료)

징역 또는 금고를 선고받은 소년이 가석방된 후 그 처분이 취소되지 아니하고 가석방 전에 집행을 받은 기간과 같은 기간이 지난 경우에는 형의 집행을 종료한 것으로 한다(가석방전 복역기간이 형기의 50%미만인 경우).

다만, 제59조의 형기(15년유기징역) 또는 제60조제1항(부정기형)에 따른 장기의 기간이 먼저 지난 경우에는 그 때에 형의 집행을 종료한 것으로 한다(가석방전 복역기간이 형기의 50% 이상인 경우).

★ 가석방
성년은 가석방 실효 및 취소규정이 있는 반면, 「소년법」에는 취소규정만 있다.

(7) 자격에 관한 법령의 적용

제67조(자격에 관한 법령의 적용)

① 소년이었을 때 범한 죄에 의하여 형의 선고 등을 받은 자에 대하여 다음 각 호의 경우 자격에 관한 법령을 적용할 때 장래에 향하여 형의 선고를 받지 아니한 것으로 본다.
  1. 형을 선고받은 자가 그 집행을 종료하거나 면제받은 경우
  2. 형의 선고유예나 집행유예를 선고받은 경우
② 제1항에도 불구하고 형의 선고유예가 실효되거나 집행유예가 실효·취소된 때에는 그때에 형을 선고받은 것으로 본다.

6. 비행예방 기본규정

제67조의2(비행 예방정책)

법무부장관은 제4조제1항에 해당하는 자(이하 "비행소년"이라 한다)가 건전하게 성장하도록 돕기 위하여 다음 각 호의 사항에 대한 필요한 조치를 취하여야 한다.
1. 비행소년이 건전하게 성장하도록 돕기 위한 조사·연구·교육·홍보 및 관련 정책의 수립·시행
2. 비행소년의 선도·교육과 관련된 중앙행정기관·공공기관 및 사회단체와의 협조체계의 구축 및 운영

PART 7

소년보호를 위한 벌칙

JUSTICE

제68조(보도 금지)

① 이 법에 따라 조사 또는 심리 중에 있는 보호사건이나 형사사건에 대하여는 성명·연령·직업·용모 등으로 비추어 볼 때 그 자가 당해 사건의 당사자라고 미루어 짐작할 수 있는 정도의 사실이나 사진을 신문이나 그 밖의 출판물에 싣거나 방송할 수 없다.

② 제1항을 위반한 다음 각 호의 자는 1년 이하의 징역 또는 1천만원 이하의 벌금에 처한다.

   1. 신문 : 편집인 및 발행인

   2. 그 밖의 출판물 : 저작자 및 발행자

   3. 방송 : 방송편집인 및 방송인

제69조(나이의 거짓 진술)

성인(成人)이 고의로 나이를 거짓으로 진술하여 보호처분이나 소년 형사처분을 받은 경우에는 1년 이하의 징역에 처한다.

제70조(조회 응답)

① 소년 보호사건과 관계있는 기관은 그 사건 내용에 관하여 재판, 수사 또는 군사상 필요한 경우 외의 어떠한 조회에도 응하여서는 아니 된다.

② 제1항을 위반한 자는 1년 이하의 징역 또는 1천만원 이하의 벌금에 처한다.

제71조(소환의 불응 및 보호자 특별교육명령 불응)

다음 각 호의 어느 하나에 해당하는 자에게는 300만원 이하의 과태료를 부과한다.

1. 제13조제1항에 따른 소환에 정당한 이유 없이 응하지 아니한 자

2. 제32조의2제3항의 특별교육명령에 정당한 이유 없이 응하지 아니한 자

★ 소년의 형기 등 기준
  ① 형기종료 : 부정기형인 경우 장기를 기준으로 한다.
  ② 가석방 시의 형기 : 부정기형은 단기를 기준으로 한다.
  ③ 항소심에서 성인이 된 경우 : 정기형을 선고한다(부정기형 선고 안 됨. 선고 시가 기준임).
  ④ 상고심에서 성인이 된 경우 : 부정기형을 정기형으로 선고할 수 없다(상고심은 법률심의).

● 소년보호사건과 소년형사사건의 비교 ★

구별	보호처분	형사처분
① 연령	10세 이상, 19세 미만	14세 이상 19세 미만
② 심리대상	범죄소년, 촉법소년, 우범소년	범죄소년
③ 법적 제재	보호처분	형벌
④ 1심법원	법원 소년부(단독판사)	형사법원
⑤ 심리구조	직권주의	당사자주의
⑥ 검사의 재판 관여	관여할 수 없음	당연 관여
⑦ 재판공개	비공개	공개
⑧ 적용법률	「소년법」	「형법」, 「형소법」, 「소년법」
⑨ 진술거부권	인정	인정
⑩ 변론	필요적 또는 임의적 보조인	필요적 변론(국선변호인)
⑪ 조사	소년부 판사의 조사명령, 검사의 결정 전 조사	법원의 조사위촉, 법원의 판결 전 조사
⑫ 미결구금	소년분류심사원 등(임시조치)	구치소
⑬ 교정시설	소년원	소년교도소

● 소년원과 소년교도소 비교 ★

구분	소년원(보호처분)	소년교도소(형사처분)
① 처분성	법원 소년부	형사법원
② 적용법률	「보호소년 등의 처우에 관한 법률」	「형집행법」
③ 처분의 종류	보호처분	형벌
④ 시설	소년원	소년교도소
⑤ 수용대상	범죄소년, 촉법소년, 우범소년	범죄소년
⑥ 수용기관	교육훈련기관	자유형 집행기관
⑦ 사회복귀	퇴원, 임시퇴원	석방, 가석방

CHAPTER
4

보호소년 등의 처우에 관한 법률

1. 의의

2010. 5. 4. 소년원·소년분류심사원의 다양한 임무와 기능을 포괄할 수 있도록 하기 위해 (구) 「소년원법」을 「보호소년 등의 처우에 관한 법률」로 법명을 변경하면서 보호소년 등의 인권보장을 강화하는 한편, 「소년법」과 연계하여 관련 규정을 정비한 후 현재에 이르고 있다.

2. 「보호소년 등의 처우에 관한 법률」 주요내용

제1장 총칙

제1조(목적)

이 법은 보호소년 등의 처우 및 교정교육과 소년원과 소년분류심사원의 조직, 기능 및 운영에 관하여 필요한 사항을 규정함을 목적으로 한다.

제1조의2(정의)

이 법에서 사용하는 용어의 뜻은 다음과 같다.

1. "보호소년"이란 「소년법」 제32조제1항제7호부터 제10호까지의 규정에 따라 가정법원소년부 또는 지방법원소년부(이하 "법원소년부"라 한다)로부터 위탁되거나 송치된 소년을 말한다.
2. "위탁소년"이란 「소년법」 제18조제1항제3호(임시조치중 소년분류심사원위탁조치)에 따라 법원소년부로부터 위탁된 소년을 말한다.
3. "유치소년"이란 「보호관찰 등에 관한 법률」 제42조제1항에 따라 유치(留置)된 소년을 말한다.
4. "보호소년등"이란 보호소년, 위탁소년 또는 유치소년을 말한다.

제2조(처우의 기본원칙)

① 소년원장 또는 소년분류심사원장(이하 "원장"이라 한다)은 보호소년등을 처우할 때에 인권보호를 우선적으로 고려하여야 하며, 그들의 심신 발달 과정에 알맞은 환경을 조성하고 안

정되고 규율있는 생활 속에서 보호소년등의 성장 가능성을 최대한으로 신장시킴으로써 사회적응력을 길러 건전한 청소년으로서 사회에 복귀할 수 있도록 하여야 한다.

② 보호소년에게는 품행의 개선과 진보의 정도에 따라 점차 향상된 처우를 하여야 한다.

제3조(임무)

① 소년원은 보호소년을 수용하여 교정교육을 하는 것을 임무로 한다.

② 소년분류심사원은 다음 각 호의 임무를 수행한다.

  1. 위탁소년의 수용과 분류심사

  2. 유치소년의 수용과 분류심사

  3. 「소년법」 제12조에 따른 전문가 진단의 일환으로 법원소년부가 상담조사를 의뢰한 소년의 상담과 조사

  4. 「소년법」 제49조의2에 따라 소년 피의사건에 대하여 검사가 조사를 의뢰한 소년의 품행 및 환경 등의 조사

  5. 제1호부터 제4호까지의 규정에 해당되지 아니하는 소년으로서 소년원장이나 보호관찰소장이 의뢰한 소년의 분류심사

제4조(관장 및 조직)

① 소년원과 소년분류심사원은 법무부장관이 관장한다.

② 소년원과 소년분류심사원의 명칭, 위치, 직제(職制), 그 밖에 필요한 사항은 대통령령으로 정한다.

제5조(소년원의 분류 등)

① 법무부장관은 보호소년의 처우상 필요하다고 인정하면 대통령령으로 정하는 바에 따라 소년원을 초·중등교육, 직업능력개발훈련, 의료재활 등 기능별로 분류하여 운영하게 할 수 있다.

② 법무부장관은 제1항에 따라 의료재활 기능을 전문적으로 수행하는 소년원을 의료재활소년원으로 운영한다.

시행령 제3조(소년원의 기능별 분류·운영)

① 법 제5조에 따라 소년원을 다음 각 호와 같이 분류한다.

  1. 초·중등교육소년원: 「초·중등교육법」에 따른 초·중등교육이 필요한 소년을 수용·교육하는 소년원

  2. 직업능력개발훈련소년원: 「국민 평생 직업능력 개발법」에 따른 직업능력개발훈련이 필요한 소년을 수용·교육하는 소년원

  3. 의료·재활소년원: 약물 오·남용, 정신·지적발달 장애, 신체질환 등으로 집중치

료나 특수교육이 필요한 소년을 수용·교육하는 소년원

    4. 인성교육소년원: 정서순화, 품행교정 등 인성교육이 집중적으로 필요한 소년을 수용·교육하는 소년원

② 제1항에 따른 소년원의 세부분류·운영기준은 법무부장관이 정한다.

제6조(소년원 등의 규모 등)

① 신설하는 소년원 및 소년분류심사원은 수용정원이 150명 이내의 규모가 되도록 하여야 한다. 다만, 소년원 및 소년분류심사원의 기능·위치나 그 밖의 사정을 고려하여 그 규모를 증대할 수 있다.

② 보호소년등의 개별적 특성에 맞는 처우를 위하여 소년원 및 소년분류심사원에 두는 생활실은 대통령령으로 정하는 바에 따라 소규모로 구성하여야 한다.

③ 소년원 및 소년분류심사원의 생활실이나 그 밖의 수용생활을 위한 설비는 그 목적과 기능에 맞도록 설치되어야 한다.

④ 소년원 및 소년분류심사원의 생활실은 보호소년등의 건강한 생활과 성장을 위하여 적정한 수준의 공간과 채광·통풍·난방을 위한 시설이 갖추어져야 한다.

시행령 제5조의2(생활실 수용정원)

법 제6조제2항에 따라 소년원 또는 소년분류심사원(이하 "소년원등"이라 한다)에 두는 생활실의 수용정원은 4명 이하로 한다. 다만, 소년원등의 기능·위치나 그 밖의 사정을 고려하여 수용인원을 증대할 수 있다.

제2장 수용·보호

제7조(수용절차)

① 보호소년등을 소년원이나 소년분류심사원에 수용할 때에는 법원소년부의 결정서, 법무부장관의 이송허가서 또는 지방법원 판사의 유치허가장에 의하여야 한다.

② 원장은 새로 수용된 보호소년등에 대하여 지체 없이 건강진단과 위생에 필요한 조치를 하여야 한다.

③ 원장은 새로 수용된 보호소년등의 보호자나 보호소년등이 지정하는 자(이하 "보호자등"이라 한다)에게 지체 없이 수용 사실을 알려야 한다.

제8조(분류처우)

① 원장은 보호소년등의 정신적·신체적 상황 등 개별적 특성을 고려하여 생활실을 구분하는 등 적합한 처우를 하여야 한다.

② 보호소년등은 다음 각 호의 기준에 따라 분리 수용한다.

　　1. 남성과 여성

　　2. 보호소년, 위탁소년 및 유치소년(연령 ×)

③ 「소년법」 제32조제1항제7호(의료재활소년원에 위탁)의 처분을 받은 보호소년은 의료재활 소년원에 해당하는 소년원에 수용하여야 한다.

④ 원장은 보호소년등이 희망하거나 특별히 보호소년등의 개별적 특성에 맞는 처우가 필요한 경우 보호소년등을 혼자 생활하게 할 수 있다.

제9조(보호처분의 변경 등)

① 소년원장은 보호소년이 다음 각 호의 어느 하나에 해당하는 경우에는 소년원 소재지를 관할하는 법원소년부에 「소년법」 제37조에 따른 보호처분의 변경을 신청할 수 있다.

　　1. 중환자로 판명되어 수용하기 위험하거나 장기간 치료가 필요하여 교정교육의 실효를 거두기가 어렵다고 판단되는 경우

　　2. 심신의 장애가 현저하거나 임신 또는 출산(유산·사산한 경우를 포함한다), 그 밖의 사유로 특별한 보호가 필요한 경우

　　3. 시설의 안전과 수용질서를 현저히 문란하게 하는 보호소년에 대한 교정교육을 위하여 보호기간을 연장할 필요가 있는 경우

② 소년분류심사원장은 위탁소년이 제1항 각 호의 어느 하나에 해당하는 경우에는 위탁 결정을 한 법원소년부에 「소년법」 제18조에 따른 임시조치의 취소, 변경 또는 연장에 관한 의견을 제시할 수 있다.

③ 소년분류심사원장은 유치소년이 제1항제1호 또는 제2호에 해당하는 경우에는 유치 허가를 한 지방법원 판사 또는 소년분류심사원 소재지를 관할하는 법원소년부에 유치 허가의 취소에 관한 의견을 제시할 수 있다.

④ 제3항에 따른 의견 제시 후 지방법원 판사 또는 법원소년부 판사의 유치 허가 취소 결정이 있으면 소년분류심사원장은 그 유치소년을 관할하는 보호관찰소장에게 이를 즉시 통보하여야 한다.

⑤ 제1항에 따른 보호처분의 변경을 할 경우 보호소년이 19세 이상인 경우에도 「소년법」 제2조(19세미만인 자) 및 제38조제1항(19세이상 보호처분의 취소)에도 불구하고 보호사건 규정을 적용한다.

제10조(원장의 면접)

원장은 보호소년등으로부터 처우나 일신상의 사정에 관한 의견을 듣기 위하여 수시로 보호소년등과 면접을 하여야 한다.

제11조(청원)

보호소년등은 그 처우에 대하여 불복할 때에는 법무부장관에게 문서로 청원할 수 있다.

제12조(이송)

① 소년원장은 분류수용, 교정교육상의 필요, 그 밖의 이유로 보호소년을 다른 소년원으로 이송하는 것이 적당하다고 인정하면 법무부장관의 허가를 받아 이송할 수 있다.

② 「소년법」 제32조제1항제7호(의료재활소년원에 위탁)의 처분을 받은 보호소년은 의료재활소년원에 해당하지 아니하는 소년원으로 이송할 수 없다.

제13조(비상사태 등의 대비)

① 원장은 천재지변이나 그 밖의 재난 또는 비상사태에 대비하여 계획을 수립하고 보호소년등에게 대피훈련 등 필요한 훈련을 실시하여야 한다.

② 원장은 천재지변이나 그 밖의 재난 또는 비상사태가 발생한 경우에 그 시설 내에서는 안전한 대피방법이 없다고 인정될 때에는 보호소년등을 일시적으로 적당한 장소로 긴급 이송할 수 있다.

제14조(사고 방지 등)

① 원장은 보호소년등이 이탈, 난동, 폭행, 자해(自害), 그 밖의 사고를 일으킬 우려가 있을 때에는 이를 방지하는 데에 필요한 조치를 하여야 한다.

② 보호소년등이 소년원이나 소년분류심사원을 이탈하였을 때에는 그 소속 공무원이 재수용할 수 있다.

제14조의2(보호장비의 사용) ★

① 보호장비의 종류는 다음 각 호와 같다.
  1. 수갑
  2. 포승(捕繩)
  3. 가스총
  4. 전자충격기
  5. 머리보호장비
  6. 보호대(保護帶)

② 원장은 다음 각 호의 어느 하나에 해당하는 경우에는 소속 공무원으로 하여금 보호소년등에 대하여 수갑, 포승 또는 보호대를 사용하게 할 수 있다.
  1. 이탈·난동·폭행·자해·자살을 방지하기 위하여 필요한 경우
  2. 법원 또는 검찰의 조사·심리, 이송, 그 밖의 사유로 호송하는 경우

3. 그 밖에 소년원·소년분류심사원의 안전이나 질서를 해칠 우려가 현저한 경우

③ 원장은 다음 각 호의 어느 하나에 해당하는 경우에는 소속 공무원으로 하여금 보호소년등에 대하여 수갑, 포승 또는 보호대 외에 가스총이나 전자충격기를 사용하게 할 수 있다.

1. 이탈, 자살, 자해하거나 이탈, 자살, 자해하려고 하는 때

2. 다른 사람에게 위해를 가하거나 가하려고 하는 때

3. 위력으로 소속 공무원의 정당한 직무집행을 방해하는 때

4. 소년원·소년분류심사원의 설비·기구 등을 손괴하거나 손괴하려고 하는 때

5. 그 밖에 시설의 안전 또는 질서를 크게 해치는 행위를 하거나 하려고 하는 때

④ 제3항에 따라 가스총이나 전자충격기를 사용하려면 사전에 상대방에게 이를 경고하여야 한다. 다만, 상황이 급박하여 경고할 시간적인 여유가 없는 때에는 그러하지 아니하다.

⑤ 원장은 보호소년등이 자해할 우려가 큰 경우에는 소속 공무원으로 하여금 보호소년등에게 머리보호장비를 사용하게 할 수 있다.

⑥ 보호장비는 필요한 최소한의 범위에서 사용하여야 하며, 보호장비를 사용할 필요가 없게 되었을 때에는 지체 없이 사용을 중지하여야 한다.

⑦ 보호장비는 징벌의 수단으로 사용되어서는 아니 된다.

⑧ 보호장비의 사용방법 및 관리에 관하여 필요한 사항은 법무부령으로 정한다.

제14조의3(전자장비의 설치·운영)

① 소년원 및 소년분류심사원에는 보호소년등의 이탈·난동·폭행·자해·자살, 그 밖에 보호소년등의 생명·신체를 해치거나 시설의 안전 또는 질서를 해치는 행위(이하 이 조에서 "자해등"이라 한다)를 방지하기 위하여 필요한 최소한의 범위에서 전자장비를 설치하여 운영할 수 있다.

② 보호소년등이 사용하는 목욕탕, 세면실 및 화장실에 전자영상장비를 설치하여 운영하는 것은 자해등의 우려가 큰 때에만 할 수 있다. 이 경우 전자영상장비로 보호소년등을 감호할 때에는 여성인 보호소년등에 대해서는 여성인 소속 공무원만, 남성인 보호소년등에 대해서는 남성인 소속 공무원만이 참여하여야 한다.

③ 제1항 및 제2항에 따라 전자장비를 설치·운영할 때에는 보호소년등의 인권이 침해되지 아니하도록 하여야 한다.

④ 전자장비의 종류·설치장소·사용방법 및 녹화기록물의 관리 등에 필요한 사항은 법무부령으로 정한다.

시행규칙 제24조의4(전자장비의 종류)

법 제14조의3에 따라 소년원 또는 소년분류심사원(이하 "소년원등"이라 한다)에 설치하여 운영할 수 있는 전자장비는 다음 각 호와 같다.

1. 영상정보처리기기 : 일정한 공간에 지속적으로 설치되어 사람 또는 사물의 영상 및 이에 따르는 음성·음향 등을 수신하거나 유·무선망을 통하여 이를 전송하는 장치
2. 전자감지기 : 일정한 공간에 지속적으로 설치되어 사람 또는 사물의 움직임을 빛·온도·소리·압력 등을 이용하여 감지하고 전송하는 장치
3. 전자이름표 : 전자파를 발신하고 추적하는 원리를 이용하여 사람의 위치를 확인하거나 이동경로를 탐지하는 일련의 기계적 장치
4. 물품검색기(고정식 물품검색기와 휴대식 금속탐지기를 말한다)
5. 증거수집장비 : 디지털카메라, 녹음기, 비디오카메라 등 증거수집에 필요한 장비

제14조의4(규율 위반 행위)

보호소년등은 다음 각 호의 행위를 하여서는 아니 된다.
1. 「형법」, 「폭력행위 등 처벌에 관한 법률」, 그 밖의 형사 법률에 저촉되는 행위
2. 생활의 편의 등 자신의 요구를 관철할 목적으로 자해하는 행위
3. 소년원·소년분류심사원의 안전 또는 질서를 해칠 목적으로 단체를 조직하거나 그 단체에 가입하거나 다중을 선동하는 행위
4. 금지물품을 반입하거나 이를 제작·소지·사용·수수(授受)·교환 또는 은닉하는 행위
5. 정당한 사유 없이 교육 등을 거부하거나 게을리하는 행위
6. 그 밖에 시설의 안전과 질서 유지를 위하여 법무부령으로 정하는 규율을 위반하는 행위

시행규칙 제27조의2(규율 위반)

법 제14조의4제6호에서 "법무부령으로 정하는 규율을 위반하는 행위"란 다음 각 호의 행위를 말한다.
1. 보호소년등이 이탈을 하는 행위
2. 다른 사람을 처벌받게 하거나 직원의 집무집행을 방해할 목적으로 거짓사실을 신고하는 행위
3. 보호장비, 전자장비, 그 밖의 보안시설의 기능을 훼손하는 행위
4. 음란한 행위를 하거나 다른 사람에게 성적 언동 등으로 성적 수치심 또는 혐오감을 느끼게 하는 행위
5. 다른 사람에게 부당한 금품을 요구하는 행위
6. 교육·면회·전화통화 등 다른 보호소년등의 정상적인 일과진행 또는 직원의 직무를 방해하는 행위
7. 문신을 하거나 이물질을 신체에 삽입하는 등 신체를 변형시키는 행위
8. 허가 없이 지정된 장소를 벗어나거나 금지구역에 출입하는 행위
9. 허가 없이 다른 사람과 만나거나 연락하는 행위

10. 수용생활의 편의 등 자신의 요구를 관철할 목적으로 이물질을 삼키는 행위

11. 인원점검을 회피하거나 방해하는 행위

12. 시설의 설비나 물품을 고의로 훼손하는 행위

13. 큰 소리를 내거나 시끄럽게 하여 다른 보호소년등의 평온한 생활을 방해하는 행위

14. 도박이나 그 밖에 사행심을 조장하는 놀이나 내기를 하는 행위

15. 지정된 생활실에 입실하기를 거부하는 등 정당한 사유 없이 직원의 직무상 지시나 명령을 따르지 아니하는 행위

제15조(징계) ★

① 원장은 보호소년등이 제14조의4 각 호의 어느 하나에 해당하는 행위를 하면 제15조의2제1항에 따른 보호소년등처우·징계위원회의 의결에 따라 다음 각 호의 어느 하나에 해당하는 징계를 할 수 있다.

1. 훈계
2. 원내 봉사활동
3. 서면 사과
4. 20일 이내의 텔레비전 시청 제한
5. 20일 이내의 단체 체육활동 정지
6. 20일 이내의 공동행사 참가 정지
7. 20일 이내의 기간 동안 지정된 실(室) 안에서 근신하게 하는 것

② 제1항제3호부터 제6호까지의 처분은 함께 부과할 수 있다.

③ **제1항제7호(20일이내근신)**의 처분은 14세 미만의 보호소년 등에게는 부과하지 못한다.

④ 원장은 제1항제7호(근신)의 처분을 받은 보호소년등에게 개별적인 체육활동 시간을 보장하여야 한다. 이 경우 매주 1회 이상 실외운동을 할 수 있도록 하여야 한다.

⑤ 제1항제7호의 처분을 받은 보호소년등에게는 그 기간 중 같은 항 제4호부터 제6호까지의 처우 제한이 함께 부과된다. 다만, 원장은 보호소년등의 교화 또는 건전한 사회복귀를 위하여 특히 필요하다고 인정하면 텔레비전 시청, 단체 체육활동 또는 공동행사 참가를 허가할 수 있다.

⑥ 소년원장은 보호소년이 제1항 각 호의 어느 하나에 해당하는 징계를 받은 경우에는 법무부령으로 정하는 기준에 따라 교정성적 점수를 빼야 한다.

⑦ 징계는 당사자의 심신상황을 고려하여 교육적으로 하여야 한다.

⑧ 원장은 보호소년등에게 제1항에 따라 징계를 한 경우에는 지체 없이 그 사실을 보호자에게 통지하여야 한다.

⑨ 원장은 징계를 받은 보호소년등의 보호자와 상담을 할 수 있다.

제15조의2(보호소년등처우 · 징계위원회)

① 보호소년등의 처우에 관하여 원장의 자문에 응하게 하거나 징계대상자에 대한 징계를 심의 · 의결하기 위하여 소년원 및 소년분류심사원에 보호소년등처우 · 징계위원회를 둔다.

② 제1항에 따른 보호소년등처우 · 징계위원회(이하 "위원회"라 한다)는 위원장을 포함한 5명 이상 11명 이하의 위원으로 구성하고, 민간위원은 1명 이상으로 한다.

③ 위원회가 징계대상자에 대한 징계를 심의 · 의결하는 경우에는 1명 이상의 민간위원이 해당 심의 · 의결에 참여하여야 한다.

④ 위원회는 소년보호에 관한 학식과 경험이 풍부한 외부인사로부터 의견을 들을 수 있다.

⑤ 제1항부터 제4항까지에서 규정한 사항 외에 위원회의 구성과 운영 등에 필요한 사항은 대통령령으로 정한다.

⑥ 위원회의 위원 중 공무원이 아닌 사람은 「형법」 제127조 및 제129조부터 제132조까지의 규정을 적용할 때에는 공무원으로 본다.

시행령 제30조의2(처우 · 징계위원회의 심의 · 의결사항)

처우 · 징계위원회는 법 제15조의2제1항에 따라 다음 각 호의 사항을 심의 · 의결한다.

1. 보호소년(「소년법」 상 1개월이내의 소년원 송치의 처분을 받은 보호소년은 제외한다)의 개별처우계획 수립
2. 보호소년에 대한 향상된 처우의 결정
3. 보호소년의 이송 · 외출(원장이 처우 · 징계위원회 심의가 필요하다고 인정하는 경우로 한정한다. 이하 제5호에서 같다) · 통학 · 통근취업 · 포상 · 졸업사정 및 계속수용 등에 관한 사항
4. 보호소년의 소년원 퇴원 또는 임시퇴원
5. 위탁소년 및 유치소년의 외출 · 포상 등의 처우
6. 징계대상자에 대한 징계
7. 그 밖에 원장이 보호소년등의 처우에 필요하다고 인정하여 처우 · 징계위원회에 심의를 요청한 사항

제16조(포상)

① 원장은 교정성적이 우수하거나 품행이 타인의 모범이 되는 보호소년등에게 포상을 할 수 있다.

② 원장은 제1항에 따라 포상을 받은 보호소년등에게는 특별한 처우를 할 수 있다.

제17조(급여품 등)

① 보호소년등에게는 의류, 침구, 학용품, 그 밖에 처우에 필요한 물품을 주거나 대여한다.

② 보호소년등에게는 주식, 부식, 음료, 그 밖의 영양물을 제공하되, 그 양은 보호소년등이
건강을 유지하고 심신의 발육을 증진하는 데에 필요한 정도이어야 한다.

③ 제1항 및 제2항에 따른 급여품과 대여품의 종류와 수량의 기준은 법무부령으로 정한다.

제18조(면회·편지·전화통화)

① 원장은 비행집단과 교제하고 있다고 의심할 만한 상당한 이유가 있는 경우 등 보호소년등
의 보호 및 교정교육에 지장이 있다고 인정되는 경우 외에는 보호소년등의 면회를 허가하
여야 한다. 다만, 제15조제1항제7호(근신)의 징계를 받은 보호소년등에 대한 면회는 그 상
대방이 변호인이나 보조인(이하 "변호인등"이라 한다) 또는 보호자인 경우에 한정하여 허
가할 수 있다.

② 보호소년등이 면회를 할 때에는 소속 공무원이 참석하여 보호소년등의 보호 및 교정교육에
지장이 없도록 지도할 수 있다. 이 경우 소속 공무원은 보호소년등의 보호 및 교정교육에
지장이 있다고 인정되는 경우에는 면회를 중지할 수 있다.

③ 제2항 전단에도 불구하고 보호소년등이 변호인등과 면회를 할 때에는 소속 공무원이 참석
하지 아니한다. 다만, 보이는 거리에서 보호소년등을 지켜볼 수 있다.

④ 원장은 공동으로 비행을 저지른 관계에 있는 사람의 편지인 경우 등 보호소년등의 보호
및 교정교육에 지장이 있다고 인정되는 경우에는 보호소년등의 편지 왕래를 제한할 수 있
으며, 편지의 내용을 검사할 수 있다.

⑤ 제4항에도 불구하고 보호소년등이 변호인등과 주고받는 편지는 제한하거나 검사할 수 없
다. 다만, 상대방이 변호인등임을 확인할 수 없는 때에는 예외로 한다.

⑥ 원장은 공범 등 교정교육에 해가 된다고 인정되는 사람과의 전화통화를 제한하는 등 보호
소년등의 보호 및 교정교육에 지장을 주지 아니하는 범위에서 가족 등과 전화통화를 허가
할 수 있다.

⑦ 제1항과 제2항에 따른 면회 허가의 제한과 면회 중지, 제4항에 따른 편지 왕래의 제한 및
제6항에 따른 전화통화의 제한 사유에 관한 구체적인 범위는 대통령령으로 정한다.

⑧ 제6항에 따른 전화통화를 위하여 소년원 및 소년분류심사원에 설치하는 전화기의 운영에
필요한 사항은 법무부장관이 정한다.

제19조(외출)

소년원장은 보호소년에게 다음 각 호의 어느 하나에 해당하는 사유가 있을 때에는 본인이나
보호자등의 신청에 따라 또는 직권으로 외출을 허가할 수 있다.

1. 직계존속이 위독하거나 사망하였을 때
2. 직계존속의 회갑 또는 형제자매의 혼례가 있을 때
3. 천재지변이나 그 밖의 사유로 가정에 인명 또는 재산상의 중대한 피해가 발생하였을 때

4. 병역, 학업, 질병 등의 사유로 외출이 필요할 때

5. 그 밖에 교정교육상 특히 필요하다고 인정할 때

제20조(환자의 치료)

① 원장은 보호소년등이 질병에 걸리면 지체 없이 적정한 치료를 받도록 하여야 한다.

② 원장은 소년원이나 소년분류심사원에서 제1항에 따른 치료를 하는 것이 곤란하다고 인정되면 외부 의료기관에서 치료를 받게 할 수 있다.

③ 원장은 보호소년등이나 그 보호자등이 자비(自費)로 치료받기를 원할 때에는 이를 허가할 수 있다.

④ 소년원 및 소년분류심사원에 근무하는 간호사는 「의료법」 제27조에도 불구하고 야간 또는 공휴일 등 의사가 진료할 수 없는 경우 대통령령으로 정하는 경미한 의료행위를 할 수 있다.

제20조의2(진료기록부 등의 관리)

① 소년원 및 소년분류심사원에 근무하는 의사와 간호사는 보호소년등에 대한 진료기록부, 간호기록부, 그 밖의 진료에 관한 기록(이하 "진료기록부등"이라 한다)을 소년원과 소년분류심사원의 정보를 통합적으로 관리하기 위하여 법무부장관이 운영하는 정보시스템에 입력하여야 한다.

② 법무부장관은 진료기록부등을 법무부령으로 정하는 바에 따라 보존하여야 한다.

제20조의3(출원생의 외래진료)

① 의료재활소년원장은 의료재활소년원 출원생(出院生)이 외래진료를 신청하는 경우 의료재활소년원에서 검사, 투약 등 적절한 진료 및 치료를 받도록 할 수 있다.

② 법무부장관은 의료재활소년원 출원생이 신청하는 경우 「치료감호 등에 관한 법률」 제16조의2제1항제2호에 따른 법무부장관이 지정하는 기관에서 외래진료를 받도록 할 수 있다. 이 경우 법무부장관은 예산의 범위에서 진료비용을 지원할 수 있다.

③ 제1항 및 제2항에 따른 외래진료의 기간과 방법 및 진료비용 지원 등에 필요한 사항은 법무부령으로 정한다.

제21조(감염병의 예방과 응급조치)

① 원장은 소년원이나 소년분류심사원에서 감염병이 발생하거나 발생할 우려가 있을 때에는 이에 대한 상당한 조치를 하여야 한다.

② 원장은 보호소년등이 감염병에 걸렸을 때에는 지체 없이 격리 수용하고 필요한 응급조치를 하여야 한다.

제22조(금품의 보관 및 반환)

① 원장은 보호소년등이 갖고 있던 금전, 의류, 그 밖의 물품을 보관하는 경우에는 이를 안전하게 관리하고 보호소년등에게 수령증을 내주어야 한다.

② 원장은 보호소년등의 퇴원, 임시퇴원, 사망, 이탈 등의 사유로 금품을 계속 보관할 필요가 없게 되었을 때에는 본인이나 보호자등에게 반환하여야 한다.

③ 제2항에 따라 반환되지 아니한 금품은 퇴원, 임시퇴원, 사망, 이탈 등의 사유가 발생한 날부터 1년 이내에 본인이나 보호자등이 반환 요청을 하지 아니하면 국고에 귀속하거나 폐기한다.

제23조(친권 또는 후견)

원장은 미성년자인 보호소년등이 친권자나 후견인이 없거나 있어도 그 권리를 행사할 수 없을 때에는 법원의 허가를 받아 그 보호소년등을 위하여 친권자나 후견인의 직무를 행사할 수 있다.

제3장 분류심사

제24조(분류심사)

① 분류심사는 제3조제2항에 해당하는 소년의 신체, 성격, 소질, 환경, 학력 및 경력 등에 대한 조사를 통하여 비행 또는 범죄의 원인을 규명하여 심사대상인 소년의 처우에 관하여 최선의 지침을 제시함을 목적으로 한다.

② 분류심사를 할 때에는 심리학·교육학·사회학·사회복지학·범죄학·의학 등의 전문적인 지식과 기술에 근거하여 보호소년등의 신체적·심리적·환경적 측면 등을 조사·판정하여야 한다.

제25조(분류심사관)

① 제3조제2항에 따른 임무를 수행하기 위하여 소년분류심사원에 분류심사관을 둔다.

② 분류심사관은 제24조제2항에 따른 학문적 소양과 전문지식을 갖추어야 한다.

제26조(청소년심리검사 등)

소년분류심사원장은 「청소년기본법」 제3조제1호에 따른 청소년이나 그 보호자가 적성검사 등 진로탐색을 위한 청소년심리검사 또는 상담을 의뢰하면 이를 할 수 있다. 이 경우에는 법무부장관이 정하는 바에 따라 실비를 받을 수 있다.

제27조(분류심사 결과 등의 통지)

① 소년분류심사원장은 제3조제2항제1호부터 제4호(위탁소년 · 유치소년의 수용과분류심사, 소년의 상담과조사, 소년의 품행및환경조사)까지의 규정에 따른 분류심사 또는 조사 결과와 의견 등을 각각 법원소년부 또는 검사에게 통지하여야 한다.

② 소년분류심사원장은 제3조제2항제1호부터 제3호(위탁소년·유치소년의 수용과분류심사,소년의 상담과조사)까지에 규정된 소년이 보호처분의 결정을 받으면 그 소년의 분류심사 결과 및 의견 또는 상담조사 결과 및 의견을 지체 없이 그 처분을 집행하는 소년원이나 보호관찰소에서 정보시스템으로 열람할 수 있도록 통지하여야 한다.

③ 소년분류심사원장은 제3조제2항제5호(소년의 분류심사)에 따른 분류심사 또는 제26조에 따른 청소년심리검사 등을 하였을 때에는 그 결과를 각각 분류심사 또는 심리검사 등을 의뢰한 자에게 통지하고 필요한 의견을 제시할 수 있다.

제4장 교정교육 등

제28조(교정교육의 원칙)

소년원의 교정교육은 규율있는 생활 속에서 초 · 중등교육, 직업능력개발훈련, 인성교육, 심신의 보호 · 지도 등을 통하여 보호소년이 전인적인 성장 · 발달을 이루고 사회생활에 원만하게 적응할 수 있도록 하여야 한다.

제29조(학교의 설치 · 운영)

법무부장관은 대통령령으로 정하는 바에 따라 소년원에 「초 · 중등교육법」 제2조제1호부터 제4호까지의 학교(이하 "소년원학교"라 한다)를 설치 · 운영할 수 있다.

제29조의2(「초 · 중등교육법」에 관한 특례)

① 소년원학교에 대하여는 「초 · 중등교육법」상 학교의 설립, 수업료, 학교시설 이용, 학생의 징계, 재심청구, 학교회계의 설치, 학교운영위원회 설치, 결격사유, 기능, 학교운영위원회 위원의 연수, 시정 또는 변경명령 등까지의 규정을 적용하지 아니한다.

② 소년원학교에 대하여 「초 · 중등교육법」상 지도·감독의 규정을 적용할 때에는 "교육부장관"을 "법무부장관"으로 본다.

③ 교육부장관은 「교육기본법」 및 「초 · 중등교육법」에 관한 사항(제1항에 따라 적용이 배제되는 사항은 제외한다)에 대하여 법무부장관에게 필요한 권고를 할 수 있으며, 법무부장관은 정당한 사유를 제시하지 아니하는 한 이에 따라야 한다.

제29조의3(「학교폭력예방 및 대책에 관한 법률」에 관한 특례)

소년원학교에 대해서는 「학교폭력예방 및 대책에 관한 법률」상 학교폭력대책심의위원회의 설치 · 기능, 장애학생의 보호, 가해학생에 대한 조치, 행정심판, 분쟁조정까지의 규정을 적용하지 아니한다.

제30조(교원 등)

① 소년원학교에는 「초 · 중등교육법」 제21조제2항에 따른 교원의 자격을 갖춘 교원을 두되, 교원은 일반직공무원으로 임용할 수 있다.

② 제1항에 따라 일반직공무원으로 임용된 교원의 경력 · 연수 및 직무 수행 등에 관하여 필요한 사항은 대통령령으로 정한다. 이 경우 「교육기본법」 및 「교육공무원법」에 따라 임용된 교원과 동등한 처우를 받도록 하여야 한다.

③ 제1항과 제2항에도 불구하고 소년원학교의 교장(이하 "소년원학교장"이라 한다)은 소년원학교가 설치된 소년원의 장이, 교감은 그 소년원의 교육과정을 총괄하는 부서의 장으로서 대통령령으로 정하는 자가 겸직할 수 있다.

④ 소년원학교장은 소년원학교의 교육과정을 원활하게 운영하기 위하여 필요하면 관할 교육청의 장에게 소년원학교 교사와 다른 중 · 고등학교 교사간 교환수업 등 상호 교류협력을 요청할 수 있다.

제31조(학적관리) ★

① 보호소년이 소년원학교에 입교하면 「초 · 중등교육법」에 따라 입학 · 전학 또는 편입학한 것으로 본다.

② 「초 · 중등교육법」 제2조의 학교에서 재학하던 중 소년분류심사원에 위탁되거나 유치된 소년 및 「소년법」 제32조제1항제8호(보호처분결정)의 처분을 받은 소년의 수용기간은 그 학교의 수업일수로 계산한다.

③ 소년원학교장은 보호소년이 입교하면 그 사실을 보호소년이 최종적으로 재학했던 학교[이하 "전적학교(前籍學校)"라 한다]의 장에게 통지하고 그 보호소년의 학적에 관한 자료를 보내줄 것을 요청할 수 있다.

④ 제3항에 따른 요청을 받은 전적학교의 장은 교육의 계속성을 유지하는 데에 필요한 학적사항을 지체 없이 소년원학교장에게 보내야 한다.

제32조(다른 학교로의 전학 · 편입학)

보호소년이 소년원학교에서 교육과정을 밟는 중에 소년원에서 퇴원하거나 임시퇴원하여 전적학교 등 다른 학교에 전학이나 편입학을 신청하는 경우 전적학교 등 다른 학교의 장은 정당한 사유를 제시하지 아니하는 한 이를 허가하여야 한다.

제33조(통학)

소년원장은 교정성적이 양호한 보호소년의 원활한 학업 연계를 위하여 필요하다고 판단되면 보호소년을 전적학교 등 다른 학교로 통학하게 할 수 있다.

제34조(전적학교의 졸업장 수여)

① 소년원학교에서 교육과정을 마친 보호소년이 전적학교의 졸업장 취득을 희망하는 경우 소년원학교장은 전적학교의 장에게 학적사항을 통지하고 졸업장의 발급을 요청할 수 있다.

② 제1항에 따른 요청을 받은 전적학교의 장은 정당한 사유를 제시하지 아니하는 한 졸업장을 발급하여야 한다. 이 경우 그 보호소년에 관한 소년원학교의 학적사항은 전적학교의 학적사항으로 본다.

제35조(직업능력개발훈련)

① 소년원의 직업능력개발훈련은 「국민 평생 직업능력 개발법」으로 정하는 바에 따른다.

② 소년원장은 법무부장관의 허가를 받아 산업체의 기술지원이나 지원금으로 직업능력개발훈련을 실시하거나 소년원 외의 시설에서 직업능력개발훈련을 실시할 수 있다.

③ 고용노동부장관은 보호소년의 직업능력개발훈련에 관하여 법무부장관에게 필요한 권고를 할 수 있다.

제36조(직업능력개발훈련교사)

직업능력개발훈련을 실시하는 소년원에는 「국민 평생 직업능력 개발법」으로 정한 자격을 갖춘 직업능력개발훈련교사를 둔다.

제37조(통근취업) ★

① 소년원장은 보호소년이 직업능력개발훈련과정을 마쳤을 때에는 산업체에 통근취업하게 할 수 있다.

② 소년원장은 보호소년이 제1항에 따라 취업을 하였을 때에는 해당 산업체로 하여금 「근로기준법」을 지키게 하고, 보호소년에게 지급되는 보수는 전부 본인에게 지급하여야 한다.

제38조(안전관리)

① 소년원장은 직업능력개발훈련을 실시할 때 보호소년에게 해롭거나 위험한 일을 하게 하여서는 아니 된다.

② 소년원장은 직업능력개발훈련을 실시할 때 기계, 기구, 재료, 그 밖의 시설 등에 의하여 보호소년에게 위해가 발생할 우려가 있으면 이를 방지하는 데에 필요한 조치를 하여야 한다.

제39조(생활지도)

원장은 보호소년등의 자율성을 높이고 각자가 당면한 문제를 스스로 해결하여 사회생활에 적응할 수 있는 능력을 기르도록 생활지도를 하여야 한다.

제40조(특별활동)

소년원장은 보호소년의 취미와 특기를 신장하고 집단생활의 경험을 통하여 민주적이고 협동적인 생활태도를 기르도록 특별활동지도를 하여야 한다.

제41조(교육계획 등)

① 소년원장은 보호소년의 연령, 학력, 적성, 진로, 교정의 난이도 등을 고려하여 처우과정을 정하고 교정목표를 조기에 달성할 수 있도록 교육계획을 수립·시행하여야 한다.

② 소년원장은 제1항의 교육계획에 따른 교육과정을 운영하고 법무부장관이 정하는 바에 따라 그 결과를 평가하여 출원(出院), 포상 등 보호소년의 처우에 반영할 수 있다.

제42조(장학지도)

법무부장관은 교정교육 성과를 평가하고 개선하기 위하여 소속 공무원으로 하여금 장학지도를 하게 할 수 있다.

제42조의2(대안교육 및 비행예방 등)

① 소년원 및 소년분류심사원은 청소년 등에게 비행예방 및 재범방지 또는 사회적응을 위한 체험과 인성 위주의 교육을 실시하기 위하여 다음 각 호의 교육과정(이하 "대안교육과정"이라 한다)을 운영한다.

1. 「소년법」 제32조의2제1항에 따라 법원소년부 판사가 명한 대안교육
2. 「소년법」 제49조의3제2호에 따라 검사가 의뢰한 상담·교육·활동 등
3. 「초·중등교육법」 제18조에 따른 징계대상인 학생으로서 각급학교의 장이 의뢰한 소년의 교육
4. 「학교폭력예방 및 대책에 관한 법률」 제15조제3항에 따른 학교폭력 예방교육과 같은 법 제17조에 따른 가해학생 및 보호자 특별교육

② 원장은 행정기관, 지방자치단체, 학교, 그 밖의 단체 등과 협력하여 지역사회의 청소년 비행을 예방하기 위하여 적극 노력하여야 한다.

③ 대안교육과정의 운영에 필요한 사항은 법무부령으로 정한다.

제42조의3(보호자교육)

① 소년원과 소년분류심사원은 「소년법」 제32조의2제3항에 따라 교육명령을 받은 보호자 또

는 보호소년등의 보호자를 대상으로 역할개선 중심의 보호자교육과정을 운영한다.

② 제1항에 따른 보호자교육의 절차 및 방법 등에 관하여 필요한 사항은 대통령령으로 정한다.

제5장 출원

제43조(퇴원) ★

① 소년원장은 보호소년이 22세가 되면 퇴원시켜야 한다.

② 소년원장은 「소년법」 제32조제1항제8호 또는 같은 법 제33조제1항·제5항·제6항에 따라 수용상한기간에 도달한 보호소년은 즉시 퇴원시켜야 한다.

③ 소년원장은 교정성적이 양호하며 교정의 목적을 이루었다고 인정되는 보호소년(「소년법」 제32조제1항제8호에 따라 송치된 보호소년은 제외한다)에 대하여는 「보호관찰 등에 관한 법률」에 따른 보호관찰심사위원회에 퇴원을 신청하여야 한다.

④ 위탁소년 또는 유치소년의 소년분류심사원 퇴원은 법원소년부의 결정서에 의하여야 한다.

제44조(임시퇴원) ★

소년원장은 교정성적이 양호한 자 중 보호관찰의 필요성이 있다고 인정되는 보호소년(「소년법」 상 1개월이내의 소년원 송치된 보호소년은 제외한다)에 대하여는 「보호관찰 등에 관한 법률」 제22조제1항에 따라 보호관찰심사위원회에 임시퇴원을 신청하여야 한다.

제44조의2(보호소년의 출원)

소년원장은 제43조제3항 및 제44조의 신청에 대하여 「보호관찰 등에 관한 법률」 제25조에 따른 법무부장관의 퇴원·임시퇴원 허가를 통보받으면 해당 허가서에 기재되어 있는 출원예정일에 해당 보호소년을 출원시켜야 한다. 다만, 제46조에 따라 계속 수용하는 경우(제45조제3항의 경우를 포함한다)에는 그러하지 아니하다.

제45조(보호소년의 인도)

① 소년원장은 보호소년의 퇴원 또는 임시퇴원이 허가되면 지체 없이 보호자등에게 보호소년의 인도에 관하여 알려야 한다.

② 소년원장은 퇴원 또는 임시퇴원이 허가된 보호소년을 보호자등에게 직접 인도하여야 한다. 다만, 보호소년의 보호자등이 없거나 제44조의2 본문에 따른 출원예정일부터 10일 이내에 보호자등이 인수하지 아니하면 사회복지단체, 독지가, 그 밖의 적당한 자에게 인도할 수 있다.

③ 제2항 단서에 따라 사회복지단체 등에 인도되기 전까지의 보호소년에 대해서는 제46조제1항에 따른 계속 수용에 준하여 처우한다.

제45조의2(사회정착지원)

① 원장은 출원하는 보호소년등의 성공적인 사회정착을 위하여 장학·원호·취업알선 등 필요한 지원을 할 수 있다.

② 제1항에 따른 사회정착지원(이하 이 조에서 "사회정착지원"이라 한다)의 기간은 6개월 이내로 하되, 6개월 이내의 범위에서 한 번에 한하여 그 기간을 연장할 수 있다.

③ 원장은 제51조에 따른 소년보호협회 및 제51조의2에 따른 소년보호위원에게 사회정착지원에 관한 협조를 요청할 수 있다.

④ 사회정착지원의 절차와 방법 등에 관하여 필요한 사항은 법무부령으로 정한다.

제46조(퇴원자 또는 임시퇴원자의 계속 수용)

① 퇴원 또는 임시퇴원이 허가된 보호소년이 질병에 걸리거나 본인의 편익을 위하여 필요하면 본인의 신청에 의하여 계속 수용할 수 있다.

② 소년원장은 제1항에 따른 계속 수용의 사유가 소멸되면 지체 없이 보호소년을 보호자등에게 인도하여야 한다.

③ 소년원장은 제1항에 따라 임시퇴원이 허가된 보호소년을 계속 수용할 때에는 그 사실을 보호관찰소장에게 통지하여야 한다.

제47조(물품 또는 귀가여비의 지급)

소년원장은 보호소년이 퇴원허가 또는 임시퇴원허가를 받거나 「소년법」 제37조제1항에 따라 처분변경 결정을 받았을 때에는 필요한 경우 물품 또는 귀가여비를 지급할 수 있다.

제48조(임시퇴원 취소자의 재수용)

① 소년원장은 「보호관찰 등에 관한 법률」 제48조에 따라 임시퇴원이 취소된 자는 지체 없이 재수용하여야 한다.

② 제1항에 따라 재수용된 자의 수용기간은 수용상한기간 중 남은 기간으로 한다.

③ 제1항에 따라 재수용된 자는 새로 수용된 보호소년에 준하여 처우를 한다.

제6장 보칙

제49조(방문 허가 등)

① 보호소년등에 대한 지도, 학술연구, 그 밖의 사유로 소년원이나 소년분류심사원을 방문하려는 자는 그 대상 및 사유를 구체적으로 밝혀 원장의 허가를 받아야 한다.

② 소년원이나 소년분류심사원을 방문하지 아니하고 설문조사를 하려는 자는 미리 그 내용을 원장과 협의하여야 한다.

PART 7

제50조(협조 요청)

① 원장은 제3조에 따른 교정교육, 분류심사 또는 조사에 특히 필요하다고 인정하면 행정기관, 학교, 병원, 그 밖의 단체에 대하여 필요한 협조를 요청할 수 있다.

② 제1항의 요청을 거절할 때에는 정당한 이유를 제시하여야 한다.

제50조의2(청소년심리상담실)

① 소년분류심사원장은 제26조(청소년심리상담 등)에 따른 업무를 처리하기 위하여 청소년심리상담실을 설치·운영할 수 있다.

② 제1항에 따른 청소년심리상담실의 설치와 운영에 필요한 사항은 법무부령으로 정한다.

제51조(소년보호협회)

① 보호소년등을 선도하기 위하여 법무부장관 감독하에 소년 선도에 관하여 학식과 경험이 풍부한 인사로 구성되는 소년보호협회를 둘 수 있다.

② 소년보호협회의 설치, 조직, 그 밖의 운영에 필요한 사항은 대통령령으로 정한다.

③ 국가는 소년보호협회에 보조금을 지급할 수 있다.

④ 국가는 보호소년등의 교정교육과 사회복귀 지원 및 청소년 비행예방을 위하여 필요하다고 인정하는 경우에는 「국유재산법」에도 불구하고 소년보호협회에 소년원, 소년분류심사원 및 「보호관찰 등에 관한 법률」 제14조에 따른 보호관찰소의 시설, 그 밖에 대통령령으로 정하는 국유재산을 무상으로 대부하거나 사용허가할 수 있다.

⑤ 제4항에 따라 국유재산을 무상으로 대부하거나 사용허가하는 경우 그 기간은 「국유재산법」 제35조제1항 또는 같은 법 제46조제1항에서 정하는 바에 따른다.

⑥ 제5항의 대부기간 또는 사용허가기간이 끝난 국유재산에 대해서는 그 대부기간 또는 사용허가기간을 초과하지 아니하는 범위에서 종전의 대부계약 또는 사용허가를 갱신할 수 있다.

⑦ 국가나 지방자치단체는 소년보호협회에 대하여 「조세특례제한법」 및 「지방세특례제한법」에서 정하는 바에 따라 국세 또는 지방세를 감면할 수 있다.

제51조의2(소년보호위원)

① 보호소년등의 교육 및 사후지도를 지원하기 위하여 소년보호위원을 둘 수 있다.

② 소년보호위원은 명예직으로 하며, 법무부장관이 위촉한다.

③ 소년보호위원에게는 예산의 범위에서 직무수행에 필요한 비용의 전부 또는 일부를 지급할 수 있다.

④ 소년보호위원의 위촉·해촉 및 자치조직 등에 관하여 필요한 사항은 법무부령으로 정한다.

제52조(소년분류심사원이 설치되지 아니한 지역에서의 소년분류심사원의 임무수행)

소년분류심사원이 설치되지 아니한 지역에서는 소년분류심사원이 설치될 때까지 소년분류
심사원의 임무는 소년원이 수행하고, 위탁소년 및 유치소년은 소년원의 구획된 장소에 수용
한다.

제53조(기부금품의 접수)

① 원장은 기관·단체 또는 개인이 보호소년등에 대한 적절한 처우, 학업 지원 및 보호소년등
　의 사회 정착 등을 위하여 소년원이나 소년분류심사원에 자발적으로 기탁하는 금품을 접
　수할 수 있다.
② 기부자에 대한 영수증 발급, 기부금품의 용도 지정, 장부의 열람, 그 밖에 필요한 사항은
　대통령령으로 정한다.

제54조(범죄경력자료 등의 조회 요청)

① 법무부장관은 제43조제1항 및 제2항(22세가 되면, 수용상한기간 도달한 때)에 따라 소년
　원에서 퇴원한 보호소년의 재범 여부를 조사하고 소년원 교정교육의 효과를 평가하기 위
　하여 보호소년이 같은 조 제1항 및 제2항에 따라 퇴원한 때부터 3년 동안 관계 기관에
　그 소년에 관한 범죄경력자료와 수사경력자료에 대한 조회를 요청할 수 있다.
② 제1항의 요청을 받은 관계 기관의 장은 정당한 사유 없이 이를 거부해서는 아니 된다.

CHAPTER
5
청소년 관련 법률 등

1. 「청소년 기본법」

제1조(목적)
이 법은 청소년의 권리 및 책임과 가정·사회·국가·지방자치단체의 청소년에 대한 책임을 정하고 청소년정책에 관한 기본적인 사항을 규정함을 목적으로 한다.

제3조(정의)
이 법에서 사용하는 용어의 뜻은 다음과 같다.

1. 청소년이란 "9세 이상 24세 이하"인 사람을 말한다. 다만, 다른 법률에서 청소년에 대한 적용을 다르게 할 필요가 있는 경우에는 따로 정할 수 있다.
2. "청소년육성"이란 청소년활동을 지원하고 청소년의 복지를 증진하며 근로 청소년을 보호하는 한편, 사회 여건과 환경을 청소년에게 유익하도록 개선하고 청소년을 보호하여 청소년에 대한 교육을 보완함으로써 청소년의 균형 있는 성장을 돕는 것을 말한다.
3. "청소년활동"이란 청소년의 균형 있는 성장을 위하여 필요한 활동과 이러한 활동을 소재로 하는 수련활동·교류활동·문화활동 등 다양한 형태의 활동을 말한다.
4. "청소년복지"란 청소년이 정상적인 삶을 누릴 수 있는 기본적인 여건을 조성하고 조화롭게 성장·발달할 수 있도록 제공되는 사회적·경제적 지원을 말한다.
5. "청소년보호"란 청소년의 건전한 성장에 유해한 물질·물건·장소·행위 등 각종 청소년 유해 환경을 규제하거나 청소년의 접촉 또는 접근을 제한하는 것을 말한다.
6. "청소년시설"이란 청소년활동·청소년복지 및 청소년보호에 제공되는 시설을 말한다.
7. "청소년지도자"란 다음 각 목의 사람을 말한다.
   가. 제21조에 따른 청소년지도사
   나. 제22조에 따른 청소년상담사
   다. 청소년시설, 청소년단체 및 청소년 관련 기관에서 청소년육성에 필요한 업무에 종사하는 사람
8. "청소년단체"란 청소년육성을 주된 목적으로 설립된 법인이나 대통령령으로 정하는 단체를 말한다.

제9조(청소년정책의 총괄 · 조정)

청소년정책은 여성가족부장관이 관계 행정기관의 장과 협의하여 총괄 · 조정한다.

제13조(청소년육성에 관한 기본계획의 수립)

① 여성가족부장관은 관계 중앙행정기관의 장과 협의한 후 제10조에 따른 청소년정책위원회의 심의를 거쳐 청소년육성에 관한 기본계획(이하 "기본계획"이라 한다)을 5년마다 수립하여야 한다.

② 기본계획에는 다음 각 호의 사항이 포함되어야 한다.

1. 이전의 기본계획에 관한 분석 · 평가
2. 청소년육성에 관한 기본방향
3. 청소년육성에 관한 추진목표
4. 청소년육성에 관한 기능의 조정
5. 청소년육성의 분야별 주요 시책
6. 청소년육성에 필요한 재원의 조달방법
7. 그 밖에 청소년육성을 위하여 특히 필요하다고 인정되는 사항

③ 여성가족부장관은 기본계획을 수립한 때에는 지체 없이 이를 국회 소관 상임위원회에 보고하여야 한다.

2. 「청소년 보호법」

제1조(목적)

이 법은 청소년에게 유해한 매체물과 약물 등이 청소년에게 유통되는 것과 청소년이 유해한 업소에 출입하는 것 등을 규제하고 청소년을 유해한 환경으로부터 보호 · 구제함으로써 청소년이 건전한 인격체로 성장할 수 있도록 함을 목적으로 한다.

제2조(정의)

1. "청소년"이란 만 19세 미만인 사람을 말한다. 다만, 만 19세가 되는 해의 1월 1일을 맞이한 사람은 제외한다.

제7조(청소년유해매체물의 심의 · 결정)

① 청소년보호위원회는 매체물이 청소년에게 유해한지를 심의하여 청소년에게 유해하다고 인정되는 매체물을 청소년유해매체물로 결정하여야 한다. 다만, 다른 법령에 따라 해당 매체물의 윤리성 · 건전성을 심의할 수 있는 기관(이하 "각 심의기관"이라 한다)이 있는 경우에

는 예외로 한다.

제29조(청소년 고용 금지 및 출입 제한 등)

① 청소년유해업소의 업주는 청소년을 고용하여서는 아니 된다. 청소년유해업소의 업주가 종업원을 고용하려면 미리 나이를 확인하여야 한다.

② 청소년 출입 · 고용금지업소의 업주와 종사자는 출입자의 나이를 확인하여 청소년이 그 업소에 출입하지 못하게 하여야 한다.

③ 제2조제5호나목2)(청소년고용금지업소)의 숙박업을 운영하는 업주는 종사자를 배치하거나 대통령령으로 정하는 설비 등을 갖추어 출입자의 나이를 확인하고 제30조제8호(청소년유해행위의 금지)의 우려가 있는 경우에는 청소년의 출입을 제한하여야 한다.

④ 청소년유해업소의 업주와 종사자는 제1항부터 제3항까지에 따른 나이 확인을 위하여 필요한 경우 주민등록증이나 그 밖에 나이를 확인할 수 있는 증표(이하 이 항에서 "증표"라 한다)의 제시를 요구할 수 있으며, 증표 제시를 요구받고도 정당한 사유 없이 증표를 제시하지 아니하는 사람에게는 그 업소의 출입을 제한할 수 있다.

⑤ 제2항에도 불구하고 청소년이 친권자등을 동반할 때에는 대통령령으로 정하는 바에 따라 출입하게 할 수 있다. 다만, 「식품위생법」에 따른 식품접객업 중 대통령령으로 정하는 업소의 경우에는 출입할 수 없다.

⑥ 청소년유해업소의 업주와 종사자는 그 업소에 대통령령으로 정하는 바에 따라 청소년의 출입과 고용을 제한하는 내용을 표시하여야 한다.

제31조(청소년 통행금지 · 제한구역의 지정 등)

① 특별자치시장 · 특별자치도지사 · 시장 · 군수 · 구청장(구청장은 자치구의 구청장을 말하며, 이하 "시장 · 군수 · 구청장"이라 한다)은 청소년 보호를 위하여 필요하다고 인정할 경우 청소년의 정신적 · 신체적 건강을 해칠 우려가 있는 구역을 청소년 통행금지구역 또는 청소년 통행제한구역으로 지정하여야 한다.

② 시장 · 군수 · 구청장은 청소년 범죄 또는 탈선의 예방 등 특별한 이유가 있으면 대통령령으로 정하는 바에 따라 시간을 정하여 제1항에 따라 지정된 구역에 청소년이 통행하는 것을 금지하거나 제한할 수 있다.

③ 제1항과 제2항에 따른 청소년 통행금지구역 또는 통행제한구역의 구체적인 지정기준과 선도 및 단속 방법 등은 조례로 정하여야 한다. 이 경우 관할 경찰관서 및 학교 등 해당 지역의 관계 기관과 지역 주민의 의견을 반영하여야 한다.

④ 시장 · 군수 · 구청장 및 관할 경찰서장은 청소년이 제2항을 위반하여 청소년 통행금지구역 또는 통행제한구역을 통행하려고 할 때에는 통행을 막을 수 있으며, 통행하고 있는 청소년은 해당 구역 밖으로 나가게 할 수 있다.

제36조(청소년보호위원회의 설치)

다음 각 호의 사항에 관하여 심의 · 결정하기 위하여 여성가족부장관 소속으로 청소년보호위원회(이하 이 장에서 "위원회"라 한다)를 둔다.

1. 청소년유해매체물, 청소년유해약물등, 청소년유해업소 등의 심의 · 결정 등에 관한 사항
2. 제54조제1항에 따른 과징금 부과에 관한 사항
3. 여성가족부장관이 청소년보호를 위하여 필요하다고 인정하여 심의를 요청한 사항
4. 그 밖에 다른 법률에서 위원회가 심의 · 결정하도록 정한 사항

제37조(위원회의 구성)

① 위원회는 위원장 1명을 포함한 11명 이내의 위원으로 구성하되, 고위공무원단에 속하는 공무원 중 여성가족부장관이 지명하는 청소년 업무 담당 공무원 1명을 당연직 위원으로 한다.

② 위원회의 위원장은 청소년 관련 경험과 식견이 풍부한 사람 중에서 여성가족부장관의 제청으로 대통령이 임명하고, 그 밖의 위원은 다음 각 호의 어느 하나에 해당하는 사람 중에서 위원장의 추천을 받아 여성가족부장관의 제청으로 대통령이 임명하거나 위촉한다.
   1. 판사, 검사 또는 변호사로 5년 이상 재직한 사람
   2. 대학이나 공인된 연구기관에서 부교수 이상 또는 이에 상당하는 직에 있거나 있었던 사람으로서 청소년 관련 분야를 전공한 사람
   3. 3급 또는 3급 상당 이상의 공무원이나 고위공무원단에 속하는 공무원과 공공기관에서 이에 상당하는 직에 있거나 있었던 사람으로서 청소년 관련 업무에 실무 경험이 있는 사람
   4. 청소년 시설 · 단체 및 각급 교육기관 등에서 청소년 관련 업무를 10년 이상 담당한 사람

3. 「아동 · 청소년의 성보호에 관한 법률」

PART 7

제1장 총칙

제1조(목적)

이 법은 아동 · 청소년대상 성범죄의 처벌과 절차에 관한 특례를 규정하고 피해아동 · 청소년을 위한 구제 및 지원 절차를 마련하며 아동 · 청소년대상 성범죄자를 체계적으로 관리함으로써 아동 · 청소년을 성범죄로부터 보호하고 아동 · 청소년이 건강한 사회구성원으로 성장할 수 있도록 함을 목적으로 한다.

제2조(정의) ★

이 법에서 사용하는 용어의 뜻은 다음과 같다.

아동·청소년	19세 미만의 자. 다만, 19세에 도달하는 연도의 1월 1일을 맞이한 자는 제외한다.
아동·청소년대상 성폭력범죄	아동·청소년대상 성범죄에서 제11조부터 제15조까지 및 제15조의2의 죄를 제외한 죄
성인대상 성범죄	「성폭력범죄의 처벌 등에 관한 특례법」 제2조에 따른 성폭력범죄. 다만, 아동·청소년에 대한 「형법」 제302조 및 제305조의 죄는 제외한다.
아동·청소년의 성을 사는 행위	아동·청소년, 아동·청소년의 성(性)을 사는 행위를 알선한 자 또는 아동·청소년을 실질적으로 보호·감독하는 자 등에게 금품이나 그 밖의 재산상 이익, 직무·편의제공 등 대가를 제공하거나 약속하고 다음 각 목의 어느 하나에 해당하는 행위를 아동·청소년을 대상으로 하거나 아동·청소년으로 하여금 하게 하는 것 가. 성교 행위 나. 구강·항문 등 신체의 일부나 도구를 이용한 유사 성교 행위 다. 신체의 전부 또는 일부를 접촉·노출하는 행위로서 일반인의 성적 수치심이나 혐오감을 일으키는 행위 라. 자위행위
아동·청소년 성착취물	아동·청소년 또는 아동·청소년으로 명백하게 인식될 수 있는 사람이나 표현물이 등장하여 제4호 각 목의 어느 하나에 해당하는 행위를 하거나 그 밖의 성적 행위를 하는 내용을 표현하는 것으로서 필름·비디오물·게임물 또는 컴퓨터나 그 밖의 통신매체를 통한 화상·영상 등의 형태로 된 것
피해아동·청소년	제2호 나목부터 라목까지, 제7조, 제7조의2, 제8조, 제8조의2, 제9조부터 제15조까지 및 제15조의2의 죄의 피해자가 된 아동·청소년(제13조 제1항의 죄의 상대방이 된 아동·청소년을 포함한다)
성매매 피해아동·청소년	피해아동·청소년 중 제13조 제1항의 죄의 상대방 또는 제13조 제2항·제14조·제15조의 죄의 피해자가 된 아동·청소년
등록정보	법무부장관이 「성폭력범죄의 처벌 등에 관한 특례법」 제42조 제1항의 등록대상자에 대하여 같은 법 제44조 제1항에 따라 등록한 정보
아동·청소년대상 성범죄	가. 제7조(아동·청소년에 대한 강간·강제추행 등), 제7조의2(예비, 음모), 제8조(장애인인 아동·청소년에 대한 간음 등), 제8조의2(13세 이상 16세 미만 아동·청소년에 대한 간음 등), 제9조부터 제15조까지(강간 등 상해·치상, 강간 등 살인·치사, 아동·청소년이용음란물의 제작·배포 등, 아동·청소년 매매행위, 아동·청소년의 성을 사는 행위 등, 아동·청소년에 대한 강요행위 등, 알선영업행위 등) 및 제15조의2(아동·청소년에 대한 성착취 목적 대화 등)의 죄 나. 아동·청소년에 대한 「성폭력범죄의 처벌 등에 관한 특례법」 제3조부터 제15조까지(특수강도강간 등, 특수강간 등, 친족관계에 의한 강간 등, 장애인에 대한 강간·강제추행 등, 13세 미만의 미성년자에 대한 강간, 강제추행 등, 강간 등 상해·치상, 강간 등 살인·치사, 업무상 위력 등에 의한 추행, 공중밀집장소에서의 추행, 성적 목적을 위한 다중이용장소 침입행위, 통신매체를 이용한 음란행위, 카메라 등을 이용한 촬영, 허위영상물 등의 반포 등, 촬영물 등을 이용한 협박·강요, 미수범)의 죄 다. 아동·청소년에 대한 「형법」 제297조(강간), 제297조의2(유사강간) 및 제298조부터 제301조까지(강제추행, 준강간, 준강제추행, 미수범, 강간 등 상해·치상), 제301조의2(강간 등 살인·치사), 제302조(미성년자 등에 대한 간음), 제303조(업무상 위력 등에 의한 간음), 제305조(미성년자에 대한 간음, 추행), 제339조(강도강간) 및 제342조(미수범)(제339조의 미수범에 한정한다)의 죄 라. 아동·청소년에 대한 「아동복지법」 제17조 제2호(아동에게 음란한 행위를 시키거나 이를 매개하는 행위 또는 아동에게 성적 수치심을 주는 성희롱 등의 성적 학대행위)의 죄

제3조(해석상·적용상의 주의)

이 법을 해석·적용할 때에는 아동·청소년의 권익을 우선적으로 고려하여야 하며, 이해관계인과 그 가족의 권리가 부당하게 침해되지 아니하도록 주의하여야 한다.

제4조(국가와 지방자치단체의 의무)

① 국가와 지방자치단체는 아동·청소년대상 성범죄를 예방하고, 아동·청소년을 성적 착취와 학대 행위로부터 보호하기 위하여 필요한 조사·연구·교육 및 계도와 더불어 법적·제도적 장치를 마련하며 필요한 재원을 조달하여야 한다.

② 국가는 아동·청소년에 대한 성적 착취와 학대 행위가 국제적 범죄임을 인식하고 범죄 정보의 공유, 범죄 조사·연구, 국제사법 공조, 범죄인 인도 등 국제협력을 강화하는 노력을 하여야 한다.

제5조(사회의 책임)

모든 국민은 아동·청소년이 이 법에서 정한 범죄의 피해자가 되거나 이 법에서 정한 범죄를 저지르지 아니하도록 사회 환경을 정비하고 아동·청소년을 보호·지원·교육하는 데에 최선을 다하여야 한다.

제6조(홍보영상의 제작·배포·송출)

① 여성가족부장관은 아동·청소년대상 성범죄의 예방과 계도, 피해자의 치료와 재활 등에 관한 홍보영상을 제작하여 「방송법」 제2조 제23호의 방송편성책임자에게 배포하여야 한다.

② 여성가족부장관은 「방송법」 제2조 제3호 가목의 지상파방송사업자(이하 "방송사업자"라 한다)에게 같은 법 제73조 제4항에 따라 대통령령으로 정하는 비상업적 공익광고 편성비율의 범위에서 제1항의 홍보영상을 채널별로 송출하도록 요청할 수 있다.

③ 방송사업자는 제1항의 홍보영상 외에 독자적인 홍보영상을 제작하여 송출할 수 있다. 이 경우 여성가족부장관에게 필요한 협조 및 지원을 요청할 수 있다.

제2장 아동·청소년대상 성범죄의 처벌과 절차에 관한 특례

제7조(아동·청소년에 대한 강간·강제추행 등)

① 폭행 또는 협박으로 아동·청소년을 강간한 사람은 무기 또는 5년 이상의 징역에 처한다.

② 아동·청소년에 대하여 폭행이나 협박으로 다음 각 호의 어느 하나에 해당하는 행위를 한 자는 5년 이상의 유기징역에 처한다.

　1. 구강·항문 등 신체(성기는 제외한다)의 내부에 성기를 넣는 행위

　2. 성기·항문에 손가락 등 신체(성기는 제외한다)의 일부나 도구를 넣는 행위

③ 아동·청소년에 대하여 「형법」 제298조(강제추행)의 죄를 범한 자는 2년 이상의 유기징역

또는 1천만원 이상 3천만원 이하의 벌금에 처한다.

④ 아동·청소년에 대하여 「형법」 제299조(준강간, 준강제추행)의 죄를 범한 자는 제1항부터 제3항까지의 예에 따른다.

⑤ 위계 또는 위력으로써 아동·청소년을 간음하거나 아동·청소년을 추행한 자는 제1항부터 제3항까지의 예에 따른다.

⑥ 제1항부터 제5항까지의 미수범은 처벌한다.

제7조의2(예비, 음모)

제7조의 죄를 범할 목적으로 예비 또는 음모한 사람은 3년 이하의 징역에 처한다.

제8조(장애인인 아동·청소년에 대한 간음 등)

① 19세 이상의 사람이 장애 아동·청소년(「장애인복지법」 제2조 제1항에 따른 장애인으로서 신체적인 또는 정신적인 장애로 사물을 변별하거나 의사를 결정할 능력이 미약한 13세 이상의 아동·청소년을 말한다. 이하 같다)을 간음하거나 장애 아동·청소년으로 하여금 다른 사람을 간음하게 하는 경우에는 3년 이상의 유기징역에 처한다.

② 19세 이상의 사람이 13세 이상의 장애 아동·청소년을 추행한 경우 또는 13세 이상의 장애 아동·청소년으로 하여금 다른 사람을 추행하게 하는 경우에는 10년 이하의 징역 또는 5천만원 이하의 벌금에 처한다.

제8조의2(13세 이상 16세 미만 아동·청소년에 대한 간음 등)

① 19세 이상의 사람이 13세 이상 16세 미만인 아동·청소년(제8조에 따른 장애 아동·청소년으로서 16세 미만인 자는 제외한다. 이하 이 조에서 같다)의 궁박한 상태를 이용하여 해당 아동·청소년을 간음하거나 해당 아동·청소년으로 하여금 다른 사람을 간음하게 하는 경우에는 3년 이상의 유기징역에 처한다.

② 19세 이상의 사람이 13세 이상 16세 미만인 아동·청소년의 궁박한 상태를 이용하여 해당 아동·청소년을 추행한 경우 또는 해당 아동·청소년으로 하여금 다른 사람을 추행하게 하는 경우에는 10년 이하의 징역 또는 5천만원 이하의 벌금에 처한다.

제9조(강간 등 상해·치상)

제7조의 죄를 범한 사람이 다른 사람을 상해하거나 상해에 이르게 한 때에는 무기 또는 7년 이상의 징역에 처한다.

제10조(강간 등 살인·치사)

① 제7조의 죄를 범한 사람이 다른 사람을 살해한 때에는 사형 또는 무기징역에 처한다.

② 제7조의 죄를 범한 사람이 다른 사람을 사망에 이르게 한 때에는 사형, 무기 또는 10년 이상의 징역에 처한다.

제11조(아동 · 청소년성착취물의 제작 · 배포 등)

① 아동 · 청소년성착취물을 제작 · 수입 또는 수출한 자는 무기 또는 5년 이상의 징역에 처한다.

② 영리를 목적으로 아동 · 청소년성착취물을 판매 · 대여 · 배포 · 제공하거나 이를 목적으로 소지 · 운반 · 광고 · 소개하거나 공연히 전시 또는 상영한 자는 5년 이상의 유기징역에 처한다.

③ 아동 · 청소년성착취물을 배포 · 제공하거나 이를 목적으로 광고 · 소개하거나 공연히 전시 또는 상영한 자는 3년 이상의 유기징역에 처한다.

④ 아동 · 청소년성착취물을 제작할 것이라는 정황을 알면서 아동 · 청소년을 아동 · 청소년성 착취물의 제작자에게 알선한 자는 3년 이상의 유기징역에 처한다.

⑤ 아동 · 청소년성착취물을 구입하거나 아동 · 청소년성착취물임을 알면서 이를 소지 · 시청한 자는 1년 이상의 유기징역에 처한다.

⑥ 제1항의 미수범은 처벌한다.

⑦ 상습적으로 제1항의 죄를 범한 자는 그 죄에 대하여 정하는 형의 2분의 1까지 가중한다.

제12조(아동 · 청소년 매매행위)

① 아동 · 청소년의 성을 사는 행위 또는 아동 · 청소년성착취물을 제작하는 행위의 대상이 될 것을 알면서 아동 · 청소년을 매매 또는 국외에 이송하거나 국외에 거주하는 아동 · 청소년을 국내에 이송한 자는 무기 또는 5년 이상의 징역에 처한다.

② 제1항의 미수범은 처벌한다.

제13조(아동 · 청소년의 성을 사는 행위 등)

① 아동 · 청소년의 성을 사는 행위를 한 자는 1년 이상 10년 이하의 징역 또는 2천만원 이상 5천만원 이하의 벌금에 처한다.

② 아동 · 청소년의 성을 사기 위하여 아동 · 청소년을 유인하거나 성을 팔도록 권유한 자는 3년 이하의 징역 또는 3천만원 이하의 벌금에 처한다.

③ 장애 아동 · 청소년을 대상으로 제1항 또는 제2항의 죄를 범한 경우에는 그 죄에 정한 형의 2분의 1까지 가중처벌한다.

제14조(아동 · 청소년에 대한 강요행위 등)

① 다음 각 호의 어느 하나에 해당하는 자는 5년 이상의 유기징역에 처한다.

  1. 폭행이나 협박으로 아동 · 청소년으로 하여금 아동 · 청소년의 성을 사는 행위의 상대방이 되게 한 자

2. 선불금(先拂金), 그 밖의 채무를 이용하는 등의 방법으로 아동·청소년을 곤경에 빠뜨리거나 위계 또는 위력으로 아동·청소년으로 하여금 아동·청소년의 성을 사는 행위의 상대방이 되게 한 자

3. 업무·고용이나 그 밖의 관계로 자신의 보호 또는 감독을 받는 것을 이용하여 아동·청소년으로 하여금 아동·청소년의 성을 사는 행위의 상대방이 되게 한 자

4. 영업으로 아동·청소년을 아동·청소년의 성을 사는 행위의 상대방이 되도록 유인·권유한 자

② 제1항 제1호부터 제3호까지의 죄를 범한 자가 그 대가의 전부 또는 일부를 받거나 이를 요구 또는 약속한 때에는 7년 이상의 유기징역에 처한다.

③ 아동·청소년의 성을 사는 행위의 상대방이 되도록 유인·권유한 자는 7년 이하의 징역 또는 5천만원 이하의 벌금에 처한다.

④ 제1항과 제2항의 미수범은 처벌한다.

1. 아동·청소년의 성을 사는 행위의 장소를 제공하는 행위를 업으로 하는 자

2. 아동·청소년의 성을 사는 행위를 알선하거나 정보통신망(「정보통신망 이용촉진 및 정보보호 등에 관한 법률」 제2조 제1항 제1호의 정보통신망을 말한다. 이하 같다)에서 알선정보를 제공하는 행위를 업으로 하는 자

3. 제1호 또는 제2호의 범죄에 사용되는 사실을 알면서 자금·토지 또는 건물을 제공한 자

4. 영업으로 아동·청소년의 성을 사는 행위의 장소를 제공·알선하는 업소에 아동·청소년을 고용하도록 한 자

② 다음 각 호의 어느 하나에 해당하는 자는 7년 이하의 징역 또는 5천만원 이하의 벌금에 처한다.

1. 영업으로 아동·청소년의 성을 사는 행위를 하도록 유인·권유 또는 강요한 자

2. 아동·청소년의 성을 사는 행위의 장소를 제공한 자

3. 아동·청소년의 성을 사는 행위를 알선하거나 정보통신망에서 알선정보를 제공한 자

4. 영업으로 제2호 또는 제3호의 행위를 약속한 자

③ 아동·청소년의 성을 사는 행위를 하도록 유인·권유 또는 강요한 자는 5년 이하의 징역 또는 3천만원 이하의 벌금에 처한다.

제15조(알선영업행위 등)

① 다음 각 호의 어느 하나에 해당하는 자는 7년 이상의 유기징역에 처한다.

제15조의2(아동·청소년에 대한 성착취 목적 대화 등)

① 19세 이상의 사람이 성적 착취를 목적으로 정보통신망을 통하여 아동·청소년에게 다음 각 호의 어느 하나에 해당하는 행위를 한 경우에는 3년 이하의 징역 또는 3천만원 이하의

벌금에 처한다.

1. 성적 욕망이나 수치심 또는 혐오감을 유발할 수 있는 대화를 지속적 또는 반복적으로 하거나 그러한 대화에 지속적 또는 반복적으로 참여시키는 행위
2. 제2조 제4호 각 목의 어느 하나에 해당하는 행위를 하도록 유인·권유하는 행위

② 19세 이상의 사람이 정보통신망을 통하여 16세 미만인 아동·청소년에게 제1항 각 호의 어느 하나에 해당하는 행위를 한 경우 제1항과 동일한 형으로 처벌한다.

제16조(피해자 등에 대한 강요행위)

폭행이나 협박으로 아동·청소년대상 성범죄의 피해자 또는 「아동복지법」 제3조 제3호에 따른 보호자를 상대로 합의를 강요한 자는 7년 이하의 징역에 처한다.

제17조

삭제 〈2020.6.9.〉

제18조(신고의무자의 성범죄에 대한 가중처벌)

제34조 제2항 각 호의 기관·시설 또는 단체의 장과 그 종사자가 자기의 보호·감독 또는 진료를 받는 아동·청소년을 대상으로 성범죄를 범한 경우에는 그 죄에 정한 형의 2분의 1까지 가중처벌한다.

제19조(「형법」상 감경규정에 관한 특례) ★

음주 또는 약물로 인한 심신장애 상태에서 아동·청소년대상 성폭력범죄를 범한 때에는 「형법」 제10조 제1항(심신상실)·제2항(심신미약) 및 제11조(청각 및 언어 장애인)를 적용하지 아니할 수 있다.

제20조(공소시효에 관한 특례) ★

① 아동·청소년대상 성범죄의 공소시효는 「형사소송법」 제252조(시효의 가산점) 제1항에도 불구하고 해당 성범죄로 피해를 당한 아동·청소년이 성년에 달한 날부터 진행한다.
② 제7조의 죄(아동·청소년에 대한 강간·강제추행 등)는 디엔에이(DNA)증거 등 그 죄를 증명할 수 있는 과학적인 증거가 있는 때에는 공소시효가 10년 연장된다.
③ 13세 미만의 사람 및 신체적인 또는 정신적인 장애가 있는 아동·청소년에 대하여 다음 각 호의 죄를 범한 경우에는 제1항과 제2항에도 불구하고 「형사소송법」 제249조부터 제253조까지 및 「군사법원법」 제291조부터 제295조까지에 규정된 공소시효를 적용하지 아니한다.

1. 「형법」 제297조(강간), 제298조(강제추행), 제299조(준강간, 준강제추행), 제301조(강간 등 상해·치상), 제301조의2(강간 등 살인·치사) 또는 제305조(미성년자에 대한 간

음, 추행)의 죄

2. 제9조(강간 등 상해·치상) 및 제10조(강간 등 살인·치사)의 죄

3. 「성폭력범죄의 처벌 등에 관한 특례법」제6조 제2항(장애인에 대한 강제추행), 제7조 제2항(13세 미만의 미성년자에 대한 강제추행)·제5항(위계·위력에 의한 13세 미만의 미성년자에 대한 강간, 강제추행), 제8조(강간 등 상해·치상), 제9조(강간 등 살인·치사)의 죄

④ 다음 각 호의 죄를 범한 경우에는 제1항과 제2항에도 불구하고 「형사소송법」 제249조부터 제253조까지 및 「군사법원법」 제291조부터 제295조까지에 규정된 공소시효를 적용하지 아니한다.

1. 「형법」제301조의2(강간 등 살인·치사)의 죄(강간 등 살인에 한정한다)

2. 제10조 제1항(강간 등 살인) 및 제11조 제1항(아동·청소년 성착취물의 제작 등)의 죄

3. 「성폭력범죄의 처벌 등에 관한 특례법」제9조 제1항(강간 등 살인·치사)의 죄

제21조(형벌과 수강명령 등의 병과) ★

① 법원은 아동·청소년대상 성범죄를 범한 「소년법」제2조의 소년(19세 미만인 소년)에 대하여 형의 선고를 유예하는 경우에는 반드시 보호관찰을 명하여야 한다.

② 법원은 아동·청소년대상 성범죄를 범한 자에 대하여 유죄판결을 선고하거나 약식명령을 고지하는 경우에는 500시간의 범위에서 재범예방에 필요한 수강명령 또는 성폭력 치료프로그램의 이수명령(이하 "이수명령"이라 한다)을 병과하여야 한다. 다만, 수강명령 또는 이수명령을 부과할 수 없는 특별한 사정이 있는 경우에는 그러하지 아니하다.

③ 아동·청소년대상 성범죄를 범한 자에 대하여 제2항의 수강명령은 형의 집행을 유예할 경우에 그 집행유예기간 내에서 병과하고, 이수명령은 벌금 이상의 형을 선고하거나 약식명령을 고지할 경우에 병과한다. 다만, 이수명령은 아동·청소년대상 성범죄자가 「전자장치 부착 등에 관한 법률」제9조의2 제1항 제4호(특정범죄 치료 프로그램의 이수)에 따른 성폭력 치료 프로그램의 이수명령을 부과 받은 경우에는 병과하지 아니한다.

④ 법원이 아동·청소년대상 성범죄를 범한 사람에 대하여 형의 집행을 유예하는 경우에는 제2항에 따른 수강명령 외에 그 집행유예기간 내에서 보호관찰 또는 사회봉사 중 하나 이상의 처분을 병과할 수 있다.

⑤ 제2항에 따른 수강명령 또는 이수명령은 형의 집행을 유예할 경우에는 그 집행유예기간 내에, 벌금형을 선고할 경우에는 형 확정일부터 6개월 이내에, 징역형 이상의 실형을 선고할 경우에는 형기 내에 각각 집행한다. 다만, 수강명령 또는 이수명령은 아동·청소년대상 성범죄를 범한 사람이 「성폭력범죄의 처벌 등에 관한 특례법」제16조에 따른 수강명령 또는 이수명령을 부과 받은 경우에는 병과하지 아니한다.

⑥ 제2항에 따른 수강명령 또는 이수명령이 형의 집행유예 또는 벌금형과 병과된 경우에는

보호관찰소의 장이 집행하고, 징역형 이상의 실형과 병과된 경우에는 교정시설의 장이 집행한다. 다만, 징역형 이상의 실형과 병과된 수강명령 또는 이수명령을 모두 이행하기 전에 석방 또는 가석방되거나 미결구금일수 산입 등의 사유로 형을 집행할 수 없게 된 경우에는 보호관찰소의 장이 남은 수강명령 또는 이수명령을 집행한다.

⑦ 제2항에 따른 수강명령 또는 이수명령은 다음 각 호의 내용으로 한다.

1. 일탈적 이상행동의 진단·상담
2. 성에 대한 건전한 이해를 위한 교육
3. 그 밖에 성범죄를 범한 사람의 재범예방을 위하여 필요한 사항

⑧ 보호관찰소의 장 또는 교정시설의 장은 제2항에 따른 수강명령 또는 이수명령 집행의 전부 또는 일부를 여성가족부장관에게 위탁할 수 있다.

⑨ 보호관찰, 사회봉사, 수강명령 및 이수명령에 관하여 이 법에 규정한 사항 외의 사항에 대하여는 「보호관찰 등에 관한 법률」을 준용한다.

※ 형벌과 수강명령 등의 병과

소년	• 선고유예 : 필요적 보호관찰(제1항)		
성인	• 유죄판결 선고 : 500시간의 범위에서 수강명령 또는 이수명령 필요적 병과(제2항)		
	구분	**수강명령**	**이수명령**
	병과	• 집행유예 시 집행유예기간 내에서 병과(제3항) • 집행유예기간 내에서 보호관찰 또는 사회봉사 중 하나 이상의 처분 병과 가능(제4항).	• 벌금 이상의 형을 선고하거나 약식명령 고지 시 병과(제3항)
	집행	• 집행유예 시 집행유예기간 내 : 보호관찰소장 집행(제5항, 제6항)	• 벌금형을 선고할 경우에는 형 확정일부터 6개월 이내 : 보호관찰소장 집행(제5항·제6항) • 징역형 이상의 실형(實刑)을 선고할 경우에는 형기 내 : 교정시설의 장 집행(제5항·제6항)

제21조의2(재범여부 조사)

① 법무부장관은 제21조 제2항에 따라 수강명령 또는 이수명령을 선고받아 그 집행을 마친 사람에 대하여 그 효과를 평가하기 위하여 아동·청소년대상 성범죄 재범여부를 조사할 수 있다.

② 법무부장관은 제1항에 따른 재범여부 조사를 위하여 수강명령 또는 이수명령의 집행을 마친 때부터 5년 동안 관계 기관의 장에게 그 사람에 관한 범죄경력자료 및 수사경력자료를 요청할 수 있다.

제22조(판결 전 조사) ★

① 법원은 피고인에 대하여 제21조에 따른 보호관찰, 사회봉사, 수강명령 또는 이수명령을

부과하거나 제56조에 따른 취업제한 명령을 부과하기 위하여 필요하다고 인정하면 그 법원의 소재지 또는 피고인의 주거지를 관할하는 보호관찰소의 장에게 피고인의 신체적·심리적 특성 및 상태, 정신성적 발달과정, 성장배경, 가정환경, 직업, 생활환경, 교우관계, 범행동기, 병력, 피해자와의 관계, 재범위험성 등 피고인에 관한 사항의 조사를 요구할 수 있다.

② 제1항의 요구를 받은 보호관찰소의 장은 지체 없이 이를 조사하여 서면으로 해당 법원에 알려야 한다. 이 경우 필요하다고 인정하면 피고인이나 그 밖의 관계인을 소환하여 심문하거나 소속 보호관찰관에게 필요한 사항을 조사하게 할 수 있다.

③ 법원은 제1항의 요구를 받은 보호관찰소의 장에게 조사진행상황에 관한 보고를 요구할 수 있다

제23조(친권상실청구 등)

① 아동·청소년대상 성범죄 사건을 수사하는 검사는 그 사건의 가해자가 피해아동·청소년의 친권자나 후견인인 경우에 법원에 「민법」 제924조의 친권상실선고 또는 같은 법 제940조의 후견인 변경 결정을 청구하여야 한다. 다만, 친권상실선고 또는 후견인 변경 결정을 하여서는 아니 될 특별한 사정이 있는 경우에는 그러하지 아니하다.

② 다음 각 호의 기관·시설 또는 단체의 장은 검사에게 제1항의 청구를 하도록 요청할 수 있다. 이 경우 청구를 요청받은 검사는 요청받은 날부터 30일 내에 해당 기관·시설 또는 단체의 장에게 그 처리 결과를 통보하여야 한다.

   1. 「아동복지법」 제10조의2에 따른 아동권리보장원 또는 같은 법 제45조에 따른 아동보호전문기관

   2. 「성폭력방지 및 피해자보호 등에 관한 법률」 제10조의 성폭력피해상담소 및 같은 법 제12조의 성폭력피해자보호시설

   3. 「청소년복지 지원법」 제29조 제1항에 따른 청소년상담복지센터 및 같은 법 제31조 제1호에 따른 청소년쉼터

③ 제2항 각 호 외의 부분 후단에 따라 처리 결과를 통보받은 기관·시설 또는 단체의 장은 그 처리 결과에 대하여 이의가 있을 경우 통보받은 날부터 30일 내에 직접 법원에 제1항의 청구를 할 수 있다.

제24조(피해아동·청소년의 보호조치 결정)

법원은 아동·청소년대상 성범죄 사건의 가해자에게 「민법」 제924조에 따라 친권상실선고를 하는 경우에는 피해아동·청소년을 다른 친권자 또는 친족에게 인도하거나 제45조 또는 제46조의 기관·시설 또는 단체에 인도하는 등의 보호조치를 결정할 수 있다. 이 경우 그 아동·청소년의 의견을 존중하여야 한다.

제25조(수사 및 재판 절차에서의 배려)

① 수사기관과 법원 및 소송관계인은 아동·청소년대상 성범죄를 당한 피해자의 나이, 심리 상태 또는 후유장애의 유무 등을 신중하게 고려하여 조사 및 심리·재판 과정에서 피해자의 인격이나 명예가 손상되거나 사적인 비밀이 침해되지 아니하도록 주의하여야 한다.

② 수사기관과 법원은 아동·청소년대상 성범죄의 피해자를 조사하거나 심리·재판할 때 피해자가 편안한 상태에서 진술할 수 있는 환경을 조성하여야 하며, 조사 및 심리·재판 횟수는 필요한 범위에서 최소한으로 하여야 한다.

③ 수사기관과 법원은 제2항에 따른 조사나 심리·재판을 할 때 피해아동·청소년이 13세 미만이거나 신체적인 또는 정신적인 장애로 의사소통이나 의사표현에 어려움이 있는 경우 조력을 위하여 「성폭력범죄의 처벌 등에 관한 특례법」 제36조부터 제39조까지를 준용한다. 이 경우 "성폭력범죄"는 "아동·청소년대상 성범죄"로, "피해자"는 "피해아동·청소년"으로 본다.

제25조의2(아동·청소년대상 디지털 성범죄의 수사 특례)

① 사법경찰관리는 다음 각 호의 어느 하나에 해당하는 범죄(이하 "디지털 성범죄"라 한다)에 대하여 신분을 비공개하고 범죄현장(정보통신망을 포함한다) 또는 범인으로 추정되는 자들에게 접근하여 범죄행위의 증거 및 자료 등을 수집(이하 "신분비공개수사"라 한다)할 수 있다.

1. 제11조(아동·청소년이용음란물의 제작·배포 등) 및 제15조의2(아동·청소년에 대한 성착취 목적 대화 등)의 죄
2. 아동·청소년에 대한 「성폭력범죄의 처벌 등에 관한 특례법」 제14조 제2항(카메라 등을 이용한 신체 촬영) 및 제3항(촬영물 또는 복제물의 반포 등)의 죄

② 사법경찰관리는 디지털 성범죄를 계획 또는 실행하고 있거나 실행하였다고 의심할 만한 충분한 이유가 있고, 다른 방법으로는 그 범죄의 실행을 저지하거나 범인의 체포 또는 증거의 수집이 어려운 경우에 한정하여 수사 목적을 달성하기 위하여 부득이한 때에는 다음 각 호의 행위(이하 "신분위장수사"라 한다)를 할 수 있다.

1. 신분을 위장하기 위한 문서, 도화 및 전자기록 등의 작성, 변경 또는 행사
2. 위장 신분을 사용한 계약·거래
3. 아동·청소년성착취물 또는 「성폭력범죄의 처벌 등에 관한 특례법」 제14조 제2항의 촬영물 또는 복제물(복제물의 복제물을 포함한다)의 소지, 판매 또는 광고

③ 제1항에 따른 수사의 방법 등에 필요한 사항은 대통령령으로 정한다.

제25조의3(아동·청소년대상 디지털 성범죄 수사 특례의 절차)

① 사법경찰관리가 신분비공개수사를 진행하고자 할 때에는 사전에 상급 경찰관서 수사부서

PART 7

의 장의 승인을 받아야 한다. 이 경우 그 수사기간은 3개월을 초과할 수 없다.

② 제1항에 따른 승인의 절차 및 방법 등에 필요한 사항은 대통령령으로 정한다.

③ 사법경찰관리는 신분위장수사를 하려는 경우에는 검사에게 신분위장수사에 대한 허가를 신청하고, 검사는 법원에 그 허가를 청구한다.

④ 제3항의 신청은 필요한 신분위장수사의 종류·목적·대상·범위·기간·장소·방법 및 해당 신분위장수사가 제25조의2 제2항의 요건을 충족하는 사유 등의 신청사유를 기재한 서면으로 하여야 하며, 신청사유에 대한 소명자료를 첨부하여야 한다.

⑤ 법원은 제3항의 신청이 이유 있다고 인정하는 경우에는 신분위장수사를 허가하고, 이를 증명하는 서류(이하 "허가서"라 한다)를 신청인에게 발부한다.

⑥ 허가서에는 신분위장수사의 종류·목적·대상·범위·기간·장소·방법 등을 특정하여 기재하여야 한다.

⑦ 신분위장수사의 기간은 3개월을 초과할 수 없으며, 그 수사기간 중 수사의 목적이 달성되었을 경우에는 즉시 종료하여야 한다.

⑧ 제7항에도 불구하고 제25조의2 제2항의 요건이 존속하여 그 수사기간을 연장할 필요가 있는 경우에는 사법경찰관리는 소명자료를 첨부하여 3개월의 범위에서 수사기간의 연장을 검사에게 신청하고, 검사는 법원에 그 연장을 청구한다. 이 경우 신분위장수사의 총 기간은 1년을 초과할 수 없다.

제25조의4(아동·청소년대상 디지털 성범죄에 대한 긴급 신분위장수사)

① 사법경찰관리는 제25조의2 제2항의 요건을 구비하고, 제25조의3 제3항부터 제8항까지에 따른 절차를 거칠 수 없는 긴급을 요하는 때에는 법원의 허가 없이 신분위장수사를 할 수 있다.

② 사법경찰관리는 제1항에 따른 신분위장수사 개시 후 지체 없이 검사에게 허가를 신청하여야 하고, 사법경찰관리는 48시간 이내에 법원의 허가를 받지 못한 때에는 즉시 신분위장수사를 중지하여야 한다.

③ 제1항 및 제2항에 따른 신분위장수사 기간에 대해서는 제25조의3 제7항 및 제8항을 준용한다.

제25조의5(아동·청소년대상 디지털 성범죄에 대한 신분비공개수사 또는 신분위장수사로 수집한 증거 및 자료 등의 사용제한)

사법경찰관리가 제25조의2부터 제25조의4까지에 따라 수집한 증거 및 자료 등은 다음 각 호의 어느 하나에 해당하는 경우 외에는 사용할 수 없다.

1. 신분비공개수사 또는 신분위장수사의 목적이 된 디지털 성범죄나 이와 관련되는 범죄를 수사·소추하거나 그 범죄를 예방하기 위하여 사용하는 경우

2. 신분비공개수사 또는 신분위장수사의 목적이 된 디지털 성범죄나 이와 관련되는 범죄로 인한 징계절차에 사용하는 경우
3. 증거 및 자료 수집의 대상자가 제기하는 손해배상청구소송에서 사용하는 경우
4. 그 밖에 다른 법률의 규정에 의하여 사용하는 경우

제25조의6(국가경찰위원회와 국회의 통제)

① 「국가경찰과 자치경찰의 조직 및 운영에 관한 법률」 제16조 제1항에 따른 국가수사본부장(이하 "국가수사본부장"이라 한다)은 신분비공개수사가 종료된 즉시 대통령령으로 정하는 바에 따라 같은 법 제7조 제1항에 따른 국가경찰위원회에 수사 관련 자료를 보고하여야 한다.
② 국가수사본부장은 대통령령으로 정하는 바에 따라 국회 소관 상임위원회에 신분비공개수사 관련 자료를 반기별로 보고하여야 한다.

제25조의7(비밀준수의 의무)

① 제25조의2부터 제25조의6까지에 따른 신분비공개수사 또는 신분위장수사에 대한 승인·집행·보고 및 각종 서류작성 등에 관여한 공무원 또는 그 직에 있었던 자는 직무상 알게 된 신분비공개수사 또는 신분위장수사에 관한 사항을 외부에 공개하거나 누설하여서는 아니 된다.
② 제1항의 비밀유지에 관하여 필요한 사항은 대통령령으로 정한다.

제25조의8(면책)

① 사법경찰관리가 신분비공개수사 또는 신분위장수사 중 부득이한 사유로 위법행위를 한 경우 그 행위에 고의나 중대한 과실이 없는 경우에는 벌하지 아니한다.
② 제1항에 따른 위법행위가 「국가공무원법」 제78조 제1항에 따른 징계 사유에 해당하더라도 그 행위에 고의나 중대한 과실이 없는 경우에는 징계 요구 또는 문책 요구 등 책임을 묻지 아니한다.
③ 신분비공개수사 또는 신분위장수사 행위로 타인에게 손해가 발생한 경우라도 사법경찰관리는 그 행위에 고의나 중대한 과실이 없는 경우에는 그 손해에 대한 책임을 지지 아니한다.

제25조의9(수사 지원 및 교육)

상급 경찰관서 수사부서의 장은 신분비공개수사 또는 신분위장수사를 승인하거나 보고받은 경우 사법경찰관리에게 수사에 필요한 인적·물적 지원을 하고, 전문지식과 피해자 보호를 위한 수사방법 및 수사절차 등에 관한 교육을 실시하여야 한다.

제26조(영상물의 촬영·보존 등)

① 아동·청소년대상 성범죄 피해자의 진술내용과 조사과정은 비디오녹화기 등 영상물 녹화

장치로 촬영·보존하여야 한다.

② 제1항에 따른 영상물 녹화는 피해자 또는 법정대리인이 이를 원하지 아니하는 의사를 표시한 때에는 촬영을 하여서는 아니 된다. 다만, 가해자가 친권자 중 일방인 경우는 그러하지 아니하다.

③ 제1항에 따른 영상물 녹화는 조사의 개시부터 종료까지의 전 과정 및 객관적 정황을 녹화하여야 하고, 녹화가 완료된 때에는 지체 없이 그 원본을 피해자 또는 변호사 앞에서 봉인하고 피해자로 하여금 기명날인 또는 서명하게 하여야 한다.

④ 검사 또는 사법경찰관은 피해자가 제1항의 녹화장소에 도착한 시각, 녹화를 시작하고 마친 시각, 그 밖에 녹화과정의 진행경과를 확인하기 위하여 필요한 사항을 조서 또는 별도의 서면에 기록한 후 수사기록에 편철하여야 한다.

⑤ 검사 또는 사법경찰관은 피해자 또는 법정대리인이 신청하는 경우에는 영상물 촬영과정에서 작성한 조서의 사본을 신청인에게 교부하거나 영상물을 재생하여 시청하게 하여야 한다.

⑥ 제1항부터 제4항까지의 절차에 따라 촬영한 영상물에 수록된 피해자의 진술은 공판준비기일 또는 공판기일에 피해자 또는 조사과정에 동석하였던 신뢰관계에 있는 자의 진술에 의하여 그 성립의 진정함이 인정된 때에는 증거로 할 수 있다.

⑦ 누구든지 제1항에 따라 촬영한 영상물을 수사 및 재판의 용도 외에 다른 목적으로 사용하여서는 아니 된다.

제27조(증거보전의 특례)

① 아동·청소년대상 성범죄의 피해자, 그 법정대리인 또는 경찰은 피해자가 공판기일에 출석하여 증언하는 것에 현저히 곤란한 사정이 있을 때에는 그 사유를 소명하여 제26조에 따라 촬영된 영상물 또는 그 밖의 다른 증거물에 대하여 해당 성범죄를 수사하는 검사에게 「형사소송법」 제184조 제1항에 따른 증거보전의 청구를 할 것을 요청할 수 있다.

② 제1항의 요청을 받은 검사는 그 요청이 상당한 이유가 있다고 인정하는 때에는 증거보전의 청구를 하여야 한다.

제28조(신뢰관계에 있는 사람의 동석)

① 법원은 아동·청소년대상 성범죄의 피해자를 증인으로 신문하는 경우에 검사, 피해자 또는 법정대리인이 신청하는 경우에는 재판에 지장을 줄 우려가 있는 등 부득이한 경우가 아니면 피해자와 신뢰관계에 있는 사람을 동석하게 하여야 한다.

② 제1항은 수사기관이 제1항의 피해자를 조사하는 경우에 관하여 준용한다.

③ 제1항 및 제2항의 경우 법원과 수사기관은 피해자와 신뢰관계에 있는 사람이 피해자에게 불리하거나 피해자가 원하지 아니하는 경우에는 동석하게 하여서는 아니 된다.

제29조(서류 · 증거물의 열람 · 등사)

아동 · 청소년대상 성범죄의 피해자, 그 법정대리인 또는 변호사는 재판장의 허가를 받아 소송 계속 중의 관계 서류 또는 증거물을 열람하거나 등사할 수 있다.

제30조(피해아동 · 청소년 등에 대한 변호사선임의 특례)

① 아동 · 청소년대상 성범죄의 피해자 및 그 법정대리인은 형사절차상 입을 수 있는 피해를 방어하고 법률적 조력을 보장하기 위하여 변호사를 선임할 수 있다.

② 제1항에 따른 변호사에 관하여는 「성폭력범죄의 처벌 등에 관한 특례법」 제27조 제2항부터 제6항까지를 준용한다.

제31조(비밀누설 금지)

① 아동 · 청소년대상 성범죄의 수사 또는 재판을 담당하거나 이에 관여하는 공무원 또는 그 직에 있었던 사람은 피해아동 · 청소년의 주소 · 성명 · 연령 · 학교 또는 직업 · 용모 등 그 아동 · 청소년을 특정할 수 있는 인적사항이나 사진 등 또는 그 아동 · 청소년의 사생활에 관한 비밀을 공개하거나 타인에게 누설하여서는 아니 된다.

② 제45조 및 제46조의 기관 · 시설 또는 단체의 장이나 이를 보조하는 자 또는 그 직에 있었던 자는 직무상 알게 된 비밀을 타인에게 누설하여서는 아니 된다.

③ 누구든지 피해아동 · 청소년의 주소 · 성명 · 연령 · 학교 또는 직업 · 용모 등 그 아동 · 청소년을 특정하여 파악할 수 있는 인적사항이나 사진 등을 신문 등 인쇄물에 싣거나 「방송법」 제2조 제1호에 따른 방송(이하 "방송"이라 한다) 또는 정보통신망을 통하여 공개하여서는 아니 된다.

④ 제1항부터 제3항까지를 위반한 자는 7년 이하의 징역 또는 5천만원 이하의 벌금에 처한다. 이 경우 징역형과 벌금형은 병과할 수 있다.

제32조(양벌규정)

법인의 대표자나 법인 또는 개인의 대리인, 사용인, 그 밖의 종업원이 그 법인 또는 개인의 업무에 관하여 제14조 제3항, 제15조 제2항 · 제3항 또는 제31조 제3항의 어느 하나에 해당하는 위반행위를 하면 그 행위자를 벌하는 외에 그 법인 또는 개인에게도 해당 조문의 벌금형을 과하고, 제11조 제1항부터 제6항까지, 제12조, 제14조 제1항 · 제2항 · 제4항 또는 제15조 제1항의 어느 하나에 해당하는 위반행위를 하면 그 행위자를 벌하는 외에 그 법인 또는 개인을 5천만원 이하의 벌금에 처한다. 다만, 법인 또는 개인이 그 위반행위를 방지하기 위하여 해당 업무에 관하여 상당한 주의와 감독을 게을리하지 아니한 경우에는 그러하지 아니하다.

제33조(내국인의 국외범 처벌)

국가는 국민이 대한민국 영역 외에서 아동 · 청소년대상 성범죄를 범하여 「형법」 제3조에 따라 형사처벌하여야 할 경우에는 외국으로부터 범죄정보를 신속히 입수하여 처벌하도록 노력하여야 한다.

제3장 아동ㆍ청소년대상 성범죄의 신고ㆍ응급조치와 피해아동ㆍ청소년의 보호ㆍ지원

제34조(아동ㆍ청소년대상 성범죄의 신고)

① 누구든지 아동ㆍ청소년대상 성범죄의 발생 사실을 알게 된 때에는 수사기관에 신고할 수 있다.

② 다음 각 호의 어느 하나에 해당하는 기관ㆍ시설 또는 단체의 장과 그 종사자는 직무상 아동ㆍ청소년대상 성범죄의 발생 사실을 알게 된 때에는 즉시 수사기관에 신고하여야 한다.

1. 「유아교육법」 제2조 제2호의 유치원
2. 「초ㆍ중등교육법」 제2조의 학교, 같은 법 제28조와 같은 법 시행령 제54조에 따른 위탁 교육기관 및 「고등교육법」 제2조의 학교

2의2. 특별시ㆍ광역시ㆍ특별자치시ㆍ도ㆍ특별자치도 교육청 또는 「지방교육자치에 관한 법률」 제34조에 따른 교육지원청이 「초ㆍ중등교육법」 제28조에 따라 직접 설치ㆍ운영하거나 위탁하여 운영하는 학생상담지원시설 또는 위탁 교육시설

2의3. 「제주특별자치도 설치 및 국제자유도시 조성을 위한 특별법」 제223조에 따라 설립된 국제학교

3. 「의료법」 제3조의 의료기관
4. 「아동복지법」 제3조 제10호의 아동복지시설 및 같은 법 제37조에 따른 통합서비스 수행기관
5. 「장애인복지법」 제58조의 장애인복지시설
6. 「영유아보육법」 제2조 제3호의 어린이집, 같은 법 제7조에 따른 육아종합지원센터 및 같은 법 제26조의2에 따른 시간제보육서비스지정기관
7. 「학원의 설립ㆍ운영 및 과외교습에 관한 법률」 제2조 제1호의 학원 및 같은 조 제2호의 교습소
8. 「성매매방지 및 피해자보호 등에 관한 법률」 제9조의 성매매피해자등을 위한 지원시설 및 같은 법 제17조의 성매매피해상담소
9. 「한부모가족지원법」 제19조에 따른 한부모가족복지시설
10. 「가정폭력방지 및 피해자보호 등에 관한 법률」 제5조의 가정폭력 관련 상담소 및 같은 법 제7조의 가정폭력피해자 보호시설
11. 「성폭력방지 및 피해자보호 등에 관한 법률」 제10조의 성폭력피해상담소 및 같은 법 제12조의 성폭력피해자보호시설
12. 「청소년활동 진흥법」 제2조 제2호의 청소년활동시설

13. 「청소년복지 지원법」 제29조 제1항에 따른 청소년상담복지센터 및 같은 법 제31조 제1호에 따른 청소년쉼터

13의2. 「학교 밖 청소년 지원에 관한 법률」 제12조에 따른 학교 밖 청소년 지원센터

14. 「청소년 보호법」 제35조의 청소년 보호 · 재활센터

15. 「국민체육진흥법」 제2조 제9호가목 및 나목의 체육단체

16. 「대중문화예술산업발전법」 제2조 제7호에 따른 대중문화예술기획업자가 같은 조 제6호에 따른 대중문화예술기획업 중 같은 조 제3호에 따른 대중문화예술인에 대한 훈련 · 지도 · 상담 등을 하는 영업장(이하 "대중문화예술기획업소"라 한다)

③ 다른 법률에 규정이 있는 경우를 제외하고는 누구든지 신고자 등의 인적사항이나 사진 등 그 신원을 알 수 있는 정보나 자료를 출판물에 게재하거나 방송 또는 정보통신망을 통하여 공개하여서는 아니 된다.

제35조(신고의무자에 대한 교육)

① 관계 행정기관의 장은 제34조 제2항 각 호의 기관 · 시설 또는 단체의 장과 그 종사자의 자격취득 과정에 아동 · 청소년대상 성범죄 예방 및 신고의무와 관련된 교육내용을 포함시켜야 한다.

② 여성가족부장관은 제34조 제2항 각 호의 기관 · 시설 또는 단체의 장과 그 종사자에 대하여 성범죄 예방 및 신고의무와 관련된 교육을 실시할 수 있다.

③ 제2항의 교육에 필요한 사항은 대통령령으로 정한다.

제36조(피해아동 · 청소년의 보호)

아동 · 청소년대상 성범죄를 저지른 자가 피해아동 · 청소년과 「가정폭력범죄의 처벌 등에 관한 특례법」 제2조 제2호의 가정구성원인 관계에 있는 경우로서 피해아동 · 청소년을 보호할 필요가 있는 때에는 같은 법 제5조, 제8조, 제29조 및 제49조부터 제53조까지의 규정을 준용한다.

제37조(피해아동 · 청소년 등의 상담 및 치료)

① 국가는 피해아동 · 청소년 등의 신체적 · 정신적 회복을 위하여 제46조의 상담시설 또는 「성폭력방지 및 피해자보호 등에 관한 법률」 제27조의 성폭력 전담의료기관으로 하여금 다음 각 호의 사람에게 상담이나 치료프로그램(이하 "상담 · 치료프로그램"이라 한다)을 제공하도록 요청할 수 있다.

1. 피해아동 · 청소년

2. 피해아동 · 청소년의 보호자 및 형제 · 자매

3. 그 밖에 대통령령으로 정하는 사람

② 제1항에 따라 상담·치료프로그램 제공을 요청받은 기관은 정당한 이유 없이 그 요청을 거부할 수 없다.

제38조(성매매 피해아동·청소년에 대한 조치 등) ★

① 「성매매알선 등 행위의 처벌에 관한 법률」 제21조 제1항(성매매를 한 사람의 처벌)에도 불구하고 제13조 제1항(아동·청소년의 성을 사는 행위를 한 자의 처벌)의 죄의 상대방이 된 아동·청소년에 대하여는 보호를 위하여 처벌하지 아니한다.

② 검사 또는 사법경찰관은 성매매 피해아동·청소년을 발견한 경우 신속하게 사건을 수사한 후 지체 없이 여성가족부장관 및 제47조의2에 따른 성매매 피해아동·청소년 지원센터를 관할하는 특별시장·광역시장·특별자치시장·도지사·특별자치도지사(이하 "시·도지사"라 한다)에게 통지하여야 한다.

③ 여성가족부장관은 제2항에 따른 통지를 받은 경우 해당 성매매 피해아동·청소년에 대하여 다음 각 호의 어느 하나에 해당하는 조치를 하여야 한다.
  1. 제45조에 따른 보호시설 또는 제46조에 따른 상담시설과의 연계
  2. 제47조의2에 따른 성매매 피해아동·청소년 지원센터에서 제공하는 교육·상담 및 지원 프로그램 등의 참여

④ 삭제 〈2020.5.19.〉

제39조

삭제 〈2020.5.19〉

제40조

삭제 〈2020.5.19〉

제41조(피해아동·청소년 등을 위한 조치의 청구) ★

검사는 성범죄의 피해를 받은 아동·청소년을 위하여 지속적으로 위해의 배제와 보호가 필요하다고 인정하는 경우 법원에 제1호의 보호관찰과 함께 제2호부터 제5호까지의 조치를 청구할 수 있다. 다만, 「전자장치 부착 등에 관한 법률」 제9조의2 제1항 제2호 및 제3호에 따라 가해자에게 특정지역 출입금지 등의 준수사항을 부과하는 경우에는 그러하지 아니하다.

1. 가해자에 대한 「보호관찰 등에 관한 법률」에 따른 보호관찰
2. 피해를 받은 아동·청소년의 주거 등으로부터 가해자를 분리하거나 퇴거하는 조치
3. 피해를 받은 아동·청소년의 주거, 학교 등으로부터 100미터 이내에 가해자 또는 가해자의 대리인의 접근을 금지하는 조치
4. 「전기통신기본법」 제2조 제1호의 전기통신이나 우편물을 이용하여 가해자가 피해를 받은 아동·청소년 또는 그 보호자와 접촉을 하는 행위의 금지

5. 제45조에 따른 보호시설에 대한 보호위탁결정 등 피해를 받은 아동·청소년의 보호를 위하여 필요한 조치

제42조(피해아동·청소년 등에 대한 보호처분의 판결 등) ★

① 법원은 제41조에 따른 보호처분의 청구가 이유 있다고 인정할 때에는 6개월의 범위에서 기간을 정하여 판결로 보호처분을 선고하여야 한다.

② 제41조 각 호의 보호처분은 병과할 수 있다.

③ 검사는 제1항에 따른 보호처분 기간의 연장이 필요하다고 인정하는 경우 법원에 그 기간의 연장을 청구할 수 있다. 이 경우 보호처분 기간의 연장 횟수는 3회 이내로 하고, 연장기간은 각각 6개월 이내로 한다.

④ 보호처분 청구사건의 판결은 아동·청소년대상 성범죄 사건의 판결과 동시에 선고하여야 한다.

⑤ 피해자 또는 법정대리인은 제41조 제1호 및 제2호의 보호처분 후 주거 등을 옮긴 때에는 관할 법원에 보호처분 결정의 변경을 신청할 수 있다.

⑥ 법원은 제1항에 따른 보호처분을 결정한 때에는 검사, 피해자, 가해자, 보호관찰관 및 보호처분을 위탁받아 행하는 보호시설의 장에게 각각 통지하여야 한다. 다만, 보호시설이 민간에 의하여 운영되는 기관인 경우에는 그 시설의 장으로부터 수탁에 대한 동의를 받아야 한다.

⑦ 보호처분 결정의 집행에 관하여 필요한 사항은 「가정폭력범죄의 처벌 등에 관한 특례법」 제43조를 준용한다.

제43조(피해아동·청소년 등에 대한 보호처분의 변경과 종결)

① 검사는 제42조에 따른 보호처분에 대하여 그 내용의 변경 또는 종결을 법원에 청구할 수 있다.

② 법원은 제1항에 따른 청구가 있는 경우 해당 보호처분이 피해를 받은 아동·청소년의 보호에 적절한지 여부에 대하여 심사한 후 보호처분의 변경 또는 종결이 필요하다고 인정하는 경우에는 이를 변경 또는 종결하여야 한다.

제44조(가해아동·청소년의 처리) ★

① 10세 이상 14세 미만의 아동·청소년이 제2조 제2호 나목 및 다목의 죄와 제7조(아동·청소년에 대한 강간·강제추행 등)의 죄를 범한 경우에 수사기관은 신속히 수사하고, 그 사건을 관할 법원 소년부에 송치하여야 한다.

② 14세 이상 16세 미만의 아동·청소년이 제1항의 죄를 범하여 그 사건이 관할 법원 소년부로 송치된 경우 송치 받은 법원 소년부 판사는 그 아동·청소년에게 다음 각 호의 어느 하나에 해당하는 보호처분을 할 수 있다.

1. 「소년법」 제32조 제1항 각 호의 보호처분

2. 「청소년 보호법」 제35조의 청소년 보호 · 재활센터에 선도보호를 위탁하는 보호처분

③ 사법경찰관은 제1항에 따른 가해아동 · 청소년을 발견한 경우 특별한 사정이 없으면 그 사실을 가해아동 · 청소년의 법정대리인 등에게 통지하여야 한다.

④ 판사는 제1항 및 제2항에 따라 관할 법원 소년부에 송치된 가해아동 · 청소년에 대하여 「소년법」 제32조 제1항 제4호(보호관찰관의 단기 보호관찰) 또는 제5호(보호관찰관의 장기 보호관찰)의 처분을 하는 경우 재범예방에 필요한 수강명령을 하여야 한다.

⑤ 검사는 가해아동 · 청소년에 대하여 소년부 송치 여부를 검토한 결과 소년부 송치가 적절하지 아니한 경우 가해아동 · 청소년으로 하여금 재범예방에 필요한 교육과정이나 상담과정을 마치게 하여야 한다.

⑥ 제5항에 따른 교육과정이나 상담과정에 관하여 필요한 사항은 대통령령으로 정한다.

제45조(보호시설)

「성매매방지 및 피해자보호 등에 관한 법률」 제9조 제1항 제2호의 청소년 지원시설, 「청소년복지 지원법」 제29조 제1항에 따른 청소년상담복지센터 및 같은 법 제31조 제1호에 따른 청소년쉼터 또는 「청소년 보호법」 제35조의 청소년 보호 · 재활센터는 다음 각 호의 업무를 수행할 수 있다.

1. 제46조 제1항 각 호의 업무

2. 성매매 피해아동 · 청소년의 보호 · 자립지원

3. 장기치료가 필요한 성매매 피해아동 · 청소년의 다른 기관과의 연계 및 위탁

제46조(상담시설)

① 「성매매방지 및 피해자보호 등에 관한 법률」 제17조의 성매매피해상담소 및 「청소년복지 지원법」 제29조 제1항에 따른 청소년상담복지센터는 다음 각 호의 업무를 수행할 수 있다.

   1. 제7조부터 제18조까지의 범죄 신고의 접수 및 상담

   2. 성매매 피해아동 · 청소년과 병원 또는 관련 시설과의 연계 및 위탁

   3. 그 밖에 아동 · 청소년 성매매 등과 관련한 조사 · 연구

② 「성폭력방지 및 피해자보호 등에 관한 법률」 제10조의 성폭력피해상담소 및 같은 법 제12조의 성폭력피해자보호시설은 다음 각 호의 업무를 수행할 수 있다.

   1. 제7조, 제8조, 제8조의2, 제9조부터 제11조까지 및 제16조의 범죄에 대한 신고의 접수 및 상담

   2. 아동 · 청소년대상 성폭력범죄로 인하여 정상적인 생활이 어렵거나 그 밖의 사정으로 긴급히 보호를 필요로 하는 피해아동 · 청소년을 병원이나 성폭력피해자보호시설로 데려다 주거나 일시 보호하는 업무

3. 피해아동 · 청소년의 신체적 · 정신적 안정회복과 사회복귀를 돕는 업무

4. 가해자에 대한 민사상 · 형사상 소송과 피해배상청구 등의 사법처리절차에 관하여 대한
   변호사협회 · 대한법률구조공단 등 관계 기관에 필요한 협조와 지원을 요청하는 업무

5. 아동 · 청소년대상 성폭력범죄의 가해아동 · 청소년과 그 법정대리인에 대한 교육 · 상담
   프로그램의 운영

6. 아동 · 청소년 관련 성보호 전문가에 대한 교육

7. 아동 · 청소년대상 성폭력범죄의 예방과 방지를 위한 홍보

8. 아동 · 청소년대상 성폭력범죄 및 그 피해에 관한 조사 · 연구

9. 그 밖에 피해아동 · 청소년의 보호를 위하여 필요한 업무

제47조(아동 · 청소년대상 성교육 전문기관의 설치 · 운영)

① 국가와 지방자치단체는 아동 · 청소년의 건전한 성가치관 조성과 성범죄 예방을 위하여 아
   동 · 청소년대상 성교육 전문기관(이하 "성교육 전문기관"이라 한다)을 설치하거나 해당 업
   무를 전문단체에 위탁할 수 있다.

② 제1항에 따른 위탁 관련 사항, 성교육 전문기관에 두는 종사자 등 직원의 자격 및 설치기
   준과 운영에 관하여 필요한 사항은 대통령령으로 정한다.

제47조의2(성매매 피해아동 · 청소년 지원센터의 설치)

① 여성가족부장관 또는 시 · 도지사 및 시장 · 군수 · 구청장(자치구의 구청장을 말한다. 이하
   같다)은 성매매 피해아동 · 청소년의 보호를 위하여 성매매 피해아동 · 청소년 지원센터(이
   하 "성매매 피해아동 · 청소년 지원센터"라 한다)를 설치 · 운영할 수 있다.

② 성매매 피해아동 · 청소년 지원센터는 다음 각 호의 업무를 수행한다.

   1. 제12조부터 제15조까지의 범죄에 대한 신고의 접수 및 상담

   2. 성매매 피해아동 · 청소년의 교육 · 상담 및 지원

   3. 성매매 피해아동 · 청소년을 병원이나 「성매매방지 및 피해자보호 등에 관한 법률」 제9
      조에 따른 지원시설로 데려다 주거나 일시 보호하는 업무

   4. 성매매 피해아동 · 청소년의 신체적 · 정신적 치료 · 안정회복과 사회복귀를 돕는 업무

   5. 성매매 피해아동 · 청소년의 법정대리인을 대상으로 한 교육 · 상담프로그램 운영

   6. 아동 · 청소년 성매매 등에 관한 조사 · 연구

   7. 그 밖에 성매매 피해아동 · 청소년의 보호 및 지원을 위하여 필요한 업무로서 대통령령
      으로 정하는 업무

③ 국가와 지방자치단체는 제2항에 따른 성매매 피해아동 · 청소년 지원센터의 업무에 대하여
   예산의 범위에서 그 경비의 일부를 보조하여야 한다.

④ 성매매 피해아동 · 청소년 지원센터의 운영은 여성가족부령으로 정하는 바에 따라 비영리

법인 또는 단체에 위탁할 수 있다.

제48조

삭제 〈2020.5.19.〉

제4장 성범죄로 유죄판결이 확정된 자의 신상정보 공개와 취업제한 등

제49조(등록정보의 공개) ★

① 법원은 다음 각 호의 어느 하나에 해당하는 자에 대하여 판결로 제4항의 공개정보를 「성폭력범죄의 처벌 등에 관한 특례법」 제45조 제1항의 등록기간(법무부장관의 등록정보 10 ~ 30년간 보존·관리)동안 정보통신망을 이용하여 공개하도록 하는 명령(이하 "공개명령"이라 한다)을 등록대상 사건의 판결과 동시에 선고하여야 한다. 다만, 피고인이 아동·청소년인 경우, 그 밖에 신상정보를 공개하여서는 아니 될 특별한 사정이 있다고 판단하는 경우에는 그러하지 아니하다.

1. 아동·청소년대상 성범죄를 저지른 자

2. 「성폭력범죄의 처벌 등에 관한 특례법」 제2조 제1항 제3호·제4호, 같은 조 제2항(제1항 제3호·제4호에 한정한다), 제3조부터 제15조까지의 범죄를 저지른 자

3. 제1호 또는 제2호의 죄를 범하였으나 「형법」 제10조 제1항에 따라 처벌할 수 없는 자로서 제1호 또는 제2호의 죄를 다시 범할 위험성이 있다고 인정되는 자

② 제1항에 따른 등록정보의 공개기간(「형의 실효 등에 관한 법률」 제7조에 따른 기간을 초과하지 못한다)은 판결이 확정된 때부터 기산한다.

③ 다음 각 호의 기간은 제1항에 따른 공개기간에 넣어 계산하지 아니한다.

1. 공개명령을 받은 자(이하 "공개대상자"라 한다)가 신상정보 공개의 원인이 된 성범죄로 교정시설 또는 치료감호시설에 수용된 기간. 이 경우 신상정보 공개의 원인이 된 성범죄와 다른 범죄가 「형법」 제37조(판결이 확정되지 아니한 수개의 죄를 경합범으로 하는 경우로 한정한다)에 따라 경합되어 같은 법 제38조에 따라 형이 선고된 경우에는 그 선고형 전부를 신상정보 공개의 원인이 된 성범죄로 인한 선고형으로 본다.

2. 제1호에 따른 기간 이전의 기간으로서 제1호에 따른 기간과 이어져 공개대상자가 다른 범죄로 교정시설 또는 치료감호시설에 수용된 기간

3. 제1호에 따른 기간 이후의 기간으로서 제1호에 따른 기간과 이어져 공개대상자가 다른 범죄로 교정시설 또는 치료감호시설에 수용된 기간

④ 제1항에 따라 공개하도록 제공되는 등록정보(이하 "공개정보"라 한다)는 다음 각 호와 같다.

1. 성명

2. 나이

3. 주소 및 실제거주지(「도로명주소법」 제2조 제5호의 도로명 및 같은 조 제7호의 건물번

　호까지로 한다)

　4. 신체정보(키와 몸무게)

　5. 사진

　6. 등록대상 성범죄 요지(판결일자, 죄명, 선고형량을 포함한다)

　7. 성폭력범죄 전과사실(죄명 및 횟수)

　8. 「전자장치 부착 등에 관한 법률」에 따른 전자장치 부착 여부

⑤ 공개정보의 구체적인 형태와 내용에 관하여는 대통령령으로 정한다.

⑥ 공개정보를 정보통신망을 이용하여 열람하고자 하는 자는 실명인증 절차를 거쳐야 한다.

⑦ 실명인증, 공개정보 유출 방지를 위한 기술 및 관리에 관한 구체적인 방법과 절차는 대통령령으로 정한다.

제50조(등록정보의 고지) ★

① 법원은 공개대상자 중 다음 각 호의 어느 하나에 해당하는 자에 대하여 판결로 제49조에 따른 공개명령 기간 동안 제4항에 따른 고지정보를 제5항에 규정된 사람에 대하여 고지하도록 하는 명령(이하 "고지명령"이라 한다)을 등록대상 성범죄 사건의 판결과 동시에 선고하여야 한다. 다만, 피고인이 아동·청소년인 경우, 그 밖에 신상정보를 고지하여서는 아니 될 특별한 사정이 있다고 판단하는 경우에는 그러하지 아니하다.

　1. 아동·청소년대상 성범죄를 저지른 자

　2. 「성폭력범죄의 처벌 등에 관한 특례법」 제2조 제1항 제3호·제4호, 같은 조 제2항(제1항 제3호·제4호에 한정한다), 제3조부터 제15조까지의 범죄를 저지른 자

　3. 제1호 또는 제2호의 죄를 범하였으나 「형법」 제10조 제1항에 따라 처벌할 수 없는 자로서 제1호 또는 제2호의 죄를 다시 범할 위험성이 있다고 인정되는 자

② 고지명령을 선고받은 자(이하 "고지대상자"라 한다)는 공개명령을 선고받은 자로 본다.

③ 고지명령은 다음 각 호의 기간 내에 하여야 한다.

　1. 집행유예를 선고받은 고지대상자는 신상정보 최초 등록일부터 1개월 이내

　2. 금고 이상의 실형을 선고받은 고지대상자는 출소 후 거주할 지역에 전입한 날부터 1개월 이내

　3. 고지대상자가 다른 지역으로 전출하는 경우에는 변경정보 등록일부터 1개월 이내

④ 제1항에 따라 고지하여야 하는 고지정보는 다음 각 호와 같다.

　1. 고지대상자가 이미 거주하고 있거나 전입하는 경우에는 제49조 제4항의 공개정보. 다만, 제49조 제4항 제3호에 따른 주소 및 실제거주지는 상세주소를 포함한다.

　2. 고지대상자가 전출하는 경우에는 제1호의 고지정보와 그 대상자의 전출 정보

⑤ 제4항의 고지정보는 고지대상자가 거주하는 읍·면·동의 아동·청소년이 속한 세대의 세대주와 다음 각 호의 자에게 고지한다.

1. 「영유아보육법」에 따른 어린이집의 원장 및 육아종합지원센터 · 시간제보육서비스지정 기관의 장
2. 「유아교육법」에 따른 유치원의 장
3. 「초 · 중등교육법」 제2조에 따른 학교의 장
4. 읍 · 면사무소와 동 주민센터의 장(경계를 같이 하는 읍 · 면 또는 동을 포함한다)
5. 「학원의 설립 · 운영 및 과외교습에 관한 법률」 제2조 제2호에 따른 교습소의 장, 같은 조 제3호에 따른 개인과외교습자 및 제2조의2에 따른 학교교과교습학원의 장
6. 「아동복지법」 제52조 제1항에 따른 아동복지시설 중 다음 각 목의 시설의 장
    가. 아동양육시설
    나. 아동일시보호시설
    다. 아동보호치료시설
    라. 공동생활가정
    마. 지역아동센터
7. 「청소년복지 지원법」 제31조에 따른 청소년복지시설의 장
8. 「청소년활동 진흥법」 제10조 제1호에 따른 청소년수련시설의 장

제51조(고지명령의 집행) ★

① 고지명령의 집행은 여성가족부장관이 한다.
② 법원은 고지명령의 판결이 확정되면 판결문 등본을 판결이 확정된 날부터 14일 이내에 법무부장관에게 송달하여야 하며, 법무부장관은 제50조 제3항에 따른 기간 내에 고지명령이 집행될 수 있도록 최초등록 및 변경등록 시 고지대상자, 고지기간 및 같은 조 제4항 각 호에 규정된 고지정보를 지체 없이 여성가족부장관에게 송부하여야 한다.
③ 법무부장관은 고지대상자가 출소하는 경우 출소 1개월 전까지 다음 각 호의 정보를 여성가족부장관에게 송부하여야 한다.
    1. 고지대상자의 출소 예정일
    2. 고지대상자의 출소 후 거주지 상세주소
④ 여성가족부장관은 제50조 제4항에 따른 고지정보를 관할구역에 거주하는 아동 · 청소년이 속한 세대의 세대주와 다음 각 호의 자에게 우편 · 이동통신단말장치 등 여성가족부령으로 정하는 바에 따라 송부하고, 읍 · 면 사무소 또는 동(경계를 같이 하는 읍 · 면 또는 동을 포함한다) 주민센터 게시판에 30일간 게시하는 방법으로 고지명령을 집행한다.
    1. 「영유아보육법」에 따른 어린이집의 원장 및 육아종합지원센터 · 시간제보육서비스지정 기관의 장
    2. 「유아교육법」에 따른 유치원의 장
    3. 「초 · 중등교육법」 제2조에 따른 학교의 장

4. 읍·면사무소와 동 주민센터의 장(경계를 같이 하는 읍·면 또는 동을 포함한다)

5. 「학원의 설립·운영 및 과외교습에 관한 법률」 제2조 제2호에 따른 교습소의 장, 제2조 제3호에 따른 개인과외교습자 및 제2조의2에 따른 학교교과교습학원의 장

6. 「아동복지법」 제52조 제1항에 따른 아동복지시설 중 다음 각 목의 시설의 장

   가. 아동양육시설

   나. 아동일시보호시설

   다. 아동보호치료시설

   라. 공동생활가정

   마. 지역아동센터

7. 「청소년복지 지원법」 제31조에 따른 청소년복지시설의 장

8. 「청소년활동 진흥법」 제10조 제1호에 따른 청소년수련시설의 장

⑤ 여성가족부장관은 제4항에 따른 고지명령의 집행 이후 관할구역에 출생신고·입양신고·전입신고가 된 아동·청소년이 속한 세대의 세대주와 관할구역에 설립·설치된 다음 각 호의 자로서 고지대상자의 고지정보를 송부받지 못한 자에 대하여 제50조 제4항에 따른 고지정보를 우편·이동통신단말장치 등 여성가족부령으로 정하는 바에 따라 송부한다.

1. 「영유아보육법」에 따른 어린이집의 원장 및 육아종합지원센터·시간제보육서비스지정기관의 장

2. 「유아교육법」에 따른 유치원의 장

3. 「초·중등교육법」 제2조에 따른 학교의 장

4. 「학원의 설립·운영 및 과외교습에 관한 법률」 제2조 제2호에 따른 교습소의 장, 제2조 제3호에 따른 개인과외교습자 및 제2조의2에 따른 학교교과교습학원의 장

5. 「아동복지법」 제52조 제1항에 따른 아동복지시설 중 다음 각 목의 시설의 장

   가. 아동양육시설

   나. 아동일시보호시설

   다. 아동보호치료시설

   라. 공동생활가정

   마. 지역아동센터

6. 「청소년복지 지원법」 제31조에 따른 청소년복지시설의 장

7. 「청소년활동 진흥법」 제10조 제1호에 따른 청소년수련시설의 장

⑥ 여성가족부장관은 고지명령의 집행에 관한 업무 중 제4항 및 제5항에 따른 송부 및 게시판 게시 업무를 고지대상자가 실제 거주하는 읍·면사무소의 장 또는 동 주민센터의 장에게 위임할 수 있다.

⑦ 제6항에 따른 위임을 받은 읍·면사무소의 장 또는 동 주민센터의 장은 송부 및 게시판 게시 업무를 집행하여야 한다.

⑧ 삭제 〈2023.4.11.〉
⑨ 고지명령의 집행 및 고지절차 등에 필요한 사항은 여성가족부령으로 정한다.

제51조의2
삭제 〈2023.4.11.〉

제52조(공개명령의 집행)
① 공개명령은 여성가족부장관이 정보통신망을 이용하여 집행한다.
② 법원은 공개명령의 판결이 확정되면 판결문 등본을 판결이 확정된 날부터 14일 이내에 법무부장관에게 송달하여야 하며, 법무부장관은 제49조 제2항에 따른 공개기간 동안 공개명령이 집행될 수 있도록 최초등록 및 변경등록 시 공개대상자, 공개기간 및 같은 조 제4항 각 호에 규정된 공개정보를 지체 없이 여성가족부장관에게 송부하여야 한다.
③ 공개명령의 집행·공개절차·관리 등에 관한 세부사항은 대통령령으로 정한다.

제52조의2(고지정보 및 공개정보의 정정 등)
① 누구든지 제51조에 따라 집행된 고지정보 또는 제52조에 따라 집행된 공개정보에 오류가 있음을 발견한 경우 여성가족부장관에게 그 정정을 요청할 수 있다.
② 여성가족부장관은 제1항에 따른 정정 요청을 받은 경우 법무부장관에게 그 사실을 통보하고, 법무부장관은 해당 정보의 진위와 변경 여부를 확인하기 위하여 고지대상자 또는 공개대상자의 주소지를 관할하는 경찰관서의 장에게 직접 대면 등의 방법으로 진위와 변경 여부를 확인하도록 요구할 수 있다.
③ 법무부장관은 제2항에 따라 고지정보 또는 공개정보에 오류가 있음을 확인한 경우 대통령령으로 정하는 바에 따라 변경정보를 등록한 후 여성가족부장관에게 그 결과를 송부하고, 여성가족부장관은 제51조 제4항 또는 같은 조 제5항에 따른 방법으로 집행된 고지정보나 제52조 제1항에 따른 방법으로 집행된 공개정보에 정정 사항이 있음을 알려야 한다.
④ 여성가족부장관은 제3항에 따른 처리 결과를 제1항에 따라 고지정보 또는 공개정보의 정정을 요청한 자에게 알려야 한다.
⑤ 제1항에 따른 고지정보 또는 공개정보의 정정 요청의 방법 및 절차, 제2항에 따른 법무부장관에 대한 통보, 조회 또는 정보 제공의 요청, 확인 요구 방법 및 절차, 제4항에 따른 처리 결과 통지 방법 등에 필요한 사항은 대통령령으로 정한다.

제53조(계도 및 범죄정보의 공표)
① 여성가족부장관은 아동·청소년대상 성범죄의 발생추세와 동향, 그 밖에 계도에 필요한 사항을 연 2회 이상 공표하여야 한다.

② 여성가족부장관은 제1항에 따른 성범죄 동향 분석 등을 위하여 성범죄로 유죄판결이 확정된 자에 대한 자료를 관계 행정기관에 요청할 수 있다.

제53조의2(아동 · 청소년성착취물 관련 범죄 실태조사)

① 여성가족부장관은 아동 · 청소년성착취물과 관련한 범죄 예방과 재발 방지 등을 위하여 정기적으로 아동 · 청소년성착취물 관련 범죄에 대한 실태조사를 하여야 한다.

② 제1항에 따른 실태조사의 주기, 방법과 내용 등에 관하여 필요한 사항은 여성가족부령으로 정한다.

제54조(비밀준수)

등록대상 성범죄자의 신상정보의 공개 및 고지 업무에 종사하거나 종사하였던 자는 직무상 알게 된 등록정보를 누설하여서는 아니 된다.

제55조(공개정보의 악용금지)

① 공개정보는 아동 · 청소년 등을 등록대상 성범죄로부터 보호하기 위하여 성범죄 우려가 있는 자를 확인할 목적으로만 사용되어야 한다.

② 공개정보를 확인한 자는 공개정보를 활용하여 다음 각 호의 행위를 하여서는 아니 된다.
  1. 신문 · 잡지 등 출판물, 방송 또는 정보통신망을 이용한 공개
  2. 공개정보의 수정 또는 삭제

③ 공개정보를 확인한 자는 공개정보를 등록대상 성범죄로부터 보호할 목적 외에 다음 각 호와 관련된 목적으로 사용하여 공개대상자를 차별하여서는 아니 된다.
  1. 고용(제56조 제1항의 아동 · 청소년 관련기관 등에의 고용은 제외한다)
  2. 주택 또는 사회복지시설의 이용
  3. 교육기관의 교육 및 직업훈련

제56조(아동 · 청소년 관련기관등에의 취업제한 등)

① 법원은 아동 · 청소년대상 성범죄 또는 성인대상 성범죄(이하 "성범죄"라 한다)로 형 또는 치료감호를 선고하는 경우에는 판결(약식명령을 포함한다. 이하 같다)로 그 형 또는 치료감호의 전부 또는 일부의 집행을 종료하거나 집행이 유예 · 면제된 날(벌금형을 선고받은 경우에는 그 형이 확정된 날)부터 일정기간(이하 "취업제한 기간"이라 한다) 동안 다음 각 호에 따른 시설 · 기관 또는 사업장(이하 "아동 · 청소년 관련기관등"이라 한다)을 운영하거나 아동 · 청소년 관련기관등에 취업 또는 사실상 노무를 제공할 수 없도록 하는 명령(이하 "취업제한 명령"이라 한다)을 성범죄 사건의 판결과 동시에 선고(약식명령의 경우에는 고지)하여야 한다. 다만, 재범의 위험성이 현저히 낮은 경우, 그 밖에 취업을 제한하여서는 아니 되는 특별한 사정이 있다고 판단하는 경우에는 그러하지 아니한다.

1. 「유아교육법」 제2조 제2호의 유치원

2. 「초 · 중등교육법」 제2조의 학교, 같은 법 제28조와 같은 법 시행령 제54조에 따른 위탁 교육기관 및 「고등교육법」 제2조의 학교

2의2. 특별시 · 광역시 · 특별자치시 · 도 · 특별자치도 교육청 또는 「지방교육자치에 관한 법률」 제34조에 따른 교육지원청이 「초 · 중등교육법」 제28조에 따라 직접 설치 · 운영하거나 위탁하여 운영하는 학생상담지원시설 또는 위탁 교육시설

2의3. 「제주특별자치도 설치 및 국제자유도시 조성을 위한 특별법」 제223조에 따라 설립된 국제학교

3. 「학원의 설립 · 운영 및 과외교습에 관한 법률」 제2조 제1호의 학원, 같은 조 제2호의 교습소 및 같은 조 제3호의 개인과외교습자(아동 · 청소년의 이용이 제한되지 아니하는 학원 · 교습소로서 교육부장관이 지정하는 학원 · 교습소 및 아동 · 청소년을 대상으로 하는 개인과외교습자를 말한다)

4. 「청소년 보호법」 제35조의 청소년 보호 · 재활센터

5. 「청소년활동 진흥법」 제2조 제2호의 청소년활동시설

6. 「청소년복지 지원법」 제29조 제1항에 따른 청소년상담복지센터, 같은 법 제30조 제1항에 따른 이주배경청소년지원센터 및 같은 법 제31조에 따른 청소년복지시설

6의2. 「학교 밖 청소년 지원에 관한 법률」 제12조의 학교 밖 청소년 지원센터

7. 「영유아보육법」 제2조 제3호의 어린이집, 같은 법 제7조에 따른 육아종합지원센터 및 같은 법 제26조의2에 따른 시간제보육서비스지정기관

8. 「아동복지법」 제3조 제10호의 아동복지시설, 같은 법 제37조에 따른 통합서비스 수행기관 및 같은 법 제44조의2에 따른 다함께돌봄센터

9. 「성매매방지 및 피해자보호 등에 관한 법률」 제9조의 성매매피해자등을 위한 지원시설 및 같은 법 제17조의 성매매피해상담소

9의2. 성교육 전문기관 및 성매매 피해아동 · 청소년 지원센터

10. 「주택법」 제2조 제3호의 공동주택의 관리사무소. 이 경우 경비업무에 직접 종사하는 사람에 한정한다.

11. 「체육시설의 설치 · 이용에 관한 법률」 제3조에 따라 설립된 체육시설 중 아동 · 청소년의 이용이 제한되지 아니하는 체육시설로서 문화체육관광부장관이 지정하는 체육시설

12. 「의료법」 제3조의 의료기관(같은 법 제2조의 의료인, 같은 법 제80조의 간호조무사 및 「의료기사 등에 관한 법률」 제2조의 의료기사로 한정한다)

13. 「게임산업진흥에 관한 법률」에 따른 다음 각 목의 영업을 하는 사업장
    가. 「게임산업진흥에 관한 법률」 제2조 제7호의 인터넷컴퓨터게임시설제공업
    나. 「게임산업진흥에 관한 법률」 제2조 제8호의 복합유통게임제공업

14. 「경비업법」 제2조 제1호의 경비업을 행하는 법인. 이 경우 경비업무에 직접 종사하는

사람에 한정한다.

15. 영리의 목적으로 「청소년기본법」 제3조 제3호의 청소년활동의 기획·주관·운영을 하는 사업장(이하 "청소년활동기획업소"라 한다)

16. 대중문화예술기획업소

17. 아동·청소년의 고용 또는 출입이 허용되는 다음 각 목의 어느 하나에 해당하는 기관·시설 또는 사업장(이하 이 호에서 "시설등"이라 한다)으로서 대통령령으로 정하는 유형의 시설등

　　가. 아동·청소년과 해당 시설등의 운영자·근로자 또는 사실상 노무 제공자 사이에 업무상 또는 사실상 위력 관계가 존재하거나 존재할 개연성이 있는 시설등

　　나. 아동·청소년이 선호하거나 자주 출입하는 시설등으로서 해당 시설등의 운영 과정에서 운영자·근로자 또는 사실상 노무 제공자에 의한 아동·청소년대상 성범죄의 발생이 우려되는 시설등

18. 가정을 방문하거나 아동·청소년이 찾아오는 방식 등으로 아동·청소년에게 직접교육서비스를 제공하는 사람을 모집하거나 채용하는 사업장(이하 "가정방문 등 학습교사 사업장"이라 한다). 이 경우 아동·청소년에게 직접교육서비스를 제공하는 업무에 종사하는 사람에 한정한다.

19. 「장애인 등에 대한 특수교육법」 제11조의 특수교육지원센터 및 같은 법 제28조에 따라 특수교육 관련서비스를 제공하는 기관·단체

20. 「지방자치법」 제161조에 따른 공공시설 중 아동·청소년이 이용하는 시설로서 행정안전부장관이 지정하는 공공시설

21. 「지방교육자치에 관한 법률」 제32조에 따른 교육기관 중 아동·청소년을 대상으로 하는 교육기관

22. 「어린이 식생활안전관리 특별법」 제21조 제1항의 어린이급식관리지원센터

23. 「아이돌봄 지원법」 제11조에 따른 서비스제공기관

24. 「건강가정기본법」 제35조에 따른 건강가정지원센터

25. 「다문화가족지원법」 제12조에 따른 다문화가족지원센터

② 제1항에 따른 취업제한 기간은 10년을 초과하지 못한다.

③ 법원은 제1항에 따라 취업제한 명령을 선고하려는 경우에는 정신건강의학과 의사, 심리학자, 사회복지학자, 그 밖의 관련 전문가로부터 취업제한 명령 대상자의 재범 위험성 등에 관한 의견을 들을 수 있다.

④ 제1항 각 호(제10호는 제외한다)의 아동·청소년 관련기관등의 설치 또는 설립 인가·신고를 관할하는 지방자치단체의 장, 교육감 또는 교육장은 아동·청소년 관련기관등을 운영하려는 자에 대한 성범죄 경력 조회를 관계 기관의 장에게 요청하여야 한다. 다만, 아동·청소년 관련기관등을 운영하려는 자가 성범죄 경력 조회 회신서를 지방자치단체의 장, 교육감

또는 교육장에게 직접 제출한 경우에는 성범죄 경력 조회를 한 것으로 본다.

⑤ 아동·청소년 관련기관등의 장은 그 기관에 취업 중이거나 사실상 노무를 제공 중인 자 또는 취업하려 하거나 사실상 노무를 제공하려는 자(이하 "취업자등"이라 한다)에 대하여 성범죄의 경력을 확인하여야 하며, 이 경우 본인의 동의를 받아 관계 기관의 장에게 성범죄의 경력 조회를 요청하여야 한다. 다만, 취업자등이 성범죄 경력 조회 회신서를 아동·청소년 관련기관등의 장에게 직접 제출한 경우에는 성범죄 경력 조회를 한 것으로 본다.

⑥ 제4항 및 제5항에 따라 성범죄 경력 조회 요청을 받은 관계 기관의 장은 성범죄 경력 조회 회신서를 발급하여야 한다.

⑦ 제1항 제7호의 육아종합지원센터 및 같은 항 제22호의 어린이급식관리지원센터의 장이 제5항에 따라 취업자등에 대하여 성범죄 경력 조회를 한 경우, 그 취업자등이 직무를 집행함에 있어서 다른 아동·청소년 관련기관등에 사실상 노무를 제공하는 경우에는 제5항에도 불구하고 다른 아동·청소년 관련기관등의 장이 성범죄 경력 조회를 한 것으로 본다.

⑧ 제5항에도 불구하고 교육감 또는 교육장은 다음 각 호의 아동·청소년 관련기관등의 취업자등에 대하여는 본인의 동의를 받아 성범죄의 경력을 확인할 수 있다. 이 경우 아동·청소년 관련기관등의 장이 성범죄 경력 조회를 한 것으로 본다.
1. 제1항 제1호의 유치원
2. 제1항 제2호의 학교 및 위탁 교육기관
3. 제1항 제2호의2의 학생상담지원시설 및 위탁 교육시설
4. 제1항 제19호의 특수교육지원센터 및 특수교육 관련서비스를 제공하는 기관·단체
5. 제1항 제21호의 아동·청소년을 대상으로 하는 교육기관

⑨ 제4항부터 제6항까지에 따른 성범죄경력 조회의 요청 절차·범위 등에 관하여 필요한 사항은 대통령령으로 정한다.

제57조(성범죄의 경력자 점검·확인)

① 여성가족부장관 또는 관계 중앙행정기관의 장은 다음 각 호의 구분에 따라 성범죄로 취업제한 명령을 선고받은 자가 아동·청소년 관련기관등을 운영하거나 아동·청소년 관련기관등에 취업 또는 사실상 노무를 제공하고 있는지를 직접 또는 관계 기관 조회 등의 방법으로 연 1회 이상 점검·확인하여야 한다.
1. 교육부장관 : 제56조 제1항 제2호의 기관 중 「고등교육법」 제2조의 학교
2. 행정안전부장관 : 제56조 제1항 제20호의 공공시설
3. 여성가족부장관 : 제56조 제1항 제4호의 청소년 보호·재활센터, 같은 항 제6호의 이주배경청소년지원센터 및 같은 항 제18호의 가정방문 등 학습교사 사업장
4. 삭제 〈2023.4.11.〉
5. 경찰청장 : 제56조 제1항 제14호의 경비업을 행하는 법인

② 제1항 각 호에 해당하지 아니하는 아동·청소년 관련기관등으로서 교육부, 행정안전부, 문화체육관광부, 보건복지부, 여성가족부, 국토교통부 등 관계 중앙행정기관이 설치하여 운영하는 아동·청소년 관련기관등의 경우에는 해당 중앙행정기관의 장이 제1항에 따른 점검·확인을 하여야 한다.

③ 시·도지사 또는 시장·군수·구청장은 성범죄로 취업제한 명령을 선고받은 자가 다음 각 호의 아동·청소년 관련기관등을 운영하거나 아동·청소년 관련기관등에 취업 또는 사실상 노무를 제공하고 있는지를 직접 또는 관계 기관 조회 등의 방법으로 연 1회 이상 점검·확인하여야 한다. 다만, 제2항에 해당하는 아동·청소년 관련기관등의 경우에는 그러하지 아니하다.

1. 제56조 제1항 제5호의 청소년활동시설

2. 제56조 제1항 제6호의 청소년상담복지센터 및 청소년복지시설

2의2. 제56조 제1항 제6호의2의 학교 밖 청소년 지원센터

3. 제56조 제1항 제7호의 어린이집, 육아종합지원센터 및 시간제보육서비스지정기관

4. 제56조 제1항 제8호의 아동복지시설, 통합서비스 수행기관 및 다함께돌봄센터

5. 제56조 제1항 제9호의 성매매피해자등을 위한 지원시설 및 성매매피해상담소

5의2. 제56조 제1항 제9호의2의 아동·청소년대상 성교육 전문기관 및 성매매 피해아동·청소년 지원센터

6. 제56조 제1항 제10호의 공동주택의 관리사무소

7. 제56조 제1항 제11호의 체육시설

8. 제56조 제1항 제12호의 의료기관

9. 제56조 제1항 제13호 각 목의 인터넷컴퓨터게임시설제공업 또는 복합유통게임제공업을 하는 사업장

10. 제56조 제1항 제15호의 청소년활동기획업소

11. 대중문화예술기획업소

12. 제56조 제1항 제17호의 아동·청소년의 고용 또는 출입이 허용되는 시설등으로서 대통령령으로 정하는 유형의 시설등

13. 삭제 〈2023.4.11.〉

14. 제56조 제1항 제22호의 어린이급식관리지원센터

15. 제56조 제1항 제23호의 서비스제공기관

16. 제56조 제1항 제24호의 건강가정지원센터

17. 제56조 제1항 제25호의 다문화가족지원센터

④ 교육감은 성범죄로 취업제한 명령을 선고받은 자가 다음 각 호의 아동·청소년 관련기관등을 운영하거나 아동·청소년 관련기관등에 취업 또는 사실상 노무를 제공하고 있는지를 직접 또는 관계 기관 조회 등의 방법으로 연 1회 이상 점검·확인하여야 한다. 다만, 제2항

PART 7

에 해당하는 아동·청소년 관련기관등의 경우에는 그러하지 아니하다.

1. 제56조 제1항 제1호의 유치원
2. 제56조 제1항 제2호의 기관 중 「초·중등교육법」 제2조의 학교 및 같은 법 제28조에 따른 위탁 교육기관
3. 제56조 제1항 제2호의2의 학생상담지원시설 및 위탁 교육시설
4. 제56조 제1항 제2호의3의 국제학교
5. 제56조 제1항 제3호의 학원, 교습소 및 개인과외교습자
6. 제56조 제1항 제19호의 특수교육지원센터 및 특수교육 관련서비스를 제공하는 기관·단체
7. 제56조 제1항 제21호의 아동·청소년을 대상으로 하는 교육기관

⑤ 제1항 각 호 및 제2항에 따른 중앙행정기관의 장, 시·도지사, 시장·군수·구청장 또는 교육감은 제1항부터 제4항까지의 규정에 따른 점검·확인을 위하여 필요한 경우에는 아동·청소년 관련기관등의 장 또는 관련 감독기관에 해당 자료의 제출을 요구할 수 있다.

⑥ 여성가족부장관, 관계 중앙행정기관의 장, 시·도지사, 시장·군수·구청장 또는 교육감은 제1항부터 제4항까지의 규정에 따른 점검·확인 결과를 대통령령으로 정하는 바에 따라 인터넷 홈페이지 등을 이용하여 공개하여야 한다.

제58조(취업자의 해임요구 등)

① 제57조 제1항 각 호 및 같은 조 제2항에 따른 중앙행정기관의 장, 시·도지사, 시장·군수·구청장 또는 교육감은 제56조 제1항에 따른 취업제한 기간 중에 아동·청소년 관련기관등에 취업하거나 사실상 노무를 제공하는 자가 있으면 아동·청소년 관련기관 등의 장에게 그의 해임을 요구할 수 있다.

② 제57조 제1항 각 호 및 같은 조 제2항에 따른 중앙행정기관의 장, 시·도지사, 시장·군수·구청장 또는 교육감은 제56조 제1항에 따른 취업제한 기간 중에 아동·청소년 관련기관 등을 운영 중인 아동·청소년 관련기관 등의 장에게 운영 중인 아동·청소년 관련기관 등의 폐쇄를 요구할 수 있다.

③ 제57조 제1항 각 호 및 같은 조 제2항에 따른 중앙행정기관의 장, 시·도지사, 시장·군수·구청장 또는 교육감은 아동·청소년 관련기관 등의 장이 제2항의 폐쇄요구를 정당한 사유 없이 거부하거나 1개월 이내에 요구사항을 이행하지 아니하는 경우에는 관계 행정기관의 장에게 해당 아동·청소년 관련기관 등의 폐쇄, 등록·허가 등의 취소를 요구할 수 있다.

④ 제3항에 따른 폐쇄, 등록·허가 등의 취소요구에 대하여는 대통령령으로 정하는 바에 따른다.

제59조(포상금)

① 여성가족부장관은 제8조, 제8조의2, 제11조 제1항·제2항·제4항 및 제13조부터 제15조

까지에 해당하는 범죄를 저지른 사람을 수사기관에 신고한 사람에 대하여는 예산의 범위에서 포상금을 지급할 수 있다.

② 제1항에 따른 포상금의 지급 기준, 방법과 절차 및 구체적인 지급액 등에 필요한 사항은 대통령령으로 정한다.

제60조(권한의 위임)

① 제57조 제1항 각 호 및 같은 조 제2항에 따른 중앙행정기관의 장(교육부장관은 제외한다)은 제67조에 따른 권한의 일부를 대통령령으로 정하는 바에 따라 그 일부를 시·도지사 또는 시장·군수·구청장에게 위임할 수 있다.

② 제67조에 따른 교육부장관 또는 교육감의 권한은 대통령령으로 정하는 바에 따라 그 일부를 교육감·교육장에게 위임할 수 있다.

③ 제57조, 제58조 및 제67조에 따른 식품의약품안전처장의 권한은 대통령령으로 정하는 바에 따라 그 일부를 지방식품의약품안전청장에게 위임할 수 있다.

④ 제57조, 제58조 및 제67조에 따른 경찰청장의 권한은 대통령령으로 정하는 바에 따라 그 일부를 시·도경찰청장에게 위임할 수 있다.

제5장 보호관찰

제61조(보호관찰) ★

① 검사는 아동·청소년대상 성범죄를 범하고 재범의 위험성이 있다고 인정되는 사람에 대하여는 형의 집행이 종료한 때부터 「보호관찰 등에 관한 법률」에 따른 보호관찰을 받도록 하는 명령(이하 "보호관찰명령"이라 한다)을 법원에 청구하여야 한다. 다만, 검사가 「전자장치 부착 등에 관한 법률」 제21조의2에 따른 보호관찰명령을 청구한 경우에는 그러하지 아니하다.

② 법원은 공소가 제기된 아동·청소년대상 성범죄 사건을 심리한 결과 보호관찰명령을 선고할 필요가 있다고 인정하는 때에는 검사에게 보호관찰명령의 청구를 요청할 수 있다.

③ 법원은 아동·청소년대상 성범죄를 범한 사람이 금고 이상의 선고형에 해당하고 보호관찰명령 청구가 이유 있다고 인정하는 때에는 2년 이상 5년 이하의 범위에서 기간을 정하여 보호관찰명령을 병과하여 선고하여야 한다.

④ 법원은 보호관찰을 명하기 위하여 필요한 때에는 피고인의 주거지 또는 소속 법원(지원을 포함한다. 이하 같다) 소재지를 관할하는 보호관찰소(지소를 포함한다. 이하 같다)의 장에게 범죄 동기, 피해자와의 관계, 심리상태, 재범의 위험성 등 피고인에 관하여 필요한 사항의 조사를 요청할 수 있다. 이 경우 보호관찰소의 장은 지체 없이 이를 조사하여 서면으로 해당 법원에 통보하여야 한다.

⑤ 보호관찰 기간은 보호관찰을 받을 자(이하 "보호관찰 대상자"라 한다)의 형의 집행이 종료한 날부터 기산하되, 보호관찰 대상자가 가석방된 경우에는 가석방된 날부터 기산한다.

제62조(보호관찰 대상자의 보호관찰 기간 연장 등) ★

① 보호관찰 대상자가 보호관찰 기간 중에 「보호관찰 등에 관한 법률」 제32조에 따른 준수사항을 위반하는 등 재범의 위험성이 증대한 경우에 법원은 보호관찰소의 장의 신청에 따른 검사의 청구로 제61조 제3항에 따른 5년을 초과하여 보호관찰의 기간을 연장할 수 있다.

② 제1항의 준수사항은 재판장이 재판정에서 설명하고 서면으로도 알려 주어야 한다.

제63조(보호관찰 대상자의 신고 의무)

① 보호관찰 대상자는 출소 후의 거주 예정지, 근무 예정지, 교우 관계, 그 밖에 보호관찰을 위하여 필요한 사항으로서 대통령령으로 정하는 사항을 출소 전에 미리 교도소·소년교도소·구치소·군교도소 또는 치료감호시설의 장에게 신고하여야 한다.

② 보호관찰 대상자는 출소 후 10일 이내에 거주지, 직업 등 보호관찰을 위하여 필요한 사항으로서 대통령령으로 정하는 사항을 보호관찰관에게 서면으로 신고하여야 한다.

제64조(보호관찰의 종료)

「보호관찰 등에 관한 법률」에 따른 보호관찰 심사위원회는 보호관찰 대상자의 관찰성적이 양호하여 재범의 위험성이 없다고 판단하는 경우 보호관찰 기간이 끝나기 전이라도 보호관찰의 종료를 결정할 수 있다.

제6장 벌칙

제65조(벌칙)

① 다음 각 호의 어느 하나에 해당하는 자는 5년 이하의 징역 또는 5천만원 이하의 벌금에 처한다.

   1. 제25조의7을 위반하여 직무상 알게 된 신분비공개수사 또는 신분위장수사에 관한 사항을 외부에 공개하거나 누설한 자
   2. 제54조를 위반하여 직무상 알게 된 등록정보를 누설한 자
   3. 제55조 제1항 또는 제2항을 위반한 자
   4. 정당한 권한 없이 등록정보를 변경하거나 말소한 자

② 제42조에 따른 보호처분을 위반한 자는 2년 이하의 징역 또는 2천만원 이하의 벌금에 처한다.

③ 제21조 제2항에 따라 징역형 이상의 실형과 이수명령이 병과된 자가 보호관찰소의 장 또는 교정시설의 장의 이수명령 이행에 관한 지시에 불응하여 「보호관찰 등에 관한 법률」

또는 「형의 집행 및 수용자의 처우에 관한 법률」에 따른 경고를 받은 후 재차 정당한 사유 없이 이수명령 이행에 관한 지시에 불응한 경우에는 1년 이하의 징역 또는 1천만원 이하의 벌금에 처한다.

④ 다음 각 호의 어느 하나에 해당하는 자는 1년 이하의 징역 또는 500만원 이하의 벌금에 처한다.

    1. 제34조 제3항을 위반하여 신고자 등의 신원을 알 수 있는 정보나 자료를 출판물에 게재하거나 방송 또는 정보통신망을 통하여 공개한 자

    2. 제55조 제3항을 위반한 자

⑤ 제21조 제2항에 따라 벌금형과 이수명령이 병과된 자가 보호관찰소의 장의 이수명령 이행에 관한 지시에 불응하여 「보호관찰 등에 관한 법률」에 따른 경고를 받은 후 재차 정당한 사유 없이 이수명령 이행에 관한 지시에 불응한 경우에는 1천만원 이하의 벌금에 처한다.

박상민
JUSTICE 책
형사정

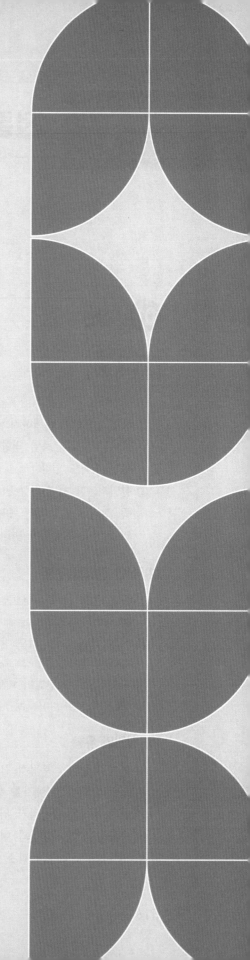

PART —— 8

범죄
유형론

CHAPTER 1 전통적 범죄

01 살인

(1) 의의

① 살인이란 타인에 의한 죽음을 의미한다. 사람을 살해함으로써 그 생명을 침해하는 범죄이다.

② 상해의 의향이 존재하지 않는 사고와 같이 용서 가능한 살인 행위, 자기방어를 위하여 사람을 죽이는 경우와 죽일 의향이 있더라도 어쩔 수 없는 것으로 받아들여지는 정당화할 수 있는 살인 행위도 있다.

③ 살인죄는 전체 형법상 범죄 중에서도 극단적으로 법질서를 파괴하고 또한 개개의 피해자 가족, 그리고 현장 부근 주민들에게 직접적으로 충격을 일으킬 뿐 아니라 일반사회에까지 생활의 안전을 위협하여 범죄 불안심리를 가중시킨다.

(2) 살인 행위의 구분

① 합법적이면서 사회적으로 용인되고 지극히 계산된 살인 행위

> ex▶ 병사가 전쟁터에서 조국을 위하여 적을 살해하거나 경찰관이 법 집행의 과정에서 발생할 수 있는 살해행위 등

② 사회적으로 어느 정도 용인될 수 있고 계산된 행동이지만 법률적으로 불법인 살해행위

> ex▶ 남편이 부정한 아내를 살해하거나 자신의 명예를 욕되게 하는 사람을 살해하는 것 등

③ 사회적으로 지탄받아 마땅하며 불법적인 행위로 규정되지만, 매우 계산적인 살인 행위

> ex▶ 자신의 재정적 이득을 취하기 위해 타인을 살해하는 것

(3) 살인의 유형

① 표출적 살인 : 부정적 감정표출에 의한 살인

② 도구적 살인 : 피해자를 성적 도구로 이용하기 위한 살인, 여기서 범죄자는 피해자를 단지 자신의 목적을 달성하기 위해 제거 혹은 이용해야 할 물건이나 대상으로 여긴다.

③ 충동적 살인 : 감정과 행동이 통제가 안 되는 살인, 다양한 범죄를 지속할 가능성이 크다.

④ 연쇄살인 : 다수의 장소에서 4건 이상의 살인을 저지르는 것, 사건 간의 냉각기를 갖는다.

⑤ 연속살인 : 짧은 시간 내에 여러 장소에서 두 명 이상의 살인을 저지르는 것.

⑥ 대량살인 : 동일한 시간과 장소에서 여러 명을 살해하는 것.

⑦ 1급 살인 : 상대방을 살해할 의도를 갖고 사전계획을 하고 살인을 저지르는 것.

⑧ 2급 살인 : 생명이 위험할 수 있다는 것을 알면서 행동으로 옮겨 살인을 저지르는 것.

(4) 범행동기에 따른 살인의 유형

우리나라 법원은 살인 범죄자를 처벌하기 위해 범행 동기에 따른 살인범죄 유형을 규정하고 유형별 양형기준을 정해 형량을 결정하고 있다.

① 제1유형 : 참작동기 살인은 동기에 있어서 특별히 참작할 사유가 있는 살인행위로, 피해자로부터 자기 또는 가족이 장기간 가정폭력, 성폭행 등 지속적으로 육체적·정신적 피해를 당한 경우와 같이 피해자에게 귀책사유가 있는 살인을 의미한다.

② 제2유형 : 보통동기 살인은 원한관계에 기인한 살인, 가정불화로 인한 살인, 채권·채무관계에서 비롯된 불만으로 인한 살인 등을 포함한다.

③ 제3유형 : 비난동기 살인은 보복살인, 금전, 불륜, 조직의 이익을 목적으로 한 살인 등 동기에 있어서 특별히 비난할 사유가 있는 살인행위를 의미한다.

④ 제4유형 : 중대범죄 결합살인은 강간살인, 강제추행살인, 인질살해, 약취·유인 미성년자 살해, 강도살인 등과 같이 중대범죄와 결합된 살인행위를 의미한다.

⑤ 제5유형 : 극단적 인명경시 살인은 불특정 다수를 향한 무차별 살인으로, 2인 이상을 살해한 경우를 의미한다.

(5) 살인 범죄의 특징

① 살인 범죄의 대부분은 폭발적인 감정의 압박으로 우발적으로 저지르는 경우가 많다.

② 범죄피해조사를 통한 실태 파악이 불가능하다.

③ 살인은 도구를 사용하는 경향이 있다.

④ 음주나 약물 사용과 관련이 많다.

⑤ 신체적 상해가 적은 범죄일수록 낯선 사람에 의해서 행해질 확률이 높은 반면, 신체적 상해가 큰 범죄일수록 80% 이상의 살인 범죄가 안면이 있는 사람에 의해서 이루어진다.

⑥ 대부분의 살인 범죄는 가족 등 근친관계를 통해서 이루어지는 경우가 많고, 평소 알고 지내던 사이에서 주로 발생한다.

⑦ 살인 범죄는 모욕을 당한 후 명예를 회복하기 위해 살인을 하는 경우가 있다.

⑧ 통상 대단한 감정을 요구하는 살인에 있어 아무런 감정을 못 느끼거나 갖지 못하는 낯선 이방인을 살해하는 경우는 비교적 많지 않다.

⑨ 살인을 '억제되지 않은 열정(undeterred passion)'으로 특징지으며, 살인을 열정의 범죄로 보는 것이다.

> **ex** 사형제도가 존재함에도 불구하고 살인이 억제되지 않는다.

(6) 살인 범죄의 생물학적 이론

① 인종학(ethological)적 이론

    ㉠ 인간은 생물학적으로 다른 동물보다 살인 본능이 강하다는 것이다.

    ㉡ 위험한 동물이더라도 동족을 살해하는 경우가 거의 없지만 인간만이 서로를 죽인다는 사실에 의해 증명되는 주장이다.

    ㉢ 사자와 같이 다른 사자를 죽일 수 있는 신체적 조건과 능력을 무장하고 있지 않은 인간은 다른 사람을 죽이고자 하는 살해본능을 금하는 제도적 기제가 필요 없기 때문에 인간은 살해본능이 강하다는 것이다.

    ㉣ 모든 사람이 동일한 발전적 과거를 겪었고, 동일한 살해본능을 가지고 있으며, 동일하게 살해본능을 금하는 기제가 부족함에도 불구하고 모든 사람이 전부 살인을 하는 것이 아니라는 지적을 받는다.

② 유전학(genetic)적 이론

    ㉠ 대부분 정상인은 23개씩의 X와 Y염색체를 가지고 있으나 극히 일부는 남성염색체인 Y염색체를 하나 더 가지고 있는데, Y염색체가 남성을 강인하고 공격적으로 만들기 때문에 이들 XYY 염색체를 가진 남성은 통상적으로 공격적인 경향을 가질 확률이 높다는 것이다.

    ㉡ XYY염색체가 폭력성의 잠재요인은 될 수 있을지언정 결정인자는 아니라는 점에서 한계가 있다.

    ㉢ 사회문화적 요인이 이 잠재적 요인의 표출을 결정하는 것으로 사료되는 등의 문제점과 한계가 지적되기도 한다.

(7) 살인 범죄의 심리학적 이론

① 심리분석학적 이론

    ㉠ 갈등 관계를 중재하는 ego가 역할을 제대로 하지 못하면 id를 만족시키지 못하거나 superego를 거역했을 때 불행해지거나 죄의식을 갖게 되고 나아가 정신적 질병을 앓게 되어 결국 살인과 같은 폭력으로 이끌리게 된다는 것이다.

    ㉡ 사소한 공격성의 표현을 심하게 처벌하고 선행을 지나치게 강요한다면 강력한 superego를 갖게 되고 공격성 욕구를 완전히 억제하여 정상적인 해소 방법이 없을 때 그것을 폭발시키게 된다는 것이다. 이 점이 아주 선한 사람이 믿을 수 없는 갑작스러운 살인까지 하게 되는 경우이다.

② 좌절-공격성(frustration-aggression) 이론

    ㉠ 인간의 공격성은 항상 좌절의 결과라는 가정에서 시작한다.

    ㉡ 좌절이란 목표성취 시도의 봉쇄를 의미한다.

    ㉢ 이 이론에 의하면 사람들은 자신의 욕구가 충족되지 않을 때 좌절을 경험하며 이에 대한 반응으로 공격적인 행동을 하게 된다.

(8) 살인 범죄의 사회학적 이론

① 외적 제재(external restraint)

    ㉠ 자살과 살인 모두 공격적 행동이라는 점에서 동일하나, 자살이 자신을 향한 내부지향적 공격성인 반면, 살인은 타인을 향한 외부지향적 공격성이라는 점에서 차이가 난다고 주장한다.

    ㉡ 외적 제재의 강도는 타인의 기대감과 요구에 동조하는 정도, 자신의 자유와 행동 범위를 제한하기 위해서 자신에게 주어진 사회적 통제의 정도이다.

    ㉢ 사회적 통제를 많이 받는 사람은 그들의 좌절감에 대해 남을 합법적으로 탓할 수 있기 때문에 자살보다는 살인을 지향하게 된다는 것이다.

② 폭력성의 하위문화이론

    ㉠ 폭력의 하위문화가 빈곤 지역과 흑인 밀집 지역에서의 높은 살인율의 원인이 된다고 하였다.

    ㉡ 폭력성 모형과 자신을 동일시하고 접촉하는 과정을 겪음과 동시에 지배사회의 비폭력적 대체 모형을 답습하지 못했기 때문에 빈곤계층의 구성원들이 하위문화의 영향을 많이 받고 폭력성행위에 가담하는 것이다.

    ㉢ 폭력성 하위문화가 하류계층의 지역사회에 국한된 것이 아니고, 모든 계층의 사람에게 영향을 미치는 것이라 강조하나, 하류계층의 사람들이 부유한 사람에 비해 살인 범죄에 더 많이 연루되는 이유는 부유한 세력들은 자신의 폭력을 문명적으로, 비공격적으로 표출하는 방법이 다양하고 대안이 있는 반면, 하류계층은 이러한 것들을 박탈당했기 때문이라고 주장한다.

(9) 살인의 일반적 경향

① 살인범은 남녀 20~25세에서 가장 많고, 성별에 있어서 여성과 비교해 남성이 높다.

② 우리나라의 경우 범인 분석에 의하면 형법범의 성별 비교에 있어 총 범죄 비율은 남자의 경우 85.9%, 여자가 19.4%로 나타난다.

③ 남성의 경우는 피해자의 평균연령이 가해자보다 높지만, 여성은 여성에게 특유한 영아 살인이 많고 특히 특수범죄의 하나인 영아 유기는 영아 살인과 관련되는 것으로 피해자의 평균연령이 낮은 것이 특징이다.

④ 가해자·피해자가 똑같이 남녀를 불문하고 무직이 많다. 직업에 관해서 살인 발생률이 높은 것은 무직, 농공업, 상업, 종업원 순이고 특히 여성의 경우는 무직, 주부, 서비스업 등이 많다. 여기서 가해자·피해자가 똑같이 남녀를 불문하고 무직이 많다는 것을 엿볼 수 있다.

⑤ 살인자는 초범자가 가장 많고 다음으로 2범, 3범의 순으로 나타난다.

(10) 연쇄살인의 유형 – 홈즈와 드버거의 분류(주요 행동 패턴에 따른)

연쇄살인은 연속적으로 살인 행위를 저지르는 범죄로, 범인은 주로 계획적으로 범행을 저지르며 일정한 간격으로 살인을 저지르는 공통점을 갖고 있다. 연쇄살인범들은 대부분 PCL-R테스트에서 높은 점수를 받는 사이코패스에 해당한다.

① 망상형 : 환청, 환각, 망상이 주요 원인, 살인을 정당화
② 사명감형 : 자신의 기준이나 신념체계에 비춰 부도덕한 사람을 희생자로 하는 경우
③ 쾌락형 : 성적 쾌락과 스릴감을 맛보기 위해 살인 자체를 즐기는 경우
④ 권력형 : 정복감과 힘의 우위를 성취하기 위한 경우

◉ PCL-R 테스트

사이코패스의 진단척도로는 심리학자 로버트 헤어의 PCL-R이 가장 많이 사용되며, 20문항에 걸쳐 항목별로 3점 척도로 응답하고, 총 40점 만점으로 구성되어있다. 2명 이상의 전문가가 평균을 낸 점수로 사이코패스를 진단하게 된다.

◉ 사이코패스의 특징

① 사이코패스는 자신의 감정과 고통에는 매우 예민하나 타인에 대해 공감을 할 수 없다.
② 주변 사람들과 정서적 유대감을 맺지 못한다.
③ 과대망상증이 심하고 자신의 욕구를 충족시키기 위해서는 무슨 일이든 할 수 있다.
④ 충동적이고 즉흥적인 성향을 지녔으며 포악하고 잔인한 범죄를 저지르고도 전혀 죄의식을 느끼지 못한다.

---

(11) 연쇄살인의 특징

① 철저한 계획하에 행해지고, 살인의 과정에서 자신이 했다는 일종의 표시, 자기과시적 범죄가 많다.
② 동기가 분명하지 않아 범인을 색출하는 데 어려움이 많다.
③ 살인사건 사이에 시간적 공백, 심리적 냉각기가 있다.
④ 범인이 잡히지 않는 이상 사회에 극심한 공포심을 유발한다.
⑤ 사건의 횟수를 거듭할수록 더 발전된 범행 수법을 연구 개발하여 실행하는 것이 일반적이다. 범인이 대부분 시간을 살인에 대한 공상, 계획, 준비 등에 보낸다.

(12) 다중(多衆)살인

① 다중살인(mass murder)이란 한 장소에서 한 번에 여러 명을 살해하는 것을 말한다.
② 다중살인은 집단에서의 소외감 또는 상대적 박탈감 등에 의한 적대적인 감정이 극단적으로 표출된 것이다.

③ 다중살인의 경우 범인 특정이 용이하다. 대부분 그 자리에서 검거되거나 스스로 목숨을 끊기 때문이다.

④ 수많은 사람을 한 번의 기회에 살해하므로 위험성이 높은 흉기를 사용한다.

⑤ 다중살인의 피해자는 가해자와 아무런 관계없는 사람이 된다.

⑥ 피해자가 다수이다.

02 성범죄

JUSTICE

(1) 의의

① 성범죄는 상대방의 의사에 반하여 가해지는 행위로 강간, 강도강간, 윤간, 성매매, 청소년 성매매, 성추행, 데이트강간 등의 형태로 다양하게 나타나고 있다.

② 우리나라의 경우 성폭력 범죄는 매년 전반적으로 증가하고 있다. 과거와 비교해 성폭력 범죄에 대한 사회적 인식이 바뀜에 따라 성폭력에 대한 피해 신고가 증가하고 있으나, 다른 범죄들에 비해서 신고율이 높지 않다.

(2) 성범죄의 유형

① 강간

강력범죄의 하나로서 상대방의 동의 없는 성교행위라고 할 수 있다. 상대방의 반항을 불능케 하고 상대방을 현저히 곤란케 할 수 있는 폭행과 협박으로 사람을 간음하는 것이다. 13세 미만의 사람을 간음했을 때는 폭력을 수단으로 하지 않았어도 강간죄가 성립한다.

② 특수강간

흉기를 휴대한 가해자나 2인 이상의 가해자가 강간죄나 강제추행죄, 준강간죄, 준강제추행죄를 범하거나 범하려 시도하는 경우, 피해자를 치사 혹은 치상한 경우 무기 또는 각각 10년, 7년 이상의 징역을 선고한다.

③ 강제추행

폭행, 협박으로 사람을 추행하여 개인의 성적 자기결정의 자유를 침해하는 것. 행위 객체는 남녀노소·혼인 여부를 묻지 않음. 행위 주체는 남·여 모두임. 폭행 또는 협박으로 사람에 대하여 추행을 한 자는 10년 이하의 징역 또는 1천500만 원 이하의 벌금에 처한다.

④ 성매매

영리의 목적으로 사람을 매개하여 간음하게 한 자는 3년 이하의 징역 또는 1,500만 원 이하의 벌금. 추행, 간음, 결혼 또는 영리 목적으로 사람을 약취 또는 유인한 자는 1년 이상 10년 이하의 징역. 18세 미만의 아동에게 음란한 행위를 시키거나 이를 매개하는 행위 또는 아동에

PART 8

게 성적 수치심을 주는 성희롱 등의 성적 학대 행위에 대해 10년 이하의 징역 또는 1억 원 이하의 벌금(아동복지법 제71조 제1항 제1의 2호)을 부과하여, 금지주의를 원칙으로 한다.

⑤ 청소년 성매매

성 구매의 대상이 19세 미만의 청소년인 경우 성 구매자에 대하여 가중처벌함, 청소년 성매수사범에 대한 신상 공개 규정하고 있다.

⑥ 성희롱

직장 등에서 상대방의 의사에 반하는 성과 관련된 언동, 불쾌하고 굴욕적인 느낌, 고용상의 불이익 등 유무형의 피해를 주는 행위, 직접적인 신체접촉, 음란한 농담, 음담패설, 성적 관계 강요, 회유하는 행위, 외설적인 사진·그림·낙서·출판물 등을 직접 보여주거나 통신매체를 통해 보내는 행위 등을 말한다.

◐ 그로스(N. Groth)가 분류한 강간유형

① 지배 강간 : 피해자를 힘으로 자신의 통제하에 강간하는 유형으로, 능력 있는 남성이라는 자부심을 유지하기 위하여 강간이라는 비정상적인 행위를 통하여 자신의 힘을 과시하고 확인하고자 한다.

② 가학성 변태성욕강간 : 가학적인 공격행위 그 자체에서 성적 흥분을 일으키는 정신 병리적 유형으로, 사전계획 하에 상대방을 묶거나 성기나 유방을 물어뜯거나 불로 지지는 등 다양한 방법으로 모욕하는 등 반복적인 행동으로 쾌락과 만족감을 얻는다.

③ 데이트강간 : 10~20대 사이에서 여성의 동의 없이 남성이 강제로 폭행 또는 협박하는 유형이다.

④ 분노 강간 : 자신의 분노를 표출하고 상대방을 모욕하고 미워하기 위한 행동을 하는 유형으로, 성적 만족을 위해서 행해지는 것이 아니라 자신의 분노를 표출하고 상대방을 모욕하고 미워하기 위한 행동으로 신체적인 학대가 심하다.

---

(3) 성범죄의 조장문화

① 여성을 남성의 소유물(women as men's property)로 보는 시각이다. 과거에는 여성을 재물로 인식하였으며, 여성을 성의 대상으로 판단하고 성을 상품화하는 시각을 가진다. 이러한 사고는 여성을 성의 대상으로 판단하기 때문에 어떠한 물건이 많이 사용될수록 중고품이 되어 가치가 떨어진다고 보는 관점인 것이다.

> **ex** 가난한 사람이나 흑인을 강간한 경우보다 부유층이나 백인을 강간한 경우에 더 큰 처벌을 받는 경우도 여성을 하나의 재물로 보는 것이다.

② 남자다움을 과시하는 경쟁의 대상으로서 여성을 대하는 시각이다. 경쟁의식이 남성으로 하여금 여성에 대한 성적 폭력까지도 쉽게 행사할 수 있게 한다는 것이다.

③ 여성은 강간당하고 싶어 하는 비밀욕구를 가지고 있다는 잘못된 인식을 갖고 있는 것이다. 예를 들어 옷을 야하게 입는 등 여성이 성폭행을 자초했거나 유발했기 때문에 피해자에게도 책임이 있다는 시각이다.

④ 여성에게는 전형적인 여성적 역할만을 강요한다는 사실이다. 여성을 잠재적 강간 피해자로

만드는 두 가지 경향이 있는데, 하나는 수동적이고, 연약하고, 경제적으로 남성에 종속적인 여성적 경향이며, 다른 하나는 남성에 대한 순종이다.

(4) 성범죄가 발생하는 원인

① 성적 부적절성의 문제로서 심리학자나 심리분석가들은 강간범들은 대체로 감정적 혼란과 인성 결함으로 고통받고 있는 것으로 보고 있다.

　㉠ 성범죄자들은 거세감정이나 성적 부적절성을 느끼고 있어서 과다하게 공격적인 성행위를 통하여 감정을 숨기려고 하며, 내적갈등, 내적 부조화, 사회적 소외의 문제를 안고 있는데, 성적 공격에 대하여 자신에게 덤비는 여성에게 성적흥분을 느낀다.

　㉡ 바람직하지 못한 어린 시절의 경험으로 인해 성적 부적절성이라고 일컬어지는 인성결함이 생겼으며 이것이 자신을 여성과 적절하게 관계 짓지 못하는 원인이 되는 것이다.

　㉢ 성적 부적절성을 표출하는 가장 보편적인 방법이 성적 환상에 젖어 여성을 강간하여 자신의 환상을 행동으로 표출하는 것이다.

② 폭력의 하위문화로서 폭력적 부문화를 가진 하류계층의 흑인이 가장 높은 강간 범죄율을 보인다는 사실에 기초하고 있다.

　㉠ 하류계층의 흑인 하위문화는 공격적 행동이나 성적 착취를 통한 쾌감추구를 중시하며, 남성다움에 사로잡혀 성범죄를 저지르는 것을 남성다움이라고 느낀다는 것이다.

　㉡ 사회적·성적 생활에 있어서 대인폭력과 용맹성을 이상화하며, 조기성경험을 통해 동료집단에서의 지위를 얻고자 한다.

　㉢ 강간범 자신은 정상이지만 강간을 조장하는 폭력적 하위문화에 의해 기대되는 바가 범죄적 양상을 띤 행동으로 표출된 것이라고 보는 것이다.

③ 상대적 좌절감의 문제로서 성적 제한이 심한 사회와 같이 혼외 성관계의 기회 부족으로 인해 강간이 유발된다고 본다.

　㉠ 개방된 사회에서 상대적 좌절감을 느끼는 사람이 많은 것이고, 따라서 강간 범죄도 더 자주 발생한다는 것이다.

　㉡ 폐쇄된 사회에서는 여성에 의한 성적 거부를 남성 개인의 탓이 아니라 폐쇄적 사회 때문이라고 생각하여 자신의 자아를 지킬 수 있지만, 개방된 사회에서는 합리화가 불가능하기 때문에 자신에 대한 여성의 거부를 개인의 탓으로 돌릴 수 밖에 없다.

④ 차별적 통제(differential control)의 문제이다.

양성 모두에게 성적 제한이 동일하게 가해진다면 성적 금욕이 팽배할 것이고 반대로 양성 모두에게 성적으로 제한되지 않는다면 성적 난잡함이 난무할 것이나, 여성에게만 제한이 가해지고 남성에게는 개방적이기 때문에 강간이 많이 일어날 수밖에 없다는 것이다.

⑤ 남녀성비의 불균형에서 강간의 원인을 찾는 것이다.

사회의 성비가 여자에 비해 남자가 월등히 많은 경우 성적 배출구가 부족하게 되고 따라서 성적 상대를 찾는 데 있어서 사회적 긴장이 고조되므로 이에 강간이 성행한다는 단순한 논리이다.

⑥ 세력이론(power theory)

    ㉠ 상류계층의 사람은 강간임에도 공식적으로 인지되지 않은 강간을 범하기 쉽지만, 하류계층의 사람은 공식적으로 인지된 강간을 범하는 경향이 강하다.

    ㉡ 하류계층의 강간은 폭력이 개입될 확률이 많기 때문에 잔인하게 보여지고, 이러한 이유로 시선이 집중되어 경찰의 법집행이 집중되는 경우가 많다. 그러나 상류계층의 경우 폭력보다 자신의 지위를 이용한 회유와 협박 등의 방법이 동원되기 때문에 공식적으로 인지되지 않는 경우가 많고, 사회적 통제를 적게 받는다.

(5) 성범죄가 피해자에게 미치는 영향

① 성범죄에 대한 취약성이다.

    면식범에 대해서는 저항하기도 어려우며, 피해를 극복하기도 더 어렵다는 점에서 강간 피해에 대해 취약해지기 때문에 대개는 면식범에 의한 경우가 피해자에게 더 큰 영향을 미친다.

② 성범죄 전에 세상을 안전하게 여겼던 사람이 그렇지 못한 사람에 비해 성범죄의 영향을 더 크게 받는다.

③ 사회와 세상을 믿을 만한 곳이라고 생각했던 사람은 배신감이 큰 만큼 영향도 크게 받는다.

④ 성범죄 가해자와의 관계가 가까울수록 더 영향이 크다.

⑤ 성범죄의 결과 자신의 신체가 영구적으로 망가졌다고 생각하는 사람일수록 피해의 결과가 크다.

⑥ 성범죄가 비밀스럽게 저질러질 경우일수록 영향을 더 크게 받는다.

⑦ 성범죄에 대해 속으로 삭이는 사람에게 더 큰 영향을 미친다.

(6) 성범죄자의 심리적 유형

① 반사회적, 병리학적(antisocial or psychopathic) 성향

    죄책감이 부족하다. 자책감의 부족으로 자신의 행동을 숨기고자 하는 경향이 있다.

② 자기도취적(narcissistic) 성향

    성 공격적인 행위를 통해 자신의 권위나 힘을 나타내려고 한다. 이것은 남성 우월주의의 극단적 표현인 경우도 있다. 성범죄 행위를 통해 자신의 부족함을 잠시나마 잊으며 자신의 나약함을 잊고자 노력하는 행위를 이 범주에 포함할 수 있다.

③ 정신분열적(schizoid), 정신병의 경계상태(borderline)성향

    극단적인 양분적 사고 경향으로 인해 대인관계가 불안정하고 소외감, 질투심, 사회성 부족 성향을 가지고 있다. 주요한 타인과의 관계망도 매우 빈약하고 사회관계 자체가 지극히 발달하지 못한 경우가 많다. 소유욕이 강하며, 질투심이 많고, 의존 성향도 있는 경우가 대부분이다.

④ 수동적이고 공격적인(passive-aggressive) 성향

분노를 가진 공격적 성향이 많으며 자신감 부족으로 간접적인 방법으로 행동을 표출하는 경우도 많다. 특히 분노를 표현하는 상황에서 이와 같은 성향이 두드러진다.

⑤ 해리적(dissociative) 성향

행동이 의식과 분리되어 표출되는 경우를 의미한다. 일상적인 수준에서 이해하기 힘든 성과 관련된 일탈적인 환상에 빠지거나 행동을 나타내는 경우가 많다. 내적으로 지나치게 몰두하는 경우도 해리적 성향을 지닌 것으로 본다.

⊙ 성범죄자의 심리적 특성

생활양식	행위
반사회적, 병리학적	범죄 심리상태, 타인에 대한 감정이입 및 자책감의 부족
자기도취적	타인에 대한 우월감, 과장 심리
정신 분열적	사회기술의 부족, 소외감, 둔감된 정서
정신병의 경계 상태	대인관계의 불안정, 타인에 대한 의존감
수동적-공격적	자신에 대한 낮은 존중감, 타인에 대한 공격적 심리
해리적	일탈적 환상, 의식으로부터의 분리, 이탈

(7) 성범죄의 대처방법

사후지원적 측면	피해 직후 대처방안
• 전문상담소 및 보호시설의 활성화 • 재정적 지원 확대 • 전문 경찰 제도 확충 • 의료 제도적 연계망 구축	• 피해를 숨기지 말고 즉각 알릴 것 • 병원치료와 증거를 채취, 보존 • 상담 기관이나 전문가의 도움을 청함 • 극복을 위한 적극적 의지와 노력

(8) 성범죄의 대책

① 약물치료제도

검사는 성폭력 범죄를 다시 범할 위험성이 있다고 인정되는 19세 이상의 성도착증 환자에 대하여 약물치료 명령을 법원에 청구할 수 있다. 약물 투여 및 심리치료 등의 방법으로 도착적인 성 기능을 일정 시간 동안 약화 또는 정상화하는 치료이다.

② 전자감시제도

전자발찌는 19세 이상인 성폭력 범죄에 국한되지 않고 미성년자 유괴, 살인, 강도 등 강력범에도 최장 30년까지 부착할 수 있다.

PART 8

> **➜ 전자감시제도의 특징**
> ① 부착 대상 범죄는 성폭력 범죄, 미성년자 대상 유괴범죄, 살인범죄, 강도범죄 등이다.
> ② 만 19세 미만의 자에 대하여 전자장치를 부착할 수 없다.
> ③ 부착명령은 검사가 청구할 수 있다.
> ④ 부착명령은 검사의 지휘를 받아 보호관찰관이 집행한다.
> ⑤ 부착명령은 전자장치 부착을 명하는 법원의 판결이 확정된 때부터 집행한다.
> ⑥ 부착명령이 선고되면 보호관찰관을 지정하여 보호관찰을 받아야 한다.
> ⑦ 부착대상자에게 준수사항을 부과할 수 있다.
> ⑧ 최장 30년까지 부착할 수 있도록 규정되어 있다.

　③ 신상정보 공개제도
　　㉠ 신상정보 등록제도는 등록대상 성범죄로 유죄판결이 확정된 사람의 신상정보를 등록·관리하여 성범죄 예방 및 수사에 활용하고, 그 내용의 일부를 일반 국민 또는 지역주민에게 알림으로써 성범죄로부터 안전한 사회를 만들기 위한 제도이다.
　　㉡ 성범죄를 저지른 후 10~30년 동안 정부 기관에 등록된다는 사실에 의해 경각심을 갖게 하는 등의 일반 범죄예방 효과가 있으며, 재범할 경우 등록된 신상정보로 쉽게 적발될 것이라는 심리적 압박을 통해 성범죄를 억제한다.
　　㉢ 성범죄 발생 시 업데이트된 성범죄자 데이터베이스를 이용하여 용의자를 축소하고 범인의 추적 및 검거를 용이하게 하여 수사의 효율성을 높인다.
　④ 치료감호제도
　　치료감호란 심신장애와 알코올 또는 마약중독자 등을 치료감호시설에 수용하여 치료를 위한 조치를 하는 보안처분이다.

 강도　JUSTICE

(1) 의의

　① 현행법상 강도란 "폭행 또는 협박으로 타인의 재물을 강취하거나 기타 재산상의 이익을 취득하거나 또는 제3자로 하여금 이를 취득하게 함으로써 성립하는 범죄"를 말한다.
　② 피해자에 대한 폭력과 폭력의 위협을 가하는 동시에 재물을 취하는 두 가지 특성을 가진다.
　③ 강도의 대상이나 목표물은 일반적으로 강취 가능한 금품의 규모, 체포의 위험성 및 범행의 용이성 등을 고려하여 합리적으로 결정되며, 우발적인 강도범죄라고 하더라도 범행을 실행함에 있어서는 최소한의 합리적 의사결정과정이 존재하므로, 강도는 합리적 의사결정자로 간주된다.
　④ 성립요건 : 폭행은 사람에 대하여 유형력을 행사하는 것이고, 협박은 해악의 고지에 의하여

사람에게 공포심을 일으키게 하는 것으로, 피해자의 성별, 나이, 범행 장소, 시간 등을 고려하여 사회일반인의 통념에 따라서 판단할 수밖에 없다.
⑤ 미국의 경우, 50주의 형법에 따라 강도의 유형은 상이하나, 강도범죄를 크게 일반강도, 무장강도, 주거침입강도, 차량탈취강도로 구분한다.

> **⊙ 강력범죄**
> ① 강력범죄란 통상 폭력을 동반하여 개인의 생명이나 신체에 위해를 가하는 대인 범죄를 가리키는 것으로, 실정법상의 개념이 아니라 실무상의 개념이므로 어떤 범죄를 강력범죄로 볼 것인가에 대해서는 반드시 의견이 일치하지 않는다.
> ② 강력범죄란 흉기나 강한 물리력을 행사하여 생명·신체의 위해는 물론 재산상의 피해를 끼치는 살인, 강도, 강간(성폭력 포함), 방화 등 4대 범죄로 일반적으로 정의되기는 한다.
> ③ 법무연수원에서 발간한 범죄백서의 분류기준에 의하면 강력범죄란 살인, 강도, 강간, 방화 범죄를 일컫는다.
> ④ 형사사법 실무에서 강력범죄로 분류하고 있는 죄로는 방화, 살인, 상해와 폭행, 협박, 강도, 강간과 추행, 공갈, 약취와 유인의 죄가 있다.

---

(2) 강도의 유형

① 전문적 강도(professional robbers)
  ㉠ 자신의 범행을 사전에 계획하여 한 명 또는 그 이상의 공범자들과 함께 기술적으로 범행하여 고가의 재물을 챙긴다는 데 특징이 있다.
  ㉡ 전문적 강도범들은 생활비의 충당방법으로서 범죄에 전념하는데, 그 이유는 적은 노력으로 큰 수익을 올릴 수 있어 그들이 돈을 많이 쓰는 생활을 즐길 수 있기 때문이다.
  ㉢ 큰 액수를 금전적으로 취할 수 있는 상업시설 등을 대상으로 삼는데, 시설에는 방범 장비와 감시조치가 철저하기 때문에 더 많은 사전준비와 기술을 연마하게 된다.

② 아마추어 강도(amateur robbers)
  ㉠ 기회주의 강도(opportunist robbers) : 가장 보편적
  상업시설보다 개인을 범행의 대상으로 삼고, 대상선정 시 재물의 크기보다는 접근의 용이성과 상당한 취약성을 중시한다. 취약성을 대상선정의 주요 범주로 고려하기 때문에 무기사용의 필요성을 느끼지 않고, 주로 집단으로 강도하기 때문에 집단 자체가 일종의 피해자를 위협할 수 있는 무기로 작용한다.
  ㉡ 약물중독 강도(addict robbers) : 범행 빈도가 높음
  마약을 복용하고 환각 상태에서 강도를 저지르게 되는 것을 말한다. 마약 비용이 고가이기 때문에 금전 필요를 목적으로 기회주의자들보다 재산범죄를 더 많이 저지른다. 이들은 계획적이지 않은 편이며, 범행시 무기를 거의 사용하지 않는다.
  ㉢ 알코올중독 강도(alcoholic robbers) : 검거율이 가장 높음

PART 8

강도에 대한 전념의 정도가 가장 약하며, 예기치 않게 강도를 하게 되는 상황에 가담하게 되어 범행을 저지른다. 이들은 범행을 계획하지 않으며, 취약한 대상을 상대로 범행을 쉽게 하려고 하지도 않는다. 다른 강도가 대부분 금전을 목적으로 하는 동기를 가지고 있으나 이들은 자신들이 취했기 때문에 강도를 하게 된다.

(3) 강도의 원인

① 상대적 박탈감
  ㉠ 지위 상승에 대한 기대는 증대되었으나 이를 실현할 기회가 제한되거나 차단되기 때문에 범행을 통해 자신의 기대감을 성취하는 것이다. 사회가 발전할수록 하류계층이 상대적 박탈감을 더 많이 느끼게 되어 그만큼 더 많은 강도를 행하게 된다는 논리이다.
  ㉡ 경제적 성공의 기회가 제한되거나 차단되어 자신의 기대감을 실현하지 못한 모든 사람이 강도 행위를 하지는 않는다는 사실을 보면 이 주장에 한계가 있다.

② 경제적 풍요로움
  ㉠ 경제적 풍요는 재물을 소유하지 못한 사람들에게 오히려 상대적 박탈감을 증대시키는 동시에 남은 재물을 쉽게 취할 수 있는 기회도 증가시키기 때문에 아마추어 강도가 증가한다는 것이다.
  ㉡ 경제공황기에는 재산범죄가 비교적 낮은 수준을 유지하였으나 호황기에는 오히려 발생률이 증대되었다는 연구 결과가 있다.
  ㉢ 상대적 박탈감을 느끼는 사람보다 열심히 노력하는 사람이 더 많다는 사실은 경제적 풍요로움과 강도의 관계에 대한 이론의 한계이다.

③ 상류계층의 세력 집단
  ㉠ 상류계층의 강도는 기술적이고 지능적이며 그 피해자가 불특정 다수인이어서 잘 인지되지 않고, 수법상 거의 폭력성이 배제된 재산범죄의 속성을 지니기 때문에 일반적인 인식과 관심을 끌지 못한다.
  ㉡ 법의 공정성과 권위가 침해되어 하류계층의 범행까지도 증대시키게 된다. 하류계층의 범행이 증대되면 상류계층은 위험을 느끼게 되어 더욱더 지능적이고 기술적인 범행을 저지르게 된다.

04 가정폭력

JUSTICE

(1) 의의

가정폭력은 가정구성원 사이의 신체적, 정신적 또는 재산상 피해를 수반하는 행위를 말한다. 가정폭력의 피해자는 여성에 한정되지 않고, 남편, 자녀, 노인 등도 피해자가 될 수 있다.

(2) 특징

① 외부에 잘 알려지지 않는 특성 때문에 사회적·법적 개입이 필요하다.
② 사회적 불평등이 원인 가운데 하나이다.
③ 피해자와 가족 구성원의 인권을 보호하기 위해 제정한 가정폭력범죄의 처벌 등에 관한 특례법이 있는 것처럼 가정폭력범죄에 관해 사회적·법적 개입이 필요하다.

> **➲ 가정폭력범죄의 처벌 등에 관한 특례법상 가정 구성원(법 제2조 제2호)**
> ① 배우자(사실혼 포함) 또는 배우자였던 사람
> ② 자기 또는 배우자와 직계존비속관계(사실상의 양친자관계를 포함)에 있거나 있었던 사람
> ③ 계부모와 자녀의 관계 또는 적모(嫡母)와 서자(庶子)의 관계에 있거나 있었던 사람
> ④ 동거하는 친족

(3) 종류

① 배우자 학대
배우자 학대는 신체적인 상해 등의 것뿐만 아니라 정신적인 학대도 포함한다. 폭력이 아주 심하고 상습적이며, 과거에 폭력의 경험이 없으면 그 가정을 떠나지만, 폭력이 적고 과거에 폭력에 대한 경험을 한 경우에는 그대로 가정에 머무르는 경향이 크다. 배우자 학대의 경우 대부분 여성이 피해자인 경우가 많다.

② 매 맞는 남편
여성의 폭력은 남성과는 달리 보통 꼬집기, 할퀴기, 따귀 때리기, 집기던지기로 요약할 수 있다. 매 맞는 남편의 경우 하소연할 곳이 마땅치 않아서 그 해결에 어려움이 있다. 게다가 남성이 여성에게 맞는다는 부끄러움 때문에 신고조차 잘 안하는 실정이다.

③ 소아·청소년 학대
아동학대는 아동의 정상적 발달을 저해할 수 있는 신체적·정신적·성적 폭력과 아동을 유기하거나 방임하는 행위를 의미한다. 유복한 가정에서의 아동학대는 학대 부모나 아동의 성격적인 특성이 주를 이루고, 빈곤한 가정에서는 성격적 요인보다 환경적 요인이 더 크게 작용한다.

④ 노인학대
의학 기술의 발전으로 평균수명이 높아지면서 노인 문제는 더 심각해지고 있다. 집에서 생활하는 것이 대부분인 노인에게 이전보다 학대의 가능성이 더 늘어났다. 그러나 아동학대와는 달리 고령자의 학대는 대부분 표면화되지는 않았다.

PART 8

● 아동학대의 반응 및 증상

구분	반응	증상
심리적 징후	자아기능 손상, 급성 불안반응, 병적인 대인관계, 원시적 방어기전, 충동 조절 손상, 자아개념의 손상, 자학적 · 파괴적 행동, 학교 부적응, 중추신경계 장애	충동성, 언어발달 장애, 공격적 · 파괴적 행동, 전지전능의 공상, 자학행위 증상
행동적 징후	정서적 학대와 행동적 징후 신체적 학대와 행동적 징후 성적 학대와 행동적 징후	수면장애, 귀가 공포, 두통, 복통, 학교 결석, 사회적 위축, 주의산만, 백일몽 증상
신체적 징후	체벌과 학대로 인한 전형적인 상처, 특징적 형태의 화상, 사고로 보기 어려운 상처 등	다발성 타박상, 피멍, 담배로 지진 화상, 뜨거운 물에 담근 흔적, 어깨 탈골, 치명상에 의한 아동 사망, 임신, 성기나 항문 상처 등

(4) 범죄의 원인이 되는 가정

① 결손가정

사망, 이혼, 실종 때문에 실부모가 있지 않은 가정을 말한다.

② 갈등가정

심리적인 갈등 때문에 가족 내의 인간관계에 갈등과 불화가 생기는 가정이다.

③ 범죄가정

범죄에 관한 생각이나 행동이 긍정적인 가정이다.

④ 빈곤가정

경제적 생활 수준이 낮은 가정이다.

(5) 피해자의 특성

① 무기력 증후군

매 맞는 상황을 보호할 수 있는 능력이 없다는 상태로 보고 무기력하게 수동적으로 받아들인다.

② 폭력 외상 후 스트레스 장애

폭력이라는 정신적 외상으로 인해 깜짝 놀람, 악몽, 환청, 회피, 우울, 불안, 해리 등의 증상이 나타난다.

③ 폭력배우자 약속에 대한 희망

폭력배우자가 눈물을 머금고 다시 그러지 않을 것이라며 용서를 빌게 되면 그 약속을 믿게 되고 자신도 어느 정도 잘못됐다고 보고 용서를 하는 것이다.

(6) 가해자의 특성

① 가부장적 사고방식에 사회적, 경제적 지위와는 무관하다. 원만한 인간관계를 가지지 못한다.

② 유년 시절 가정폭력을 경험했으며 모든 문제를 폭력으로 해결하려고 한다. 성인이 되어 가정

을 이루었을 경우 가해자가 될 가능성이 크다.

③ 영향력을 과시하기 위해 불평등한 가족관계 내에서 폭력을 행사한다.

05 학교폭력 JUSTICE

(1) 의의

학교폭력이란 학교 내외에서 학생을 대상으로 발생한 상해, 폭행, 감금, 협박, 약취·유인, 명예 훼손·모욕, 공갈, 강요·강제적인 심부름 및 성폭력, 따돌림, 사이버 따돌림, 정보통신망을 이용한 음란·폭력 정보 등에 의하여 신체·정신 또는 재산상의 피해를 수반하는 행위를 말한다.

> ● **학교폭력의 원인에 대한 이론적 접근**
> ① 차별적 접촉이론
>   친밀집단과의 상호작용을 통해 폭력행위에 대한 허용가치, 태도를 학습하여 폭력행위를 저지르게 된다.
> ② 사회통제이론
>   ㉠ 학생들이 사회와 맺는 유대관계를 강조한다.
>   ㉡ 가정, 부모, 학교와의 유대가 약한 학생일수록 폭력에 쉽게 빠져든다.
> ③ 아노미이론
>   학업에 대한 부모의 압력, 기대가 학생들에게 아노미를 유발하여 학교폭력 등 일탈행위에 빠져들게 한다.

(2) 일반적 특성

① 급격한 산업화 과정에서 야기된 가치관의 혼란으로 자신의 폭력행위에 대한 죄의식이나 책임감을 느끼지 못한다.

② 폭력행위가 비행청소년, 보통 청소년 등에게서 쉽게 발견될 수 있는 일반화된 비행유형이 되고 있다.

③ 폭력의 집단화 및 나이가 낮아지고 있으며, 여학생들 또한 가해자와 피해자로 등장하고 있다.

④ 단순한 탈선의 차원을 넘어서 심각한 범죄의 단계에 이르고 있다.

(3) 가해자의 심리적 특징

① 남을 지배하고 굴복시키는 것을 즐기며, 충동 조절이 잘되지 않고 공격적이다.

② 이타심, 동정, 친사회적 태도 등 도덕성이 결여되어 있다.

③ 대부분 다른 비행 문제를 동시에 가지고 있으며, 집단에 소속되어 동료들과 함께 폭력행위에

가담하게 되는 경우가 많다.

④ 권력과 지배에 대한 강한 욕구가 있고 남을 지배하고 굴복시키는 것을 즐기며, 주변 환경에 대한 어느 정도의 적대감을 품고 있는 경우가 많고, 폭력 행동에 이익의 요소가 뒤따른다는 것을 알게 된다.

(4) 피해자의 심리적 특징

① 이유 없이 폭행을 당해 가해자에 대한 공포심, 분노와 적개심을 보이고 우울증세로 자살을 시도하는 학생들도 있다.

② 누구든지 그 피해 대상이 될 수 있다는 공포심과 학교라는 환경 자체를 신뢰하지 못하게 만들기도 한다.

(5) 폭력의 질적 영향

① 저연령화 : 나이가 점점 어려지는 경향을 보인다.

② 흉폭화 : 비행이 잔인해지고 포악해지고 있다.

③ 집단화 : 또래집단끼리 행동을 유발한다.

④ 지능화 : 고도로 지능적인 현상이 나타난다.

⑤ 중류화 : 과거 결손가정보다 중상류층 출신이 높아지고 있다. 유명인사들 자녀 계층 출신에 그 빈도가 점점 높아지고 있다.

⑥ 선행동화 : 이해와 타협보다는 행동이 먼저 가해진다.

(6) 학교폭력예방 및 대책에 관한 법률의 주요내용

① 목적(제1조)
학교폭력의 예방과 대책에 필요한 사항을 규정함으로써 피해학생의 보호, 가해학생의 선도·교육 및 피해학생과 가해학생 간의 분쟁조정을 통하여 학생의 인권을 보호하고 학생을 건전한 사회구성원으로 육성함을 목적으로 한다.

② 용어의 정의(제2조)
㉠ 학교폭력 : 학교 내외에서 학생을 대상으로 발생한 상해, 폭행, 감금, 협박, 약취·유인, 명예훼손·모욕, 공갈, 강요·강제적인 심부름 및 성폭력, 따돌림, 사이버 따돌림, 정보통신망을 이용한 음란·폭력 정보 등에 의하여 신체·정신 또는 재산상의 피해를 수반하는 행위를 말한다.

㉡ 따돌림 : 학교 내외에서 2명 이상의 학생들이 특정인이나 특정집단의 학생들을 대상으로 지속적이거나 반복적으로 신체적 또는 심리적 공격을 가하여 상대방이 고통을

느끼도록 하는 일체의 행위를 말한다.

ⓒ 사이버 따돌림 : 인터넷, 휴대전화 등 정보통신기기를 이용하여 학생들이 특정 학생들을 대상으로 지속적, 반복적으로 심리적 공격을 가하거나, 특정 학생과 관련된 개인정보 또는 허위사실을 유포하여 상대방이 고통을 느끼도록 하는 일체의 행위를 말한다.

ⓔ 학교 : 초·중등교육법에 따른 초등학교·중학교·고등학교·특수학교 및 각종학교와 같은 법에 따라 운영하는 학교를 말한다.

ⓜ 가해학생 : 가해자 중에서 학교폭력을 행사하거나 그 행위에 가담한 학생을 말한다.

ⓗ 피해학생 : 학교폭력으로 인하여 피해를 입은 학생을 말한다.

ⓢ 장애학생 : 신체적·정신적·지적 장애 등으로 특수교육을 필요로 하는 학생을 말한다.

③ 기본계획의 수립 등(제6조)

교육부장관은 이 법의 목적을 효율적으로 달성하기 위하여 학교폭력의 예방 및 대책에 관한 정책 목표·방향을 설정하고, 이에 따른 학교폭력의 예방 및 대책에 관한 기본계획(5년마다 수립)을 학교폭력대책위원회의 심의를 거쳐 수립·시행하여야 한다.

④ 피해학생의 보호(제16조)

자치위원회는 피해학생의 보호를 위하여 필요하다고 인정하는 때에는 피해학생에 대하여 학내외 전문가에 의한 심리상담 및 조언, 일시보호, 치료 및 치료를 위한 요양, 학급 교체 등의 조치를 할 것을 학교의 장에게 요청할 수 있다.

⑤ 가해학생에 대한 조치(제17조)

자치위원회는 피해학생의 보호와 가해학생의 선도·교육을 위하여 가해 학생에 대하여 ⓐ 피해학생에 대한 서면사과, ⓑ 피해학생 및 신고·고발 학생에 대한 접촉, 협박 및 보복행위의 금지 ⓒ 학교에서의 봉사 ⓓ 사회봉사, ⓔ 학내외 전문가에 의한 특별 교육이수 또는 심리치료, ⓕ 출석 정지, ⓖ 학급교체, ⓗ 전학, ⓘ 퇴학처분 등의 조치를 할 것을 학교의 장에게 요청하여야 한다. 다만, 퇴학처분은 의무교육과정에 있는 가해학생에 대하여는 적용하지 아니한다.

⑥ 분쟁조정(제18조)

자치위원회는 학교폭력과 관련하여 분쟁이 있는 경우 1개월을 넘지않는 기간 동안 그 분쟁을 조정할 수 있다.

⑦ 비밀누설금지 등(제21조)

이 법에 따라 학교폭력의 예방 및 대책과 관련된 업무를 수행하거나 수행 하였던 자는 그 직무로 인하여 알게 된 비밀 또는 가해학생·피해학생 및 신고자·고발자와 관련된 자료를 누설하여서는 아니 된다.

⑧ 벌칙(제22조)
비밀누설의 금지의무를 위반한 자는 1년 이하의 징역 또는 1천만원 이하의 벌금에 처한다.

⑨ 과태료(제23조)
자치위원회의 교육 이수 조치를 따르지 아니한 보호자에게는 300만원 이하의 과태료를 부과하며, 과태료는 대통령령으로 정하는 바에 따라 교육감이 부과·징수한다.

06 비행청소년

(1) 의의
미성년자로서 지켜야 할 규칙을 위반하였거나 상습적 학교 결석, 가출, 음주 따위의 범죄, 우범행위 등을 하는 12세 이상 19세 미만의 청소년을 통틀어 이르는 말이다. 불량 학생, 불량청소년, 양아치, 일진 등으로 불리기도 한다.

(2) 비행청소년의 특징이나 추세
① 주로 또래집단을 대상으로 폭력을 행사하고, 사이버비행이 증가하는 경향이 있다.
② 소년원에 가도 이상하지 않을 범죄를 저지르거나 재판을 받아 범죄자가 되는 경우도 증가하고 있다.
③ 저연령화, 지능화, 흉포화, 하류계층이 아닌 중상류층 자녀들이 최근 비행을 저지르고 있는 중류화 경향, 행동이 먼저 가해지는 선행동 단순화가 되고 있다.

(3) 비행청소년의 유형
① 지위비행(status delinquacy)
성인영화 관람, 흡연, 가출 등 성인이 하면 범죄에 해당하지 않지만, 청소년이 일탈행위를 삼게 되면 범죄가 성립하는 것을 말한다.
② 재산비행 (possessive delinquency)
타인의 재물을 절취하는 절도 범죄로 범행 수법에 따라서 침입 절도, 치기절도(소매치기, 날치기, 들치기), 속임수절도 등으로 구분한다. 절도는 심리적으로 처음에 물건을 훔치고 성공하면 그 뒤에 돈을 주고 물건을 사는 것이 어리석다고 생각하게 되며, 반복적이고 더 큰 범

행을 저지르게 될 수 있다.

③ 폭력비행(violence delinquency)

학교 내에서 학생 간 집단패싸움 등 신체적 가해행위, 심리적 위협을 포함한 다양한 형태의
폭력, 흉기 소지, 공공기물 파괴, 돈 뺏기 등이 있다.

(4) 위기이론

① 위기이론은 생활 경로의 장면마다 다른 범죄 촉진 요인에 직면하게 된다는 점을 지적한다.

② 유아기에 애정을 충분히 받지 못한 자, 청년기에 부모에 대한 콤플렉스 등에 의해 어른이 되는
것에 반항심을 가진 자 등은 위기에 빠져 정서가 불안정한 가운데 범죄나 비행을 저지른다.

(5) 발전이론

① 의의

비행청소년들의 어렸을 때의 경험을 중시하였지만, 또 한편으로는 어린아이들이 청소년으로
성장하는 과정에서 경험하는 다양한 변화를 중시했다는 점에서 특징이 있는 이론이다.

② 특징

발전이론에서는 비행 발전과 중단에 영향을 미치는 요인으로 단일한 요인을 제시하기보다는
기존 차별접촉, 사회학습이론과 사회유대이론에서 강조되었던 다양한 사회환경요인들을 강
조했다는 점에 특징이 있다.

③ 발전이론의 대표적 이론

㉠ 숀베리의 상호작용이론(interactionist theory)

- 비행 또는 범죄의 발생이 가족의 애착이 중요한 청소년기의 왜곡된 사회적 유대에서
비롯된다.
- 청소년 초기에는 가족의 애착이 중요하고, 중기에는 가족의 영향력이 친구, 학교, 청소
년문화로 대체된다.

㉡ 샘슨과 라웁(Sampson & laup)의 생애발달이론

- 생애과정의 모든 나이에서 비공식적 사회관계와 사회유대의 중요성을 강조한다.
- 성인기에 의미가 깊은 사회유대인들이 형성되면 범죄자들을 정상적으로 이끄는 전환점
이 될 수 있다는 주장이다.
- 어떤 계기로 사회와의 유대가 회복되거나 강화될 경우 더 이상 비행을 저지르지 않고
사회유대 혹은 교육 참여, 활발한 대인관계 등의 사회자본을 형성하게 된다.
- 군대, 결혼, 직업 등의 경험이 비행청소년의 성인기 범죄 활동에 큰 영향을 미친다.

㉢ 모피트(Moffitt)의 생애과정 이원적 경로이론

- 범죄자를 청소년기에 한정된 범죄자와 생애지속형 범죄자로 구별하였다.

 **마약범죄**

JUSTICE

(1) 의의

① 마약의 정의

WHO(세계보건기구)는 마약을 "사용하기 시작하면 사용하고 싶은 충동을 느끼고 사용할 때마다 양을 늘리지 않으면 효과가 없으며 사용을 중지하면 온몸에 견디기 힘든 이상을 일으키며 개인에게 한정되지 않고 사회에도 해를 끼치는 물질"로 규정하고 있다.

② 마약류

㉠ 마약류 관리에 관한 법률에서 "마약류"라 함은 마약·향정신성의약품 및 대마를 말한다.

분류		종류
향정신성 의약품	각성제	엑스터시, 메스암페타민(히로뽕), 암페타민류
	환각제	LSD, 페이요트(메스카린), 사일로사이빈
	억제제	알프라졸람, 바르비탈염류제, 벤조디아제핀염류제
대마		대마초, 대마수지(해쉬쉬), 대마수지기름(해쉬쉬미네럴오일)
마약	천연마약	양귀비, 생아편, 모르핀, 코카잎, 코카인, 크랙, 데바인, 아세토르핀등
		※ 양귀비-생아편-모르핀(천연마약)-헤로인(반합성마약)
	합성마약	페치딘, 메사돈, 프로록시펜, 벤조모르핀
	반합성마약	히드로모르핀, 하이드로폰, 옥시코돈, 헤로인 등

㉡ 양귀비와 관련이 있는 약물

- 아편은 설익은 양귀비의 열매에 상처를 내어 흘러내리는 우윳빛 추출액을 건조시켜 만든 암갈색의 덩어리로 생아편이라고도 한다.
- 모르핀은 아편으로부터 불순물을 제거하고 일정한 화학반응을 거쳐 추출한 강력한 진통성을 가진 알카로이드로서 1805년 독일 약사 세르튜르너(Serturner)가 최초로 아편에서 분리하였다.
- 헤로인은 아편에 들어 있는 모르핀으로 만드는 마약으로 염산모르핀으로 만드는 마약이다. 염산모르핀을 무수초산으로 처리하여 만든다.

❍ 세계 3대 천연약물 생산지

① 골든 트라이앵글(golden triangle, 황금의 삼각지대) : 세계적 헤로인 생산지로, 미얀마·태국·라오스 3국의 접경지역에 둘러싸여 있는 메콩강 주변의 비옥한 지역이다.
이 삼각지대는 아편 생산에 최적의 기후와 자연조건을 갖추어 전통적으로 양귀비를 재배해 왔던 지역으로, 최근까지 전 세계 헤로인의 약 60%를 생산하였고 미얀마 동부 살윈강 동쪽의 산악지대에서는 연간 약 100만 톤의 생아편을 채취한다.

---

② 황금의 초승달 지역(골든 크레센트) : 제2의 헤로인 주산지로 알려진 곳으로, 아프가니스탄·파키스탄·이란 등 3국의 접경지대이다.

③ 코카인 삼각지역 : 볼리비아, 페루, 콜롬비아 3국의 안데스산맥 고지대에서 자생하는 코카나무의 잎에서 추출한 알카로이드로 중추신경을 자극하여 쾌감을 일으키는 천연마약 생산지역이다.

(3) Yacoubian의 마약범죄자 분류

① 술꾼(boozers)

중추신경계 약물의 사용빈도가 가장 높고, 동종 전과가 있다.

② 판촉원(solicitors)

마약을 구입하기 위해 성매매를 하고, 성범죄 전과가 다수 있다.

③ 전환자(converter)

주로 젊은 남성이며, 일반적으로 쉽게 구할 수 있는 중추신경계 약물을 선호하고, 마약 구입 자금 마련을 위해 강도와 재산범죄를 많이 저지른다.

④ 폭력적 알코올 중독자

매우 폭력적이고, 알코올 중독증상이 있다.

⑤ 조력자

약물중독의 정도가 높지 않고, 다른 범죄를 저지르기 위해 마약을 사용한다.

(4) 마약범죄의 특징

① 금단현상

사용을 중지하면 온몸에 견디기 힘든 증상이 나타나는데, 식욕상실, 불면증, 불안감, 헛소리, 체중감소 등을 들 수 있는데 그동안의 복용 횟수나 사용량이 많을수록 심하다.

② 내성

마약을 복용할수록 같은 효과를 내기 위해 사용약물의 양을 증가시켜야 하는 현상이다.

③ 의존성

마약 복용을 중지하면 신체기능의 균형이 깨져 병적 징후가 나타나고, 사고력, 감성, 활동성 등에 집중적으로 약리효과를 나타내 마약을 계속적으로 사용하고 싶은 욕구가 갈망이나 강압적인 상태로 나타난다.

④ 재발현상

마약류의 복용을 중단한 뒤에도 부정기적으로 과거 마약을 복용했을 당시의 환각상태가 나타나는 현상이다.

08 사기범죄와 절도죄

JUSTICE

(1) 사기범죄

① 의의

㉠ 사람을 기망하여 재물의 교부를 받거나 재산상의 이익을 취득하는 경우 및 제3자로 하여 금 재물의 교부를 받게 하거나 재산상의 이익을 취득하게 하는 죄이다.

㉡ 사기범죄는 절도죄 및 강도죄와 같이 재물죄 특히 영득죄의 일종이지만 절도죄 및 강도죄 가 상대방의 의사에 반하여 재물을 탈취하는 것과는 달리, 사기범죄는 기망에 의한 상대 방의 착오 있는 의사에 의하여 재물을 교부받거나 재산상의 이익을 취득하는 것이다.

② 특징

㉠ 계획성 : 사전에 범행 계획을 세운 후에 실행한다.

㉡ 전문성 : 전문지식과 기술을 필요로 한다.

㉢ 지능성 : 지능적인 범행 수법을 사용한다.

> **➡ 사기의 유형**
>
> ① 연성사기 : 처음부터 사기를 계획하지 않았지만 사업의 실패, 과다한 채무발생, 불의의 사고 등으로 인해 중간에 변제능력이 없어져 발생하는 사기범죄
> ② 경성사기 : 처음부터 피해자를 기망하여 재산상 이익을 취득하는 사기행위
> ③ 악성사기 : 보이스피싱이나 다단계 투자 사기와 같이 2인 이상이 공모한 계획적 사기행위
> ④ 전통적 사기 : 사람을 직접 만나서 기망하고 재물을 취득하는 행위
> ⑤ 사이버 사기 : 정보통신망 또는 컴퓨터시스템을 통해 이용자들에게 물품이나 용역을 제공할 것처럼 기망하여 금품을 편취하는 행위
> ⑥ 국가사기 : 국고 보조금 사기, 세금 부정환급 사기 등이 포함되고, 조직사기에는 업무상 횡령·배임 등이 포함
> ⑦ 다중사기 : 보이스피싱, 스미싱 등을 포함한 사이버 금융 사기
> ⑧ 개인사기 : 투자사기 등

(2) 절도죄

① 의의

타인의 재물을 절취하는 범죄로, 재물만을 객체로 하며 재산 상태는 개체가 되지 않는다. 여 기에서 타인의 재물이라 함은 타인이 점유하는 재물로서 자기 이외의 자의 소유에 속하는 것을 말한다.

② 전문절도범

㉠ 전문적인 절도 기술을 가지고 있다.

      ⓛ 돈을 얻기 위해 고도의 기술을 사용한다.

      ⓒ 계획적이며 용의주도하게 범행하며 장물 처리가 능숙하다.

③ 절도의 유형

      ㉠ 범행장소 기준

         주택절도, 상점절도, 업소절도, 지하철절도, 노상절도, 공장절도, 학교절도 등으로 구분

      ㉡ 범행대상 기준

         현금절도, 귀금속절도, 차량절도, 자전거절도, 음식물절도 등으로 분류

      ㉢ 범행수법 기준

         침입절도, 속임수절도, 치기절도, 차량이용절도 등으로 구분

④ 미국은 범행대상 및 수법에 따라 절도범죄를 주거침입절도, 단순절도, 차량절도로 구분한다. 주거침입절도와 단순절도의 차이점은 타인의 재물을 절취하기 위해 주거를 위한 건축물을 불법적으로 침입했는지 여부가 중요하며, 침입을 위해 반드시 무력을 사용할 필요는 없다.

CHAPTER
2 특수범죄

01 조직범죄

(1) 조직범죄의 개념

① 일반적 정의

 ㉠ 조직범죄는 여러 사람이 한 명의 지도자 또는 지도 집단의 지시하에 위법한 방법으로 이익을 취하는 행동을 말하며, 전문적으로 그러한 범죄를 저지르는 집단을 범죄조직 또는 범죄집단이라고 한다.

 ㉡ 미국의 '형사사법기준 및 목표에 관한 국가자문위원회'는 "조직범죄는 강탈행위에 관여하고 적절한 경우에는 복잡하게 얽힌 금융조작에도 개입함으로써 불법적 이익과 권력을 추구하기 위하여 형법을 위반하는 활동을 주로 하는 사람들의 집단"이라고 정의한다.

 ㉢ 범죄학계에서의 조직범죄는 불법적 또는 합법적 활동에 참여함으로써 이득과 권력을 확보할 목적으로 구성원 상호 간 긴밀한 상호작용을 하는 위계적 근거로 조직된 사람들의 비 이념적 사업으로 해석한다.

 ㉣ 다수인에 의한 위계적 조직체, 법적 활동에 의한 이익 추구, 위협이나 무력의 사용, 비호 세력을 만들기 위한 부패 권력의 이용 등을 공통점으로 한다.

② 아바딘스키(Abadinsky)의 정의

 ㉠ 조직범죄는 불법 및 합법 활동에 참여함으로써 이득 및 권력의 확보를 목적으로 위계적 근거로 조직되어 적어도 3개 이상의 지위와 긴밀히 작용하는 여러 사람을 포함하는 비 이념적 사업이다.

 ㉡ 자신들의 보호나 면책을 위한 수단으로 하는 비 이념적 특징이 있다. 또한 위계적이고 계층적 구조 형태로서 조직구성원은 제한적이고 배타적이다.

 ㉢ 조직 활동이나 구성원의 참여가 영속적, 빠른 목표 달성을 위하여 불법적인 폭력과 뇌물을 활용하고 임무와 역할이 분업화되어있다. 전문화, 조직의 규칙과 규정에 따라 통제되고 운영된다.

③ 알바네즈(Albanese)의 정의

조직범죄는 무력과 위험을 사용하고, 공무원 부패를 이용하는 불법 활동을 통해 이득을 얻기
위해 움직이는 지속적인 범죄사업이다.

> **조직범죄란?**
> ① 여러 사람이 조직을 이루어 함께 저지르는 범죄를 말한다.
> ② 막대한 공공의 수요에 필요한 인력을 불법적 방법으로 제공하고 이익을 취득하는 것은 조직적 위
> 계질서를 갖춘 집단의 범죄행위이다.
> ③ 불법적 방법 : 무력사용, 위협, 공무원 매수를 통해서 범죄행위를 쉽게 지속할 수 있다.

(2) 조직범죄의 특징

① 공식적인 조직범죄의 일반적 특성

ㄱ 조직범죄는 불법적 수단에 의한 합법적 목표의 추구나 불법적 행동의 계획과 집행에 있어
서 많은 사람의 공조를 요하는 음모적(conspiratorial)활동이다.

ㄴ 조직범죄는 물론 권력과 신분의 확보도 동기요인이 되겠지만, 불법적 재화와 용역의 독점
을 통한 경제적 이득의 확보에 조직범죄의 주요 목적이 있다.

ㄷ 조직범죄의 활동이 불법적 용역의 제공에 국한되지는 않는다.

ㄹ 조직범죄는 위협 · 폭력 · 매수 등 약탈적 전술을 구사한다.

ㅁ 경험, 관습 그리고 관행상 조직범죄는 조직구성원, 관련자, 피해자 등에 대한 훈육과 통제
가 매우 즉각적이고 효과적이다.

② 아바딘스키(Abadinsky)가 제시한 8가지 특성

ㄱ 비 이념성 : 정치적 목적이나 이해관계가 개입되지 않으며, 오로지 돈과 권력을 목적으로
한다. 일부 정치적 참여는 자신들의 보호나 면책을 위한 수단에 지나지 않는다.

ㄴ 위계성 · 계층적 : 조직구성원은 영구적 지위가 있는 계층적(수직적) 권력구조를 지니고
있어 조직구성원이 매우 제한적이며 배타적이다.

ㄷ 자격의 엄격성 : 구성원의 자격을 엄격히 제한하여 상급 조직원의 추천이나 일정한 행동
으로 자격이 인정된 사람을 엄선한다.

ㄹ 영속성 : 조직 활동이나 구성원의 참여가 거의 영구적인 정도로 영속적이다.

ㅁ 불법적 수단의 사용 : 목표 달성을 쉽고 빠르게 하기 위해서 조직범죄는 불법적 폭력과
뇌물을 활용한다.

ㅂ 활동의 전문성과 분업성 : 전문성에 따라 또는 조직 내 위치에 따라 임무와 역할이 철저
하게 분업화되고 전문화되어 있다.

ㅅ 독점성 : 폭력과 뇌물 등의 방법으로 특정 사업 분야를 독점하여 이익을 늘린다.

ㅇ 충성심 : 조직범죄에서는 구성원들의 충성심이 요구된다.

> **🡒 아바딘스키(Abadinsky)가 제시한 조직범죄의 특성 8가지**
> ① 비이념적　　　　　② 위계적 구조　　　　③ 구성원 제한
> ④ 영속적 활동　　　　⑤ 불법수단 사용　　　⑥ 분업화/전문화
> ⑦ 독점성　　　　　　⑧ 규범 통제

(3) 조직범죄의 원인

① 외래적 음모이론(alien - conspiracy theory)
　㉠ 정부 등 공식적 입장의 시각으로 마피아에 의해 결국 미국으로 들어오게 되었다는 주장이다.
　㉡ 다니엘 벨(Daniel Bell)의 '이동성이라는 이상한 사다리'
　　조직범죄는 미국의 산물이라며 외래적 음모이론에 반박한다. 범죄란 역기능뿐만 아니라
　　순기능적 역할도 가지고 있기 마련인데 조직범죄도 미국 생활의 사회적 이동성이라는 이
　　상한 사다리의 하나에 해당하는 것으로 주장한다.
② 미국체계를 반영하는 느슨한 사회체계
　㉠ 사회체계로 간주하여 조직범죄가 외래-음모설 또는 유입설이 아닌 내생설로 조직범죄를
　　설명하고자 한다.
　㉡ 조직범죄는 통일된 카르텔이 아니라 사회세력에 의해 형성된 준경제적 기업으로 이해한
　　다. 따라서 조직범죄는 범죄인과 손잡은 재계 지도자, 정치인 그리고 노조지도자에 의해
　　서 지배되는 것으로 간주한다.

(4) 조직범죄의 유형 – 알비니(Albini)의 분류

① 정치·사회적 조직범죄 : 사회적인 것으로 테러나 과격한 사회운동과 같은 정치적 범죄 활동
　을 말한다.
② 약탈적 조직범죄 : 금전적 이익을 위해 강도 및 절도를 행하고 주로 갱과 같은 집단범죄이다.
③ 집단내부지향의 조직범죄 : 심리적 만족을 주요 목적으로 삼는 폭주족 갱과 같은 조직범죄이
　며, 매춘, 폭력, 청소년 비행집단 등의 형태로 나타난다.
④ 신디케이트 범죄 : 무력이나 위협을 통하여 불법 활동에 참여하는 지속적 집단이나 조직으로
　서 공공의 수요가 큰 불법 용역을 제공하며 정치적 부패를 통해 면책을 확보하려고 한다. 일
　정한 공동시설에서 생산물의 공동판매와 자재의 공동구입을 하며 참가 기업의 개별 거래 행동
　을 인정하지 않는 고차원 카르텔이다.

※ 현대조직범죄의 보편적 추세
　① 전초기지(front)를 제공하는 등 불법적 경제활동을 지원하는 기업활동
　② 보호비용을 요구하는 등 약탈적 착취
　③ 경쟁을 제한하기 위해 전매나 카르텔 형성
　④ 공무원을 매수하거나 노조를 이용하여 불공정한 이점을 확보
　⑤ 주식 등의 합법적 장치에 대한 불법적 이용

(5) 조직범죄에 대한 대책

수사상의 대책	입법적 대책
• 통신비밀보호법상의 감청 • 잠입수사(함정수사)	• 범죄수익몰수제도 • 자금세탁방지제도 • 공동증인의 면책제도

02 화이트칼라범죄 JUSTICE

(1) 의의

① 화이트칼라범죄는 서덜랜드(Sutherland)가 부유한 사람과 권력 있는 사람들의 범죄 활동을 기술하기 위해 처음 사용한 용어이다.

② 서덜랜드(Sutherland)는 기타 다른 범죄는 사회제도와 조직에 그다지 큰 영향을 미치지 않는데, 화이트칼라범죄는 신뢰를 파괴하고 따라서 불신을 초래하며, 대규모적인 사회해체를 유발하고 사회적 도덕을 저하시킨다고 주장하였다.

③ 기업 및 정부 전문가와 같은 권력에 의해 저질러진 금전적 동기, 비폭력적인 범죄를 말한다. 자신의 직업적 과정에서 고객예금 횡령, 공인회계사 탈세, 증권사 직원의 주식 내부거래, 변호사의 수임료 편취행위, 기업인의 세금 포탈 행위 등 직업 지향적 법률위반을 지칭한다.

④ 횡령이나 뇌물수수와 같은 범죄 그리고 의료사기와 같이 일반대중을 가해할 목적으로 처음부터 기업을 만드는 행위 등까지 현대적 의미에서는 화이트칼라범죄에 포함하고 있다.

⑤ 개인행위로서의 화이트칼라범죄 외에 기업범죄까지도 화이트칼라범죄의 범주에 포함된다. 따라서 화이트칼라범죄는 모든 사회계층 사람들이 자신의 직접적 과정에서 범행하는 <u>직업지향적 법률위반</u>을 지칭한다.

> ◉ **화이트칼라 범죄**
> ① 서덜랜드가 처음 사용한 용어로 경제적 상류계층과 사회 권력층의 범죄를 지적한 것을 말한다.
> ② 기존의 정의는 사회적 지위를 가진 사람이 자신의 직업 활동과정에서 저지르는 직업적 범죄였으나 오늘날 의미의 화이트칼라범죄는 모든 사회계층의 사람이 자신의 직업적 과정에서 저지르는 직업과 관련한 법률위반으로 확대해석 하고 있다.

(2) 화이트칼라범죄의 폐해

① 화이트칼라범죄는 피해의 정도가 어느 정도인지 완전히 파악하기 어렵고, 파악되더라도 피해의 정도나 범위가 명확하지 않으며 범죄나 피해 자체가 알려지지 않는다.

② 전체적인 피해 규모 외에도 개별사건의 피해 규모 또한 엄청나게 크다.

③ 직접적인 피해자뿐만 아니라 대부분의 다른 사람들에게도 그 영향이 미친다.

> **ex** 금융사기사건 피해가 일반예금주의 피해나 주식소유자의 피해를 강요하게 되고 세금포탈의 경우는 일반시민의 납세액을 상승시키게 되며, 가격담합은 소비자로 하여금 더 많은 부담을 안겨 준다.

④ 경제적 손실보다 더 중요한 폐해는 예측할 수 없는 사회적 손실 또는 비용이다. 사회적 비용 중 대표적인 것은 우리 사회의 윤리적 조직을 붕괴시킨다는 사실이다. 즉, 특권계층에 대해 신뢰도가 하락하고 부정직한 시각으로 바라보게 되는 것이다.

⑤ 화이트칼라범죄가 청소년비행과 기타 하류계층 범인성의 표본이나 본보기가 된다. 사회적 지위가 높은 사람이 범죄를 저지름으로써 일반대중이나 학생에게 정직함을 강요할 수 없고, 일탈할 수 있는 동기를 제공한다.

⑥ 화이트칼라의 폭력성은 눈에 잘 띄지 않으며 복잡한 형태이다. 피해가 천천히 오래 지속되며, 그 원인이나 가해자를 직접적으로 추적하기 쉽지 않기 때문에 피해가 확산되고 심화된다. 이런 점에서 화이트칼라범죄를 '지연된 폭력(postponed violence)'라고 한다.

(3) 화이트칼라범죄의 특징

① 범죄의 전문성과 복잡성

직업상 전문적인 지식이나 조직체계를 이용한다. 일반인들은 그러한 행위를 범죄로 인식하기 어려우며, 범죄자가 범죄에 이용하는 지식은 대개 전문성이 강한 것으로 과학적이거나 공학적이거나, 회계상에 관한 것이거나 법률적인 것이다.

② 범죄의 은폐성

발생형태 또한 범죄인과 피해자 간의 긴밀한 연결, 실정법상 허점을 이용하여 외부적으로 범죄라고 하기 힘든 경우도 있다.

③ 피해 파악의 곤란성

불특정 다수인을 대상으로 하거나 은폐되어 행해진다. 불특정 다수인인 경우가 많아서 범죄 자체가 인지되지 않는 경우가 많고, 인지되는 경우에는 범죄자가 체포되고 강력한 처벌을 받는 경우가 많지 않다. 피해자는 정부나 기업과 같은 추상적인 실체이거나, 단지 사소한 피해를 입은 다수의 사람이 된다.

④ 처벌의 곤란성

소수만 실형으로 처벌되고 대부분 집행유예나 벌금만을 선고받는 등 기소된다고 하더라도 엄하게 처벌받지 않는다.

⑤ 범죄자의 비범죄적 자기인상

가해자를 범죄자로 보지 않고 존경의 대상으로 보아 자신들의 비범죄적 인상을 유지한다. 이들은 자신의 비범죄적 인상을 합리화를 통해 표현한다.

(4) 화이트칼라범죄의 유형

① 에델헤르츠(Edelhertz)의 분류

에델헤르츠(Edelhertz)는 범행의 수법·목적 등 가해자를 중심으로 분류하였다.

㉠ 특별위반(ad hoc violation)

복지연금 사기나 세금 사기 등 일련의 삽화적 사건으로서 개인적 이득을 위해 범해지는 범죄유형이다.

㉡ 신뢰남용(abuses of trust)

횡령이나 뇌물수수 등 조직 내에서 신뢰할 만한 위치에 있는 사람이 조직에 대해서 범하는 범죄유형이다.

㉢ 방계적 기업범죄(collateral business crime)

공정거래위반 등 기업의 이익을 확대하기 위해 기업조직에 의해서 범해지는 유형이다.

㉣ 사기수법(con game)

토지 사기처럼 고객을 속이기 위한 목적으로 범해지는 유형이다.

② 티오(Thio)의 분류

피해자가 누구인가를 기준으로 분류하였다.

㉠ 회사에 대한 범죄

고객이나 종업원이 회사를 피해자로 하여 범행하는 것으로 고용인 절도와 횡령 및 날치기 등이 해당된다.

㉡ 고용원에 대한 범죄

근로자의 안전에 대한 회사의 경시 태도와 이로 인한 산업재해나 직업병의 발생을 말한다.

㉢ 고객에 대한 범죄

위험한 음식, 불안전한 제품, 소비자 사기, 허위광고 그리고 가격담합과 같은 것이 있다.

㉣ 일반시민에 대한 범죄

가장 대표적인 것이 기업의 환경오염이라 할 수 있다. 폐기물의 불법매립이나 폐수의 불법 방출 등으로 인한 대기와 수질오염은 일반시민 모두에게 영향을 미치기 때문이다.

③ 무어(Moore)의 분류

㉠ 신용사기/사취

상품의 방문판매에서 어음사기에 이르기까지 다양한 사기사건을 말한다.

㉡ 사취

계량기의 속임이나 부당한 요금청구 등 규칙적으로 소비자나 고객을 속이는 행위이다.

㉢ 남용 및 착취

자신의 사회적 지위를 이용하여 그 조직 내의 권한을 개인적인 이익을 위해 남용 및 착취하는 것으로서 소방검정시 업주로부터 검증허가의 대가로 금품을 요구하는 것, 기업체의 물품구매시 금품의 수수 등이 이에 속한다.

ⓔ 횡령과 고용인사기

       조직 내 자신의 지위를 이용하여 조직의 재물을 자신을 위하여 횡령하는 범죄로, 조직의 하부에서 상층부에 이르기까지 어느 단계에서나 가능하다. 대표적인 신종범죄 유형으로 컴퓨터 범죄이다.

     ⓜ 절도

       고객사기로서 보험사기, 신용카드사기, 복지관련사기, 의료사기 등 고객이 조직을 상대로 하는 일종의 절도를 말한다.

     ⓗ 정보판매와 뇌물

       기관의 중요한 위치에 있는 사람이 기관의 활동을 예측하거나 활동에 영향을 미치고 싶어 하는 사람에게 권력, 영향력 또는 정보를 파는 행위를 말한다. 정부와 기업 분야 모두에서 가능한 범죄이다.

     ⓢ 기업범죄

       경제, 정치, 정부기관의 행위를 규제하는 규칙을 의도적으로 어기는 행위인데, 예를 들어 가격담합이나 불공정거래 및 환경범죄 등이 여기에 속한다.

(5) 화이트칼라범죄의 원인

① 화이트칼라범죄자들은 기회만 주어진다면 남을 속이려는 타고난 소질을 가지고 있으며, 법을 위반할 의향이나 유혹에 대한 저항이 낮은 인성을 갖고 있기 때문이다.

② 내재화되거나 억압되었을 때 의료적 또는 임상 병리적 문제를 유발할 수 있는 긴장이나 불안감의 외향적 표현으로 파악되어 화이트칼라범죄가 발생한다.

③ 화이트칼라범죄 행위를 부정적으로 규정하는 정직한 기업인들보다 그것을 긍정적으로 규정하는 다른 화이트칼라범죄자와 더 많은 접촉을 가졌기 때문에 그 범죄행위를 학습하게 된다고 본다.

④ 중화이론적 설명으로 횡령의 경우처럼 자신은 돈을 훔친 게 아니라 잠시 빌렸을 뿐이라고 합리화시킬 수 있을 때, 그 가정을 화이트칼라범죄에 확대적용한 것이다.

03 경제범죄

JUSTICE

(1) 경제범죄의 의의

① 경제범죄의 개념

     ㉠ 범죄사회학의 입장 : 경제범죄는 서덜랜드의 화이트칼라범죄(높은 사회적 지위를 가진 자들이 이욕적인 동기에서 자신의 직업 활동과 관련하여 행하는 범죄) 또는 클리나드와 하

통의 직업범죄(사회의 상류층에 속하는 기업가·경영인·공무원 그리고 회사의 임직원 등에 의한 법익침해행위) 등을 말한다.

    ⓛ 법이론적 입장 : 티데만은 '사회적·초국가적 법익을 보호법익으로 하는 경제형법에 구현된 법익을 침해하는 범죄'인 협의의 경제범죄와 '재산법적 성격을 갖는 행위인 동시에 일정한 초개인적인 성격을 갖는 범죄'인 광의의 경제범죄로 나눠 정의한다.

② 유사개념

    ㉠ 화이트칼라범죄 : 화이트칼라범죄는 화이트칼라계층인 정신노동자들이 이욕적인 동기에서 자기 직무와 관련하여 저지르는 범죄지만 경제범죄는 모든 계층에 의해 범해지는 사회적 신분과 상관없는 범죄라는 점에서 양자는 구분된다.

    ㉡ 재산범죄 : 재산범죄는 개인의 재산권을 보호하고 소유권이라는 정적 측면을 보호하는 반면에 경제범죄는 경제구조 및 경제기능 그 자체를 보호하고 소유권을 기초로 한 경제의 동적 측면을 보호한다는 점에서 구분된다.

    ㉢ 기업범죄 : 기업범죄는 기업의 설립·운영 및 해산과 관련하여 발생하는 일체의 불법행위로서 범죄 주체가 기업이라는 점에서 경제범죄와 구분된다.

    ㉣ 조직범죄 : 조직범죄는 일정한 테크닉을 가진 하류계층에 의한 범죄로 상명하복의 위계질서를 중요시하지만, 경제범죄는 상대적인 대등 계층에서 이루어지는 것이 일반적이다. 또한 조직범죄는 일정한 위계질서를 갖춘 범죄집단의 불법적 영리활동을 말하지만, 경제범죄는 사회적·초 개인적 보호법익에 대한 침해를 내용으로 하는 범죄를 말한다.

(2) 경제범죄의 특징

① 영리성
② 모방성과 상호 연쇄성
③ 지능성과 전문성
④ 신분성과 권력성
⑤ 피해감정의 미약성

(3) 경제범죄의 대책

① 수사기관의 전문화 및 집중화
경제 현상과 경제입법에 대한 전문적 이해와 지식이 없으면 경제범죄에 대한 효율적 대응이 어렵게 되므로 전문수사인력을 양성할 수 있는 수사요원의 전문화 방안이 마련되어야 한다.
② 몰수제도의 확대
경제범죄로 취득한 이익 박탈을 통해 경제범죄를 예방하기 위해서는 몰수제도가 강화되어야 한다.
③ 법인 처벌과 보안처분의 도입
형법에는 법인 처벌에 대한 명문 규정은 없으나, 대신 다수의 행정·경제·환경 관련 법률은

행위자와 법인을 같이 처벌하는 양벌규정을 구비하고 있다. 그러나 이와 같은 양벌규정을 특별법마다 두는 것은 입법의 경제성을 떨어뜨릴 뿐만 아니라, 법률마다 양벌규정의 문언이 통일되어 있지 못하여 해석론상으로 많은 혼란을 일으키고 있다. 따라서 법인 처벌을 위하여서는 보다 효과적인 형벌 또는 보안처분이 도입되어야 한다.

04 피해자가 없는 범죄

JUSTICE

(1) 의의

① 피해자와 가해자의 관계가 분명하지 않다는 점에서 피해자가 없는 것으로 간주한다. 그리고 전통적 범죄와 구별하기 위해 이를 통칭하여 피해자 없는 범죄라고 말한다.

② 동일 범죄의 가해자가 동시에 피해자가 되어 전통적 가해자와 피해자의 상대적 관계가 형성되지 않는다거나 또는 범죄의 피해자가 특정인이 아닌 불특정 다수인이어서 가해자와의 관계가 분명치 않은 경우를 일컫는다.

③ 피해자 없는 범죄는 가해자가 동시에 피해자가 되는 범죄와 피해자가 동의 · 기여한 범죄로 구분되며, 전자에는 마약 사용(약물남용) 등이 있으며 후자에는 마약 매매, 매춘, 동의낙태, 도박 등이 있다.

(2) 매춘(성매매)

① 매춘의 정의

감정적 관계나 성적인 보상이 개입되지 않고 단지 재물이나 금전을 목적으로 하는 성적 교환을 매춘으로 정의할 수 있다. 매춘은 직업으로서 또는 일로서 돈을 받고 성을 교환하는 여성에게 한정하고 있다.

② 매춘의 원인

㉠ 여성이 매춘부가 되는 이유(사회 · 심리학적 이론)

ⓐ 소인적 요소(Predisposing Factors)

결손가정, 부모의 난잡함, 매춘을 관용하거나 허용하는 근친 사회의 분위기 그리고 정신장애를 유발할 수 있는 노이로제 등이 매춘부의 배경 요소이다. 가장 큰 요인은 부모의 학대와 태만 그리고 가정파괴 등이 있다.

ⓑ 유인적 요소(Attracting Factors)

많은 소득, 쉬운 생활, 흥미로운 생활, 성적 만족과 쾌감의 기대 등 다른 여성과 직업에 비한 매춘부의 상대적 장점이다. 가장 큰 요인은 직업으로서 매춘이 갖는 독립성, 경제성, 모험, 성적 만족 등이 있다.

ⓒ 촉진적 요소(Precipitating Factors)

경제적 압박, 바람직한 결혼 기회의 부재, 포주로부터의 유혹, 불행한 사랑 행각, 좋은 기회 등을 의미한다. 촉진적 요소에 가장 큰 요소는 매우 다양하지만 대체로 경제적 압박과 유혹이라고 할 수 있으며, 이 부분은 매춘부들이 강요에 의한 것이 아니라는 연구 결과가 뒷받침되고 있다.

ⓛ 매춘이 존재하는 이유(사회학적 또는 기능주의적 이론)

ⓐ 대부분의 여성은 매춘의 사회적 낙인 때문에 제지되고 일부 여성만이 매춘을 선택한 다는 것이다. 다시 말해 우리 사회의 도덕체계가 매춘의 경제적 보상보다 더 강력하다 는 것인데, 이 도덕체계가 매춘을 야기시킨다는 것이다.

ⓑ 매춘이 있음으로 남성들이 선량한 여성들을 유혹하여 성생활을 문란케하는 대신 자신 의 성욕을 매춘부에게 해결함으로써 선량한 여성을 보호할 수 있다는 것이다.

ⓒ 우리 사회의 도덕체계가 매춘을 권장하기 때문에 존재하며, 매춘은 다시 우리 사회의 도덕체계를 보전하는 중요한 기능을 한다.

> **성매매의 원인 3가지 요소**
> ① 소인적 요소 : 결손가정(예: 부모의 학대, 방임), 가정해체, 정신신경증 등
> ② 유인적 요소 : 경제적 요인(예: 높은 소득, 쉬운 생활, 화려함), 성적 만족 등
> ③ 촉진적 요소 : 경제적 압박 등

(3) 약물남용

① 의의

㉠ 대체로 불법 약물의 사용이나 제조와 판매, 그리고 비록 합법화된 약물이라 할지라도 그 러한 약물의 불법 사용이나 제조·판매하는 행위를 약물범죄라 한다.

㉡ 약물의 불법사찰은 사용자 스스로가 가해자이고 피해자라는 입장에서 당연히 피해자 없 는 범죄의 범주에 속하는 것이고, 약물의 불법 제조·재배·공급·판매자도 일종의 피해 자라고 할 수 있는 사용자가 신고하지 않고 불특정 다수인이 피해자일 수 있다는 면에서 피해자 없는 범죄의 하나라고 할 수 있다.

㉢ 약물의 불법성 규정은 특정 약물에 대한 사회의 인식과 그 인식을 바탕으로 한 법률적 지 위에 의해 결정되는 것이다.

> ex 담배가 마리화나만큼 위해함에도 담배의 사용과 판매는 합법적인 반면, 마리화나의 소지나 판매는 엄격하게 불법으로 규제 되고 있다. 마리화나는 불법이지만 사용자에 대한 부정적 낙인이 없는 편이지만, 담배는 합법적이면서 적지 않은 부정적 반 응을 불러일으킨다.

② 불법 약물의 영향

㉠ 정체성(identity) : 자신이 복용한 약물이 무엇이고 또는 어떻게 생각하는지에 대해 영향 을 받는다.

    ⓒ 복용량(dose) : 일반적으로 많이 복용할수록 보다 극단적인 효과가 있다.

    ⓒ 효능과 순도(potency and purity) : 약물의 순도와 효능이 높고 클수록 효과가 크다.

    ⓔ 혼용(mixing) : 약물을 따로따로 복용하는 것보다 다수 약물을 한꺼번에 복용하는 것이 더 효과가 크다.

    ⓜ 복용방법(route of administration) : 흡입, 흡연, 마심, 삼킴 등 복용의 방법에 따라 같은 약물이라도 그 효과가 다르다.

    ⓑ 습관성(habituation) : 지속적인 복용은 내인성을 강화시켜서 점점 더 많은 양의 복용을 요하게 된다.

    ⓢ 상황(set and setting) : 기대감, 기분, 피로감, 불안감 등 복용자를 특징짓는 다양한 주관적 요소와 복용하는 장소에 따라 그 효과가 다르다.

③ 약물남용자의 보편적 특성

    ㉠ 약물남용자는 대체로 대도시 거주가 많고, 여성보다는 남성이 많다. 그리고 부모가 음주와 흡연 등 합법적 약물을 복용하는 경우가 많은 것으로 밝혀지고 있다.

    ㉡ 학교, 가정, 교회 등 3대 사회화기관과 제도에 강한 유대를 가지지 못하는 것으로 밝혀져 있다. 약물남용이 점차 농어촌으로 확대되고 여성남용자도 증대되고 있다.

    ㉢ 교정시설에 수용된 약물남용범죄자를 대상으로 한 조사 결과 연령별로는 20~30대가 가장 많고, 학력은 고졸 이하가 대부분이었다. 직업별로는 판매서비스업 종사자와 무직자가 대다수를 차지하며, 부모나 형제가 같이 살지 않는 경우가 많은 것으로 나타났다.

    ㉣ 범죄와 관련하여 약물남용자는 비남용자에 비해 범죄를 범하는 확률이 높은 것으로 나타난다. 약물남용 후에도 지속적으로 범죄행위에 가담하는데, 이는 약물남용을 지속하는 데 필요한 재원을 마련하기 위함이다.

④ 약물남용의 원인

    ㉠ 심리학적 접근

        약물남용자는 여러 가지 요인에 기인하는 인성결함자로서 가족관계의 문제, 적절치 못한 재강화, 건전한 역할 모형의 부재 등에 의하여 형성될 수 있는 중독성 인성을 가지고 있기 때문이라는 것이다.

    ㉡ 사회학적 접근

        ⓐ 약물남용은 약물남용을 긍정적으로 평가하는 집단과의 접촉을 통하여 약물남용을 학습하게 된다는 것이다.

        ⓑ 약물남용집단과의 접촉을 통하여 약물남용을 학습하고, 약물남용을 긍정적으로 규정하는 집단과의 상호작용을 통해서 약물남용의 부정적인 반작용보다 긍정적인 면을 많이 접하게 되어 약물남용자가 되기 쉽다는 것이다.

(4) 기업범죄(피해자가 불특정 다수인 범죄)

① 의의

    ㉠ 피해자가 다수인 관계로 피해자의 규명이 명확지 않은 범죄이다. 이러한 범죄로는 주로 기업에 의한 범죄를 들 수 있다.

    ㉡ 대체로 소비자가 피해자인 경우와 일반시민대중이 피해자인 경우로 나뉘는데, 소비자가 피해자인 기업범죄에는 독과점과 같은 공정거래위반 관련범죄와 허위광고, 위험물질의 생산과 판매 등이 있으며, 일반시민대중을 피해자로 하는 기업범죄는 환경범죄와 안전위해범죄가 있다.

② 기업범죄의 유형

    ㉠ 독과점

    자본주의경제 하에서 주요한 원칙의 하나인 자유경쟁이 침해되는 행위로서 그 결과 소비자는 선택의 자유를 제한받게 되고 생산량의 조작을 통한 가격의 조작으로 피해를 입게 된다.

    ㉡ 가격담합

    특정 상품의 판매자들이 그 상품에 대하여 통일된 가격을 매기기로 합의하는 것을 말한다. 그 결과 소비자가격의 상승과 그만큼 소비자부담의 증대로 이어진다.

    ㉢ 허위광고

    소비경제가 대량화되면서 그만큼 경쟁도 치열하게 되어 허위·과대광고를 통한 소비자의 심리 조작, 가격 조작을 꾀하는 것이다. 소비자는 실제 가치 이상의 가격을 부담하고 소비자의 소득을 낭비하는 것이다.

    ㉣ 유해 물질의 제조와 판매

    농약으로 기른 식재료 판매, 유해 물질을 첨가한 식·음료품의 제조 판매, 안전장치에 결함이 있는 상공품의 제조 판매 등의 경우로서 소비자에게 신체와 생명의 위험을 부담시키게 된다.

    ㉤ 환경공해범죄

    생산단가를 줄이기 위하여 유해 위험물질의 처리를 불법으로 처분하거나 공해방지시설을 하지 않거나 가동시키지 않는 등의 범죄행위로 일반시민들에게 질병이나 부상 또는 생명의 위협 등 위험성을 초래시키게 된다.

③ 기업범죄의 원인

    ㉠ 기업이 목표는 지나치게 강조하면서도 합법적 수단의 이용에 대해 충분할 정도로 강력하게 주장하지 않기 때문에 일탈행위를 유발하는 사회구조와 마찬가지로 기업문화와 구조를 갖게 된다는 것이다.

    ㉡ 이윤을 최고의 목표로 삼게 되어 합법적 수단이 제한된 상태에서 이를 극대화하기 위하여 불법적인 방법까지 동원한다는 것이다. 기업의 '경쟁의 문화'에서 살아남기 위해서 어쩔

수 없다고 받아들이기 때문이다.

ⓒ 기업범죄에 대해서 공개적으로 처벌하지 않거나 그 처벌이 경미하기 때문이다.

(5) 피해자 없는 범죄의 특징

① 암수범죄의 문제

피해자 없는 범죄는 특별히 개인적으로 피해를 입은 자가 없고 서로 동의하에 저질러졌기 때문에 대개 신고되지 않거나 인지되지 않아 암수범죄가 많다.

② 비범죄화 논의

피해자가 없기 때문에 형벌로서 처벌할 필요가 있는가 하는 비범죄화론이 거론되고 있으나, 개인적 법익침해가 없더라도 중대한 사회적 유해성이 있는 행위이므로 비범죄화하기는 어렵다.

 증오범죄(표적범죄)

J U S T I C E

(1) 의의

① 증오범죄(hate crimes)라 함은 가해자가 특정 사회집단 또는 인종을 별다른 이유 없이 표적으로 삼아 범행을 저지르는 범죄를 말한다. 특정 대상을 표적으로 삼기 때문에 표적범죄(target crimes)의 한 유형으로 본다.

② 증오집단 가운데 가장 큰 규모는 KKK단이며, 18세기 미국 사회에 만연했던 린칭(Lynching : 사형으로 죽이기)의 악습이 이어져 내려왔다는 분석도 있다.

③ 1990년대 제정되어 공포된 '증오범죄통계법'에서는 경우에 따라서는 살인, 치사, 강간, 폭력, 위협, 방화, 그리고 재물의 파괴나 손괴 등의 범죄를 포함하는 인종, 종교, 성적 성향, 또는 민족에 기초한 편견의 증거가 분명한 범죄라고 규정하고 있다.

④ 1999년 4월 20일 미(美) 콜로라도 주에서 빚어진 교내 무차별 학살행위도 소수인종과 종교적 편견에서 비롯된 일종의 증오범죄라고 할 수 있다.

(2) 증오범죄의 특성

① 증오범죄(hate crime)는 잠재적 피해자가 대표하는 특성을 증오하거나, 혐오 또는 경멸함으로써 발생한다.

② 증오범죄는 신체적 폭력을 동반하는 경우가 많다. 1/3 이상이 폭력범죄로 보고되고 있다.

③ 상당히 잔인하며 통상적인 범죄의 공격에 비해 매우 심각한 부상을 초래한다.

④ 대체로 인종적, 국적, 생김새 등의 특징들로 인해 가해자로부터 공격받는다.

⑤ 러시아나 호주 등의 특정 국가나 그 특정 국가 내에서도 특정 도시, 도시의 특정 구역 등에 집중하여 발생한다.

⑥ 집단보다는 개인이 더 많이 증오범죄를 발생시킨다. 개별적 증오범죄자 중에는 소수집단의 구성을 무작위로 폭력과 증오의 대상으로 삼는 스릴(thrill) 추구자와 세상에서 일부 인지된 악을 제거해야 할 임무가 있다고 믿는 포교범죄자(mission offenders)가 있다.

⑦ 폭력적인 증오범죄는 전달하고자 하는 메시지나 이 메시지가 표적 집단의 구성원들에게 미치는 영향을 고려할 때 가장 전염성이 강한 범죄이다. 폭력적 증오범죄는 보복을 수반하고 또 그 보복에 대한 보복을 유발하여 다른 집단하게 확대되고 전 지역에 퍼질 수 있기 때문이다.

(3) 증오범죄의 분류(McDevitt, Levin, & Bennett)

① 스릴형

개인의 즐거움과 스릴을 추구할 목적으로 범죄

② 방어형

자신의 구역과 집단을 지키기 위해 범죄

③ 복수형

말 그대로 복수를 할 목적으로 상대 집단이나 개인을 공격하는 유형

④ 사명형

집단의 이익을 위해 사탄이나 마귀로 여겨지는 개인이나 집단에게 무력을 행사하는 유형

(4) 증오집단의 역할

① 최근 조직화된 증오집단은 많은 주류사회의 구성원들에게 자신들의 메시지를 전달할 수 있는 새로운 커뮤니케이션의 방법과 전략들을 찾고 있다.

> ex▶ 지나친 세금부과와 규제로 시민의 권리를 빼앗아 가고 시민의 생명까지도 위협하는 정부에 대한 분노와 공포에 호소한다.

② '지도자 없는 저항(leaderless resistance)'으로 공인된 또는 인지된 지도가 없고 중앙의 통제나 방향도 제시되지 않은 채 점조직으로 운영되기 때문에 노출의 위험성이 없이 심지어 다른 점조직이 노출되더라도 그들의 활동을 지속할 수 있게 된다.

③ 증오집단 영향력의 증대와 과거에는 서로 이질적이었던 집단 간의 결합으로 인하여 증오범죄와 테러리즘의 구분이 흐려지기 시작하였다.

(5) 증오범죄에 대한 대처

① 범죄에 대한 동기가 편견에 의한 것이라면 그 범행에 대하여 법이 허용하는 최고의 형으로 처벌하도록 하여 처벌을 강화하는 법이 제정된다.

> ex▶ 피의자가 인종, 종교, 피부색, 장애, 성적 성향, 국적, 또는 조상 등의 요인 때문에 피해자를 의도적으로 선택하는 경우에는 그 범행에 대하여 법이 허용하는 최고의 형으로 처벌하도록 한다.

② 미국의 경우, 1995년 39개 주에서 각종 편견으로 동기부여 된 폭력이나 위협을 규제하는 법을

제정하였고, 19개 주는 증오범죄에 관한 자료의 수집을 의무화하는 법안을 만들기도 하였다.

③ 미국은 증오범죄에 대한 통계와 자료의 철저한 수집과 관리를 위해 주 경찰에서는 해마다 군별 자료를 수집하여 매년 편견에 의한 사건 보고서를 발간하고 법집행기간에게는 증오범죄의 수사와 기소에 필요한 교육훈련과 같은 도움을 제공한다.

④ 증오범죄에서는 신고된 사건에 대한 즉각적이고 효과적인 출동이나 대처가 중요하다. 하지만 증오범죄는 피해자가 보복을 두려워하여 신고를 머뭇거리게 되는데, 이를 보완하고자 지역 사회 내 공익단체 등이 연계망을 형성하여 피해자를 지원하고 신고를 독려한다.

⑤ 참여연대의 사법감시활동과 같이 증오범죄도 사법감시를 받아야 한다. 규칙적으로 각급 법원이나 판사들의 재판결과를 검토, 분석하여 그 결과를 공개하고 공청회 등을 개최하여야 한다.

⑥ 정부, 기관, 그리고 각종 단체가 연합회, 또는 협회 등 연계망을 구성하여 자원, 권리, 그리고 서비스 등에 관한 정보를 종합적으로 제공하는 기능을 다 해 대처한다.

06 스토킹

JUSTICE

(1) 의의

① 스토킹(stalking)

개별행동이라기보다는 일반적으로 개별적으로 취해진다면 합법적일 수 있는 일련의 행동으로 이루어진 범죄 활동의 형태라고 할 수 있다. 일정기간 동안 의도적·반복적으로 행하여 정상적인 판단 능력이 있는 일반인이라면 누구나 공포나 불안을 느낄만한 일련의 행동으로 특정인이나 그 가족들에게 정신적·육체적 피해를 입히는 일방적이고 병적인 행동을 말한다.

② 사이버 스토킹(cyber stalking)

사이버 공간을 매개로 하여 특정인을 지속적으로 괴롭히거나 또는 특정인에 대한 접근을 시도하는 형태의 신종범죄를 말한다.

> **스토킹과 사이버 스토킹(cyber stalking)의 차이**
> ① 스토킹은 스토커와 피해자가 동일한 지역에 존재하는 데 비해 사이버 스토커는 어디에서든 존재한다.
> ② 사이버 스토커들은 사이버 공간을 통하여 잘 모르는 제3자들을 괴롭히거나 피해를 줄 수 있다.
> ③ 사이버 스토커들은 발각의 두려움이나 죄의식 없이 쉽게 행위를 저지를 수 있다.

(2) 스토킹의 특징

① 피해 대상은 대부분 여성이다.

② 관련된 당사자들이 현재 결혼 관계에 있거나 이혼한 부부, 현재 또는 과거의 동거자인 경우이며 대부분 가정폭력의 이력을 갖고 있기 쉽다.

③ 스토커와 피해자가 서로 잘 알고 있거나 공식 또는 비공식적으로 관련이 있다.

④ 유명인사나 공인을 대상으로 하는 경우가 있다.

⑤ 상대방의 단순한 사생활을 침해하는 정도에서 그치는 것이 아니라 심하면 폭행이나 강간 그리고 살인에 이르는 위험한 범죄행위에까지 이르게 된다.

⑥ 스토킹의 중단은 대체로 피해자가 멀리 떠나버리거나 경찰의 관여가 있을 때 또는 다른 애정 대상을 만났을 때 나타나는 경우가 대부분이다.

⑦ 스토킹은 주로 한 명의 가해자가 한 명의 피해자에게 행하지만 그렇지 않은 경우도 있다.

(3) 스토킹의 유형

① 단순집착형(simple obsessional type)

흔히 피해자와 가해자가 이전에 서로 알고 있는 관계에서 발생하며, 가장 흔하게 발생하면서도 가장 위험하고 불행한 결과도 이러한 유형에서 발생한다. 상당수의 경우 전남편 혹은 전처, 옛 애인과의 관계에서 발생한다.

② 연애집착형(love obsession)

연애집착형은 스토커와 피해자 사이에 이전에 특별한 교류가 없어 서로 잘 모르는 관계에서 발생한다. 스토커는 피해자와 로맨틱한 관계 또는 순수한 사랑(idyllic love)을 성취하는 상상에 빠져 있다.

③ 연애망상형(erotomania)

연애망상형은 정신장애로서 상대방이 자신의 존재를 전혀 모르고 있는데도 불구하고 자신은 그 사람으로부터 사랑을 받고 있다고 망상을 하고 있다는 점에서 연애집착형과 구별된다. 연애망상형 스토커는 대부분이 여성이라는 점이 특징이며, 높은 사회적 지위나 저명인사로 알려진 중년 남성을 주요 대상으로 삼는다.

④ 허위피해 망상형(false victimization syndrome)

허위피해 망상형은 실제 스토커가 존재하지 않음에도 불구하고 피해자 자신이 스토킹 피해를 당하고 있다는 허위상황을 설정하여 발전시키는 것이다.

(4) 스토커의 특성

① 스토커의 인구통계학적 특성을 보면, 이들의 대다수는 남자들이라는 점이다. 스토커는 대인관계의 미숙이나 결혼 등에 실패한 사람이 대부분이다.

② 스토커의 대다수가 직업이 없거나 직업이 불안정하며 또 스토킹하는 시점에 불안정한 직업경력을 가지고 있다.

③ 스토커의 교육 수준은 평균 이상이다. 스토커가 일반인보다 지능이 높기 때문에 지능적이고 교활하여 스토킹 관련 범죄 수사에 유죄의 입증을 하기가 상당히 어렵다.

④ 스토커 중 일부는 심한 정신병으로 편집증, 지나친 소유욕 그리고 매우 불안정한 성격을 가지고 있어 범죄의 우려가 대단히 크다.

(5) 스토킹의 법률적 요소

① 행위의 연속성 : 스토킹이 법률적으로 고려되기 위해서는 일회성 또는 단발성이 아닌 일련의 스토킹이 연속적으로 이루어져 종횡적으로 일정한 행동유형을 보여주는 것을 전제로 한다.

② 위협의 요건 : 누구나 두려움을 느끼게 되는 정도나 방법으로 행동하거나 위협을 가할 것을 요하고 있다. 문서나 구두가 아닌 집 앞에 동물의 사체를 배달시키는 등의 위협도 해당된다.

③ 스토커의 의도 : 피해자에게 공포를 야기하려는 범죄적 의사, 즉 범의가 있어야 한다. 반드시 의도적이고 목적이 있으며, 의식적이고 인지적이어야 한다. 일반적으로 용의자의 행동으로 피해자가 어느 정도 공포나 두려움을 갖게 된다면 범죄의 의사라는 요소는 있는 것으로 간주되고 있다.

> **➋ 미국의 전국범죄피해자센터에서 제시한 스토킹의 4가지 유형**
> ① 단순집착형 : 가해자와 피해자는 '사실적 관계'(=서로 아는 사이)가 가장 많고 위험성이 높다.
> ② 애정집착형 : 가해자와 피해자는 서로 전혀 알지 못하는 낯선 관계로, 주로 유명인사, 공인을 대상으로 하는 경우가 많고, 피해자와 특별한 관계가 되는 상상에 빠져 있다.
> ③ 연애망상형 : 피해자는 가해자의 존재를 전혀 모르고, 가해자는 피해자와 특별한 관계라는 망상에 빠져 있다. 가해자 대부분은 강박관념, 망상 등 성격장애가 있어 정상적인 관계, 일상을 유지하는 능력이 낮다.
> ④ 허위피해망상형 : 실제로는 스토커가 없는데 피해자 자신이 스토킹 피해를 당하고 있다는 망상에 빠진 유형이다.

07 High Tech 범죄
JUSTICE

(1) High Tech 범죄의 개념

① High Tech 범죄의 사전적 의미는 첨단, 고급 또는 고도의 과학기술과 관련된 범죄라고 한다.

② 미국의 '하이테크범죄수사협회'에서는 컴퓨터 및 과학기술과 동시에 관련이 있거나 혹은 어느 한 쪽과 관련이 있는 범법행위라고 규정한다. 또한 미국의 '하이테크범죄조합'은 high tech 범죄를 '컴퓨터를 불법행위의 도구 또는 범법행위의 목적물로 이용한 범죄사건'으로 내규는 규정하고 있다.

(2) High Tech 범죄의 특징

① 시간과 공간을 초월하여 동시에 다수의 이용자와 접속할 수 있기 때문에 간단한 조작으로도 많은 사람에게 반복적으로 피해를 입힐 수 있다.

② 이용자의 신분이 노출되지 않아 목격자가 있기 어려워 범죄 현장의 발견과 범인의 현장 검거 또는 신고에 의한 체포를 기대하기 어렵다.

③ 범행 현장을 알기 어렵고, 현장을 알게 되어도 통치권의 문제로 아무런 도움이 되지 않는 경우가 많다.

④ 피해자가 없는 범죄와 같이 피해자가 피해 사실을 알지 못하거나 뒤늦게 알게 된다.

⑤ 범행의 흔적이 잘 남지 않고 이용자의 신분이 노출되지 않기 때문에 증거의 확보가 어렵고 확보된 증거도 활용하기 쉽지 않다.

⑥ 비대면성으로 인하여 범죄가 보다 과격하고 대담해질 수 있고, 범행을 위하여 고도의 전문적 지식과 기술을 요하며, 시공을 초월하는 특성으로 인하여 범죄피해가 빨리 널리 확산될 수 있어서 피해 규모가 엄청날 수 있다.

(3) High Tech 범죄의 동기

① 범죄자 개인의 잘못된 우월감과 성취감이 동기가 된다. 해커들이 자신의 실력을 과시하고 자랑하면서 성취감을 느낀다.

> **ex** 해커들은 자신의 기술과 능력을 과시하고 자랑하기 위하여 어려운 대상만을 골라서 해킹함으로써 자신의 실력을 과시하고 성취감을 느낀다.

② 개인의 감정적 문제가 범행의 동기가 되기도 한다. 표적에 대한 증오나 복수심을 게시판이나 전자우편을 통하여 표출하거나 시스템을 해킹하고 바이러스를 감염시킨다.

> **ex** 특정인이나 단체 등에 대한 원한이나 증오 또는 복수심 등을 전자우편이나 게시판 등을 이용하여 표출하거나 컴퓨터를 해킹하거나 바이러스를 감염시키는 등이 이에 속한다.

③ 경제적 이욕이 범행의 동기가 되는 경우이다.

> **ex** 금융전산망에 침투하여 회사의 기밀이나 기술정보를 빼내 산업스파이로 활동하고 전자상거래를 이용하여 각종 사기범죄를 저지른다. 마약밀거래 등으로 얻어진 불법자금을 세탁하기 위한 범죄도 여기에 해당한다.

(4) High Tech 범죄의 규제

① 규제상의 어려움

ㄱ 범죄가 현실 세계가 아닌 가상공간에서 행해지기 때문에 법률적 규제 장치가 미흡하고 그 적용도 까다로우며, 시간과 공간을 초월하여 신분을 노출하지 않고 이루어지는 범행을 추적하기가 쉽지 않다. 또한 범죄자들이 대부분 암호체계를 이용하고 있다.

ㄴ 컴퓨터 자료의 폐쇄성, 은닉성, 불가시성 등으로 인하여 사후 적발이 어려우며, 기밀정보를 복사하는 등의 산업스파이 경우와 같이 흔적을 남기지 않는 특성으로 적발과 범행의 입증이 더욱 어려워진다.

ㄷ high tech범죄는 여러 가지 수법이 결합하여 행해지는 경우가 많다는 점도 규제를 어렵

PART 8

게 하는 요인이다.

   ․ high tech범죄자는 고도의 전문적인 지식과 기술을 갖추거나 산업스파이나 내부자절도 등 조직 내부의 소행이 크기 때문에 적발이 어렵고, 적발되어도 조직의 명예나 신용이 떨어지는 것을 두려워하여 외부로 노출되지 않는 경우가 많다.

② High tech범죄의 규제

   ㉠ 경제협력개발기구(OECD)가 1986년에 마련한 컴퓨터범죄에 대한 입법정책분석과 1992년에 마련한 보안체제지침에 기초하여 규제법률을 마련하거나 보안하고 있다. 거의 모든 국가에서 접속권한이 없는 사람의 무단접속(unauthorized access)을 규제와 처벌의 대상으로 정하고 있다.

   ㉡ 가상공간에서의 음란성 문제가 논란이 되자 이를 규제하는 법을 제정하기도 하며, 산업스파이 등 경쟁적 정보의 유출이 문제가 되자 경제스파이법 등을 만들어 규제하고 있다.

   ㉢ 컴퓨터에 대한 임의접근이나 무단접속을 차단하고 저장된 정보의 위·변조나 도난과 훼손을 방지하는 기술을 개발하는 방향으로 전개되고 있으며, 방화벽(fire wall)이나 공개키암호화체제(public key encryption system)가 대표적 예이다.

08 사이버범죄

(1) 의의

사이버범죄의 사전적 의미는 사이버공간(cyberspace)에서 일어나는 범죄이며, 사이버범죄는 정보통신망으로 연결되는 컴퓨터 시스템이나 사이버 공간을 이용해 다른 사람한테 피해를 주고 건전한 사이버 문화에 해를 끼치는 행위이다.

(2) 특징

① 일반 범죄와 달리 빠른 시간 안에 불특정 다수에게 많은 악영향을 미친다.

② 사이버 공간 특성상 정보 발신자의 특정이 어렵다.

③ 전자정보의 증거 인멸 및 수정이 간단하여 범행의 범위와 피해가 광역적이며 국제적이다.

④ 정보통신망침해범죄, 정보통신망이용범죄, 불법컨텐츠 범죄로 나뉜다.

⑤ 컴퓨터, 인터넷, 휴대폰 등 정보통신기술이 범죄 도구로 이용된다.

⑥ 범죄의 수법이 매우 지능적이며 고도의 전문기술을 사용한다.

⑦ 범죄 현장의 발각과 원인 규명이 곤란하고 체포가 어렵기 때문에 범죄자는 수많은 비행을 저지른 끝에 붙잡히는 경우가 일반적이다.

⑧ 중산층이 쉽게 가담한다.

⑨ 익명성과 비대면성으로 인해 범행자 스스로 범죄성에 대한 인식이 희박하거나 결여되어 있다.

⑩ 피해자가 피해 사실을 알지 못하거나 뒤늦게 알게 되는 경우가 많다.

⑪ 사이버범죄가 전통적인 범죄와 구별되는 특징으로는 익명성, 용이성, 탈규범성(놀이성), 전문성 및 암수성 등을 들 수 있다.

(3) 사이버범죄의 유형

① 단순침입

정당한 접근권한 없이 또는 허용된 접근권한을 초과하여, 정보통신망에 침입하는 것이다. 컴퓨터에 저장된 정보를 얻거나, 허가나 비용의 지불도 없이 표적이 되는 컴퓨터 시스템을 통제하거나, 자료의 완전성을 변경시키거나, 컴퓨터나 서버의 가용성을 방해하기 위하여 컴퓨터 시스템을 표적으로 한다. 해킹, 서비스거부공격, 악성 프로그램 유포 등이 있다.

② 사용자 도용

정보통신망에 침입하기 위해서 타인에게 부여된 사용자계정과 비밀번호를 권한자의 동의 없이 사용하는 것이다. 고객의 신용카드 번호를 훔치는 것, 금융기관 등으로부터 은행 계좌 정보나 개인정보를 불법적으로 알아내 이를 이용하는 인터넷 사기 수법에 해당하는 피싱이 있다.

③ 파일 등 삭제와 자료 유출

정보통신망에 침입한 자가 행한 2차적 행위의 결과로, 일반적으로 정보통신망에 대한 침입 행위가 이루어진 뒤에 가능하다.

④ 복수, 파괴 등 악의적인 목적 달성

　㉠ 사이버 스토킹 : 이동통신 · 이메일 · 대화방 · 게시판 등의 정보통신망을 이용해 악의의 의도를 가지고 지속적으로 공포감 · 불안감 등을 유발하는 행위를 말한다.

　㉡ 컴퓨터 바이러스 : 사용자 몰래 다른 프로그램에서 자기 자신을 복사하는 프로그램으로 정상적인 프로그램이나 데이터를 파괴하도록 특수하게 개발된 악성 프로그램이다. 컴퓨터의 프로그램이나 실행 가능한 부분을 변형하여 여기에 자기 자신 또는 자기 자신의 변형을 복사하는 명령어들의 조합을 말한다.

　㉢ 트로이목마 : 겉으로 보기에는 전혀 해를 끼치지 않을 것처럼 보이지만 실제로는 바이러스 등의 위험인자를 포함하고 있는 프로그램을 말한다.

⑤ 정보저장도구로서의 컴퓨터

컴퓨터나 컴퓨터도구를 수동적인 저장수단으로 이용하는 것이다. 마약밀거래자가 고객과 판매에 관한 정보를 저장하기 위하여 컴퓨터를 이용하고, 해커가 훔친 패스워드, 신용카드나 전화카드의 번호, 기업의 비밀, 음란영상물 등을 저장하기 위하여 컴퓨터를 이용하는 것이 여기에 해당한다.

⑥ 통신수단으로서 컴퓨터

컴퓨터가 사이버범죄에서 하나의 통신수단으로 이용될 수 있다. 이 유형에 속하는 대부분 범죄는 마약이나 총기의 판매, 사기, 도박, 음란물의 판매 등과 같이 단순히 온라인에서 행해지는 범죄유형이다.

⑦ 폭탄메일

메일서버가 감당할 수 있는 한계를 넘는 많은 양의 메일을 일시에 보내 장애가 발생하게 하거나 메일 내부에 메일 수신자의 컴퓨터에 과부하를 일으킬 수 있는 실행 코드 등을 넣어 보내는 것이다.

⑧ 스팸메일

상업적인 내용의 메일을 불특정 다수에게 보내는 것이다. 이메일을 이용한 상업적인 목적의 광고가 많이 늘어나고 있으며 특히 기업광고, 특정인 비방, 음란물 및 성인사이트 광고, 컴퓨터 바이러스 등을 담은 이메일을 대량으로 발송하는 것이다.

● 사이버범죄의 유형

유 형		세부유형
사이버범죄	정보통신망 침해 범죄	해킹
		서비스 거부공격(DDos 등)
		악성프로그램
		기타 정보통신망 침해형 범죄
	정보통신망 이용 범죄	사이버 사기
		사이버 금융범죄(피싱, 파밍, 스미싱, 메모리해킹, 몸캠피싱 등)
		개인 · 위치정보 침해
		사이버 저작권 침해
		사이버 스팸메일
		기타 정보통신망 이용형 범죄
	불법콘텐츠 범죄	사이버 성폭력
		사이버 도박
		사이버 명예훼손 · 모욕
		사이버 스토킹
		사이버 스팸메일
		기타 불법콘텐츠 범죄

09 환경범죄

(1) 환경범죄의 개념

① 형식적 환경범죄

환경재(環境財)나 환경재를 통한 인간의 생명·신체에 대한 침해 및 위험야기행위 가운데 법률에 의해 구성요건화된 행위를 말하는데 현행 형법과 행정법이 취하는 개념이다.

② 실질적 환경범죄

인간의 건강에 위해를 주거나 환경을 저해하는 환경오염 행위나 이에 관련된 행위를 하여 성립하는 범죄이다. 형벌로 규제해야 할 행위로서 범죄화와 비범죄화의 기준으로 작용한다.

(2) 환경범죄의 특성

① 환경침해(피해)행위의 특성

㉠ 간접성 : 물·공기·대지 등의 오염된 환경인자를 매개로 인간의 생명과 신체에 대한 침해를 가하는 간접적 성격을 말한다.

㉡ 전파성(광역성) : 오염물질이 전파됨으로써 침해가 광역화되는 것을 말한다. 한 번에 이루어진 환경침해행위일지라도 시간적·공간적으로 전파되는 특성을 갖는다.

㉢ 완만성·복합성 : 환경침해행위는 완만한 과정을 거쳐서 서서히 일어나고 다양한 매개체를 거쳐서 발생하는 복합적 특성이 있다.

㉣ 상규성 : 환경범죄가 일상적인 사회활동이나 기업활동 등에서 이루어지는 특성을 말한다.

㉤ 은폐성 : 환경범죄는 기업을 통해서 대기오염, 수질오염 등 형태로 발생하므로 인지되기가 힘들고 은폐되기 쉽다.

② 행위 주체의 특성

㉠ 기업범죄로서의 특징

ⓐ 환경범죄가 기업들에게서 집중적으로 행해지고 있고 아주 잘 숨겨지고 있어 외부로 잘 알려지지 않는다. 때로는 공기업이 환경범죄의 주범이 되기도 하며, 기업의 환경범죄에 동조하거나 공범자가 되기도 한다.

ⓑ 사회의 주 언론이 환경범죄의 개별적 사건이나 그러한 위반행위의 심각성에 대해서 축소 또는 과소보도한다. 또한 기업은 기업행위로 인한 환경손상을 은폐하기 위해 적극적인 공공관계나 홍보활동을 한다.

㉡ 행위 주체의 확정 곤란 : 환경범죄는 행위자가 다수인 또는 기업인 경우가 많아 행위 주체를 확정하기 어렵다. 따라서 인과관계의 확정, 소송상 입증 부담, 증거수집 등의 문제를 야기하므로 인과관계의 추정 및 추상적 위험범 등의 입법기술이 주장된다.

㉢ 우월적 지위 : 환경범죄의 가해자는 사회경제적으로 우월한 지위에 있으므로 피해자 구제와 관련하여 피해분쟁조정은 난항을 겪는 것이 보통이다.

② 범죄피해의 국제화

ⓐ 선진국의 다국적 기업이나 대기업들은 환경규제나 법규 등을 피하여 외화나 일자리 또는 경제적 지원이 필요하여 외국기업을 유치하려는 환경규제나 법규가 느슨한 개발도상국이나 저개발국으로 공장 등을 이전하고 있으며, 유독성 폐기물 등을 자국에서 처리하는 데는 비용이 많이 든다는 이유로 저렴한 비용으로 처리 가능한 국가로 반출하고 있다.

ⓑ 다국적 기업에서는 폐기물을 받아들이는 국가에 대하여 상당한 경제적·재정적 보상을 제시하고, 때로는 수입국가의 공무원들이나 정치인을 상대로 로비를 벌이고 뇌물을 공여한다. 결국 환경범죄의 피해자는 저항할 힘도 없는 가난하고 아무런 권력도 가지지 못한 국가와 사람들이다.

(3) 환경범죄의 유형

① 불법 처분으로서 유독성 폐기물, 전염성 폐기물, 병원 폐기물 등 각종 폐기물을 불법적으로 처리하는 것.

② 폐기물을 불법적으로 부적절하게 운송하는 것.

③ 폐기물을 부적절하게 저장하는 행위.

④ 폐기물의 부적절한 조치나 처리 및 기타 불법행위를 저지르는 것.

(4) 환경범죄의 규율방식

① 행정형법을 통한 규율

환경행정법에서 별도로 벌칙의 장을 두어 형벌을 규정하는 방식으로 영국·미국·캐나다·프랑스 등이 채택하고 있다. 우리나라도 기본적으로 이 방식을 채택하고 있다.

㉠ 장점 : 문제가 되는 개별 환경영역에서 합당한 구성요건을 창설할 수 있다.

㉡ 단점 : 형법의 법익침해기준이 아닌 행정법적 원리와 기준에 의해 형벌이 부과되는 점과 법규가 산재하므로 일반예방효과를 거두기 어렵다.

② 형법전에 의한 통일적 규율

형법전에 환경범죄에 관한 장을 신설하여 일괄 규정하는 방식과 형법전의 기존 분류에 따라 관련되는 곳에 개별적으로 삽입하는 방식이 있다. 독일·네덜란드·스페인 등이 채택하고 있다.

㉠ 장점 : 형법전을 중심으로 환경관계법률의 통일을 기원할 수 있고, 행정법 원칙과 형법 원칙을 조절함으로써 법 집행을 원활하게 할 수 있다.

㉡ 단점 : 개별적 환경침해영역의 특수성을 제대로 살리기 어렵고, 형법전의 비대화를 초래한다.

③ 특별형법을 통한 규율

이는 특히 중대한 환경범죄를 독립된 형사특별법을 통해 규율하는 방식으로 우리나라의 '환경범죄처벌에 관한 특별조치법(환경범죄 등의 단속 및 가중처벌에 관한 법률)'이 이에 해당한다.

　㉠ 장점 : 개별 환경영역에 알맞은 구성요건을 만들 수 있고 환경 상황이나 기술발전의 변화에 따른 개정이 용이하다.

　㉡ 단점 : 수범자의 법의식을 고취시킨다는 측면에서 실효성이 떨어지고, 중첩적인 형벌가중 구성요건으로 인해 특별형법의 비대화를 초래한다.

④ 환경법전의 통일적 편제에 의한 규율

　환경법이 독립적 법률체계로서 통일적으로 규정되는 방식으로 노르웨이 · 스위스 · 그리스 등이 채택하고 있다.

　㉠ 장점 : 환경보전의 중요성을 국민에게 쉽게 인식시킬 수 있고, 법체계의 통일성을 도모할 수 있다.

　㉡ 단점 : 관련된 법 규정과 개념 간의 모순이 없어야 하므로 광범위한 법 개정이 선행되어야 한다는 점에서 우리 법제상 가장 비현실적인 규율 방식이다.

(5) 환경범죄의 규제전략

① 억제전략(deterrence strategy)

　위반사항을 적발하여 위반자를 처벌하는 것을 강조하는 전략이다.

② 준수전략(compliance strategy)

　대결보다는 협조를, 강제보다는 회유와 조정을 찾는 전략이다.

③ 경찰과 검찰 등 형사사법기관의 전문화가 전제되어 수사 능력을 증대시키기 위해 규제기관의 인력으로 구성된 네트워크를 구축할 필요성이 있다.

④ 인식의 전환을 통하여 환경범죄에 대한 감시와 신고 정신을 고양하고 규제기관에서는 철저한 규제 활동을 벌이고 사법기관에서는 엄중한 처벌을 해야 환경범죄에 대한 강력한 억제가 가능할 것이다.

● 환경범죄에 대한 세계의 형사제재 추세

미국	환경범죄에 대한 체포, 기소, 그리고 형사제재의 강도 등이 증가하고 있다.
캐나다	환경보호법이 강력한 형사처벌과 벌금을 규정하고 있다.
독일	환경범죄에 대한 형사소추가 거의 두 배로 증가하고 있다.
아이보리코스트	환경범죄에 대해서 20년의 실형이나 1백만 달러가 넘는 벌금을 부과한다.
나이지리아	화학폐기물을 불법으로 폐기했을 시 최대 사형까지 받을 수 있다.
케냐	코끼리를 보호하기 위해 코끼리 밀렵자를 현장에서 사살할 수 있는 정책을 채택하였다.
유엔(UN)	환경손상에 책임이 있는 개인을 재판할 세계법정(world court)을 설치할 것을 요구하고 있다.

PART 8

1 형법 제62조에 의하여 집행유예를 선고하는 경우에 같은 법 제62조의2 제1항에 규정된 보호관찰과 사회봉사를 동시명할 수 있는지 여부(적극)

형법 제62조의2 제1항은 "형의 집행을 유예하는 경우에는 보호관찰을 받을 것을 명하거나 사회봉사 또는 수강을 명할 수 있다."고 규정하고 있는바, 그 문리에 따르면, 보호관찰과 사회봉사는 각각 독립하여 명할 수 있다는 것이지, 반드시 그 양자를 동시에 명할 수 없다는 취지로 해석되지는 아니할 뿐더러, 소년법 제32조 제3항, 성폭력범죄의처벌및피해자보호등에관한법률 제16조 제2항, 가정폭력범죄의처벌등에관한특례법 제40조 제1항 등에는 보호관찰과 사회봉사를 동시에 명할 수 있다고 명시적으로 규정하고 있는바, 일반 형법에 의하여 보호관찰과 사회봉사를 명하는 경우와 비교하여 특별히 달리 취급할 만한 이유가 없으며, 제도의 취지에 비추어 보더라도, 범죄자에 대한 사회복귀를 촉진하고 효율적인 범죄예방을 위하여 양자를 병과할 필요성이 있는 점 등을 종합하여 볼 때, 형법 제62조에 의하여 집행유예를 선고할 경우에는 같은 법 제62조의2 제1항에 규정된 보호관찰과 사회봉사 또는 수강을 동시에 명할 수 있다고 해석함이 상당하다(대법원 1998.4.24. 98도98).

2 현역 군인 등 군법 적용 대상자에 대한 특례를 규정한 보호관찰 등에 관한 법률 제56조, 제64조 제1항의 해석상 군법 적용 대상자에게 보호관찰, 사회봉사, 수강명령을 명할 수 있는지 여부(소극)

보호관찰 등에 관한 법률 제56조는 군사법원법 제2조 제1항 각 호의 어느 하나에 해당하는 사람에게는 보호관찰법을 적용하지 아니한다고 규정하고, 제64조 제1항에서 사회봉사.수강명령 대상자에 대하여는 제56조의 규정을 준용하도록 함으로써 현역 군인 등 이른바 군법 적용 대상자에 대한 특례 조항을 두고 있는데, 군법 적용 대상자에 대한 지휘관들의 지휘권 보장 등 군대라는 부분사회의 특수성을 고려할 필요가 있는 점, 군법 적용 대상자에 대하여는 보호관찰 등의 집행이 현실적으로 곤란하고 이러한 정책적 고려가 입법 과정에서 반영된 것으로 보이는 점 등 보호관찰 등에 관한 현행 법체제 및 규정 내용을 종합적으로 검토하면, 위 특례 조항은 군법 적용 대상자에 대하여는 보호관찰법이 정하고 있는 보호관찰, 사회봉사, 수강명령의 실시 내지 집행에 관한 규정을 적용할 수 없음은 물론 보호관찰, 사회봉사, 수강명령 자체를 명할 수 없다는 의미로 해석된다(대법원 2012.2.23. 2011도8124).

3 개정 형법 시행 이전에 죄를 범한 자에 대하여 개정 형법에 따라 보호관찰을 명할 수 있는지 여부(적극) 및 보호관찰의 성격(=보안처분의 성격)

형의 집행을 유예를 하는 경우에는 보호관찰을 받을 것을 명할 수 있고, 보호관찰의 기간은 집행을 유예한 기간으로 하고, 다만 법원은 유예기간의 범위 내에서 보호관찰의 기간을 정할 수 있다고 규정되어 있는바, 보호관찰은 형벌이 아니라 보안처분의 성격을 갖는 것으로서, 과거의 불법에 대한 책임에 기초하고 있는 제재가 아니라 장래의 위험성으로부터 행위자를 보호하고 사회를 방위하기 위한 합목적적인 조치이므로, 그에 관하여 반드시 행위 이전에 규정되어 있어야 하는 것은 아니며, 재판시의 규정에 의하여 보호관찰을 받을 것을 명할 수 있다고 보아야 할 것이고, 이와 같은 해석이 형벌불소급의 원칙 내지 죄형법정주의에 위배되는 것이라고 볼 수 없다(대법원 1997.6.13. 97도703).

4 보호관찰이나 사회봉사 또는 수강을 명한 집행유예를 받은 자가 준수사항이나 명령을 위반하고 그 위반 사실이 범죄행위가 되는 경우, 그 범죄에 대한 형사절차와는 별도로 집행유예를 취소할 수 있는지 여부 (적극)

보호관찰이나 사회봉사 또는 수강을 명한 집행유예를 받은 자가 준수사항이나 명령을 위반한 경우에 그 위반사실이 동시에 범죄행위로 되더라도 그 기소나 재판의 확정여부 등 형사절차와는 별도로 법원이 보호관찰등에관한법률에 의한 검사의 청구에 의하여 집행유예 취소의 요건에 해당하는가를 심리하여 준수사항이나 명령 위반사실이 인정되고 위반의 정도가 무거운 때에는 집행유예를 취소할 수 있다 (대법원 1999.3.10. 99모33).

5 보호관찰명령 없이 사회봉사·수강명령만 선고하는 경우, 보호관찰대상자에 대한 특별준수사항을 사회 봉사·수강명령대상자에게 그대로 적용할 수 있는지 여부(소극)

보호관찰, 사회봉사·수강 또는 갱생보호는 당해 대상자의 교화·개선 및 범죄예방을 위하여 필요하고도 상당한 한도 내에서 이루어져야 하며, 당해 대상자의 연령·경력·심신상태·가정환경·교우관계 기타 모든 사정을 충분히 고려하여 가장 적합한 방법으로 실시되어야 하므로, 법원은 특별준수사항을 부과하는 경우 대상자의 생활력, 심신의 상태, 범죄 또는 비행의 동기, 거주지의 환경 등 대상자의 특성을 고려하여 대상자가 준수할 수 있다고 인정되고 자유를 부당하게 제한하지 아니하는 범위 내에서 개별화하여 부과하여야 한다는 점, 보호관찰의 기간은 집행을 유예한 기간으로 하고 다만, 법원은 유예기간의 범위 내에서 보호관찰기간을 정할 수 있는 반면, 사회봉사명령·수강명령은 집행유예기간 내에 이를 집행하되 일정한 시간의 범위 내에서 그 기간을 정하여야 하는 점, 보호관찰명령이 보호관찰기간 동안 바른 생활을 영위할 것을 요구하는 추상적 조건의 부과이거나 악행을 하지 말 것을 요구하는 소극적인 부작위조건의 부과인 반면, 사회봉사 사명령·수강명령은 집행유예기간 내에 이를 집행하되 일정한 시간의 범위 내에서 그 기간을 정하여야 하는 점, 보호관찰명령이 보호관찰기간 동안 바른 생활을 영위할 것을 요구하는 추상적 조건의 부과이거나 악행을 하지 말 것을 요구하는 소극적인 부작위조건의 부과인 반면, 사회봉사명령·수강명령은 특정시간 동안의 적극적인 작위의무를 부과하는 데 그 특징이 있다는 점 등에 비추어 보면, 사회봉사·수강명령대상자에 대한 특별준수사항은 보호관찰대상자에 대한 것과 같을 수 없고, 따라서 보호관찰대상자에 대한 특별준수사항을 사회봉사·수강명령대상자에게 그대로 적용하는 것은 적합하지 않다(대법원 2009.3.30. 2008모1116).

6 보호관찰 등에 관한 법률 제32조 제3항에서 보호관찰 대상자에게 과할 수 있는 특별준수사항으로 정한 '범죄행위로 인한 손해를 회복하기 위하여 노력할 것(제4호)' 등 같은 항 제1호부터 제9호까지의 사항은 보호관찰 대상자에 한하여 부과할 수 있는지 여부(적극) 및 사회봉사명령·수강명령 대상자에 대해서도 이를 부과할 수 있는지 여부(소극)

보호관찰법 제32조 제3항이 보호관찰 대상자에게 과할 수 있는 특별준수사항으로 정한 "범죄행위로 인한 손해를 회복하기 위하여 노력할 것(제4호)" 등 같은 항 제1호부터 제9호까지의 사항은 보호관찰 대상자에 한해 부과할 수 있을 뿐, 사회봉사명령·수강명령 대상자에 대해서는 부과할 수 없다. 「개발제한구역의 지정 및 관리에 관한 특별조치법」위반죄의 성립을 인정한 뒤, 피고인에 대하여 징역형의 집행을 유예함과 동시에 120시간의 사회봉사를 명하면서 "2017년 말까지 이 사건 개발제한행위 위반에 따른 건축물 등을 모두 원상복구할 것"이라는 내용의 특별준수사항(이하 '이 사건 특별준수사항'이라고 한다)을 부과한 제1심판결을 그대로 유지하였다.

그러나 앞서 본 법리에 비추어 살펴보면, 형법과 보호관찰법 및 보호관찰법 시행령은 시간 단위로 부과될 수 있는 일 또는 근로활동만을 사회봉사명령의 방법으로 정하고 있고, 사회봉사명령에 부수하여 부과할 수 있는 특별준수사항도 사회봉사명령 대상자의 교화·개선 및 자립을 유도하기 위한 보안처분적인 것만을 규정하고 있을 뿐이며, 사회봉사명령이나 그 특별준수사항으로 범죄에 대한 응보 및 원상회복을 도모하기 위한 것은 허용하지 않고 있다. 따라서 법원이 사회봉사명령의 특별준수사항으로 피고인에게 범행에 대한 원상회복을 명하는 것은 법률이 허용하지 아니하는 피고인의 권리와 법익에 대한 제한과 침해에 해당하므로 죄형법정주의 또는 보안처분 법률주의에 위배된다. 이 사건 특별준수사항도 피고인의 범행에 대한 원상회복을 명하는 것이므로 현행법에 의한 사회봉사명령의 특별준수사항으로 허용될 수 없다고 할 것이다(대법원 2020.11.5. 2017도18291).

7 피고인이 마약류 관리에 관한 법률상 마약류의 투약, 흡연 또는 섭취한 행위로 공소제기되지 않았음에도 마약류관리법상 이수명령을 병과할 수 있는지 여부(소극)

「마약류 관리에 관한 법률」(이하 '마약류관리법')은 '마약류사범'에 대하여 선고유예 외의 유죄판결을 선고하는 경우 재범예방에 필요한 교육의 수강명령이나 재활교육 프로그램의 이수명령을 병과하도록 규정하였다(제40조의2 제2항). 여기서 말하는 '마약류사범'이란 마약류를 투약, 흡연 또는 섭취한 사람을 가리킨다(제40조의2 제1항). 그런데 피고인에 대한 공소사실은 마약류를 매매하였다는 것뿐이다. 피고인이 마약류의 투약, 흡연 또는 섭취한 행위로 기소되지 않은 이상 '마약류사범'이 아니므로 마약류관리법 제40조의2 제2항에 따른 이수명령을 할 수 없다(대법원 2023.11.16. 2023도12478).

8 피치료감호자에 대한 치료감호가 가종료되었을 때 필요적으로 3년간의 보호관찰이 시작되도록 규정하고 있는 치료감호법(2008. 6. 13. 법률 제9111호로 개정된 것) 제32조 제1항 제1호, 치료감호법(2005. 8. 4. 법률 제7655호로 제정된 것) 제32조 제2항(다음부터 위 조항들을 '이 사건 법률조항'이라 한다)이 거듭처벌금지원칙에 반하는지 여부(소극)

치료감호법상의 보호관찰은 치료감호소 밖에서의 사회 내 처우를 통해 치료감호의 목적을 달성하기 위한 보안처분으로 형벌과 그 본질 및 목적, 기능에 있어서 독자적인 의의를 가지는 것이므로, 치료감호 가종료 시 보호관찰이 개시되도록 하는 것을 두고 거듭처벌이라고 할 수 없다(헌재 2012.12.27. 2011헌마285).

9 형법 제48조에서 규정한 몰수·추징의 대상인 '범인이 범죄행위로 인하여 취득한 물건'에서 '취득'의 의미

원심이 피고인들에게 '사업장폐기물배출업체로부터 인수받은 폐기물을 폐기물관리법에 따라 허가 또는 승인을 받거나 신고한 폐기물처리시설이 아닌 곳에 매립하였다.'는 범죄행위를 인정하면서 피고인들이 사업장폐기물배출업체로부터 받은 돈을 형법 제48조에 따라 몰수·추징한 사안에서, 피고인들이 폐기물을 불법적으로 매립할 목적으로 돈을 받고 폐기물을 인수하였다는 사정만을 근거로 위 돈이 범죄행위로 인하여 생하였거나 이로 인하여 취득된 것이라고 본 원심판결에 몰수·추징에 관한 법리오해 등의 잘못이 있다고 한 사례

형벌법규의 해석은 엄격하여야 하고 명문규정의 의미를 피고인에게 불리한 방향으로 지나치게 확장해석하거나 유추해석하는 것은 죄형법정주의의 원칙에 어긋나는 것으로서 허용되지 아니한다(대법원 2002.2.8. 선고 2001도5410 판결). 형법 제48조가 규정하는 몰수·추징의 대상은 범인이 범죄행위로 인하여 취득한 물건을 뜻하고, 여기서 '취득'이란 해당 범죄행위로 인하여 결과적으로 이를 취득한 때를 말한다고 제한적으로 해석함이 타당하다(대법원 2021.7.21. 2020도10970).

10 특정 범죄자에 대한 위치추적 전자장치 부착 등에 관한 법률에 의한 '전자감시제도'의 법적 성격

특정 범죄자에 대한 위치추적 전자장치 부착 등에 관한 법률에 의한 성폭력범죄자에 대한 전자감시제도는, 성폭력범죄자의 재범방지와 성행교정을 통한 재사회화를 위하여 그의 행적을 추적하여 위치를 확인할 수 있는 전자장치를 신체에 부착하게 하는 부가적인 조치를 취함으로써 성폭력범죄로부터 국민을 보호함을 목적으로 하는 일종의 보안처분이다. 이러한 전자감시제도의 목적과 성격, 운영에 관한 법률의 규정 내용 및 취지 등을 종합해 보면, 전자감시제도는 범죄행위를 한 자에 대한 응보를 주된 목적으로 책임을 추궁하는 사후적 처분인 형벌과 구별되어 본질을 달리한다(대법원 2011.7.28. 2011도5813).

11 치료감호와 부착명령을 함께 선고할 경우, 부착명령 요건으로서 '재범의 위험성' 판단 방법

치료감호와 부착명령이 함께 선고된 경우에는 특정 범죄자에 대한 위치추적 전자장치 부착 등에 관한 법률 제13조 제1항에 따라 치료감호의 집행이 종료 또는 가종료 되는 날 부착명령이 집행되고, 치료감호는 심신장애 상태 등에서 범죄행위를 한 자로서 재범의 위험성이 있고 특수한 교육·개선 및 치료가 필요하다고 인정되는 자에 대하여 적절한 보호와 치료를 함으로써 재범을 방지하고 사회복귀를 촉진하는 것을 목적으로 하며, 치료감호법에 규정된 수용기간을 한도로 치료감호를 받을 필요가 없을 때 종료되는 사정들을 감안하면, 법원이 치료감호와 부착명령을 함께 선고할 경우에는 치료감호의 요건으로서 재범의 위험성과는 별도로, 치료감호를 통한 치료 경과에도 불구하고 부착명령의 요건으로서 재범의 위험성이 인정되는지를 따져보아야 하고, 치료감호 원인이 된 심신장애 등의 종류와 정도 및 치료 가능성, 피부착명령청구자의 치료의지 및 주위 환경 등 치료감호 종료 후에 재범의 위험성을 달리 볼 특별한 사정이 있는 경우에는 치료감호를 위한 재범의 위험성이 인정된다 하여 부착명령을 위한 재범의 위험성도 인정된다고 섣불리 단정하여서는 안 된다(대법원 2012.5.10. 2012도2289).

12 특정 범죄자에 대한 위치추적 전자장치 부착 등에 관한 법률' 제5조 제1항 제3호에서 부착명령청구 요건으로 정한 '성폭력범죄를 2회 이상 범하여(유죄의 확정판결을 받은 경우를 포함한다)'에 '소년보호처분을 받은 전력'이 포함되는지 여부(소극)

특정 범죄자에 대한 위치추적 전자장치 부착 등에 관한 법률'제5조 제1항 제3호는 검사가 전자장치 부착명령을 법원에 청구할 수 있는 경우 중의 하나로 '성폭력범죄를 2회 이상 범하여(유죄의 확정판결을 받은 경우를 포함한다) 그 습벽이 인정된 때'라고 규정하고 있는데, 이 규정 전단은 문언상 '유죄의 확정판결을 받은 전과사실을 포함하여 성폭력범죄를 2회 이상 범한 경우'를 의미한다고 해석된다. 따라서 피부착명령청구자가 소년법에 의한 보호처분(소년보호처분)을 받은 전력이 있다고 하더라도, 이는 유죄의 확정판결을 받은 경우에 해당하지 아니함이 명백하므로, 피부착명령청구자가 2회 이상 성폭력범죄를 범하였는지를 판단할 때 소년보호처분을 받은 전력을 고려할 것이 아니다(대법원 2012.3.22. 2011도15057).

13 '특정 범죄자에 대한 위치추적 전자장치 부착 등에 관한 법률' 제5조 제1항에서 정한 성폭력범죄의 '재범의 위험성' 의미 및 위험성 유무를 판단하는 기준

특정 범죄자에 대한 위치추적 전자장치 부착 등에 관한 법률 제5조 제1항에 정한 성폭력범죄의 재범의 위험성이라 함은 재범할 가능성만으로는 부족하고 피부착명령청구자가 장래에 다시 성폭력범죄를 범하여 법적 평온을 깨뜨릴 상당한 개연성이 있음을 의미하며, 성폭력범죄의 재범의 위험성 유무는 피부착명령청구자의 직업과 환경, 당해 범행 이전의 행적, 그 범행의 동기·수단, 범행 후의 정황, 개전의 정 등 여러 사정을 종합적으로 평가하여 객관적으로 판단하여야 한다(대법원 2011.9.29. 2011전도82).

14 '특정 범죄자에 대한 위치추적 전자장치 부착 등에 관한 법률' 제5조 제1항 제3호에서 정한 성폭력범죄의 '습벽'의 의미 및 습벽 유무를 판단하는 기준

법 제5조 제1항 제3호에 정한 '성폭력범죄의 습벽'은 범죄자의 어떤 버릇, 범죄의 경향을 의미하는 것으로서 행위의 본질을 이루는 성질이 아니고 행위자의 특성을 이루는 성질을 의미하는 것이므로, 습벽의 유무는 행위자의 연령·성격·직업·환경·전과, 범행의 동기·수단·방법 및 장소, 전에 범한 범죄와의 시간적 간격, 그 범행의 내용과 유사성 등 여러 사정을 종합하여 판단하여야 한다(대법원 2011.9.29. 2011전도82).

15 특정 범죄자에 대한 보호관찰 및 전자장치 부착 등에 관한 법률 제9조 제1항 단서에서 정한 위치추적 전자장치 부착기간 하한 가중 규정이 같은 법 시행 전에 19세 미만의 사람에 대하여 특정범죄를 저지른 경우에도 소급적용되는지 여부(소극)

특정 범죄자에 대한 보호관찰 및 전자장치 부착 등에 관한 법률은 제5조 제1항에서 19세 미만의 사람에 대하여 성폭력범죄를 저지른 때(제4호) 또는 신체적 또는 정신적 장애가 있는 사람에 대하여 성폭력범죄를 저지른 때(제5호)에 해당하고 성폭력범죄를 다시 범할 위험성이 있다고 인정되는 사람에 대하여 전자장치 부착명령을 청구할 수 있다고 규정하고, 제9조 제1항 단서에서 '19세 미만의 사람에 대하여 특정범죄를 저지른 경우에는 부착기간 하한을 같은 항 각 호에 따른 부착기간 하한의 2배로 한다'고 규정하여 구 특정 범죄자에 대한 위치추적 전자장치 부착 등에 관한 법률보다 부착명령청구 요건 및 부착기간 하한 가중 요건을 완화·확대하고, 위 법 부칙은 제2조 제2항에서 '제5조 제1항 제4호 및 제5호의 개정규정에 따른 부착명령청구는 이 법 시행 전에 저지른 성폭력범죄에 대하여도 적용한다'고 규정하여 위 법 시행 전에 18세 피해자에 대하여 저지른 성폭력범죄의 처벌 등에 관한 특례법 위반(주거침입강간 등)죄에 위 법 제5조 제1항 제4호를 적용할 수 있게 되었다. 그런데 위 법 부칙은 이와 달리 19세 미만의 사람에 대하여 특정범죄를 저지른 경우 부착기간 하한을 2배 가중하도록 한 위 법 제9조 제1항 단서에 대하여는 소급적용에 관한 명확한 경과규정을 두지 않았는데, 전자장치 부착명령에 관하여 피고인에게 실질적인 불이익을 추가하는 내용의 법 개정이 있고, 그 규정의 소급적용에 관한 명확한 경과규정이 없는 한 그 규정의 소급적용은 이를 부정하는 것이 피고인의 권익 보장이나, 위 법 부칙에서 일부 조항을 특정하여 소급적용에 관한 경과규정을 둔 입법자의 의사에 부합한다(대법원 2013.7.25. 2013도6181).

16 특정 범죄자에 대한 위치추적 전자장치 부착 등에 관한 법률 제5조 등 위헌소원

성폭력범죄를 2회 이상 범하여 그 습벽이 인정된 때에 해당하고 성폭력범죄를 다시 범할 위험성이 인정되는 자에 대해 검사의 청구와 법원의 판결로 3년 이상 20년 이하의 기간 동안 전자장치 부착을 명할 수 있도록 한 구'특정 범죄자에 대한 위치추적 전자장치 부착 등에 관한 법률' 제9조 제1항 제2호 중 제5조 제1항 제3호에 관한 부분과, 법원이 부착기간 중 기간을 정하여 야간 외출제한 및 아동시설 출입금지 등의 준수사항을 명할 수 있도록 한 구'특정 범죄자에 대한 위치추적 전자장치 부착 등에 관한 법률' 제9조의2 제1항 제1호, 제2호, 제4호는 헌법에 위반되지 아니한다(헌재 2012.12.27. 2011헌바89).

17 '(구)특정 성폭력범죄자에 대한 위치추적 전자장치 부착에 관한 법률' 제9조 제2항 제2호에서 부착명령청구의 전제가 된 성폭력범죄사건에 대하여 면소·공소기각의 판결 또는 결정을 선고하는 때에는 그 청구를 기각하도록 규정한 취지

구 특정 성폭력범죄자에 대한 위치추적 전자장치 부착에 관한 법률 제9조 제2항 제2호에서는 부착명

령청구의 전제가 된 성폭력범죄사건에 대하여 면소·공소기각의 판결 또는 결정을 선고하는 때에는 그 청구를 기각하도록 규정하고 있다. 부착명령이 성폭력범죄자에 대하여 형벌을 부과하는 기회에 그 재범방지와 성행교정을 통한 재사회화를 목적으로 취해지는 부가적인 조치로서 부착명령청구사건은 성폭력범죄사건을 전제로 하여 그와 함께 심리·판단이 이루어지는 부수적 절차의 성격임에 비추어, 성폭력범죄사건에서 그 범죄사실에 대한 실체적 심리·판단 없이 소 또는 공소기각의 형식적 재판을 하는 경우 부착명령청구사건에서 따로 그 청구의 원인이 되는 동일한 범죄사실에 대하여 실체적으로 심리·판단하는 것은 허용될 수 없으므로 그 청구를 기각하도록 한 것이라고 해석된다(대법원 2009.10.29. 2009도7282).

18 2회 이상의 성폭력범죄사실로 공소가 제기된 사건에서 일부 범죄사실에 대하여 면소 또는 공소기각의 판결 등이 선고되는 경우, 그 범죄사실이 위치추적 전자장치 부착명령의 요건인 '2회 이상 범한 성폭력범죄'에 포함되는지 여부(소극)

구 특정성폭력범죄자에 대한 위치추적 전자장치 부착에 관한 법률 제9조 제2항 제2호의 규정 취지를 고려할 때, 2회 이상의 성폭력범죄사실로 공소가 제기된 성폭력범죄사건에서 일부 범죄사실에 대하여 면소 또는 공소기각의 재판이 선고되는 경우, 그러한 일부 범죄사실에 대하여는 부착명령청구사건에서 실체적 심리·판단이 허용되지 않는다고 보아야 한다. 따라서 그 일부 범죄사실은 구 특정 성폭력범죄자에 대한 위치추적 전자장치 부착에 관한 법률 제5조 제1항 제3호가 부착명령의 요건으로 규정한 "성폭력범죄를 2회 이상 범하여 그 습벽이 인정된 때"에서 말하는 2회 이상 범한 성폭력범죄에 포함된다고 볼 수 없다(대법원 2009.10.29. 2009도7282).

19 특정 성폭력 범죄자에 대하여 위치추적 전자장치 부착명령을 선고하였다고 해서 이를 성폭력범죄사건의 양형에 유리하게 참작하지 못하도록 하는 구) '특정 성폭력범죄자에 대한 위치추적 전자장치 부착에 관한 법률' 제9조 제5항(양형제한조항)이 일사부재리원칙, 평등원칙, 책임원칙 등에 위반되는지 여부(소극)

이 사건 양형제한조항이 위치추적 전자장치 부착명령 자체의 근거법률이 아님은 관련 법률조항의 문언상 명백하므로, 이 사건 양형제한조항이 위치추적 전자장치 부착명령의 근거법률임을 전제로 하여 이 사건 양형제한조항이 특정 성폭력 범죄자에 대해 위치추적 전자장치 부착명령과 형벌을 중첩적으로 부과하여 일사부재리 원칙과 책임원칙, 평등원칙에 반한다는 청구인의 주장은 이유없다. 그리고 입법자가 여러 가지 요소를 종합적으로 고려하여 법률로써 법관의 양형재량의 범위를 좁혀 놓았다고 하더라도 범죄와 형벌 간 비례의 원칙상 수긍할 수 있는 정도라면 위헌이라고 할 수는 없는바, 양형에 관한 법관의 재량은 매우 광범위하고 포괄적이어서 이 사건 양형제한조항에도 불구하고 법관은 위치추적 전자장치 부착명령이 동시에 선고되는 범죄자에 대하여도 그 책임에 상응하는 형벌을 부과하기에 충분한 정도의 양형재량을 가지고 있으므로 이 사건 양형제한조항은 책임원칙에 위반되지 아니한다(헌재 2010.9.30. 2009헌바116).

20 특정 범죄자에 대한 위치추적 전자장치 부착 등에 관한 법률'상 특정범죄를 범한 자에 대하여 형의 집행을 유예하는 경우에는 보호관찰을 명하는 때에만 위치추적 전자장치 부착을 명할 수 있는지 여부(적극)

특정 범죄자에 대한 위치추적 전자장치 부착 등에 관한 법률 제28조 제1항은 "법원은 특정범죄를 범한 자에 대하여 형의 집행을 유예하면서 보호관찰을 받을 것을 명할 때에는 보호관찰기간의 범위 내에서 기간을 정하여 준수사항의 이행 여부 확인 등을 위하여 전자장치를 부착할 것을 명할 수 있다."고

규정하고 있고, 제9조 제4항 제4호는 "법원은 특정범죄사건에 대하여 선고유예 또는 집행유예를 선고하는 때에는 판결로 부착명령 청구를 기각하여야 한다."고 규정하고 있으며, 제12조 제1항은 "부착명령은 검사의 지휘를 받아 보호관찰관이 집행한다."고 규정하고 있으므로, 법원이 특정범죄를 범한 자에 대하여 형의 집행을 유예하는 경우에는 보호관찰을 받을 것을 명하는 때에만 전자장치를 부착할 것을 명할 수 있다(대법원 2012.2.23. 2011도8124).

21 피고인이 3회에 걸쳐 피해아동 甲(여, 12세)을 간음함과 동시에 甲에게 음란한 행위를 시키거나 이를 매개하는 행위 또는 성적 학대행위를 하였다는 미성년자의제강간 및 아동복지법 위반 공소사실이 원심에서 각 유죄로 인정되고, 동시에 15년간 위치추적 전자장치 부착명령이 선고된 사안

피고인은 군 복무 중 아동과 SNS로 음란한 이야기를 주고받은 사건으로 벌금형을 선고받았고, 제대 후에도 SNS에서 알게 된 2명의 아동에게 음부 사진 등을 보내게 하는 범행을 저질러 보호관찰이 부과된 징역형의 집행유예를 선고받아 그 집행유예 기간에 보호관찰을 받던 중 다시 위 각 범행을 저지른 점, 피고인은 채팅 등으로 미성년자와 친분을 쌓은 후 성폭력범죄를 저지르는 경향성을 보이고, 이 경우에도 인터넷 채팅에서 만난 甲을 상대로 3차례 간음과 함께 가학적인 성적 행위를 하였을 뿐 아니라 가학성의 정도가 심해졌던 점 등을 종합하여 피고인에게 재범의 위험성이 있다고 본 원심판단이 정당하다(대법원 2021.2.25. 2020도17070,2020전도171).

22 특정 범죄자에 대한 보호관찰 및 전자장치 부착 등에 관한 법률 제5조 제3항 및 제21조의2 제3호에 규정된 '살인범죄를 다시 범할 위험성'의 의미 / 살인범죄의 재범의 위험성 유무를 판단하는 기준 및 판단의 기준 시점(=판결 시)

특정 범죄자에 대한 보호관찰 및 전자장치 부착 등에 관한 법률 제5조 제3항 및 제21조의2 제3호에 규정된 '살인범죄를 다시 범할 위험성'이란 재범할 가능성만으로는 부족하고 피부착명령청구자 또는 피보호관찰명령청구자가 장래에 다시 살인범죄를 범하여 법적 평온을 깨뜨릴 상당한 개연성이 있음을 의미한다. 살인범죄의 재범의 위험성 유무는 피부착명령청구자 또는 피보호관찰명령청구자의 직업과 환경, 당해 범행 이전의 행적, 범행의 동기, 수단, 범행 후의 정황, 개전의 정 등 여러 사정을 종합적으로 평가하여 객관적으로 판단하여야 하고, 이러한 판단은 장래에 대한 가정적 판단이므로 판결 시를 기준으로 하여야 한다.

23 소년범에 대한 보호처분과 법원의 재량권

소년에 대한 피고사건을 심리한 법원이 그 결과에 따라 보호처분에 해당할 사유가 있는지의 여부를 인정하는 것은 법관의 자유재량에 의하여 판정될 사항이다(대법원 1991.1.25. 90도2693).

24 소년법 제43조 제1항 중 '사건 본인, 보호자, 보조인 또는 그 법정대리인' 부분이 청구인의 평등권을 침해하는지 여부(소극)

형사소송절차에서는 일방 당사자인 검사가 상소 여부를 결정할 수 있고, 피해자도 간접적으로 검사를 통하여 상소 여부에 관여할 수 있음에 반하여, 소년심판절차에서는 검사에게 상소권이 인정되지 아니하여 소년심판절차에서의 피해자도 상소 여부에 관하여 전혀 관여할 수 있는 방법이 없는데, 양 절차의 피해자는 범죄행위로 인하여 피해를 입었다는 점에서 본질적으로 동일한 집단이라고 할 것임에도 서로 다르게 취급되고 있으므로 차별취급은 존재한다. 나아가 차별취급에 합리성이 있는지에 관하여

살펴보면, 소년심판절차의 전 단계에서 검사가 관여하고 있고, 소년심판절차의 1심에서 피해자 등의 진술권이 보장되고 있다. 또한 소년심판은 형사소송절차와는 달리 소년에 대한 후견적 입장에서 소년의 환경조정과 품행교정을 위한 보호처분을 하기 위한 심문절차이며, 보호처분을 함에 있어 범행의 내용도 참작하지만 주로 소년의 환경과 개인적 특성을 근거로 소년의 개선과 교화에 부합하는 처분을 부과하게 되므로 일반 형벌의 부과와는 차이가 있다. 그리고 소년심판은 심리의 객체로 취급되는 소년에 대한 후견적 입장에서 법원의 직권에 의해 진행되므로 검사의 관여가 반드시 필요한 것이 아니고 이에 따라 소년심판의 당사자가 아닌 검사가 상소 여부에 관여하는 것이 배제된 것이다. 위와 같은 소년심판절차의 특수성을 감안하면, 차별대우를 정당화하는 객관적이고 합리적인 이유가 존재한다고 할 것이어서 이 사건 법률조항은 청구인의 평등권을 침해하지 않는다(헌재 2012.7.26. 2011헌마232).

25 소년보호사건에서 항고제기기간 내에 항고이유를 제출하지 않은 항고인에게 항고법원이 별도로 항고이유 제출 기회를 주어야 하는지 여부(소극)

소년법 제43조 제2항은 '항고를 제기할 수 있는 기간은 7일로 한다'고 규정하고 있고, 같은 법 제31조는 '소년보호사건의 심리에 필요한 사항은 대법원규칙으로 정한다'고 규정하고 있으며, 이에 따라 제정된 소년심판규칙 제44조는 '항고장에는 항고의 이유를 간결하게 명시하여야 한다'고 규정하고 있는바, 따라서 소년보호사건의 경우 제1심의 보호처분에 대하여 항고를 제기함에 있어서는 그 항고장에 항고이유를 기재하거나, 적법한 항고제기기간 내에 항고이유를 기재한 서면을 제출하여야 하고, 이와 별도로 항고법원이 항고인에게 항고이유의 제출 기회를 부여하여야 하는 것은 아니다(대법원 2008.8.12. 2007트13).

26 소년법상 보호처분을 받은 소년에 대한 보호처분의 변경이 종전 보호처분 사건에 관한 재판인지 여부(적극) 및 종전 보호처분에서 심리가 결정된 사건이 아닌 사건에 대하여 공소를 제기하거나 소년부에 송치하는 것이 소년법 제53조에 위배되는지 여부(소극)

소년부 판사는 심리 결과 보호처분을 할 필요가 있다고 인정하면 결정으로써 보호처분을 하여야 하고(소년법 제32조 제1항), 보호관찰처분에 따른 부가처분을 동시에 명할 수 있다(소년법 제32조의2 제1항). 소년부 판사는 위탁받은 자나 보호처분을 집행하는 자의 신청에 따라 또는 직권으로 보호처분과 부가처분을 변경할 수 있다(소년법 제37조 제1항). 한편 보호처분을 받은 소년에 대하여는 그 심리가 결정된 사건은 다시 공소를 제기하거나 소년부에 송치할 수 없다(소년법 제53조 본문). 이러한 보호처분의 변경은 보호처분결정에 따른 위탁 또는 집행 과정에서 발생한 준수사항 위반 등 사정변경을 이유로 종전 보호처분결정을 변경하는 것이다. 즉 이는 종전 보호처분 사건에 관한 재판이다. 따라서 종전 보호처분에서 심리가 결정된 사건이 아닌 사건에 대하여 공소를 제기하거나 소년부에 송치하는 것은 소년법 제53조에 위배되지 않는다(대법원 2019.5.10. 2018도3768).

27 소년법 제59조 소정의 "사형 또는 무기형으로 처할 것인 때에는 15년의 유기징역으로 한다"라는 규정은 소년에 대한 처단형이 사형 또는 무기형일 때에 15년의 유기징역으로 한다는 것이지 법정형이 사형 또는 무기형인 경우를 의미하는 것은 아니다(대법원 1986.12.23. 86도2314).

28 법정형 중 사형이나 무기형을 선택한 경우 소년에게 부정기형을 선고할 수 있는지의 여부(소극)

소년에 대하여 사형, 무기형 또는 유기형의 법정형 중 사형이나 무기형을 선택한 경우에는 부정기형은 과할 수 없다(대법원 1970.5.12. 70도675).

29 법정형 중에서 무기징역을 선택한 후 작량감경한 결과 유기징역을 선고하게 되었을 경우에는 피고인 이 미성년자라 하더라도 부정기형을 선고할 수 없다(대법원 1991.4.9. 91도357).

30 항소심에서 부정기형이 선고된 후 상고심 계속 중 성년이 된 경우 정기형으로 고칠 수 있는지의 여부(소극) 상고심에서의 심판대상은 항소심 판결 당시를 기준으로 하여 그 당부를 심사하는 데에 있는 것이므로 항소심판결 선고 당시 미성년이었던 피고인이 상고 이후에 성년이 되었다고 하여 항소심의 부정기형 의 선고가 위법이 되는 것은 아니다(대법원 1998.2.27. 97도3421).

31 부정기형의 선고시 장.단기형의 폭에 관한 기준유무
소년법 제54조(現.제60조)에 의하여 부정기형을 선고할 때 그 장기와 단기의 폭에 관하여는 법정한 바 없으므로, 소년인 피고인에 대하여 선고한 형량의 장기가 3년, 단기가 2년 6월 이어서 그 폭이 6월 에 불과하다 하여 소년법 제54조(現.제60조)의 해석을 잘못한 위법이 있다고 할 수 없다(대법원 1983. 2.8. 82도2889).

32 소년범 감경에 관한 소년법 제60조 제2항 등의 적용대상인 '소년'인지 여부를 판단하는 시기(＝사실심판 결 선고시)
소년법이 적용되는 '소년'이란 심판시에 19세 미만인 사람을 말하므로, 소년법의 적용을 받으려면 심 판시에 19세 미만이어야 한다. 따라서 소년법 제60조 제2항의 적용대상인 '소년'인지의 여부도 심판 시, 즉 사실심판결 선고시를 기준으로 판단되어야 한다. 이러한 법리는 '소년'의 범위를 20세 미만에 서 19세 미만으로 축소한 소년법 개정법률이 시행되기 전에 범행을 저지르고, 20세가 되기 전에 원심 판결이 선고되었다고 해서 달라지지 아니한다(대법원 2009.5.28. 2009도2682,2009전도7).

33 소년법상의 보호처분을 받은 사실을 상습성 인정의 자료로 삼을 수 있는지 여부(적극)
제32조 제5항의 규정이 있다 하여 보호처분을 받은 사실을 상습성 인정의 자료로 삼을 수 없는 것은 아니다(대법원 1989.12.12. 89도2097).

34 소년법 제30조의 보호처분을 받은 사건에 대해 다시 공소가 제기된 경우 법원이 취하여야 할 조치(공소 기각 판결)
소년법 제30조의 보호처분을 받은 사건과 동일한 사건에 대하여 다시 공소제기가 되었다면 동조의 보호처분은 확정판결이 아니고 따라서 기판력도 없으므로 이에 대하여 면소판결을 할 것이 아니라 공 소제기절차가 동법 제47조의 규정에 위배하여 무효인 때에 해당한 경우이므로 공소기각의 판결을 하 여야 한다(대법원 1985.5.28. 85도21).

35 소년법상 보호처분을 받은 소년에 대한 보호처분의 변경이 종전 보호처분 사건에 관한 재판인지 여부(적 극) 및 종전 보호처분에서 심리가 결정된 사건이 아닌 사건에 대하여 공소를 제기하거나 소년부에 송치하 는 것이 소년법 제53조에 위배되는지 여부(소극)
소년부 판사는 심리 결과 보호처분을 할 필요가 있다고 인정하면 결정으로써 보호처분을 하여야 하고 (소년법 제32조 제1항), 보호관찰처분에 따른 부가처분을 동시에 명할 수 있다(소년법 제32조의2 제1항). 소년부 판사는 위탁받은 자나 보호처분을 집행하는 자의 신청에 따라 또는 직권으로 보호처분과 부가

처분을 변경할 수 있다(소년법 제37조 제1항). 한편 보호처분을 받은 소년에 대하여는 그 심리가 결정된 사건은 다시 공소를 제기하거나 소년부에 송치할 수 없다(소년법 제53조 본문).

이러한 보호처분의 변경은 보호처분결정에 따른 위탁 또는 집행 과정에서 발생한 준수사항 위반 등 사정변경을 이유로 종전 보호처분결정을 변경하는 것이다. 즉 이는 종전 보호처분 사건에 관한 재판이다. 따라서 종전 보호처분에서 심리가 결정된 사건이 아닌 사건에 대하여 공소를 제기하거나 소년부에 송치하는 것은 소년법 제53조에 위배되지 않는다(대법원 2019.5.10. 2018도3768).

36 피고인이 제1심판결 선고 시 소년에 해당하여 부정기형을 선고받았고, 피고인만이 항소한 항소심에서 피고인이 성년에 이르러 항소심이 제1심의 부정기형을 정기형으로 변경해야 할 경우, 불이익변경금지 원칙 위반 여부를 판단하는 기준(=부정기형의 장기와 단기의 중간형)

제1심이 당시 소년에 해당하는 피고인에 대하여 살인죄 및 사체유기죄를 유죄로 인정하면서 소년법 제60조 제1항 단서에 대한 특칙에 해당하는 특정강력범죄의 처벌에 관한 특례법 제4조 제2항에서 정한 장기와 단기의 최상한인 징역 장기 15년, 단기 7년의 부정기형을 선고하였고, 이에 대하여 피고인만이 항소하였는데, 피고인이 원심 선고 이전에 성년에 도달하자 원심이 직권으로 제1심판결을 파기하고 정기형을 선고하면서 불이익변경금지 원칙상 제1심이 선고한 부정기형의 단기인 징역 7년을 초과하는 징역형을 선고할 수 없다는 이유로 피고인에게 징역 7년을 선고한 사안에서, 원심이 제1심에서 선고한 부정기형 대신 정기형을 선고함에 있어 불이익변경금지 원칙 위반 여부를 판단하는 기준은 부정기형의 장기와 단기의 중간형, 즉 징역 11년이 되어야 한다는 이유로, 이와 달리 판단한 원심판결에 법리오해의 잘못이 있다.

부정기형은 장기와 단기라는 폭의 형태를 가지는 양형인 반면 정기형은 점의 형태를 가지는 양형이므로 불이익변경금지 원칙의 적용과 관련하여 양자 사이의 형의 경중을 단순히 비교할 수 없는 특수한 상황이 발생한다. 결국 피고인이 항소심 선고 이전에 19세에 도달하여 부정기형을 정기형으로 변경해야 할 경우 불이익변경금지 원칙에 반하지 않는 정기형을 정하는 것은 부정기형과 실질적으로 동등하다고 평가될 수 있는 정기형이 부정기형의 장기와 단기 사이의 어느 지점에 존재하는지를 특정하는 문제로 귀결된다. 이는 정기형의 상한으로 단순히 부정기형의 장기와 단기 중 어느 하나를 택일적으로 선택하는 문제가 아니라, 단기부터 장기에 이르는 수많은 형 중 어느 정도의 형이 불이익변경금지 원칙 위반 여부를 판단하는 기준으로 설정되어야 하는지를 정하는 '정도'의 문제이다. 따라서 부정기형과 실질적으로 동등하다고 평가될 수 있는 정기형을 정할 때에는 형의 장기와 단기가 존재하는 특수성으로 인해 발생하는 요소들, 즉 부정기형이 정기형으로 변경되는 과정에서 피고인의 상소권 행사가 위축될 우려가 있는지 여부, 소년법이 부정기형 제도를 채택한 목적과 책임주의 원칙이 종합적으로 고려되어야 한다.이러한 법리를 종합적으로 고려하면, 부정기형과 실질적으로 동등하다고 평가될 수 있는 정기형은 부정기형의 장기와 단기의 정중앙에 해당하는 형(예를 들어 징역 장기 4년, 단기 2년의 부정기형의 경우 징역 3년의 형이다. 이하 '중간형'이라 한다)이라고 봄이 적절하므로, 피고인이 항소심 선고 이전에 19세에 도달하여 제1심에서 선고한 부정기형을 파기하고 정기형을 선고함에 있어 불이익변경금지 원칙 위반 여부를 판단하는 기준은 <u>부정기형의 장기와 단기의 중간형이 되어야 한다.</u>(대법원 2020.10.22. 2020도4140, 전원합의체).

37 소년법 제67조의 규정 취지 및 구 특정범죄 가중처벌 등에 관한 법률 제5조의4 제5항의 적용 요건인 과거 전과로서의 징역형에 '소년범'으로서 처벌받은 징역형도 포함되는지 여부(적극)

소년법 제67조는 "소년이었을 때 범한 죄에 의하여 형을 선고받은 자가 그 집행을 종료하거나 면제받은 경우 자격에 관한 법령을 적용할 때에는 장래에 향하여 형의 선고를 받지 아니한 것으로 본다"라고 규정하고 있는바, 위 규정은 「사람의 자격」에 관한 법령의 적용에 있어 장래에 향하여 형의 선고를 받지 아니한 것으로 본다는 취지에 불과할 뿐 전과까지 소멸한다는 것은 아니다.따라서 특정범죄 가중처벌 등에 관한 법률 제5조의4 제5항을 적용하기 위한 요건으로서 요구되는 과거 전과로서의 징역형에는 소년으로서 처벌받은 징역형도 포함된다고 보아야 한다(절도죄의 소년범으로서 1회, 성인범으로서 2회 각 징역형을 선고받아 그 집행을 종료한 후 누범기간 중에 다시 절도범행을 저지른 경우, 구 특정범죄 가중처벌 등에 관한 법률 제5조의4 제5항에 해당한다고 한 원심판단을 수긍한 사례)(대법원 2010.4.29. 2010도973).

38 벌금 미납자의 사회봉사 집행에 관한 특례법 제4조 제1항에서 정한 납부명령일부터 30일 이내 가 벌금 미납자의 사회봉사 신청기간의 종기(終期)만을 규정한 것인지 여부(적극) 및 이때 '납부명령일'의 의미(= 납부명령이 벌금 미납자에게 고지된 날)

벌금 미납자의 사회봉사 집행에 관한 특례법'(이하 '특례법'이라 한다)은 벌금 미납자에 대한 노역장 유치를 사회봉사로 대신하여 집행할 수 있는 제도를 새로 도입하면서, 벌금형이 확정된 벌금 미납자는 검사의 '납부명령일부터 30일 이내에' 사회봉사를 신청할 수 있다고 규정하고 있다(제4조 제1항). 여러 사정, 특히 특례법의 입법 취지 등을 종합해 보면, 벌금 미납자가 사회봉사의 대체집행 신청을 할 수 있는 처음 시점, 즉 시기(始期)를 특별히 제한하여 해석할 이유는 없으므로, 신청은 벌금형이 확정된 때부터 가능하다고 볼 것이다. 따라서 위 규정은 신청을 할 수 있는 종기(終期)만을 규정한 것으로 새기는 것이 타당하고, 그 종기(終期)는 검사의 납부'명령일'이 아니라 납부명령이 벌금 미납자에게 '고지된 날'로부터 30일이 되는 날이라고 해석하는 것이 옳다(대법원 2013.1.16. 2011모16.).

39 청소년 성매수자에 대한 신상공개 규정이 이중처벌금지원칙에 위반되는지 여부(소극)

헌법 제13조 제1항에서 말하는 '처벌'은 원칙적으로 범죄에 대한 국가의 형벌권 실행으로서의 과벌을 의미하는 것이고, 국가가 행하는 일체의 제재나 불이익처분을 모두 그 '처벌'에 포함시킬 수는 없다. 이 제도가 당사자에게 일종의 수치심과 불명예를 줄 수 있다고 하여도, 이는 어디까지나 신상공개제도가 추구하는 입법목적에 부수적인 것이지 주된 것은 아니다. 또한, 공개되는 신상과 범죄사실은 이미 공개재판에서 확정된 유죄판결의 일부로서, 개인의 신상 내지 사생활에 관한 새로운 내용이 아니고, 공익목적을 위하여 이를 공개하는 과정에서 부수적으로 수치심 등이 발생된다고 하여 이것을 기존의 형벌 외에 또 다른 형벌로서 수치형이나 명예형에 해당한다고 볼 수는 없다. 그렇다면, 신상공개제도는 헌법 제13조의 이중처벌금지 원칙에 위배되지 않는다(헌재 2003.6.26. 2002헌가14).

40 스토킹처벌법상 스토킹행위 및 스토킹범죄 해당 여부 판단 방법

구 스토킹범죄의 처벌 등에 관한 법률 제2조 제1호는 "스토킹행위란 상대방의 의사에 반하여 정당한 이유 없이 상대방 또는 그의 동거인, 가족에 대하여 다음 각 목의 어느 하나에 해당하는 행위를 하여 상대방에게 불안감 또는 공포심을 일으키는 것을 말한다."라고 규정하고, 그 유형 중 하나로 '상대방 등에게 직접 또는 제3자를 통하여 글ㆍ말ㆍ부호ㆍ음향ㆍ그림ㆍ영상ㆍ화상을 도달하게 하거나 주거 등 또는 그 부근에 물건 등을 두는 행위'를 들고 있다(라. 목). 그리고 같은 조 제2호는 "스토킹범죄란 지속적 또는 반복적으로 스토킹행위를 하는 것을 말한다."라고 규정한다.

스토킹행위를 전제로 하는 스토킹범죄는 행위자의 어떠한 행위를 매개로 이를 인식한 상대방에게 불

안감 또는 공포심을 일으킴으로써 그의 자유로운 의사결정의 자유 및 생활형성의 자유와 평온이 침해되는 것을 막고 이를 보호법익으로 하는 위험범이라고 볼 수 있으므로, 구 스토킹처벌법 제2조 제1호 각 목의 행위가 객관적·일반적으로 볼 때 이를 인식한 상대방으로 하여금 불안감 또는 공포심을 일으키기에 충분한 정도라고 평가될 수 있다면 현실적으로 상대방의 불안감 내지 공포심을 갖게 되었는지 여부와 관계없이 "스토킹행위"에 해당하고, 나아가 그와 같은 일련의 스토킹행위가 지속되거나 반복되면 '스토킹범죄'가 성립한다. 이때 구 스토킹처벌법 제2조 제1호 각 목의 행위가 객관적·일반적으로 볼 때 상대방으로 하여금 불안감 또는 공포심을 일으키기에 충분한 정도인지는 행위자와 상대방의 관계·지위·성향·행위에 이르게 된 경위, 행위 태양, 행위자와 상대방의 언동, 주변의 상황 등 행위 전후의 여러 사정을 종합하여 객관적으로 판단하여야 한다(대법원 2023.12.14. 2023도10313)

빌라 아래층에 살던 피고인이 불상의 도구로 여러 차례 벽 또는 천장을 두드려 '쿵쿵' 소리를 내어 이를 위층에 살던 피해자의 의사에 반하여 피해자에게 도달하게 한 사안임

대법원은, 피고인은 층간소음 기타 주변의 생활소음에 불만을 표시하며 수개월에 걸쳐 이웃들이 잠드는 시각인 늦은 밤부터 새벽 사이에 반복하여 도구로 벽을 치거나 음향기기를 트는 등으로 피해자를 비롯한 주변 이웃들에게 큰 소리가 전달되게 하였고, 피고인의 반복되는 행위로 다수의 이웃들은 수개월 내에 이사를 갈 수밖에 없었으며, 피고인은 이웃의 112 신고에 의하여 출동한 경찰관으로부터 주거지 문을 열어 줄 것을 요청받고도 '영장 들고 왔냐'고 하면서 대화 및 출입을 거부하였을 뿐만 아니라 주변 이웃들의 대화 시도를 거부하고 오히려 대화를 시도한 이웃을 스토킹혐의로 고소하는 등 이웃 간의 분쟁을 합리적으로 해결하려 하기보다 이웃을 괴롭힐 의도로 위 행위를 한 것으로 보이는 점 등 피고인과 피해자의 관계, 구체적 행위태양 및 경위, 피고인의 언동, 행위 전후의 여러 사정들에 비추어 보면, 피고인의 행위는 층간소음의 원인 확인이나 해결방안 모색 등을 위한 사회통념상 합리적 범위 내의 정당한 이유 있는 행위에 해당한다고 볼 수 없고 객관적·일반적으로 상대방에게 불안감 내지 공포심을 일으키기에 충분하다고 보이며 나아가 위와 같은 일련의 행위가 지속되거나 반복되었으므로 '스토킹범죄'를 구성한다고 보아, 원심판결을 수긍하여 상고를 기각함.

41 재심판결이 확정된 전과가 「형의 실효 등에 관한 법률」 제7조 제1항에서 정한 '자격정지 이상의 형'을 받은 경우에 해당하는지 여부(소극)

유죄의 확정판결에 대하여 재심개시결정이 확정되어 법원이 그 사건에 대하여 다시 심판을 한 후 재심판결을 선고하고 그 재심판결이 확정된 때에는 종전의 확정판결은 당연히 효력을 상실하므로, 재심판결이 확정됨에 따라 원판결이나 그 부수처분의 법률적 효과가 상실되고 형 선고가 있었다는 기왕의 사실 자체의 효과가 소멸한다. 「형의 실효 등에 관한 법률」 제7조 제1항은 '수형인이 자격정지 이상의 형을 받음이 없이 형의 집행을 종료하거나 그 집행이 면제된 날부터 같은 항 각 호에서 정한 기간이 경과한 때에는 그 형은 실효된다'고 정하고, 같은 항 제2호에서 3년 이하의 징역·금고형의 경우는 그 기간을 5년으로 정하고 있다. 위 규정에 따라 형이 실효된 경우에는 형의 선고에 의한 법적 효과가 장래에 향하여 소멸되므로, 그 전과를 「특정범죄 가중처벌 등에 관한 법률」 제5조의4 제5항에서 정한 "징역형을 받은 경우"로 볼 수 없다. 한편 형실효법의 입법취지에 비추어 보면, 2번 이상의 징역형을 받은 자가 자격정지 이상의 형을 받음이 없이 마지막 형의 집행을 종료한 날부터 위 법에서 정한 기간을 경과한 때에는 그 마지막 형에 앞서는 형도 모두 실효되는 것으로 보아야 한다(대법원 2023.11. 30. 2023도10699).

MEMO

MEMO

MEMO

MEMO

MEMO

MEMO

MEMO